선교사 교회사 세계사 한국사
## 네트워크 선교역사

선교사 교회사 세계사 한국사
## 네트워크 선교역사

초판 1쇄 인쇄 2012년 2월 29일
개정 1판 인쇄 2012년 12월 30일
개정 2판 인쇄 2017년 9월 15일
증보 3판 인쇄 2019년 3월 15일

**지은이** 박영환
**펴낸이** 이운산
**펴낸곳** **성광문화사**

주 소 04352 서울 용산구 남영동 88-5 205호
전 화 (02) 718-2926, 2927
팩 스 (02) 718-2936
E-mail skp1435@naver.com
http://www.skpublishing.co.kr

**출판등록번호** 제 313-1975-2호
**출판등록일** 1975. 7. 2
**책번호** 913

파본은 교환해 드립니다.
이 출판물은 저작권법으로 보호 받는 저작물이므로
무단 전재나 무단 복제를 할 수 없습니다.

정가 30,000원

ISBN 978-89-7252-488-5　93230

선교사·교회사·세계사·한국사

# 네트워크 선교역사

교회사와 한국사를 통으로 보다

박영환 지음

Network to View
the History of Missions

성광문화사

들어가는 글

## 세계사와 한국사 그리고 중국사를 선교역사와 어떻게 '네트워크' 할 것인가?

"선교역사를 어떻게 하면 쉽게 이해시킬 수 있을까?" 하는 고민은 지금도 계속되고 있다. 선교역사는 세계교회사의 배경을 두고 전개되고 있다. 그래서 한국 사람으로 세계 교회사의 인명과 지명을 숙지하는 것이 여전히 낯설다. 선교역사의 발전과정에서 교회사가 등장하고 교회사는 선교역사의 배경으로 선교역사의 목적과 방법, 원리에 자료를 제공한다. 선교역사는 교회사를 이해하지 못하고는 앞으로 나갈 수가 없다. 그러기에 선교역사는 교회사의 한 부분으로만 다루어져 왔다. 선교역사는 선교현장을 선교적 입장에서 분석하고 평가하며 정리하였기에 교회사와는 다르다. 그러므로 선교역사는 학문에서 독립적으로 자리매김을 해야 한다.

현재 선교역사는 세계적으로 선교현장의 최근자료를 연구하는 입장에서 초기 선교현장의 자료를 수집, 분석하여 선교현장의 생생한 목소리로 새정립 중이다. 그러므로 세계교회사는 독자적인 영역을 구축 중인 선교역사의 배경으로서 재해석되어야 한다. 그런 필요에 의해서 《네트워크 선교역사》를 저술하게 되었다. 선교역사를 한국사를 중심으로 세계교회사의 배경으로 이해하는 것은 학업의 현장에서 효율성을 향상시킨다. 한마디로 통으로 본 '세계선교역사'라고 할 수 있다. 2005년부터 선교역사에 교회사, 교리사, 사상사를 함께 엮어 보려는 비전을 가졌다. 도표를 그려 연계 시키며 수정과 교정을 거듭한 끝에 이 책을 내어놓게 되었다.

이 책은 한국사와 중국사 때로는 일본사까지 연계하여 세계사를 이해하려고 노력했다. 선교역사를 이해하는 데 한국사 중심의 세계선교역사를 네트워크로 살펴봄으로 학생들의 이해도 상당히 깊어졌다.

한국의 삼국통일시기에 유럽에서는 이슬람의 확장과 후삼국, 고려시대, 조선시대를 통한 유럽의 역사는 동로마제국에서 콜로누스로 연결되기도 하였다. 조선말의 역사인 네트워크 선교역사는 영국의 문예혁명/르네상스, 과학의 발전으로 산업혁명을 연계할 수 있었다. 조선은 임진왜란, 정유재란, 청의 공격 등에 자리매김을 한다. 특히 세계사와 교회사 그리고 사상사는 선교의 중요한 정책과 전략으로 드러나기도 했다.

선교의 대위명령인 마태복음 28장의 등장은 언제이며 왜 이런 시도들이 나타났는가 하는 신학적 자료는 선교역사를 이해하는 데 놀랍도록 풍성하게 만들었다.

세계사는 교회사와 더불어 기원전 구약의 시대, 헬레니즘, 로마 시대로, 좀 더 세부적으로 동로마와 서로마 제국의 분열, 흉노족의 침입과 오스만 투르크족의 등장, 제1차와 2차 세계대전으로 이어지는 WCC(세계교회협의회)의 출현배경과 복음주의 선교대회 들의 등장과 흐름을 선교역사에 제공하고 있다. 아직도 선교대회의 명칭과 번역상의 용어들이 통일되지 못함은 본서에서도 숙원의 과제로 남겨놓고 있다.

명칭을 표기하면서 최대한 인명을 살리려 했으며 대회명칭은 가능한 원어 해석에 맞추려고 노력했다. 로마 가톨릭의 공식명칭 통일자료집을 활용할 수 있지만, 본 교단의 입장이 일부 보완되어야 하므로 여기서는 안내정도로만 취급하였다. 자료수집으로 배덕만 교수, 정병식 교수, 강근환 교수님 등의 저서를 살폈고, 특히 연대의 오차와 지명의 차이는 가능한 그동안 출판된 세계교회사를 섭렵했다. 또한 한국사와 중국사는 교과부 자료를 우선시하였다. 다양한 세계사 교재들과 흩어진 자료로 도움이 된다면 책 속에 다 모아 보았다. 그러므로 본서는 많은 교수님들의 도움 없이는 세상에 나오기가 불가능하였다. 단지 저자는 세계사와 한국사 그리고 중국사 등을 선교 역사와 어떻게 '네트워크' 할 것인가에 집중한 정도이다.

이 책은 이 일이 이루어지기까지 지원해준 심원용 목사님께 감사드린다. 특히 자료를 참고할 수 있도록 허락해 준 정병식 교수와 배덕만 교수께 감사의 마음을 전한다. 이 책은 연대의 보완, 자료 추가와 내용을 첨가하여 개정판으로 내어놓게 되었다. 선교와 세계사 한국사의 도표 작성은 연구원들의 절대적 도움이 필요했다. "이 책의 몇 도표나 자료들은 네이버백과사전과 두산동아백과사전을 참고하였다."

6년 동안 선교역사세미나 수업을 들어왔던 서해덕, 김보민, 김신은, 최현민, 유성민, 백석현, 구윤회, 황영철 그리고 이은경 박사의 협력에 감사한다. 또한 도서관 직원들의 자료 지원과 문서를 찾아준 허인숙, 손창문, 이정미 선생님들과 많은 사람들의 도움에 감사의 마음을 전한다.

2018년 1월 20일

박영환

역사를 알면 현재가 보이고 미래가 다가온다.
많은 사람들은 역사를 넘어가려지만, 넘어갈 수 없다.
역사는 학문의 골격을 구성한다. 골격을 알아야 그 다음이 이해되는 것이다.
그러므로 개정2판에서는 다음과 같은 부분을 새롭게 하였다.
1. 각주를 새롭게 보완하였다.
2. 인문별 소개에 연도표를 추가하였다.
3. 시대적 배경사를 위키피디아 자료를 최대로 보완 점검하였다.
4. 2018년 자료를 첨가하였다.
5. 세계사를 압축 정리하여, 간략하게 만들었다.
6. 역사의 연표를 최종 정리하는 것으로 정리했다.

이런 일을 할 수 있도록 도와주신 가족, 미연, 미수 그리고 효석과 올리, 클라라, 태오와 희은이와 준서 그리고 아내 김익라에게 고마움을 전한다.

영적 지도자이신 심원용 목사님과 삼광교회 성도들에게 머리 숙여 감사를 드린다.

2019년 1월 14일

박영환

# 목차

들어가는 글 •5

## 제1부 연대기로 보는 선교역사

Ⅰ. 선교역사의 일반적 이해 •16
   1. 선교역사 정의 •16
   2. 선교역사 유형 •21
   3. 선교역사 의의 •24
   4. 선교역사 시대 •25
   5. 선교역사 개관 •27
   6. 선교와 전도 •28
   7. 선교역사 목적 •30
   8. 선교역사 종류 •31

Ⅱ. 선교역사의 태동과 이슬람 •40
   1. 초대교회 선교의 이해 •41
   2. 선교역사의 전개 •49
   3. 초대교회와 신학적 배경 •65
   4. 콘스탄티누스 이후 선교 •84
   5. 교황권의 성장과 선교 •98
   6. 유럽의 복음화 •112
   7. 이슬람 세력의 등장 •150

Ⅲ. 로마 가톨릭과 선교 •202
   1. 로마 가톨릭의 선교배경 •202
   2. 로마 가톨릭의 선교지역 •217

## 제2부 개신교 선교역사

Ⅰ. 개신교 선교의 기원 ●238
  1. 근대 의식의 성장과 배경 ●238
  2. 종교 개혁 이전의 개혁자들 ●247
  3. 종교 개혁의 배경 ●248
  4. 종교 개혁자의 선교 개념과 배경 ●275
  5. 반종교 개혁 운동과 30년 전쟁 ●278
  ＊마틴 루터의 선교 이해 ●283
  6. 종교 개혁자들의 선교전략 ●299

Ⅱ. 개신교 선교의 태동 ●306
  1. 개신교 선교 태동의 사상적 배경 ●306
  2. 개신교 정통주의 발생 ●310
  3. 독일 경건주의 배경 17세기 ●311
  4. 개신교 선교 활동 ●312
  5. 개신교 선교의 영향 ●324
  6. 근대 선교의 배경 ●327
  7. 북미대륙의 인디언선교 ●328
  8. 개신교 최초의 선교사 ●336
  9. 영국과 미국의 선교 ●340

Ⅲ. 개신교 선교의 중흥 ●370
  1. 연대기적 분류 ●371
  2. 선교의 사상적 배경 ●377
  3. 현대 신학의 조류 ●382
  4. 19세기 선교의 확장기 ●385
  5. 19세기 선교와 사회사업 ●401
  6. 19세기 유럽대륙의 개신교 ●402
  7. 각종 신흥 종파들 ●404

Ⅳ. 20세기 선교의 총체적 성장과 위기 ●414
  1. 20세기 선교운동의 배경 ●415
  2. 20세기 선교정책과 전략 ●421
  3. 20세기 선교정책과 전략의 실제 ●423

4. 20세기 선교현장의 모습　●425
　5. 20세기 선교신학의 동향　●426
　6. 20세기 세계 선교조직과 대회　●429

Ⅴ. 21세기 미래선교의 정책과 전략 그리고 선교신학　●474
　1. 21세기 선교 배경운동　●474
　2. 21세기 선교신학　●474
　3. 21세기 선교정책과 전략의 배경　●475
　4. 21세기 선교현장의 모습　●477
　5. 21세기 선교의 과제　●478
　6. 21세기 선교신학의 전망과 대안　●478
　7. 21세기 선교역사의 미래 전망적 이해　●480
　8. 21세기 선교신학의 전망과 대안적제시　●482

제1부

# 연대기로 보는 선교역사

I. 선교역사의 일반적 이해(BC 2500~AD 1)

II. 선교역사의 태동과 이슬람

III. 로마 가톨릭과 선교

# I

# 선교역사의 일반적 이해
# BC 2500~AD 1

1. 선교역사 정의
2. 선교역사 연구 유형
3. 선교역사 의의
4. 선교역사 전시대
5. 선교역사의개관
6. 선교와 전도
7. 선교역사 목적
8. 선교역사 종류

# 선교역사의 일반적 이해

## 1. 선교역사 정의[1]

역사는 연속적 개념 속에서 현재와 미래를 이해하는 것으로서 역사관에 따라 달라진다. 반복되는 역사와 마찬가지로 선교역사도 선교전략과 유형에 따라 다양하게 나눠진다. 선교역사는 선교현장에서 결단을 내리고 선교의 방향과 미래를 내다보는 데 도움을 준다. 이렇듯 선교역사는 관점에 따라 다양한 유형들로 나타나고 있는 것이다.

### 1) 기독교적 역사이해

신약과 구약에 보이는 역사 인식은 하나님의 우주만물을 창조하였다는 믿음이며 이로부터 역사의 장이 마련되었다. 그리고 인간의 반항에 의해 역사시대가 열린다. 그러나 하나님은 이 같은 역사를 단순히 인간들의 손에 내 맡기지 않고 역사 속에서 일어난 타락과 계약위반(불순종)을 역사 속에서 하나님의 간섭을 통하여 해결하고자 하는 하나님의 구원계획을 갖고 있다는 믿음이다. 아담의 계약위반으로 발생된 원죄는 예수님의 피의 구속으로 수렴되고 종말과 함께 본래의 역사이전(초기역사) 상태로 복귀한다는 계획이다. 그런데 이 같은 구원 계획의 중심은 예수 그리스도이고 하나님은 역사를 주관하는 자이다.

인간은 원죄를 타고난 죄인으로 인간의 완성이나 구속은 인간의 힘만으로는 결코 이루어질 수 없으며 하나님의 도움이 필요하다. 다시 말해 인간은 역사의 주체가 아니라 다만 부차적인 역할을 담당할 뿐이다. 역사는 또한 시간을 다루는 데 있어서 "과거"를 대상으로 삼으나, 기독교는 시간 내의 사건에 중점을 두면서도 그것은 시간을 초월하기도 한다. 결국 서구의 근대 사관이란 그 열매만 달랐지 그 뿌리는 여전히 기독교에 뿌리내리고 있는 역설적인 현상을 보이고 있는 것이다.

**기독교 역사와 인식**
기독교 역사인식은 세 가지 확신 위에 서 있다고 한다. 첫 번째는 하나님이 역사에 간섭한다는 주장이다. 두 번째는 역사를 일직선적으로 이끌어간다는 믿음이다. 세 번째로 그가 계획했던 의도대로 역사의 종결을 가져올 것이라는 전망이다. 그래서 기독교 역사인식은 창조, 과정, 종말의 단계를 갖고 있으며 역사는 약속에 의해서 움직여진다. 또한 성육신 설을 통하여 하나님과 세계를 연결시켰다. 세속사를 구속사에 종속시키는 것이 기독교이며 이것이 또한 기독교 역사 인식이다.

역사를 크게 둘로 나눈다면 기록된 역사와 기록되지 않은 역사로 구분한다. 역사의 과거는 과거의 사실을 기록한 것이 아니라, 역사가 자신의 현재적 인식 자체를 글로 옮기고 있는 것이다. 그래서 어떤 역사를 사술하느냐 하는 문제는 어떤 인식태도를 갖느냐의 문제와 밀접히 관계되어 있다. 오직 존재하는 것이라고 하면 현재의 시간밖에는 없는데 현재조차도 우리가 의식하는 순간에 과거가 되고 만다. 그렇게 보면 역사도 기실은 현재적 인식에 불과한 것이다.

선교역사는 1517년 루터의 종교개혁을 전후로 구분할 수 있다. 첫째 초대교회에서부터 종교 개혁을 이전으로 하는 로마 가톨릭 선교역사(비록 1800년대에서 현재까지에 나타난 가톨릭 선교가 있더라도)와 둘째 개신교 선교역사로 분류된다.

### 1) 기독교 복음 확장의 역사(지리적 개념)-정치론(政治論)
(스티븐 니일 Stephen Neil : The History of Christian Expansion)
- 선교영역의 지리적 개념이 정치와 연결됨.
- 식민주의적 이해＋제국주의 접근 설명.
- 개략적 선교 이해 근거.

### 2) 복음전파를 위한 영적 전쟁사 – 종교론(宗敎論)
(헨드릭 크래머 H. Kramer : The Christian Message in a Non-Christian World)
- 개종 혹은 토착종교의 변천사 : 토착 종교와의 마찰.
- 16, 17세기: 종교적 대립의 시기
- 18세기: 복음으로 기독교제국 건설을 위한 정복의 시기
- 19, 20세기: 로마 가톨릭의 이방 사도직 허용(적응) J. Thauren
- 20세기 중반이후: 성취, 성례(Phanenberg–성취–종말)

### 3) 인류 구원을 위한 개종의 역사 – 구원론(救援論)
게라트두스 반 델 레에우(Gerardus van der Leew: Phaenomenologie der Religion, Tuebingen)2)

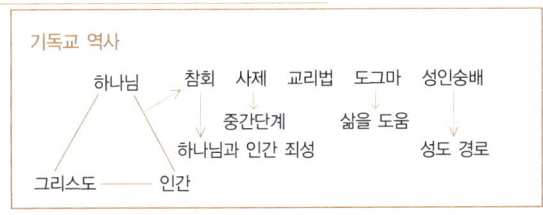

역사란?
① 실제로 일어난 일 / 발생한 일-기록
② 역사과정의 의미 / 행동하고 겪은 체험
③ 역사가 의도하는 것 / 사건에 대한 해석
① ＋ ② ＋ ③ ＝역사

2) 게라트투스 반 델 레이우(1890-1950)의 현상학.
방대한 종교 현상을 기술했을 뿐 아니라 방법론을 명확하게 제시하여 종교현상학의 전성기를 열었던 학자는 네덜란드의 게라르두스 반 델 레에우(Gerardus van der Leeuw, 1890~1950)이다. 기독교 신자였던 반 델 레에우는

- 구원론적 관점에서 역사이해(성경적 선교신학적 관점)
- 선교의 전형적인 모델 – 출애굽
- 구약: 구심적 선교 / 신약: 원심적 선교

### 4) 선교사를 통한 선교현장 – 사역론(使役論)[3]
(알퐁스 물더스 Alphons Mulders : Missionsgeschichte)
(허버트 케인 J. Herbert Kane : A Concise History of the Christian World Mission)
(롤런드 앨런 Roland Allen : Missionary Methods: St. Paul's or Ours?)
- 선교사들의 현장을 중심으로 기록(선교사들이 무엇을 했는가?)
- 선교정책과 전략사

다른 종교 전통들을 있는 그대로의 종교 그 자체로 이해할 수 있도록 하는 방법론을 모색했다. 반 델 레에우는 종교를 체계적으로 기술(describe)하고자 하는 종교현상학이 이러한 목적에 부합한다고 보았다.
나아가 그는 종교현상의 의미를 이해하는 연구를 통해 그 현상의 '본질'까지 파고들 수 있을 것이라고 확신했다. 반 델 레에우에 따르면 종교현상을 유형화하고 분류하며 체계적으로 기술하는 종교현상학은 현실을 이해하도록 하는 구조이자 틀인 '본질'을 볼 수 있도록 한다.
따라서 그는 겉으로 드러난 모습보다 더 깊이 있는 종교현상을 기술해야 한다고 주장하며, 현상이 관찰자 자신의 삶에 받아들여져서 실재가 되도록 체험하는 과정을 강조했다. 여기에 '판단중지', '감정이입', 그리고 '형상적 직관'의 방법이 요구되는 것이다.
1924년에 초판이 발행되었던『종교현상학 입문』(1948년 수정 후 재발행)에는 반 델 레에우의 종교에 대한 폭넓고 깊은 이해가 잘 드러난다. 하지만 너무 광범위한 종교현상을 다루다 보니 구체적인 설명에서 몇몇 오류가 발견되기도 한다. 또한 이 책이『신학개설서』와 유사하게 구성되어 있으며, '아들의 형상으로서 구세주'를 강조했고, '신과 인간' 관련 부분은 기독교 위주로 기술되고 있다는 점 등에서 여전히 기독교적 문제의식을 가지고 있다고 볼 수도 있다. 그는 '힘의 숭배(dynamism)'와 '정령숭배(animism)'를 중심으로 종교를 분류하면서, 힘의 숭배는 일원론(monism)이나 범신론(pantheism)으로 발전하고 정령숭배는 유신론(theism)으로 이어진다고 주장했으나, 학계에서 설득력 있는 주장으로 수용되지는 못했다.
반 델 레에우는 주요 저서『종교현상학』(1933)에서 종교현상을 논의하는 연구에 수반되는 5단계의 과정을 제시하였다. 이 단계들은 순차적으로 일어나는 것이 아니라 상호 관계 속에서 동시에 일어난다는 점에 주의해야 한다.
① 드러난 현상들에 명칭을 부여한다. 이때 '이 현상은 희생 제의이고 저 현상은 정화의례에 해당한다.'와 같이, 현상들을 구별하거나 연결시키는 분류의 작업을 수행한다. ② 종교현상을 자신의 삶에 삽입하여 스스로 체험한다. 종교현상의 해석은 의도적이고 체계적인 체험을 통해서만 가능하다. ③ 자신의 판단을 중지하고 현상에서 떨어져서 이해한다. ④ 관찰된 것을 명확히 하여, 같은 유형에 속한 것을 묶어두고 다른 것을 구별한다. 이 구별은 인과관계가 아니라 구조적 연상관계에 근거한다. ⑤ 언어학(言語學, linguistics)이나 고고학(考古學, archaeology) 연구를 통하여 지속적으로 교정한다.
반 델 레에우에 따르면, 이 모든 행위들이 동시에 일어나면 참된 이해에 도달할 수 있게 되어, 혼란스럽고 난감한 실재가 분명히 드러난 자료가 된다. 그는 이 절차에 따른 연구를 통하여 "순수한 객관성"이 실현될 것을 기대했다. [네이버 지식백과] 종교현상학 [Phenomenology of Religion] (학문명백과 : 인문학, 형설출판사)

3) 로버트 모벗(Robert Moffat : 1795–1883)
복음전파와 생산 증대-성경과 경작 Davi d Livingstone(1813-1875)-선교와 상업활동 Mary Mitchell Slessor(1848-1915)-무역의 극대화

— 선교 인물사

— 선교사역 유형론

### 5) 교회사로서의 선교역사 – 교회론(敎會論)
(칼 하르텐슈타인 Karl Hartenstein : 1894~1952)

"교회는 선교를 통해 존재하며, 선교는 교회의 본질적인 의무이다."

(에밀 브루너 Emil Brunner; The Word and the World, 108)

"불은 불이 붙는 것으로 존재하듯이 교회는 선교에 의해 존재한다"(즉, 불길이 없는 곳에 불이 존재하지 않듯이 선교가 없는 곳에는 교회도 존재하지 않는다)

— 선교의 배경사로 교회사를 둔다.

— 교회사를 선교 역사로 이해

### 6) 갱신 운동의 역사로서의 선교역사 – 변두리 이론(periphery theory)[4]
(폴 피어슨 Paul E Pierson : Thailand Forum for World Evangelization, 2004)

- 나사렛은 로마제국 입장에서 볼 때, 사회적, 문화적으로 변두리 지역이었으나 이곳에서 시작 된 복음화 운동은 전세계에 영향력을 미쳤다.

---

4)-1
최정만,《다시 써야 할 세계 선교역사 Ⅰ》, 서울: 쿰란출판사, 2007, 13~14.

4)-2
Paul. E. pierson,《History through a missiological Perspective》, 임윤택 역, 기독교선교운동사, CLC, 2009, 15-22.
① 변두리이론(Periphery theory)
   교회권력구조의 변두리에서 부흥과 확장의 역사가 시작됨
② 두 조직체 이론(two structures theory)-교회 조직과 선교단체
③ 핵심인물 이론(a key Leader theory)-특별한 하나님과 만남을 체험 – 선교비전 확인
④ 새로운 리더십 개발양식이론(New Leadership Patterns theory)-부흥과 선교운동 : 새로운 리더를 통한 선교-평범한 사람들을 통한 다방면의 리더십
⑤ 새로운 신앙생활 양식이론(Spiritual Dynamics theory)-부흥과 확장-한국의 구역예배, 소그룹운동, 평신도운동
⑥ 새로운 신학적 돌파 이론(theological breakthrough theory)-성경원리에서 새로운 신학적 원리발견-행 15장
⑦ 부흥과 확장이론(Renewal and Expansion )-부흥운동-Sodality-modality-부흥운동을 통한 선교운동이 일어남-부흥운동은 선교운동의 원동력이다.
⑧ 역사/상황적 조건이론(Historical/Contextual conditions theory) 역사적 맥락은 새로운 창조적인 가능성을 만든다 -Pax Romana와 Koine, 그리고 1989년 공산주의 국가의 몰락.
⑨ 선교정보 확산이론(information distribution theory) -선교정보 확산은 다른 지역에서 동일한 선교운동과 부흥운동을 촉진 – 데이빗 브라이트 일기

- 17세기 독일에서 일어난 영적 운동은 18, 19세기 미국으로 옮겨갔다. ⇨ 교권 중심에서 지리적, 정치적으로 떨어진 변두리 지역에서 일어남.
- 안디옥 교회, 프란시스회, 경건주의, 모라비아파, 메쏘디스트 운동 ⇨ 사회적으로 무시당하던 하류계층의 가난한 사람들 가운데서 일어났다.

### 7) 구속사적 관점의 구속의 역사 - 구속론(救贖論-유대적 관점)[5]
(랄프 윈터 Ralph Winter : The Kingdom Strikes Back: The Ten Epochs of Redemptive History / 1981)[6]

하나님의 나라[7]의 회복의 관점에서 창세기 12장 아브라함의 부름(calling)의 사역을 기점으로 4000년을 보았고 예수 이전의 기간과 그 이후를 400년 간격으로 나누어 5시대로 구분했다.

동면적 위임이론 : The Theory of the Hibernating Mandate: 아브라함의 자손이 복의 근원이 되기 위해 2000년이 흘렀고 예수께서 지상명령을 위임하는 것이 필요했다.

---

5) 인류구원을 위한 개종의 역사와 구속사적 관점의 구원의 역사의 차이점
  - 개종의 역사는 타종교의 관점에서 선교 현장을 이해하려는 시도
  - 구속사적 관점은 포괄적 구속사로, 하나님이 전인류와 사회를 구원하시려는 계획을 가지시고 인도
6) Ralph D. Winter, "The Kingdom Strikes Back: Ten Epochs of Redemptive History", Perspectives on the World Christian Movement A Reader, California : William Carey Library, 1981, 185-203을 참조하라.
7) 하나님의 나라의 이해
  성서에서 나타난 하나님의 나라는 5가지 특성으로 이해할 수 있다.
  첫째, 하나님의 나라는 〈하나님〉의 나라이다. 즉, 하나님의 주권에 의해 세워지고 성취되는 나라이지, 인간이 설계하거나 쟁취할 수 있는 나라가 아니다. 둘째, 하나님의 나라는 하나님의 〈선물〉이다. 즉, 그것은 하나님의 약속에 의해 주어지고 하나님의 능력에 의해 성취되는 희망이다. 그러나 하나님의 나라는 하나님의 〈선물〉로 인간에게 주어지지만 또한 인간에게 〈임무〉로도 주어진다. 하나님의 나라가 하나님의 은혜와 선물이라고 해서, 그것은 인간을 다만 잠잠히 기다리게 만들지 않는다. 예수는 하나님의 나라의 도래 앞에서 인간이 철저히 회개하고 세계가 철저히 변화되기를 요구하였다. 셋째, 하나님의 나라는 구원의 날, 즉 〈혼인잔치〉와 같다. 하나님의 나라는 해방과 구원, 치유와 평화를 가져온다. 그러나 예수가 선포한 하나님의 나라에는 〈심판〉의 기대도 포함되어 있다.
  넷째, 하나님의 나라는 무엇보다도 〈가난한 자들〉에게 선포되었다. 굶주리는 자들, 우는 자들, 버림받은 자들, 박해받는 자들이 바로 예수가 산상설교에서 선언한 축복의 우선적인 수신자들이다. 끝으로, 예수는 하나님의 나라를 말로 선포하였을 뿐만 아니라, 자신의 활동을 통해 가시적으로 보여주었다. 하나님의 나라는 예수의 인격 안에서 다가왔다. 그러므로 예수는 '인격 안에서 온 하나님의 나라'라고 할 수 있다. (이신건, 《조직신학입문》, 부천: 한국신학 연구소, 2007)

| 선교대상 | 시기 | 내용 |
|---|---|---|
| 로마인 | 0~400 | 로마에 복음이 전해졌으나 이방인인 켈트족과 고트족에게는 전해지지 않음. |
| 이민족[8] | 400~800 | 고트족의 로마 패망이후 유럽 북부까지 효과적으로 복음이 전달되지는 못함. |
| 바이킹족 | 800~1200 | 켈트족, 고트족 지역에 바이킹의 침입으로 바이킹이 복음화 됨. |
| 이슬람 | 1200~1600 | 유럽의 기독교 연합군이 십자군 전쟁을 통해 이슬람교들에게 증거. |
| 땅 끝 | 1600~2000 | 유럽에서 땅 끝(각 대륙)까지 복음증거. |

결론적으로 선교는 과거 선교역사로 복귀하려는 경향이 있다. 따라서 앞으로의 선교역사를 예측, 연구, 분석, 조명하려면 현재의 선교역사를 살펴보는 것이 타당하다. 현재와 미래의 선교역사가 과거의 선교역사로 복귀하려는 이유는 동일한 구속의 기능과 과정을 거쳐 선교역사가 형성되기 때문이다. 따라서 선교역사는 하나님으로부터 분리된 인간을 향한 구원의 계획사를 말함과 동시에 다른 한편으로 그 사역을 이루려는 영적인 현장역사이다. 즉, 선교역사는 인간의 보냄을 통해 인간을 구원하시는 삼위일체의 현장사이다.

## 2. 선교역사 유형

선교사, 선교현장 그리고 선교시대의 배경과 세계사의 요인들로 형성된 복합적 결정체로 유형이 정리된다. 학자들의 견해는 현장의 관계성 등의 5가지 유형으로 분류된다.

### 1) 선교현장 분석 – 폴 피어선(Paul E. Pierson)[9]

(1) 환경적 요소 – 하나님의 간섭
(2) 신학사상의 상관성 – 긍정적, 부정적
(3) 영적 원동력 – 교회와 선교의 영향
(4) 선교매체 – 복음 전달 수단
(5) 선교구조 – 교회와 선교단체
(6) 지리적 확장 – 복음의 지리적 확산

선교현장 = 긍정적,부정적+삶
선교사 = 신앙고백+선교단체
주변의 역사 = 세계적 경향

---

[8] 고트족의 이동, 동고트, 서고트, 랑고바르텐, 425년 훈족, 455년 반달족, 프랑켄, 앵글족, 섹슨족이 이동했다. 이에 대해서는 76쪽 이하 또는 85쪽 이하 내용 "민족의 대이동"에 나오는 "게르만족의 이동" 참고하라.
[9] 선교사–지도력 / 토착화–교회, 신학–정체성 교사–신학 유형

(7) 선교사

(8) 지도력

### 2) 역사 신학적 유형 – 큉(Hans Küeng)[10] 토마스 쿤(Thomas Kuhn)의 패러다임 이론
(1) 초대기독교의 묵시적인 패러다임

(2) 교부시대의 헬레니즘 패러다임

(3) 중세의 로마 가톨릭 패러다임

(4) 개신교의 종교개혁 패러다임

(5) 현대의 계몽주의 패러다임

(6) 부상하는 에큐메니칼 패러다임

### 3) 선교현지인-관계 – 랄프 윈터(Ralph Winter)[11]
(1) 개척자(Pioneer) – 지도력 은사

(2) 부모(Parents) – 가르침 은사

(3) 협력자(Partner) – 관계성 확립

(4) 참여자(Participant) – 재생산 은사

### 4) 선교현장의 위치[12]
(1) 연안지역

(2) 내륙지역

---

10) David J Bosch,《변화하는 선교》, 김병길·장훈태 역, Transforming Mission, 서울: CLC, 2000, 181~182, 288~289.

11) Ralph D. Winter & Steve C. Hawthome,《Mission Perspectives》, 정옥배 역, 서울: 예수전도단, 2000, 218~238 / 원서 181-182- 2009년 사망- 한국선교계에 미전도 종족선교와 전방위 개척선교의 이론을 도입, 전래시킨 학자다.

12) 박영환-2종류의 5개 유형
　① 10/40 window-이슬람
　② 4/14 window-교육
　③ yellow window-인종별 white win-dow-종합적 "window"는 선교사들에 의해서 집단적 그룹으로 특정 지어지며, 특별한 신학적 의미는 없다. 일반적으로 선교사들이 선교현장을 후원기관, 단체들에 보고하면서 정리된 용어들이다.
　④ 미전도종족선교 전방위개척선교
　⑤ Modality Sodality

- 데이빗 리빙스턴(David Livingstone)[13]
- 로버트 모패트((Robert Moffat, 1795-1883)[14].

(3) 미전도종족
- 카메론 타운젠트(W. Townsend) : 위클리프 성경번역선교회를 조직(1934), 과테말라, 스페인에 성경판매(1917), 1919년 스페인어로 성경번역 *지리적 유형 ①-④은 그 시기에 종료된 것이 아니다. 지금도 계속된다.

(4) 도시유역

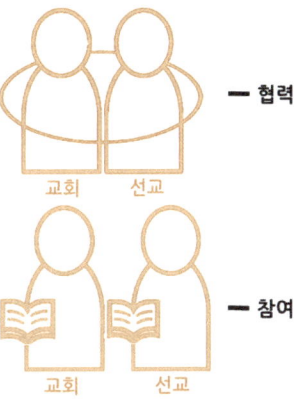

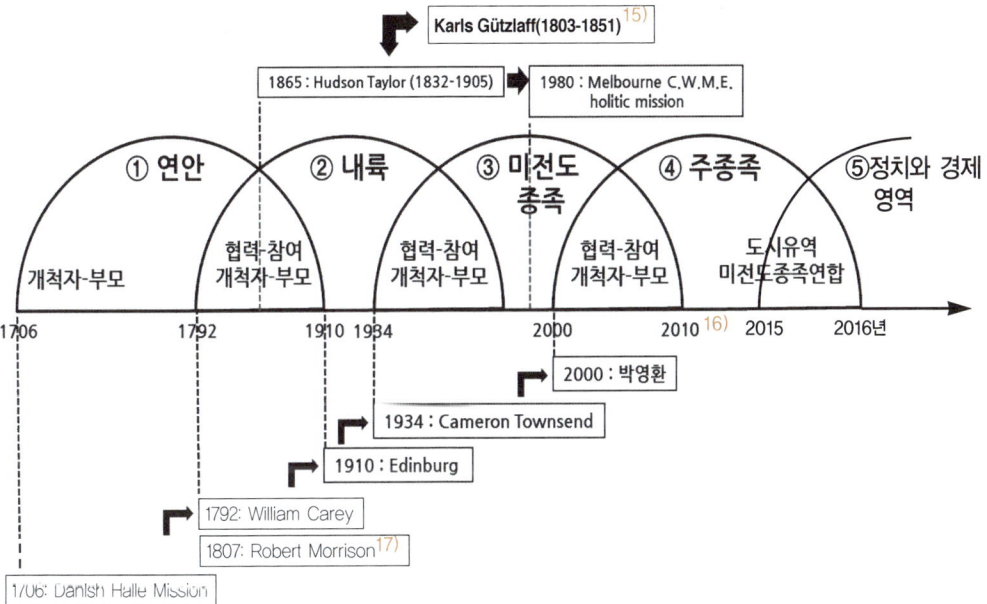

---

13) 데이빗 리빙스턴 David Livingstone 1813-1873)-1834년 의료선교단의 결심으로 남부아프리카 선교, 런던 선교회 인정, 1841년 케이프타운 도착, 그리스도, 상업, 문명전파, 빅토리아 폭포 발견. 뉴욕 헤럴드(The New York Herald)」 신문사는 헨리 모턴 스탠리(Henry Morton Stanley) 기자 1871년 잔지바르에서 발견.

14) 로버트 모패트(Robert Moffat)-1816년 런던선교협의회 파송으로 남아프리카 공화국.40년간 개신교 선교공동체를 세움.10명의 자녀를 둠. 딸 메리는 리빙스턴과 결혼.
  참고자료: -William Walters(1885) Life and Labours of Robert Moffat, D.D., Missionary in South Africa,
  -John Smith Moffat(1885) Lives of Robert and Mary Moffat
  -C. S. Home(1894) The Story of the L. M. S.
  -Alan Butler(1987) Kuruman Moffat Mission, Kuruman Moffat Mission Trust, Kuruman

15) 칼 큐줄라프(Karls Guetzlaff:1803-1851) 내덜란드 선교회 선교사로 인도네시아 파송, 독립선교사로 활동, 태국,

### 5) 선교배경과 선교교단의 사상유형

(1) 유대주의와 초대교회

(2) 헬레니즘과 로마 가톨릭

(3) 종교 개혁과 개신교

(4) 근대사회(계몽주의)와 개신교

(5) 현대사회(타종교와 문화)와 개신교


## 3. 선교역사 의의[18]

선교역사를 통하여 다음과 같은 의미를 얻을 수 있다.

1) 선교역사 전환점을 배울 수 있다.

2) 선교의 전략과 방법을 배울 수 있다.

3) 선교사 훈련과 교육의 다양한 원리를 획득할 수 있다.

4) 선교의 미래를 조명할 정책과 방향을 구상해 볼 수 있다.

5) 선교현장의 과제에 해답을 얻을 수 있다.

---

캄보디아, 라오스 선교, 중국선교-1853년 중국 복음화선교회(China Evangelization Society)조직, 허드슨 테일러(Hudson Taylor:1832-1904)를 파송함. (허호익, 귀츨라프의 생애와 조선선교활동, 한국 기독교역사연구소, 2009.)

Ruth A. Tucker, From Jerusalem to Irian Jaya( A Biographic History of Christian Missions), 박해근 역, 선교사열전, 크리스찬다이제스트, 1996, 박영환 역, 선교역사와 신학(Mission Legacies 내용번역), 한국 웨그너 교회성장연구소, 1998.

16) 3차 로잔대회 이후 복음주의선교에서 더 이상 주제로 자리를 잡지 못했다. 그 자리에 이민자, 다문화 가족, 특수 선교로 자릴 메김을 했다. -Integral Mission(총체적선교) 용어 등장.

17) 로버트 모리슨(Robert Morrison: 1782-1834)
1789년 런던 전도 학교를 졸업하고 1807년 중국에 건너가 개척 선교사로 일하였다. 1813년 〈신약성서〉를 한문으로 번역하였고, 1816년(순조 16) 영국인 바실 홀을 통하여 한국에 최초로 〈성서〉를 전해 주었다. 그가 처음에 중국에서 전도를 할 때 7년 동안이나 걸려서 겨우 한 사람의 신자를 얻었다 한다. 그 후 〈구약 성서〉와 〈영한 사전〉을 출판하고, 일생을 중국에서 전도 사업에 바쳤다.
참고: 조훈, 로버트 모리슨, 신망애 출판사, 2003.

18) Paul Pierson, History through a Mis-siological Perspective, 임윤택, 기독교선교운동사, 서울 : CLC, 2009, 31-47. ① 정체성 확립 ② 역사적 안목 ③ 역사적 통찰력 ④ 인식적 도구 ⑤ 선교적 이슈 ⑥ 개방적 태도

## 4. 선교역사 시대

세상을 구원하시려는 하나님의 구속사는 에덴동산에서 시작된다. 온 세상을 향해 흩어짐을 통한 구속사는 가인의 사건에서 시작하여 바벨탑 그리고 아브라함의 부르심에서 바벨론 포로와 이스라엘 백성이 예루살렘으로 돌아오는 모형이 구속역사이다.[19]

그러나 선교는 예수 그리스도로 시작되기에 선교역사의 근거도 예수 그리스도의 공생애로 출발점(AD 30)을 삼아야 한다.

### 1) BC 586~331(바벨론 제국 - 알렉산더 대왕)

페르시아는 동방세계를 통일한 후(BC 525), 총독제를 도입하여 중앙집권체제로 통치하였다. 이때 바벨론으로 잡혀온 유대인 백성이 귀환한다. 페르시아는 화폐와 문자를 통일하고 도로를 정비했다. 그러나 지중해의 해상권을 둘러싼 그리스와의 전쟁(페르시아 전쟁 BC 492~479)[20]에서 패배하여 쇠퇴한다. 그리고 BC 330년에 마케도니아의 알렉산더 대왕에게 멸망당한다(헬레니즘 문화의 영향권).

> 한편, 중국은 춘추시대(BC 770~403)를 맞이하여 많은 사상가들이 나타나고 사회가 전쟁으로 인해 혼란스러운 시기였다. 유교의 창시자인 공자가 이 시기에 활동하였고 한반도는 고조선 시대를 맞이했다.

---

19) 구약은 선교의 책이다. 구약은 선교의 개념, 선교사상, 선교정신을 담고 있다. 성경에 나타난 최초의 선교본문은 창조 기사다. 창세기 1장-창세기 12장 참고
(월터 카이저, 《구약성경과 선교》, 《Mission in the old Testament : Israel as a Light to the nations》, 임윤택 역, CLC, 2005) Roger E. Hedluacl, 송영로 엮, 《성경적 선교신학》, 《Biblical Thedogy of Mission》, 서울싱경학출판부, 1990, H.H. Rowley, 《The Missionary Message of the Old Testament》, Condon, Carey Kingsgate Press, 1945.

20) 페르시아 전쟁(BC 492-479) 490년에 밀티아데스(Miltiades)의 지휘 아래 아테네의 마라톤에서의 승리는 페르시아로 하여금 본격적인 토벌을 계획하도록 만들었다. 480년, 페르시아는 크세르크세스 왕의 지휘 하에 그리스를 향한 대거 침략을 시작하였다. 페르시아의 공격은 터모파일래(Themistocles)의 통로에서 스파르타의 레오니다스 왕이 이끄는 용맹스러운 저항으로 인해 늦추어지는가 싶었다. 그러나 페르시아의 침략은 계속되었고, 이러한 페르시아군의 무지막지한 침략은 항복하자는 그리스인들의 견해를 확증하게 했다. 그러나 아테네 해군이 살라미스 섬과 본토 사이의 좁은 해협에서 결정적인 승리를 거두었다. 479년, 플라테이아(Plateia)의 육지 전투에서 페르시아는 완전히 패했다. (에버렛 퍼거슨, 박경범 역, 《초대 교회 배경사》, 서울: 도서출판 은성, 1993, 11-2).
"아랍제국의 역사는 다음과 같다." BC 728-550 매디아, 550-330 아케메네스 /559-331 페르시아/바벨론 제국-BC 247-209박트리아/BC 247-AD 224 파르티아(박트리아 점령/셀레우코스왕조 점령-AD 224-651 사산조 페르시아-651-1219 몽골점령/ 몽골 1219-1500 – 페르시아 1500-1935/1979 -이란.
AD 651-1299 이슬람제국-1299-1923 터키/이스라엘, 사우디 아라비아, 아락크, 이집트공화국.

## 2) BC 336-323(알렉산더 대왕 정복기간)

헬레니즘 시대: 알렉산더의 동방원정(동쪽: 인도 서부의 인더스강 유역, 서쪽: 그리스) -동서양의 융합정책(페르시아인과 그리스인들의 혼혈 정책 및 강제이주), 알렉산더 대왕의 사후(BC 323)에 마케도니아, 이집트, 시리아로 분열함. 이후 BC 27년 로마제국이 정복함.

## 3) BC 63/64~AD 476 : 로마의 확장과 멸망

| | 로마문화 – 헬레니즘 문화(그리스 문화+오리엔트 문화) 서남아시아 + 동북아프리카 | |
|---|---|---|
| 문화 | 도시중심, 세계 시민주의, 개인주의 | |
| 철학 | 에피쿠로스 학파[21] | 쾌락은 선이고 고통은 악이다. |
| | 스토아 학파[22] | 제논 → 이성으로 욕망을 억제(금욕). 윤리적, 정신적 안정 추구 |
| 과학 | 유클리드의 기하학, 아르키메데스의 물리학 등 | |
| 시대상황 | • 로마는 BC 264~147까지 카르타고와의 3차례 전쟁에서 승리하여 지중해 패권을 장악. ⇒ 제1차 포에니 전쟁(BC 262~241)의 결과로 로마는 싸디니아, 코르시카와 시실리를 획득. 제2차 포에니 전쟁(BC 218~201) 동안 한니발은 알프스를 넘음으로써 스페인에서 이탈리아 침공을 전개, 그러나 로마는 스키피오 아프리카누스(Scipio Africanus)라는 위대한 장군을 배출해 결국 아프리카에서 한니발을 격파. 이제 로마는 이탈리아 북부, 곧 남부와 스페인을 다스리게 됨. 제3차 포에니 전쟁(BC 149~146)은 카르타고의 궁극적 패배를 가져와 이제 모든 지중해 서부는 로마의 손에 들어오게 됨.<br>• 로마의 평화(Pax-Romana)는 아우구스투스 시대(BC 27~AD 14)까지 유지. 아우구스투스 시대에 팔레스타인 지역이 로마의 식민지가 됨. ⇒ 예수의 탄생 | |

---

[21] 인식에 대해서 감각론을 주장하고 감각은 그 스스로 참을 전한다고 말하면서, 오류가 생기는 것은 감각을 해석하는 방법에 잘못이 있기 때문이라고 한다. 그리고 인식이 목적으로 하는 것은 무지나 미신에 기초한 신이나 죽음에 대한 공포에서 벗어나 행복을 얻는 것에 있다고 보았다. 그리고 그 행복이라는 것은 평정하고 자율적인 심신의 안정 상태, 즉 '아타락시아'라고 하고, 이것을 쾌락이라 칭하였다.(철학사전편찬위원회, "에피쿠로스", 《철학사전》, 서울: 중원문화, 2009).

[22] 철학을 논리학, 자연학, 윤리학의 세 부문으로 나누고, 그 중에서 윤리학에 중점을 두었다. 또 논리학의 역사에서는 명제 논리를 성립시켜 일정한 위치를 차지한다. 존재는 모두 영원히 생동하는 화기(火氣)로 이루어졌고, 이것이 법칙(로고스)에 따라 생성 변화하면서 만물의 세계가 성립한다고 하는 유물론적이면서 변증법적인 견해를 보이고 있다. 비이성적인 욕망을 제거하고 인간 본성인 이성에 의해 평정·부동(平正·不動)의 경지(그 apatheia, 영 apathy)에 이르는 것을 '유덕'(有德)한 생활 방식이라고 가르쳤다.(철학사전편찬위원회, "스토아학파", 《철학사전》, 서울: 중원문화, 2009).

### 4) 아프리카

—페니키아인(카르타고 건설)—로마—반달족—비잔티움제국—이슬람세력—쿠시왕조(BC 1000)—수단누비아지방—악숨왕조(BC 120)—가나왕조(3-4세기)

### 5) 아메리카

마야문명(AD 300~900) 인디언문명(BC 15000 인구이동)—청교도문명(1620-16~17세기) 미국문명(1776. 7. 4.)

## 5. 선교역사 개관

선교의 2가지 기능은 파송과 위임으로, 구약에는 위임이 없다. 예수를 통한 파송과 위임은 신약에만 있으며 예수를 통하여 하나님을 알게 되고 구속은 하나님으로부터 시작된다.

초대교회로부터 시작된 선교는 바울을 통하여 세계의 문을 열게 하였고 그 역사는 종교개혁을 전후로 개신교가 가톨릭 선교역사로 구분되고 1706년 최초의 덴마크 할레선교회를 통한 세계선교의 위대한 역사를 현재까지 이어오고 있다.[23]

| 오순절 성령강림(마가의 다락방) : 선교역사와 교회의 시작[24] ||
|---|---|
| 고넬료 사건으로 유대 기독교(행 10장)가 이방 기독교, 즉 세계기독교의 활로를 열었다. ||
| 안디옥 교회 – 바울의 선교여행(안디옥 교회를 통해 바울, 바나바, 마가가 파송됨)<br>　　　　　– 복음을 세계로 전하는 불씨의 역할을 함.(행 13장) ||
| 시기 | 내용 |
| AD 70 | 예루살렘 멸망이후 디아스포라 : 유대인들이 회딩을 믿듬 |
| AD 313 | 콘스탄틴의 기독교 공인 – 교회와 정치 |
| AD 325 | 니케아 종교회의 – 교회성립 |
| AD 380 | 테오도시우스의 기독교 국교화. 교회연합을 제국의 발판으로 삼음 기독교 국교화로 성도대신 국가가 복음을 전해야 한다는 개념 형성 |
| AD 476 | 게르만에 의해 로마의 멸망. (동로마와 서로마 분리) |

---

23) 박영환, 《핵심선교학개론 II》, 서울: 도서출판 바울, 2004, 32-33, 49-50 Society for the Propagation of the Gospel in New England. 뉴잉글랜드 복음선교회(1649) 존 엘리엇 : 북미 인디언 중심 기독교 지식 이해 증진회(Society for Promoting Christian Knowledge)1698 – 신세계 백인, 원주민 기독교문서보급/도서출판해외 복음선포회(Society the Propagation of the Gospel in Foreign Parts) 복음전파 회에서 해외부분이 창립(1701) 해외 영국정착민, 토착원주민 중심 미국 선교에 결정적 영향.
24) 최정만, 《다시 써야 할 세계 선교역사 I》, 서울: 쿰란출판사, 2007.

| 6-12세기 | 기독교의 중앙집권(로마)에서 지방분권 – 이슬람 전성기(632) |
|---|---|
| 1453 | 오스만제국 – 동로마 멸망 |
| 16세기 | 종교개혁과 선교(1517) |
| 17세기 | 부흥운동과 선교(경건주의로 선교의 불씨) |
| 18세기 | 탐험과 개척의 선교 |
| 19세기 | 세계 선교 – 전 세계로 |
| 20세기 | 복음팽창의 역사, 1, 2차 세계대전 이후 – 식민지 독립, 산업화, <br> 신학의 변천 – 국제적 선교단체. 타협과 관용(부정적으로는 복음의 변질, 긍정적으로는 선교 영역 확대)[25] <br> 국수주의 – 외국 선교사. 자국의 이익추구 <br> 공산주의 – 선교의 박해와 중단 |
| 21세기 | 문화와 종교다원주의의 시대 |

## 6. 선교와 전도[26]

**1) 선교와 전도에 대한 전통적 견해는 그 둘의 차이를 '대상'에서만 찾는다.**

(1) '선교'는 지리적으로 이방나라를 대상으로 하는 것이고 '전도'는 가까운 주변을 대상으로 하는 것이다.

(2) 신학적으로 '선교'는 '아직 기독교인이 되지 않은 자들(not-yet-Christians)'과 관계된 일, '전도'는 '더 이상 기독교인이 아닌 자들(no-more-Christians)'과 관계된 일이었다.

**2) 전통적인 견해는 한계점을 지니고 있다.**

지역적 차이에서 선교와 전도의 차이점을 찾으려는 시도에는 서구식 민주적 사고방식에서 기인하였다.

---

25) 선교현장의 급박한 요청과 변화는 전통 선교 방법의 혼란을 일으켰다. 1, 2차 세계대전은 전후 선교지의 민족운동과 자기종교를 복구하여, 기독교도 서구세력의 종교, 침략자의 종교로 접근하려는 경향에 전통적 선교전략은 당황하여 그 대안적 접근방법을 찾아야만 했다. 동시에 양차 세계대전의 출발이 기독교와 가톨릭을 종교로 갖는 국가들이었다. 서구 기독교에 의한 세계전쟁의 고통은 타종교로 하여금 새로운 부흥의 도전을 주었다. 특히 기독교에 절망한 자들이 힌두교의 영성 혹은 인도 종교에 심취되어 가는 경향이 있었다. 즉, 영성은 기독교적 용어가 아니라 힌두교의 중심주제이다. 그러므로 기독교는 "영적", "영적 능력", "경건"으로 단어를 사용해야 한다. 영성은 혼합된 비기독교 용어이다.

26) 선교와 전도는 복음의 구속적 선포이며, 선교는 전도와 사회봉사가 포괄되는 것이다.(박완선, 《복음선교 입장과 선교 및 과제》 2001, 118).

선교는 '아직 기독교인이 되지 않은 자들'을 위한 활동으로, 전도는 '더 이상 기독교인이 아닌 자들'을 위한 활동으로 국한하는 시도도 최근 유럽의 상황에 비추어볼 때 이런 구분이 명확하지 않기에 타당하지 않다.

**3) 데이빗 보쉬는 존 스토트와 한스 뷰르키의 견해를 따라 선교는 전도보다 더 포괄적 의미를 지니고 있으며, 전도는 실제로 선교의 한 구성요소가 된다고 말한다.**

(1) 선교는 모든 제반 활동이라고 한다면, 전도는 직접 복음을 제시하는 활동이라 할 수 있다. 하지만 그렇다고 해서 전도가 선교보다 작다고 정의할 수 없다. 무엇보다 중요한 것은 선교와 전도는 구원을 위한 하나님의 개입이며, 하나님의 명령의 핵심이다.

(2) "전도는 선교와 충분히 구별되나 분리되어 있지는 않다."[27] 선교와 마찬가지로 전도 역시 경계선을 넘어간다. 그러나 그러면서도 매우 특별히 신앙과 불신앙 사이에 있는 사람들을 위한 것이다.

(3) 선교란 한 번도 복음 선포가 된 적이 없는 지역을 대상 전도는 전파된 지역에 확충하는 것이다.

**4) 선교와 전도의 개념 혼란은 1966년 베를린 선교대회에서 나타났다.**

(1) 선교는 진보주의적 성향 – 사회선교를 주장하는 자들에 의해 널리 사용.

(2) 전도는 보수주의적 성향 – 복음 선포만을 강조하려는 경향과 사회 선교의 위협성은 미리 예방하며, 혼탁한 선교이해를 더 이상 방관하지 않겠다는 입장에서 사용. 그러므로 보수진영에서는 선교라는 용어보다 '전도'를 선호한다.

(3) 구소적 차이짐은 종합적 행위(선교) 혹은 복음 선포의 행위(전도)인지로 드러난다.

---

27) 'The Confessing Community', Inte rnational Review of Missions, no. 264(1977. 10), 341.

"토론문제: 선교와 전도의 차이점은 무엇인가?"

| 선교와 전도의 일반적인 구분 | | | | | |
|---|---|---|---|---|---|
| 선교 | 국외 | 타 문화 | 선교회 (선교사) | 전도 (사회봉사) | 선교사 파송 |
| 전도 | 국내 | 자 문화 | 교회 (성도) | 교회성장 교회개척 | 전도사 파송 |

David Bosch, WITNESS TO THE WORLD 데이빗 보쉬, 《세계를 향한 증거》, 전재옥 역, 서울: 두란노, 1993, 25-33.

▶ 선교 신학은 그럼에도 불구하고 정확한 정의를 내리기 어렵다. 단 어떤 영역에서 어느 목적을 가지고 적용하는가에 따라, 일반적, 개념적, 신학적 그리고 연동적으로 구분(32쪽 참고).

(4) 현실적 차이점은 전도가 선교를 지향하나 선교의 한 행위가 복음을 들을 수 있는 기회를 제공하기 때문이다. 선교의 기능이 복음을 들을 수 있는 가교적 역할을 한다고 볼 수 있다.

(5) 선교의 중추적 목표는 복음을 들음으로 이루어진다.

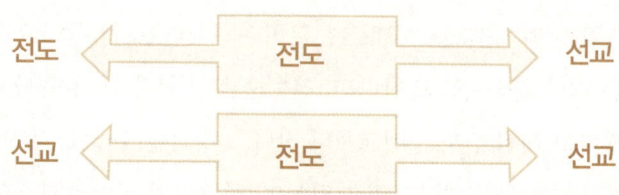

## 7. 선교역사 목적

### 1) 선교역사의 목적

선교역사의 목적은 온 세상에 하나님의 나라를 세우고, 그 안에 하나님의 뜻이 성취되는 것과, 하나님께 영광과 기쁨을 돌려드리는 자들의 삶을 탐구하여 후대에 유산으로 물려주는 데 있다.

### 2) 선교역사의 의미는 다음과 같은 질문에 대한 대답을 연구할 수 있다는 것이다

(1) 전체역사 과정을 통해 교회가 그 임무를 어떻게 수행해 왔는가?
(2) 하나님이 선교사들을 왜 사용하였으며 어떻게 사용하셨는가?

### 3) 선교역사는 객관적인 관점(Geschichte)과 주관적인 관점(History)으로 기록된다.

선교역사는 주관적인 관점으로 기록되어 있으나, 객관적인 관점으로 볼 때 선교의 현재와 미래를 볼 수 있다.[28]

### 4) 선교역사의 중심점은 교회다, 선교는 교회를 통해 시작되고 종결된다.[29]

(1) 선교역사는 교회를 통한 하나님의 인도, 예수님의 말씀, 성령님의 사역의 세 가지로

---

[28] 1. 랑케(Leopold Ranke 1795-1886) 객관적 Gesehen-Geschichte 2. 카(E. H. Carr)(1892-1982) 주관적 - 과거의 사실을 현재의 입장에서 해석 History-Historian.
[29] 정지강, 《선교학개론》, 서울:대한기독교서회, 2004, 65-66.

나누어진다.

(2) 선교역사와 교회사는 다르다.[30]

* 선교역사와 교회사가 같다고 보는 견해: 교회사 학자들이 선교역사를 저술하고 가르쳤으며, 선교역사는 교회사에서 많은 자료를 원용하기 때문이다.
* 선교사와 교회사가 다르다고 보는 견해: 선교 역사가 교회와 관련되나 특수한 선교적 관점 즉, 교회가 어떻게 선교적 역할을 실행해 나가는지 보아야 한다.
  ① 선교역사는 선교학을 떠날 수 없다.
  ② 선교역사는 선교이론(원리)을 따라 역사적 사건으로 판단한다.
  ③ 선교역사는 선교적 실행(선교 활동)에 큰 가치를 둔다.
* 선교의 역사는 지금도 계속하여 이어지고 있다. 초대교회는 교회사의 출발로 교회의 조직과 더불어 선교역사와 교회사로 동시에 관련되었다.

# 8. 선교역사 종류

## 1) 로마 가톨릭 선교역사[31]

### (1) 주제별 분류

① 복음과 정치, 문화(30~610) : 이슬람[32]의 등장 이전까지.

---

[30] 교회사의 긴장관계(배본철, 세계교회사, 도서출판 영성네트워크, 2009, 27-29)
   ① 그리스도의 인성과 신성-니케아(325), 콘스탄티노플(381), 에베소(431), 칼케돈(451)
   ② 이성과 계시-유대교-그리이스-로마문화 배경은 18세기 경건수의와 합리주의
   ③ 행위와 은혜-구원론에서 대립 - 가톨릭과 개신교의 대립
   ④ 성령과 조직-교회론-어거스틴(교회는 성결한 자들의 집단) 몬타누스(Montanism)주의 -기성교회의 미온적 신앙과 가르침에 불만으로 분리된 집단
   ⑤ 교회와 국가-교회와 국가를 지배, 분리, 협력하는 유형(William C. Placher, A History of the Christian Theology, Philadelphia, 1983, 4-5)
[31] 박영환,《핵심선교학개론》, 도서출판 바울, 2008. p. 166

| 주체 | 기관 | 구분 | 관심 분야 | 특징 | 방법 | 유형 |
|---|---|---|---|---|---|---|
| 수도사 | 수도원 | 가톨릭 | 정치,문화 | 조직 | 지리적 | 외적 |
| 평신도 | 교회 | 개신교 | 경제,사회 | 복음 | 영적 | 내적 |

[32] 이슬람교의 기원 : 마호메트(Muhammad:569-632)가 계시를 받았다는 610년이다. (Religion in Geschichte und Gegenwart(RGG), Hans Dieter Betz, Don S. Browning, Berand Janowski, Eberhard Juengel(hersg.) Bd.4, Juergen Tubach, Islam, Mohr Siebeck, 2001. 4판, 250-283.

- 국가가 선교를 담당하여 기독교화 시키는 것이 선교로 이해되었다.

② 복음과 타종교(이슬람교)(610~1517) – 이슬람교 이후 종교 개혁까지이다. 정치, 문화적 선교형태가 기독교화와 영토 확장 개념으로 이해되었다.

③ 교회와 다문화(1517~2010) – 종교개혁 이후 로마 가톨릭은 지역별 문화, 국가별 문화 그리고 특수 문화영역에서 선교를 이루어갔다.

④ 타종교와 다문화(2010-현재) – 종교다원주의 영역에서 선교가 이해되어져 간다.

(2) 내용별 설명

① 기독교의 복음은 박해의 위기 중에도 로마에서 공인(313)되고 국교화(380) 됨으로써 공식적으로 세계의 종교가 되었다. 그러나 교회가 개별적 회심을 바탕으로 한 선교활동이 아닌 정치적인 선교활동이었으므로 양적으로만 급성장하였다. 이로써 선교의 열정보다 신앙고백 없는 양적성장으로 거짓 신앙자들이 싹트기 시작하였다.

② 7세기 이슬람교의 등장(610)으로 로마를 중심으로 한 선교활동이 국가와 민족 또는 지역단위의 선교지로 전개되었다. 아일랜드와 영국을 중심으로 하여 1200년까지 유럽 동북부의 복음화를 이루었다. 또한 동유럽과 러시아의 로마 가톨릭화가 정교회로 전환되기도 했다. 한편 1096-1272년 8차 십자군 전쟁[33] 이후 이슬람권에 대한 선교의 장애가 현재까지도 남아있다.

---

33) 십자군 전쟁
  1) 원인
  11세기 말에서 13세기 말 사이에 서유럽의 그리스도교도들이 성지 팔레스타인과 성도 예루살렘을 이슬람교도들로부터 탈환하기 위해 전후 8회(1096~1272년)에 걸쳐 감행한 원정에 참여한 군사를 십자군이라고 부른다. 셀주쿠 왕조의 팽창으로 비잔틴 제국은 위협받고 있었다. 이에 당시 비잔틴 제국의 황제로 있었던 알렉시우스 1세는 로마 가톨릭의 교황 우르반 2세에게 군사적 지원을 요청하였다. 이에 대한 대답으로 우르반 2세는 십자군 운동을 제창하게 된다. 이렇게 시작된 십자군 운동은 총 8회(1096-1272년)에 걸쳐 진행된다. 처음 십자군 운동의 의도는 이교도인 이슬람교도들에게 빼앗긴 성지 탈환이었다. 하지만 그러한 순수한 의도는 시간이 지날수록 퇴색했고, 영토 확장, 약탈을 통한 경제활동이 그 주목적이 되었다. 사실 처음부터 우르반 2세 역시도 십자군 운동을 신앙인 의도가 아닌 교황권 강화와 교세 확장이라는 정치적 의도로 제창하였다.
  2) 결과
  십자군 운동은 결국 실패로 끝나게 되었다. 그 원인은 1) 이슬람의 결집(장기, 살라딘) 2) 십자군 내부 분열과 갈등 3) 국민의 지지 상실로 들 수 있다. 이렇게 실패로 끝나게 된 십자군 운동은 교황권의 쇠퇴를 가져오는 결정적인 원인이 된다. 그러나 한편으로 경제적 발전을 가져왔고, 약탈을 통해 유럽으로 유입된 팔레스틴의 문화, 서적, 지식 등이 훗날에 르네상스 운동을 일으키는 원동력이 된다.
  3) 살라딘
  티그리트 출신의 쿠르드족 무슬림 장군이다. 살라딘은 제3차 십자군 원정 때 무슬림의 술탄으로 있었던 지도자로 이슬람의 결집을 도모하고, 탁월한 지도력과 함께 온건하며, 약속을 잘 지키고, 자비로운 군주로 덕망이 높았다. 이러한 살라딘의 기사도 정신은 서방 세계에서도 유명하였다.

③ 로마 가톨릭은 도미니칸(Dominicans, 1216)과 프란시스(Francis, 1209)교단, 베네딕트[34](Benedictinus, 529) 수도원으로 자치연합기관, 그리고 후에 등장한 예수회(jesuites, 1540) 교단에서 훈련된 선교사들이 나타나 조직적으로 선교활동을 벌였다. 이들의 선교활동을 주로 지리적 선교라는 외적 활동으로 본다면, 종교개혁은 그릇된 교회관과 도덕적 부재와 교황의 압제 등에 대항한 가톨릭 영역 안에서의 내적 선교활동이라 말할 수 있다.

(3) 결론
【로마 가톨릭 선교의 특징】
• 정치적 배후세력의 도움을 받았다.(복음 + 정치)
• 훈련 받은 수도사와 수도원의 선교열정이 있었다.
• 집단개종(동일 집단의 원리)을 위한 선교전략이 있었다.(주로 상류계층, 계급별로 복음을 전함)
• 총력전도와 선교정책을 소유하였다.

## 2) 개신교 선교역사[35]

(1) 주제별 분류

① 복음과 사회(개혁)(1517~1910) → 사회정의

---

[34] 베네딕도회-성 베네딕도 수도원으로 자치연합기관(라틴어: Ordo Sancti Benedicti, OSB)은 로마 가톨릭교회 소속(Ordines monastici)이다. 529년에 누르시아의 베네딕투가 몬테카시노에서 창건하였으며, 그가 수도원 생활의 규범으로 세운 계율(베네딕도 규칙서)을 따르는 남녀 수도회들의 연합체를 일컫는다. 모토는 '평화'(라틴어: pax)와 '기도하고 일하라'(라틴어: ora et labora)이다. 이름을 한자로 음차하여 분도회(芬道會)라고 부르기도 했다.
성 베네딕도회는 통일된 하나의 수도회가 아니며, 각 수도원들이 하나의 수도회를 이루는 구조를 갖고 있다. 따라서 베네딕도회가 존재한다기보다는 베네딕도 규칙서를 지키는 수도원들이 존재한다는 표현이 더 맞다고 볼 수 있다. 비록 베네딕도회 총연합(라틴어: Confederatio Benedictina)이 존재하기는 하지만, 이는 예수회나 프란체스코회 등과 같이 막강한 권위와 권한을 지닌 중앙집권적인 기구가 아니다. 베네딕도회 소속 수도원들은 서로 종속 관계에 있지 않고 인사나 경제 문제에 있어서 외부의 간섭을 전혀 받지 않고 독자적인 운영을 하는 자치 수도원(라틴어: monasterium)들이다.
베네딕도회는 자치 수도원들의 연합 형태인 19개의 연합회(라틴어: Congregatio)와 어떤 연합회에도 속하지 않은 자치 수도원과 예속 수도원들로 이루어져 있다. 이 연합회들과 수도원들은 하나의 베네딕도회 총연합(라틴어: Confoederatio Congregationum Monasticarum Ordinis Sancti Benedicti)을 이루고 있다. 성 베네딕토 수도회 총연합을 대표하는 수석 아빠스(라틴어: Abbas primas)가 있고 또 각 연합회마다 그 연합회를 대표하는 연합회 총재(영어: Abbot President) 혹은 총아빠스(라틴어: Archiabbas)가 있다. 그리고 각 자치 수도원을 대표하는 아빠스와 원장들이 있다.
마지막으로 베네딕도회 총연합 안에 전 세계 수도회원들의 양성과 학문 연구를 위해 1888년에 설립된 로마의 성 안셀모 대학교가 있다. 성 베네딕도회 오딜리아 연합회(라틴어: Congregatio Ottiliensis Ordinis Sancti Benedicti)와 같이 보통 성 베네딕도회 다음에 연합회의 이름을 표시함으로써 전 세계에 산재해 있는 베네딕도회를 구별하고 있다. 영국은 1336년 연합회를 시작.
[35] 선교역사의 흐름 변화
1. 정치별 2. 지역별 3. 경제별 4. 다문화별 5. 인종별 6. 민족별 7. 국가별

② 복음과 경제(식민지)(1910~1989) → 경제정의
③ 복음과 문화(종교)(1990~) → 종교다원 - 기독교 정체성 혼란

**(2) 내용별 설명**

개신교 선교는 정치, 사회 문제를 바탕으로 한 경제 문제가 중요한 이슈로 등장했다. 그러나 1945년 이후 선교지 중심의 선교정책으로 민족, 독립, 자기문화 등의 주제들이 선교 현장의 위기를 불러왔다. 1952년 개신교, 1962~1965년 로마 가톨릭의 선교정책 변화가 그 사례이다.

2000년 이후 선교는 정책과 전략의 축에서 현상과 상황으로 바뀌었다. 예를 들면 다문화, 혼합문화, 복합문화 등의 사회계층이 서구를 중심으로, 지금은 서서히 아시아권으로 이동해갔다.

개신교 선교역사는 16세기 루터의 선교 씨앗으로 경건주의를 바탕으로 싹을 내었고, 덴마크 할레 선교회의 자비량 선교의 열정은 19세기 개신교 선교역사의 세계화, 그리고 번성기가 20세기 선교의 확장사로 또한 21세기의 땅 끝 선교시대로 미전도종족선교로 나아갔다.

### 3) 학자들의 선교 역사 분류는?

(1) 데이빗 보쉬(David Bosch) - 패러다임으로 분류[36]
    ① 묵시적 - 초대기독교
    ② 헬레니즘 - 교부시대
    ③ 로마 가톨릭 - 중세
    ④ 종교개혁 - 개신교
    ⑤ 계몽주의 = 현대 → 근대
    ⑥ 에큐메니칼 - 부상하는 세계 → 현대

(2) 복음주의 분류[37]
선교현장을 주관적으로 해석한 결과, 마치 순수한 복음의 접근으로 오해한다.

---

[36] 데이빗 보쉬, 《변화하고 있는 선교》, 김병길, 장훈태 역, CLC, 2000.
Transforming mission, 287-288 현대는 근대로, 부상하는 세계는 현대로 번역함이 좋다.
[37] 복음주의의 유래.
복음주의는 영국의 존 위클리프(John Wycliff:1320-1384)까지 보기도 한다. 종교개혁 이전 가톨릭에서 영적

즉, 기독교 신학이란 각각의 개인적 상황(성, 나이, 교육, 결혼유무 등)과 사회적 위치(사회적 계층, 직업, 건강, 환경 등), 인격과 문화(세계 관, 언어) 등이 경험과 현실의 이해 사이에서 형성된 신앙과 경험, 삶의 과정을 형성하는 역사적 기대 등으로부터 공유되어진 신앙의 틀, 가치의 틀, 기술들을 접목시킨 상황적 결과물이다.

정화를 위해 사용해왔다. 사고방식으로 북부프랑스와 네덜란드 근교에서 프랑스어 "Evangelisme"로 교회와 교리를 의지하지 않고, 성서 헬라어와 히브리어 원전 연구, 고대사본 연구에서 새로운 그리스도의 정신과 사상을 연구하고자 했다. 특징은 신약의 복음서와 바울서신에서 예수 그리스도의 본질을 찾으며, 신앙생활의 근본을 성서에서 찾는다. 전통이나 전례 전승 등을 두 번째로 보는 정도다. 1510년부터 교회정화운동에 사용되었고, 1520년은 루터와 1540년대는 칼뱅이 사용함. 일반적 성서주의를 생각하는 개신교 여러 파들이 있다.

복음주의자란 복음을 정확히 믿고, 복음에 따라 사는 자(Evangelicalls)들을 말한다. 주로 종교개혁-청교도-경건주의-정통주의로 본다.

복음주의선교에서 어원의 출발은 1846년 영국의 복음주의(Evangelische Allianz: EA)연맹에서 찾아볼 수 있다. 교회, 선교단체, 선교사, 각 개인들로 구성된 공동체이다. 1845년 10월 1일 영국의 리버플에서, 1846년 8월 19일 900명이 런던에서 모였다.

| 세 신학 유형의 개요 | | | |
|---|---|---|---|
| | A유형신학 | B유형신학 | C유형신학 |
| | 카르타고 | 알렉산드리아 | 안디옥 |
| 문화 | 로마 | 헬레니즘 | 근동 |
| 핵심 인물 | 터툴리안 | 오리겐 | 이레니우스 |
| 핵심어 | 법 | 진리 | 역사 |
| 사상의 이동경로 | 어거스틴, 캔터베리의 안셀름, 아퀴나스, 개신교 정통, 근본주의, 신토마스주의 | 아벨라드, 슐라이마허, 자유 개신교, 뮐러, 루너간, 라너 | 아시시의 프란시스, 초기 루터; 웨슬리, 바르트, 데이아르 드샤르뎅, 구띠에레즈 |
| 기독론 | 인격: 고 구속:만족 배타적 | 인격: 근대이전-고, 근대-저구속: 모범모델 포용적. 제한된 다원주의적 | 인격:저 구속: 자유 포용적. 온건한 다원주의적 |
| 교회론 | 기관 모델 | 신비적 공동체, 성례전 | 사신. 종 |
| 종말론 | 부정적 계층 질서적 | 긍정적 근대 이전-계급적, 근대-평등 | 긍정적 근대이전- 덜 계급적 근대-평등 |
| 구원론 | 영적 | 근대 이전-영적 개명 근대:통전적 | 통전적 |
| 인간론 | 부정적 계층 질서적 | 긍정적 근대 이전-계급적, 근대-평등 | 긍정적 근대 이전-덜 계급적, 근대-평등 |
| 문화 | 근대이전-고전주의적 근대-경험적 반문화 혹은 번역 모델 | 근대이전-고전주의적, 근대-경험적 인류학적 모델 | 근대이전-고전주의적 근대-경험적 프락시스 혹은 온건한 반문화 모델 |
| 선교사 | 프란시스 사비에르, 윌리엄 캐리[38] | 시릴과 메쏘디우스, 마테오 리치, 막스 워렌 존 음비티 | 동방 시리아 정교 수사, 아시시의 프란시스, 해방신학자 |

(Stephen B. Bevans, Roger P. Schroeder, constants in context, Orbis Books, 2004. 37, 김영동 번역, III)

▶ 저자들이 인용한 유형 3가지
◎ 터툴리안 유형 : 하나님의 말씀을 지킨다는 명제를 중심으로, 법을 지킴으로 신앙을 이룬다고 봄.
◎ 오리겐 유형 : 하나님의 말씀을 행할 수 있는 인간의 열정, 언젠가는 진리에 충만하게 된다는 신앙
◎ 이레니우스 유형: 하나님이 참된 목자로서 인간들을 푸른 초장으로 인도하여 꿀을 먹여주신다는 목자의 관점에 초점

그러나 시대적 변화 속에 패러다임의 틀은 변화되는 것이다.
예를 들면

> 중세 로마 가톨릭 – 현재 로마 가톨릭의 전통주의
> 개신교 종교개혁 – 현재 개신교 고백주의
> 계몽주의 신학 – 자유주의 상황화

> 근본주의자, 극단주의자, 보수주의자, 온건주의자, 자유주의자

그러나 공통점은 '하나님, 인간, 세상'이다.
그리고 상황점은 중세, 개신교, 계몽주의의 만남이다. 인간이 공통점과 상황점을 서로 통합하려는 지향점을 갖게 하는 것이 신학의 방향성이다.

(3) 오늘날의 선교 이해의 배경과 현장
- 서구의 억압으로부터의 해방과 탈출, 착취의 부정한 구조, 인종차별, 성차별로부터의 자유.
- 서구기술과 서구의 발전 : 경제적으로 가난한 국가를 식민지화 자원 공급책 혹은 생산물 소비처 → 빈곤의 악순환(특허, 통신, 정치)으로 서구에 종속적이다.
- 기독교의 우월적 경향과 타종교의 군림하며 다스리려는 접근이 복음의 우위성으로 상쇄되는 죄악을 범한다.
- 서구신학은 동양의 신학적 접근을 받아들이지 않는 경향이 있다. 지금도 새로운 신학의 이론과 정책, 전략으로 타 지역의 신학을 지배하려고 한다.
- 서구신학은 제3세계 신학과 선교의 주도권을 포기하지 않으려고 한다.
- 기독교는 참된 구원의 종교, 타종교를 향한 구원의 손길로 접근하되, 십자가와 사랑이다.

# 참고문헌

Kane, Herbert. 박광철 역, A Global View of Christian Missions, 5판., 1975. 세계 기독교 선교역사
Thomas, Norman E. Classic Texts in Mission and World Christianity, Maryknoll, NewYork, 1995. 박영환 역.
Schwegmann, Barbara Die Protestantische Mission und die Ausdehung des Britischen, 1990.
Latourette, Kenneth Scott. The 19th Century in Europe, Vol 1-7.
Neil, Stephen. A History of Christen of the Church. 홍치모, 오만규 공저, 《기독교 선교사(상하)》 서울: 성광문화사, 1999.
Rosenkranz, Gerhard. Die christliche Mission. Muenchen. 1977.
Mortizen, Niel-Peters. Geschichte der christlichen Mission, Erlangen, 2. Aufl, 1990.
Bainton, Roland H. Christendom: a short history of christianity and its impact on western civilization. New York: Harper & Row, Pub, 1966.
Walker, Williston. History of the Christian Church. New York: Charles Scribner's Sons, 1970.
Schmidt, Kurt Dietrich. Grundriss der Kirchengeschichte. Goettingen: Vandenhoeck & Ruprecht, 1990.
박영환, 《선교역사와 신학》, 서울: 서로사랑, 1998.
김성태, 《현대신학총론》, 서울: 이레서원, 2000.
김연진, 《선교신학 총론》, 서울: 성광문화사, 1998.
이광순, 이용원 공저, 《선교신학개론》, 서울: 장로교신학대학교 출판부, 1995.
김영동, 《교회를 살리는 선교학》, 서울: 장신대출판부, 2003.
김웅태, 《선교의 역사와 개념》, 서울: 가톨릭대학교 출판부, 1992.
정지강, 《선교학개론》, 서울: 대한기독교서회, 2004.
채은수, 《선교학총론》, 서울: 기독지혜사, 1991.
최수일, 《간추린 선교》, 역사, 서울: 예영커뮤니케이션, 2003.
최정만, 《다시 써야 할 세계 선교역사 I》, 서울: 쿰란출판사, 2007.
　　　　《신약 배경으로 본 세계 선교역사 II》, 쿰란출판사, 2008.
홍용표 외 9명, 《선교신학》, 서울: 도서출판 존스북, 2012
에버렛 퍼거슨, 박경범 역, 《초대 교회 배경사》, 서울: 도서출판 은성, 1993.
기타 선교신학 개론(전호진, 최정만 역, 장중렬 등) 혹은 선교학개론의 책 중에 있음. 특히 최정만 번역인 현대선교신학 개론(Johannes Verkuyl)
안승호, 《성경이 말씀하시는 선교》, 서울 : CLC, 2019.

# II

# 선교역사의 태동과 이슬람 AD 1~1200

1. 초대교회 선교의 이해
2. 선교역사의 전개
3. 초대교회와 신학적 배경
4. 콘스탄틴 이후 선교
5. 교황권의 성장과 선교
6. 유럽의 복음화

# 선교역사의 태동과 이슬람

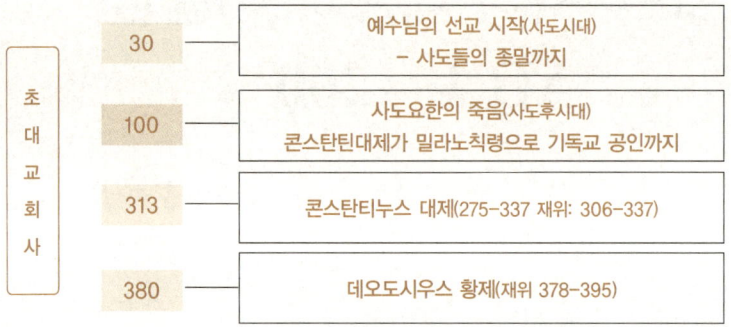

초대교회 이전의 선교역사를 논하기에는 약간의 어려움이 있다. 선교라는 개념의 출현은 신약에 등장하는 예수 그리스도에 대한 선포를 그 배경으로 한다. 사실 선교의 외적 출발은 사도행전 2장에서 베드로가 성령이 충만하여 유월절 행사로 몰려든 예루살렘에 선포한 복음으로 바라보기 때문이다.[38)]

---

38) 초대교회=원시교회=AD 30-380
  30년경부터 4세기 초 그리스도교가 로마의 국교로 인정되기까지의 기간 형성되었던 그리스도교에 대한 총체적 명칭이다. 이 시기에 그리스도교 경전이 기록되었고, 교회의 신학과 체계가 확립된 기간으로 그리스도교 역사 중 중요한 의미를 지니고 있다. 리옹의 주교 이레니우스가 활약했던 180년경 이전을 구분해서 원시교회로 부르기도 한다.
  원시교회는 다시 사도시대와 속사도시대로 구분한다. 팔레스타인 지방에서 방랑생활을 하며 예수 그리스도를 증거하던 원시 공동체는 팔레스타인을 넘어 소아시아 지방으로 전파되어 영역을 확장하였다. 이 영역의 확장을 전해주고 있는 것이 신약성서에서 《사도행전》이다. 바울에 의해 그리스도교가 헬라 문화와 만나면서 다른 경향이 나타나기 시작하였다. 이러한 변화는 기독교가 유대적 색채를 벗고 헬라적 경향을 띠면서, 세계의 종교로 성장해가는 데 중요한 요인으로 작용하였다고 할 수 있다.
  3세기에 이를 때까지 그리스도교는 양적으로 놀라울 만큼 급격히 팽창하였다. 이러한 성장의 원인은 그리스도교의 구원에 관한 복음이 당시 사람들이 필요하였던 구원의 도를 가르쳤다는 반증인 것은 분명하다. 그리스도교가 성장하고 발전하면서 사회적 세력으로 등장하는 만큼 기존의 국가체계와 기성 종교들이 느끼는 위기의식도 높아갈 수밖에 없었다. 이것이 구체적으로 드러난 것이 원시 공동체가 겪어야 하였던 박해였던 것이다.
  초대교회는 그리스도교의 원형으로 후대 역사 속에서 항상 높은 존경을 받았다. 특히 교회가 타락하고 부패하였을 때마다 초대교회로 돌아가자는 취지의 종교적 개혁운동이 일어났다.
  (http://100.naver.com/100.nhn?docid=746406)

선교는 예수 그리스도를 선포하는 사역이다. 그러므로 예수 그리스도 이전을 선교역사로 보기는 어렵다.

복음은 초대 교회의 박해로부터 흩어져가다 사도행전 13장에 가서는 로마를 향해 전파됨을 살펴 볼 수 있다. 또한 선교의 역사는 교회 역사의 시작과 맞물려 있다. 그러므로 신약 이전에서 선교를 찾아본다는 것은 쉽지 않다. 이것을 남침례교 선교신학자인 조지 피터스는 구약을 "묵시적 선교"로, 그리고 신약을 "명시적 선교"로 선교적 성경의 성향을 분류해 놓았다. 명료하게 드러난 선교역사를 초대교회 오순절 성령사건 이후를 보는 것이 타당하였다.

즉, 선교를 선교의 대명령 이후로 보는 것에 다수가 일치하고 있다. 다만 그 이전에 선교가 예수 그리스도로부터, 그의 제자들을 통해 사도들에게 전승된 것을 단계적으로 정리해야 된다.

내용을 정리해 보면 ① 오순절 성령 강림으로 시작된 선교의 역사(행 1:8)는 초대교회를 통해 명시적으로 드러났다(313년). 로마 제국 하에서 ② 기독교의 공인과 국교화(380년), ③ 이슬람의 등장(610년)으로 외적인 선교활동이 내적으로 조직화 됨(민족과 국가단위로 구성) ④ 유럽의 복음화와 가톨릭의 선교로 구성되어진다.[39]

## 1. 초대교회 선교의 이해

### 1) 초대교회의 선교활동은 타자의 입장에서 다음 5가지 유형으로 이해되어졌다.
(1) 복음을 하나의 새로운 실천적인 종교 철학으로 생각하였다.

---

- '가톨릭'이란 용어의 출현

'일반적, 보편적'이란 뜻의 그리스어 $καθολικος$ (catholicos)에서 유래된 말. 가톨릭 교회란 말을 가장 먼저 사용한 사람은 안티오키아의 이그나티우스(Ignatius 35-107)이다. 그는 스미르나 교회에 보낸 편지에서 주교의 권위를 논하면서 다음과 같이 말하였다. "예수 그리스도께서 계신 곳에 가톨릭 교회가 존재하듯, 주교가 있는 그곳에 교회 공동체가 존재한다"(Ubi epicopus, ibi est communitas, ut ibi Jesus Christus, ibi Ecclesia Catholica). 여기서 사용된 '가톨릭'이란 말은 예수 그리스도 안에 이루어지는 신앙과 사랑의 일치를 가리킨다. 그것은 곧 지역 교회 간의 유대를 지칭하는 '하나인 교회'(Ecclesia una )를 강조한다. '가톨릭'이라는 표현은 폴리카 르포(Polycarpus, 69?~155?)에 와서 더 풍부한 뜻을 지니며, '참된 교회'(E cclesia vera)로 이해되었다.(한국가톨릭대사전편찬위원회, "가톨릭", 《한국가톨릭대사전》, 서울: 분도출판사, 2006.)

39) 로버트 C. 월튼, 고덕상 역,《챠트 교회사》, Chronological and Background Chat of Church History, 기독교문서선교회, 1990, 8.

- 변증자들을 통해 복음 전파.

(2) 그리스 종교의 한 형태로 세례와 성례전을 통해 세상에서의 삶을 제의적 활동으로 이해했다.

(3) 복음을 새로운 깨달음과 새로운 지식으로 보았다. 창조된 세계의 어둠 속에서 빛의 영원한 곳으로 인도해준다. 죄가 하나님으로부터 멀리 있고, 사물에 갇혀 있는 것으로 해석하였다.

(4) 복음은 또 하나의 유대인 종교 운동이었다. 그래서 복음을 하나의 학파로 형성하고 제자를 모집하는 것으로 생각하였다. —교회는 진실 되려고 했기 때문에 당시 유대인의 종교운동 중에 또 하나의 변형으로서 복음을 전파하려는 유혹을 경험했다.

(5) 복음은 계시주의에 의해서 흡수될 수 있다. 성령을 받는 것은 특별한 사람에게 주는 특권(몬타니우스파)이라 생각하였다. 따라서 선교는 예수님의 재림을 기다리는 선택된 자들을 교 회로 불러들였다.

## 2) 초대교회의 연대기적 분류(AD 33 - AD 200)

(1) 사도행전에 나타난 초대교회
▶ 그리스 로마문화의 배경(BC 331~AD 330: 콘스탄틴노플 천도)
▶ 예루살렘교회를 중심으로 한 조직
▶ 성령과 복음사역의 유형

(2) 로마 제국-선교활동 (AD 476)
▶ 로마제국사

BC 735년 로마왕정—BC 509년 로마공화정—BC 27 로마제국—AD 395년 (1) 동로마 제국과 (2) 서로마제국—7세기중반 —노르웨이, 스웨덴, 덴마크—1397년 덴마크—1523년 스웨덴 독립—1905년 노르웨이 독립—1944년 아이슬란드 독립

(1) 동로마 제국—330년 콘스탄티노플로 천도—1453년 오스만 제국(1299~1923년 터어키, 1922년 이집트, 1932년 사우디 아리비아, 1948년 이스라엘 독립)에 멸망—1283~1547년 모스크바공화국—1547—1721년 차르공화국/1613년~1917년 러시아 2월 혁명—러시아제국 멸망—1922년 소비에트 사회주의 공화국 연방—1991년 러시아.

(2) 서로마 제국—476년 멸망—오토아케르—프랑크왕국 843년—3개로 분할: 동, 중, 서 프랑크왕국 * 동프랑크왕국(843년~918년)—신성로마제국(800년 칼대제—오토 962~1815 독일—1945년 동,서독—1990년 통일)/1358년 오스트리아 공화국(1849)—1526년~1804년 합스부르크 왕국—오스트리아 제국(1804년~1867년)—오스트리아-헝가리제국(1867년~1918년)—헝가리, 1919년 오스트리아/1918년 체코슬로바키아—1992년 슬로바키아 분리 독립

▶ 박해와 전도
- AD 54-305(네로의 박해 - 디오클레시아 박해)
- 박해이유 : 정치, 반체체집단, 사회 - 반사회적 집단
- 박해에 대응하는 차원 - 변증적 전도 - 선교

▶ 신학발전과 기독교 공인


(3) 그리스-로마 종교 및 유대교 배경[40]
⇒ 예수님은 왜 팔레스타인 지역을 선택하셨는가![41] (선교에 미치는 영향 / 역할)

예수님 당시 팔레스타인의 중심적인 위치는 아시아, 아프리카, 유럽 등지로 그에 대한 소식이 신속하게 전파되기에 안성맞춤이었다.

팔레스타인의 중요성은 이곳이 아시아와 아프리카를 잇는 유일한 통로였다는 것이다. 그러나 이런 중요성은 동시에 위험스런 상황을 조성할 수도 있다. 왜냐하면 만일 바벨론이 이집트를 치기 위해 이동해왔다던가 또는 이집트가 바벨론을 치러 이동한다면 팔레스타인은 전쟁의 소용돌이에 휩싸이게 될 것이기 때문이다. 팔레스타인은… 침략을 받았다. 첫 번째는 주전 332년에 일랙신디 대왕의 그리스인이 침략이었고, 다음으로는 로마인이었는데 그들은 그리스와 그 식민지들, 더 나아가 그리스의 문화, 언어, 선박, 항해기술까

---

[40] 참고
Boardman, John, ed. History of the classical World, Oxford, 1986. Barker Ernest From Alexander to Constantine, Oxford, 1965. Peters, F. E. Th0e harvest of Hellenism: A History of Near East From Alexander the Great to the Triumph of Christianity, London, 1972.

[41] John Foster, 심창섭, 최은수 역, 《초대교회의 역사》, The First Advance-Church History AD 29-500, 서울: 웨스트민스터 출판사, 1998, 15-7
- 사도시대-속사도시대-교부시대 폴리캅, 파피아스, 이그나티우스, 라틴학파, 안디옥학파, 알렉산드리아학파
- 영지주의-마르시온-몬타뉴스 등의 이단 등장
- 삼위일체론과 기독론논쟁, 451년 칼케돈 회의에서 (신앙인양성고백, 신앙고백, 성모마리아 등)
※정병석, 《PPT 한눈에 보는 세계사》, 프리칭아카데미, 2007.

지 인수하였다. 주전 64년 그들은 팔레스타인을 접수함으로 남쪽과 북쪽지방들을 모두 섭렵할 수 있었다.

> **팔레스타인의 중요성**
>
> 1) 아시아 아프리카 사이를 지중해와 홍해가 양 대륙을 갈라놓았으나 유독 작은 시나이 반도만이 이들을 잇고 있다.
> 2) 팔레스타인은 지중해와 아라비아 광야 사이에 위치한 좁은 통로이자 이 양 대륙의 합치점이다.
> 3) 구약에 기록된 역사의 중심도 양 대륙을 잇는 통로였던 팔레스타인이었다.
>    팔레스타인은 양대륙에 문명을 대표하는 두 도시를 잇는 통로이다.(아시아를 대표하는 티그리스-유브라데 문명의 중심지인 바빌로니아, 아프리카를 대표하는 나일계곡을 중심으로 발전한 이집트)
>
> 그러므로 예수님 당시 이러한 팔레스타인의 중심적인 위치는 아시아, 아프리카, 유럽 등지로 그에 대한 소식이 신속하게 전파되는 데 안성맞춤이었다.

### 3) 초대교회와 12제자[42]

유세비우스 "교회사 3권 초두"에서 유세비우스는 사도들이 "세계를 분할하여" 세계의 모든 방면으로 각각 나갔다고 말하고 있다 ; 예루살렘 멸망을 기술한 후 사도들이 '사람이 거주하는 세계'를 각자 맡을 여러 지대로 나누었다.

(1) 도마는 파르티아인[43] 지역, 요한은 아시아, 베드로는 본도와 로마, 안드레는 스키

---

42) The Christian Centuries, J. Dane lou, 39.
   참고
   • Herbert Kane, - 초대교회의 특징: 사랑(온전한 사랑, 이웃사랑, 서로사랑), 순결(온전한 성품, 성결 -우상숭배와 부도덕 배격)
   • Roger E. Hedlund, Biblical Theology of Mission, 송용조 번역, 251-266.
   • Korokaran, 1979, 168, Theological Found-ations of Evangelization, "Indian Missiological Review", vol. nor. 2,(April), 165-174.
   - 선교는 예수 그리스도의 인격과 생애의 행적 전체에 기초한다.
   1) 복음 선포-산상수훈-대중상대
   2) 가르침-권능(막 1:22)
   3) 성령의 권능으로 마귀를 내쫓고, 병든 자를 고치며, 죄인을 용서(마 12:22-28, 31).
   • Michael Green, Evangelism in the Early Church, 박영호 역,《초대교회 복음전도》.
   - 제자와 선교 1) 유대인선교 -140- 205. 2) 이방인 전도-206-267.
   • Everett Furguson, Backgrounds of Early Christianity,《초대교회 배경사, 기독교 선교를 저해하는 것들》, 603-618.
   ＊Ferdinand Hahn,《이방인에 대한 예수님의 태도》- 15-36,《바울과 선교》- 37-92.
   ＊장신대 출판부, 선교와 신학 제1집(특집 : 선교의 성경적 기초) 오경의 선교, 요나서를 통해 본 선교, 성령과 선교, 바울과 선교, 장로회신학대학교 출판부, 1998, 12-115
   ＊김명혁 역,《선교의 성서적 기초》, 서울: 성광문화사, 1983, 요하네스 바빙크 9-40, 허버트케인 41-169, 피터 바이어하우스, 209-270.
43) 파르티아는 BC 247년 알렉산더대왕이 멸망시킨 페르시아 왕국에서 파르티아 총독 안드라고라스를 물리치고 아르사케스 1세가 창설한 국가. BC 142년 메소포타미아 전역을 점령한 대제국이 됨.

치아 — 이 진술은 어느 정도 역사적 진실을 담고 있다.

(2) 신약성경 외경 문헌에는 사도들의 이름에 따라 지역권을 나누었는데 베드로군, 도마군, 빌립군, 요한군으로 나뉘어져 있다.

(3) 2세기 초에는 기독교 선교 지역으로는 메소포타미안 지역(야고보 로마와 관련) 아시아 지역(빌립과 요한에 의존) 베드로 그룹은 베니게, 본도, 아가야, 로마였다.

| 사도명 | 주요 행적 | 전승[44] |
|---|---|---|
| 베드로 | • 오순절날 설교함<br>• 성문 곁의 앉은뱅이 치유<br>• 산헤드린 박해를 이기고 이적으로 감옥에서 나옴<br>• 아나니아, 삽비라, 시몬마구스를 꾸짖음<br>• 죽은 도르가 살림<br>• 안디옥에서 바울로부터 책망을 들음<br>• 베드로전·후서(신약성경) 기록 | • 브리톤(영국)과 가울지방(프랑스) 방문<br>• 네로 황제 박해 당시 로마에서 거꾸로 십자가형을 당함(AD 64~68) |
| 안드레 | • 스구디아, 소아시아, 헬라에서 설교한 것으로 추정 | • 아가야의 파트라에서 십자가형 |
| 도마 | • 바벨론에서 설교를 했다고 전해짐<br>• 초기 전승에 수리아에서 복음을 전한 것으로 알려짐 | • 전승에 의하면 인도에 교회를 세우고, 인도에서 순교당했다 함 |
| 요한 | • 베드로가 성전에서 앉은뱅이 치료시 함께 있음<br>• 사마리아에서 빌립의 사역을 이어서 함<br>• 에베소에서 사역<br>• 요한복음, 요한1, 2, 3서, 요한계시록 기록 | • 영지주의자 케린투스 비난<br>• 노년에 밧모섬으로 추방당하여 유배생활 함<br>• AD 100년경 늙어서 죽음 |
| 마태 | • 이디오피아, 파르티아, 페르샤, 마게도냐 등에서 활동했을 가능성이 있었다고 함<br>• 마태복음 기록 | • 다른 전승은 알려지지 않고 있음 |
| 빌립 | | • 소아시아 히에라폴리스에서 십자가형으로 순교함 |
| 다대오 | • 에뎃사에서 사역했다고 함 | • 다른 전승은 알려지지 않고 있음 |
| 열심당원 시몬 | • 애굽, 페르샤, 브리튼, 카르타고 등에서 다양하게 활동했다고 전해짐 | • 인도에서 십자가형을 받고 순교함 |
| 바돌로매 | • 빌립과 함께 히에라폴리스에 갔다고 함 | • 아르메니아 지방에서 사역을 하다 가죽이 벗기워져 순교함 |
| 세베대의 아들 야고보 | | • 헤롯 아그립바 1세에 의해 순교당함 |
| 알패오의 아들 야고보 | • 초기 전승에 예수님의 동생 야고보와 계속해서 혼동되었음 | • 시리아에서 사역을 했다고 전해짐 |
| 주의 동생 야고보 | 예루살렘 교회의 지도자 예루살렘 종교회의 주관 | • 예루살렘에서 순교함(AD 62) |

---

[44] Willam Steuart McBirnie, 이남종 역, 《열두 사도들의 발자취》, The Search for the Twelve Apostles, 서울: 도서출판 솔로몬, 1991, 31-3.

## 4) 초대교회와 선교 사상

### (1) 기독교 출발의 배경
### ① 정치적 배경 : 로마시대
▶ 로마의 배경: Pax Romana

BC 27년 아우구스투스(BA 27~AD 14)의 시대부터 마르쿠스 아우렐리우스(AD 161~180)의 5현제(五賢帝) 시대까지의 약 200년간 계속된 평화.

로마의 평화라고도 한다. 이 시대는 변경의 수비도 견고하였고, 이민족(異民族)의 침입도 없었으며, 국내의 치안도 확립되어 교통·물자의 교류도 활발하였고, 로마제국 내의 각지에서 도시(都市)가 번영하여 전 국민은 평화를 구가했다.

AD 64년에 네로 황제의 기독교 박해가 시작되었다. AD 70년 티투스 장군의 예루살렘 성전파괴 등이 이 시기에 속한다.[45]

▶ 로마의 종교

**황제숭배(The cult of Emperor)** : 황제는 현현신이고 법과 질서의 수호자. 지역의 번영, 국민생명의 보존자로 숭배. 황제를 거부하는 자는 반역자.

**밀의 종교(The Mystry Religion)** : 의식을 은밀히 행하기 때문에 의식을 공개치 않는 신비주의적 종교이다. 황소 피로 목욕, 즉 성수로 목욕하고 구속적 성례식을 강조, 금욕주의 강조, 내세사상·죄 씻는 의식이 강하다. 밀의 종교는 혼합종교로 Mithrasim[46]이 대표적이다. 초대교회 당시 로마 종교(이집트, 시리아, 페르시아에서 성행) 시대로 이것은 혼합종교이다.

**사이벨교** : 스스로 채찍질을 하는 고행을 하며 구걸행각을 하는 제사장들과 3월 22일

---

[45] 헨리 채드윅, 서영일 역, 《초대교회사》, 1983, 28.
[46] 군대 장교들 간에 성행, 기독교 성찬식과 비슷하게 성스러운 식사를 나누는 풍습이었으며, 죽은 후에는 신자들의 경우 7개의 혹성에 거하는 영혼 등을 거쳐 은하수에 닿게 된다는 구원론을 가르침.
밀교(密敎, Mysteries, μυστήρια) 또는 밀의종교(密儀宗敎, Mystery religion)는 해당 가르침 또는 종교의 입문자 또는 비전가(initiates, 이하 비전가)에게만 그 가르침의 내용이 알려진 고대 그리스와 로마의 컬트 종교들을 통칭한다. 이 종교들은 비전(秘傳·initiation)과 종교적 수행과 실천의 세부 내용을 외부로 밝히지 않는 비밀엄수주의를 주된 특징으로 한다.
고대 그리스-로마 세계에서 가장 유명했던 신비 종교 또는 밀의종교는 엘레우시스 밀의종교 (Eleusinian Mysteries)였다. 이 컬트 종교는 아주 오래된 밀의종교로 그리스 암흑기(기원전 13~9세기) 이전부터 존재하였다. 밀의종교들은 고대 후기(기원후 2~8세기) 동안 융성하였는데, 예를 들어, 기원후 4세기에, 후대에 "배교자 율리아누스"라고 불린 로마 황제 율리아누스(361-363)는 서로 다른 세 가지 밀의종교에 입문하여 비전을 전수받았던 것으로 알려져 있다. 그리고 이러한 후대의 컬트 종교들 중 특히 유명했던 것으로는 고대 로마 제국의 군인들 사이에 널리 믿어진 미트라교(Mithraic Mysteries)가 있다.

아티스신의 죽음을 조상하는 '피의 제전'과 금식 후에 3월 25일 Hilaria 신의 부활을 기념하는 3월 17일에서 27일까지의 대규모 축제[47]로 인하여 유명했다.[48]

### ② 문화적 배경 : 헬레니즘(로마의 철학사상)[49]

스토이시즘(Stoicism) : 아리스토텔레스에게 영향 받은 고대 이교 윤리사상. 우주를 유기적 전체로 보는 범신론적 철학. 현명한 인간은 많이 아는 자가 아니라 이성에 의해 주관되는 우주법칙에 조화되고 화합된 신성을 갖는 자로 이런 경지에 도달하면 걱정이 사라지고 아파데이아 이상에 도달한다고 함. 엄격한 금욕주의, 로고스 교리, 전인류가 형제라 말함. → 기독교 신학에 영향을 끼침.

에피큐리아니즘(Epicurianism)(342~270) : 인간 최고의 목적은 정신적 쾌락. 번뇌 없는 수동적 상태에서 얻음. 인간의 죽음은 까닭을 모르는 공포에서 오는데, 그 주요한 원인은 죽음과 신의 진노에 대한 불안이다. 우주는 영원한 원자의 변화, 결합이고 영혼과 신들도 물질이라고 하였다. → 결국은 쾌락주의로 흘렀고, 기독교에 아무런 영향도 끼치지 않음.

견유학파(Cynics)[50] : 제국의 도덕적 타락을 슬퍼하여 독립, 자족의 정신을 민간에 호소했다. 사치스런 도시 생활에 반대, 농촌 생활을 이상화하고 우주적, 내재적 신관에 근거한 세계적 조화와 참 경건을 강조, 대표학자는 디오게네스(Diogens)이다.

---

47) 이 축제는 기독교에서 행하는 고난주간 및 부활주일의 행사와 놀랍도록 유사하였다. 이 때문에 4세기 이방 비난자들은 교회를 표절자(plagiarism)로 비난하였다. 이 두 축제들은 불을 켜놓고 온 밤을 철야하였다.
48) 유스토 곤잘레스, 서영일 역,《초대교회사》, 서울: 은성, 1987,. 33-4 헨리 채드윅,《초대교회사》, 29.
49) Hilárĭa 2 [고전:힐라리아 | 교회:일라리아]
  [중성, 복수형 명사] (īum[iórum]) Cýbele 여신의 축제일(춘분).
50) 키니코스 학파(고대 그리스어: κυνισμός 키니스코스[*], 라틴어: Cynici) 또는 견유학파(犬儒學派)는 자연과 일치된, 자연스러운 삶을 추구하는 그리스 운동, 또는 이를 따르는 철학자들을 말한다. "견유"라고 번역된 이름은 그리스어로 개를 의미하는 "κύνος에서 왔다. 안티스테네스(BC 444년-365년경)
  견유 운동의 역사는 안티스테네스에서부터 시작한다. 그는 소크라테스의 가장 중요한 제자 중의 하나 였다. 안티스테네스는 다음과 같이 말했다.
  "나는 내가 배고프지 않을 만큼, 목마르지 않을 만큼 가졌다. 벗지 않을 만큼 입었다. 밖에 있을 때는 저 부자 칼리아스보다도 더 떨지 않고 안락하다. 안에 있을 때는 따뜻한데 왜 옷이 필요한가?"
  시노페의 디오게네스(BC 412-323년경)
  견유 운동의 가장 대표적인 인물은 시노페의 디오게네스이다. 원래는 고향에서 위조 동전을 가려내어 폭로하여 곤란을 겪게 된 아버지와 같이 아테네에 도망왔다. ("돈을 훼손하다"는 말은 나중에 디오게네스의 삶을 묘사하는 대표적인 관용구가 된다.) 전승에 의하면 디오게네스는 안티스테네스의 제자가 되지만, 사실 그들이 만났다는 근거조차 없다. 사실은 디오게네스가 안티스테네스의 가르침을 받아들이고 그러한 삶--- 자족(아우타케이아), 절약(아스키시스), 부끄럼 없음(아나이데이아)---을 수행하게 되었다고 보는 것이 옳다. 그의 수행에는 많은 기막힌 일화가 전해진다. 예를 들면 길에서 자거나 날고기를 먹는 것 등이었다. 이들 중 어떤 것이 진짜인지는 알 길이 없으나, 그의 윤리적인 진지함을 포함하는 사람의 됨됨이를 엿볼 수는 있다. 그는 나중에 "개(Greek: κύων, cyon)"로 알려지게 되며, 견유라는 말도 여기에서 왔다고 보인다.

→ 기독교 수도생활에 영향을 끼침.

프라토니즘(Platonism)(BC 420~347) : 희랍철학의 절정, 이원론 사상(현상세계는 악하고 이데아의 시계는 영혼의 참된 지식이라고 함) 육체와 영혼을 분리시킴으로써 히브리 사상과 대립, 최고의 가치는 진선미에 속하는데 이데아의 세계는 참된 세계이며 영혼은 이 세계와 교제하는 데에 최고의 만족을 발견하며 구원은 영원한 선과 미의 세계를 회복하는 것이다. 기독교에 영향을 끼쳤다.

아리스토텔레스(BC 384~322)[51] : 이원론을 반대. 즉 현상계와 이데아 세계의 관계 속에서 한쪽이 없이는 다른 한쪽이 존재할 수 없다고 하였다. 신은 전적으로 비물질적인 것이며, 인간이 추구해야할 지식의 참된 대상이다. 세상에서 일어나는 변화는 제1원리에 의한 것이며, 인간이 동물과 다른 것은 육체적 감각 외에도 신적인 로고스(Logos)가 존재한다.

### ③ 종교적 배경: 유대교(이스라엘의 3대 당파)

에세네파(BC 2C~AD 2C) : 금욕적인 신비주의적인 종말사상을 가진 수도사들의 모임이었다. 흰 옷을 입고 재산을 공유, 육식, 피의 제사, 맹세하는 것, 노예제도, 무기 소유, 결혼 등을 거 부 하고 검소한 생활을 하며 종말을 기다렸다. 구약성서를 은유적으로 해석하였다. - 성경이 여기서 많이 보존되었다.

바리세파(Pharisees) : 신앙을 가지나, 정치적 활동에 적극적으로 참여함. 분리된 자들이라는 뜻으로 모세의 율법을 존중하고 문자 그대로 법을 지키려는 자들이었다. 대중에게 환심을 얻었으나 소수파, 선악의 정령을 믿었으며 사탄과 천사의 교리를 가지고 있었고 메시야에 대한 희망을 가지고 있었다.(니고데모, 가말리엘, 바울)[52]

사두개인(Saddocces)[53] : 합리주의자, 현실주의자, 부유층이 많았다. 부활, 인간의 영혼

---

[51] 아리스토텔레스(BC 384-322)
고대 그리스의 철학자로, 플라톤의 제자이며, 알렉산더 대왕의 스승이다. 플라톤이 초감각적인 이데아의 세계를 존중한 것에 대해, 아리스토텔레스는 감각되는 자연물을 존중하고 이를 지배하는 원인들의 인식을 구하는 현실주의 입장을 취하였다. 고대 그리스의 영향력 있는 학자였으며, 그리스 철학이 현재의 서양 철학의 근본을 이루는 데에 이바지하였다. 마케도니아의 스타게이라에서 태어나, 17세에 아테네로 여행하여 플라톤이 건립한 아카데미에서 스승인 플라톤이 죽을 때까지 20년간 이곳에 머무르며 철학연구에 몰두했다. 플라톤이 사망하고 나서 소아시아로 옮겼다. 기원전 342년부터 기원전 340년까지 마케도니아의 왕자 알렉산드로스의 가정교사로 있었다. 기원전 335년 아테네에 학원을 개설하고 12년간 강의와 연구에 종사했다. 오늘날 전해지는 방대한 학술서의 대부분은 이 시대의 강의 초고에 바탕을 둔 것이다.
[52] 유대역사에서 헬라파 정책을 계속 밀고 나가는 것과 제사장 종교의 전통과 고유성을 지키는 문제 사이에서 하시림의 후계자들에 의해 시작. "분리된(separated) 의미를 가진 히브리어 '파라쉬[paras]'
- 바리세파(Pharisees)-신앙을 가지나, 정치적 활동에 적극적으로 참여함.
[53] 헨리 채드윅, 《초대교회사》, 14-15 진부생, 초대교회사, 22-25.

불멸을 부인하였고, 구약성서 가운데 오직 모세의 율법만 성서로 보았다. 정치적 영향력은 있었으나 대중의 인기는 얻지 못하였다.(가야바)

## 2. 선교역사의 전개[54]

"너희는 온 천하에 다니며 만민에게 말씀을 전하라(막 16:15)"
"예루살렘에서 성령의 세례를 받고 땅 끝까지 이르러 증인이 되라(행 1:8 이하)"는 예수의 명령은 제자들과 스데반의 순교 및 빌립, 그리고 이방인의 사도 바울을 통해 로마에 전해졌다. 그리하여 마침내 콘스탄티누스 기독교 공인(313년)과 테오도시우스 황제의 국교로 공인(380)되었다.[55]

---

[54] Ferdinand Hahn, das Verstanclnis der Mission im neuen Testament, Neukirchener Verlag, 1963.
[55] 10번에 걸친 기독교 박해의 특징.
　　AD 64 – 180 → 부분적 제한적
　　AD 180 – 305 → 전국적 조직, 법률적
　　▶ 박해이유 ① 정치-비협조, 반체제
　　② 사회적 문제 → 선교사역자 책임전가
　　③ 사회적응력 상실 → 적응속도 조절
　　④ 반사회적 집단으로 정리(81쪽의 기독교 박해를 참고하라)
　　※ 계약신학으로 설명하기도 함. 예수 그리스도는 유대인으로 오셨기 때문에 복음이 먼저 유대인에게 전달되고, 이후 이방인에게로 가야됨을 단계적 계약으로 이해함.
　　F. Hohn(Ferdinand Hahn), Das Verstaendnis der Mission in Neuen Testament, Neukirchener verlag, 1963, 19-36.

| 사도행전에서 나오는 선교의 7단계 |
|---|
| 1단계<br>오순절 이전(사도행전 1장)<br>2단계<br>오순절(사도행전 2-5)<br>3단계<br>스데반(사도행전 6-7)<br>4단계<br>사마리아와 에티오피아 내시(사도행전 8)<br>5단계<br>고넬료와 그의 가족(사도행전 10:1-11:18)<br>6단계<br>안디옥(사도행전 11:19-26)<br>7단계<br>이방인을 향한 선교(사도행전12-28) |

(김영동 번역, 《예언자적 대화의 선교》, 61)

교회와 선교의 관계는 동시적으로 본다. '교회가 선교이고, 선교가 교회이다'. 예수의 선교(운동)가 예루살렘교회를 통해 조직화, 기관화(보호) 됨으로 예수운동의 지속은 한편 부정적인 시각으로 보이기도 한다. 그 이유는 성령의 자리를 점검하는 의미도 있다.

## 예수 그리스도의 사역과 선교(마 10:5~6)
### 1) 이방인의 위치
"나는 이스라엘 집의 잃어버린 양 외에는 다른 데로 보내심을 받지 아니하였노라"(마 15:24)는 예수의 선언은 그의 사역이 이스라엘 사람들에게 한정됨을 보여주는 것 같다.

### 2) 사역의 중심 요소들
예수의 사역은 말씀의 전파와 병고침, 이적과 기사, 귀신을 쫓아내심 등으로 이루어졌다.

### 3) 버림받은 자들을 위한 사역
복음서가 보여주는 예수 그리스도는 유대 전통에서 보면 율법 밖의 사람들, 즉 이스라엘의 신앙공동체나 사회 공동체의 핵심인물들이 아닌 주변의 사람들을 그의 사역의 주요 대상으로 삼고 있다.

## 예수 그리스도의 선교 내용과 특성
### 1) 하나님의 나라
"때가 찼고 하나님의 나라가 가까웠으니 회개하고 복음을 믿으라"(막 1:15)고 외쳤다. 이 한 구절은 이스라엘이 역사를 통하여 나타난 하나님의 통치와 그의 백성들의 삶에 미친 영향력의 총괄을 보여 주며, 예수 그리스도의 사역의 본질을 드러내는 것이다. 하나님의 나라는 하나님과 그의 백성들 사이의 구원 관계의 역사이며, 방향성을 드러내는 것이기 때문이다.

### 2) 교훈에 나타난 보편적 선교
예수 그리스도의 생애와 사역에서도 복음의 보편성은 증명되고도 남는다. 그의 교훈도 예외가 아니다. 하나님은 만민의 하나님이시며, 복음은 누구에게나 보편적으로 적용되어야 한다.

### 3) 지상명령과 선교
그리스도의 교훈이 온전히 선교적 관심으로 가득 찬 것은 그의 부활 후에 주신 가르침들이다. 그의 생애와 사역을 통해서 주신 가장 큰 계명은 하나님을 온전히 사랑하고 이웃을 자기 몸처럼 사랑하라(마 22:37~40)는 것이었다. 특별히 부활하신 그는 세계선교를 제자들에게 명하셨다. 그 명령은 흔히 지상명령 또는 대위임령(the Great Commission)으로 불리어진다.

### 예루살렘의 멸망(AD 70)[56]

네로의 박해가 끝나기 전 팔레스틴에서 무서운 사건이 발생하였다. 로마인들로부터 자신들의 땅을 되찾아야겠다고 느낀 열심당원들은 로마군 수비대를 학살하기에 이른다. 초기에는 몇 번의 승리를 거두었으나 로마의 티투스에 의해 예루살렘은 포위당하였으며 유대인들은 영웅적인 저항을 하였다. 그러나 그리스도인들은 로마인과 유대인들로부터 비난 받는 존재가 되었다. 그리스도인들은 주님이 예언하신 재앙의 날로 알고 요단강 건너 펠라로 피신하였다. 수십만 명이 칼에 죽고 기근과 흑사병으로 죽어갔으며 성전은 불살라지고 완전히 폐허가 되었다.

#### 1) 선교의 태동(예루살렘) (AD 30~70) – 유월절 : 세계 곳곳으로 흩어지는 공동체

오순절 성령강림(행 1~7장) 이후로 예루살렘에 유월절을 지키려고 모인 유대인들과 이방인들이 베드로의 설교를 듣고 회개하고 초대 교회를 구성하였으며 각 지역으로 흩어졌다. 이때 평신도에 의해 형성된 안디옥 교회의 근거를 찾을 수 있다. 이 당시에는 교회를 선교로 보았으며, 공동체 안의 생활을 선교로 보았다. 순수한 종교적 활동(딤전 3:7 ; 비기독교 사회에서 좋은 평을 들었음) 및 교회 생활을 선교로 보았다. – 미카엘 그린 (Michael Green)

#### 2) 선교의 발전(사마리아 – 사도행전 8장)[57]

사마리아 선교에서 아프리카로

---

56) 브루스 셸리, 박희석 역, 《현대인을 위한 교회사》, 서울: 크리스챤다이제스트, 1993, 38-39.
  ※로마의 유대전쟁은 3번 시도되었다.
  1) 마카비반란(BC 165-63): 안티오루스의 친헬라정책에 반발한 마카비 형제들의 반란 BC 63 로마의 폼페이 장군에 의한 멸망(하누카절기- 8가지 촛대)
  2) 70년 유대전쟁(AD 66~70) : 플로루스할이 체납된 숙주세 17달란트의 금화를 예루살렘 성전의 보물창고에서 몰수한 것에 반대하여 일어남. 66년을 마시다 점령 70년 5월 로마의 티투스 장군에 의해 정리- 제우스세 등장(유대인세)
  3) AD 131-134: 로마 황제 하드리아누스가 할례 금지뿐 아니라 죄수들에게 할례+예루살렘 군단 도시 건설 바르코크바(Bar Kokhlca)와 랍비 아키바(Rabb: Akiba)의 주도로 시작- 별의 아들
  결과 : 유대인들은 예루살렘 추방 유대교도 예루살렘 거주불가 유대병칭이 팔레스타인으로 변경 4세기경부터 1년 1차례 방문
57) 사마리아: 뜻은 '살핌'. 예루살렘 북쪽 약 67km 지점으로 사마리아 성이 있다. 사마리아 성은 세겜 북방 11km

스데반의 순교(행 7:54 이하) 이후 기독교에 대한 유대인들의 박해는 빌립에 의한 사마리아 선교로부터 시작하여 에디오피아의 여왕 간다게의 재정담당 책임자인 내시에게 세례를 주면서 시작되어 복음이 유대에서 북부 아프리카와 로마, 그레데, 비두니아, 브루기아, 본도, 갑바도니아, 밤빌리아, 메소포타미아, 시리아로 흩어진다.

### 3) 유대지역 기독교에서 세계 기독교 종교

유대인의 사도 베드로는 로마 백부장 고넬료를 통해 이방에 대한 복음증거에 대한 하나님의 뜻을 발견(행 10장)하고, 예루살렘회의에서 바울의 사역과 구별함. 이때부터 선교지역의 편협성을 탈피하고 이방을 향한 세계선교로의 영역을 넓히게 됨.(이방선교의 기초 또는 근거)

### 4) 선교의 조직화(안디옥[선교본부])[58]

다메섹에서 시작된 바울의 사역은 안디옥을 통한 세계선교의 전진기지로 행 13장-28장에서 보듯이 바나바와 함께 1, 2, 3, 4차 선교여행을 통해 복음을 소아시아와 유럽에 편만하게 증거함.

● **1차(AD 46~48)**[59] — 복음 전도의 특징(바울과 바나바) — 행 13:4 · 14:28 선포와

---

지점 91km 높이의 언덕 위에 있는데 현재는 세바스티에라는 곳으로 보잘것없는 동네가 되었다. BC 30년에 헤롯은 사마리아 대건설 계획에 착수, 새로 건설된 도시를 황제에게 경의를 표하는 의미에서 세바스티아로 개칭했다. 지금은 낙후된 아랍인의 마을에 불과하지만 북왕국 이스라엘의 수도가 바로 여기였다.

58) 진부생,《기독교초대교회사》, 서울: 도서출판 독서랑, 1994.
▶ 안디옥 비시디아 지역에 있는 안디옥을 말하는 것으로, 지금은 터키 소도시 얄바츠로 불린다. 이곳에서 사도 바울과 바나바 일행은 복음을 전하였고 이는 서아시아 지역에 복음이 퍼지는 데 중요한 역할을 하였다. 특히 바울은 이곳에서 처음으로 예수 그리스도를 믿음으로 의롭다는 설교를 했으며 이방인 선교에 헌신키로 결정한 곳이다. 갈라디아서는 이 지역에서 복음을 받은 자들을 위해서 기록하였다. 갈라디안 인들이 이곳에 주로 많이 살았다.
▶ 최초의 기독교 국가 오스로엔(Ohrhone)과 예수님
유세비우스(Eusebius, 주후 265-339)는 기독교 초기에 나타난 매력적인 이야기를 하나 기록하고 있다. 안디옥 북서쪽의 도시 에데사(Edessa)이다. -에데사는 티그리스와 유프라테스강 사이의 상류지방, 오쉬로엔의 수도.(참고: 김영동 역, 예언자적 대화의 선교, 185-191). 유세비우스에 의하면 이곳은 당시 조그만 왕국 오스로엔(Ohrhone)의 수도였다. 국왕이던 흑인 아브갈(Abgar the Black AD 9-46)이 예수님께 편지를 보내어 에뎃사를 방문하기를 청했다. 당시 병중이던 그는 예수님의 능력에 관해 듣고, "제게 오시어, 내게 있는 고통을 치유해 주시기를" 간구하였다. 예수님은 왕에게, 우선 팔레스타인에서 성취해야할 사명이 있으므로, 먼저 이를 다 마치고 승천한 후 제자들을 보내어, "너와 함께한 모든 자들에게" 생명을 주시겠다고 응답하셨다. 이는 물로 전설 같은 이야기라 할 수 있으나 초대 기독교 신자들이 모든 인류에게 복음전하기를 원했으며 로마제국의 국경을 초월할 각오를 가지고 있었음을 보여주는 의미에서 중요하다. 오스로엔은 최초의 기독교 국가가 되었으며, 그 후 보다 동쪽에 있던 국가들과의 연결점으로서 중요한 역할을 담당했다.

59) 바울의 1차 선교여행(사도행전 13장-15장)
1차 선교여행은 바나바와 같이 마가를 데리고 안디옥에서 출발하여 구브로섬을 경유 소아시아 중남부 지방의 유다인 회당을 순방하면서 이곳을 발판으로 선교하였다. 이 선교 활동 중 이방인 회심자와 유대인의 율법과의 관계에 있어 문제가 야기되어 유대교의 전통을 고집하는 자들의 반대에 부딪혀 이 문제 해결을 위하여 예루살렘에 올라가 예루살렘회의 때 이방인 선교에 관한 문제 협정을 지었다(행 13:4-14:28).

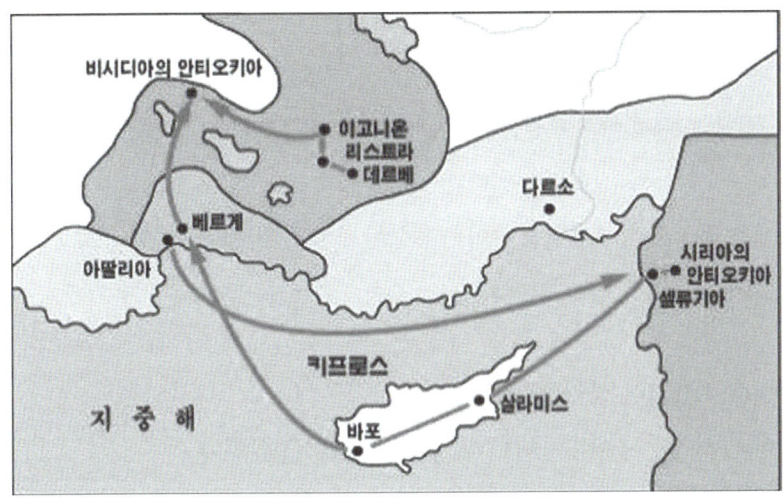

방문을 통해 복음을 전함, 도시 중심의 선교전략

[안디옥-실루기아-살라미-바보-버가-비시디아 안티옥-이고니온-루스드라-데베-루스드라-이고니온-비시디아 안티옥-버가-잇달리아-안디옥]

● **2차(AD 49-52)**[60] - 양육(두란노서원)과 심방 후 개척전도(바울과 실라, 디모데 참여: 행 15:36)

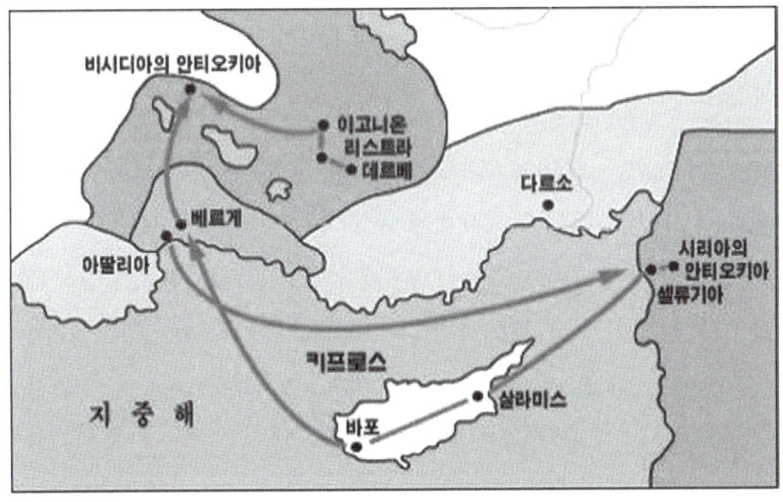

---

60) **바울의 2차 선교여행(사도행전 16장-18장)**
2차 선교여행은 실라를 데리고 안디옥을 출발하여 드로아 바다를 건너 유럽 땅에 들어가 마게도냐 지방의 빌립보 데살로니가 아덴 고린도에 이르러 1년 반 동안 머물렀다가 그 후에 에베소를 지나 예루살렘을 방문하고 안디옥으로 돌아왔다(행 15:40-18:22).

- 행 18:22 — 바울은 북쪽의 비두니아와 남서쪽의 아시아에 복음을 전하고자 함.
- 행 16:8 — 바울은 환상 가운데 마케도니아로 복음을 전하라는 지시를 받음.
- 교회 — 빌립보(루디아 — 귀신들린 여종, 간수), 데살로니가, 아덴, 고린도에 설립.
  [안디옥 — 수리아와 길리기아 — 더베 — 루스드라 — 드로아 — 사모드라게 — 네압볼리 — 빌립보 — 암비볼리 — 아볼로니아 — 데살로니가 — 베뢰아 — 아덴 — 고린도 — 겐그리아 — 에베소 — 가이사랴 — 안디옥]

● 선교여행인가 전도여행인가? ●

두 개념은 사역현장이 어디인지에 따라서 구분되어 정의된다.

1. 일반적 — 선교 : 해외 (국외)

    전도 : 자국 (국내)

2. 개념적 — 선교 : 복음전파 사역 총체적 이해로 총괄의 의미

    전도 : 선교의 한 영역으로 정리

3. 현장적 — 선교 : 복음이 전파되지 않는 곳

    전도 : 복음전파가 이루어지고 있는 곳

4. 신학적 — 선교 : 진보주의적 성향으로 하나님 나라의 완성의 개념으로 접근

    전도 : 복음주의 신학에서 복음의 직접 사역에 중요성을 강조하는 개념으로 접근

● 3차(AD 53~57)[61] — 교회 육성과 6개 교회 개척(행 18:23~21:15) (서머나, 버가모, 두아디라, 사데, 빌라델피아, 라오디게아)
- 도시에 머물러 사역을 진행하였다. 1. 2차에 방문한 교회를 육성, 확장시킴.
  [안디옥 — 갈라디아 — 브리기아 — 에베소 — 마게도냐 — 드로아 — 미둘레네 — 사모 — 밀레노옥 — 바디라 — 두로 — 돌레마이 — 가이사랴 — 예루살렘]

---

61) 바울의 3차 선교여행(사도행전 18장-21장)
3차 선교여행은 소아시아의 내륙지방 갈라디아 부르기아 지방을 지나 에베소에 도착하여 거기서 3년 동안 머물러 있으면서 그 부근에서 선교하였다. 그 후 다시 유럽으로 건너가 마게도냐에서 고린도로 가서 다시 예루살렘으로 갔다. 이 선교 여행에서 지중해 연안에 몇 개의 교회가 설립되었고 신약성서에 편집된 성서 편지(바울서신)도 많이 썼다.(행 18:23-21:14)

- 4차(AD 58~62)[62] – 로마로 전도여행을 감(그 당시 로마를 땅 끝으로 받아들이면서 복음을 전함)

---

62) 바울의 4차 선교여행(사도행전 21장-25장)
▶ 3차 선교여행을 끝내고 예루살렘에 도착한 바울은 반대파인 율법주의자들의 선동과 모략으로 입건되어 가이사랴에 2년간 감금을 당하였다. 그러나 그것이 인연이 되어 바울은 총독 벨렉스 베스도 그리고 아그립바왕 앞에서 자신을 변명할 기회를 얻게 되었다. 그 후 로마 황제 가이사에게 상소하여 지중해를 건너 로마로 갔다(행 21:17-24:27). 바울은 선교를 순교로 정리한 것으로 본다.(행 25:1-28:31)

### 5) 바울과 선교

**(1) 바울의 선교의 특징**

- 개척(남의 터 위에 세우지 않음)
- 오직 복음(고전 2:2)
- 자립(행 18:1-32) 자비량 선교사

**(2) 바울의 선교 신학**[63]

바울의 선교 신학은 사명감과 직결된다.

- 그는 "헬라인이나 야만이나 지혜 있는 자나 어리석은 자에게"(롬 1:14) 모두 빚진 자로 자처하며, 만일 복음을 전하지 아니하면 자기에게 화가 미칠 것(고전 9:16)이라고 고백한다.
- 하나님의 말씀을 전하지 아니하면 그 "중심이 불붙는 것 같아서 골수에 사무치니 답답하여 견딜 수 없나이다."(렘 20:9)라고 외친 예레미야를 연상케 한다.
- 다메섹 도상에서 부활하신 예수 그리스도를 만난 그 순간부터 바울은 예수 그리스도를 위한 대사로서의 사명감에 불타고 있었다.

**(3) 바울의 선교전략**[64]

① 바울은 유력한 인사를 먼저 찾아갔다.(행 13:7)

---

▶ 사도 바울 선교의 성공요인
허버트 케인,《선교신학의 성서적 기초》, 이재범 역, 105-141.
① 소명(롬 1:1)
② 하나님의 뜻에 대한 완벽한 헌신
③ 성령의 능력에 대한 전적인 의존(고전 2:1-5)
④ 담대한 복음증거(빌 1:20)
⑤ 지교회 자치에 대한 강조(행 20)
⑥ 현명한 재정정책(살전 2:9)
⑦ 삶을 통한 인격적인 모범(살전 2:10)

[63] 윌리엄 J. 랄킨 2세, 조엘 F. 윌리암스,《성경의 선교신학》, 홍용표, 김성욱 역, 301-310.
◎ 바울서신에 나타난 선교(1)
    기원, 형태, 원동력(301 이하)
◎ 바울서신에 나타난 선교(2)
    신학적 연구(339 이하)
◎ 로마서의 선교(373 이하)
◎ 옥중서신에 나타난 선교(394 이하)
◎ 갈라디아서, 고린도전서에 나타난 선교 (406 이하)
▶ 전호진,《선교학》, 바울서신 / 공동서신 75-92 David Bosch는 마태, 누가, 바울의 선교에 성경적 선교신학만 다루고 있다.(Transforming Mission,《변화하고 있는 선교》, 김병길·장훈택 역, 41-229).
[64] 박영환,《핵심선교학개론 II》, 도서출판 바울, 2008, 72-73.

② 바울은 할 수만 있으면 제일 먼저 유대인의 회당을 찾아가 복음을 전파하였다. 안식일 예배 때 회당에서는 성경봉독 후에 회당장의 지명을 받은 자나 자원자가 설교할 수 있었기 때 문이었다. 바울은 그런 기회를 놓치지 않고 활용하였다. 디아스포라의 회당들에는 하나님을 경외하는 많은 이방인들이 있었는데 이들 가운데 상당수가 바울의 복음을 듣고 기독교에 개종하였다.(행 13:5, 14, 43, 46)

③ 바울은 교회를 세우고 장로들을 뽑아 목회자들로 임명하였다.(행 14:22-23)

ⓐ 선교지에 목자(지도자)를 선정하여 양육을 부탁하였다.

ⓑ 성경을 가르치고 다른 곳으로 이동한다.

ⓒ 편지로 심방하고 다시 개인적으로 심방한다.

＊바울은 사람들이 많은 중심지를 찾아가 복음을 전하였고, 제자들을 훈련하여 자신이 가지 못하는 주변 여러 지역에 파송하였다.(행 13:5-6, 14)

ⓓ 동역자를 파송하여 재교육을 한다.

바울은 협동사역에 힘썼다. 바울 곁에는 언제나 동역자들이 있었다.

(제1차 : 바나바, 마가, 제2차 : 실라, 디모데, 누가, 제3차 : 아굴라, 브리스길라가 동참)

(이 밖에도 디도, 에바브라, 뵈뵈, 소스데네, 두기고, 소바더, 아리스다고, 세군도, 가이오, 드로비모 등 많은 동역자들이 있었음)

ⓔ 개척과 양육을 맡는다.

＊바울은 자신을 파송한 안디옥 교회에 선교보고를 하였다.(행 4:26-28) 이뿐 아니라, 예루살렘 교회에도 보고함으로써 선교교회들의 정통성을 사도들로부터 승인받았나.(행 15장)

ⓕ 문화적응(행 15:28-29)

ⓖ 거점선교(도시-광장-회당-기도처-가정)

ⓗ 그룹단위의 전도-팀선교

---

Peter Bolt, Mark thompson(ed), The Gospel to the Nations, Apollos 2000, 이용원,《바울과 선교》,《선교와 신학》, 제1집, 장로회신학대학출판부, 1998, 93-115
G.W. Peters, Paulus als Missionare, Martim Schlunt, Paulus als Missionare,《바울 복음의 해석》, 조갑진, A.M. Hunter, 2001.
《바울의 선교와 메시지》, 노상국 역, / 대한기독교서회, 1992.
《바울 선교의 사회적 상황》, 전경연 역, 대한기독교출판사, 1984

## 6) 초대교회 당시 기독교의 급속한 전래 이유

초대교회 당시 기독교가 빠르게 확산된 것은 하나님께서 세 가지 방편을 준비하셨음을 알 수 있다.

### (1) 공통점[65]

> 1. 로마의 평화와 로마의 교통수단들
> 2. 그리스어와 그리스 사상
> 3. 히브리 종교

오리겐(Origen)[66]은 로마의 평화와 로마의 교통수단들이 하나님의 목적들을 성취하기 위해 요긴하게 사용되었다고 글을 남기었다.

'하나님은 당신의 가르침을 위해 그들 나라를 예비하셨다. … 예수는 많은 나라를 로마 제국에 병합시킨 아우구스투스 황제 (BC 27~AD 14)의 재임기간 중 탄생하셨다. 적대관계에 있던 왕국들 간의 전쟁은 예수의 가르침을 온 세계에 전파하는 데 장애가 되었을 것이다.'

#### ① 로마의 평화와 로마의 교통수단들

로마의 평화는 교통수단과 밀접한 관계를 가지고 있다. 로마는 군대를 신속히 이동시키고 평화를 유지하기 위해 돌로 기초를 놓고 가파른 언덕을 깎고 다리를 놓아서 군사도로를 만들었다. 로마의 많은 도로는 오늘날에도 유럽과 북아프리카에서 이용되고 있다. 도로 덕분에 평화가 있었고 평화 때문에 도로는 군인 이외에도 많은 사람들이 이용했다.

도로여행자는 유학길의 학생, 순회공연에 오른 마술사와 광대, 자신의 출판물을 가지고 있거나 사람들에게 전하고 싶은 생각을 가진 선생, 국경선에 수비대 교대를 하려고 가는 군인들, 그리고 복음을 전파하려고 다녔던 바울 이하 많은 선교사들이 이들과 마주쳤을 것이다. 교통수단이 이렇게 좋은 시기는 없었고 오랜 동안 호전되지 않았으며, 19세기 철도와 증기선이 등장하기 전까지 더 좋아지지 않았다.

---

65) John Foster, 김재헌 역,《땅끝까지 이르리》, 서울: 대한성서공회출판부, 1993, pp. 13-33. John Foster, 심창서, 김은수 역,《새롭게 조명한 초대교회의 역사》, 서울: 웨스트민스터출판부, 1998, 15-30.

66) (AD 185~256) 알렉산드리아 기독교인 가정에서 태어남. 처음에는 그의 부친에게서 그리스식 교육을 받다가 다음으로 인도 선교사로 갔던 판테누스(Pantaenus)가 설립한 기독교대학에서 수학했다. AD 202년 그의 스승이었던 클레멘트의 뒤를 이어 그 대학의 학장이 되었다. 231년에는 팔레스타인 지경에 위치한 가이샤로 거처를 옮겨 유사한 사역을 감당하였다. 그는 위대한 성인들 중 한 사람이었고, 가장 박식한 학자들 중의 한 사람이었으며, 그리스도인이나 비그리스도인에게도 유명한 사람이었다. 투옥과 고문 끝에 주후 256년에 사망하였다.

② 그리스어와 그리스 사상[67](여성어: 감성적, 섬세함)

그리스도가 증인으로 파송한 사람들은 유대인이었다. 그들은 떠나기 전에 여러 나라의 말을 배울 필요가 없었다. 대부분의 사람은 그리스어로 대화가 가능하였다. 그리스어는 지중해 동쪽 끝 전체에서 사용하는 언어였다. 메소포타미아와 동쪽의 거의 모든 곳에서 상당히 많은 사람들이 그리스어를 말하고 읽었다. 일부 사도들은 그리스어를 잘하지 못하였다. 주후 130년경 파피아스(Papias)[68]라 불리는 주교는 베드로가 마가를 통역으로 썼다고 말한다. 어떤 학자들은 마가가 라틴어로 번역했을지도 모른다고 주장한다. 그러나 어떤 경우든지 이들이 어부인 베드로보다 그리스어를 잘했음은 거의 분명하다.

어떤 경우든 이 젊은 두 사람은 어부 베드로보다 그리스어를 잘했을 것이라고 생각한

---

67) ● 그리스 사상
고대 그리스인들은 역사를 순환적으로 이해하였다. 우주는 하나의 경계를 가진 밀폐된 실체이며, 시간이라는 하나의 중심을 축으로 하여 동일한 궤도를 순환한다고 하는 역사관을 가지고 있었다. 그러므로 그리스인에게 있어서 시간이란 항구적인 재현과 끝없는 순환, 그리고 앞으로 있을 것을 드러내 보이는 것이었다. 삶이란 일련의 적용이며, 그들에게 있어서의 역사란 완성이 없으며 영원히 재현하며 다시 되돌아오는 것이었다. 이처럼 그들은 역사를 자연을 대하는 것과 똑같이 대했으며, 따라서 역사는 자연의 일부분으로 생각하였다.

● 히브리 사상과 종교
히브리인들은 역사전반에 대한 투철한 인식을 가진 민족으로서, 역사는 창조, 에덴동산, 인간의 타락과 함께 시작되었다, 또한 이는 모든 인류를 포함하는 것이었다. 그들에 의하면 역사란 분명한 시작과 종말이 있으며, 진보개념을 가진 직선적인 역사 이해였다. 또한 그 역사과정 속에서 하나님의 섭리라고 하는 초역사적인 이념을 찾으려는 역사 인식이 있었다. 구약성서에서는 역사를 초자연적 계시에 의해서 진행하는 것으로 보았으며, 하나님과 인간이 자연이라는 장을 매개로 상호 역동하는 관계성을 강조하였다. 하나님은 창조자이며, 역사의 주관자이며, 또한 종말의 완성자로 이해된다. 여호와 하나님은 역사라는 매체를 통해서 인간에게 자기를 드러내신다. 인간은 절대자인 하나님과의 계약을 지킴으로써만 은총의 대상으로 간주될 수 있다. 그러므로 하나님은 인류의 역사를 궁극적인 구원으로 인도한다. 이처럼 히브리적 역사관은 구속사적(救贖史的) 역사관이라고 할 수 있다.

● 초내교회의 역사직 배경  ● 기독교와 헬레니즘이 만남

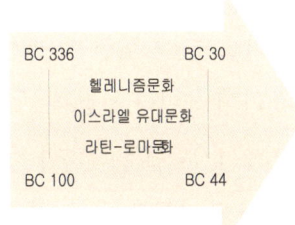
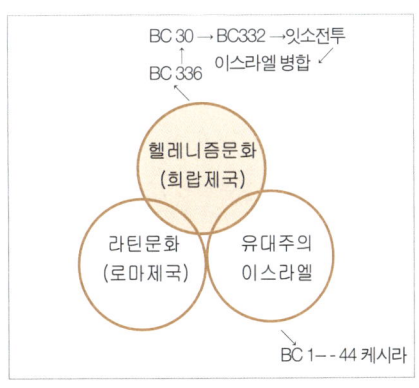

(정병식 한눈에 보는 세계교회사, 고대교회사)

68) 파피아스는 67쪽을 참고하라.

다. 파피아스는 다음과 같이 말한다.

"마가는 그리스도의 말씀과 행위에 대하여 연대순은 아니었지만 기억나는 모든 것을 신중하게 기록했다. … 그의 한 가지 목적은 아무것도 빠뜨리거나 잘못 진술하지 않도록 하는 것이다."

이리하여 맨 첫 복음서가 쓰여졌다. 이후 신약성서와 함께 형성하게 된 모든 기록들은 그리스어로 쓰여졌다. 당시로부터 3세기 전 알렉산드리아의 유대인들이 히브리 경전(구약성서)을 그리스어로 번역했다. 그리하여 오늘날 성서의 전부가 이 당시 널리 사용된 언어로 볼 수 있게 되었다. 이로 인해 그리스도교의 메시지는 더욱 빠르게 전파되어 나갔다.

③ 히브리 종교

그리스도의 탄생을 예비한 것 중 가장 큰 것은 히브리 종교에 있다. 오리겐은 세상의 조그만 구석에서 그리스도교가 발생했다는 셀수스의 냉소에 대해 다음과 같이 답변했다. "하나님은 주무시지 않으셨다. 인류 가운데 일어난 모든 일은 하나님의 작품이었다. 하지만 그리스도는 오직 한곳에서만 탄생하실 수 있었다. 그곳의 사람들은 하나님께서 한 분이심을 믿었고 그리스도를 예언한 예언서를 읽고 있었다. 그곳의 사람들은 한 곳에서 그분의 교훈이 온 세상에 흘러넘칠 수 있을 때에 오실 것이라는 사실을 배우고 있었다." 오리겐의 글로부터 다음과 같은 두 가지 점을 검토해 볼 수 있다. 1) 그리스도를 예시한 유대인의 경전 2) 그리스도의 가르침을 예배하고 있는 유대인의 종교이다.

또한 140년경 로마의 선교사 저스틴은 독자들에게 다음과 같은 것을 찾도록 당부하고 있다. "예언서에서 가장 최상의 진실한 증거, 이 증거는 다음과 같다. 동정녀에게서 한 아이가 태어나서 병자를 치료하고, 죽은 자를 살리고, 미움 받고, 버림받고, 십자가에 못박혀 죽으시고 부활하시어 승천하셨다." 저스틴은 진실한 종교를 오랫동안 추구하다가 플라톤의 교훈에서 그것을 발견했다고 믿었던 그리스도인이었다. 에베소에서 한 노인이 그에게 "철학자라 불리는 사 람보다 더 이전의 사람에 대한 이야기를 들려주었다. 이어서 노인은 구약성서의 예언자를 소개해 주고 그리스도는 그들이 바라던 예언의 성취라고 가르쳤다. 저스틴은 계속해서 "예루살렘에서 배운 바 없고 말재간도 없는 열두 제자가 나왔다. 그들은 하나님의 능력 안에서 모든 족속의 사람들에게 복음을 전파했다. … 그리고 우리들은 이전에 서로 죽이기도 했지만 지금은 적들과 다투지 않을 뿐 아니라 죽음을 무릅쓰고 그리스도를 고백한다." 바울은 많은 도시의 회당에서(바벨론 포로기 때부터 형성되었던, 한 마을에 유대인 남자 10인 이상이면 한 개 이상의 회당을 지었다). 설교를 했는데 그

때 이방인 신자 사이에서 놀랄만한 결과를 낳았다. 비시디안 안디옥에서 그의 메시지는 인간을 하나님과 올바른 관계에 서게 하는 것과 모세의 율법을 지키는 데 있는 것이 아니라 그리스도를 믿는 데 있다고 했다.

"이 말을 들었을 때 이방인들은 기뻐했으며 많은 사람이 믿었다"(행 13:48) 고린도에서 그와 같은 설교는 회당에서 소란을 일으켰다. 바울이 밖으로 걸어나가자 이방인 신자인 티티우스 유스도(Titius Justus)는 그의 집 문을 열어주었다. 거기서 회당 지도자와 그 가족들과 모임을 가졌다. "많은 고린도 사람들이 바울의 설교를 듣고 예수를 믿어 세례를 받았다."(행 18:4~8) 일요일에는 그리하여 회당 옆집이 그리스도인의 교회가 되었다. 회당으로 가던 사람들이 이제 교회로 들어갔다. 우리는 이후의 선교활동에서 이러한 변화가 상당히 넓은 지역에서 계속되었다는 것을 알게 될 것이다. 그러므로 히브리종교는 그리스도교를 예비한 것이다.

(2) 차이점

① 기독교인들의 경건한 삶(M. Green)

② 그리스어가 복음 전달에 유용했음(F. Ehent)

③ 전도와 열정(M. Green)

④ 고난의 신앙고백이 조직화를 만들어 선교의 원동력이 됨(박영환)

(3) 선교 공동체[69]

① 로마제국의 다원주의 종교현상을 탈피하고 유일신론을 주장하였다.

② 유대주의적 국수주의를 버리고 국제적이고 우주적인 세계관을 가졌다.

③ 죄의 용서와 그리스도의 구원의 은혜를 주장하였다.

④ 하나님의 나라에 대한 종말론적인 실현을 주장하였다.

⑤ 로마세국의 부패한 삶에 반대히어 개인저인 도덕성의 순결을 주장하였다.

---

69) 심창섭,《기독교교회사》, 서울:대한예수교장로회총회, 1998, 25.
**사도시대의 특징(AD 30~100년)**
1) 기독교 역사상 가장 강력한 성령의 역사시대로서 2) 기독교가 이스라엘 범위를 넘어 세계로 확산되며 3) 신약성경이 다 쓰여짐으로써 기독교의 기초가 마련된 시기였다. 특히 4) 베드로, 요한, 바울을 중심으로 사도들의 활동이 왕성했으며 5) 신도의 삶 또한 성령이 충만한 창조의 시대였고 많은 사람들이 순교한 시기였다. 6) 지상의 예수그리스도를 하나님의 아들로 예배하였고 7) 신학의 중심은 그리스도의 죽음과 부활이었으며 8) 예수 그리스도를 믿으면 구원을 얻는다는 교리가 결정되었다. 9) 교회는 그리스도의 몸으로 유대인이나 이방인의 교회가 하나라는 개념이 확립되었으며 10) 복음이 디아스포라에 의해 전파되어 11) 로마제국 아래 기독교의 박해가 시작된 시기였다. 또한 12) 기독교의 이단운동이 일어나기 시작하여 기독교를 변호하는 초대 교부들이 나타나는데 클리멘트, 이그나티우스, 폴리캅, 파피아스, 헤르마스가 대표였다. (J.포스터,《초대교회사》심창섭 · 최우수 역, 서울:웨스트민스터 출판사 1998).

⑥ 사회정의의 보편성과 공동체성을 주장하였다.

⑦ 하부구조에 속한 힘없는 사람을 도우며, 그들에게 희망을 주었다.

(4) 기타

① 유대교로부터 열정 전수

② 유대교가 기독교 전파의 전령사

③ 유대교 형태의 예배와 교리가 이미 선교현장에 인식

④ 여성을 통한 선교

- 초대교회 시기 고위직에 있었던 그리스도인:

초대교회 때 처음부터 유력한 그리스도인이 더러 있었지만 헤롯 신하의 아내(눅 8:3) 안디옥의 헤롯의 신하 마나엔(행 13:1), 키프러스 총독 서기오 바울(행 13:12) 황제 도미티안의 질녀이며 집정관의 아내 도미틸라는 유세비우스에 의하면 그리스도인이었기 때문에 주후 96년에 추방되었다고 한다.

황제 코모두스(재위 AD 180~192)는 그리스도인 첩 마르시아의 영향을 많이 받았다. 황제 알렉산더 세베루스(재위 222~235)의 어머니는 사람을 보내 오리겐을 안디옥으로 인도했는데 그곳에서(유세비우스에 의하면) "한동안 머물면서 그녀에게 주님의 영광에 관한 많은 것을 보여주었다"고 한다. 그리고 오리겐은 황제 필리푸스아랍스와 왕후(재위 244~249)에게 편지했는데 그들이 그리스도교에 관심이 있다함을 들었기 때문이다.[70]

---

**초대교회의 조직과 특별한 은사들**
임시직 : 사도, 선지자, 전도자,
영구직 : 장로(presbuteros), 감독(episcopos), 집사(diakonos)
사도라는 단어는 보냄 받은 자라는 뜻으로 넓은 의미로 사용되었다. 바나바나 에바브로디도에게 적용되었다. 그러나 열두 사도는 특별한 계층에 속하는 자들이다. 하나님의 능력과 감동을 입은 자들이다. 선지자들은 현재, 미래, 과거를 막론하고 영감 받은 진리의 보도자들이었다. 사도 다음 계층에 속하였으며 2세기 중반 이후로 점차 사라졌다. 전도자는 초자연적인 능력을 소유할 필요가 없다는 점에서 사도와 다르다고 할 수 있다. 디모데나 빌립은 전형적인 전도자의 모습이다. 장로와 감독은 동일 직분임이 여러 증거를 통하여 드러났다.
집사는 종 혹은 사역자라는 의미로 가난한 자들을 위한 기부금이나 재산 등을 관리하는 사람을 의미한다. 처음 두 세기 동안에는 교회조직이나 그리스도인들의 삶 및 예배의 본질이 단순했다. 즉, 형식주의나 허식이 전혀 없었다는 것이다. 그리스도인들은 개인의 가정이나 두란노서원 등의 공적인 장소에서 할 수만 있으면 예배를 드렸다. 예배는 성령의 인도로 자유스럽게 이루어졌으며 예배서를 통한 형식의 틀이 이루어지지 않았었다. 교회는 매우 활동적이어서 동으로는 메소포타미아와 파르디아로, 서로는 골과 스페인으로 복음이 전파되었다.(헨리 채드 위크, 《초대교회사》, 서울 : CLC, 1983. 54-62).

70) John Foster, 《땅끝까지 이르러》, 109-110.

## 7) 초대교회 선교의 특징[71]

초대교회 선교의 특징

선교형태-운동→ | -조직. 기관화→

운동: 선포, 방문, 치유, 교육 → 이적, 기사, 표적을 행함. 약점은 시간이 지나면 사라질 수 있다는 것으로 예수님의 선교 전략은 삶을 통한 전인격적인 선교였다.

조직. 기관화 : 섬김, 성례, 치유, 이적, 기사, 선포, 노방전도, 회당방문, 교육 문제점은 성령약화, 화석화(굳어짐)이다. 따라서, 선교는 예수의 운동과 조직, 기관화가 조화를 이루어야 한다.

---

[71] 초대교회사(1-590) 연대표
- 사도시대(27-100) : 교회 건설기

30 예수 그리스도의 죽음
35 바울의 회심(개종)
50 최초 신약성경인 바울서신 제작
64 로마대화재, 네로의 박해, 베드로와 바울의 선교
70 예루살렘 함락(베스파시안 황제 때 티토에 의해)
81-96 도미시안 황제의 박해
서머나 교회 감독 폴리캅, 져스틴의 순교 156/166?(안토니우스 피우스박해:138-161 혹은 마르쿠스 아우렐리우스:161-180) 정경작업 구약은 99년 얌니아회의, 신약은 397년 카르타고 회의.
64-305 십대 박해(222년간)
- 사도 후 시대(100-313) : 교회 핍박기

135-160 몬타니스트 운동
200 정경 형성이 시작됨(이레니우스 활약)
285 안토니 수도원(최초의 수도원)
니케아 시대(313-590) : 신학 조성기
313 밀란 칙령(기독교 공인)
325 니케아 회의 ① (아리우스 정죄, 아타나시우스 승리, 부활절 제정)-삼위일체
330 콘스탄티노플 천도
340 사도신성의 골사가 되는 로마신경 니 음
354-430 어거스틴 생애(413-426, 하나님의 도성)
367 동방교회(아다나시우스)
381 콘스탄티노플 회의 ② (아포리나리우스의 인성제한설 정죄)
382 로마(서방) 교회의 정경목록 작성
388 제롬(라틴어 벌게이트 신약완성)
380 기독교 국교화(테오데시우스 1세)
395 동서 로마분리
397 칼타고 회의(어거스틴 활약, 신약 27권 정경목차 채택-전체교회에서 채택)
431 에베소 회의 ③ (네스토리우스 양성론 정죄)
449 에베소 도적회의
451 칼케톤 회의 ④ (유스티케의 일성론 정죄)
476 서로마 제국 멸망(게르만족에 의해)
529 몬테가시노 수도원 창설(성베네딕트)
553 콘스탄티노플 2차 회의 ⑤ (칼케톤 신조 재확인)

## 8) 초대교회 선교의 모델과 유형[72]

### (1) 전도자

순회전도자(traveling evangelists)들은 한 곳에 오래 머물지 않았다. 그들은 기꺼이 가난을 감수했고, 그들이 방문하는 교회가 제공하는 것으로 살았다. 이런 순회전도자는 기독교 신앙의 초기 전파시대에는 정말 중요했음이 틀림없다.

### (2) 감독

교회가 더 잘 조직화되면서, 속사도 시대에 군주제 감독의 사역이 발전되었다. 순회전도자의 수는 줄었지만, 이그나티우스, 폴리캅, 이레니우스 같은 감독은 교회공동체 밖에서도 특별히 복음화 할 책임을 맡았다는 증거가 남아있다. 감독과 지역교회와 선교의 책임이 긴밀히 연결되어있었다.

### (3) 변증가

기독교 공동체의 당면한 관심사에 응하기보다는, 그들은 교회에 대한 비기독교인의 적대감, 의심, 오해, 그릇된 판단에 대해서 글로 대응하는 역할을 맡았다.

### (4) 교사

변증가가 신앙을 더 대중적인 형태로 표현하도록 도왔던 반면에, 수는 적지만 영향력이 많은 교사들은 신학자와 철학자로서 교회가 자기이해와 선교와 세상과 관계가 있었고 갖은 학문적인 기초를 다지도록 했다.

### (5) 순교자

순교자를 흔히 전도자로 보지 않지만, 그들은 확실히 강력한 증인으로서, 새로 발견한 신앙을 위해 기꺼이 고난 받고 죽었다. 먼저 기독교 공동체에 강한 감화를, 다음에 다른 이를 신앙으로 이끄는 증인으로서 역할을 했다.

### (6) 평신도와 여성

교회 공동체를 섬기는 성도들이 경건한 삶과 사도 및 전도자를 섬기고 지원하고 협력하며 공동체의 기초를 세웠다.

## 9) 초대교회 선교의 결과

(1) 구약시대의 '묵시적 선교'에서 '명시적 선교'의 전환점이 바로 초대교회이다.

(2) 초대교회는 선교의 시작-성령, 선교의 과정-성령- 선교의 종결-성령의 약동이다.

---

[72] 스티븐 B. 베반스, 로저 P. 슈레더, 《예언자적 대화의 선교》, 김영동 역, (서울: 크리스천헤럴드), 2007. 200-206.

(3) 초대교회에는 분명한 지상명령 또는 대위임령(the great commission)이라는 슬로건이 있었다.[73]

(4) 선교가 잘 전파되기 위해 만드시고 준비하시는 하나님의 섭리(조직화)를 잘 보여주는 시기이다. (팍스 로마나, 팔레스틴을 사용하신 이유, 헬라어) : 선교는 역사와 불가분의 관계

(5) 선교전략은 상황에 적응하며 나타났다. 아래로부터의 선교도 중요하지만 위로부터의 선교도 중요하다. : 바울의 경우(로마의 귀족). 현재(중국 한족을 전도하면 더 파급효과가 크다).

(6) 선교사역은 총력을 통해 나타난 통전적 선교다. 섬김, 성례, 선포, 노방전도, 회당방문, 교육 문제점은 성령 약화, 화석화(굳어짐)이다. 그러므로 초대교회와 선교는 예수의 운동과 조직, 기관화가 조화를 이루어야했다.

## 3. 초대교회와 신학적 배경(AD 70~313)

종말론적 재림 기대자들(살전 2:1~2), 교회와 선교를 동일시[74] 3번의 박해결과-복음의 진실성 입증, 박해 속에 복음 증거함. 네로(64년)-로마방화, 도미시안(81~96)(서머나 교회 감독 폴리캅, 져스틴의 순교 156/166?)안토니우스 피우스 박해:138~161 혹은 마

---

[73] "너희는 온 천하에 다니며 말씀을 전하라(막 16:15)" "예루살렘에서 성령의 세례를 받고 땅 끝까지 이르러 증인이 되라."(행 1:8 이하).
[74] David Bosch, Witness to the World, 95.

▶ 초대교회의 상징들

| 상징 | 의미 |
| --- | --- |
| 알파-오메가(AΩ) | 그리스도의 영원성 |
| 빵과 술 | 성찬-그리스도의 죽음 |
| 키-로(X-P) | "그리스도"(Χριστος)의 희랍어 첫 두 글자 |
| 십자가 | 그리스도의 죽음 |
| 비둘기 | 그리스도의 세례 시 임한 성령 |
| 불 | 오순절날 강림한 성령 |
| 물고기 | 물고기는 익투스(IXΘΥΣ)인데 "예수 그리스도, 하나님의 아들, 구세주"(Ιησου Χριστος θεου υιος σωήρ)의 첫 문자들이다. 5,000명을 먹인 물고기 두 마리 "사람을 낚는 어부들" |
| 양 | 그리스도의 자기희생(제물) |
| 목자 | 자기 백성을 돌보시는 그리스도 |
| 배 | 교회(노아의 방주; 세례 참조) |
| 포도주 | 그리스도와 그의 백성과 하나 됨 성찬에 쓰이는 술 |

(김성천,《초대교회 배경과 역사》, 서울: 아세아신학사, 1991, 133)

르쿠스 아우렐리우스:161~180) – 요한의 밧모섬 유배와 서머나 교회 감독 폴리캅의 순교, 마르쿠스 아우렐리우스 통치 때 천재지변으로 박해. 디오클레시안(303년) – 8년간 조직적으로 박해 (성경소각, 교회방화) – 카타콤의 역사의 시작은 도미시안 박해

- 메시지의 내용: 고난의 메시아, 회개의 촉구, 약속된 용서와 회복
- 선교방법: 선포, 논쟁 – 변증 – 교리논쟁[75], 학파를 구성 – 정치 집단화의 약점
- 선교전략: 〈부정적〉 탄압, 배교논쟁, 이단논쟁, 분열, 전파 〈긍정적〉 대외적으로 확산, 선교단체구성력, 선교동원력, 선교논쟁 없음 – 내적, 선포의 모험
- 선교형태: 적용, 복음, 지역조직

### 1) 인물별로 본 선교의 흐름[76]

#### (1) 속사도 교부[77]

사도들과 초대교인들은 그야말로 신앙에 목숨을 건 자들이었다. 그들의 올곧은 마음과 전설처럼 강력한 주를 향한 믿음은 현대 그리스도인들의 가슴 속에 주님께 대한 순수한 사랑과 충성을 새롭게 불러일으켰다.

---

75) 기독론의 교리에 관한 논쟁
기독론에 대하여 처음으로 하나의 학설을 세운 사람이 아폴리나리우스(Apollinaris)다. 그는 플라톤의 심리학설을 중심해서 즉, 인간은 몸(Body)과 마음(Soul)과 영(Spirit), 이 셋으로 되었다는 설에 근거하여 그리스도에 대하여 저는 하나님 로고스(Logos)가 인간의 영을 대신하여 로고스와 마음과 몸으로써 하나의 인격을 이루었다고 주장하였다. 아폴리나리우스는 아리우스처럼 신성을 인정하지 않았으나 인성을 한정한 것이 된다. 그러나 그리스도인의 느낌으로는 완전한 하나님이며, 완전한 인간이신 분에 의하여만 성립된다고 하였다. 그래서 예수 안에서 인간의 영혼을 대신해서 로고스가 있다고 보았다. 그에게 있어서 로고스는 곧 하나님이었다. 그렇다면 예수는 외모만 인간이고 영혼은 하나님인 셈이다. 예수의 영혼이 하나님이라면 그는 인간이 아니었다. 삼위일체 논쟁에서 아리우스도 비슷한 주장을 했지만 그는 로고스를 하나님의 피조물이라고 보았다. 그러므로 예수님은 하나님도 인간도 아닌 존재가 되고 말았다. 아폴리나리우스 식으로 말하면 예수는 외모만 인간이었지 내면은 완전히 하나님인 셈이다. 그러므로 예수에게서 인성이 사라진다. 그러면 인간의 죄를 짊어질 수 없으니 그리스도도 될 수 없다. 이러한 주장에 대하여 제일 먼저 반대하고 나선 이들은 카파도기아의 신학자들이었다. 그 중 그레고리는 인간의 여러 본성을 골고루 갖추지 못한 그리스도는 인간을 구원할 수 없다고 지적하였다. 안디옥 사람들도 그리스도 안에 인성과 신성이 있다고 강조하였다. 그리하여 374년부터 381년 사이에 여러 교회 회의에서 아폴리나리우스의 가르침이 비판을 받고 정죄되고 말았다. 결국 451년 칼케톤에서 신앙고백을 만들어냄으로 근본적인 문제는 해결이 되었다.
1. 동적 단일신론(Danamic Monarchia nism)
2. 양식적 단일신론(Modalistic Monarchian ism)
3. 로마기독론

76) 각 교리적 형성과정
2세기 마지막 10년, 3세기 처음의 20년 ⇒ 기독론 논의에 중요한 시기.
로고스 기독론 : 저스틴, 이레네우스, 터툴리안(특히 로마에서) 종속설적인 경향이 있다.
로고스의 선재성 ⇒ 그리스도는 완전한 하나님인 동시에 완전한 사람(노바티안)
양자론적 기독론(140년경까지도) ; 헤르마스(로마)

| 이름 | 사역지 | 주요사상 및 사항 | 저서 |
|---|---|---|---|
| 로마의 클레멘트 [Clement of Rome] | 로마 | • 서신에서 사도적 전승을 강조<br>• 구약 4/1인용, 바울서신 내용도 포함<br>• 바울사상과 야고보사상이 많음<br>• 부활 확신, 서로 사랑하라<br>• 감독, 집사 선거에 유의하라<br>　-고린도에서 교회 장로들의 권위에 대하여 생긴 반역을 놓고서 교회 질서 문제<br>• 도미티안 황제치하 때 순교 당함<br>• 빌립보서 4:3에 언급된 인물로 추정 | • 클레멘트서 AD 95 |
| 알렉산드리아의 바나바 [Banabas] | 알렉산드리아 | • 알렉산드리아 출신의 유대인으로 추정<br>　-유대교 율법이 참된 기독교적 의미를 담고 있다.<br>• 필로의 알레고리 해석방법에 익숙 | • 바나바서신 AD 130 |
| 파피아스 [Papias] AD 70-130 | 히에라 폴리스 감독 현 팜무칼레 | • 사도요한과 친분이 있음<br>• 마태복음서가 원래 아람어로 기록되어진 것이라고 주장<br>• 최초로 마태복음의 저자를 마태라고 함 | • 우리 주님의 말씀 |
| 이그나티우스 | 안디옥 | • 교회의 통일, 순교자에게 영광 .감독에 권위 : 주교와 장로를 구분<br>• 가톨릭교회라는 말을 최초 사용<br>• 그의 서신에서는 대속의 문제, 성육신의 문제, 유대주의자들의 문제, 감독직 권위 등을 강조<br>• 그의 서신들은 로마로 순교를 위해 압송 중에 기록됨<br>• 트라얀 황제 치하 때 순교 | • 에베소인들에게<br>• 마그네시아인들에게<br>• 트로이인들에게<br>• 빌라델비아인들에게<br>• 서머나인들에게<br>• 폴리캅에게 AD 113 |
| 폴리깁 (69~155) [Polycap] | 서머나 | • 이단에 대하여 단호(말시온을 사단의 맏아들이라고 공격함)<br>• 전천년설 입장에서 천년왕국론 주장<br>• 마가복음서가 [베드로의 어록]에서 기초했다고 주장<br>• 안토니우스 파이우스 황제 때 순교 | • 빌립보서신 |

독재론자(Monarchian) Dynamic Monarchian :
예수 = 양자. 로고스로 채워지신 분. 본질에 있어서 하나는 아님. 위탁된 신성. / 특히 동방에서 / 사모사타의 바울(안디옥의 감독) Modalistic Monarchian ; 그리스도 = 유일신의 임시적인 표현형식으로 봄.
하나님의 일체성 강조 ⇒ 성부 수난론자(노에투스)
사벨리우스 : 성부, 성자, 성령은 모두 하나다. 이들은 한 하나님을 가리키는 세 명칭일 뿐이고, 상황에 따라 달라지는 그의 표현양태를 나타낸 것뿐이다. 성부 – 본질, 성자, 성령 – 자기표현의 양태
⇒ 로마에서 파문됨. 그러나 동방에서는 계속 지지됨.
cf. 소아시아, 서방 ; 영지주의와의 투쟁으로 철학에 대한 불신감
알렉산드리아 : Platonism, Stoicism과 결합 기독교 영지주의 발생. Clement, Origen 아리우스 논쟁
cf. 서방 ; 터툴리안, 노바티안 ⇒ 하나님, 그리스도 사이의 본질적인 일치 인정
동방 : 분리 강조

## (2) 초대 교회의 이단

| 이름 | | 기원 | 교리 |
|---|---|---|---|
| 유대교적 이단 (전통적) | 에비온 (가난한 자) | • 대체로 유대적 기독교인으로 구성<br>• 1세기말 | • 바울을 유대교의 반역자로 간주 그의 교리 배척(히브리어로 된 마태복음만 믿음)<br>• 모세율법의 고수(할례, 안식일, 금식 등 시행) –개종자에게 강요<br>• 예수의 신성만 믿음(예수는 세례를 받을 때 메시아로 인식되었다 함) |
| | 엘카이 | • 유대교 집단<br>• 1세기 말 | • 접신적 신앙을 가진 자들<br>• 그리스도의 신성 부인(아담이 다시 사람이 되어 나왔으므로 또 다시 육신으로 올 수 있다)<br>• 동정녀 탄생 부인<br>• 금욕과 고행주의 주장 |
| | 마구누스 | • 1세기<br>• 영지주의 창시자(행 8:9-11)<br>• 영지(Gnosis) | |

아리우스 : 안디옥. 독재론적인 경향 ⇐ 니코메디아의 유세비우스가 도움
그리스도 = 피조물 ⇐ 오리겐의 입장
완전한 하나님도 아니고, 완전한 인간도 아닌 제3의 존재.
**알렉산더** : 성자 = 영원. 성부와 본질에 있어서 동일. 창조된 일이 없는 존재 ⇒ 아다나시우스
▶ **콘스탄티누스 ⇒ 니케아 회의 소집**
가이샤라의 유세비우스 : 중도파
출생하신 것이며 피조된 것이 아니다. 성부와 동질. 성자가 존재하지 않을 때가 없었다.(선재) 그러나 호무우시우스(Ho-moousius)는 동방의 반발을 삼. ⇐ 사벨리우스적.(Modal Monarchianism)
아타나시우스 : 소아시아, 희랍의 구원관
– "생명의 분이여" 그러므로 참된 신성이 그리스도 안에서 온전한 인성과 하나가 됨으로써만 인간에서 하나님에로의 변화가 이루어질 수 있다. "그리스도는 인간이 하나님이 되게 하기 위해서 그 자신이 인간이 되셨다."
– 보수주의자 ⇒ 후에 니케아 회의와 타협 ⇒ 확대되어 성령이 신성에 대해 가지는 관계가 어떤 것이냐에 대한 논의까지 포함됨. 신성을 한 본질, 세 양태로 규정하는 데까지 이름 ⇒ 신니케아파(카파도기안 학파)

77) **속사도란**
신약성서 27권에 들지 않은 초기 그리스도교 주요 문서의 집필자들에 대한 총칭이다. '사도 후 교부' 라고도 부르는 이 호칭은 '사도들의 가르침을 받은 교부들' 이라는 뜻에서 쓰이기 시작하였다. 즉 사도시대에 이어 거의 1세기 무렵부터 2세기 중엽에 활약한 교부들을 가리킨다. 이 말은 프랑스의 J. 코텔리에가 1672년《사도시대의 교부》라는 책을 쓴 데서 유래한다. 오늘날 여덟 사람의 집필자가 알려져 있는데, 로마의 클레멘스, 안타키아의 이그나티우스, 이즈미르의 폴리카르포스, 히에라폴리스의 파피아스,《헤르마스의 목자》의 저자,《바르나바의 편지》의 저자 바르나바와《12사도의 교훈》의 저자 디오그네투스 등이 대표적 인물이다. 사도 요한이 에베소 교회에서 순사한 후, 이른바 '속(續)사도(Apostolic fathers) 시대' 라 불리는 시기가 이어졌다. 속사도란 말 그대로 사도들의 가르침과 그들의 영향을 직접 받은 교회의 지도자들을 말한다. 그들은 타협하지 않는 신앙과 순수한 열정이 묻어나는 서신들로 유명했다. 그들 중에 클레멘트와 이그나티우스, 폴리캅 등이 있다. 즉 속사도란 사도들의 제자들로, 사도들이 죽은 후 교회 안에 복음의 진리를 세운 사람들이다.
**최초의 교회**: 한 보고서에 따르면 AD 148년 이전 티그리스 근교 동쪽에 위치한 아르빌에 교회건물이 세워졌다고 함. 아르빈 서쪽 300마일 떨어진 에데사(Edessa)에 교회 건물이 있었다는 증거가 존재 하는데, 이 교회당은 에데사왕이 기독교가 된 180년 이후에 지어진 것인데 210년 홍수로 건물이 파괴되었다.
Williston Walker, A history of the Chris-tian Church , 송인설 역,《기독교회사》, 크리스챤다이제스트, 2010, 55-59.

| | | | |
|---|---|---|---|
| 헬라주의적 이단 (철학적) | 캐린투스 | 1세기말 | |
| | 바실리데스 새터니우스 | 2세기 초 | |
| | 영지주의 | • 헬라어 [지식]에서 파생 – 신비적 초자연적 지식<br>• 이교철학 특히 플라톤 사상에 뿌리를 둠<br>• 동양의 신비주의 영향을 받음(당시 점성술, 마술, 철학 등을 혼합하여 철학 종교로 구성) | • 영지(Gnosis)<br>• 물질의 속박에서 벗어나 구원을 얻는다고 주장<br>• 할례, 안식일, 금식 준수<br>• 자신들은 영적인 존재이며, 다른 이들은 육적인 존재로 인식 함<br>• 창조는 신의 유출 과정<br>• 그리스도의 몸은 실재가 아니고 환상이라 함<br>• 감각주의나 금욕주의를 파생시킴<br>• 이원론(물질계와 영계로 나눔) |
| | 마르시온 발렌티누스 | • 85–160<br>• 이집트, 시리아와 동양에서 발전된 영지주의가 로마까지 이름<br>• 그리스도의 가르침과 동양의 영지주의를 종합 | |
| | 타티안 | 110–172 | |
| 기독교적 이단 (성령론적) | 마니 (215–277) | • 3세기 발생<br>• 대중적인 영향력보다는 교회 지도자들에게 큰 영향력을 행사<br>• 로마 제국 전역에서 나타남. 교회로 하여금 신앙규칙과 신약정경을 확정하게 하는 촉진제<br>• 교회에게 진리의 보고로서 사도적 계승을 강조하게 함 | • 창조에 대한 이원론적 사고(페르시아 이원론 근거 [세계는 광명과 흑암의 투쟁] 인류는 악마가 광명국에 침입하여 생겼다)<br>• 그리스도는 빛의 대표자<br>• 인류의 돌아갈 길은 해탈(금욕생활을 통해 가능)<br>• 사도들이 그리스도를 왜곡한 반면 그는 순수한 정신을 계승하였다고 주장 |
| | 마르온 (85–160) | • 140년경 발생. 조선업 자 영지주의적 관점에서 성경을 읽음 창조주 하나님을 거부 –물질세계는 익하다. 그리스도의 육체적 부활을 거부 – 본질이 악하다 6세기까지 존속 구약적인 것을 모두 배제 금욕강조<br>• 조선업자, 영지주의적 관점에서 성경을 읽음.<br>• 6세기까지 손속<br>• 구약을 모두 거부<br>• 교회를 원상태로 회복시도<br>• 144년 파문 | • 바울의 메시지 강조<br>• 그리스도 안에서 하나님의 은총을 설교<br>• 세상의 존재는 법적이고 잔인하다<br>• 구약성서의 하나님을 믿는다.<br>• 그리스도는 지상에 나타난 하나님<br>• 악한 세력 – 데미우르고스<br>• 바울서신과 누가복음만 인정 |
| | 몬타누스 | • 2세기 발생<br>• 156년 소아시아 프리기아에서 시작.<br>• 본래 무당<br>• 기독교를 영접하였으나 옛 방법에 의해 성령의 역사 강조.<br>• 맥시밀라와 프리실라라는 두 여인과 연합하여 성령운동 | • 교회를 영적으로 확대하려고함<br>• 한 하나님, 한 주, 그리스도를 교회의 신앙대로 믿었으나, 지나치게 성령운동을 앞세우다 교회에서 거부당함<br>• 세례 이후 범하는 죄는 순교로 해결<br>• 이론과 순교 강요<br>• 임박한 종말론<br>• 550년까지 유지 |

## (3) 초기 교부들

| 동방교부 | 알렉산드리아와 팔레스틴 교부 | | |
|---|---|---|---|
| 구분 | 생애 | 주 사상 | 저서 |
| 유세비우스<br>(263-339) | • 팔레스틴 출생<br>• 315년 가이샤라 감독<br>• 죽기 전까지 콘스탄티누스 황제의 총애로 궁정 출입 | • 비천년 왕국적 견해<br>• 오리겐의 지지자<br>• 325년 아리우스를 지지하여 일시적 파문 | • 교회사<br>• 콘스탄틴 대제전<br>• 복음의 준비/증명<br>• 팔레스틴의 순교자들 |
| 아타나시우스<br>(296-373) | • 알렉산드리아 감독인 알렉산던 수행원으로 니케아회의서 활약<br>• 326년 알렉산드리아 감독 | • 정통교리[78]<br>(삼위일체) 수호자 | • 로고스의 성육신<br>• 아리우스에 대한 반박<br>• 안토니우스 전 |
| 시릴<br>(376-444) | • 412년 알렉산드리아 총감독 | • 예수 그리스도는 로고스로서 육신을 입었다. (인성, 신성 합일)<br>• 이론엔 강하나 성격이 사납고 당파심이 강하여 자신의 반대자들에겐 수단을 가리지 않음 | • 네스토리우스, 배교자 줄리앙에 대항하여<br>• 파문서 |

[78] 삼위일체설
그리스도교 기본 교리의 하나이다. 니케아 공의회에서 정통 교리로 채택되었는데, 크리스트의 신과 인간의 양 면성을 인정하는 [동일 본체설]에 기초를 두고 이것에 성령을 부가해서 성부, 성자(예수), 성신 (성령)의 위치를 하나의 실체로서 존재한다고 하는 설이다. 381년의 콘스탄티노플 종교회의에서 정통파의 교의로 확인되었다.
▶ 두 가지 전제
1) 우리는 언제 종말이 오는지 모른다. → 하나님의 나라를 빨리 오게 한다는 것이 아니고, 온다는 사실을 기쁨 과 용기를 가지고 활동하는 것이다 → 그 시기는 아버지만이 아시고 아무도 모른다.(막 13:12, 마 11:27, 마 24:42, 눅 12:39)
2) 종말은 미래에 있지만 현재는 이미 그리스도의 죽음과 부활로써 시작하는 시기의 일부이다. → 종말이 지체 되는 것처럼 보이지만 실망의 원인이 아니라 하나님의 나라가 오고 있다.

부록
오스카 쿨만(바젤대학), 《신약성서의 종말론과 선교》: Gerald Anderson , 박근원 역, 선교신학서설, Theology of the Christian Mission, New York, 1961, 48-63.
▶ 어거스틴
• 신비주의적 경건 - 하나님과 인격적 관계 주장
• 신플라톤주의 - 하나님의 일체성을 강조하게 됨
• 터툴리안, 오리겐, 아타나시우스 등은 성자와 성령이 성부에게 종속된다고 가르쳤다.(성부를 출발점으로 삼는다) 하지만 어거스틴은 일체성을 강조한 나머지, 인격사이에 완전한 동등성(공동본질적, 즉 실체에 있어서 숫자적으로 하나)이 있음을 가르쳤다.(신적인 본성 자체로서 시작한다)
• 유비적 표현
⇒ 기억(memory), 이해( understanding), 의지(will) 사랑하는 자(lover), 사랑 받는 자(loved), 사랑(love)
• 성육신 : 신성에 못지않게 인성을 강조
• 예수 그리스도 : 하나님이며 동시에 인간이다. 그러므로 하나님이신 점에서 그는 성부와 하나이시며, 인간인 점에서는 성부가 그보다 더 위대함. 오직 하나이신 중재자, 중보자. 그를 통한 죄의 용서, 그리스도 역사의 모 범적 측면 강조(사랑을 제시하는 자)
• 인간 : 본질에는 모순이 없었다.
  죄 : 교만 ⇒ 선을 상실.

| | 수리아와 소아시아 교부 | | |
|---|---|---|---|
| 바실<br>(330-379) | • 신앙 깊은 할머니 밑에서 공부<br>• 변호사를 거쳐 수도원 생활<br>• 가이사랴 장로, 370년 감독 | • 교회 치리에 강함<br>• 금욕적인 삶을 살았음<br>• 아리안주의 반대 | • 그리스도의 신성론<br>• 성령론<br>• 설교집, 서한 등 |
| 닛사의<br>그레고리<br>(332-395) | • 바실의 동생<br>• 수사학자, 수도원 생활<br>• 372년 닛사의 감독 | • 성경해석 능력(알레고리한)<br>• 삼위일체에서 처음으로 본격과 위격 구분 | • 성자와 성령의 신성<br>• 유세비우스에 대항하여<br>• 교의에 관한 저서 등 |
| 나지안주스의<br>그레고리<br>(330-390) | • 그레고리 형제와 친분<br>• 부친이 나지안주스 감독 지냄<br>• 374년 나지안주스 감독 | • 훌륭한 설교가<br>• 아리안주의 반대 | • 설교, 서한 및 시 |
| 크리소톰스<br>(346-407) | • 안디옥 출생<br>• 아버지는 장군이었으며, 신앙이 좋은 어머니 안두사에 의해 양육<br>• 397년 콘스탄티노플 의 총감독 | • 성서해석과 알레고리 해석 배제, 본문설교(윤리적) 추구<br>• 인민의 사치, 왕족의 부패를 공격하고 훈책함 | • 성직에 대하여<br>• 선조들에 대한 설교 등 |
| 서방교부 | | 로마교부 | |
| 힐라리<br>우스 (295-<br>368) | • 프랑스의 포에티어스 출생<br>• 철학과 문학 공부<br>• 350년 고향교회 감독 | • 아리안주의가 강한 지방에서 정통교리를 사수하며 저항함 | • 삼위일체론<br>• 신앙론 등 |
| 암브로스<br>(339-397) | • 트리에리 출생, 아버지가 로마의 총독, 밀라노 주지사 역임<br>• 374년 밀라노주 감독 | • 설교에 어거스틴이 감화 받아 세례를 받음<br>• 원로원에 있는 승리의 상을 제거하게 함<br>• 화체설을 동방에 전수 | • 성령, 신앙에 대하여<br>• 발렌티니안에게(편지)<br>• 아욱센티우스(밀라노의 주교-아리우스지지자)를 반대하는 설교 |
| 제롬<br>(346-420) | • 로마에서 교육 받았으며, 고문학에 정통함<br>• 은자 생활(사막)을 거친 후 베들레헴에 수도원을 세우고 학문연구(그 외 많은 수도원 설립) | • 구, 신약 성경을 라틴어로 번역(Vulgte) ⇒70인역 참고 ⇒ 구약은 히브리어 원본으로 번역, 로마교회가 공인한 성경 ⇒ 위클리프 역의 참고서가 됨 | |

원죄설 : 부패가 유전된다. 세례는 바로 이 죄과를 제거하기 위한 것.
구원 : 하나님의 전적인 은총으로만/선택한 자들에게만(예정론) 우리의 의지를 통해서 역사하신다.⇔ 펠라기우스(자유의지)
※수육설: 독생자의 신성이 우리의 가사성(可死性)에 참여하여 우리가 그분의 불사성(不死性)에 참여하게 되었기 때문이다.
※ 교회론
• 그리스도인의 사회가 그리스도의 신비한 몸이다.
• 사랑의 사귐으로서의 교회관 ⇒ 교회의 통일성 주장. 교인들은 한 몸의 지체들
• 의인, 죄인을 포함 ⇒ 최후의 완성 때에만 구분될 것이다.
• 가톨릭 교회 안에서만 성령에 의한 참된 사랑의 부으심을 볼 수 있다.
• 성례 : 교회의 모든 거룩한 관례와 의식이 성례에 포함된다. 가시적이며 성직제도로 조직된 이 교회가 바로 신의 도성이며, 이 교회가 점차로 세상을 통치하게 되어야 한다. 그러기 위해 국가와의 유대가 필요하다.

- 신학으로 본 선교의 흐름과 선교역사와 함께 교리신학의 논쟁이 점점 커져갔다. 그러므로 선교현장은 언제나 복음의 변증론이 나타났다.
- 유대교 전승과 교회의 성경이 갖고 있는 의미와 가치의 차이
  − 예수와 부활을 이해할 수 있는 신앙과 가치의 틀 − 공동체의 질서와 생활양식

### (4) 서방교회와 동방교회의 차이점[79]

서방 − 라틴학파 → 카르타고, 로마 → 터툴리아누스, 키프리아누스 → 법적, 행정적, 실제적 → 교회문제에 관심(성례, 예배, 조직, 교회행정) → 죄와 은사에 대한 구원론적 교리 발전

동방 − 알렉산드리아 학파 → 알렉산드리아 → 오리게네스 → 사변적, 사색적, 철학적 → 철학에 관심 → 신학과 모순되지 않고 조화를 이룸 → 삼위일체와 기독론, 그리스도의 인성결정

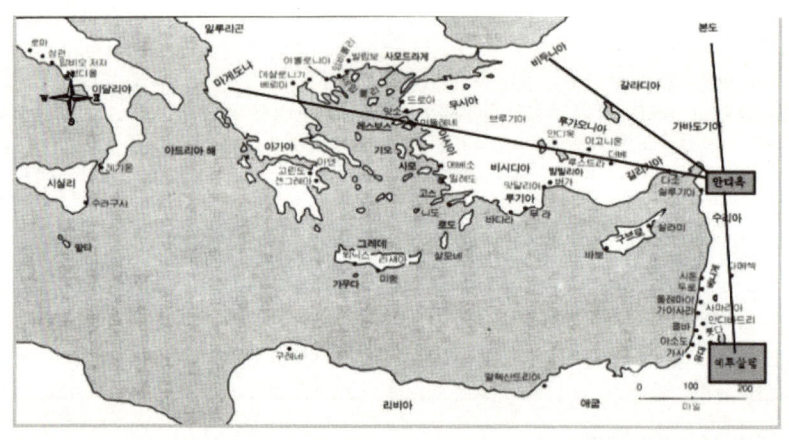

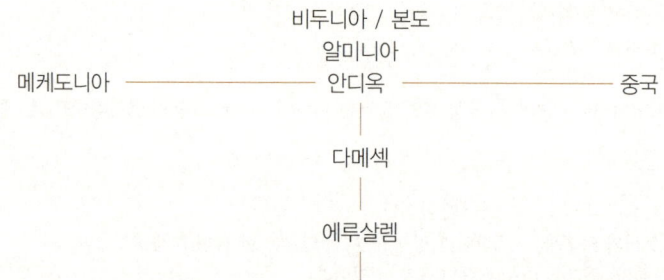

---

79) 정병식, 《한눈에 보는 세계사》 3. 초기기독교신학과 이단의 등장

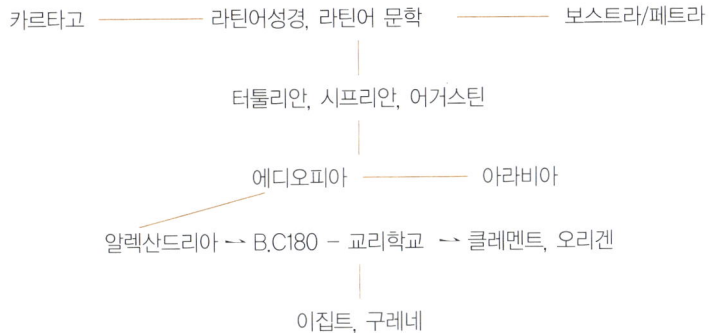

## 2) 초기 기독교의 선교지역별 분류

### (1) 연대기적 접근[80]

① 100년 이후: 북부와 동부로 확장

② 2세기

- 유티누스(Justinus): 100년 성 니플루즈에서 출생. 165년 로마에서 순교한 선교사, 외교철학을 배우고 기독교로 개종.

저서: 트리폰과의 대화, 한 유대인과의 논변

- 터툴리안누스(Septimius Florons Tertullianus:150~160/222~240): 카르타고 출생. 문장이 강직, 후에 몬타니즘에 빠짐. 저서: 여러 민족들을 대항하여(197), 포교론(197), 세례론, 반마르치온(210) 홍행론, 여성들의 배치론, 왕관론, 섦은이돈 등

- 몬타누스(Montanus)

③ 150년경

* 리용의 포티누스(Pontinus 87?~177?) : 소아시아 출생, 리용의 초대 주교, 리용과 비엔나에서의 다른 42명과 함께 순교, 이 일로 인해 고을 지방 기독교 전래.

④ 180년경: 에티오피아에 선교

⑤ 3세기 중반: 독일쾰른과 마인즈

⑥ 200년경: 로마 제국 전래와 페르시아

---

80) 김웅태,《선교의 역사와 개념》: 35-40.
▶ 콜로누스 : 콜로누스는 제정 말기 지주에게 예속된 농민을 의미한다. 콜로누스는 노예보다는 상위에 있지만 이전의 자유 및 직업 선택의 자유를 박탈당한 존재였으며 약간의 재산을 소유할 수는 있지만 농장주에 대한 예속성이 매우 강했다. 그들은 법적으로는 자유로웠으나, 332년 칙령에 의해 이동의 자유가 없이 거의 토지에 매어달린 노예가 되었는데, 이는 중세 농노의 선구가 되었다. 노예와 자유농민의 중간적 지위를 가진 부자유 농민이었다.

⑦ 240-323년: 아르메니아의 계몽가 성 그레고리
⑧ 4세기: 흑해에서 선교

(2) 선교 특징
① 2세기말 로마제국 국경(순교-변증)을 넘어 선교[수리아지역에서 아르메니아(동부) ; 에뎃사]-영국, 스코틀랜드(서부)
② 예수 그리스도의 사랑 공동체에 참여 회개 운동
③ 철학자들의 작품을 통한 선교 / 문학작품 선교
④ 공동체-나눔과 섬김-고아와 과부-아가페 실천(플리니우스 Plinius-caius Plinius Caecilius Secunclus 61~114) 변호사 집정관(100년경) 비티니아(Bithynia)에서 황제의 대사(111~112)
  • 비티니아의 그리스도 교회들에 관하여 트라얀 황제에게 보낸 편지"[81]

(3) 초기 기독교의 선교사상 분류[82]

| 초기 교회의 선교(100-301) |||| 
|---|---|---|---|
| 상황 | 로마 | 그리스 | 근동 |
| 기독교 흐름 | 라틴어 사용<br>강한 유대적 영향 | 그리스어 사용 | 시리아어 사용<br>강한 유대적 영향 |
| 주요모델 | 세례 중심 선교 | 세례 중심 선교 | 세례 중심 선교 |
| 선교의 핵심인물 | 개개 기독교인, 순회 전도자, 감독, 변증론자, 교사, 순교자 | 개개 기독교인, 순회 전도자, 감독, 변증론 자, 교사, 순교자 | 상인과 이주자와 노예, 전도자, 순회 금욕주의자 |
| 신학유형 | A(법 강조) | B(진리 강조) | C(역사 강조) |
| 주요 신학자 | 터툴리안 | 저스틴 마터, 알레산드리아의 클레멘드, 오리겐 | 이레니우스, 에데사의 바르바 이잔, 아시리아의 타티안 |
| 불변수 ||||
| 기독론 | 고 | 고<br>로고스 기독론 | 저<br>성령 기독론 |
| 교회론 | 선교적 구원의 기관 | 선교적 영적 엘리트 경향 | 선교적 그리스도의 몸 |
| 종말론 | 미래주의자 개인적 | 실현된 개인적 | 시작된/내재적 역사적 |
| 구원 | 영적/영원한 삶 | 영적/깨달음 | 통전적 |
| 인간론 | 부정적 | 긍정적 | 긍정적 |
| 문화 | 부정적 반문화<br>(counter-cultural) | 긍정적<br>인류학적 모델 | 긍정적/부정적<br>온건한 반문화 모델 |

81) 플리니우스는 황제가 대중적으로 개종함에 의구심을 가질 때 그에 관한 각주 보고서도 '친목단체-성가와 기도를 할' 등으로 표현
82) 스티븐 B. 베반스, 로저 P. 슈레더, 《예언자적 대화의 선교》, 김영동 역, 서울: 크리스천헤럴드, 2007. 221

## 3) 선교지역 확장과정

### (1) 3세기 초

배경 : 스페인, 부도덕한 신앙생활, 3C초 남부에 교회 - 선교의 실패

① 프랑스

고울(Gaul)(현지명은 리용)을 중심(Lyons, Vienne)

감독: 이레니우스, 켈트어, 라틴어-선교, 250년(5-6개의 공동체) , 350년 - 토르의 마틴(Martin of Tours)(군인) → 군대식 전도 → 복음전파, 회심과 세례, 사원과 우상

▶ 몬타누스(Montanismus)
- 소아시아 프리기아에서 156년경 몬타누스가 시작
- 본래 무당, 기독교를 영접했으나 옛날방법에 의존하여 성령운동 맥시밀리와 프리실라의 두 여인을 동원.
- 성경을 중심으로 한 새로운 계시의 가능성 주장
- 특징 : 교회의 질서를 무시하지 않은 가운데서 예언 주장
- 200년 : 이단으로 정리
- 긍정적 영향
- 교회는 정경강화와 구원을 보장하는 교회편현한 교회의 틀을 벗음
- 부정적 영향
- 정경은 새로운 계시가 가능하다는 신념을 배제
- 예언자의 영 대신 계층구조 체제 확립(교회의 의의 정립)
- 종말론의 중요성을 무시
- 역사적 종말론 대신에 개인적 종말론 강화
- 교회 안에서 윤리와 도덕의식이 약해짐

▶ 변증가(Apologeten)
① 외부의 박해에 대한 대응차원
② 교회를 알리는 홍보차원
③ 그리스도교 사상을 밝힘
④ 교회의 교리적인 신조를 체계화한 변증가들
    ⓐ 서스틴 - 외부로부터
    ⓑ 내부(영지주의)로부터
      - 이레네우스(131~202), 히폴리우스(170~235), 클레멘스(150~215)

▶ 변증가의 논점
① 하나님은 유일자요 전능하신 아버지
② 기독교는 그리스도가 새롭게 주신 율법-윤리성
③ 로고스가 하나님에 대한 확실한 정보를 제공해서 철학 위를 맴도는 모든 의심을 해결해 준다.
④ 세례는 죄를 용서, 그리스도는 구원을 가져다줌.
- 375년 고구려 본교 공인
- 413년 고구려- 장수왕 등극
- 529년 신라 - 이차돈의 순교
- 555년 신라 - 북한산 진흥왕순수비
- 570년 마호매트 출생
- 598년 고구려 - 수문제 30만 대군 격파

파괴

② 소아시아

비두니아, 본도

2세기 본도총독 플리니(Pliny)가 트라얀(Trajan) 황제에게 성도를 증가시켜 달라고 요청.
이유 – 국가가 선교, 국가 통치권 – 선교세력 중대에 기여.

3세기 – 그레고리 타우마투구스(Greogory Thaumaturgus) – 240년 · 17명의 성도,
247년 도시 전체가 거의 믿게 됨. 표적과 기독교 축제

(2) 3세기 중엽

① 로마 국경을 넘어 – 파르티아, 에티오피아, 아일랜드, 인도 심지어 중국.

② 안디옥 → 무역로 → 두로 → 유프라테스강 → 티그리스강의 도시 → 바데인, 메데인, 엘람인(행 2:9) → 메소보다미아 지방에 사는 유대인, 오뎃사(2–4세기) → 기독교 → 국교 → 신약성경 최초의 시리아어의 번역.

(3) 3세기 말

① 갑바도기아 → 알미니아 → 410년 알미니아 신약성경 번역. 티리다에스(Tiridayes) 왕의 회심과 선교사 그레고리 일루미나토르(Gregory Illuminator) → 선교운동 → 기독교화.

아라비아 : 바돌로메, 행 2장 – 그레데인과 아라비안인이 예루살렘에 있었음.

② 인도 → 사도 도마의 교회(유세비우스의 근거)

판데누스 선교사(알렉산드리아에 교리문답학교를 세웠던 자)

③ 에티오피아 → 빌립(행 8:26–29). 4세기 중엽 – 교회세움(?) Axum – 파선 – 궁전의 노예 – 회심(Frumentius을 통해) → 알렉산드리아의 아타나시우스가 감독으로 세움 → 콥틱(Coptic)교회의 지도자가 됨.

(4) 4세기

① 독일 → 고트(Goth)족[83], 튜토닉(Teutonic)족 → 로마제국으로부터 잡혀온 포로

---

83) 선교사 울필라스(311-388)
　울필라스의 이름은 [작은 늑대]라는 뜻으로 다뉴브강 북쪽에 있는 고트족의 사도로 칭송 받았다. 20세가 되던 해 고트왕 Aiaric에 의해 콘스탄티노플 대사로 임명되어 콘스탄티노플에서 10년간 있으며 학자요 선교사로서 고트에 돌아와 선교에 열중하며 자신이 발명한 자음과 모음으로 전 성경(사무엘서, 열왕기서 제외. 전사들이었던 고트족을 자극하지 않기 위함)을 번역하였다. 그는 고트족에 의해 제2의 모세로 칭송되었다. 그가 번역한 성경 "튜토닉(Teutonic)"은 성경 가운데 제일 오래된 것으로 스웨덴 웁살라 대학에 보관되어 있다.

들에 의해 전파됨.

② 프랑크족 → 유럽 북서부 → 로마인을 통한 복음증거 /전쟁 중 하나님께 기도 → 승리 → 왕 클로비스(Clovis)[84]와 군사 성탄절 세례

③ 아일랜드[85] → 4세기 마지막 복음이 전파된 곳. 사도

④ 스코틀랜드 → 5세기 중엽, 이오나 (Iona)섬에 선교학교 설립 → 북아일랜드와 근접지역에 복음을 전함. 콜롬바(Columba) (521~596) 왕족 출신으로 563년 12명의 동료와 선교

(5) 5세기 말

① 로마제국 → 남: 사하라 사막, 북: 하드리안 성벽, 서 − 스페인.

② 중국[86] → 메소포타미아 → 페르시아 → AD 635 −네스토리안 기독교(경교)[87] →

---

[84] 클로비스 왕 : 496년 3000명의 군사와 함께 합동세례 왕비-기독교인 + 로마와 정치적 관계-영국

[85] 아일랜드와 북유럽의 선교: 아일랜드는 431년 교황 카일레스틴이 선교사를 파송하였으나 실패한 역사를 가지고 있다. 그러다가 성패트릭의 선교로 기독교의 개종이 이루어졌다. 아일랜드는 또 다른 선교의 거점이 되었으며, 중세 수도원에 성경복사, 학문적 전통, 그리고 선교의 정열을 심어 주는 좋은 전통을 수립하였다.

영국의 선교: 켄트족의 개종 율리우스 시저가 기원전에 정복하기 시작하였던 영국은 로마의 통치를 받으면서 기독교국가로 성장하다가 410년 로마의 멸망과 함께 로마군이 철수하자 색슨족, 앵글족, 쥬트족 등의 침입을 받았다. 이러한 상황에서 영국의 선교를 본격적으로 일으킨 사람은 교황 그레고리 1세다. 영국의 선교와 개종은 아직까지는 완전한 단계에 이르지는 못하였으나 성직자와 수도원을 중심으로 한 개혁을 가져왔으며, 로마에 절대적으로 복종하는 충성스러운 위성국이 되었다.

패트릭(372-465) : 372년 아일랜드를 바라보는 영국의 해안지역 베나벤(Be-naven in Tabernia )에서 출생. →16세 때 아일랜드에 포로가 됨→노예→탈출→두로의 마틴 아래서 사사를 받음. 남부프랑스 르링 수도원에서 공부→아일랜드 선교사 파송 받아 33년간 선교에 힘을 쏟음, 북유럽 복음화의 선두주자.

◎ 이레니우스(Irenäus von Lyon) (135-202) 안디옥 학파, 서머나에서 출생, 폴리캅의 제자, 항상서를 자유롭게 인용, 구전과 구약을 자유롭게 인용, 202년 셉티무스 세베루스 황제 박해시 순교 - 기독교 자체의 정리와 체계화로 영지주의 대항
- 구약과 신약의 연속성
- 사도적 권위의 연속성
- 은혜에 의한 구원 주장

[86] 중국은 삼국시대 220-265/280(위, 촉, 오)/진나라 265-316/5호 16국(동진, 북위, 송, 제, 동위, 서위, 북제, 북주, 진, 양)316-589/수나라 581-618/ 당나라 626-907/송나라 907-960-북송(1127)/남송(1279)/요나라 916-1125/금나라 1115-1234/원나라 1271-1368/ 명나라 1368-1644/ 청나라 1636-1912.

[87] 경교(景敎) -네스토리우스교(Nestorianism) : 콘스탄티노플의 총 주교 네스토리우스(?~451?)를 시조로 하는 그리스트교의 일파. 그리스도의 신격과 인격의 구별, 마리아의 성모 설에 대한 비판으로, 431년 에페소스리우스의 종교 회의에서 이단으로 몰린 네스토리우스는 면직되어 리비아로 추방되었다. 이 파는 424년경부터 이집트, 시리아, 팔레스티나 지방 및 인도에까지도 전도되어 토마스 파로 불리었다. 또 7세기에는 중국(당 태종 때)에서 경교(景敎)라 불리었고, 그 교회를 파사사(波斯寺)라 불렀다. 당 현종 때에는 대진사(大秦寺)라 개칭하고, 각지에 이를 건립하여 교세를 제법 떨쳤다. 그 후 200년간 명맥을 유지하였으나, 무종 때 박해받아 쇠퇴하였다. 그러나 원나라에서는 그 신앙이 다시 허락되어 신자와 교회가 증가하였다.

당나라(1625년 경교비 발견) 당나라(607~907) 중국 선교사 Alpen(605) 대진사 설립 (638)) → 내용 : 기독교 전래와 확장, 최초 중국 선교사 Alpen : 중국어성경 번역, 21명의 선교사, 장안에 대진사 설립→200년간 언어연구, 기독교서적 번역. AD 845 → 황제 → 도교신자 → 박해, 13세기 몽고 감독보호, 발전.

### 4) 선교지역의 박해

로마제국에서 기독교 박해는 초기 간헐적, 지역적, 부분적이었으나, 201년 셉티미우스 세베루스(201~211)부터는 법률적, 조직적, 전체적이었다. 이러한 박해는 디아클레티아누스(284~305)까지 계속되었다.

박해는 황제의 등극에서부터 시작되었다기보다 제국의 어려운 상황을 기독교도에게 전가하려는 정치적 의도가 대부분이었다. 박해자들은 모두 저주를 받아 남의 칼에, 무서운 병에, 혹은 미쳐서 죽었다. 신앙의 뿌리를 뽑으려는 자가 사라지고, 그 뿌리의 기독교는 전 세계로 넘쳐나고 있다.

터틀리안은 "기독교인의 순교의 피를 교회의 씨앗"으로 보았다.

박해도 3기로 나누어진다.[88]

1기 - 네로에 의한 박해(~64)

2기 - 전기 박해 : 네로부터 데키우스 이전(64~249)

3기 - 후기 박해 : 데키우스~콘스탄티누스(250~313)

206년-303년 기독교 평화의 기간이다 - 발레리우스 황제가 페르시아 전쟁에서 노예가 되면서 박해는 일시 중단되었고 303년까지 교회는 평화를 누린다.

(1) 일반적 이해와 접근

① 군사적 요인[89]

---

[88] 61쪽 - 심창섭의 각주. 정병식 한눈으로 보는 세계사
[89] 로마의 중장보병과 도로 건설
로마 군의 주축은 평민이었다. 이들은 평상시에는 농사를 짓고, 전쟁이 터지면 병사가 되어 전선에 나갔다. 이들은 무장을 모두 자비로 충당했는데, 긴 창과 양날 단검, 갑옷에 방패를 들고 무기를 자기 몸의 일부처럼 다루며 용감하게 싸웠다. 그 중에는 공병도 있었다. 공병의 임무는 점령지와 로마를 잇는 도로를 건설하는 일이었다. 이들이 만든 도로는 실로 견고하기 이를 데 없었다. 게다가 로마인들은《도로는 일직선이어야 한다》고 생각했기 때문에 높은 산에 굴을 뚫고, 골짜기에 다리를 놓는 난공사를 마다하지 않았다. 이렇게 건설된 도로의 총 길이는 8만 5천km, 그 숫자는 372개에 달했다.《팍스 로마나》는 점령지와 로마를 연결하는 도로의 발달과 떼어놓고 생각할 수 없다.

모든 길은 로마로 - 로마제국의 영토가 최대가 되다(100년경).

아우구스투스 이래 로마의 역대 황제들은 대부분 평온한 죽음을 맞지 못했다. 음욕으로 이름 높았던 칼리굴라, 그 뒤를 이은 클라우디우스는 모두 암살당했고, 네로는 자기 어머니를 죽였으며 자신도 자살하고 말았다.

폭군 도미티아누스가 암살당한 후 원로원은 원로원 의원 출신인 네르바를 즉위케 했는데, 그는 지금까지의 세습제를 바꾸어 게르마니아 총독 트라야누스를 양자로 지명했다. 이때부터 가장 유능한 인물을 양자로 맞아 제위를 계승케 하는 관례가 이어져 연달아 다섯 명의 현명한 황제가 등장, 로마는 최고의 번영을 누리게 되었다. 이때를 5현제 시대라고 한다. 트라야누스는 아프리카 사하라 사막 경계에까지 진출하고 시리아 남부와 나바타에아를 아라비아 속주로만들었으며, 도나우 강 건너 다키아 지방을 정복, 주민을 이주케 했다. 이곳은 로마의 이름을 따서 현재도 루마니아라고 불리고 있다. 그의 뒤를 이은 하드리아누스는 치세의 절반을 속주 시찰여행으로 보냈다. 그는 트라야누스가 이룬 판도를 유지하는 데 힘을 기울여 브리타니아 지방에 장성을 쌓는 한편 파르티아와 화친을 맺었다.

안토니우스는 스스로 근검절약하고 공정한 재판을 행해 원로원으로부터 피우스, 즉 '경건한 자'라는 칭호를 받았다. 그는 두 명의 양자를 지명하여 로마제정 이래 처음으로 두 사람의 황제가 공동 통치하는 전례를 만들었다. 그 중 하나인 루키우스 베루스가 재위 8년 만에 죽자 마르쿠스 아우렐리우스가 단독 집권했는데, 그는 외적의 침입을 막아내어 로마제국의 판도를 유지하는 한편 '명상록'을 집필한 스토아 철학자로도 유명하다.

그런데 마르쿠스 아우렐리우스는 관례를 깨고 친자식인 코모두스에게 제위를 물려주었다. 그는 아버지와 달리 무능하고 타락한 정치를 펴다가 근위사령관과 애첩의 공모로 욕실에서 살해되고 말았다.

이리하여 네르바, 트라야누스, 하드리아누스, 안토니우스 피우스, 마르쿠스 아우렐리우스에 이르는 5현제 시대는 끝나고 로마는 군대가 마음대로 황제를 갈아치우는 군인황제 시대를 맞았다. 그 후 50년 동안 무려 26명의 황제가 난립, 로마제국은 위로부터 휘청거리기 시작했다. 현제 로마누스 하드리아누스, 안토니우스 피우스, 마르쿠스 아우렐리우스의 병사가 되어 전선에 나갔다. 이들은 무장을 모두 자비로 충당했는데, 긴 창과 양날 단검, 갑옷에 방패를 들고 무기를 자기 몸의 일부처럼 다루며 용감하게 싸웠다.

로마의 평화(5현제 시대)[90] : 5현제 시대에 로마제국의 판도는 최대를 이루었다. 군사 제도는 용병제로 바뀌었으며, 이때는 100킬로나 떨어진 곳에서 수도관으로 늘 깨끗한 물을 썼고, 대형 목욕탕을 운영했고, 분수도 만들었다. 로마는 놀고먹기를 즐겨 1년에 150일 정도가 공휴일, 거기에 100일은 늘 행사나 축제가 진행되고 있었다. 로마의 축제일에는 각종 경기와 흥행이 벌어졌다. 거대한 원형 경기장(콜로세움)에서는 5만 명 이상의 관객이 환호하는 가운데 노예 검투사와 굶주린 맹수, 혹은 검투사와 검투사 간의 혈투가 펼쳐졌다. 이보다 더 큰 대경기장에서는 26만 명의 관객이 운집한 가운데 좁은 트랙을 달리는 요란한 전차 경주가 열리곤 하였는데, 엄청난 인파로 인하여 깔려 죽는 사람까지 있었다고 한다. 이러한 잔혹한 흥행은 모두 정부가 주최하였다. 그 목적은 대부분 몰락한 농민 출신인 로마의 빈민들을 이러한 흥행에 몰두하게 하여, 그들의 관심이 현실의 정치, 경제적 문제에 쏠리지 않도록 하기 위해서였다. 만일 그렇지 않았다면, 그들의 불평불만은 곧

---

90) 5현제 시대
　네르바(재위 96~98), 트라야누스(재위 98~117), 하드리아누스(재위 117~138), 안토니누스 피우스(재위 138~161), 마르쿠스 아우렐리우스(재위 161~180)의 5제(帝)를 말한다.
　트라야 누스(재위 98~117)
　바이티카 이탈리카 출생으로, 오현제(五賢 帝) 중 제2대 황제이다. 스페인 출신으로 여러 관직을 역임하고 특히 군인으로서 명망이 높았다. 네르바제(帝)의 양자가 되어 제위를 계승하였다. 원로원과의 협조 자세를 유지하고, 빈민 자녀의 부양정책, 이탈리아의 도시·농촌 회복시책을 추진하였다. 다키아, 나바타이 왕국, 아시리아 등을 속주로 만들었고 로마제국 최대의 판도를 과시하였다.
　하드리아누스(재위 117~138)
　로마 출생으로, 트라야누스 황제의 조카이다. 군사·정치의 요직을 거쳤는데, 트라야누스가 임종 시에 그를 양자로 삼자, 현지에서 즉위하였다. 방위를 강화하고 국력의 충실에 힘썼다. 제국 제반 제도의 기초를 닦았으며 로마법의 학문연구를 촉진시키고 문예·회화·산술을 애호하였다.
　안토니누스 피우스(재위 138~161)
　로마의 황제로 5현제(五賢帝)의 네 번째 황제이다. 피우스란 경건(敬虔)한 자를 뜻한다. 120년에 콘술(집정관)이 되고 또 이탈리아의 사법행정을 지배하였으며, 뒤에 아시아주 총독을 지냈다. 황제 하드리아누스의 양자가 되고 그가 죽은 뒤 즉위하였다. 관리의 지위를 안정시키고 속주(屬州)의 부담을 줄이며 사회정책도 추진하여 그리스도교 박해를 금지시켰고, 재정을 건전하게 하여 번영을 구가하였다.
　루키우스 베루스(재위 161~169)
　원로원 의원이자 하드리아누스 황제의 후계자인 루키우스 아엘리우스 카이사르의 아들로 태어났다. 138년 아버지가 죽은 뒤 황제가 된 안토니누스 피우스의 양자가 되었고 아우렐리우스와 공동 황제가 되었으나, 실권은 아우렐리우스에게 있었다. 153년 쿠아이스토르(재무관)로 정치를 시작하였고, 154년과 161년 2차례 콘술(집정관)을 지냈다. 전쟁에 참가했다가 알티눔 근처에서 병으로 사망하였다.
　마르쿠스 아우렐리우스(재위 161~180) 로마 출생으로, 5현제(賢帝)의 마지막 황제이다. 안토니누스 피우스 황제의 양자가 된 후 140년 로마의 콘술(집정관)이 되었고, 161년 안토니누스의 뒤를 이어 로마 황제로 즉위하였다. 당시의 로마제국은 경제적·군사적으로 어려운 시기여서 외적의 침입을 방비하기에 힘썼다. 그동안 페스트가 유행하여 제국은 피폐하고, 게르만족과의 전쟁에 시달리면서 병을 얻어 도나우 강변의 진중에서 죽었다.

장 정부를 향해서 날아가게 되어 있었기 때문이었다. 그리하여 당시의 로마의 빈민들은 오직 두 가지 일 외에는 관심을 갖지 않게 되었으니 그 하나가 바로 투기 시합이었고, 다른 하나는 정부가 무료로 배급해 주는 빵이었다. '빵과 흥행' 그것은 로마의 골치 아픈 빈민들을 통치하기에 더 없이 좋은 정책이었다. 찬란한《로마의 평화》의 그늘에는 수많은 노예들, 그리고 식민지 주민들의 희생이 숨어 있었다. 로마 시민에게 빵과 서커스, 원형극장에서 펼쳐지는 검투 경기가 무료로 베풀어지는 동안 밀가루 생산지였던 이집트에서는 많은 사람들이 굶어 죽어가고 있었다.

② 종교적 요인

아우렐리우스(Marcus Aurelius)가 아폴로지(Apology)에서 "기독교는 국가보위와 제국 부흥에 좋다."

저스틴(Justin)[91] 변증가 – 철학, 터툴리안(Tertullian) – 복음을 믿음에 호소

오리겐(Origen) – 박해가 깊은 신앙, 가정의 단란함, 정직과 이웃 사랑, 세속적 지혜를 중요시 하지 않음.

사랑–주님의 온전한 사랑, 구제, 나눠씀, 착한 일, 정결한 삶–우상숭배, 부도덕한 삶을 거부, 오락, 이혼, 동성애, 낙태, 유아 살해 거부.

③ 박해의 연대기적 상황 – 기독교의 박해[92]

성도와 정치 → 부정적이다. "너희는 너희 중에 나와서 따로 서라(고후 6:17),

바울 → 정부입장에서 긍정적–법을 준수, 황제거부, 그러나 제국을 위한 기도

---

91) 저스틴(Justine Martyr, 100~165)
사마리아의 고대 세겜 땅에서 출생한, 2세기에 가장 중요한 변증가.
기독교의 우월성(철학자들에 대하여)과 무해성(정치가들에 대하여)을 주장했다. 한편 그는 기독교와 이방철학(특히 플라톤주의) 사이에 가교를 놓으려고 시도했던 최초의 기독교 저술가였다. 그가 한 번은 순교 당하는 광경을 목도한 적이 있는데, 이것이 그의 회심의 계기 중 하나였다고 그는 기술하고 있다. 165년경 순교로 죽음을 맞이하였다.

▶ 터툴리안(Tertullian, 150~225)
프리카인 교부. 이레니우스에 교리적 기원을 둔 저명한 변증가.
터툴리안은 카르타고에서 비기독교 로마인 양친에게서 태어나, 수사학과 법률을 공부했으며 로마에서 법률가로 일했다. 197년 어느 시기에 기독교인이 되었는데, 초기에는 전통 교회를 지지하다가 후에 몬타니즘(Montanus)을 지지하는 편으로 기울어진다. 이들은 임박한 종말을 대비하여 엄격한 생활을 강조했는데 후에 이단으로 정죄된다.

92) Herbert Kane 48~53.

## 로마 기독교의 박해 양상[93]

| 시기 | | 황제 | 진상과 그 범위 | 처형 방법 | 주요순교자 |
|---|---|---|---|---|---|
| 1차 | 54~68 | 네로 Nero | • 로마와 변두리에서만 발생<br>• 기독교인 로마방화의 희생양<br>• 기독교인들을 불태워 황제의 정원을 밝힐 정도 | • 맹견과 사자밥<br>• 십자가 처형, 화형 | 바울,<br>베드로 |
| | 81~96 | 도미티안 Domitian | • 주로 로마와 소아시아 지방<br>• 황제신에게 절하지 않았다는 이유로 박해 당함 | • 재산몰수 및 추방<br>• 맹수와 결투 | • 클레멘트(로마)<br>• 요한 밧모섬으로 유배<br>• 카타콤시대 |
| | 98~17 | 트라얀 Trajan | • 산발적으로 번짐<br>• 사회생활 부조화 황제숭배 강요<br>• 비밀결사로 오해 | | 이그나티우스(맹수의밥)<br>시므온, 루푸스 소지무스 |
| 2차 | 117~138 | 하드리안 Hadrian | • 기독교인에 대해서 거짓 증거하는 자도 처벌<br>• 우상제사 강요, 황제숭배 거부 | • 시장과 거리에서 심문 굴복시 용서<br>• 단두 후 짐승의 밥 | 텔레스포루스 |
| | 161~180 | 마르쿠스 아우렐리우스 Marcus Aurelius | • 황제가 스토아철학자이기 때문에 기독교 반대<br>• 질병, 흉년 등이 기독교인 때문 | • 옥사한 시체를 개에게 던져 줌 | 저스틴, 포티우스<br>블랜디나 폴리캅 |
| | 202~211 | 셉티무스 Septimius Severius | • 황비 도나(Donna)로 인함<br>• 기독교로 개종을 금함 | • 투옥 및 처형 | 에레오니데스(오리겐의 아버지) 이레니우스(리용의 감독) 페르페투아 |
| | 235~236 | 막시미누스 Maximinus | • 암살당한 전임황제를 기독교인이 지지했다는 이유<br>• 기독교 성직자 처형 명령<br>• 군인황제의 시작 | • 유형 및 투옥<br>• 지도자 제거 | 우르술라 히폴리투스 |
| 3차 | 249~251 | 데키우스 Decius | • 황제 외 다른 신 경배금지<br>• 제국 내 일교(이교주의 복귀)만 인정 ⇨ 국력약화가 이유<br>• 처음으로 제국전역으로 박해함<br>• 가장 조직적으로 박해 | • 가장 혹독한 무력 진압<br>• 강금, 공갈 | 파비아누스 예루살렘의 알렉산더 오리겐 |
| | 257~260 | 발레리안 Valerius | • 기독교인 재산 압수<br>• 기독교인 집회금지<br>• 병과 흉년이 기독교인 때문 | • 집회금지 및 지도자 처형<br>• 고위층과 교회재산 몰수 | 오리겐<br>키프리안<br>식스투스 2세 |
| | 284~305 | 디오클레티안 Diocletianus | • 최악의 박해시기<br>• 교회와 성경이 불태워 짐<br>• 모든 기독교인의 권리가 정지 | • 303,2칙령으로 예배당 파괴<br>• 교직자 투옥 | 마우리티우스 알반 |

### (5) 로마제국의 기독교 박해 결과

로마제국의 이러한 박해에도 불구하고 ① 고난과 죽음을 진리로 이겨내며 무력이나 폭력을 쓰지 않고 ② 문서를 통해 그들을 방어하였으며, ③ 순교를 각오함으로써 기독교가 생명의 종교임이 증명되었다(노예 포로 등 낮은 신분 전도 → 기독세력이 뻗어나감. 노예도 형제와 같다는 사상을 가지게 함). 또한 박해로 흩어진 기독교인들이 사도의 말을 듣기 어렵게 되자 정경형성을 서두름으로써 ④ 성경 형성이 촉진되었고, ⑤ 국가·교회의 구별이 확실하게 되었다. 결국은 313년에 콘스탄틴에 의해 기독교가 공인되고 AD 380년 데오도시우스 황제에 의해 로마 국교로 인정된다.

### 5) 종합정리

강한 군사력, 관대한 식민지 정책, 정치적 통일

(1) 갈레리우스(Caius Galerius Valerius Maximianus) : 로마황제(305~311)이며, 디오클레티안(Diocletien) 박해의 선동자. 305년 콘스탄티누스와 함께 황제가 됨, 죽기 전에 '선교 자유령'을 부득이 허락.

(2) 313년 밀라노 칙령 — 로마에서 3Km 떨어진 티베르강 위에 있는 밀비우스(Milvius) 다리에서 콘스탄티누스가 312년 10월 28일 대승을 거둠. 311년부터 관용 ⇒ 312년 ⇒ 313년부터 명확 ⇒ 380년 국교

(3) 353년부터 로마 제국에서 이교도 제사금지. 군주와 신하들의 반대진영 때문에 성도들이 분열. 395년 로마제국도 동과 서로 갈라짐 — 데오도시우스(Theodosius) 황제가 395년 죽자 동쪽은 장남인 아프카디우스(Arcadius), 서쪽은 호노리우스(Honorius)가 차지.

(4) 기독교 박해

① 간헐적, 지역적, 부분적 — 네로(54~68) → 막시미아누(235~288)

---

93) 참고
    심창섭, 《기독교교회사》 서울:대한예수교장로회총회, 2004, 39)
    1차 박해 : 황제의 개인적 입장에서 박해
    2차 박해 : 지역적/국부적 신앙을 부인할 기회를 줌
    3차 박해 : 전국적
    이유 ① 기독교의 급성장
        ② 제국의 경제 및 도덕의 타락
        ③ 제국 1000주년 임박
        ④ 로마 쇠퇴-로마신이 기독교신을 시기
        ⑤ 교회는 국가 내 국가로 로마를 위협

② 법률적, 조직적, 전체적 – 데키우스(240~251) → 디오클레티아누스(284~305)
③ 박해 이유 – 정치 : 반체제 집단 / 사회 : 반사회적 집단
④ 선교방법 – 신속하고 효율적인 선교 + 신앙의 깊이가 문제다.
(5) 티오클레티아누스(284~305) : 303년 2월 24일
① 교회의 모든 토대 파괴
② 성도모임 불허 : 미사, 장례, 결혼식 등
③ 법정에서 변호할 권리와 로마법에 보호 받을 권리 상실
④ 상류층의 고문 면죄 특권을 박탈
⑤ 모든 공직에서 추방
⑥ 교회 재산 몰수하여 경매에 붙인다.

## 4. 콘스탄티누스 이후 선교(313-610)-민족의 대이동-이슬람교 등장

### 1) 콘스탄티누스에서 기독교 전개 및 이슬람교 발흥
(1) 시대적 상황
- 313년 고구려 낙랑군을 멸함, 342년 전연의 침입, 372년 고구려 불교 전개, 391년 고구려 광개토대왕 즉위, 472년 고구려 평양천도, 475년 고구려 백제정벌 : 백제는 웅진으로 천도, 494년 고구려 부여합병 568년 신라 진흥왕 순수비 건립, 중국은 남북조 시대를 지나 589년 수나라 통일
- 훈족의 아달라 황제(406~453) : 훈의 마지막 황제, 434년부터 유럽제국 정복(흑해 – 다뉴브 – 발트해)

(2) 연대기별
① 기독교의 공인과 국교화 과정
▶ 콘스탄티누스
- 313년 6월 기독교 공인
- 324년 제국통합 – 콘스탄티노플로 수도 이전
- 377년 페르시아왕국과 전쟁에 직접 참여(62세) 니코메디아(지금 터키의 이즈밀)에서 병을 얻어 사망. 죽기 전 니코메디아의 주교 유세비우스에게 세례를 받음.
▶ 콘스탄티우스, 콘스탄티누스 2세, 콘스탄스라는 아들로 제국 3개로 분할함
- 361년 콘스탄티우스 : 24년 기독교 장려책 – 사망 – 갈리아의 율리아누스 등장

- 363년 율리아누스 : 페르시아 전쟁 출전 – 그리스 군단기가 독수리 군단기로 전환
- 380년 기독교 국교화 : 데오도시우스 황제(379~395) – 암부르시우스 등장
※ 암부르시우스와 데오도시우스 황제의 대결

　유대교회당 사건 – 범인처벌, 교회비용으로 유대회당 재건 명령(암부르시우스 철회요구) 데살로니가 민중폭동사 – 군대동원 폭동진압, 많은 시민이 희생(암부르시우스 참회 요구) 암부르시우스가 성신 숭배를 시작함.

- 395년 로마 동서로 다시 분할 : 장남 18세(동로마), 차남 10세(서로마)
- 450년경 성 레니(St. Reny) : 프랑크 민족의 사도이며, 렝스(Rheimu)의 주교임.
- 482년 오스트리아와 바바리아 지역의 선교사 성 세베리누스(St. Severinus)의 죽음.
- 6세기 훈족[94]들에 대한 비잔틴 선교
- 590~604년 성 그레고리오 교황이 켄터베리의 어거스틴(영국선교의 아버지)을 앵글로족에게 보냄.(596년)

※ 윌리브로드(프랑스, 네덜란드, 독일 등), 보니파티우스(오스트리아, 스위스, 이태리 등)

- 7~8세기 라틴세계의 선교구 정리

② 민족의 대이동

ⓐ 게르만족 이동

---

94) 훈족이란?
- 몽골어로 "훈누"(사람이란 뜻), 중국 사람은 흉할 흉 자에 노비 노 자로, 저주하듯이 부름. 진시황제는 흉노족 때문에 만리장성을 쌓음 유럽동부지역에 훈족이 등장 오스트리아, 헝가리 지역을 200년 동안 아틸라를 중심으로 라인강에 독일 영토 전체와 동쪽으로 카자흐스탄 지역에까지 영토 확장. 프랑스 영토인 카탈로니아 평원에서 로마, 게르만 연합군을 참패시킴. 아틸라가 죽은 후 아들의 왕위 다툼으로 인해 훈족이 분열되고 이로 인해 아시아로 패주한 후 동로마 황제에게 100년 동안 보호받음. 아바드족(중국사에 등장 하는 유연)에게 복속됐다. 지금의 헝가리란 훈족의 후예란 뜻이다.
- 훈족은 흉노족이 아니다.
 - 흉노 BC 3~AD 1세기 고비사막 남부에서 활약한 유목민
 - 훈족 AD 470년 유럽을 1000년 가까이 누비던 유목민족
- 훈족은 흉노족이다.
 - 자연기후 변화와 생태계의 고갈로 인해 350년 북중국에서 쫓겨난 동족 우아르 흉노족(에프틸족)의 압력으로 중앙아시아에서 유럽으로 이동
 - 374년 남러시아와 카프카스지역의 알란족 정복. 우크라이나의 동고트 정복, 서고트 정복, 게르만 민족 이동, 로마 영토 안으로.
 - 378년 투나강을 건너 로마제국의 트라키아와 헝가리 정복.

참고
《터키사》, 대한교과서주식회사 《유라시아대륙에서 피어난 야망의 바람》, 민속원《훈족의 왕 아틸라》, 가람기획

- 게르만 조상 BC 2000~1000년 덴마크의 엘베와 오더강 사이에서 생활 BC 2세기 흑해 지나서 이동함.
- 아달랴 훈족의 침입으로 남하함.

ⓑ 반달족[95] 이동

- 지도자 – 진세릭
- 407년 라인강 도하, 429년 지브랄터 도하, 439년 카르타고 점령, 455년 로마시 약탈, 534~535년 비잔틴제국의 벨디사디우스 장군이 평정

ⓒ 서고트족 이동

- 동로마 지역으로 남하, 396년 그리스 침략, 402년 이태리 침략, 409~410년 로마약탈, 415년 스페인 침입, 8세기 초 이슬람에 의해 폐퇴(이슬람의 그라나다 등극)

ⓓ 불론디와 프랑크(게르만의 프랑크왕국 486),

- 고울 지방 : 프랑스, 벨기에, 룩셈부르크, 네덜란드

ⓔ 앵글로색슨족(450년 로마철수)

- 로마제국에 병합된 적은 없으나, 스코틀랜드 점령

ⓕ 로마의 혼란

410년 서고트족의 알라릭(370~410)[96]

- 410년 알라릭의 침입
- 476년 게르만족의 오도바카르가 서로마 제국의 마지막 황제 로물루스아우그스툴루스를 폐위
  * 오도아케르(Odoacer, 435년 ~ 493년) 혹은 오도바카르(Odovacar), 게르만식으로 아우다바크르(Audawakr)는 이탈리아의 왕(재위 480~493)이다. 훈족과 스키리아인의 피가 반씩 섞인 헤룰리족으로, 476년 서로마 제국의 마지막 황제 로물루스 아우구스투스를 쫓아내고 서로마를 멸망시켰다. 로물루스 아우구스투스는 나폴리 만의 루쿨라눔(Lucullanum)에 유배되었

---

95) 반달리즘
개념 없이 모든 것을 파괴하는 반달족의 행위에서 유래.
96) 서(西)고트의 초대 왕(재위 : 395~410). 다뉴브강(江) 하류 남안(南岸)에 이동하여 비잔틴 제국의 영토인 트라키아에 정주한 서고트족(族)의 족장으로, 395년 로마의 황제 테오도시우스가 죽자 왕으로 추대되고, 서고트족을 지휘하여 마케도니아로부터 그리스를 공략하였다. 397년 로마의 장군 스틸리코의 대군을 맞아 에페이로스로 피하였으나, 이듬해 비잔틴 제국의 황제 아르카디우스와 화약을 맺어 일리리쿰(아드리아 해(海) 동안(東岸))의 지배권을 인정받았다. 409년 로마를 위협하여 로마 시의 지사 아타루스를 대립 황제(對立皇帝)로 세웠으나 이듬해 이를 폐하고, 호노리우스와 유리한 조건으로 화약을 강요하였으나 호노리우스가 이를 거절하자 로마 시내로 쳐들어가 3일 동안에 걸쳐 약탈하였는데(410), 이것이 게르만 추장으로서는 최초의 로마 침입이었다. 그는 아프리카 원정길에서 폭풍우를 만나 수난(水難)으로 급사하였다.

으며, 그의 최후는 알려져 있지 않지만 511년까지는 살아남았다. 한편 그의 전임이었던 율리우스 네포스는 스스로 다시 로마 황제를 자처함으로써 갈리아 지역에서는 영향력을 발휘하지 못하였다.

로물루스를 떨어트린 뒤 오도아케르는 이전의 리키메르(Ricimer) 등이 했던 것과 달리 또 다른 허수아비 황제를 세우지 않고 동로마 제국의 섭정이 되어 서로마를 직접 통치하기로 결정했다. 동로마 제국을 받들어 스스로 파트리키우스라는 칭호를 썼다.

그러나 오도아케르와 동로마의 관계는 그리 좋지 않아, 489년 동로마의 제논 황제는 동고트족의 테오도릭 대왕에게 군권을 위임, 오도아케르를 정벌하게 했으며 결국 라벤나가 함락되면서 493년 오도아케르는 테오도릭의 손에 살해되었다. 526년 동로마의 유스티니안 황제에게 포로가 되었으며, 동로마가 서로마를 통치함.

동로마의 서로마 지배는 568년 이태리 북부의 랑고 바르덴에 의해 끝이 났다. 랑고 바르덴은 774년 칼 대제(Karl des Grossen 768~814)에 의해 정복됨(로마의 아버지라 부름, 바이에른 영입, 서유럽 전체를 군사적으로 통일, 유럽의 탄생과 통합을 상징하는 인물, 오늘날의 프랑스, 벨기에, 네덜란드, 라인강 전역, 778~804 작센정복) – 교황레오3세(795~816)를 군사적으로 지원 – 800년 성탄절에 칼 대제를 향해 신성로마제국의 황제로 대관식을 가짐.(로마제국 476년 멸망이후 처음 사용: 자비하신 주 하나님이 세우신 평화의 장려자 칼 대제, 하나님의 은총으로 로마제국을 통치하는 프랑켄과 랑고바르덴의 왕) – 814년 1월28일 아켄에서 죽고, 뮨스터에서 장사됨. – 이후 프랑켄 왕국은 칼대제의 아들 루드빅이 죽자 아들 3명이 전쟁하고, 지역으로 나뉘어 가짐(로타르:795~855 중부프랑크, 독일의 루드빅:806~876 동프랑크, 대머리 칼:823~877 서프랑크) – 베르

| 선교사 | 사역내용 | 선교사 | 사역내용 |
| --- | --- | --- | --- |
| Ulfilas (311~383) | – 고트(Goths)족 선교<br>– 고트어를 개발하고 선교의 임무를 일깨워 줌.<br>– 번역 선교사 | Augustine of Canterbury(?-609) | – 교황 그레고리→영국으로 파송.<br>– Fdilbord 왕을 개종시킴으로써 집단 개종하게 됨. |
| Martin (316~396) | –군대식 선교 – 프랑크족 Goul(이레니우스와 폴리캅 등 초기 선교가 이루어졌던 곳)에 파송. | | |
| Patrick(389~460) | – 아일랜드의 복음화(40년간 선교 활동을 함)<br>– 수도원 선교 (제자교육)의 선구자. 선교 센타가 됨. | Ausgar(800~865?) | – 프랑스의 수도승으로 덴마크에 파송됨<br>– 기독교 학교를 창설했으나 지역민의 반대로 중단됨.<br>– 스웨덴 Olape 왕과 덴마크의 Porly 왕을 신앙으로 통일함 |
| Columba (521~596) | – 563년 Iona섬에서 스코틀란드 복음화 시작<br>– 선교방법을 가르침.<br>– 많은 수도원 건립<br>– 역사상 처음으로 선교사 훈련 학교가 200년간 지속. | Willibrod(658~739) | – 네덜란드와 벨기에 복음화<br>– 덴마크와 폴란드에서 수도원 제자 양육<br>– 제자 중에 보니파스(Boniface : 680~754)는 독일에 복음을 전함<br>– 우상숭배에 도전 |

*요약정리*

뎅조약.

중부프랑크는 독일의 루드빅이 차지하다 그 아들 루드빅 2세가 죽자 대미러 칼이 차지함)

이태리지역의 로타를 2세가 차지한 지역 명칭이 "Lothrii Regnum=Lothringen이라는 지명이 나옴

- 488년 동고트의 테오도릭이 오도바카르를 제거하고 로마 통치함.
- 526~568년 동로마 유스티니안 황제가 동고트 제거. 서로마도 지배함
- 568년 북부의 랑고바르덴이 서로마 점령함.

※ 랑고 바르덴 – 400년 스칸디나비아, 500년 엘베랑 –알보인 왕의 통치, 이태리 침입

로마교회 감독들은 프랑크족에게 도움요청 – 동로마 지배로 벗어남, 이것이 중세유럽 판로의 중요한 계기가 됨.

ⓖ 게르만의 기독교화

- 울필라스(311~383년) : 어려서 세례 받음, 성경번역, 희랍어 알파벳을 이용해 고딕 문자를 발명함. 그리스도인 할아버지가 고트족에게 전쟁포로 : 갑바도기아로 끌려 감. 딸이 고트족과 결혼.
- 빈약한 게르만 문화 : 로마 기독교문화 수용 – 지도자가 먼저 전향 백성들이 뒤이어 개종됨.
- 결과 : 지중해 중심에서 내륙으로 기독교의 승리, 교황제도 발생

ⓗ 610년 이슬람교 등장

ⓘ 7-8세기 유럽의 교구화 및 교황제도 정착됨.

(3) 내용정리

프랑크 족은 고올(Gaul) 지방에 정착했는데, 거기서 그들의 여왕인 클로틸다(Clotilda)와 그 이후 그들의 왕이 된 클로비스(Clovis)가 개종하였고(496년 혹은 506년), 조금 후에는 그 백성들이 뒤따라 개종하였다. 고올 지방의 동남쪽에 정착했던 부르군디족(The burgundians)은 아리아니즘을 버리고 가톨릭교로 그들의 왕 시지스문트(Sigismund)와 함께 대략 496년경 개종했다. 어떤 이는 스페인의 수에비족(The Suevi)과 비시고트족(The Visigothe) 사이에서 이와 유사한 현상을 주목하고 있는데, 그 민족의 왕인 레카레드(Recared)는 586년 가톨릭교로 개종한 것이다. 650년 이후엔 롬바르드족(Lombards)이 이탈리아에서 그 전례를 따르게 된다. 여구의 주인들이 앵글로 – 색슨족(The Anglo-Saxons)은 7세기 동안에 이교를 버리고 가톨릭교로 들어온다.

선교사업의 또 다른 형태는 이전의 로마제국의 국경을 넘어 살고 있는 '야만인들'에게

로 뻗어나가게 되는 것이고 여기에 포함된 민족은 다음과 같다.
- 게르만족: 프리시아(Frisia), 헤스(Hesse), 투린기아(Thuringia), 바바리아(Bavaria), 섹소니(Sexony)(6~8세기).
- 스칸디나비아족: 덴마크(Denmark), 스웨덴(Sweden)(9~11세기).
- 남부의 슬라브족: 슬로벤족(Slovenes), 세르비안(Serbians), 크로아트(Croats), 불가르(Bulgars)(7~9세기).
- 서부의 슬라브족: 포메라니아(Pomeranians), 체코(Czechs), 스로박(Slo·vaks), 모라비안(Moravians), 폴레스(Poles), 발틱족(Baltic)(9~14세기).
- 동부슬라브족: 러시아(Russians)(9~14세기), 헝가리(Hungarians)(10세기부터).

※ 동방교회
- 아르메니아의 그레고리 — 에티오피아 — 아라비아 — 동부시리아 — 페르시아와 중국
- 원시부족과 유목민 — 이교민족들의 하층에서의 사회구조
- 이교적 다신론 — 정령숭배 — 혼합적
- 서방교회보다 건전, 윤리적이다.

97)

| | 선교와 수도원 운동(313~907) | | | |
|---|---|---|---|---|
| 상황 | 서방 로마제국 | 동로마(비잔틴) 제국 | 아르메니아, 서시리아, 누비아, 에티오피아 | 페르시아 제국과 아시아 |
| 기독교 흐름 | 라틴 서방 | 그리스 동방 | 아르메니안, 야콥, 콥틱, 에티오피아 | 동 시리아 |
| 주요모델 | 수도사와 수녀 | 수도사와 수녀 | 수도사와 수녀 | 수도사 |
| 선교의 핵심인물 | 갈릭, 아일랜드, 베네딕트, 앵글로-색슨 수도사와 수녀, 감독, 사제, 집사 | 비잔틴 수도사와 수녀, 울필라스, 시릴과 메쏘디우스, 상인과 노예와 전쟁포로 | 이집트, 에티오피아, 서시리아 수도사와 수녀, 프루멘티우스와 줄리안 | 동 시리아 수도사, 상인, 의사, 피난민, 교사와 총대주교 |
| 신학유형 | A(법 강조) | B(신비 강조) | B(진리 강조) | C(역사 강조) |
| 주요 신학자 | 어거스틴, 안셀름 | 가이사랴의 비실, 마크리나, 두 명의 그레고리 | 알렉산드리아의 시릴 | 네스토리안, 나르사이, 페르시아인, 아라파트, 시리아인 에프람 |
| | 불변수 | | | |
| 기독론 | 고 칼케돈 개념, 대속죽음 | 고 칼케돈 개념, 모범 모델 | 고 단성론자("한 본성") | 저 양성론자 ("두 존성") "해방" |
| 교회론 | 제도적 모델 "하나님의 도시" 보편성 | 신비적 교회, 성례, 지역교회의 특수성 | 신비적 교회 성례, 지역교회의 특수성 | 사자, 종, 선교적 디아스포라 |
| 종말론 | 미래주의자(임박한) 개인적 | 실현된 개인적 | 실현된 개인적 | 시작된 역사적 |
| 구원 | 영적, 구속, 교회를 통해서만 | 영적, 교육적 진보 | 영적, 교육적 진보 | 통전적 |
| 인간론 | 부정적 | 긍정적 | 긍정적 | 긍정적 |
| 문화 | 부정적 번역 모델 | 긍정적 인류학적 모델 | 긍정적 인류학적 모델 | 긍정적/부정적, 중도 반문화 모델 |

(4) 상황

: 콘스탄티누스[98]의 기독교 공인(Edict of Milan : 밀라노 칙령)으로 기독교가 박해에서 벗어남. 테오도시우스(Theodosius) 황제의 기독교 국교화(380년). 국가적 차원에서 복음의 정체성은 통일로 선교를 문화적 기독교(Cultural Christianity)로 이해함. 점검 없는 이교도 문화, 기독교 양적 성장으로 세속화.

(5) 초대교회 국교화 과정

① 콘스탄틴 대제에 의해서 313년(밀라노 칙령)[99]에 기독교가 공인 되었다. 콘스탄틴

---

97) 김영동, 《예언자적 대화와 선교》, 282.
98) 콘스탄티누스(Constantinus I er le Grand (Flavius Valerius Aurelius Claudius Constantin us):(Naisse, Mesie, 280. 288-Amcyrona 337). 로마황제(306~337)로서 클로르 콘스탄티누스 1세(Constantinus I er Chlore)와 성녀 헬레나와의 사이에서 태어난 아들. 그는 디오클레티아누스 황제 치하에서 있었고 그의 아버지가 죽자(306), 그 통치지역에서 황제 위에 올랐다. 그는 막시미아누스의 딸과 결혼하고 그와 화해했다. 그 후 그를 자살케 함(310). 갈레리우스가 죽자(311), 그는 리치니우스(Licinius)와 동맹을 맺었는데, 그는 콘스탄티누스 황제의 누이 콘스탄시아(Constantia)와 결혼했다. 그리고 그는 밀비우스 다리에서 막센스(Maxence)를 격퇴했다(312). 그는 《이 표시(₽)로 너는 승리하리라》는 환시를 받은 후였다. 그는 이 표시를 그 군사들의 방패에 새겼고, 초자연적인 힘으로 승리할 것도 확신했다. 312년부터 그는 교회의 일부를 정리하기 시작했고 313년에는 밀라노 칙령을 반포하고 그리도교를 제국 내에 공인하였다. 리치니우스와의 우호는 324년에 끝나고, 그는 제국의 유일한 주인이 되었다. 그는 정통신앙의 유지를 위해 힘쓰기 시작하고 아리우스의 분파를 325년에 니케아 공의회에서 단죄했다. 하지만 그는 수많은 이교 분파들 앞에서 가끔 주저했고, 그래서 몇 년 후에는 아리우스를 부르고 아타나시우스를 추방하기도 했는데, 아타나시우스는 니케아 신앙의 옹호자였다. 321년엔 도나티즘 추종자들에게 전례의 자유를 허용하기도 했다. 그리고 제국의 종교적 통일을 위해 내적으로 복구적인 일도 동시에 추구하였다. 그는 신법의 최상 군주였고, 그는 모든 법적인 결정을 할 수 있었고, 감시할 수 있었다. 모든 역할은 원로원과 군대에서 이루어졌다. 330년에 그는 콘스탄티노플을 제국의 새 수도로 정했다. 제국의 계승문제를 포괄하기 위해, 그는 자기 아들들을 황제의 위엄에로 들어 높였다. 콘스탄티누스 2세(Constance II), 콘스탄스(Constant I er) 그리고 콘스탄티누스 2세(Constant II er). 그의 통치는 그리스도인들의 첫 기념물들을 건설하는데서 유명해졌는데 예루살렘 성 무덤(Saint Sepulcre) 성당을 건설했고, 로마에는 라테란과 바티칸 기념성당을 지었고, 또한 콘스탄티노플에는 《사도들의 교회》들과 《성소피아》교회를 건설하였다.
99) 밀라노 칙령
[칙령]
전부터 우리(콘스탄티누스 1세와 리키니우스) 두 사람은 신앙의 자유를 방해해서는 안 된다고 생각해왔다. 뿐만 아니라 신앙은 각자 자신의 양심에 비추어 결정할 일이라고 생각해 왔다. 따라서 우리 두 사람이 통치하는 제국 서방에서는 이미 기독교도에 대해서도 신앙을 인정하고, 신앙을 깊게 하는 데 필요한 제의를 거행하는 자유도 인정했다. 하지만 이 묶인 상태가 실제로 법률을 집행하는 자들 사이에 혼란을 불러일으켰고, 따라서 우리는 이런 생각도 실제로는 사문화 되었다는 것을 인정하지 않을 수 없다. 그래서 정제 콘스탄티누스와 정제 리키니우스는 제국이 안고 있는 수많은 과제를 논의하기 위하여 밀라노에서 만난 이 기회에 제국의 모든 시민에게 매우 중요한 신앙문제에 대해서도 명확한 방향을 정해야 한다는 데 의견을 모았다. 그것은 기독교인만이 아니라 어떤 종교를 신봉하는 자에게도 각자가 원하는 신을 믿을 권리를 완전히 인정하는 것이다. 그 신이 무엇이든 통치자인 황제와 그 신하인 국민에게 평화와 번영을 가져다준다면 인정해야 마땅하다. 우리 두 사람은 모든 신하에게 신앙의 자유를 인정하는 것이 가장 합리적이며 최선의 정책이라는 합의에 이르렀다. 오늘부터 기독교든 다른 종교든 관계없이 각자 원하는 종교를 믿고 거기에 수반되는 제의에 참가할 자유를 완전히 인정받는다. 그것이 어떤 신이든, 그 지고의 존재가 은혜와 자애로써 제국에 사는 모든 사람을 화해와 융화로 이어주기를 바라면서.

대제는 그 이후 기독교 장려를 위한 법령들을 제정하였다. 교회재산법 제정, 박해 시 몰수한 재산을 반환, 기부금제도 공인 등이 그것이다. 또한 이단을 멸하고 교회 통일을 도모하고, 십자가형, 검투, 죄인 이마의 화인 제도 철폐, 교회의 법률을 국가가 공인, 신앙의 자유 허락 :

이교도 금하지 않았으나 잔인한 풍속은 단속, 예루살렘 성지 등 곳곳에 교회당을 신축하는 등의 기독교 부흥의 터를 닦았다.

② 데오도시우스 황제 때에 이르러서는 암브로스에게서 감화를 받아 이교와 이단을 금지하였으며, 우상종교의 사당과 재산 몰수 및 국고보조 금지를 제정하였다. 또한 380년 기독교를 국교화하고 구종교로 돌아가는 것을 금지. 391년 모든 우상 종교의 신사에 참배하는 것을 금지, 392년 우상 제사를 처벌할 것을 법률로 제정, 394년 올림피아 제전을 폐지하였다.

③ 유스티니아누스[100] 황제는 로마법을 대성하고, 강압적인 방법으로 이교의 남은 자

[훈령]
우리 두 사람이 이렇게 결단을 내린 이상, 지금까지 발령된 기독교 관계법령은 오늘부터 모두 무효가 된다. 앞으로 기독교 신앙을 관철하고 싶은 자는 아무런 조건 없이 신앙을 완전히 인정받는다는 뜻이다. 기독교도에게 인정된 이 완전한 신앙의 자유는 다른 신을 믿는 자에게도 동등하게 인정되는 것은 말할 나위도 없다. 우리가 완전한 신앙의 자유를 동등하게 인정하기로 결정한 것은 그것이 제국의 평화를 유지하는 데 효과적이라고 판단했기 때문이고, 어떤 신이나 어떤 종교도 명예와 존엄성이 훼손당해서는 안 된다고 생각하기 때문이다. 그리고 지금까지 그것을 훼손당하는 일이 많았던 기독교도에 대해서는 특히 몰수당한 기도처의 즉각 반환을 명하는 것으로 보상하고자 한다. 몰수된 기도처를 경매에서 사들여 소유하고 있는 자에게는 그것을 반환할 때 국가로부터 정당한 값으로 보상이 이루어진다는 것도 여기에 명기한다.
참고문헌 : 시오노 나나미, 《로마인 이야기-제14권: 그리스도교의 승리》, 김석희 역, 한길사, 2006, 96~98.
1. 경륜적 삼위일체
경륜적(economic) 기능적(Functional) 측면에 관심이 집중.
성부는 창조와 구원계획의 수립자요 성자는 구원의 실행자로 성육신 한 것이며 성령이 아들이 수행한 구원을 결실하게 했다. 결국 구원의 틀 속에서 삼위를 이해하는 방식
2. 내재적 삼위일체 : 세상에 대한 경륜이전에 하나님의 영원한 삼위일체적 존재 방식
100) 유스티니아누스 황제(Justinianus, 483~565)
동로마 제국의 황제(527~565). 무희 테오도라를 황비로 삼았다. 우유부단하고 질투와 의심이 강한 반면, 심미안(審美眼)이 높고 건축술에 뛰어났다. 황비 테오도라와 명장 벨리사리우스 및 나르세스의 보좌를 받아 제국을 넓혔다. 치세 초기의 막대한 과세 때문에 수도 콘스탄티노플에서 일어난 반란에 시달렸으나, 테오도라와 벨리사리우스의 과단성으로 이를 진압하였으며, 아프리카의 반달 왕국 및 이탈리아의 동고트 왕국을 정복했다. 또 두 차례에 걸쳐 페르시아와 싸웠고 발칸 반도에서는 훈족, 아바르족, 슬라브족들의 남하를 저지했다. 또 천재들을 등용하여 각지에 공공건물, 대교회를 건설했다. 특히 콘스탄티노플의 성소피아 성당은 유명하다. 또, 트리보니아누스로 하여금 법률 편찬 위원회를 조직시켜, 고래의 로마법을 대집성, 유스티니아누스 법전을 편찬하게 하였으며, 종교 활동에 있어서도 교리 통일을 위해 총주교청과 로마 교황청에 간섭하여 많은 영향력을 행사하였다.

◎ 어거스틴(354~430) .
354. 11. 13 북아프리카 누이디아 지방 타가스데 출생(현 알제리의 수도 . 아라스)

들을 멸절시켰다. 또한 이교의 서적 소각 및 이교 사제들의 투옥 및 고문을 감행하였으며, 900년간 존재하던 아테네의 철학학교를 폐쇄하였다.

### (6) 국교화 결과

교회 특권 누림 —시민의 의무 면제, 사회 최고층, 황제의 보호, 이방인 개종자들의 엄청난 유입—이교 문화 유입— 예: 죽은 자를 위한 기도, 연옥, 순교자 숭배, 마리아 숭배, 성지순례가 구원의 전공 필수과목 등. 선교 열정 상실

※교회와 하나님의 나라와의 관계
  ① 교회의 영적 순수성이 하나님 나라의 개념 안에서 정리, 조화
  ② 하나님의 나라를 영적으로 이해
    — 교회는 세상을 향한 구원의 전달자 혹은 제공자 — 종말론적 의식전환
  ③ 선교의 유형
    번역선교사(울필라스의 고트족 선교) / 개척선교사(Martin—콜롬바)

### 결론

초기 선교역사에서는 선교를 문화적 기독교(Cultural Christianity)로 이해하였다. 현재까지도 이런 실수를 되풀이 하는 경우가 있다. 그리고 문명화를 선교로 보거나, 문화적 이해로 보는 경우가 많다.(David Bosch) 즉, 선교를 문화적·문명적으로 보는 경우가 많은데 우리는 복음적 시각으로 보아야 한다.

## 2) 교리논쟁과 종교회의

### (1) 교리논쟁

• 삼위일체와 기독론 : 영지주의 등장으로 예수의 위치 설정—정립 요구

---

• 서방신학의 대변자, 아버지 패트릭은 이교도, 어머니 모니카는 기독교
• 9년간 마니교에 심취
• 도나투스 논쟁(403~412)
• 펠라기우스논쟁(412~421) 세례 없이 구원, 자유의지 사용 — 인간의지 선용, 하나님의 도움 없이 구원 가능
• 삼위일체, 예정론, 연옥설, 원죄론 등
◎ 네스토리우스의 주장
  - 마리아는 다윗의 자손을 출산했고 로고스가 그 안에 머무른 것이기에 '그리스도의 어머니'가 적합
  - 마리아에서 난 인성이 한 인격 안에서 연합이 아니라 결합이다.
  - 마리아 하나님은 나신 분으로 보기가 어렵다.
  - 네스토리우스 — 콘스탄티노블 감독
  - 시릴— 알렉산드리아 감독 논쟁

아우구스티누스(354~430) : 삼위일체론(De Trinitate)

사모사회의 바울과 사벨리우스의 단일신론

아리우스와 알렉산더 논쟁, 중세기의 포티우스와 안셀무스를 거쳐 동·서방 교회의 분열의 요인.

종교 개혁시대 세르베투스와 소시니아주의 - 삼위일체 반박

계몽주의와 슐라이마허의 삼위일체 부인 : 자유주의 신학의 태동

- 터트리아누스(160~220) : 한 본질에 세 위격을 주장(한 본질에 세 위격이 있지만 하나님은 단일하다(Einheit)). 구속사에는 이러한 단일성이 삼위성(Dreiheit)으로 구분된다.

- 오리겐(185~254) : 종속론의 대표자. 본질이나 존재 그 자체로 하나님을 이해하지 않고 구속사 틀에서 아버지, 아들, 성령을 이해하다 보니 삼위의 관계가 종속적인 위계를 갖게 되었다. 즉 시작은 아버지에게 있으니 그는 제1원리이며 성자는 제2원리, 성령은 제3의 위격으로 정리된다. 이로써 아들은 아버지 아래, 성령은 아들 아래 위치한다.

- 경륜적 삼위일체
- 성부 : 구원 계획의 수립자  • 성자 : 구원의 실행자
- 성령 : 구원을 결실  • 종속적 원리를 만들어냄

- 아리우스주의 탄생 : 1. 오리센의 종속론에 파리 - 성부와 성자가 같지 않다고 하여 성자의 신성을 거부하는 주의

2. 아리우스의 논쟁 - 기독교 본질에 관한 논쟁- 예수 그리스도의 인성과 신성논쟁
   알렉산드리아의 알렉산더의 감독(312~328)과 장로 아리우스 사이에서 일어난 논쟁

- 기독론 : 예수 그리스도의 신성과 인성

논쟁
- 아리우스(Arius(Areios), 256~336) - 안디옥 루키안의 제자, 알렉산더의 장군, 바우칼리스교회 담임한 장소
  예수는 그리스도는 완벽한 신도 인간도 아니다. 제3의 존재, 그리스도를 하나님보다 열등하지만 인간보다는 뛰어난 존재로 봄
- 니코메디아의 유세비우스(Eusebius von Nilomedia, -342)가 아리우스지지, 콘스탄티노플의 감독
- 알렉산더 감독 : 성자는 영원, 성부와 동일본질, 창조된 일이 없는 존재

이 문제로 니케아회의 325년 6월 19일-7월 29일 300명 참석 : 아리우스 추방(니케아신조 제정)

아리우스파 : 유사본질(Homoiousis) – 그리스도는 무로부터 창조된 피조물이다.
반아리우스파 : 동일본질(Homoousios) – 그리스도는 완전한 인간 하나님이다.

- 아타나시우스(Athanasius, 298~373) : 반아리우스파 지지 –5번 감독직에서 추방 20년 망명, 373년 사망. 그러나 382년 니케아신조 확립, 갑바도기아(Kappadokier)의 3인의 신학자 지지[대바질 (Basilius von Caesaren, 330~379), 니사의 그레고리 (Gregor von Nussa, 335~394), 나지안의 그레고리 (Gregor von Nazianz, 330~390)]
- 콘스탄티노플 공의회(381)

  니케아 신조 확인

  동일본질 – 알렉산더감독 – 아타나시우스 – 갑바도기아의 3인
- 에베소 공의회(431)

  네스토리우스가 콘스탄티노플 감독이 되면서 시작됨.

  마리아의 초청문제 – 하나님의 어머니(시릴) – 인간의 어머니(네스토리우스)

  마리아에서 난 것은 신성이 아니고, 신성과 인성의 결합 – 그리스도의 어머니(Christokos) 결과 – 하나님의 어머니(Theotokos) : 정치적 결단이 일어남. 네스토리우스 정죄
- 칼케돈 회의(451)

시릴과 네스토리우스 싸움의 연장

신성과 인성이 하나다

니케아 신앙고백

삼위일체론과 기독론 – 완전 정리

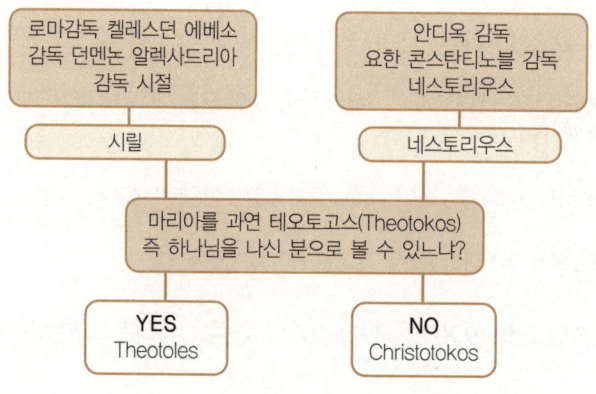

## (2) 종교회의 정리

- 325 니케아 회의
- 소집목적 : 아리우스 학설 발단
  부활절 시기 문제
- 결과 성부와 성자는 동일본질이며 영원하신 분이다.
- 춘분 후 만월 다음 일요일을 부활절로 정함.
- 아리우스 정회 — 일루리아 지방으로 추방

| 제2차 종교회의 콘스탄티노블[381] | 소집자 | 데오도시우스 |
|---|---|---|
| 소집목적 | 아폴리나리우스의 인성 제한설 해결 | |
| 결과 | • 그리스도는 완전한 하나님이자 사람임을 결의 (삼위일체 교리 요약 및 확정)<br>• 예수는 사람의 영을 소유하지 않았다고 한 아폴리나리스 정죄 | |

| 제3차[431] 종교회의 | 소집자 | 데오도시우스 2세 |
|---|---|---|
| 소집목적 | 네스토리우스의 신성 점진설 해결 | |
| 결과 | • 본질의 결합을 거부하는 네스토리우스 정죄<br>• 펠라기우스주 혹독하게 정죄<br>• 씨릴파가 득세함에 따라 네스토리우스파 이단으로 몰림 | |

| 에베소도적회의[449] | 소집자 | 데오도시우스 2세 |
|---|---|---|
| 소집목적 | 유티케스의 일성론을 옹호키 위함 | |
| 결과 | • 알렉산드리아의 디오스코루스가 황제를 권하여 대회 소집. 군인들 동원 반대론자 협박 후 유티케스 복직 및 정당성 인정 및 안디옥 피수령 처단 결의 | |

칼케톤

| 제4차[451] 종교회의 | 소집자 | 마르키안 |
|---|---|---|
| 소집목적 | 기독론에 완전한 결론 | |
| 결과 | • 유티케스 일성론 정죄<br>• 예수 그리스도는 참하나님이며 참사람이다<br>• 예수는 동정녀에게 탄생하였음 | |

| 제5차[553] 종교회의 | 소집자 | 유스티니안 |
|---|---|---|
| 소집목적 | 황제가 일성론자와 타협키 위해 삼장령을 발표했으나 무효로 돌아가고 분규가 더 심하여져 소집하게 됨 | |
| 결과 | • 일성론 교회는 분리하여 고립됨<br>• 칼케톤 신조를 해석 정통교리로 삼음 | |

| 제6차[680] 종교회의 | 소집자 | 콘스탄틴 |
|---|---|---|
| 소집목적 | 일의설 주장 해결 | |
| 결과 | • 그리스도는 두 의지를 소유했음을 확인 | |

| 제7차[787] 종교회의 | 소집자 | 콘스탄틴 |
|---|---|---|
| 소집목적 | 성상숭배에 대한 논쟁 해결 | |
| 결과 | • 성상 숭배 허용 | |

| 제8차[869] 종교회의 | 소집자 | 바실리우스 |
|---|---|---|
| 소집목적 | 익아디우스와 포티우스 논쟁 | |
| 결과 | • 포티우스 파면<br>• 성령은 성부와 성자로부터임을 확인 | |

### (3) 신앙생활[101]

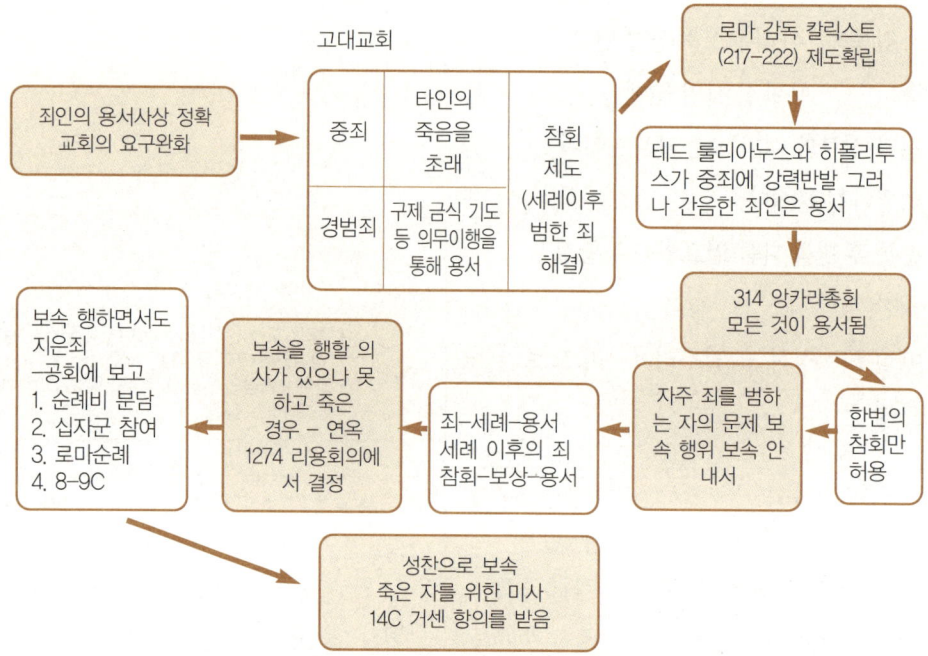

### (4) 선교적 강점과 특징

① 제도적 조직이 중세 전제를 하나로 만듦 - 기독교조직이 황제를 지도하는 자리로까지 극대화 - 황제는 교황의 승인을 필요로 함.

② 삶의 경건함은 환경을 변화 - 새로운 문화 창조 - 성도의 경건한 삶이 사회적 기대를 불러일으킴

③ 적극적 선교에 의한 박해는 오히려 선교정책의 지원을 받아 유럽 전체로 전달되어 졌다.

④ 교리적 정립으로 기독교의 선교 기틀이 자리를 잡았다.(타종교)

⑤ 순종과 순복의 특징은 기독교의 세계 선교에 기본 토대가 되었다.

⑥ 민족의 대이동은 복음 선포의 역동적 인프라를 구축해 주었다.

⑦ 교리 논쟁은 성경을 더욱 강력한 신앙고백의 도구로 만드는 계기가 되었다.

---

101) 정병식,《한눈에 보는 세계교회사》, 10장 기독교인의 삶 1-8 요약.
연옥설은 1274년 리용 제2공의회에서 결정함. 참회-세례이후 죄의 문제, 살인자의 용서문제 314년 앙카라 총회서 용서하기로 함. 6세기 아일랜드에서 발생, 보속받음-보속을 행하지 못하고 죽음-연옥설, 7-10세기 사적 참회, 순례비용, 면벌부, 십자군 참여, 성지순례, 로마 방문 등-1215년 라테란 4차 공의회에서 결정.

⑧ 성경중심의 선교는 모든 조직과 원리를 뛰어 넘는다.
⑨ 선교의 과제는 정치적 결합으로 성장하나, 조직의 부패성이 있다.
⑩ 선교는 오직 성령의 인도하심과 성경을 반포하는 것이다.

◎ 신약성경의 정경화 과정

| 시대 | 성격 | 추정시기 | 수납 근거 | 수납된 성경들 | 의문시되는 성경들 |
|---|---|---|---|---|---|
| 사도적 교부시대 | - 심각한 논쟁 없음<br>- 공식적인 선언 없음 | 100~140 | 사도적 교부들의 인용문들 | 4복음서 바울서신들 (체계화되지 않은 상태) | 없음 |
| 영지주의 반대시대 | 정경에서 영지주의적 요소를 제거에 반발 (특히 마르시온의 저술들) | 140~220 | - 교부들의 인용문<br>- 무라토리안 정경 (180년) | 4복음서,<br>사도행전,<br>13개 바울서신 베드로전서<br>요한 1서<br>유다서<br>요한계시록 | 히브리서 야고보서 베드로후서 요한 2,3서 헤르마스목자 디다케 베드로묵시록 |
| 최종 결집 시대[102] | 대체로 4세기 말에 합의 | 220~400 | 오리겐 | 4복음서,<br>사도행전,<br>13개 바울서신 베드로전서<br>요한 1서<br>유다서<br>요한계시록 | 히브리서 야고보서 베드로후서 야고보서 베드로후서 요한 2,3서 유다서 디다케 헤르마스 목자 |
| | | | 유세비우스 | 4복음서 사도행전 14개 바울서신 베드로전서 요한 1서 | 야고보서 베드로후서 요한 2,3서 유다서 디다케 요한계시록 헤르마스 목자 |
| | | | 아타나시우스 (367년의 부활절 서신- 동방교회에서 채택) | 현재의 성경 | |
| | | | 로마히이 (382년 - 서방교회에서 최종 채택) | | |
| | | | 카르타고 회의(397년-전체 교회에서 채택) | | |

---

102) 니케아 신조
▶ 니케아 신앙고백서
우리는 하늘과 땅을 지으시고, 보이는 것이나 보이지 않는 모든 것을 지으신 전능하신 아버지이신 한 하나님을 믿습니다. 우리는 한 주 예수 그리스도를 믿습니다. 그는 하나님의 독생자이시며, 모든 세상이 있기 전에 하나님에게서 나셨으며 하나님으로부터 나온 하나님이시요, 빛으로부터 나온 빛이시요, 참 하나님으로부터 나온 하나님이십니다. 그는 하나님에게서 나셨으나 지으심을 받지 않으셨으며, 모든 것을 지으신 아버지와 한 본체를 가지신 분이십니다. 그는 우리 인류와 우리의 구원을 위하여 하늘에서 내려오셨고 성령에 의하여 동정녀

# 5. 교황권의 성장과 선교[103]

◎ 500년부터 700년까지의 한국역사의 흐름과 이해를 위한 접근 - 유목민[104]

532년 신라가 금관가야를 정복, 562년 신라가 대가야 정복, 570 마호메트(632), 589년 수나라가 중국 통일, 598년 고구려가 수나라 군사 30만을 요하에서 격퇴, 610년 이슬람교 등장, 612년 고구려 을지문덕 – 수나라(살수대첩), 613년 수나라 요동성(고구려) 공격 고구려가 격퇴, 628년 당나라 중국 통일, 631년 고구려 천리장성 축조, 645년 고구려 당

> 마리아로부터 몸을 입으시고, 사람이 되사, 우리를 위하여 본디오 빌라도에 의하여 십자가에 달리셨습니다. 그는 고난을 당하시고 장사되셨다가 사흘 만에 성경 말씀대로 부활하셨습니다. 그는 하늘에 오르사 아버지의 우편에 앉아 계시다가 영광중에 다시 오셔서 산 자와 죽은 자를 심판하실 것입니다. 그의 나라는 영원무궁할 것입니다. 그리고 우리는 주님이시며, 생명의 공급자 되시는 성령을 믿습니다. 그는 아버지와 아들로부터 나오셨고, 아버지와 아들과 함께 예배와 영광을 받으십니다. 이 성령은 예언자들을 통하여 말씀하셨습니다. 우리는 또한 하나요, 거룩하고 보편적이며 사도적인 교회를 믿습니다. 우리는 죄를 용서해 주는 한 번의 세례만을 인정하며, 죽은 자들의 부활과 장차 임할 하나님의 나라에서의 삶을 소망합니다. 아멘.
> – 참고 http://theology.ac.kr/institute/dtdata
> ▶ 니케아 공의회의 신앙고백( Symbol, 즉 Creed, 또는 Confession)을 확증

103) 교황권의 생성과정

| 시기 | 근거 | 내용 |
|---|---|---|
| 1세기 | 신약 | 각 교회의 감독과 집사들이 사도의 감독 아래에 있었다. |
| 2세기 초엽 | 이그나시우스 | - 장로직과 감독직이 구분됨<br>- 각 회중은 감독, 장로, 집사에 의해서 처리됨 |
| 2세기 말엽 | 이레니우스<br>터툴리안 | - 교구감독–일정지역 내의 회중을 돌보는 감독 : 그들은 사도직의 계승자로 생각됨 |
| 3세기 중엽 | 키프리안 | - 제사장직과 희생–장로들은 희생적 제사장으로 간주됨<br>- 로마 감독의 우월성이 주장됨 |
| 4세기 초엽 | 니케아회의 | - 큰 도시 감독[총감독]들은 시골의 감독보다 인구면에서 많다는 이유로 우익성을 주장 |
| 4세기 말엽 | 콘스탄티노플 회의 | - 대감독, 특별한 예가 로마, 알렉산드리아, 안디옥, 콘스탄티노플과 예루살렘에 주어졌다.<br>- 콘스탄티노플 총감독은 로마 총감독 다음의 권위가 주어짐 |
| 5세기 중엽 | 칼케톤회의 | 로마의 우월성–레오 1세는 베드로부터 계승되었다는 기초 하에 전 교회보다 로마교회가 더 권위를 갖고 있다고 주장 |

▶교황권 4세기 이민족 침입 –교황제도 등장 콘스탄티누스 황제가 로마교회는 베드로와 바울의 무덤을 지킴을 기념하여 두 교회로 세움. 이때 로마교회가 로마제국 내 모든 교회의 수장
교황 밀티아데스(Miltiades) 교황 시리키우스(Siricius 384~395) 교황 이노센트 1세(Innocent 1. 402~417) 레오 1세(Lio Ⅰ the Great, 440~461)
451 칼케돈 회의 – 결정의 영향
445 발렌티니안(Valentinian ) 3세 황제
모든 교회는 사도 베드로의 우월권을 가진 로마 감독에게 복종하는 칙령

태종의 공격 격퇴, 646년 고구려 천리장성 완성, 660년 백제 신라에 항복, 668년 신라가 삼국 통일

### 500-700년 사이의 한국사 개괄

| 연도 | 주요 역사 |
|---|---|
| 500~600 | 신라 503년 국호를 신라로 확정하고, 왕호를 왕으로 확정.<br>520년 율령을 반포하고, 백관의 공복을 제정.<br>527년 불교를 공인.<br>536년 연호를 사용.<br>545년 국사를 편찬.<br>백제 538년 사비성으로 도읍을 옮김.<br>552년 일본에 불교를 전파하다. |
| 600~700 | 신라, 647년 첨성대를 건립.<br>668년 삼국통일을 함.<br>676년 당군을 물리침으로써 삼국통일을 완성.<br>백세, 660년 멸망하다.<br>고구려, 612년 살수 대첩.<br>624년 당으로부터 도교의 유입.<br>645년 안시성 싸움의 승리.<br>668년 고구려의 멸망.<br>통일신라 682년 국학을 세움.<br>685년 9주 5소경을 설치. |
| 698년 | 대조영이 발해를 건국 |

▶ 중세 (Medium Aevum)
1) 중간시대 고전적 라틴+15C-16C
2) 500-1500
- 중세시대
1) 켈라리우스- 기독교 공인 이후(313)
2) 유럽 - 서로마 멸망 이후(476)
3) 영미 - 그레고리 교황 즉위 이후(590)
- 중세구성
1) 교황 신성로마 + 프랑크
2) 수도원주의, 황제 평신도 경건 운동
3) 비잔틴 제국의 역사
- 중세 특징
기독교 왕국 설립 / 봉건
교회 권력의 특징
1) 교황제 2) 신성로마제국 3) 프랑크왕국
4) 수도원주의 5) 황제제도 6) 평신도 경건운동
104) 유목민은 3계통으로 나눔
① 인도-유럽계-스키타이족
② 투르크계 - 흉노 - 이란계
③ 몽골계

(1) 교황제도

◎ 교황제 형성의 배경

- 476년 서로마제국의 멸망 후 교회는 파괴와 고통의 시대에 로마인들에게 정신적 지주 역할을 했다.
- 콘스탄틴의 수도 이전으로 콘스탄틴노플은 로마제국의 정치와 행정의 중심지가 되었으나 로마는 게르만의 침략 앞에 무방비 상태였다. 교회는 내적 질서유지에 힘을 기울였다.
- 감독 대 레오(400~461)는 452년 훈족의 침입 시 아달랴와 담판, 455년 반달족의 침입 시, 진세릭과 협상을 이끌어냈다.
- 로마 감독의 입지를 강화했다.
- 레오 감독 때부터(Pope) : "아버지" 호칭 초기에는 존경받는 감독에게 사용했다.

◎ 레오

- 로마 감독 : 교회의 수장/ 교회의 머리/ 교황제 기초 확립, 최초의 교황, 종교회의 (431, 에베소), 칼케돈 회의(451)에 적극 참여했다.

(2) 외부세력 등장

- 마자르족 침입 : 헝가리 평원에서 아바르족과 합류. 900년 남부 바이에른에 침입함. (마자르족은 8-9세기에 유럽에 출현한 인도-유럽계의 한갈래인 핀-우그르어족 헝가리는 마자르족의 나라인데, 훈족(투르크족)의 후예라는 인식을 가짐)
- 이슬람의 공격: 751년 당의 공격, 634년 동로마, 705년 중앙아시아 공략 711년 이베리아 반도 점령(스페인, 포르투갈) 787년 영국 공격 799년 프랑스 왕국 공격
- 바이킹의 침입 : 스칸디나비아 북부의 게르만족
  덴마크와 노르웨이 바이킹은 서유럽
  스웨덴의 바이킹은 동유럽
  911년 서부 프랑크의 칼은 세느강 유역을 거주지로 줌. 북쪽 야만인의 땅이라고 하여 '노르망디'라 함.
  9세기가 되면서 덴마크, 노르웨이, 스웨덴으로 통합

## (3) 교황청의 부패와 쇠퇴(800년)[105]

※150년 동안 44명. 9명 살해, 9명 해임, 7명 추방

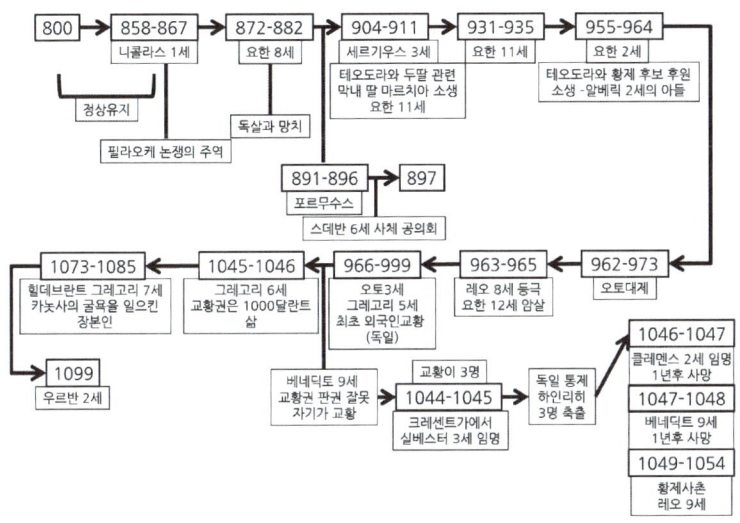

## (4) 교황과 황제의 대립 그리고 동서교회의 분열[106]

| 레오 9세 (1049~1054) | 그레고리 7세 |
|---|---|
| 하인리히 3세 황제의 사촌<br>교황청의 행정 개선에 주력<br>성직매매 금지<br>성직자 결혼 금지<br>(랭스공의회 1049) | 교황의 보편적 통치권 주장<br>성직자 - 교황에 절대 복종, 절대 순결<br>세속 군주도 교황에 순종 |

---

105) 교황의 명칭은 본인이 이전교황 혹은 성인 중에서 결정함, 이전교황의 이름에 이어부름으로 예를 들면 레오 8세, 그레고리 7세 등, 2016년까지 266명 교황.

106) 동방교회
- 동방정교회란 7번의 공의회에서 결정한 신조와 예배의식을 철저히 준수하고 계승하고 있음을 칭하는 말이다.

동방 정교회 Orthodox Church , Ecclesia Orthodoxa=rechtglaeubig
동로마 제국의 영토 안에 자리한 모든 교회를 동방교회라고 하는데 이 동방교회 중에서 1054년 대분열(Great Schism) 이후에 로마 가톨릭 교회와 분열된 채 독자적으로 각각의 총대주교(Patriarch)의 관할 아래 남아 있는 교회들을 동방 정교회라고 한다. 현재 세계적으로 그리스 정교회, 러시아 정교회, 이집트 정교회 등이 주류를 이루고 있으며 각 교회별로 독자적으로 전승된 전례를 사용하고 있다. 우리나라에서 흔히 "동방 교회"라고 일컫는 것은, 이 동방 정교회를 가리킨다.( 천주교 용어 자료집, 한국천주교중앙협의회)

◎ 동·서방 교회의 공통점
① 전통의 권위는 성서의 권위만큼 중시
② 동정녀 마리아 숭배
③ 성인, 유물 숭배
④ 신앙과 선행을 강조

◎ 동서 교회의 분열

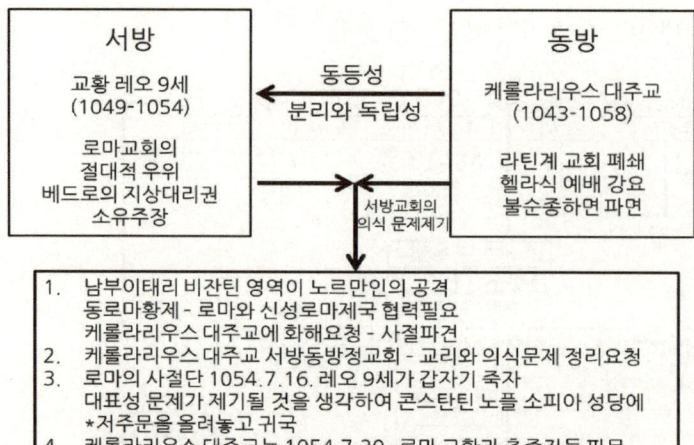

① 그레고리 대제(Gregory the Great, 540~604 : 실질적 창시자(서방))[107]

ⓐ 배경 : 서로마제국의 멸망(AD 476년)으로 서방교회의 권한이 강해지는 한편 동방

⑤ 자발적 독신과 빈곤을 강조
⑥ 칠성례(세례, 성만찬, 전신례, 종신례, 혼례, 고해, 서품)
⑦ 세례는 구원의 필수 화체설, 성례의 요소를 겸배
⑧ 산자와 죽은 자를 위한 내사와 죽은 자를 위한 기도를 인정
⑨ 사제가 하나님의 권위로 죄의 용서를 선언
⑩ 교회의 삼중적 제도(주교, 사제, 부제)

◎ 동 서방교회의 차이점

| 로마 가톨릭 | 동방정교회 |
| --- | --- |
| - 하나님과 인간과의 바른 관계 관심 | - 기독론에 관심, 성령은 성부로부터 신비적, 사색적 |
| - 성령은 성부와 성자로부터 실재적 | - 비잔티움/콘스탄틴노플 |
| - 로마와 서방세계 | - 희랍어 |
| - 라틴어/신학적, 지리적 | - 언어적 차이 존재 |

107) 그레고리대제(Gregori. der Grobe, 540-604).
540년 로마 귀족가문출생. 로마주교 아가페스투스 1세(535-536)와 펠릭스 4세(526-530)는 중조부다. 어머니 실베리아는 독실한 신앙인, 두 명의 고모는 성자라 호칭될 정도다. 로마시장인 부친이 죽자, 상속받은 대부분의 재산을 자선기관에 바치고, 남겨진 재산으로 6개의 수도원 설립. 자신이 수도사가 되어 엄격한 금욕생활과 수도생활을 한다. 590년 펠라기우스 감독이 페스트로 죽자 교황자리에 오름. 자신을 "하나님의 종의 종"이라고 함.(에큐메네 성경사전, Ökumenisches Heili genlexikon)
선교사가 바라보는 현지 문화의 인식
(1) 현지 문화를 완전히 몰수하고 기독교 문화로 변화시키는 것(급진).
(2) 현지 문화를 인정하고 병행하는 것(혼합)
(3) 현지 문화를 점진적으로 기독교 문화로 변화시키는 것(변화)
  * 저주문
: 이들 모두는 성직 매매자들 반레리안주의자, 아리우스자들, 도나투스파들, 니콜라당, 세베리안 주의자들, 마니교도, 나사렛당과 모든 이단자들과 함께 저주를 받을지어다. 악마와 그의 천사들과 함께 저주를 받을지어다. 아멘 아멘 아멘

교회는 이슬람의 침입으로 세력이 약화되었는데 이러한 시대적 상황 속에서 590년 그레고리 대제가 로마 교황으로 취임했다. 이 시기는 초대 교회가 끝나고 중세교회가 시작되는 중요한 출발점이 되었다.

ⓑ 업적 : 수도원 확장에 노력, 교회의 요직에 수도사 채용, 성직의 매매 금지(Simony), 성직자의 결혼 금지(Celibacy), 연옥설(Purgatory), 성모와 성자예배를 주장, 영국의 선교사 어거스틴을 파송하여 앵글로 색슨족의 개종시도, 예배의식 통일, 찬송가 작곡, 소년 성가대 조직, 성만찬을 주의 희생으로 반복하는 것으로 이해하여 죽은 자들에게도 유효하다고 함. 그 외 어거스틴의 신학으로부터 대중 기독교적 요소를 개발하여 교황권을 강화하였다.

ⓒ 영향 : 그레고리는 모든 부분의 교회활동에서 당대에 가장 뛰어난 지도자였음. 중세 서방교회는 교리, 생활, 예배, 조직 등에 있어서 특징적인 면모를 갖게 됨. – 예배의식의 간소화 : 가톨릭 미사의 기초, 공적예배에서 음악을 강조(그레고리안 성가), 영국에 선교사 파송, 로마갈등이 모든 교회 통치

② 영국 선교

ⓐ 그레고리가 수도사 시절에 시장을 지나가는데 노예들이 많이 있었다. 그 중 3명의 노예 소년이 팔려가는 것을 보고 선교에 충동을 느꼈다. 그래서 베네딕트 수도사 어거스틴을 영국의 선교사로 보낸다. 영국에서 어거스틴은 아델베르트 왕에게 선교허락을 받음. 따라서 캔터베리(영국성공회의 중심지)에서 선교하였다.(597~604)

ⓑ 597년에 아델베르트(Adthelberht) 왕이 세례를 받았는데 이때 국민들이 템즈강에 나와서 세례를 받았다(1년 만에 1만 명이 세례 받음).

ⓒ 601년에 어거스틴은 캔터베리 대주교로 임명받고 그곳을 로마의 한 교구로 하였다.

ⓓ 664년에 휘트비 주교회의에서 영국교회는 정식으로 로마교회에 속하기로 결정하고 1534년까지 약 1000년간 로마교회에 속해 있었다. ★ 1534년 헨리 8세에 의해 로마 교회와의 관계를 끊고 영국 성공회(England Eglican Church)로 자치 활동한다.

ⓔ 선교사들

| 월브로드<br>(657~739) | ◎ 우트레이트(Utrecht) 중심으로 네델란드 선교.<br>◎ 홀랜드에 선교 본부를 두고 남쪽으로 선교함.<br>◎ 선교감독으로 안수 받음. → Utrecht 교구 생김. |
|---|---|
| 윈프리드<br>개명: 보니파시오 (680~751) | ◎ 윌브로드(Willbrord)를 도우러 갔다가 별 성과 없이 돌아와 북부 독일로 파송 받음.<br>◎ 북부 독일 헤세(Hesse)에서 게르만족의 기독교화에 결정적 역할을 함.<br>◎ 훌다(Fulda)수도원 세움 : 선교사 훈련시킴./마임쯔에서 대주교로 임명받음.<br>◎ 714년 프리지마에서 선교하다가 세례식 때 이교도들에게 피살됨. |

| | |
|---|---|
| 안스카<br>(801~925) | ◎ 독일 북부 지방 함브르그를 중심으로 선교함 → 스칸디나비아 선교.<br>◎ 함부르그 대주교로 임명받음.<br>▶ 1008년 → 스웨덴 왕 세례 받음.<br>▶ 1160년 → 에릭(Eric) 왕이 스웨덴을 기독교국가로 선포함.<br>▶ 덴마크 → 카누트(Canute) 왕이 국교로 선포함 (1015~1035)<br>▶ 노르웨이 → 오랍(Olaf) 왕이 국교로 선포함(1014~1030)<br>– 서유럽 개종의 특징: 왕이나 족장이 개종하면 집단이 개종하고 기독교를 국교로 인정. |
| 콜롬반<br>(541~615) | ◎ 뱅가(Banger) 수도원장. 595년에 12명의 동지와 독일에서 선교함.<br>◎ 스위스 수에비(Suebi) 야만족에게 선교하고 수도원을 세움.<br>◎ 이탈리아 북쪽 보비오(Bobbio)에 수도원을 세우고 선교하다가 순교 |

③ 칼대제 프랑크 왕국의 확장 — 유럽 통일 선교영역 등장[108]

◎ 칼대제(768~814)

- 유럽의 탄생과 통합을 상징하는 인물 — 프랑스, 벨기에, 네덜란드, 라인강 전역, 770~804년 작센 정복, 774년 랑고바르덴 정복, 로마의 아버지 바이에른 정복 영입,

---

[108) 서로마제국 멸망(476) 후 교회는 로마유산과 게르만의 융합장소 - 이것을 주도한 세력이 프랑크족이다. 프랑크족 역사 - 투르의 주교였던 그리고리우사가 쓴《프랑크족 역사》10권.(538/39-594. 11. 17)
프랑크왕국의 역사(투르의 그레고리우스(538/9~594. 11. 17)
라인강 하류-훈족의 침입으로 갈리아지방으로 이동-482년 메르빙가의 클로드빅(482-511)이 전 부족을 통일-칼 바르텔이 이슬람 격퇴 , 알라마네, 튀링겐, 자센, 바이에른 지역을 점령-피핀 3세가 메르빙거왕조의 칠테리 3세를 폐위시킴-카롤링거 왕조시작-
루트비히 1세가 생을 마감하자, 잠재해 있던 칙령 문제는 곧 왕자들 사이의 내란으로 발전되었다. 내란의 결과는 베르댕서 왕국의 삼분을 약정하는 조약을 맺음으로써 끝이 났다. 이 조약에 의해 로타르는 이탈리아와 중프랑크 왕국(부르군트 · 라인 마스 지방) 및 황제의 칭호를 얻게 되었고, 루트비히는 동프랑크 왕국(라인 강 동쪽), 샤를은 서프랑크 왕국(론 강, 손 강)을 나눠 갖게 되었다. 그 중 로타르는 이후 권력에 대한 회의를 느끼고 자신의 아들들에게 왕위와 영지를 넘겨준 후 프륌 수도원에 들어가 수도사로 생을 마치게 된다.
한편 중부 지역 프랑크 왕국에 속해 있던 로타링겐(로렌)을 물려받은 로타르 2세(수도원에 들어간 로타르 1세의 아들)가 자식이 없자, 삼촌인 동프랑크의 루트비히와 서프랑크의 샤를은 서로 만나서, 만약 조카인 로타르 2세가 죽으면 로타링겐을 분할하기로 합의했다. 그러나 막상 조카가 죽었을 때, 샤를은 루트비히와의 약속을 어기고 로타링겐을 독단적으로 합병하였다. 이런 이유로 870년 루트비히와 샤를은 다시 싸우게 되었는데, 이번에는 메르센(네덜란드, 아헨 북서)에서 타협이 이루어져 로타링겐의 동쪽은 루트비히의 동프랑크, 서쪽은 샤를의 서프랑크가 차지하였다.
위에 언급된 몇 차례 분할정책을 통해서, 칼 대제 때 부활한 서로마제국은 몇몇 분리왕국들의 성립 조짐을 보이게 되었다. 그 중 서프랑크 왕국과 동프랑크 왕국이 시간이 지날수록 독립왕국으로서의 성격이 뚜렷해지기 시작했다. 그럼에도 불구하고 이들 왕실만큼은 칼 대제의 혈통 아래 단일 카롤링거 왕조의 모습을 계속 유지하고 있었다.(유럽왕실의 탄생, 살림출판사)
프랑크왕국과 신성로마제국의 역사가 현대역사로 이어진다면....
메로빙거 왕가:481-751, 게르만의 살리족 킬데리코-킬데리코 3세-피핀 3세에 의해 유배

서유럽 전체를 군사적으로 통일, 서구의 완성자 812년 경건왕 루드빅에게 황제위 계승, 아켄에 귄궁, 뮨스타에서 장사됨.
- 800년 – 성탄절 베드로 성당에서 칼대제를 로마제국의 지도자로 대관식.

이 호칭은 476년 Romulus Augustulus의 폐위 이후 서유럽에서 더 이상 사용되지 않은 호칭이다.

호칭 : 자비하신 하나님이 세우신 평화의 장려자 칼대제, 하나님의 은총으로 로마제국을 통치하는 프랑켄과 랑고바르텐의 왕

ⓐ 프랑크 왕국

라인강 하류, 로마의 봉신 연합체 : 메도빙 왕조가 최초의 왕조, 훈족의 침입으로 라인강을 도하 갈리아 지방으로 진출하였다. 482년 클로드 빅이 전 부족을 통일하여 프랑크 왕국을 건설함.

511년 클로드빅이 죽고 531년 기준으로 4명의 아들이 영토를 분할하였다. 클로타르 1세 (498/520~561)가 통합하여 프랑스 지역에 주도권을 가지게 된다. －4명의 아들, 4등분 －클로타르 2세 614년 통합칙령 · 나라를 3개 지역으로 분할 · 아우스트리엔 지역의 중재, 피핀 (Pipen II) 2세는 732년 칼마르델의 활약 － 이슬람 격퇴, 튀링겐, 작센 바이에른 연합 － 751년 난쟁이 피핀 3세 － 프랑크 제국의 1인 통치(카롤링 왕조의 시작 751~814) －칼대제(768~814), 카를 로만(768~771)[109]

ⓑ 로마와의 관계

교황을 그의 지배 밑의 최고 성직으로 취급. 레오 3세[110]가 신성로마제국 황제 대관식

---

카롤링거왕조: 751-987, 칼 대제로부터
오토가문: 919-1024, 하인리히-오토대제-하인리히 5세
살리(잘리아)왕조: 1024-1125, 콘라드 1세가 오토 1세 딸과 결혼으로 시작-콘라드 3세.
호엔슈타우펜왕조:1138-1254, 슈바벤공작 프리드리히로 출발 콘라드 3세-
합스부르크 왕조:1273-1922, 독일 국왕 루돌프 1세로-오스트리아 루돌프 2세(1차대전 19014-1918)-독일, 오스트리아, 룩셈부르크, 낫사우, 스페인 알폰스 10세

109) 피핀과 교황제
교황 자키리아스(741~752)는 피핀 3세의 쿠테타 승인 – 교황을 위협하고 있는 랑고바르텐을 해결. 중부 이태리 영토를 교황에게 위임 – 교황령의 퇴색
교황 스테판 2세 – 피핀 3세와 두 아들 인정 – 왕의 정통성을 교회의 인가에 고리를 둔 첫 번째 사례

110) 레오 3세(Leo III: 685~741)
717년 3월 25일 반란으로 비잔티움 제국의 황제가 되어 741년 죽을 때까지 통치했다. 비잔티움 제국의 오랜 혼란을 끝내고 제위에 올라 재위 기간 중 아랍인의 침공을 성공적으로 막아내었으나 성상파괴 명령으로 제국 내

거행 → 이때부터 신성로마제국[111]이라고 불렀다.(오토:Otto 1세)[112]

ⓒ 업적

㉠ 정복사업: 768년에 왕에 즉위하여 46년간 다스리면서 영토 확장에 주력.
서 → 스페인, 사라센족/ 남→ 이탈리아, 롬바르드족/ 동 → 색슨족 물리침.

㉡ 선교업적 : (작센)섹슨 정복은 기독교 확장의 전기를 이룸.(섹슨족 소년에게 선교사 훈련을 시켜 고국에 돌아가 전도하게 함). 무력에 의한 선교는 작센 전 지역에 감독

---

오랜 종교 갈등을 가져오기도 하였다.

111) 신성로마제국 왕가의 가계도
메로빙거 왕가:481-751, 게르만의 살리족 킬데리코-킬데리코3세-피핀3세에 의해 유배
카롤링거왕조: 751-987, 칼 대제로부터
오토가문: 919-1024, 하인리히-오토대제-하인리히 5세
살리(잘리아)왕조: 1024-1125, 콘라드 1세가 오토 1세 딸과 결혼으로 시작-콘라드 3세.
호엔슈타우펜왕조:1138-1254, 슈바벤공작 프리드리히로 출발 콘라드3세-
합스부르크 왕조:1273-1922, 독일 국왕 루돌프 1세로-오스트리아 루돌프 2세(1차대전 19014-1918)-독일, 오스트리아, 룩셈부르크, 낫사우, 스페인 알폰소 10세,

112) 오토 1세 (Otto: 912~973) : AD 800 유럽통일
하인리히 1세와 링엘하임의 마틸데의 아들로, 작센 공작이자 독일 및 이탈리아의 왕이었으며 신성로마제국의 첫 황제로 인정받고 있다. 카롤링거 왕조 붕괴 이후의 혼란을 수습하고 신성로마제국의 황제위에 올랐으나 그의 영토는 독일, 오스트리아, 이탈리아에만 한정되는 것이었다.
신성(神聖)로마제국은10세기 말부터 19세기 초까지 844년 동안 유지된 제국이다. 그러나 황제권이 제국 전역에 속속들이 미치는 명실상부한 황제국가는 아니었다. 그 이름을 통해 로마제국을 계승한 기독교 제국을 표방했지만 실제로는 상징적 이름에 불과했다. 그러나 중세에서 근대에 이르기까지 유럽 역사에서 하나의 유력한 세력으로 자리 잡았던 신성로마제국을 이룩한 오토 1세는 비전(vision)과 능력에서 분명 탁월한 군주였다.
오토 1세는 작센 공 하인리히 1세와 링겔하임의 마틸다 사이에서 태어났다. 초년의 생애는 자세히 알려져 있지 않으나 부왕(父王)을 따라 종군했던 것으로 보이며 아헨에서 936년 즉위했다. 오토 1세는 부왕과 달리 공국들에 대한 지배권을 확실히 하고자 한 탓에 즉위 초부터 공국들이 반발했다. 이복형 탕크마르와 바바리아공 에베르하르트가 작센의 많은 귀족들과 함께 반란을 일으켰지만, 오토 1세는 938년 두 차례의 전쟁을 통해 반란을 진압했다. 추방당한 에베르하르트는 오토 1세의 동생 하인리히 2세와 함께 939년 다시 반란을 꾀했다. 프랑스 왕 루이 4세에게 충성을 서약한 로렌공(公) 질베르도 합세했고 루이 4세도 반란을 지원했다. 오토 1세는 일진일퇴의 공방 끝에 루이 4세의 주력군을 물리쳤고, 오토 1세를 따르는 콘라트 쿠르츠볼트 공이 결정적인 승리를 거두었다.
941년 오토 1세와 하인리히는 어머니의 중재로 화해했으며, 이듬 해 오토 1세는 루이 4세로부터 로렌 지방의 종주권을 인정받고 프랑스에서 병력을 철수했다.
하인리히는 나중에 다시 한 번 형을 암살할 음모를 꾸몄지만, 오토 1세는 동생을 용서해주었다. 반란을 막기 위해 오토 1세는 가까운 친척들을 중요한 공국의 지배자로 임명했고, 충성을 서약한 동생 하인리히를 바바리아공으로 삼았으며, 혼인 정책을 통해 주요 공국들을 안정시켰다. 전란의 와중에도 938년 작센의 람멜스부르크에서 대규모 광맥이 발견되었다. 오토 1세는 광산에서 나온 은, 구리, 납 등의 광물을 재정 기반으로 삼을 수 있었고, 이후 수백 년 동안 람멜스부르크 광산은 유럽의 주요 광물 자원 공급지 역할을 했다. 오늘날 이 광산 구역은 유네스코 세계문화유산으로 지정돼 있다.

구와 수도원 설치로 뿌리 내림. 게르만 종족의 개종, 프리지아도 기독교화, 오스트리아 대부분의 지역의 기독교 확장.

ⓒ 기독교 정책 (1) 교회 구조개선 대주교 제도 강화. 감독권한 제한(자기 구역) ·수도원장 제한; 타교구 침범 금지.

(2) 십일조 의무화, 주일 휴식. 평신도 신앙교육.

(3) 성직자 교육

성직자 결혼, 첩, 술집, 사냥, 무기휴대 금지: 세상일에 관여 금지.

ⓒ 수도원, 학교 교육, 궁정에 궁정학교에서 라틴어, 신학, 영가, 군사훈련을 교육하여 교직자, 군관무사들을 배출함.

ⓜ 교회에 토지를 바친 자들을 자산으로부터 권리를 분리. 그러나 기독교적 삶의 현실보다 교육과 문명의 중심지로 삼기 위함이었음.

ⓑ 방법 : 폭력 사용, 어떤 때는 하루에 4,500명을 참수형, 화형시킴[교회 침입자, 성직을 헤치는 자(감독, 집사), 사순절 기간에 고기를 먹는 자, 이교의식을 행하는 자, 시체를 화장하는 자, 세례를 거부하는 자].

ⓓ 프랑크 제국의 쇠퇴의 배경

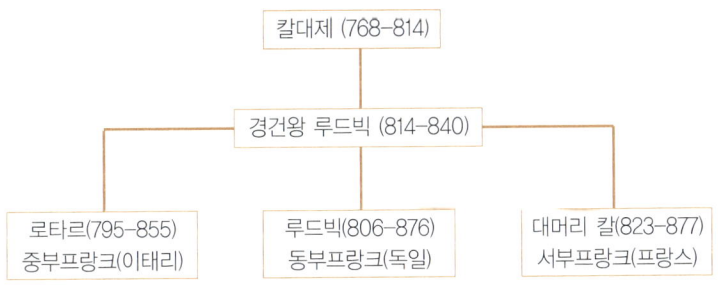

- 베르뎅 조약 840면 – 정확하게 분할통치
- 메르센조약 870 – 프랑스가 이태리 점령

◎ 카롤링거 르네상스

원래는 카롤루스[113] 대제가 성직자의 교양을 높이고 그들에게 올바른 라틴어를 가르치려는 데 목적이 있었으나 결과적으로 고전의 부활, 나아가서는 일반 문화의 발전을 가져왔다. 그 중심인물인 알퀸(Alquin)은 영국 출신으로 카롤링거 르네상스는 중세 초기의 영국 문화가 프랑크 왕국에 옮겨져 꽃핀 것이라고 할 수 있으나, 그 외에도 여러 곳의 학식 있는 성직자들이 카롤루스 대제의 궁정에 모여들어 전 유럽적인 문화 운동의 양상을 띠었다. 전반적으로 고전의 모방을 위주로 한 독창성이 없는 라틴문화였으나 신학의 부흥과 더불어 중세 전성기 문화의 기초가 되었다.

◎ 프랑크 왕국의 분열[114]

카롤루스 대제가 죽자 프랑크 왕국은 프랑크족의 관습에 따라 네 명의 아들들에게 분할 상속되었다. 장남 루트비히 1세가 영토와 함께 서로마 황제의 제관을 물려받았지만

---

113) 카롤루스 대제(740년, 742년 또는 747년 ~ 814년 1월 28일, 라틴어: Carolus Magnus 카롤루스 마그누스[*], 독일어: Karl der Große 카를 데어 그로세[*], 영어: Charlemagne 샬러메인[*], 프랑스어: Charlemagne 샤를마뉴[*], 스페인어: Carlomagno 카를로마뇨[*])는 카롤링거 왕조 프랑크 왕국의 2대 국왕이다.

카롤루스 대제는 서부, 중부유럽의 대부분을 차지해 프랑크 왕국을 제국으로 확장했다. 재임하는 기간 동안 이탈리아를 정복하여 800년 12월 교황 레오 3세에게 비잔티움 제국의 황제와 반대되는 신성 로마 제국 황제직을 수여 받았으며 황제가 된 후 교회를 통해 예술, 종교, 문화를 크게 발전시켜 카롤링거 르네상스를 일으켰다. 카롤루스 대제의 국내외적인 업적은 서유럽과 중세시대를 정의하는 데 기여하였으며 프랑스, 독일, 이탈리아, 신성 로마 제국 등의 재임연표에서는 샤를 1세 또는 카를 1세로 알려져 있다.

아버지 피핀의 뒤를 이어 동생인 카를로만과 함께 왕국을 통치하였으나 후에 사이가 나빠지자 전쟁의 위기가 닥쳐왔으나 카를로만의 갑작스런 죽음으로 고비를 넘겼다. 프랑크 왕국을 위협하던 사라센과 전쟁을 일으키던 중 무훈시 롤랑의 노래에서 언급되었던 론세스바예스 전투(779년)에서 끔찍한 패배를 겪기도 하였으나 교황의 보호자가 된다는 아버지의 정책을 계속 시행해 나아갔다. 778년부터 802년까지는 이베리아 반도의 사라센인들을 격퇴하였다. 또한 롬바르드 왕국, 사라센과의 장기전쟁을 끝낸 후 유럽 동쪽에 사는 민족 중 특히 작센족을 778년부터 800년대까지 수시로 원정, 굴복시켜 가톨릭교로 개종시킨 후 자신의 영토로 이주시켜 훗날 오토 왕조 출발에 발판을 마련하였다.

오늘날 카롤루스 대제는 프랑스, 독일 군주의 시초 인물뿐만 아니라 로마 제국 이후 최초로 대부분의 서유럽을 정복하여 정치적, 종교적으로 통일시켰으며 또한 카롤링거 르네상스는 현재 유럽의 정체성에 발판을 마련하였기 때문에 '유럽의 아버지' 로도 불린다. 사후 그는 '대제' 로 번역되는 마그누스(라틴어) 또는 마뉴(프랑스어)의 칭호를 얻었으며, 이에 따라 한국에서는 일반적으로 카롤루스 대제 또는 샤를(라틴어 이름 카롤루스의 프랑스어 발음)마뉴라고 불린다. 또한, 독일에서는 카를 대제라고 부른다.

오늘날 여러 나라에서 왕을 뜻하는 단어는 카롤루스의 이름에서 유래한 것이다.(폴란드:Król, 리투아니아:Karalius, 헝가리:Király, 세르비아:Kralj, 러시아:король, 터키:Kral)

114) 노르만족의 활동

노르만족은 스칸디나비아 반도와 지금의 덴마크에 거주하는 게르만 계통의 부족들로서, 모험심이 강하고 항해에 능한 사람들이었다. 노르만이란 북부 사람들(North men)이란 말에서 유래되며, 이들은 또 바이킹(Vikings)이라고도 불리워졌는데, 이는 협만(Vik)의 자손(King)이란 뜻이다. 이밖에 바이킹, 데인인, 바랴그인 등의 별칭이 있다. 게르만의 대이동 때에 원주지에 머물러, 어업, 농경, 목축 또는 해상 약탈에 종사했는데,

그는 아버지와 달리 정치적으로 무능한 인물이었다. 그가 형제들과 영토분할 문제를 놓고 골육상쟁을 하다 죽자, 왕국은 다시 그의 세 아들들에게 분할 상속되었다. 장남 로타르는 중부 프랑크와 이탈리아 일대, 그리고 서로마 제국 황제 칭호를 물려받았으며, 2남 루트비히 2세는 동프랑크 왕으로서 라인강 동쪽을, 막내 칼은 서프랑크 왕으로서, 서프랑키아, 아키텐, 가스코뉴, 셉티마니아를 각각 물려받았다. 이 같은 영토 분할은 843년 베르됭 조약(843)으로 확정되었다. 이러한 분할은 로타르가 아아헨 시, 로마 도시, 롬바르디아 평야, 라인강을 수중에 넣은 사실을 보더라도 알 수 있듯이, 민족적 일체감과는 관계없이 순전히 경제적인 견지에서 실행되었다. 그런데 로타르가 일찍 사망하는 바람에 그가 통치하던 지역은 870년 메르센 조약에 의해 남은 두 형제에게 다시 분할되기에 이르렀다. 북동부는 동프랑크로, 서북부는 서프랑크로, 남부는 그대로 남게 된 것이다. 이 메르센 조약으로 그어진 경계선이 오늘날의 독일, 프랑스, 이탈리아의 기원이 되었다.

---

8세기경 본국의 통일 왕권의 형성에 따라, 종래의 독립적 지위를 잃은 세력들은 인구 증가 때문에 토지를 소유하지 못한 주민을 이끌고 약탈적 이동을 개시하였다. 그 범위는 전 유럽에 미치고, 제2차 민족 이동이라고 부를 만한 양상을 보였다. 스웨덴의 노르만은 동으로 슬라브족의 땅으로 진출하였다. 9세기 중엽에는 노브고르트에 기지를 설치하고, 다시 남쪽으로 진출하여 드네프르 강변의 키예프에 정착하였다. 그들은 일명 바랑고이 족으로도 알려졌으며, 여기저기에 요새화한 기지를 마련하여 주변의 농촌 주민을 정복하였다. 10세기 바랑고이 족은 현재의 서부 러시아의 지배자가 되고, 이 넓은 땅에 키예프 공이 지배하는 최초의 러시아 국가를 건설하였다. 노르만은 북해와 대서양에도 출현하였다. 9세기에 그들은 수시로 영국과 프랑스의 해안지대와 하천 유역에 출현하여 약탈을 일삼았다. 그들의 침입과 약탈에 시달린 서프랑크 왕은 10세기 초(911)에 그들에게 센느 강 하구 일대를 주어 봉신으로 삼았다. 이것이 후에 커져서 노르망디 공국이 되고 11세기에는 그들의 일부가 멀리 지중해로 진출하여 시칠리아를 이슬람으로부터 탈환하고 남 이탈리아에 나라를 세우는 한편, 영국을 정복하여 노르만 왕조를 세우기도 하였다.(1066) 이보다 앞서 9세기 후반에 영국은 덴마크 계통인 데인족의 침입에 시달린 끝에 북동부 지방을 그들에게 할애하였다. 이들은 후에 크리스트교로 개종하여 앵글로색슨족과 융화하게 되었다. 노르만은 아일랜드에도 침입했으나 원주민인 켈트족에게 격퇴되었다. 그들은 다시 멀리 아이슬란드와 그린랜드로 진출하고, 일부가 그곳에서 북아메리카 대륙까지 건너갔다는 설이 있다. 이러한 노르만과 이민족의 침입은 가까스로 이루어졌던 질서 회복과 안정을 완전히 파괴하여 사회의 전반적인 봉건화를 촉진하고 부흥하는 듯이 보였던 문예도 완전히 사라지는 형편이 되었다.

## 선교역사의 태동과 이슬람

| 고대근동사 | 이스라엘사 | | 한국사 |
|---|---|---|---|
| 약 3200-2200년 초기청동기시대<br>약 2200-1550년 중기청동기시대 | 약 1880-1600 아브라함, 이삭, 야곱의 족장시대<br>약 1350년경 모세가 탄생<br>약 1310년경 미디안 땅으로 모세가 피신함<br>약 1270년경 출애굽<br>약 1230년경 가나안 정착<br>약 1200-1050년 사사기 시대<br>약 1050-930년 통일왕국(사울/다윗/솔로몬) | | 2005년 중국은 하/은/주나라 시대<br>770년 춘추전국시대<br>221년 진시황제<br>194-180년 위만 조선시대 |
| 약 2270년-605 고대 바벨론 왕국<br>약 2270-2130 아카드 왕조<br>1786-1728 함무라비 왕<br>1363-612년 앗시리아 왕국<br>612년 바벨론과 메데에 의해 멸망 | 931/30년 북왕국 이스라엘<br>723/2년 앗시리아의 3차 침입으로 북왕국 이스라엘 멸망 | 931/30년 남왕국 유다<br>697년 블레셋 정복<br>650년 앗시리아의 침입 | |
| 605-539년 신 왕국<br>539년 고레스 왕에 의해 멸망 | | - 이스라엘 포로기<br>604년 바벨론 1차 침입<br>589년 바벨론 2차 침입<br>586년 바벨론 3차 침입<br>예루살렘 성전 파괴 | 494 부여 |
| 559-331년 페르시아 제국<br>331년 알렉산더 대왕에게 정복됨 | 538-331년 페르시아 식민지<br>538년 예루살렘 성전 재건 허용(고레스) | | 450년 송화강 일대 부여 성립<br>남부에는 진국을 세움 |
| 336년 고대 그리스 왕국<br>323년 알렉산더 대왕 별세/헬레니즘 시대의 시작<br>63년 폼페이우스 왕의 시리아와 유대 평정.<br>31년 옥타비아누스 왕의 이집트 정복/헬레니즘 시대의 종말 | 166-67년 독립유다 시대<br>166-143년 마카비 혁명<br>164년 유다가 예루살렘을 정복 | | 194년 위만조선을 세움<br>108년 고조선 멸망 |
| | | | 57년 신라<br>37년 고구려    BC<br>18년 백제      ↑<br>            AD |
| 49년 유대인들 로마에서 추방<br>54-68년 네로 집권<br>66-70년 유대전쟁<br>79년 베수비오 화산 폭발(폼페이)<br>235년 로마군인황제 시대 | 기원전 4 혹은 2년에 예수 탄생<br>서기 30년 예수의 십자가/부활<br>33년 바울의 회심<br>35년 바울이 예루살렘에서 선교를 시작(14년간 1차 선교여행)<br>44년 야고보 순교와 베드로 투옥<br>49년 예루살렘 공의회와 2차 선교여행<br>52년 3차 선교여행<br>64년 네로에 의한 첫 번째 기독교 박해<br>118년 로마 하드리아누스의 기독교 박해<br>250년 경 로마 황제 데키우스의 기독교 박해 | | |
| | 302년 디오클레티아누스 황제의 기독교 박해<br>313년 밀라노 칙령: 기독교 신앙의 자유 보장<br>325년 니케아 공의회<br>381/2년 니케아-콘스탄티노플 공의회 | | 313년 고구려 낙랑군 멸망시킴<br>395년 고구려 광개토왕 비려를 정벌<br>384년 백제에 불교가 전파됨 |
| 486년 프랑크 왕국 건국 | | | 400년 고구려 백제, 가야 왜의 연합군 격파<br>414년 고구려 광개토왕릉비가 세워짐<br>433년 신라 나제동맹 성립 |
| | 476년 서로마 제국 멸망 | | 480년 고구려 장수왕 중원고구려비 건립 |
| | | 486년 동방/서방교회 분리 | 528년 신라 화엄사 건립과 불교 공인<br>532년 신라 금관가야 통합<br>555년 신라 진흥왕 북한순 순수비 건립<br>538년 백제 사비로 천도 |
| | 610년 이슬람교 창시 | | 598년 고구려 요서 공격<br>612년 고구려 을지문덕 살수대첩으로 수나라 격퇴 |
| | | | 660년 나당 연합군 백제 멸망<br>676년 신라 삼국통일 완성 |

## 유럽의 복음화(7-15세기): 로마 가톨릭의 선교

| 교회사 & 선교사 | 서양사 | 동양사 | 한국사 |
|---|---|---|---|
| 626년 동로마 성상숭배 금지.<br>627년 노덤브리아(Nordhumbria)족의 왕 에드윈(Edwin)이 세례를 받음.<br>631년 동 앵글(Angles)족의 개종.<br>637년 롬바르드(Lombards)족의 개종.<br>681년 제3차 콘스탄티노플 공의회 -칼케돈 공의회의 기독론을 재확정.<br>685년 윌프리드(Wilfrid) 감독의 노력으로 색슨족의 기독교 개종. | 616년 페르시아가 이집트를 동로마 제국으로부터 정복함.<br>638년 이슬람의 예루살렘 점령. | 611년 수나라 고구려 원정 실패.<br>612년 마호메트가 계시를 받음.<br>616년 페르시아군이 이집트 침입.<br>630년 마호메트가 메카를 점령.<br>657년 동돌궐의 멸망. | 698년 대조영 발해 건국 |
| 726년 성상논쟁이 등장.<br>732년 카를 마르텔 장군이 뚜르뿌와디아 전쟁에서 이슬람군을 격파하고 승리함.<br>780년 찰레마그네가 색슨족에게 세례를 강제로 명함. | 711-16년 아랍족이 이베리아 반도 점령.<br>771년 카를 대제가 프랑크 왕국을 통일함. | 732년 자바에 산자야 왕국의 설립. 힌두교의 번성.<br>739년 서돌궐의 멸망.<br>780년 당의 양세법 시행. | 735년 통일신라 당으로부터 대동강 이남 땅을 인정받음, 751년 불국사 석굴암 건립. |
| 800년 프랑크 왕국의 샤를마뉴가 로마 교황에 의해 신성마제국의 황제로 등극함.<br>815-42년 성상파괴운동이 다시 시작됨.<br>826년 덴마크(Denmark)의 하랄드 왕(King Harald)이 세례를 받음.<br>827년 안스갈(Ansgar)의 덴마크복음화 운동이 전개됨.<br>831년 스웨덴의 복음화 운동이 전개됨.<br>863년 슬라브어로 성경과 예배서가 번역됨.<br>863~7년 이른바 '포티우스 사건'이 발생. 교황 니콜라스 1세와 콘스탄티노플 총대주교가 서로를 파문함. | 801년 카를 대제가 바르셀로나를 점령함.<br>829년 에그버트 왕이 7왕국을 통합하여 잉글랜드 왕국을 세움.<br>870년 메르센 조약. | 839년 키르기스의 공격으로 위구르가 와해됨.<br>875년 황소의 난이 일어남. | 828년 장보고 청해진 설치<br>895년 궁예 후고구려 건국 |
| 900년 헝가리(Magyars)에 복음이 전파됨.<br>909년 프랑스 클뤼니 수도원 창설.<br>988년 러시아의 개종.<br>950-1000년 유럽전역이 기독교로 개종함. | 911년 노르망디 공국의 수립.<br>962년 신성로마제국 탄생.<br>969~76년 오하네스 1세 치미스케스를 통해 비잔틴 제국의 일부가 아시아 속주를 탈환함. | 901년 남조의 멸망<br>902년 사라센군이 시칠리아를 정복함.<br>907년 중국의 오대십국의 시대가 시작됨.<br>923년 진왕이 후량을 멸망시킴. 그리고 후당을 건국함.<br>936년 후당이 멸망하고, 후진이 건국됨.<br>960년 송이 건국됨.<br>971년 송이 남한을 멸망시킴.<br>978-9년 송이 오월과 북한을 멸망시키고 중국을 통일함. | 900년 견훤 후백제 건국<br>918년 왕건 고려 건국<br>936년 후삼국통일<br>926년 발해 멸망<br>993년 거란 침입 |
| 1000년 레이프의 그린랜드(Greenland)에 복음전파.<br>1009년 터키쪽인 케라이트족 20만 명이 기독교 개종<br>1049-54년 레오9세가 교황-교황청을 개혁함.<br>1054년 동방교회와 서방교회가 완전히 분리됨. | 1031년 코르도바의 칼리프제가 붕괴됨.<br>1035년 아라곤 왕국이 설립.<br>1037년 카스티유와 레온 왕국의 통일.<br>1056년 밀라노에서 파타리아 운동이 발발함.<br>1000 92년 노르만족의 이슬람 치하의 반도의 정복전쟁.<br>1071년 만지케르트 전투에서 셀주크 투르크족이 비잔틴 군대를 격파함.<br>1095-99년 제1차 십자군 전쟁. 그리고 1099년에 예루살렘을 정령함. | 1044년 미얀마에서 파간왕조가 세워짐.<br>1083년 일본에서 후3년의 전역이 시작됨.<br>1096년 송이 서하의 침입을 격퇴. | 1010년 거란 2차 침입<br>1019년 강감찬 귀주대첩<br>1044년 천리장성 |
| 1122년 보름스협약에 의해 성직임명권이 협약됨.<br>1150년 중앙아시아 옹구트족(Onguts)이 개종됨.<br>1174년 피터 발도가 개종 후에 '리용의 가난한 사람들'을 조직. 발도파의 기원이 됨. | 1147-49년 제2차 십자군 전쟁.<br>1177년 베니스 조약을 통해 알렉산더 3세와 바바로사의 분열이 해결됨.<br>1189-92년 제3차 십자군 전쟁. | 1100년 송과 서하가 통교함.<br>1125년 금나라가 요나라를 멸망시킴.<br>1155년 몽골의 테무친이 탄생함.<br>1183년 송이 도학을 금함. | 1170년 정중부의 난 |
| 1209년 알비파에 대항하는 십자군을 조직함.<br>1212년 소년 십자군을 조직함.<br>1215년 제4차 라테란 공의회를 통해 현실적 신학과 교회법적 지침이 제시됨.<br>1216년 도미닉 수도회 설립.<br>1295년 몬테코르비노의 요한이 중국 북경에 도착함. | 1202-04년 제4차 십자군 전쟁.<br>1217-22년 제5차 십자군 전쟁.<br>1228-29년 제6차 십자군 전쟁.<br>1291년 십자군 전쟁 종료 | 1206년 테무친이 징기스칸이라 칭하고, 몽골을 통일.<br>1215년 몽골이 금나라의 연경을 점령함.<br>1219-20년 몽골이 서아시아 원정을 시작하고, 중앙아시아의 부하라사마르칸트를 점령함.<br>1241년 몽골이 폴란드, 헝가리를 침입함. 1299년 오스만 제국이 건설됨. | 1231년 몽고 1차 침입<br>1232년 2차 침입<br>1236년 원나라 3차 침입<br>1247년 몽고 4차 침입, 1254년 5차, 1255년 6차, 그리고 1257년 7차 침입 |

# 6. 유럽의 복음화(7-15세기): 로마 가톨릭의 선교

| 교회사 및 선교역사 | 서양사 | 동양사 | 한국사 |
|---|---|---|---|
| 26-29: 예수그리스도의 공생애 및 사도시대-선교형태: 운동·선포, 방문, 치유, 교육. | 9년 로마, 토이토부르크의 싸움에서 게르만에 패하여 게르마니아 진출 포기. | 8년 왕망이 한(漢)을 멸하고 신(新)을 건국(~23). | 3년 고구려, 졸본(卒本)에서 국내성으로 천도. |
| 30년: 오순절 성령강림 이후 선교역사가 초대교회를 통해 명시적으로 드러남. | 14년 아우구스 죽고, 티베리우스 즉위(~37)하여 율리우스 클라우디우스가(家)에 의한 제위세습(帝位世襲)이 고정됨. | 23년 왕망, 유수(劉秀)에게 패하여 사망. 신(新) 멸망. | 4년 신라, 혁거세거간 죽고(BC 69-), 남해차차웅(南解次大雄) 즉위. |
| 35년 바울이 이방인의 전도자로 세워짐. | 37년 티베리우스 죽고, 칼리굴라 즉위(~41). | 25년 유수. 광무제(光武帝)로 즉위, 후한(後漢)의 성립(~220). | 8년 백제, 마한(馬韓)을 멸하고 병합. |
| 37년 최초의 기독교 순교자 스데반 순교. | 41년 칼리굴라 살해되고, 클라우디우스 즉위(~54). | 28년 요한, 요르단강 남부에서 세례의 활동 시작(~30). 예수 세례를 받음. | 14년 고구려, 양맥(梁貊)을 멸하고, 한(漢)의 고구려현을 공격, 신라, 병선 100여척으로 왜구 격퇴. |
| 44년쯤: 세베대의 아들 야고보가 헤롯 아그립바 1세 때 순교당함(전승). | 43년 브리타니아, 로마의 영토로 됨. | 30년 쿠줄라 카드피세스 즉위(~91경)하여 쿠샨족의 세력확립. | 15년 백제, 봄·여름에 대기근 발생. |
| 46~48년: 바울의 1차 선교여행, 선포와 유아회당논방. | 54년 클라우디우스, 왕비 아그리피나에게 살해되고 그녀의 아들 네로가 즉위(~68). | 32년 예수 형사(刑死). | 18년 백제, 탕정성(湯井城) 고사부리성(古沙夫里城)을 축조, 고구려, 유리왕 죽고(?-), 대무신왕(大武神王) 즉위. |
| 49~52년: 바울의 2차 선교여행, 갈라디아 부르기야 지방과 에베소에 복음전함. | 59년 네로, 모후 아그리피나를 살해. | 47년 바울, 전도시작. | 22년 고구려, 부여를 공격하며 대소왕(帶素王)을 죽임. 부여, 대소왕의 동생을 옹립하여 갈사국(曷思國)을 건국. |
| 53-57년: 바울의 3차 선교여행, 갈라디아 부르기야 지방과 에베소에 복음전함. | 60년 바울, 로마에서 전도. | 48년 예루살렘에서 사도회의 흉노가 남북으로 분열, 남흉노는 한에 항복. | 24년 신라, 남해차차웅 죽고(?-) 유리이사금(琉璃尼師今) 즉위. |
| 58-62년: 바울의 4차 선교여행, 로마에 복음전함. | 64년 로마에 대화재 발생, 네로, 방화죄로 그리스도교인 박해 시작 베드로, 바울 순교. | 57년 후한 명제(明帝) 즉위(~75), 왜노국(倭奴國)이 광무제에 조공, 명제, 왜노국에 왜노국왕인(倭奴國王印) 하사. | 26년 고구려, 개마국(蓋馬國)을 멸함. |
| 64-68년: 네로(Nero) 황제박해, 기독교인이 로마방화의 희생양이 됨. 로마에서 바울과 베드로가 순교당함(전승). | 65년 네로에 의해 철학자 세네카 죽음. | 65년 채음 등이 서역에서 중국에 불전을 전래(~67), 중국불교의 전개. | 27년 고구려, 낙랑을 멸함. |
| 66-70년: 플로루스총독/17갈란트, 로마군인 주둔, 산헤드린대제도폐지, 성전비 폐지. | 68년 로마에 내란 일어나, 네로 자살. | 66년 제1차 유다전쟁 시작(~70). | 28년 고구려, 온조왕 죽고(?-), 다루왕(多婁王) 즉위. |
| 81-96년: 도미티안(Domitian) 황제의 박해, 황제숭배 강요, 사도요한의 밧모섬 유배. 로마의 속사도교부 클레멘트 순교. | 69년 베스파시아누스, 내란을 평정하고 즉위(~79), 플라비우스왕조 시작. | 74년 반초(班超), 서역을 정복. | 37년 백제, 후한의 낙랑군을 멸함. |
| 98-117년: 트라얀(Trajan) 황제의 박해, 기독교인 살해, 속사도교부 이그나시우스 순교. | 79년 베스파시아누스 죽고, 티투스 즉위(~81). 베수비오산의 화산 폭발로 폼페이 헤르쿨라네움, 스타비아에가 매몰. | 91년 쿠샨왕조의 비마 카드피세스 즉위(~130), 반초 서역도호(西域(都護)에 임명. | 42년 변진구야(弁辰狗耶)의 9간(九千)이 수로(首露)를 추대하여 금관가야(金官伽耶)를 건국. 신라, 이서국(伊西國)을 병합. |
| | 81년 티투스 죽고, 도미티아누스 즉위(~96). | | 44년 고구려, 대무신왕 죽고(?-), 민중왕(閔中王) 즉위(?-48). |
| | 96년 도미티아누스 암살되고, 원로원의원 네르바 즉위하여 5현(五賢)시대(~180) 시작. | | 48년 고구려, 민중왕죽고(?-), 모본왕(慕本王) 즉위(?-53). |
| | 98년 네르바 죽고, 트라야누스 황제 즉위(~117). 그의 치세에 로마제국의 판도가 최대로 확장. | | 49년 부여 왕호(王號)를 사용, 후한과 수교. |
| | | | 53년 고구려, 모본왕이 살해되고(?-), 태조왕(太祖王)이 즉위(~145). |
| | | | 57년 신라, 유리이사금 죽고(?-), 탈해이사금 즉위. |
| | | | 65년 신라, 국호를 계림(鷄林)으로 개칭. 신라, 김알지(金閼智) 탄생. |
| | | | 77년 신라, 가야와 싸우고 대승. 백제, 다루왕 죽고(?-), 기루왕(己婁王) 즉위(~128). |
| | | | 80년 신라, 우시산국(于尸山國) 거칠산국(居漆山國)을 멸함. |
| | 106년 트라야누스, 데케발루왕을 격파하여 다키아(현 루마니아)를 직할령으로 귀속. | 100년 중국 최고(最高)의 지전 《설문해자(說文解字)》 완성. | 105년 고구려, 한의 요동 6현을 공략하였다가 패퇴. |
| 100년경: 사도요한이 에베소에서 죽다(전승). | 114년 트라야누스, 원정의 귀로에 킬리키아에서 죽고, 하드리아누스 즉위(~138). 로마, 메소포타미아를 포기. | 105년 채륜(蔡倫)이 종이 발명. | 108년 신라, 비지국(比只國) 초인국(草人國) 다벌국(多伐國)을 병합. |
| 117-138년: 하드리안(Hadrian) 황제의 박해. 우상제사 강요. | 115년 트라야누스, 원정의 귀로에 킬리키아에서 죽고, 하드리아누스 즉위(~138). 로마, 메소포타미아를 포기. | 106년 아라비아의 나바테아이 로마에 병합. 이 무렵 사타마하나왕조(안드라왕조)의 가우다미푸트라 사타카르니왕 즉위(~130경), 사카족을 격파하여 영역 확대. | 111년 고구려, 예맥과 함께 현도를 공격. |
| 132-135년: 로마에 맞선 유대인의 두 번째 폭동이 일어남. 유대인의 디아스포라가 확산됨. | 124년 로마의 판테온신전, 공식 완료. | 114년 파르티아, 아르메니아, 메소포타미아 문제로 로마군과 분쟁. | 112년 신라, 파사이사금 죽고(?-), 지마이사금(祗摩尼師今) 즉위(~134). |
| 161-180년: 마르쿠스 아우렐리우스(MarcusAurelius) 황제의 박해. 기독교인들 때문에 자연재해가 발생했다고 비난. 변증가 저스틴 순교. | 138년 하드리아누스 죽고, 안토니누스 피우스 즉위(~161). | 115년 파르티아의 수도 크테시폰이 로마군에게 함락. | 128년 백제, 기루왕 죽고(?-) 개루왕(蓋婁王) 즉위(~165). |
| 175-200년: 이레니우스가 켈트과 라틴족에게 복음을 전함. | 158년 안토니누스 피우스, 그리스도교도의 보호령을 반포. | 132년 제2차 유다전쟁(~135). 마루 코쿠바를 수령으로 하는 반로마운동이 괴멸되어, 이후 유대인은 예루살렘에서 추방됨. | 132년 백제, 북한산성(北漢山城)을 축조. |
| 100년 말경: 로마에 일부 최고 상류층에도 복음 전파됨. | 161년 안토니누스 피우스 죽고 마르쿠스 아우렐리우스 즉위(~180). | 144년 쿠샨왕조의 카니시카 1세 즉위(~172), 왕조의 최성기. 제4회 불전편찬. 간다라 미술의 최성기. | 134년 신라, 지마이사금 죽고(?-), 일성이사금(逸聖尼師今) 즉위(~154). |
| 131-134유대전쟁, 하드리아누스 황제 유대교, 유대인 예루살렘 추방/금지. | 162년 아르메니아 문제로 로마와 파르티아가 싸워 파르티아의 수도 크테시폰 함락. | 156년 선비(鮮卑)가 몽골을 통일. | 146년 고구려, 태조왕이 아우 차대왕(大大王)에게 선위(禪位). |
| | 165년 파르티아에서부터 페스트가 크게 유행하여 이탈리아, 라인지방의 인구 격감(~167). | 166년 당고(黨錮)의 옥(獄) 시작(~169). | 154년 신라, 일성이사금 죽고(?-), 아달라이사금(阿達羅尼師今) 즉위(~184). |
| | 180년 마르쿠스 아우렐리우스 죽고, 그의 아들 코모두스 즉위(~192). 오현제(五賢帝)시대 종막. | 184년 황건적(黃巾賊)의 난 발생. | 166년 백제, 개루왕 죽고(?-) 초고왕(肖古王) 즉위(~214). |
| | 192년 코모두스, 나르키수스에 암살되고, 4황제가 난립하여 혼란이 계속(~193). | 192년 조조(曹操), 거병. | 179년 고구려, 신대왕 죽고(?-), 고국천왕(故國川王) 즉위(~197). |
| | 193년 세베루스가 군대의 옹립으로 황제로 즉위. 친위군(親衛軍)을 개혁하고, 지방군단을 중시. | 196년 조조가 헌제(獻帝)를 옹위하여 수도를 허(許)로 이전. | 184년 신라, 아달라이사금 죽고(?-) 벌휴이사금(伐休尼師今) 즉위(~196). |
| | 194년 세베루스, 파르티아를 격파하고 크테시폰 함락(~197). | | 194년 고구려, 진대법(賑貸法) 실시. |
| | | | 196년 신라, 벌휴이사금 죽고(?-) 내해이사금(奈解尼師今) 즉위(~230). |
| | | | 197년 고구려, 고국천왕 죽고(?-) 산상왕(山上王) 즉위(~227). |
| | | | 199년 가야, 수로왕(42-), 거등왕(居登王) 즉위(~253). |

200년경:프랑스 리용과 비엔나를 중심으로 남부지역에 교회가 세워짐.
202-211년:셉티무스세베루스(Septimus Severus) 황제의 박해. 기독교 개종이 금지됨.
235-236년:막시미누스(Maximus the thracian)황제의 박해, 기독교 성직자들을 처형하라고 명령.
249-251년:데키우스(Decius) 황제의 박해, 제국 전체로 박해가 확산됨.
257-260년:발레리안(Valerian)황제의 박해, 오리겐 순교. 기독교인들의 재산이 몰수됨.

303-311년:디오클레티안 갈레리우스(Diocletian Galerius) 황제의 박해. 교회가 파괴되고 성경이 불태워짐.
3세기 초:스페인 남부에 기독교가 뿌리를 내림.
311년:로마황제 갈레리우스가 기독교도에 관용령 공포.
313년:콘스탄티누스가 리키니우스와 기독교박해를 중지하는 협정을 맺음. 밀라노 칙령 발표.
353년:로마에서 이교도 제사가 금지됨.
380년:데오도시우스 황제에 의해 기독교가 로마의 국교됨.

400  이집트의 수도사들이 에티오피아어로 성경번역.
420  아스페벧 족장(Sheikh Aspebet) 치하에서 아라비아의 아랍속속이 기독교로 개종.
430  반달(Vandal)족의 북아프리카 점령.
432  패트릭(Patrick)의 아일랜드 회개운동 시작.
450  왕들의 주도아래 지역단위로 기독교 개종.
496  프랑크족(Franks)왕 클로비스(Cloovis) 개종.
498  기독교 복음이 중앙아시아 전역에 전파 되기 시작, 네스토리안(Nestorians) 선교사들이 1350까지 투르크스탄(Turkestan)에서 활약.

211년 세베루스가 죽고, 그의 아들 카라칼라가 즉위(~217)하여 동생 게타와 공동통치.
212년 카라칼라가 동생 게타를 암살. 카라칼라, 안토니누스칙법을 발포. 제국의 전자유민에게 로마시민권을 부여.
217년 카라칼라, 대욕장 완성. 마크리누스, 카라칼라를 암살하고 즉위.
218년 엘라가발루스, 마크리누스를 살해하고 즉위.
222년 엘라가발루스 살해되고 세베루스 알렉산드르 즉위.
231년 세베루스 알렉산드르와 어머니 마마에아가 살해되어 세베루스왕조 단절. 막시미누스 트라쿠스가 제위에 추대되어 군인황제시대 개막.
240년 게르만인의 침입 격화.
249년 테키우스황제, 그리스도교도를 크게 박해(~251).
260년 발레리아누스황제, 사산왕조군의 포로가 됨.
270년 아우렐리아누스 즉위(~305).
284년 디오클레티아누스 즉위(~305).
286년 막시미아누스, 제2정제(定帝:아우구스투스)에 임명.
293년 콘스탄티우스와 갈레리우스가 각각 제1, 제2 부제(副帝:카이사르)에 임명되어 로마제국의 4분통치 시작.

303년 그리스도교에 대한 최후의 대박해 시작(~306).
305년 디오클레티아누스, 막시미아누스 퇴위하고, 콘스탄티우스 1세와 갈레리우스가 정제(正帝)로 즉위.
306년 콘스탄티우스 죽고, 그의 아들 콘스탄티누스 1세, 군대에 의하여 황제로 추대(~337).
311년 갈레리우스제(帝), 그리스도교에 대한 박해 중지령 공포.
313년 콘스탄티누스, 동부황제 리키니우스와 회견하고 밀라노의 칙령을 공포하여 그리스도교 공인.
325년 니게아종교회의.
330년 콘스탄티누스, 로마제국의 수도를 비잔티움으로 옮기고 콘스탄티노플이라 개칭.
337년 콘스탄티누스 죽고, 콘스탄티우스 등 세 아들에 의해 공동통치.
351년 콘스탄티우스 2세가 단독통치.
363년 로마 황제 율리아누스, 사산왕조와의 싸움에서 전사.
3/5년 서고트가 토나 형내에 이동, 게르민 민족의 대이동 시작.
395년 테오도시우스 죽고, 제국의 동부를 그의 큰아들 아르카디우스(~408)가, 서부를 작은 아들 호노리우스(~423)가 계승하여 로마제국이 동서로 분열.

410년 서고트의 족장 알라리크가 로마에 침입하여 대약탈을 자행. 알라리크는 아프리카로 진격 중에 급사.
415년 히스파니아에 서고트왕국 성립(~711).
429년 반달족이 북아프리카에 건너가 반달왕국을 건설(~534).
443년 론강 상류 유역에 부르군트족이 왕국을 건설(~534).
449년 앵글로족, 색슨족, 주트족이 브리태니아에 침입하여 정착.
451년 칼케돈 종교회의에서, 그리스도의 단성론(單性論)을 부정, 카탈라눔의 싸움에서 서로마의 아에티우스가 아틸라의 훈군을 격파.

200년 관도(官渡)의 싸움. 조조가 원소(袁紹)를 격파.
201년 조조가 하북 일대를 지배.
207년 제갈공명(諸葛孔明)이 유비를 섬김.
208년 적벽(赤壁)의 싸움에서, 유비가 손권(孫權)과 함께 조조를 격파.
213년 파르티아의 알타바누스 5세 즉위.
214년 유비가 촉(蜀)을 정복.
217년 파르티아의 알타바누스 5세가 로마군에 싸워서 승리.
220년 조비(曹丕)가 헌제를 폐하고 황제를 참칭. 후한 멸망(25~). 위(魏) 건국(~265). 3국시대 시작. 위(魏), 9품관인제(九品官人制)를 제정.
221년 촉한(蜀漢)의 건국(~263).
222년 손권이 오(吳)를 건국(~280).
223년 촉한의 유비 전사.
226년 알다실, 파르티아를 치고, 사산왕조의 페르시아를 건국(~651).
227년 오장원(五丈原) 싸움에서 공명이 전사.
242년 마니, 포교를 시작.
260년 샤프르 1세의 군대가 로마 황제를 오데사에서 생포.
265년 위의 사마염(司馬炎)이 위를 멸하고, 진(晉)을 건국. 무제(武帝)로 즉위(~316).
280년 진이 오(吳)를 멸하고 천하를 통일. 진의 무제 점전법(占田法)을 시행.
285년 백제의 박사 왕인(王仁)이 《논어(論語)》《천자문》을 왜에 전함.

300년 팔왕(八王)의 난(~336). 진의 왕족이 분쟁.
309년 사산왕조의 샤푸르 2세 즉위(~379).
311년 영가(永嘉)의 난. 흉노의 유총(劉聰)이 침공하여 낙양이 폐허.
316년 유요(劉曜)가 자아안을 함락. 서진(西晉)을 멸함. 5호16국(五胡十六國)시대 시작.
316년 사마 예(司馬睿)가 건강(建康)에서 즉위하고 동진(東晉)을 건국(~420).
320년 인도 굽타왕조의 찬드라굽타 즉위(~335).
335년 찬드라굽타의 아들 사무드라굽타 즉위(~376).
339년 샤푸르 2세의 그리스도교 박해 시작.
351년 부건, 전진(前秦)을 건국.
355년 사무드라굽타, 각지를 정복.
364년 동진(東晉), 토단법(斷法)을 시행.
376년 전진, 화북(華北)을 통일, 사무드라굽타의 아들 찬드라굽타 2세 즉위(~415).
383년 비수의 싸움에서 전진이 패퇴.
386년 탁발규(拓跋珪)가 북위(北魏)를 건국.
309년 시산왕조가 바꾸락 3세, 료마와 협정하여 아르메니아 분할.
394년 전진이 멸망.

409년 사산왕조의 야즈데게르드 1세, 그리스도교를 인정.
415년 찬드라굽타 2세의 아들 쿠마라굽타 즉위(~454).
417년 유유(劉裕), 후진을 멸함.
420년 유유, 동진을 멸하고, 송(宋)을 건국(~479).
425년 왜왕, 송에 조공.
439년 북위(北魏), 장강(長江) 이북을 통일. 남북조(南北朝) 시대 시작(~589).
455년 쿠마라굽타의 아들 스칸다라굽타가 푸샤미트라의 반란을 진압하고 즉위(~467).

209년 고구려, 환도성(丸都城)으로 천도.
214년 백제, 초고왕 죽고(?~), 구수왕(仇首王) 즉위(~234).
227년 고구려, 산상왕 죽고(?~), 동천왕(東川王) 즉위(~234).
230년 신라, 내해이사금 죽고(?~), 조분이사금(助賁尼師今) 즉위(~24).
234년 백제, 구수왕 죽고(?~), 사반왕(沙伴王)이 즉위하였다가 폐되고 고이왕(古爾王)이 즉위(~286).
244년 고구려, 위(魏)의 관구검이 침공.
247년 신라, 조분이사금 죽고(?~), 첨해이사금(沾解尼師今) 즉위(~262).

300년 고구려, 봉상왕을 폐하고 미천왕(美川王)을 세움. 봉상왕 자살(?~).
307년 신라, 기림이사금 주고(?) 홀해이사금(訖解尼師今) 즉위(~356).
331년 고구려, 미천왕 죽고(?~), 고국원왕(故國原王) 즉위(~371).
342년 고구려, 전연(前燕)의 모용황이 침공, 환도성 함락.
344년 백제 비류왕 죽고(?~), 계왕(契王) 즉위(~346).
346년 백제, 계왕 죽고(?~), 근초고왕(近肖古王) 즉위(~375).
356년 신라, 홀해이사금 죽고(?~) 내물마립간(奈勿麻立干) 즉위(~402).
371년 고구려, 백제군과 싸워 근초고왕 전사(?~), 소수림왕(小獸林王) 즉위(~384). 백제, 한산(漢山)으로 천도.
375년 고구려, 불교를 공인(公認). 백제, 근초고왕 죽고(?~), 근구수왕(近仇首王) 즉위(~384).
384년 백제, 근구수왕 죽고(?~), 침류왕(枕流王) 즉위(~385).
385년 고구려, 침류왕 죽고(?~), 진사왕(辰斯王) 즉위(~392).
391년 고구려, 고국양왕 죽고(?~), 광개토왕(廣開土王) 즉위(~413).
392년 백제, 진사왕 죽고(?~), 아신왕(阿辛王) 즉위(~405). 400년 고구려, 백제,가야, 왜의 연합군을 격파.

402년 신라, 내물마립간 죽고(?~), 실성마립간(實聖麻立干) 즉위(~417).
405년 백제, 아신왕 죽고(?~), 전지왕(殿支王) 즉위(~420).
407년 가야, 이시품왕 죽고(?~) 좌지왕(坐知王) 즉위.
413년 고구려, 광개토왕 죽고(374~), 장수왕(長壽王) 즉위(~492).
414년 고구려, 광개토왕비 세움. 장군총(將軍塚) 축성.
417년 신라, 눌지(訥祇)가 실성마립간을 죽이고(?~) 즉위(~458).
420년 백제, 전지왕 죽고(?~), 구이신왕(久爾辛王) 즉위(~427).

| 선교역사 | 교회역사 | 세계역사 | (한국사) |
|---|---|---|---|
| | 452년 아틸라의 훈군이 이탈리아에 침입, 로마 주교 레오 1세가 아틸라와 회견. <br> 453년 아틸라가 죽고, 그의 제국도 급속히 붕괴됨. <br> 471년 테오도리쿠스, 동고트왕이 됨(~526). <br> 476년 서로마제국 멸망. <br> 481년 프랑크의 클로비스 즉위(~511), 메로빙거왕조의 성립(~751). <br> 493년 테오도리쿠스, 오도아케르를 죽이고, 이탈리아에 동고트왕국 건설(~553). | 475년 부다굽타, 북인도를 통치(~494). <br> 479년 소도성(蕭道成), 송을 멸하고, 제(齊)를 건국(~502). <br> 485년 북위, 균전법 및 삼장제(三長制) 실시. <br> 488년 사산왕조의 카와드 1세 즉위(~531). <br> 493년 북위, 낙양으로 천도. | 427년 백제, 구이신왕 죽고(?~), 비유왕(毗有王) 즉위(~455). 고구려, 평양으로 천도. 안학궁(安鶴宮) 건립. <br> 455년 백제, 비유왕 죽고(?~), 개로왕(蓋鹵王) 즉위(~4750. <br> 458년 신라, 눌지마립간 죽고(?~), 자비마립간(慈悲麻立干) 즉위(~479). 고구려의 묵호자(墨胡子)가 불교 전파. <br> 475년 고구려, 백제의 한성(漢城)을 공격. 개로왕 죽고(?~), 문주왕(文周王) 즉위(~473) 웅진(熊津)으로 천도. <br> 477년 백제, 해구(解仇)가 문주왕을 살해(?~), 삼근왕(三斤王) 즉위(~479). <br> 479년 자비마립간 죽고(?~), 소지마립간(炤知麻立干) 즉위(~500). 백제, 삼근왕 죽고(?~), 동성왕(東城王) 즉위(~501). <br> 491년 고구려, 장수왕 죽음(394~). <br> 492년 고구려, 문자명왕(文咨明王) 즉위(~514). <br> 494년 부여, 고구려의 공격으로 멸망. |
| 520 시리아인 전도자(Nestorians)들에 의해 세일론섬(island of Ceylon)에서, 페르시안 주교 산하의 마라바(Malabar)에서, 간지즈강 유역에서-훈족(Huns), 터크족(Turis), 위거족(Uighurs), 중국, 그리고 티벳(Tibet)과 수마트라(Sumatra) 등지에서 수많은 기독교 개종자 속출. <br> 523년 유대인 아랍왕 두누와스의 박해로 아라비아의 나란(Najran)과 힘마(Himyar) 지역에서 14,000명의 아랍 크리스챤들이 학살(Duch-Nuwas). <br> 537년 성소피아 성당 완공. <br> 540 저스티니안 황제(Emperor Justinian)의 명령으로 비잔틴제국 주변의 모든 야만족이 기독교로 개종, 소아시아의 7만 명에게 강제로 세례. <br> 549 네스토리안 대주교가 중국 만리장성 북방 헤프탈릴(Hephthalites)지경의 백인 훈족에게(White Huns) 주교를 파송. <br> 563 콜룸바(Columba)가 스코틀랜드에 복음전도. <br> 570 이슬람교의 창시자 마호메트, 메카에서 출생. <br> 590 교황권 확립(그레고리 1세). <br> 596 그레고리대제(Gregory the Great)가 영국에 어거스틴(Augustine) 주교를 파송. <br> 597 켄트(Kent)족의 왕 에텔버트(king Ethelbert) | 502년 동로마제국이 사산왕조의 페르시아와 개전(~507). <br> 507년 부이에의 싸움. <br> 511년 클로비스왕이 죽고(481~), 프랑크 왕국이 네 아들에 의해 분열. <br> 527년 동로마 황제 유스티아누스 1세 즉위(~565). 유스티니아누스 왕조 시작(~610). <br> 529년 《로마법 대전》의 편찬 시작(~534). 유스티니아누스 1세 아테네학원(아카데메이아) 폐쇄. 동로마에 사산왕조의 페르시아 침입(~532). 성 베네딕투스가 몬테 카지노에 수도원을 건립. 베네딕트 수도회의 시작. <br> 534년 부룬군트왕국 멸망(443~). 프랑크왕국에 병합. <br> 540년 동로마제국이 사산왕조의 페르시아와 싸워, 시리아, 메소포타미아, 아르메니아를 정복. <br> 553년 동고트왕국 멸망(493~). 동로마제국에 병합. <br> 558년 클로타프 1세 즉위(~561), 프랑크왕국 재통일. <br> 568년 랑고바르트족이 북이탈리아를 정복하여 랑고바르트왕국 성립(~774). <br> 572년 동로마제국이 사산왕조의 페르시아를 공격하여 아르메니아를 탈환. <br> 580년 프랑크왕국의 3분국 아우스트라시아, 노이스트리아, 부르군트)이 고정되고, 각 분국에서는 궁재(宮宰)의 권력이 강대해짐. <br> 590년 로마교황 그레고리우스 1세 즉위(~604), 교황권이 확립됨. <br> 597년 로마의 전도자 아우구스티누스가 잉글랜드에 파견되어 가톨릭을 포교. | 502년 사산왕조의 카와드 1세 동로마와 개전(~506). 제(齊)가 망하고, 양(梁)이 발흥(~557). <br> 504년 북위, 북변에 9성(九城)을 구축. <br> 505년 양, 오경박사(五經博士)를 두고 학교를 설립. 남조경학(南朝經學) 발생. <br> 531년 사산왕조의 카와드 1세 죽고, 호스로 1세 즉위(~579). <br> 532년 이주세륭 주살되고 고환 효정제(孝静帝)를 세우고, 이주조(爾朱兆)를 물리침. <br> 534년 고환, 효정제(孝靜帝)를 옹립(동위). 우문태(宇文泰), 효무제를 살해하여 북위(北魏) 멸망. 동로마, 북아프리카를 정복, 반달왕국을 멸함(~429). <br> 535년 우문태, 문제(文帝)를 옹립(서위). <br> 540년 동로마제국이 사산왕조의 페르시아과 싸워, 안티오키아를 점령하여 흑해 연안까지 영토를 확대(~562). <br> 550년 동위가 망하고, 북제(北齊) 발흥(~577). <br> 557년 우문각(宇文覺), 서위를 멸하고 북주(北周)를 건국(~581). 진패선(陳覇先), 양(梁)을 멸하고 진(陳)을 건국(~589). <br> 570년 메카에서 마호메트 탄생. <br> 574년 북주의 무제(武帝)가 불교, 도교를 폐지(3무 1종의 법란). <br> 576년 사산왕조의 호스로 1세, 예멘을 정복. <br> 577년 북주, 북제(北齊)를 정복. <br> 579년 호스로 1세 죽고, 오르마즈드 4세 즉위(~590). <br> 581년 북주 망하고, 양견(楊堅)이 수(隋)를 건국(~618). <br> 583년 수, 장안(長安)으로 천도. <br> 589년 수, 진을 멸하고, 천하를 통일. 삼장제(三長制) 폐하고, 인보제(隣保制) 시행. <br> 590년 사산왕조의 오르마즈드 4세 암살되고, 호스로 2세 즉위(~628). <br> 591년 호스로 2세, 바후람추빈의 반란을 진압. <br> 592년 수, 균전법을 실시. <br> 593년 왜국(倭國), 쇼토쿠태자(聖德太子)의 섭정(~622). | 500년 신라, 소지마립간 죽고(?~), 지증왕(智證王) 즉위(~514). <br> 501년 위사좌평(衛士佐平) 백가가 동성왕 살해(?~), 무령왕(武寧王) 즉위(~523). <br> 503년 신라, 국호를 신라(新羅)로, 존호를 왕(王)이라 함. <br> 512년 신라, 이사부(異斯夫)가 우산국(于山國)을 침. <br> 514년 신라, 아시촌(阿尸村)에 소경 설치. <br> 519년 고구려, 문자명왕 죽고(?~), 안장왕(安藏王) 즉위(~532). <br> 520년 신라, 율령(律令) 반포. <br> 521년 가야, 겸지왕 죽고(?~), 구형왕(仇衡王) 즉위(~532). <br> 523년 백제, 무령왕 죽고(~462), 성왕(聖王) 즉위(~554). <br> 527년 신라, 이차돈(異次頓) 순교. <br> 531년 고구려, 안장왕 죽고(?~), 안원왕(安原王) 즉위(~545). <br> 532년 금관가야, 신라에 항복하여 멸망. <br> 536년 신라, 처음으로 연호(年號)를 세워 건원(建元)이라 함. <br> 538년 백제, 사비성으로 천도. 국호를 남부여(南夫餘)라 함. <br> 540년 신라, 법흥왕 죽고(?~), 진흥왕(眞興王) 즉위(~576). <br> 545년 고구려, 안원왕 죽고(?~) 양원왕(陽原王) 즉위(~559). <br> 551년 신라, 개국(開國)이라 개원(改元), 백제, 신라가 연합하여 고구려를 공격. <br> 552년 백제, 불상과 경론(經論)을 왜에 보냄. <br> 553년 신라, 황룡사(皇龍寺) 건립을 시작(~566). <br> 554년 백제, 성왕 죽고(?~), 위덕왕(威德王) 즉위. <br> 555년 신라왕, 북한산신라진흥왕순수비(北漢山新羅眞興王巡狩碑) 건립. <br> 559년 고구려, 양원왕 죽고(~), 평원왕 즉위(~590). <br> 561년 신라, 창녕신라진흥왕순수비 건립. <br> 562년 신라, 대가야(大伽倻)를 멸함. <br> 568년 신라, 황초령(黃草嶺)신라진흥왕순수비와 마운령(摩雲嶺)신라진흥왕순수비 건립. <br> 576년 신라, 원화(源花)제도 시작. 진흥왕 죽고(534~). 진지왕(眞智王) 즉위(~579). <br> 579년 신라, 진지왕 죽고(~), 진평왕(眞平王) 즉위(~584). <br> 584년 신라, 건복(建福)으로 개원(改元). <br> 586년 고구려, 평양의 대성산(大城山)에서 장안성(長安城)으로 천도. <br> 590년 고구려, 평원왕 죽고(~), 영양왕 즉위(~618). <br> 598년 고구려, 수(隋)나라 문제(文帝)가 30만 대군으로 침공해 옴. 고구려, 이를 격파. 백제, 위덕왕 죽고(526~) 혜왕(惠王) 즉위(~599). <br> 599년 백제, 혜왕 죽고(?~), 법왕(法王) 즉위(~600). |

## 간추린 한국사(600년~1500) 연표

| 연도 | 주요역사 |
|---|---|
| 698 | 대조영 발해 건국 |
| 735 | 통일신라 당으로부터 대동강 이남 땅 인정받음 |
| 751 | 불국사 석굴암 건립 |
| 828 | 장보고 청해진 설치 |
| 895 | 궁예 후고구려 건국 |
| 900 | 견훤 후백제 건국 |
| 918 | 왕건 고려 건국 |
| 936 | 후삼국통일 |
| 926 | 발해 멸망 |
| 993 | 거란 침입 |
| 1010 | 2차 침입 |
| 1019 | 강감찬 귀주대첩 |
| 1044 | 천리장성 |
| 1170 | 정중부의 난 |
| 1231 | 몽고 1차 침입 |
| 1232 | 2차 침입 |
| 1236 | 원 3차 침입 |
| 1247 | 몽골 4차 침입 |
| 1254, 1255, 1257 | 몽골 5차 – 7차 침입 |
| 1392 | 이성계 조선 건국 |
| 1394 | 정도전 조선경국전 편찬 |
| 1398 | 남대문 건축 |
| 1402 | 호패법 실시 |
| 1413 | 조선 전국을 8도로 분할 |
| 1420 | 집현전 설치 |
| 1441 | 측우기 실치 |
| 1446 | 훈민정음 반포 |
| 1453 | 수양대군 정권장악(계유정란) |
| 1456 | 사육신 처형 |
| 1458 | 고려사 완성 |
| 1474 | 경국대전 반포 |
| 1482 | 폐비윤씨 사약 |
| 1498 | 무오사화 |

※유럽 역사의 이해를 돕기 위한 700년부터 1500년 사이의 한국의 역사이다.

### 1) 연대기적 분류

(1) 722~755년 독일에서 성 보니파세(St. Boniface 680~754)[115]

- 영국의 데번셔에서 출생, 수도원에서 30세에 사제로 서품을 받았다. 이후 독일 크레디톤에 선교사로 파송 받아 40년간 계속 선교활동을 하였는데, 크게 다섯 기간으로 나눌 수 있다.

① 제1기: 빌리브로드의 지도로 프리지아에서 봉사활동 성격을 띈 선교를 하였다.

② 제2기: 722년 교황으로부터 교구 구획이 확정되지 않은 독일 지대에 감독임명을 받았다. 보니파세는 헤센(Hesse)의 가이스마르(Geismar)에 있는 성소의 떡갈나무를 쓰러뜨리고 독일인에게 공언하여 그들의 귀신을 이기면 하나님을 섬길 것을 약조 받았다. 결국 보니파세는 그 큰 나무로 성 베드로 기념 교회를 세웠다.

③ 제3기: 737~738년 동안 두 번째로 로마를 방문하였고, 풀다(Fulda)에 중부 독일을 대표하는 수도원을 건립하였다. 이 후 수천 명의 사람들이 세례를 받고 교인이 되었다.

④ 제4기: 741~752년의 기간으로, 재상들이 교회 개혁에 무관심한 시기에 교회의 기강을 강화하였다. 751년 궁재페팽이 왕위에 오를 때 보니파세가 왕의 대관식을 주재했다.

⑤ 제5기: 753~755년의 이 시기에 보니파세는 행정직에서 다시 선교사로 일하였다. 수행선교사들과 함께 미전도종족인 프리지아족에게 성공적인 복음 전파사역을 하던 중, 755년 분노한 이교도 주민의 급격한 공격을 받고 순교하였다.

(2) 860년경 슬라브 민족에 성 시릴로(St. Syril 827~869)와 성 메쏘디우스(St. Methodius 826~885) 선교

- 메쏘디우스와 시릴루스는 그리스 테살로니키의 비잔티움 제국의 해군 제독의 집안에서 태어났다. 메소디우스는 비잔티움 제국의 신학자이자 선교사이며 모라비아의 대주교였고, 키릴로스는 수사이자 신학자이며 선교사이자 언어학자였다. 두 형제는 슬라브족에 대한 선교 사업에 나서 슬라브족을 기독교화하는 데 큰 역할을 한 것으로 유명하며, 특히 시릴로는 슬라브족의 선교를 위해 키릴 문자를 발명했다고 전해진다. 형인 메쏘디우스와 동생 시릴로는 로마 가톨릭교회와 동방 정교회에서 모두 성인으로 추대되었다.[116]

(3) 7~12세기 독일과 스칸디나비아 지역에 기독교가 전파

---

115) 최정만,《다시 써야 할 세계선교역사 Ⅰ》쿰란, 서울:2007, 61-70

(4) 선교사들은 수도사였으며, 수도원이 선교본부가 되었던 시기

(5) 선교는 교황, 게르만왕, 비잔틴 황제, 주교 등과 더불어 외교 사절단
　　예외적으로 영적으로 충만한 수도사

― 아일랜드의 패트릭(Patrick)

― 벨기에의 아만드(Amand)

― 고올 지방의 마르틴(Martin)

― 독일의 보니파시오(Boniface)

― 영국의 어거스틴(Agustine)

― 서부 슬라브 지방의 시릴로(cyril)와 메쏘디우스(Methodius)

― 프리시아 지방의 윌리브로드(Willibroed)

(6) 선교사로 수도사는 통치자를 활용 ― 보호, 신속히 세례, 집단적으로 세례, 세례와 예배의 이해보다 능력에 집중, 다소 교육을 받았거나 의향이 있는 자는 성직자로 세움, 우상, 미신 관계 정리는 급진적, 옛 관습들에서는 호의적―축복 성회.

(7) 선교는 정치조직체와 연결 · 글로비스는 "크리틸다의 하나님"(God of Clithida), 프랑크 민족의 하나님 등으로 연결, 교황이 왕들을 축복.

(8) 아프리카도 확대― 이슬람교에 의해 어두워짐.[117]

> ■ 중세에는 많은 사건이 발생한 시대였다.
> 1. 초대교회 문헌을 연구하는 학문의 부흥
> 2. 민족국가들 형성
> 3. 대학의 설립이 12C와 13C에 시작
> 4. 스콜라 철학 형성 9C 프랑크 왕국
> 5. 많은 새로운 기관과 사상운동 형성
> 6. 신대륙의 발견(미국)

---

[116] 최정만,《다시 써야 할 세계선교역사 I》쿰란, 서울:2007, 61-70
　　◎ 수도원 개혁 운동
　　▶ 클루니수도원 -세르기우스 3세(909. 9)
　　▷ 프랑스 아퀴테인(Aquitaine)(떼제에서 리옹으로 20분쯤 내려오면 클루니라는 작은 마을)
　　▷ 수도사가 원장 직접 투표 설립자 윌리엄 - 수도원 통제권을 교황에게, 귀족과 주교의 지배가 없었다.
　　▷ 영적인 사역에 집중됨
[117] 642 페르시아 멸망 이후 시리아와 페르시아 영토가 무슬림의 지배(스리랑카, 인도) 정통칼리프 시대 (632~661)와 중칼리프 시대(909~1171) 이후 이슬람화

## 2) 수도원의 발전

계속되는 이민족의 침입으로 동서방의 상황은 최악이었다. 서방은 슬라브족과 아바르족, 동방은 불가족과 이슬람이 침공하여 비기독교 국가를 세웠다. 이 시기에 특징 중 하나가 수도원 운동이다.

### (1) 수도원의 배경

① 내적 요인

박해의 연속(죽음의 두려움)과 고문으로 영광스러운(집단적) 순교와 세속적 삶으로부터 금욕적인 복음의 권고로서 수도원이 생겨났음.

② 외적 요인

고트족의 침입으로 도시민들이 공포에 떨었음.

변질된 순교 즉, 기독교 공인 이후 순교를 금욕주의(세상의 타락으로 봄).

기독교 공인(313)과 국교화(380)로 로마에 기독교가 군림하게 됨(395년).[118]

야만족의 침입과 세상의 사치풍조(상류층의 호화로움과 하류층 빈곤대립).

### (2) 수도원의 기원

- 세상과 단절하는 수도자(Monk; 희랍의 모노스에서 유래)로서 인간의 애정과 세상의 보화와 자유를 포기하는 희생, 봉사의 생활에서 기원하였음.
- 기독교 이전 : 예수의 공생애 사역 이전에는 유대의 엣센파가 있었음.(동양의 티벳, 인도, 미얀마, 실론 등에 기반), 알렉산드리아 부근(Therapentae)

**이슬람제국의 역사**

| | |
|---|---|
| 정통칼리프(632~661) | - 651년 사산조 페루시아를 정복하고 이슬람제국을 건설 |
| 세습칼리프(661~750) | - 칼리프선정문제로 시리아총독 무아위야(661~680)가 다마스쿠스에서 옴미아드왕조를 세움<br>- 이베리아반도의 서고트왕국을 멸망시키고 대제국을 건설 |
| 아바스 왕조(동칼리프 750~1258) | - 수니파와 시아파<br>- 1258년 몽고족에게 멸망<br>- 옴미아드왕조가 아바스왕조에게 몰락하자-후기옴미아드왕조(756~1031)-내분으로 멸망 |
| 파티마왕조(중칼리프 909~1171) | - 북부아프리카<br>- 사만왕조(카스피해 북쪽 874~999)<br>- 카스피해 남쪽의 부와이 왕조(932~1055)가 바그다드를 점령(945) 아바스왕조를 이어받음 |
| 셀주크 투르크족 (1038~1258) | - 1055년 바그다드점령으로 부와이왕조를 넘겨받음<br>- 오스만 투르크에게 1307년 멸망<br>- 1500년 몽골제국을 일부 점령/나머지로 페르시아로 존속 1935년/1979년 이란으로 정리됨. |
| 오스만 투르크 | 1920년경에 사우디아라비아, 이집트, 터어키, 이스라엘, 이라크 등으로 영토 독립 |

- 수도생활 : 마 19장에서 "네 모든 것을 팔아 가난한 자들에게 주고 … 와서 나를 좇으라"(종교적 정신의 금욕)
- 수도원의 창시자는 3세기 중엽 기후와 환경이 좋은 곳(Upper Egypt의 테베마을)에 성 안토니(251~326). 기도의 사람, 악마와 싸우는 자, 병자를 고치는 자, 영적 지도자.

(3) 수도생활의 의의

복음권유(마 19:12, 21; 고전 7:7ff, 25ff)를 실천하기 위해 불렸으며 그 실천을 충분히 서약한 모든 사람들이 십자가의 죽음에 이르기까지 순종하심으로 인간을 구속하시고 성화하신 그리스 도를 따라 자기를 특별한 방법으로 봉사하는 것이다.

(4) 수도생활의 목적

하나님과 인간에 대한 사랑 + 특별한 직무 = 청빈, 정결, 순명.

▶ 청빈 – 물질억제, 사유재산 거부(네 가진 것을 팔아 가난한 자들에게 주라)
▶ 정결 – 하나님만을 사랑(몸과 마음으로 그리스도를 더 잘 섬기기 위해)
▶ 순명 – 모든 덕의 총집합(하나님의 뜻에 따라 산다)

---

118) 395-테오도시우스 황제가 로마를 두 아들에게 나누어줌.
서로마제국(-476 멸망)
동로마제국(-1453) → 비잔틴제국
● 수도원 창설자 안토니(Antonius der Grope: 250~351)
- 은둔주의 수도원 운동의 창시자
- 이집트 멤피스의 부요한 가정 출신으로 콥트인
- 270년경 마태복음 19:21 "네 소유를 팔아 가난한 자에게 주라"는 말씀으로 소명을 받고 나일강 동편 사막에서 기도와 묵상, 금욕 등으로 은자 생활
- 박해시 알렉산드리아에서 성도들을 격려
- 아타나시우스가 그의 전기를 집필
- 콘스탄티은 그를 영적 아버지라 부르며, 조언을 구했다.
● 안토니우스의 생애에 대하여
기독교 수도원 제도의 기원은 단연 애굽의 안토니(Anthony:251~356)에게서 찾게 된다. 안토니는 성경의 '부자청년'에게서 자극을 받고 285년경 부유한 삶을 버리고 광야로 나아가 극기의 삶을 살아가기 시작하였다. 그는 하루에 한 끼(빵, 소금, 물)를 먹고, 잠은 조금만 자며, 많은 시간을 기도생활로 보냈다. 이러한 그의 생활을 많은 사람들이 본받고자 하였고, 4세기에는 수천 명의 수행자들이 광야로 모이게 되었다. 이들은 여러 명의 지도자들 밑에서 수행하는 수도승들로서 생활하였다. 이들은 굴이나 움막에서 홀로 혹은 함께 모여 지내면서 예배와 교육에 참여하였다. 물질적인 문제는 그들의 삶을 보러온 방문자들로부터 도움을 받게 되었다. 이러한 수도원들은 시간이 지남에 따라 점차 제도화 해가기 시작했다. 안토니우스의 삶은 수도원 생활에 지대한 관심을 갖고 있던 아타나시우스(Atha-nasius)를 통하여 책으로 쓰여졌으며, 당시 많은 사람들에게 읽혀졌다. 참고: 최수일,《간추린 기독교선교역사》, 서울 : 예영, 2003, 79-82.

(5) 수도원의 종류

▶ 지리적으로 동방과 서방 수도원,

▶ 시대별,

▶ 수도생활

─ 지리적으로

① 동방수도원

　　ⓐ 애굽 ─ 최초의 캄아의 안토니오(수도사의 아버지, 251~326)

　　ⓑ 성 어거스틴은 안토니오의 전기를 읽고 마니교에서 회심함.

　　ⓒ 막 10:21 "가서 네 소유를 팔아 가난한 자들에게 주고…"

　　ⓓ 성 프란시스에게 영향을 줌, 쉬지 말고 기도하라. 일하기 싫으면 먹지도 말라.

　　ⓔ 남부 애굽 파코미우스(Pachomios) 수도원[119] ─ 자립적으로 일하고 가난한 자들을 도와주었다.

② 팔레스타인 지역의 수도원

　　ⓐ 예루살렘 ─ 수도원의 각 부장(副長) 밑에 분리된 방에서 은둔생활을 하며 감람산의 루피노(Rufinus), 베들레헴의 제롬[120]은 라틴어를 장려, 남자들 ─ 시리아어와 희랍어를 사용하였다.

③ 그 밖의 수도원 지역

　　ⓐ 가자의 힐라리온 ─ 팔레스타인과 시리아의 수도원 형태임. 아나니아와 삽비라에 감동 ─누구든지 자기의 모든 소유를 팔지 아니하면 …

　　ⓑ 시리아 지역 ─ 동북방의 오뎃사의 수사, 은수자 있음.

　　ⓒ 페니키아의 수도생활 ─ 이교도 번성으로 고통스러움.

---

119) **남부 애굽 파코미우스 수도원**
파코미우스(Pachomius,292~346)는 초대교회의 수도사(수사)이다. 이교도가정에서 태어났으며, 기독교인들의 자선활동에 영향을 받아 기독교인이 되었다. 군대에서 나온 후 세례를 받은 파코미우스는 사회선교에 치중했다. 320년경 수도원을 세웠으며, 성서에 근거한 규칙서로 공동체의 질서를 유지하였다. 파코미우스는 공동생활적 수도 운동의 창시자는 아니라 할지라도 그 형태를 결정적으로 완성시킨 인물이다. 파코미우스 수도사들의 일상생활은 노동과 예배로 구성 되었는데 경건 생활의 이상으로는 "쉬지 말고 기도하라"는 바울의 명령을 채택, 파코미우스 수도원은 예배와 식사를 공동으로 하는 밥상공동체였으며, 수사들은 노동으로 자신의 생계를 유지했다.

120) **베들레헴의 제롬(Jerom : 340~420)**
제롬은 신분이 있는 여인들과 함께 팔레스타인까지 가서 베들레헴에 수도원들을 설립하고, 여기서 깊은 학문활동을 하였다. 특히 잘 알려진 벌게이트(the Vulgate version) 역본은 히브리어 구약성경과 헬라어 신약성경을 평범한 라틴어로 번역한 것이다.

ⓓ 소아시아 – 바실리아의 수도생활, 공동생활, 이웃의 삶에 활동적인 의무를 다하였다.

ⓔ 홍해 – 아침의 별

ⓕ 메소포타미아 – 산에서 수행, 4세기 말 동방에서 많은 수도원이 되었음.

④ 서방 수도원

ⓐ 수도생활의 지식 – 아타나시우스에 의해 북아프리카에까지 유래함. 서방의 수도원은 제국 내의 베네딕트 수도원[121]과 제국 밖의 켈트 수도원(아일랜드, 고대의 웨일즈 등으로) 나누어진다.

ⓑ 성 아타나시우스(300~373) – 수도원 제도를 처음 서방에 전래하였다.
(콘스탄틴–정치의 세속화–정치계의 중심 vs 아타나시우스는 종교계의 중심이었음)

ⓒ 제롬과 서방 수도원 – 동료 은둔자의 논쟁을 피해 안디옥과 베들레헴 산지로 피신함.(성경을 라틴어로 번역함)

ⓓ 성 베네딕트와 교단(550~1150) – 성 베네딕트(480년 출생)는 사회적, 도덕적 타락과 야만족(훈족과 반달족)의 침입으로 인한 로마의 붕괴직전에 기도하고 일하라고 함. 특징 – 외족·수도원 정주 – 원장 – 아버지라는 호칭으로 조직함.

ⓔ 선교 – "7세기에 선교부흥이 일어남". 베네딕트 교단(아버지의 부성이 강함)이 발전하였다.

성 보니페이스(Boniface) ⇨ 북유럽의 복음화,

---

121) 베네딕트 수도원(Benedict:480~543)
베네딕트는 부유한 부모가 로마의 명문대학에서 수학하기를 원했으나, 로마를 떠나 수도원 생활에 몰입하였다. 그는 525년경에 수비아코를 떠나 몬테카시노로 갔다. 당시 몬테카시노 인근의 주민들은 이교를 신봉하고 그 산 위에 아폴론 우상을 세우고 있었다. 그래서 베네딕토는 아폴론에게 바쳐진 이교 신전들을 모조리 파괴하고 그들을 기독교로 개종시켰으며, 530년경에는 그 곳 산정에서 모든 베네딕토 수도원의 모체가 된 수도원과 성당을 세웠다. 그곳에서 몬테카시노 수도 공동체를 위한 규칙서인《베네딕토 규칙(Regula Benedict)》을 저술하여 올바른 금욕생활과 기도, 공부, 육체노동의 역할을 엄격하게 규정하는 등 본격적으로 공동체를 지도하기 시작했다. 그의 규칙은 점차 서방 교회의 모든 수도원의 법전이 되었고 다른 수도규칙의 모범이 되었으며 교회 영성과 서유럽 문화 진흥에 큰 영향을 끼쳤다. 그가 세운 몬테카시노 대수도원은 서방 수도원의 발생지가 되었으며, 오늘에 이르기까지 베네딕토 수도회의 총본부가 되고 있다.

● 서방수도원과 동방수도원의 차이점
• 서방수도원–봉사와 선교를 수행할 목적으로 육체를 훈련, 봉사와 선교 등 친사회적인 기독교인 삶을 추구.
- 공동체의 삶을 영위 바실의 동방수도원 이원령
• 동방수도원
–육체를 확대–육과 영에 대한 이원론적 사고
–은자 생활 영위

초기 성어거스틴 ⇒ 독일 사도 보니페이스 ⇒ 화란의 윌리브로드
⇒ 북유럽에서는 수도사들을 가리켜 "베네딕트의 아들들"이라 함.

ⓕ 선교지- 덴마크, 스웨덴을 개종, 노르웨이(안스카), 아이슬랜드, 그린랜드. 독일에는 보니페이스에 이어 튜링기아(Thuringia)에 바바리아는 성 칠리안, 성 루퍼트, 성 콜비니안들이 전하였다. 보니페이스는 풀다 수도원의 원장이 되어 바바리아의 선교기초를 마련하였다. 동시에 프랑크족의 왕 피핀(Pepin)의 지도를 받아 교회법을 관리하였다. 준비되지 않은 평신도들의 사유재산화, 아내와 결혼생활 등으로 교회법을 정리하였다.(742~777)

(6) 수도원의 발전과 선교

① 1세기 초 이방인의 사도인 바울과 바나바에 의해 유럽에 선교의 틀을 놓았고 열두 제자들 중에 도마는 인도로 마가는 애굽으로 가서 선교하였다.

② 2세기 초에는 스칸디나비아, 덴마크에서 집단 개종이 있었다.

③ 3세기 중엽에 스페인 근처, 2세기 초에 이미 고울 지방에 그리고 2세기 후반 포티우스와 이레니우스가 리용의 감독이 된 것으로 알게 되었다.

④ 4세기에서 6세기에는 울필라스는 고트족에게 마틴은 프랑크 족에게 영국은 켄터베리의 어거스틴이 선교하였다.

⑤ 7세기에서 10세기에는 동남부 유럽 내 고트족과 스라브족이 개종하였고 서북부에는 켈트족이 선교하였다.

(7) 로마교회를 중심으로 한 선교

수도사 ⇒ 체발, 600년경 주님의 식구에 순종한다는 표시, 서방: 예수 -가시관,
동방예수 ⇒ 앞에 대머리 뒤에 머리 일부를 남김.

① 고트족의 개종 - 독일

3-5세기 로마제국에 침입하여 잡은 포로 가운데 기독교인이 있었다. 유럽 전도는 고트족으로부터 시작되었다. 울필라스에 의해 347년 감독이 되고 50년 동안 사역했다. 서고트 전체가 그리스도를 믿게 되었다. 울필라 고트족 문자 발생, 고트어 성경(사무엘, 열왕기 번역 안함: 호전성), 고트족 - 스페인으로 개종했다.

② 프랑크족[122]

고울 지방으로 개종 -투르의 마틴(Martin of Tours) -병사, 수도사, 성자, 감독 및 선교사. 파노니아 이교도 가정에서 출생- 18세 어머니가 개종, 이태리에서 은둔생활, 포이

### 122) 프랑크족(Franks)

게르만민족 중에서 서(西)게르만에 속하는 한 파(派).
단일 부족명이 아니라 살리족·리부아리족·카티족 등 라인강 중·하류의 동안(東岸)에 거주하는 여러 소부족의 부족집단에 대한 호칭이다. 살리족이 지도적 지위에 있었으며, 민족 이동기에 라인강을 넘어 갈리아 지방으로 퍼졌다. 5세기 말에 살리족의 수장(首長)인 메로빙거왕가의 클로비스가 통일왕권을 수립하여 프랑크왕국을 건설하였다. 카티족이 통합된 것도 이 무렵이다. 프랑크왕국의 확대와 더불어 프랑크족의 계획적 식민이 행해졌는데, 그들은 고지(故地)를 버리지 않고 팽창 발전하는 형태를 취했으며, 또 아리우스파의 단계를 거치지 않고 가톨릭으로 개종한 것이 다른 게르만 제부족과 다른 점이다. 이들의 통일성도 베르됭조약에 의한 왕국 분할과 동시에 붕괴되었다. 서프랑크(프랑스 지역)는 갈로 로망적 요소에 동화(同化)되고, 동프랑크(독일지역)는 다른 부족과 같은 국가 구성상의 한 부족에 불과하게 되었다.

*메로빙거 왕조(Merovingian dynasty) 또는 메로빙 왕조(Merovings) 5세기 중반부터 8세기 중반까지 갈리아의 영토를 이어받아 대부분의 프랑스와 벨기에, 독일과 스위스 일부분을 로마인들의 점령 직후 5세기부터 8세기까지 통치한 프랑크족을 다스리던 왕조이며 왕족이다. 그들은 시캉브르(Sicambres)라는 곳에 살았던 골족과 고대 그리스 아르카디아 지역 출신의 사람들이었다.

이들의 왕국은 자주 내부 권력 다툼이 일어나고 분열과 통합을 반복했는데 8세기에 이르러 왕조의 군주들은 유명무실해지고 궁재로 대표되는 궁정의 신하의 권력이 강화되었다.

751년 메로빙거 왕조의 궁재인 피핀이 마지막 왕 힐데리히 3세를 폐위하고 스스로 프랑크의 군주가 되었는데 이로써 메로빙거 왕조는 종말을 고하고 카롤링거 왕조로 대체되었다.

"메로빙거"라는 이름은 메로베치에서 유래한다. 메로베치는 힐데리히 1세의 아버지이며, 힐데리히의 아들 클로비스 1세는 486년에 수많은 부족들을 정복하여 최초로 갈리아를 통일하고 단일한 프랑크족의 국가를 세우게 된다. 그는 또한 프랑크족을 로마 가톨릭으로 개종하였는데 이는 이후 유럽 역사에 중요한 역할을 하게 된다.

679년 토이데리히 3세는 다시 한 번 모든 프랑크의 소왕국을 통일하였다. 이때부터 잠시 내전 기간을 제외하고 프랑크는 1개의 통일 왕조로 간주되지만 메로빙거 국왕의 실권은 없어지게 되고 각 왕국은 일종의 궁정 대신인 궁재(maior domus)의 손에 넘어가게 되었다. 메로빙거 왕조의 궁재 중에서도 강력한 가문이 등장했는데, 바로 피핀 1세의 가문이었다. 이후 어린 아들을 남기고 요절하는 왕들의 출현으로 왕실의 실권은 낮아졌고 680년경 메로빙거 왕실과 인척관계를 형성한 카롤링거 왕조의 피핀 2세가 실권을 장악했고, 714년에는 그의 사후 왕실 지지파가 피핀의 세력을 누르려 하였으나 실패하고 카롤링거 왕가 출신의 카를 마르텔이 실권을 잡기도 했다.

737년 투르 푸아티에 전투에서 승리를 한 뒤 프랑크 왕국의 실권을 장악한 카를 마르텔은 왕의 자리를 넘보지는 않았으나, 751년 결국 피핀 가문의 후손인 피핀 3세가 마지막 메로빙거 왕인 힐데리히 3세를 강제로 폐위하고 스스로 왕이 되어 카롤링거 왕조를 열었다.

### 찰스대제(742~814) : 칼대제

프랑크 국왕. 768년 부친인 피핀 사후, 동생 칼만과 왕국을 공동 통치하다가 771년 칼만이 죽자, 전 프랑크 왕국을 통일 지배하였다. 재위 40여 년간 사방을 경략하여 대통일 사업을 성취, 772~804년에는 작센을 병합하고, 774년에는 교황의 청으로 북이탈리아 랑고바르트 왕국을 멸망시켜 이를 합병, 778년 서로는 사라센족을 토벌하여 에스파니아 변경 영토를 일치하였다. 또한 그 후에도 주변의 국가를 정복하여 거의 대부분의 게르만족을 하나의 국가와 하나의 종교, 즉 프랑크 왕국과 크리스트교를 통합하였다. 이 밖에 이탈리아의 영토의 일부를 교황에 헌납하는 등 교회에 대한 봉사가 컸으므로, 교황 레오3세로부터 800년 크리스마스에 서로마 황제로 대관되었다. 이로써, 다시 부활된 황제권과 교황권의 제휴로 피핀, 클로비스 이래의 과제였던 유럽의 비잔틴 제국으로부터의 해방이 실현되었다. 또한 수도 아아헨에 궁정 학교를 설립, 알퀴누스 등 학자를 초빙하여 교육 사업을 장려하였으므로 소위 카롤링 르네상스 문화가 번영하였다. 이 점에서 유럽을 형성하는 3대 문화 요소(고전 문화, 크리스트교, 게르만 민족정신)는 카롤루스 대제의 통치하에서 완전한 통합을 이루었다고 볼 수 있다.

투스 수도원 — 프랑스에서 최초로 개원함. 전도-군대식 강제입교, 수도사들은 무리지어 다니며 우상파괴, 열성적인 복음증거, 370년 투르(Tours)의 주교-로이어(Loire) 부근에 수도원 설립, 프랑스 수호천사. 496년 클로비스 —부인으로 개종. 페핀(Pepin)의 아들 샤를 마르텔(Charles Martel)[123]이 정권을 확장 —네델란드, 독일에 선교사 파송. 남쪽 고울 지방에 수도원 급성장.

③ 슬라브족 개종

슬라브계 유럽인 동남부와 동북부는 로마 교회나 켈트족의 선교사로부터 복음을 전수받지 않고 동방교회로부터 받았음(콘스탄티노플). 9세기 철학자 씨릴(Cyril)은 슬라브 방언으로 된 성경과 기도서를 배부함. 화가인 메도디우스(Methodius)는 불가리아를 선교함. 모라비안 선교, 보헤미안 선교로 확장함. 10세기— 러시아: 기독교를 받아들임. 러시아 블라디미르는 998년 개종하여 동방교회 하에 놓임.

④ 시리아 수도원 ↔ 파코미우스 → 320년경 최초의 기독교 수도원 창설

콥트교에 의해 수도원운동이 시작된 것으로 알려져 있다. 수도원은 통상적으로는 3세기 후반에 중부 이집트의 테베에서 은자 바울과 안토니우스에 의하여 창설되었다고 보고 있다. 특히 안토니우스는 알렉산드리아의 주교 아타나시우스가 쓴 '안토니우스의 생애' (356년 이후)가 일찍부터 서유럽에 전해져 수도원의 아버지로 존경을 받았다. 그는 사막이나 산속에서 혼자 수행하였다. 안토니우스와 거의 같은 시대에 똑같이 이집트에서 수도생활을 시작한 파코미우스는 단독생활에 따르는 일상적인 불편과 정신적 위험을 피하기 위하여 공동생활을 하는 수도원을 세웠다.

수도원은 높은 벽을 두른 부지 안에 몇 개의 건물이 있고, 각 건물에 20~40명의 수도사가 한 사람의 지도자와 함께 기거하며 식사와 기도는 공동으로 하고 복장도 동일한 공동체를 이루었다. 공동생활 때문에 청빈과 복종의 덕목이 중시되었으며, 노동의 의무는 특히 강조되었다.

이것은 많은 수도사들이 자활하기 위해서이며, 그들은 농경 외에 나일강에서 나는 골풀로 광주리를 엮고, 종려나무로 세공물을 만들어서 팔기도 했다. 파코미우스가 콥트어로 쓴 수도규정은 일찍부터 그리스어와 라틴어로 번역되어 널리 유포되었으며, 공동생활양식의 수도원은 그의 제자 에우게니우스에 의하여 멀리 메소포타미아에까지 전해졌다.

---

123) 찰스 Charles
　　찰스는 프랑스어로 "샤를", Martel은 "마뉴"로 표기함

선교의 거점으로 공동체를 세우고, 시리아어로 예배를 드렸다.(6세기 Cosmas 이집트 수도사의 공동체, 인도에 수도권 — 중국, 동남아로 선교사 파송) 시리아 수도원은 그리스 고전과 한문도 중국에 전달, 불경 번역도 지원하였다. 6세기 훈족과 투르크족에게도 복음 전파, 투르크 왕은 자기백성이 기독교인이 되었다고 한다. 이집트 수도원은 고립하여 고행하는 반면 시리아 수도원은 순회하며 선교하는 특징이 있다. 수도원은 교회와 선교와 세계를 연결하는 삶이었고, 신학적 논쟁을 거치면서 진리와 그리스도의 부활을 강조하는 특징, 지역 언어의 성경 번역, 토착화, 교회 전통 사수 등으로 다양한 선교 모델을 제시하였다. 특히, 디아스포라 성향의 시리아 수도원은 이슬람교, 도교, 조로아스터교, 불교, 힌두교 사이에서 관계성과 대화를 유지, 발전 되었기에 현대의 종교간 도전의 대안이 될 수 있다.

⑤ 그리스 수도원

바질(Basil of Caesarea, 330~379) : 바질은 부유한 명문가의 자녀로 가이사랴에서 출생하였으며, 일찍이 헬레니즘 교육을 받았다. 그러나 그는 세속적 물질생활을 버리고 금욕생활을 택하여 수도자의 길로 들어갔으며, 또한 견문을 넓히고 영적 지도자를 찾아서 시리아와 애굽 등지를 두루 여행하였다. 바질은 358년에 이리스 강변 아네시스에 정착하여, 거기서 수도원을 세우고 친구 그레고리 나지 안주스와 함께 오리겐의 논문집을 출간했고, 기독교 신앙의 변호와 함께 삼위일체론에 있어서 성령론에 크게 기여하였다.

⑥ 그레고리 대제와 40인의 선교단

ⓐ 597년 콜롬바가 죽은 후 그레고리 교황(540~604)은 켄터베리의 어거스틴과 40명의 동역자들과 함께 켄트의 동부 타네트의 큰 섬으로 가서 프랑크의 통역자를 세우고 왕과 에델버트(Ethelbert)는 "복음을 믿으면 하나님이 영원히 이 나라와 함께 할 것이고 하늘로부터 즐거움이 영원할 것이다"라고 전했다. 후에 왕은 베타(Bertha)라 불리우는 프랑크족 왕가의 아내를 삼고 신앙생활을 하였는데 신앙지도는 리우하우드 주교의 지도를 받았다.

ⓑ 교통로는 이태리 로네(Rhone) 계곡에서 출발하여 파리와 영국으로 흘러갔다. 동역자들은 메시나(Messina) 감독 하에 지도 받은 자들이었고 어거스틴은 켈리안의 성 안드레 수도원에 부원장으로 있었다. 그는 그레고리 왕의 비서이기도 했다. 597년 4월 다네트에 상륙하였으며 왕 에델버트는 광장에서 그들의 복음을 듣고 숙소를 배정하여 도왔다. 597년 6월 1일 에델버 트 성안에 마틴 교회에서 왕이 세례를 받고 그

해 성탄절에 일만 명의 성도가 강물에서 세례를 받았다. 로마 교회와 원시동방 교회의 차이는 로마교회는 상류사회를 복음화시켜 넓혀 나갔고, 신앙심보다 정치세력에 의존하였다.

ⓒ 어거스틴은 이교도들과 타협하여 발전시켰다.(게르만 신전을 파괴하지 않고 그 신전을 교회로 사용할 것, 우상을 제거하고 성수로 청결케 하고 제단을 세워 성물을 안치하였다. 게르만의 축일인 이오스트라(Eostra) 춘일의 제일이 부활주일로 추수제일이 감사주일로 또는 게르만신명이 주일로 변함. 전신(Wodenwednesday), 천기신(Thor) ―Thursday, 평화신(Freya) ―Friday, 운명의 신(Tu, Tiu―Tuesday)(화요일)

### 3) 수도원과 선교전략

유럽전체의 선교(복음화)는 수도원 운동이 모체였으며 전적인 수도사들의 훈련된 선교적 사역의 결과였음. 프랑스의 레린(Lerins) 수도원의 패드릭(Patrick)에 의한 아일랜드 선교를 효시로 유럽선교가 시작되었다.

> **개요**
> ① 발생 : 박해의 연속으로 순교 준비와 세상의 타락으로부터 금욕주의로 변질된 순교 → 수도원 운동의 선교사역 시작
> ② 3세기 후반, 수도사(Monk)[124]에서 유래 세상과 단절
> ③ 베네딕트(Benedict)에 의해 시작(Benedict of Nursia 480~543) 12C까지 번성.
>   ― 노동, 책읽기, 검소한 생활, 가장 큰 덕목은 복종.
> ④ 프란시스회(Francis of Assisi 1182~1226) : 자비와 구제.
> ⑤ 도미닉(Dominc 1170~1221) : 직접 설교방법 ― 설교단으로 알려짐. 교육선교를 함. 복음의 직접 선포
> ⑥ 예수회(Jesuits) 군대식으로 복음을 전함. 가장 성공적인 선교활동, 로욜라(Loyola, 1491~1556) : 중세후기 가톨릭 선교활동의 극치, 강력한 힘의 선교, 마테오리치(Matteo Ricci)의 중국선교(1583).

#### (1) 수도원(Monastery) 제도

---

[124] "수도사(monk)"라는 단어는 헬라어로 "고독(solitary)"을 의미하는 모나코스(monachos)에서 연유하였다. 처음 수도사들이 원했던 바는 무엇보다도 다른 인간들을 떠나 고독을 찾는 것이었다. 그 후 혼자 거주하는 수도사를 의미하게 된 "은자(anchorite)"는 원래 "도망자(fugitive)", 혹은 "피신한 사람(withdr-awn)" 등의 의미였다.

영적 생명력이 세속화로 상실, 선교의 열정 사라짐, 교회는 제도권에 관심.

※수도회들※

① 프란시스(Franciscan) – 프란시스(Francis of Assisi:1182~1226)[125]

ⓐ 향락을 버리고 자비, 구제를 통한 선교, 절대 청빈, 전도, 봉사 등.

ⓑ 특징 : 1교단 – 남자독신, 2교단– 여자독신, 3교단– 일반시민, 외국어, 아랍어, 히브리어, 헬라어에 능통.

ⓒ 엄수파 : 절대 엄격(프란시스와 같이)

ⓓ 수도파 : 엄격한 규율을 다소 완화–수도생활, 봉사를 강조

ⓔ 절대복종의 삶 속에서 자기 것을 모두 버리고 자비와 구제로 선교

② 베네딕트(Benedict of Nursia:480~543)[126] – 몽테카지노 수도원

ⓐ 엄격한 경건생활과 실천 –노동, 독서, 기도, 검소한 생활 등을 실천함.

---

[125] 아시시의 성 프란체스코(Francis of Assisi, 1182~1226)
로마 가톨릭의 수도사이다. 13세기 초에 프란체스코회(프란체스코 수도회) 설립으로 세속화된 로마 가톨릭교회의 개혁운동을 이끈 교회개혁가이기도 하다. 1209년 교황 이노센트 3세로부터 구두로 수도규칙을 인준 받고, 복음의 생활양식을 기초로 살아갔는데, 지금까지도 프란치스코의 뒤를 따르는 작은형제회( 프란치스코회)가 있다. 그 이외의 그리스도교 교파들에서도 존경을 받아서, 대한성서공회의 수도원 중에도 성 프란시스 수도회라는 성공회수도원이 있다. 부유한 직물상인 아버지와 프랑스 명문 집안 출신의 어머니 사이에서 1181~1182년 사이에 태어났고, 이태리 아시시의 움브리 안에서 교육을 받았다. 프랜시스가 어렸을 때 겪었던 낯낯 사건들 – 아시시와 경쟁 관계에 있는 이웃 도시 페루자에서 전쟁포로로 상당기간 잡혀있었던 일, 포로생활로부터 얻은 중병, 인생을 바꾸게 만든 나병환자와의 만남 – 은 그를 이해하는 데 중요하다. 한편 프란시스는 성 다미아노에 있는 교회 십자가 앞에서 기도를 하다가 음성을 들었다. "프란시스, 가서 내 교회를 수리해라!" 그는 아버지와의 부자관계를 정리하고, 주교 앞에서 그의 상속권을 포기했으며, 일생 동안 철저히 가난한 삶을 살았다. 처음에 그는 그가 들은 음성을 문자적으로 이해했다. 그래서 아시시 근교에 있는 예배당들을 수리했다. 그러나 약 3년 후에 프란시스는 마태복음 10장 5-16절을 읽다가("너희 전대에 금이나…가지지 말고, 여행을 위하여 주머니나…신이나 지팡이를 가지지 말라") 그의 이생동안 그리스도를 본받기 위해 철저히 가난하게 살면서 복음을 전하라는 깨달음을 얻게 된다. 이윽고 그와 뜻을 같이하는 소수의 사람들이 생겼는데, 그들의 수가 겨우 여덟 명밖에 안 되었을 때조차도 프란시스는 자신을 포함해 둘씩 짝을 지어서 각처로 파송하였고, 도시와 시골을 돌아다니며 설교했고, 농부들의 농사일을 도와주며 그들이 주는 음식을 먹었다. 프란시스는 자신과 그의 수도회가 교회로부터 공식적으로 승인을 받기 원했지만, 교회는 카타리파와 왈도파 같은 동시대의 평신도 설교운동의 부정적인 사례 때문에 프란시스와 그의 수도회를 승인하는 데 주저했다. 그러나 교황 이노센트 3세는 1209년 혹은 1210년경에 프란시스 수도회를 승인했다. 한편 프란시스는 원래 새로운 수도회를 창설하려는 의도가 전혀 없었음에도 불구하고 이윽고 많은 사람들이 새로운 탁발수도회에 합류하기 시작했다. 프란시스는 이태리에서 순히 설교자로 시작했지만, 그는 머지않아 그의 사역의 영역을 기독교 이외의 지역에까지 확장했다. 비록 초기에 수도사와 수녀가 아직 한 번도 복음을 들어보지 못한 지역에서도 선교를 감당하기도 했지만, 아시시의 프란시스야말로 엄밀한 의미에서 그의 일생동안 기독교 이외의 지역에서 선교를 감당했던 종교 단체의 시초라고 간주된다.
(스티븐 B. 베반스, 로저 P. 슈레더, 『예언자적 대화의 선교』, 김영동 역, (서울: 크리스천헤럴드), 2007. 304-305)

ⓑ 수도원장 중심, 주로 개인적인 영성 훈련과 복음 전도 활동, 수도원의 예표.
③ 도미니크(Dominican)[127]
　ⓐ 도미니크(Dominic:1170~1221) : 경찰권과 종교문제로 역사에 오점. 교육을 강화하고 구걸하며 지식층의 경건에 힘씀. 사도적 청빈을 강조. 직접적인 복음전파 방법 ⇨ 설교. 제자단→ "설교단(Preaching Brothers)"이라 함. 학문을 중히 여김.
　ⓑ 대학발전을 위해 교수들을 대학에 보냄. 설교와 교훈 중심
④ 예수회 (Jesuits) ─ 중세 후기에 가톨릭 선교활동에 영향(전도로서 성도를 보호)
　ⓐ 중세기의 선교는 예수회 활동의 극치.
　ⓑ 로욜라(Ignatius of Loyola, 1491~1556)[128]의 지도하에 군대식 무장과 훈련으로 선교활동.
　ⓒ 프란시스 자비에르(Francis Xavier)를 극동지역에 파송.
　ⓓ 인도, 모로코, 페루, 브라질, 미국, 캐나다 등지에 선교사를 파송함.
　마테오리치(Matteo Ricci, 1552~1610) : 미쉘 루지에리 신부와 함께 중국의 짜오칭에 안착(1583) 알렉산더 디 로데스(Alexander de Rhodes, 1593~1660) : 인도차이나로 감(1627).
　ⓔ 7세기에 일어난 이슬람의 기독교 선교의 500년(8~13세기)간 큰 위협이었음.

---

126) 베네딕토 폰 누르시아(St. Bene-dictus von Nursia, 480~550)
　이탈리아의 누르시아 출생. 로마에서 문학을 공부하면서 비잔틴의 수도생활적인 공동체들의 영향을 받아 500년 수비아코 근처에 있는 동굴에서 은둔생활을 시작하였는데, 이때 많은 제자들이 몰려들었다고 한다. 원시적인 수도에 혐오를 느끼던 그는, 525년경 소수의 제자들을 이끌고 몬테카시노라는 요새화된 언덕으로 가서, 숲을 베고 두 개의 무덤을 소성당으로 개조시켜 수도원(修道院)을 세웠다. 몬테 카시노 수도원에서 그 후의 많은 수도회들에 결정적인 영향을 끼친 수도원 개혁안 및 수도 회칙을 완성하였으며, 이 회칙은 수도원의 제도, 이상적인 수도생활, 기도, 징계, 수도원장의 선출방법 등을 규정하고 있는데, 이 회칙을 따르는 수도회들을 베네딕토회라고 일컫는다.
127) 도미니크(Sanctus Dominicus, 1170~1221)
　로마 가톨릭의 수도자이자 도미니크회의 창설자이다. 본명은 도밍고 데 구스만(Domingo de **Guzmán**)이다. 도미니크는 그리스도교 사회에서 흔한 이름으로 '하느님의 날'을 뜻하는 도메니카(domenica), 즉 일요일이란 단어와 관련이 있다. 미술작품에서 도미니크는 도미니크회의 하얀 수사복에 검은 망토를 입고 있으며, 이마에는 별이 있고 손에는 백합가지를 들고 있는 모습으로 그려진다.
128) 이그나티우스 로욜라(Ignatius of Loyola, 1491~1556. 7. 31)
　북(北)스페인의 바스코 지방 로욜라 성주(城主)의 아들로 출생. 처음에는 군인으로서 세속적인 생활을 하던 중에, 병상에서 《그리스도전(?)》과 《성인전》을 읽고서 그리스도의 병사가 되려고 결심하였다. 그는 만레사의 동굴에서 기도와 고행에 몰두하면서 내적 싸움과 신비적 조명을 경험하고 《영신수련 Exercitia spiritualia》을 썼으며, 후에는 예루살렘을 순례하였다. 훗날 그가 파리대학교에서 공부하였을 때 F. 사비에르, P. 파베르 등 6명을 알게 되었는데, 이것이 후에 '예수회'라는 수도회로 발전하였다. 1540년 그는 예수회의 초대 총장에 선출되어 회원을 양성하고 회헌(會憲)을 만듦으로써 그 기반을 다졌다. 그는 종교개혁으로 동요하고 있던 가톨릭에 새로운 숨결을 불어넣었던 인물이다.

⑤ 중세 교회의 수도원(4개 수도회를 제외한)

| 구분 | 수도원명 | 년도 | 장소 | 설립자 | 주요 사항 |
|---|---|---|---|---|---|
| 베네딕트파 | 클루니 | 910 | 프랑스 클루니 | 아퀴데인의 윌리엄 | 수도원 개혁운동의 산물 베네딕트 규율 준수 |
| | 시토 | 1098 | 프랑스 클루니 | 로버트 몰레슴 | 엄격한 수도 규칙 준수 |
| 베네딕트파 | 어거스틴 | 1119 | 프랑스 프레몽 | 노베르트 | 어거스틴 규율 준수 |
| | 프레몽 | 1082 | 프랑스 차루스 | 브루노 | 엄격한 수도와 지학 |
| 어거스틴파 | 카멜 | 1156 | 칼멜산 | 베르돌드 | 엘리야로까지 기원소급 후에 탁발 수도단이 됨 |
| 독립파 | 성요한 기사단 | 1113 | 예루살렘 | 레이몬트 드 푸이 | 순례자 보호 및 십자군 1834년에 재건 |
| | 성전 기사단 | 1119~1312 | | 휴고 드 페이엔스 | 무력으로 순례자 보호 |
| 군사적 수도단 | 튜튼 기사단 | 1190~1523 | 에이커 | 게르만 순례자들 | 성지에 병원 설치 게르만에 선교사역 |

(2) 선교전략(켈트선교운동[129] : 4~6세기)

• 성령운동 영적전쟁[130](Allen Tippet : Solomon Islands Christianity)
• 토착화 선교전략(F. F. Bruce : 토착어 성경과 찬송을 번역 − Columba)
• 수도원 중심의 독립적 선교전략 : 공동체 생활
• 교육선교전략 : 원주민 교육

① 제국 밖의 운동 − 켈트족이 로마제국으로 흡수됨. 아일랜드를 중심으로 한 켈트의 수도원 운동은 지명인 킬(Kil) 또는 실(Cil)이 라틴어 첫 자인 Cell(방)을 켈트식으로 쓴 것이다.

② 유랑생활을 했던 겔드 수도원 운동은 리폰의 윌프리드(Wilfrid)와 베네딕트 감독의 책동으로 오스위(Oswiu: 664)의 주제 아래 열린 휫트비의 주교회의가 성베드로와 그 수위권을 콜롬바가 영국에 갖는 권위에 위배됨을 결의. 일정한 거주를 강조 − 켈트의 선교운동은 사라짐.

③ 켈트교회의 선교사들[131]: 12명의 수도사들을 거느리고 개척 전도지로 떠남.

---

129) Edward Seller, Wisdom of the Celtic Saints, 김종희·문신희 역, 켈트 성인들의 이야기, CLC, 2005.
   Timothy J. Joyce, Celtic Christianity, 채천석역, 켈트기독교, CLC, 2003.
130) Timothy J. Joyce, Celtic Christianity,
   채천석 역, 《켈트기독교》서울: CLC. 2003.
131) Timothy J. Joyce, Celtic Christian-ity, 채천석 역, 《켈트기독교》서울: CLC. 2003.

ⓐ 성 패트릭(394~464): 웨일즈 남방 출생: 도토리나무를 숭배하였던 드루이드의 이교도 추장의 반대에도 불구하고 30여 년 동안 수십 개의 교회를 세웠다. 대표교회 아르마 수도원 −유럽 선교의 본고장이며 로마교회의 선교사라 하지만 성 패트릭은 프로테스탄트주의가 강하였다. 글로버(R. H. Glover) : 1851년 발표, 교황과 연락이 없었다. 로마식대로 고해성사, 마리아 숭배는 없었다. 할아버지는 신부였으나 결혼하였다.

ⓑ 성 콜롬반(Columban: 543~615) : 고울 지방의 선교 − 어려움.

| 켈트 선교사들의 특징 | ⇨ | − 학문의 표준 이상을 앙양시킴.<br>− 성경연구.<br>− 참회제도− 감독제도가 아닌 수도원 제도 증거.<br>− 켈트시대 마감. 3독일 − Willibroad |

### (3) 각 수도회의 선교전략

| | |
|---|---|
| 베네딕트<br>영국 6~10c | ① 팀 선교(Team Mission)<br>② 집단 개종<br>③ 토착지도자 양성<br>④ 적용(Accommodation)의 모델 : 언어와 장례식<br>⑤ 중보기도 : 보니페이스의 기도의 중요성 |
| 예수회 | ① 중앙집권적(군대식 조직, 절대복종)<br>② 특정계층 선교전략 − 주로 하층계급 혹은 상층계급(중국)<br>③ 성취이론에 입각한 천주실의(마테오리치) 소개 자연운동−하나님의 선재하심을 찾을 수 있다(중국문화),<br>　중국인 상제의 개념−성경의 하나님, 유교의 공자 숭배−공경의 의미로 받아들임.<br>④ 전문직을 통한 선교전략 |
| 프란시스 | ① 내적개혁<br>② 로마교권의 제도적 용병<br>　교회갱신 → 교회부흥 → 세계선교(1213~1214; 이슬람교 선교)<br>③ 가난한 삶−선교의 기동성<br>④ 교회의 인준을 받은 반자율적 선교기구로 등장<br>⑤ 제도주의적 선교 → 영적 인자, 규율적 인자<br>⑥ 공동체를 통한 선교 |

◎ 중세교회의 수도원은 개인의 수도를 통한 구원뿐만 아니라 그 안에 학교를 세워 고대 기독교문화를 전승 발전시키는 데 커다란 역할을 하였다. 특히 샬레만 대제 같은 이는 수도원의 본연의 임무보다도 학문과 교육을 더욱 중요하게 여겼다. 그는 "궁정학교"를 신설하고 당대 가장 유명한 학자들을 초빙하여 학문을 권장하였다. 그러나 클루니 수도원에서 일어난 개혁운동은 수도원이 그 본연의 임무로 돌아갈 수 있는 계기를 마련해주었다.

## 4) 수도회 운동의 배경(11C~12C)[131]

교황과 황제의 대립과 결과 – 서임권 논쟁(1057~1122)

◎ 레오 9세(1049~1054)

- 교황청이 국가교회보다 상위임을 강조
- 동방교회와 분열 자초
- 노르만인과 전쟁 : 포로
- 1054 로마에서 사망

◎ 빅토르 2세(1055~57)

- 독자적 성직 임명(독일 황제와 갈등) : 세상의 주관자가 누구냐
- 하인리히 3세–4세(4살) : 어머니 아그네스가 섭정

---

[131] 김영동, 예언자적 대화의 선교, 350

| | 선교와 탁발승 운동(1000–1453) | | |
|---|---|---|---|
| 상황 | 서방유럽 | 비잔틴 제국과 러시아 | 몽골제국 |
| 기독교 흐름 | 라틴 서방 | 그리스 동방 | 동방 시리아 |
| 주요 모델 | 남녀 탁발승 | 수도사와 수녀 | 동방 시리아 수도사 |
| 선교의 핵심 인물 | 프란시스, 헝가리의 엘리자베스, 도미니크, 시에나의 캐서린, 라몬 룰, 베긴 수도스, 베가드(berghards) | 페름의 스티븐(Stephen of perm) | 수도사, 상인, 의사, 천문학자와 외교관 |
| 신학 유형 | A/C(법/역사 강조) | B(진리 강조) | C(역사 강조)z |
| 주요 신학자 | 알베르트, 토마스 아퀴스, 나벤투라, 둔스 스코투스, 윌리엄 옥캄 | | |
| 불변수 | | | |
| 기독론 | 고: 도미니칸<br>저: 프란시스칸(가난한 자의 그리스도) | 고 | 저 |
| 교회 | 제도적 모델, "공적의 보고(Treansury of merits)", 종: 프란시스칸 | 신비적 공동체, 성례 | 사자, 종 |
| 종말론 | 미래주의자, 개인적, 역사적/우주적 (내재적): 프란시스칸 | 실현된, 개인적 | 시작된, 역사적 |
| 구원 | 영적, 교회를 통해서만 | 영적 | 통전적 |
| 인간론 | 긍정적 | 부정적 | 긍정적 |
| 문화 | 중도 반문화 모델: 프란시스칸 번역 모델: 도미니칸 | 긍정적, 인류학적 모델 | 긍정적 / 부정적, 중도 반문화 모델 |

- 빅토르 2세 1057 사망 : 추기경단 구성 - 스테판 9세 교황 즉위(1057~58)
- 홈베르트 교황청 개혁 : 성직매매 금지 - 1058년 스테판 9세 교황 사망
- 교황 : 로마의 정치·귀족 - 베네딕트 10세 내정

힐데브란트 추기경 - 니콜라스 2세(1058~1061) - 하인리히 4세[133] 지지. 니콜라스 2세는 추기경단의 교황 선출을 원칙으로 하며 지금까지 지켜짐

◎ 1061년 니콜라스 2세 사망
- 북부 이태리 주교 : 알렉산더 2세(1061~1073) 선출
- 반대파 스위스 바젤공의회를 열어 호노리우스 2세 선출 - 하인리히 4세 황제 지지

◎ 1073년 힐데브란트가 그레고리 7세(1073~1085) 교황으로 즉위 밀라노의 주교임명 문제로 하인리히 4세와 대립 하인리히 4세 - 고드프리 교황 임명

◎ 1075년 2월 그레고리 7세 법령 공포 : 어떤 주교나 수도원장도 세속적인 통치자로부터 서임을 받아서는 안 된다.

◎ 1076년 2월 하인리히 4세 파문

◎ 1076~77년 겨울 하인리히 4세(카놋사의 굴욕)[134]

－백작부인 마틸데에게 무릎을 꿇고 교황중재 부탁

---

133) 하인리히 4세(1050~1106)
신성로마 황제. 하인리히 3세의 아들. 하인리히 3세의 사망으로 6세에 제위에 올랐다. 모후(母后) 아그네스의 섭정, 뒤에는 쾰른 및 브레멘 대사교의 섭정 하에 자랐으나, 1065년에 친정(親政)한 이래 왕권 강화를 위해 노력했다. 1073년 작센에 대반란이 일어나 제후 귀족들이 배반했으나, 보름스, 쾰른 등의 시민의 지지를 얻어 1076년에 이를 평정하였다. 전후, 왕권 회복에 불만인 제후의 반감을 이용한 로마 교황 그레고리우스 7세의 교권확장책과 충돌하여, 성직 서임권 투쟁에 휩쓸려 들어갔으나, 카놋사의 굴욕을 견디어 위기를 타개했다. 귀국 후 시민과 농민의 조력으로 반대파 제후를 討평하고, 이윽고 로마에 진군하여 그레고리우스를 추방, 1084년 클레멘스 3세를 옹립하여 황제관을 받고, 1103에는 {신의 평화} 운동의 이념을 계승한 최초의 제국 평화령을 공포하였다. 1105년, 상층 귀족들과 결탁한 그의 아들 하인리히 5세에게 배반당하여 기구한 운명 속에 죽었다.

134) 카놋사의 굴욕(1076/77)
교황 그레고리오 7세(라틴어: Gregorius PP. VII, 이탈리아어: Papa Gregorio VII)는 제157대 교황(재위: 1073년 4월 22일 - 1085년 5월 25일)이다. 본명은 일데브란도 디 소아나(이탈리아어: Ildebrando di Soana)이다.
: 1077년 교황에 즉위한 그레고리우스 7세는 성직자의 결혼, 성직 매매를 일절 금지하고, 그때까지 국왕 및 제후가 갖고 있던 성직 임명권을 교회가 갖겠다고 공포했다. 성직자를 세속의 왕이나 제후들이 임명하기 때문에 교회가 타락한다는 이유였다. 독일 왕이자 신성로마 제국 황제인 하인리히 4세는 이에 격렬히 반발했다. 성직 임명권을 넘겨준다는 것은 가톨릭 사회에 대한 지배권을 잃는 것이나 마찬가지였기 때문이다. 1076년 1월 하인리히 4세는 보름스에서 제국 국회를 소집, 교황 그레고리우스 7세를 폐위한다는 결의안을 통과시켰다. 그러자 이번엔 분노한 교황이 하인리히 4세를 파문하였는데 파문이란 가톨릭 세계로부터의 완전 추방을 뜻하는 것으로 매우 치명적인 조치였다. 가톨릭교도는 더 이상 황제를 만나선 안 되었으며, 황제에게 충성을 바치는 제후 역시 황제와 똑같이 불경한 자로 간주되었다. 사태가 이렇게 되자, 하인리히 4세를 지지하던 독일의 제

― 교황은 황제를 통원

◎ 1122년 하인리히 5세 + 교황 칼릭스투스 : 보롬스 협약, 교황

― 주교, 수도원장 임명, 황제 ― 봉신 임명

◎ 교황 호칭 발전사[135]

― 로마주교 → 그레고리대제 → 그레고리 7세 → 이노센트 3세(1198~1216)[136] → 베드로의 계승자 → 교황 아버지 → 베드로의 대리자 → 그리스도의 대리자

후와 성직자들은 황제에게서 등을 돌렸다. 하인리히 4세는 당황했다. 더 이상 교황에 맞서 싸울 지지기반을 잃은 그는 무조건 복종을 맹세했다. 교황은 이때 카노사 성에서 휴양 중이었다. 고생 끝에 간신히 도착한 하인리히 4세였지만 교황은 만나주질 않았다. 하는 수 없이 황제는 그 추운 겨울날 얇은 옷에 맨발로 눈 속에 서서 꼬박 3일 밤낮을 눈물을 흘리며 용서를 빌었다. 그제서야 교황은 접견을 허락하고 교회에 복종할 것을 서약 받은 다음 파문을 취소해 주었다. 이렇게 해서 성직 임명권을 둘러싼 교황과 황제의 싸움은 일단 교황의 승리로 막을 내렸다. 그러나 돌아온 하인리히 4세는 왕권을 재건하는 데 힘을 기울이면서 기회를 엿보았다. 1082년 하인리히 4세는 대군을 이끌고 이탈리아로 쳐들어가 로마를 점령하고 클레멘스 3세의 교황 취임을 교황청에 승인시켰다. 살레르노 지방으로 피신한 그레고리우스 7세는 1085년 −정의를 사랑하고 불의를 미워한 까닭으로 유배신세를 면치 못하고 죽는다는 유언을 남기고 눈을 감았다. 하인리히 4세와 그레고리우스 7세의 싸움은 하인리히의 승리로 끝이 났다. 그러나 교황과 황제의 치열한 대립이 일단락된 것은 하인리히 4세와 그레고리우스 7세가 모두 죽고 난 다음이었다. 성직 임명은 교황의 권리로 하되 성직자에게 내리는 토지는 국왕의 권한 하에 둔다는 타협안이 보름스 화의에서 통과된 것이다.

◎ 그레고리우스 7세(1020~1085)

로마 교황. 속명은 힐데브란트. 이탈리아의 토스카나 지방의 출신. 1046년 폐위 추방된 그레고리우스 6세를 따라 쾰른에 갔으며, 한때는 글뤼니에도 재류하여서 클뤼니 수도원의 개혁운동에 많은 영향을 받았다 1049년 교황에 취임한 레오 9세를 따라 로마에 되돌아왔으며, 1059년 추기경이 되었다. 교회의 성직자의 기강 숙정에 전력하였으며, 실질적으로는 로마 교회를 좌우하는 세력을 떨쳤다. 1073년 선임되어 교황으로 취임한 후, 성직매매와 성직자의 혼인을 금지하는 규율을 정하고, 사유 교회제도에 입각하여 제국 지배의 강화를 꾀하는 신성 로마제국의 황제 하인리히 4세와 대립하여, 소위 성직 서임권, 투쟁의 발단이 되었다. 교황은 1076년에 황제에게 파문을 선포하고, 국내 제후의 반항으로 곤경에 빠진 황제로 하여금 카놋사의 굴욕(1077)을 당하게 하였으나, 얼마 후 국내의 제후를 진압한 황제는 1080년 공격을 재개하여, 그레고리우스의 폐위와 교황 선임을 결행하였다. 이리하여 로마에서 쫓겨난 교황은 비분 속에 살레르노에서 죽었다.

[135] 1대 성베드로 부터 266대 성 프란치스코(Franciscus)까지 266대이며, 호칭은 본인이 결정하며, 처음 2개의 초칭 사용시 "요한-바오로"-1세로 불리워진다. 만일 역대 교황의 호칭을 이어갈때는 이어지는 순서대로 된다. 예) 8대 9대

[136] 세계의 주재된 교황 영국 왕 존 굴복 신성로마 제국 프리드리히 2세의 보호자 역할교회 교황권의 전성기

| 중세의 4대 수도회 |
|---|
| 1. The Black Friars : Dominicans ☞ 흑수사회 |
| 2. The Grey Friars : Franciscans ☞ 회수사회 |
| 3. The White Friars : Carmelite ☞ 백수사회 |
| 4. Augustine Friars ☞ 어거스틴 수도회 |

(스티븐 B. 베반스, 로저 P. 슈레더, 《예언자적 대화의 선교》, 김영동 역, (서울: 크리스천헤럴드), 2007. p. 350).

### 5) 나라별 수도원 운동

(1) 중, 서부 유럽

① 아일랜드 : 성경연구와 경건생활로 수도원 선교에 중심. 독립 선교. 켈트선교

ⓐ 로마제국 멸망 후 많은 학자들이 아일랜드로 피신함. 아일랜드에서의 교육 우대 정책으로 학자들이 성경연구 및 성경필사본, 성경연구, 성경교사를 양성함.

ⓑ 수도원 중심의 삶 – 아일랜드의 씨족제에서 수도원적 부족제로 변화되면서 많은 감독을 두고 피니안(Finian of Clonard: 470?~548)의 지도하에 강력하게 선교적인 수도원 운동이 시작되었다. 교회의 타락한 분위기 속에서 경건한 생활, 금욕적인 인성교육을 강조함으로써, 수도원은 문화, 교육, 선교의 장이 됨.

ⓒ 성경중심의 삶과 선교의 열정 – 선교지의 사역을 수도원 중심으로 옮김. 현장에서 다시 수도원으로 복귀 –스코틀랜드 픽트족(Picts), 영국의 앵글족(Angles)과 색슨족(Saxons), 네델란드의 프리시안족(Frisians).

② 영국 : 교회제도/구조적 선교, 교회–영국의 정치와 교황(정치+사회)

ⓐ 563년 아일랜드 교회의 콜럼바(Columba:521~597) – 스코틀랜드의 사도 스티븐 닐(Stephen Neil) – 피니안의 제자로 42세에 12명의 동역자 – 스코틀랜드 해안의 아이오나(Iona)섬 – 친척 달리아다 왕의 보호로 스코틀랜드의 2/3를 점령한 픽트(Picts)족에게 복음을 증거함. 성경필사, 시니어(Senior)와 주니어(Junior)라 호칭하여 교회제도를 만듦. 복음 전도와 제자양성, 수도원 건립 및 교회개척, 자립정신.

ⓑ 로마교황 그레고리 대제: 베네딕트 수도원 40명의 수도사와 어거스틴 – 7세기까지 색슨족까지 복음화. 켄트의 왕이며 영국 남동부의 대부분을 차지한 에델베트와 프랑크족 기독교인 공주 베르타(Bertha)의 결혼이 제공한 유리한 기회를 이용하여 교황은 켈리안 힐의 수도원 부원장인 어거스틴과 많은 동료 수도사들을 파송함.– 601년 어거스틴을 대감독으로 임명함.

※ 문제점과 논쟁 : 체발, 교구제(로마) vs. 수도원의 부족적(영국), 세례의식, 교황을 최고 성직자로 여기나 법적권위를 인정하지 않음. 남아일랜드가 630년, 영국은 633년 휘튼회의에서 권위인정. 영국 기독교 두 가지 주류의 영향 – 로마 교회의 질서와 옛 영국의 선교열 및 학문사랑.

#### 영국 선교(선교에 공헌한 자들)
- 50년경 로마 군인 중 신자가 있어 교회가 건설됨, 400년경 펠라기우스가 전도.
- Finan of Conlard(470~548). 수도원 제도를 크게 발전시킴.
- 아인단(Aidan) … 아이오우너 수도사, 신 아이오우너에 수도원을 세움, Bangar 수도원장, 595년에 12명의 동지와 독일에서 선교.
  - 브루군대(Brugundy)에 수도원(Luxeuil)을 세움, 610년 스위스 북방 여러 곳에 수도원을 세움.
  - 614년 이탈리아 봅비오(Bobbio)에 수도원 세움.
- 켄트공주 … 노오덤브리아(Northumbria) 왕 에드윈(Edwin)에게 출가
  - 방문한 아우구스티누스와 수행원 40명 중 파울누스(Paulinus)의 전도, 에드윈 왕은 국내의 유력자를 모아 기독교 채택 여부를 의논하여 받기로 가결, 비더(Beada, 673~735) … 수도원 출신, 법학자, 〈영국 교회사〉 저술, 캐드먼(Caedmon) … 시인.

③ 프랑스 - 예언자적 선교

방고르 수도원의 수도사 콜롬바누스(Columbanus)는 동역자 12명 - 부르군디(Burgundy)의 어네그레이(Anegray)와 룩세힐(Luxeuil)에 수도원을 건립하고 20년간 사역 후 예언자적 힐책 - 데우데리히(Theuderich) II세와 조모 부룬힐다(Burnhilda)에게 추방 - 북 스위스 - 갈루스가 세웠다는 성 갈 수도원 - 북이탈리아 → 614년 아페닌 지방에 보비오(Bobbio) 수도원.

#### 프랑스 선교
- 이레네우스가 처음으로 선교.
- 마르틴(Martin, Bishop of Tours, 361~400) : 군인 - 군대식으로 강제 입교, 전국 가지이 우상 전당을 헐고 우상을 제거하며 전도함.

공헌한 왕들
- 클로레스(Clores, 496) 예수 믿고 기독교를 장려함.
- 찰스 마르텔(Charles Martel, 715~740) 독일과 화란에 선교사 파송
- 마르텔 왕자는 수도사가 됨.
- 국왕은 보니페이스 주선으로 대회를 소집.
- 742년 프랑크 교회 대회이 · 규칙과 계율엄수, 교직자 부도덕 엄금, 신부의 결혼 금지, 금욕 생활 장려
- 감독 회의(747) : 교화의 사법권을 인정.


(2) 동 · 북부 유럽

① 네델란드[137] : 선교와 정치적 복선의 장애물

692년 리폰의 월프리드와 아일랜드의 에그버트(Egbert)에게 훈련받은 수도사 윌리 브로드(Willibroad) -11명이 Frisia(네델란드)로 건너감 → 왕궁의 후원(Pepin) → 왕과 사람들 → 거부 - 40년.

② 독일 : 이단종교와의 영적 대립의 장애물(게르만족) 아일랜드와 영국 수도사들 · 보

니페이스(Boniface:680~754): 40년간 독일의 사도로 불리워짐. 헤세 · Geismal-도르참나무를 찍은 사건으로 백성들이 개종하여 독일교회의 시초가 됨. 라이히만(Reicheman, 724), 푸크라(Fukla, 744), 로쉬(Lorsch, 763) - 교회설립

> **독일 선교**
> - 영국인으로 아일랜드 교회의 감화와 교육을 받음.
> - 네델란드와 덴마크에 선교하고 황무지에 선교 활동 전개.[138]
> 
> 보니파키우스(Bonifacius)
> - 영국의 귀족 출신으로 고등교육을 받음, 윌리 브로오드의 제자로 그를 도와 선교 활동을 함.
> - 교황 명령으로 프로이센(716) 선교를 거쳐 독일 전도사명을 받음, 20년간 10만 명에게 세례를 베품.
> - 입신했던 사람들이 우뢰신에게 되돌아감을 보고 수천 군중 앞에서 우뢰신이 있다는 상수리 나무를 도끼로 찍어 무사하자 많은 사람이 신앙을 갖게 됨.
> - 744년 풀다(Fulda)에 베네딕투스계 수도원을 건설, 75세에 순교.

③ 스칸디나비아 선교(300년간 지속)[139]

영국 선교사 콜롬바가 세운 코비(Corbie) 수도원에서 훈련받은 프랑스 출신 선교사 안스카(Anscar : 801~865)가 북부의 사도 · 코비수도원에서 선교사를 모으고 스웨

---

137) **네덜란드의 독립**
: 현재의 베네룩스 3국과 북부 프랑스의 일부를 포함하는 네덜란드 지방은 16세기에는 스페인 함스부르크가의 지배하에 있었으며 상공업이 번영하여 유럽에서 가장 부유한 지방이라 알려져 있었다. 북부는 지리상의 발견 이후는 동양 물산의 중계 무역으로 붐볐고, 남부는 플랑드르 지방을 포함하여 모직물 공업이 발전하여 아울러 시민 계급이 성장하고 캘빈파의 신앙을 받아들여서 고이센(거지의 뜻)이라 불리었다. 스페인의 펠리페 2세는 중상주의 정책을 강화하여 중세를 부과하였고 거기다가 가톨릭주의의 입장에서 신교도를 압박하였기 때문에 시민들은 스페인 지배를 좋아하지 않는 귀족과 손을 잡고 오린지공 윌리암을 지도자로 하여 1568년에 반란을 일으켰다. 민족 · 언어를 달리하는 남북 17개 주는 결속해서 싸웠으나 스페인이 남북의 분단을 기도했기 때문에 구교 세력이 강한 남부 10개 주는 스페인과 강화했다. 이에 대해서 북부 7개 주는 1579년에 유트레히트에서 동맹을 맺고 독립 전쟁을 강화하여 1581년 네덜란드 연방 공화국으로서 독립을 선언했다. 이 나라를 홀란드라 부르는 것은 독립 전쟁의 중심이 되어 활약한 홀란드주의 이름에서 유래한다. 그 후도 싸움은 계속되었는데 독립군은 영국, 프랑스, 독일 신교 제후의 원조를 얻고 스페인은 아르마다(무적함대)의 패배와 펠리페 2세의 죽음으로 약체화된 결과 1609년 휴전이 성립되어 네덜란드의 독립이 사실상 인정되고 1648년의 베스트팔렌 조약에서 정식으로 열국의 승인을 얻었다. 이후 네덜란드는 적극적으로 해외에 진출하여 17세기 전반에는 세계 상업의 패권을 잡았다.

138) **윌리브로드의 네덜란드 선교**
윌리브로드(Clement Willibroad, 658~739)는 교황에 의해 화란과 벨기에의 미전도 종족인 프리지아족(Frisians)에게 파송된 선교사이다. 그는 지금의 위트레흐트(Utrecht) 지역에서 11명의 선교사와 선교활동을 성공적으로 하여 위트레흐트 감독으로 임명받았다. 이전에 그는 프랑크족 선교사였으나, AD 695년 교황 세르기우스(Sergius)로부터 추기경 서품을 받음과 함께 로마 교황청은 그를 프리지아 선교사로 파송했다. 그 후 그는 프리지아 땅에 위트레흐트, 안트베르펜(Antwerp), 에히터나흐(Echter-nach), 서스테른(Sustern) 등 4곳에 수도원을 세웠다.
(최수일,《간추린 기독교 선교 역사》, 서울:예영, 2003, 61-61).

덴 귀족들을 상대로 복음을 증거하였다. 렉스웰(Lexeuil) 수도원에서 아일랜드 수도원 제도의 감화를 많이 받아 2년 동안 선교 사업을 하다 슐레스 빅 소년을 위한 신하들의 요청과 안스카의 청을 받아들여 학교를 세웠다. 덴마크 왕은 정치반란으로 스웨덴으로 피신하였다. 9세기 초에 스웨덴의 개종한 왕이 축출되어 안스카도 물러났으나 후임 왕으로부터 복귀명령을 받았다. 스웨덴과 덴마크 왕들의 박해를 물리치고 교회를 세웠다. 덴마크는 카누테 대제(Canute the Great) 때 복음화 되었다. 노르웨이는 영국과 밀접한 관계를 갖고 있던 올라프트리고 바슨과 올라프 하랄드손에 의해 복음화 되었다. 스웨덴은 울라프 라프킹(Olaf Lapking)이 1007년 세례를 받았다. 노르웨이는 10세기에 영국으로부터 기독교가 유입되었다. 아이슬랜드는 9~10세기경 노르웨이의 식민지였을 때 한 아이슬랜드 청년이 독일 남부 삭소니에서 기독교인으로 개종하고 981년부터 모국에 선교하였다. 그러나 7년 만에 추방되어 노르웨이 선교사가 되었다.

- 동유럽[140]: 복음의 조직화로 나타난 선교 – 이슬람교 이후로 나타났다. 키릴롯(불가리인 철학가)과 메쏘디우스(예술가): 슬라브족 선교, 라틴어가 아닌 토속어 사용, 불가리아 865년 보리스(Boris: 메쏘디우스의 "마지막 심판"이란 그림을 보고 회개하여

---

[139] 스칸디나비아 선교

덴마크
스칸디나비아(Scandinavia)의 나라들 중 최초로 복음이 들어온 나라. 717년 윌리브로드(Willibroad)는 수도승들과 함께 외세에 대한 적개감으로 접근이 어려운 덴마크로 선교여행을 감행하였고, 이후로 선교사들의 선교 활동이 계속되었다. 865년 바이킹들의 침략으로 인해 선교사역은 큰 타격을 입었는데, 10세기에 들어 스칸디나비아의 나라들은 기독교에 대해 동정적인 왕들로 인해 개종에 대한 준비를 하게 되었다.

스웨덴
스웨덴에는 복음이 영국과 덴마크의 경로를 통하여 들어왔다. 올라프 스코트코눙(Olat Scotkonung, 993~1024) 왕은 최초로 기독교 선교 활동을 지원하였고, 그의 아들 아눈 야콥(Anund Jacob, 1024~1066)대에 기독교가 스웨덴 전 지역에 확산되었다. 이로써 기독교는 스웨덴의 종교가 되었다.

노르웨이
노르웨이는 선교역사상 특이하게 수도승 선교사가 아니라, 영국에서 기독교 신자가 된 노르웨이 왕 학콘(Haakon)에 의해 기독교가 소개되었다. 그 후 올라프 헤럴드슨(Olaf Haraldson) 대에는 기독교를 국교화하게 되었다.

[140] 동유럽 선교

불가리아 선교
불가리아에 기독교가 본격적으로 전파되기 시작한 것은 865년경 보리스 왕(Czar Boris)이 기독교를 수용하면서부터이다. 그는 수도원을 건립하여 기독교 문화 전파에 크게 기여하였고, 그의 아들 시몬(Simeon)은 불가리아 교회의 독립을 위하여 노력하여 결국 870년경에 에큐메니칼 대주교(Ecumenical Patriarch) 하에 불가리아 독립 교회로 인정받았다. 이 불가리아 교회는 오늘날 유고슬라비아와 러시아에 복음을 전파하는 선교에 위대한 역할을 했다.

개종함) 왕의 개종으로 기독교화 하였다. 유고와 러시아에 복음을 전도하였다. 러시아는 올가공주(콘스탄틴 방문 때에 기독교인으로 개종함)를 시작으로 블라디미르 (956~1015)가 기독교를 받아들였다.

## 결론

① 이슬람교(610) 이전의 유럽선교는 광범위한 선교 즉, 이루어가는 원심적 선교라면 이슬람교 이후는 흩어진 기독교의 조직화를 이루어가는 구심적 선교[141]라 볼 수 있다.

② 로마 가톨릭을 중심으로 한 선교세력과 지역, 종족 중심의 교회세력이 나타난다.

③ 성령의 능력으로 우상숭배 파괴
 − 문화 인류학자 Allen Tippet, Solomon Islands Christianity − 힘의 충돌전략

④ 토착화의 전략 − Bruce, The Spreading Flame − 콜롬바가 성경번역, 울필라스

⑤ 수도원 중심 독립선교가 유기적 관계를 가지고 있는 교회 중심적인 교단선교로 전환되어야 한다.(Stphen Neil) − 경건, 규율, 공동체생활, 신앙훈련, 영적 각성 − 교회부흥.

⑥ 제자양성과 교육전략 − 토착 지도자 교육 양성

---

**스웨덴**
스웨덴에는 복음이 영국과 덴마크의 경로를 통하여 들어왔다. 올라프 스코트코눙(Olaf Scotkonung, 993~1024) 왕은 최초로 기독교 선교 활동을 지원하였고, 그의 아들 아눈 야콥(Anund Jacob, 1024~1066)대에 기독교가 스웨덴 전 지역에 확산되었다. 이로써 기독교는 스웨덴의 종교가 되었다.

**노르웨이**
노르웨이는 선교역사상 특이하게 수도승 선교사가 아니라, 영국에서 기독교 신자가 된 노르웨이 왕 학콘(Haakon)에 의해 기독교가 소개되었다. 그 후 올라프 헤럴드슨(Olaf Haraldson) 대에는 기독교를 국교화하게 되었다.

**러시아 선교**
블라디미르(Vladimir)는 동방 정교를 자신의 종교요 러시아의 종교로 선택한 왕이다. 러시아 왕조 역대기(Russian Chronicle)에 의하면 988년 블라디미르는 당시 주요 종교로 널리 퍼져 있던 이슬람과 유대교, 그리고 기독교 중 하나를 택하고자 하였는데, 동방의 기독교가 1917년 러시아가 공산화되기까지 명실 공히 러시아의 국교가 되었다.

141) 구심적 선교
성경에 나타난 선교의 두 가지 방향을 말할 때 구심적 선교(Centripetal Mission) 즉 삶을 보여줌으로써 사람들로 하여금 하나님께로 나아오게 만드는 선교와 원심적 선교(Centrifugal Mission) 즉 세상에 나아가서 말과 행위를 통하여 하나님을 증거하는 선교를 말한다. 전자의 것은 구약에 많이 나타나고 후자의 방법은 신약에 많이 나타나는 경향이 있다. 다시 말해서 구심적 선교란 선교현장에 나아가는 대신에 자신의 삶의 현장에서 하나님의 살아계심을 보여줌으로써 다른 이들이 하나님께로 나아오도록 만드는 선교방법이다.(Bengk Sundkler)

⑦ 팀사역 – 수도사들 팀을 구성하여 사역, 주로 12명 혹은 40명,

⑧ 집단 개종 – 어거스틴 켄트왕 회심–개종

⑨ 수도원 금식 기도운동을 하였다.

## 6) 네스토리우스(Nestrious)[142] 선교운동( 로마 가톨릭의 선교운동)

네스토리우스는 428~431년에 콘스탄틴의 주교로 활약, 시리아 게르마니카에서 출생. 그리스도의 인성을 지나치게 강조하였다. 알렉산드리아 시릴(Cyril)의 긴장, 안디옥으로 유배되어 사망. 로마와 알렉산드리아가 적이 되었다.

---

[142] 네스토리우스(AD 428~431) : 오리겐의 로고스 사상의 혼합
① 잘못된 신학으로 인간 혼합주의 선교
② 복음에 수용적인 사람에게 집중적인 선교활동
③ 국수주의적 선교(중앙집권적 선교방식-현지 지도자 양성에 실패)
④ 선교사 훈련을 통한 선교(타문화권, 언어, 성경교육 등을 가르침)
네스토리우스(그리스어: Νεστόριος, 386년? ~ 451년)는 콘스탄티노폴리스의 대주교이며, 재직기간은 428년 4월 10일에서부터 431년 6월 22일까지이다. 기독교의 한 갈래인 네스토리우스파(경교)의 시조다.
381년에 시리아 속주에서 태어나 안티오키아에서 몹시수에스티아의 테오도로스의 가르침을 받았으며, 안티오키아의 사제이자 수도사, 설교자로서 활약했다. 설교를 통해 점차 세간의 명성을 얻으면서 테오도시우스 2세 때인 428년 시신니우스 1세의 후임으로 콘스탄티노플 대주교가 되었다. 그는 아타나시우스를 지지하며 알렉산드리아 주교 키릴루스 등과 맞섰다. 당시 키릴로스 학파는 신성에 중심을 두고 비인격적인 인간성 이상의 것으로 예수 그리스도를 인정하지 않았다.
당시 콘스탄티노플의 대주교가 된 네스토리우스는 예수의 어머니 마리아에게「하나님의 어머니(theotokos)」라는 칭호를 붙이는 것을 반대함으로써 신모설을 부정하였다. 신인설은 예수가 참 신(神)이자 완전한 인간이며 이를 떼어 생각할 수 없다는 것이지만, 네스토리우스는 인간 예수에게 신이 임하여「신의 아들」그리스도가 되었다며, 예수의 신성과 인성을 구분하는 이성설을 주장하였다. 마찬가지로 마리아도 인간으로서의 예수의 어머니일 뿐이라고 주장했다.「하나님의 어머니」라는 용어에는「신을 낳다」라는 의미가 포함되어 있으며, 당시 민중 속에서 벌어졌던 성 처녀 마리아에 대한 공경을 조장한다고 생각했기 때문이다. 대신 그는「그리스도의 어머니(Christotokos)」이라는 칭호를 쓸 것을 제안하였으며, 마리아는 그리스도의 인간적인 면에 해당하나고 주장했다.
네스토리우스는 그리스도가「신」으로서의 예수와「인간」으로서의 로고스 인격를 가지고 있다는 주장을 인정하지 않았다. 신성과 인성이 한 몸 안에 유기적, 기계적으로 연합되어 있는 인간이라는 것이 네스토리우스의 주장이었다. 그리스도는 완전한 인간으로 그저 도덕적으로 이어져 있을 뿐이며, 예수는 신인(神人)이라기보다는 오히려 신을 담당하는 사람이었다고 했다. 이러한 논점에서 그는 키릴로스파와 격렬하게 대립하였는데, 키릴로스파는 독자적인 그리스도론을 제출하여 안티오키아 학파 및 네스토리우스에 맞서 치열하게 논쟁을 전개했다. 알렉산드리아 학파(키릴로스파)는 철학의 측면에서 플라톤주의의 계보에 있었고, 안티오키아 학파는 아리스토텔레스의 계보로 이어져 있었다.

에베소 공의회
로마 제국 내에서 논란이 격화되자 동로마 제국의 테오도시우스 2세와 서로마 제국의 발렌티니아누스 3세는 결국 431년 에베소에서 공의회를 소집한다.(에페소스 공의회) 이 공의회에서 키릴루스와 에베소 주교 멤논의 음모로 네스토리우스의 교리는 이단으로 정죄되었으며, 네스토리우스는 주교직에서 파면되었다. 키릴로스도 소동의 책임을 물어 일시 파면되었으나 후에 복직하였다.

- 유대인들과 이단 비판으로부터 많은 정죄와 대적을 받았다.
- 알렉산드리아 감독 시릴은 그곳의 불평자들을 받아들임으로 분노하였다.
- 로마에서 추출된 성직자를 네스토리우스가 받아들였다.

(1) 교리

① 콘스탄틴의 아리우스 논쟁 – 서방교회 – 터툴리안과 노바티 안의 협력으로 그리스도와 성부는 하나이다. 그러나 동방교회는 달랐다.

- 논쟁의 원인 – 알렉산드리아의 장로 아리우스와 알렉산드리아의 감독 알렉산더의 논쟁.
- 안디옥의 루시아의 제자였던 아리우스 : 그리스도를 하나의 피조물로 보았음. 알렉산더의 주장 : 성자는 영원하사 성부와 그 본질에서 같고 동일하며 창조된 존재이다.

② 아리우스파 정죄(320~321) – 니코메디아의 유세비우스의 도움 – 니케아 종교회의 소집 (325), 아타나시우스 논쟁: 참된 신성이 그리스도 안에서 온전한 인성과 하

---

435년 국외로 추방된 네스토리우스는 페트라로 망명, 수도원에서 은둔하다가 451년에 이집트의 이비스에서 세상을 떠난다. 죽기 1년 전 네스토리우스는 자서전적인 책 「다마스코의 헤라클레이데스론」을 지었는데, 이 책은 1910년에 재발견되어 네스토리우스 연구에 큰 변화를 가져왔다.

동방선교
로마에서 이단으로 몰린 네스토리우스를 지지하던 교인들은 네스토리우스파를 형성하여 각지에서 활동을 전개했다. 페르시아를 거쳐 중국의 당에까지 전해져, '경교' 라는 이름으로 한때 융성하였다.[1]

451년 칼케돈공의회
이단으로 인정받고 이후는 네스토리우스를 지지하는 교인들은 네스토리우스파를 형성하고 각지에서 활동을 전개했다. 451년의 칼케돈 공의회에서 알렉산드리아 학파는 다시 한 번 이단으로 단죄되는데, 그 일례로 칼케돈 공의회에서 나온 칼케돈 신조에는 예수는 완전한 인간이자 참 하나님인데, 그의 신성과 인성은 분리되지않는다는 내용이 담겨 있다. 칼케돈 공의회는 네스토리우스의 파면에 대해서도 사면을 행했지만, 그가 이단으로 인정된 사실은 바꾸지 않았다.
기독교 신자들은 주류 기독교의 박해를 피해서 북아프리카(이집트)와 아랍 세계 지역 일부로 도망치게 되었고, 심지어는 이슬람교가 지배하던 지역과 중국 대륙, 몽골로까지 넘어가게 되었다. 네스토리우스파를 중국에서는 서양에서 온 종교라고 해서 경교라고 불렀는데, 알로펜 신부 등의 선교사들의 전도로 중국에 전해진 경교는 대진사라는 교회를 세우고 수도자들을 양성하였다. 개신교 신학자인 김양선 목사는 불국사에서 발견됐다고 하는 돌십자가를 근거로 이때에 네스토리우스파가 신라에도 들어왔다고 주장했다. 그의 주장이 만약 사실이라면 한국교회사의 처음을 연 기독교 교파는 천주교가 아니라, 경교가 되는 셈이지만, 성물 몇 가지만 확인될 뿐 실제 신앙이 전래되었는지는 현재 분명하게 파악할 수 없다. 한편 몽골에서는 경교를 복음을 받드는 자라고 하여 '야리기온' 이라고 불렸다.
이슬람이 지배하던 지역으로 넘어간 경교는 아랍 세계에 고대 그리스와 로마의 문명을 전해주게 되며, 훗날 르네상스 시기에 유럽에서는 이미 소멸되어 버린 고대 그리스-로마의 문명을 다시 유럽에 전달하는 역할을 하게 된다.
현재 경교는 북부 이라크, 이란과 인도 남부 및 전 세계에 100만여 명의 신도들이 칼데아 가톨릭교회, 아시리아 교회 등의 이름으로 남아 있어, 성 토마스가 세운 남부 인도 교회 등과 더불어 동방 교회의 전통을 지키고 있다.

나 되게 하심으로 인간에서 신에게로 변화가 가능하다. 콘스탄틴의 사후에 아리우스파가 몰락함. 451년 칼케돈 회의 신조가 서방의 교리라는 관점에서 동방교회의 일부가 반발하였다.

(2) 특징

① 혼합주의 : 동방교회 초기 바다이산(시인, 신학자)이 예수의 인을 지나치게 강조하였다.

② 오데사와 아벨라 시대에 시리아와 메소포타미아지역 유대인 공동체에 집단전도로 개종하였다.

③ 중앙집권적 선교 : 교회구조가 토착화되었으나, 운영이나 조직에 있어서 현지인을 배제하였다.

④ 선교사들의 현지훈련 – 언어 및 문화.

(3) 결과

① 네스토리우스는 451년 이집트로 유배되어 사망하였다.

② 그의 추종자들은 페르시아로 건너가 네스토리안 교회를 세웠다.

③ 엄격하고 왕성한 수도원주의, 뛰어난 신학체계, 활발한 선교의 모습 등이 강점하였다.

④ 8세기에서 9세기 초반에 티벳과 중국 중앙까지 침투하였으나 오늘날까지 이란, 이라크, 시리아, 인도 등에 남아있다.(중국 당나라 멸망 907)

## 7) 십자군 운동과 평신도 경건운동 그리고 수도회

(1) 십자군운동

◎ 십자군운동 개념의 출현

① 동기

ⓐ 직접적 동기는 1071년 셀주크 터키족이 지중해 동해안에 진출하여 성지를 점거하고 순례자들을 박해한 사건과 터키군의 위협을 받은 비잔틴 황제가 세 차례에 걸쳐 교황에게 군사적 요청을 해왔다. 1095년 11월 클레르몽(Clermont) 교회 회의에서 교황 우르바누스 2세는 이 원정을 제창하였고, 여기에 교황권, 성지에 대한 오랜 관심 그리고 동방과의 무역을 원하는 이태리 상인들의 야심 등의 요인이 결합되어 원정이 시작되었다. 대사(大赦)를 받고 전사하면 순교자의 칭호를 받는다는 데에서 참가자들은 고무되었으며 또한 영혼에 대한 기대와 유럽의 인구 압력 등으로 귀족과 농

민들이 대거 참여한 전쟁이었다.

ⓑ 동로마의 황제 알렉시우스콤네무스(Alexius Comnenus, 콘스탄티노플 거주)는 거듭해서 서방으로부터 도움을 요청했으나, 대부분 무시당했다.

ⓒ 그러나 교황 우르반(Urban) 2세는 이 요청에 적극적인 반응을 보였다. 1095년에 남프랑스의 클레몽(Clermont)에서 종교회의를 개최하고, 십자군운동의 필요성을 역설하는 성공적 설교를 했다. 그 설교의 세 가지 요점이 다음과 같다.

"그리스도인은 회교도에 대항하는 '성전'에 참여해야 한다. 십자군 전쟁에 참여하는 자에게는 '완전면죄부'(Full Indulgencd)가 약속된다. 즉 그들의 모든 죄가 용서받고, 전쟁에서 사망하면 즉시 천국으로 들어간다."

※ 우르벤(Urban) 2세는 십자군운동은 분명한 "하나님의 뜻"이라고 역설했다.

| 십자군운동 정리 | | | | |
|---|---|---|---|---|
| | 주창 | 목적 | 출전 | 결과 |
| 1차 (1096~99) | 교황 우르반 2세 (1088~99) | 터키로부터 예루살렘 탈환 | 베르만도의 Hugo 부일롱의 고트프리 노르망(본 프랑스) 공로버트 툴루스 백작 레이몬드 프랑스 영주 위그드베르망두아 | - 니케아, 안디옥, 에뎃사, 예루살렘 점령 (1099. 7. 25)<br>- 봉건 십자국 왕국을 세우 고 고드프리가 왕이 됨 |
| 2차 (1147~49) | 교황 오이겐 3세 | 에뎃사가 이슬람 수중에 들어가 예루살렘 위협 | 루이 7세, 콘라드 3세 등 (프랑스), (독일) | - 십자군과 길안내자의 불화로 십자군 괴멸<br>- 소아시아와 다메섹에서 참패 |
| 3차 (1189~92) | 교황 클레멘스 3세 | 1187 예루살렘이 살라딘, 사라센에게 함락되자 탈환키 위함 | 사자왕 리차드 영, 독, 프 3군 연합군 프레드리히 졸업자 필립 | - 십자군과 길안내자의 불화로 십자군 괴멸<br>- 소아시아와 다메섹에서 참패 |
| 4차 (1202~04) | 교황 인노센트 3세 | 애굽 공격으로 사라센 세력 약화시키기 위해 | 베네치아의 엔리코 단돌로 몬테라의 보니파체 | - 십자군과 길안내자의 불화로 십자군 괴멸<br>- 소아시아와 다메섹에서 참패 |
| 소년 십자군 (1212) | 교황 인노센트 3세 | 성지회복을 청결하고 죄 없는 소년 소녀에게 맡기로 | 퀼폰(프랑스), 로드링엔 소년 십자군 (니콜라스와 스데반) | - 십자군과 길안내자의 불화로 십자군 괴멸<br>- 소아시아와 다메섹에서 참패 |
| 5차 (1219~21) | 교황 호노리우스 3세 | 애굽 공격으로 사라센 세력 약화시키기 위해 | 헝가리 안드레아스 2세 독일 프레드릭 2세 오스트리아 레오폴트 공작 | - 십자군과 길안내자의 불화로 십자군 괴멸<br>- 소아시아와 다메섹에서 참패 |
| 6, 7차 (1228) | 교황 그레고리 9세 | 예루살렘 재탈환 | 독일 프리드리히 2세 | - 예루살렘 통치권 이양협정 술탄과 맺음<br>- 다미, 에타(애굽) 점령 후 빼앗김<br>- 참패하고 왕은 속전을 내고 피함 |
| 8차 (1270~1272) | 에드워드 1세 | 영국 헨리 3세의 아들 에드워드 (1239~1307) | 루이 9세 | - 영국왕 에드워드 1세 나사렛 점령 후 10년간 평화조약 맺음(1272년 아버지 헨리 3세 죽음으로 귀국)<br>- 1291년 이후 예루살렘은 이슬람교도 소유가 됨 |

◎ 실패 원인

1) 교황 군통솔권 없었음. 2) 출정한 자의 목적이 다름 3) 종교적 열정이 식고 물질 탈

취 목적 4) 오합지졸이었음 – 십자군 5) 이슬람군의 완강한 저항 및 상대적으로 지리에 어두움 6) 동방무역의 이권이 걸린 상인들의 불량한 목적

◎ 결과

1) 원정 반대론 조성, 비폭력 설교운동, 유럽자체의 이교도 문제 즉 스페인의 무어인, 이교 슬라브인, 프랑스 남부의 알비시의 이단 등의 문제가 현실로 남음 2) 원정은 실패로 끝났으나, 봉건제도의 중세는 전쟁을 통해 정치, 경제, 종교적 새 바람으로 근대로 넘어오는 데 기여했다. 3) 전쟁 중 탄생한 기사수도회는 은둔생활의 전통적 수도 생활 대신에 병자와 순례자에 대한 봉사로 새 수도생활이 나타났다. 4) 비잔틴 제국 이슬람 문화와의 접촉으로 이들에 대한 이교도 세력을 저지하였다 5) 아리스토텔레스 철학에 눈을 돌려 이것이 스콜라 철학으로 발전하였다 6) 반면에 교황권은 실추되었다.

◎ 십자군 운동이 교회와 문화에 끼친 영향

1) 기독교인 전쟁 인식 바뀜(하나님 위해 살인 가능) 2) 이탈리아 도시국가 교역시장 확대 3) 이슬람 전도 어려움 4) 대사면, 면죄부 – 중세신학의 영향 5) 지리상 발견 확대, 항해술, 도시국가, 민족주의 6) 스콜라 신학, 대학이 생김 7) 제3계급 도시인(상인 : 자본 축적) 생김 8) 유럽의 변혁시기

※ 교훈 : 기독교 전도 – 영토 전도로 안 됨. 사람의 영혼 구원이 중요.

(2) 십자군운동의 자극제 4가지

① 유럽의 팽창주의(정치적)

유럽은 비잔틴과 이슬람 세계와 교육 중 – 유럽성장과 탐색이 병행, 경제와 군사의 우위적 위치를 선점하려는 시도.

② 선리품에 대한 유혹(물질적)

11세기 프랑스와 독일의 차남들은 토지를 얻고자 교회에서 경력을 쌓거나 해외로 모험을 떠나야 했다.

③ 이슬람 증오의 역사(사회적)

이슬람의 스페인 침공과 8세기 유럽 침공을 경험하였다.

④ 서방의 종교적 열정(종교적)

예루살렘과 동방 자체는 기독교의 상징적 도시다. 증가일로에 있던 순례의 방해는 종교적 열정의 장애가 되었다.

### (3) 이슬람의 팽창과 분열

◎ 742 프랑스 칼 마르델에 의해 피레네 산맥에서 이슬람이 저지당하기 전까지 638년 예루살렘 점령. 639년 이집트의 북부아프리카를 거쳐 스페인까지 진출 11세기 이슬람의 내적 갈등과 분열 – 독립국가 움직임 – 정치적 갈등과 분쟁

◎ 터키의 등장

종파 간 대립 간 정쟁의 혼란을 틈타 중앙아시아 근원을 둔 유목민 족(셀주크족은 터키국의 일원)이 10세기 페르시아의 사만 왕조의 지배 속에서 이슬람화 되어 온건한 수니파 성향의 1050년 투그릴 베그(Tughril Beg)가 지도자가 되면서 페르시아와 비잔틴 공격, 1071년 만지 게르트 전투에서 동로마 로마누스 황제가 포로 5차 1217~1221 7차 1248~1254 : 루이 9세 8차 1270~1272

◎ 카다리파와 발도파는 북스페인, 남프랑스, 북이태리에서 순식간에 번져갔다.

① 카다리파(The Cathari)[143]

ⓐ 카다리파는 2원론자(dualist)들로서 십자군원정 중 동방과의 접촉으로 인해 2원론을 도입했다.

ⓑ 두 영원한 세력(선한 세력과 악한 세력)이 대립된다고 믿었다.

ⓒ 영적인 질서는 선한 세력의 작용으로 보았고, 물질적인 질서는 악한 세력의 작용으로 보았다.

ⓓ 많은 사람이 구약을 거부했고 신약 중 요한복음을 중시했다.

ⓔ 그들 중 성직자를 안수할 때는 요한복음을 머리위에 올려놓고, 안수자들의 손을 그 위에 올려놓았다. 이런 안수를 받은 후에는 "완전한 사람"으로 간주되었다. ㉠ 안수 받은 사람은 독신으로 살았다. ㉡ 전쟁에 참여치도 않고, 재산을 소유하지도 않았다. ㉢ 생식 죄의 산물인 우유, 고기 계란을 먹지 않았다.

ⓕ 엄격한 삶을 살았다.

ⓖ 죽을 때까지 이러한 서원을 지키려 하지는 않았다.

ⓗ 카다리파는 사실상 이단적인 요소도 많았다. 카다리파의 반대자들은 다음과 같은 점에서 카다리파를 이단시했다.

---

143) 최정만,《다시 써야 할 세계 선교 역사 I》, 서울: 쿰란, 2007, 97-98.
   ◎ 카다리파는 카다로이(Katharoi : 순결한 사람)라는 그리스에서 유래, 마니교의 유산 – ※신마니교 순수한 교회를 바라는 열망과 죄악 된 세상을 벗어나고자 일체의 세속적인 것을 멀리함. 결혼, 교회 성례전, 성상과 성유물도 거부, 심지어 예수 그리스도의 인성도 거부했다.

㉠ 그리스도의 성육신(Incarnation)을 부정했다.

㉡ 성모마리아가 그리스도의 모친이라는 사실을 부정했다.

㉢ 인간의 몸이 장차 부활할 것을 부정했다.

㉣ 그들은 로만 가톨릭교회에 강력히 반발했다.

② 발도파(The Waldenses)[144]

ⓐ 페트루스 발도는 남프랑스 리용(Lions)이라는 도시의 부유한 상인이었다.

ⓑ 마 19:21에서 예수께서 부자 청년에게 이르신 말씀을 읽게 되었다.

ⓒ 1176년에 발도는 이 말씀대로 자기 소유를 다 팔아 가난한 자들에게 나누어주었다. 신약성서를 계속 공부해서, 모든 면에서 그리스도를 닮고자 했다.

ⓓ 여러 지방에 다니며 설교하고 복음을 전파했다.(Poor in Spirit라 지칭)

ⓔ 교황의 인준을 요청했으나, 발도가 무식한 평신도라는 이유로 인준을 거절했다. 발도파는 사역을 계속했고, 발도파는 증가했다.

ⓕ 발도파는 설교를 강조했고, 그리스도의 모범을 따르려 했으며, 하나님의 공급하시는 섭리를 의존했다.

ⓗ 여성과 평신도들도 설교하고, 고해를 듣고, 의식을 집행할 수 있다고 주장했다. 무엇보다도 발도파는 성경과 성경의 권위를 강조했고, 성경을 자국어(Vernacular)로 번역했다.

③ 카다리파와 발도파는 그들이 정착한 지역에 많은 추종자를 얻게 되었다.

④ 1179년에는 교황이 주도하는 십자군이 소위 "이단자"[145]들을 색출하기 시작했다.

---

[144] 최정만, 《다시 써야할 세계선교역사 Ⅰ》, 95-96.
- 표기는 왈도파보다는 발도파로
- 창시자 : 리용의 페트루스 발데스
- 마태복음 10장은 파송의 말씀
- 순회설교 성경 낭독을 통해 회개 선포와 청빈을 강조
◎ 마 19:21 예수께서 가라사대 네가 온전하고자 할진대 가서 네 소유를 팔아 가난한 자들을 주라 그리하면 하늘에서 보화가 네게 있으리라 그리고 와서 나를 좇으라 하시니.

[145] 이교(異敎, Schism, schism)
교회공동체로부터의 고의적 이탈을 말한다.
- 어원 : 갈라진 금을 뜻하는 스키마(σχισμα)에서 유래한다. 바오로 사도는 이 말을 교회의 일치와 평화를 위협하는 견해의 차이라는 말로 이해하였다.(고린도전서 1:10;11:18;12:25) 초대교회 땐 호교의 합법적인 권위에 순종하기를 거부함으로써 교회의 친교에서 이탈하는 것으로 이해되었다.
- 동방이교((東方離敎, Schisma orientale): 1054년부터 본격화된 동방교회를 말한다. 수세기 동안 진행되어 온 양 교회 사이의 오해의 결과로서 1054년에 결정적이 되었다. 로마제국의 콘탄티노플 천도(33년)와 더불어 시작된 양교회의 수위권 논쟁. 종교에 대한 정치철학의 차이 등은 신학직 논쟁들과 더불어 양 교회의 관계를

ⓐ 교황의 사신이 1208년 살해되자 교황 Innocent 3세[146]는 십자군을 모집해서 "이단자"들을 발본색원했다.

ⓑ 여러 해 동안 개인적 정치적 종교적인 이유로 피 흘리는 파괴적 전쟁이 계속되었다. 1229년에 가서는 대부분의 이단자들이 제거되었다.

ⓒ 1229년에 남프랑스의 Toulouse에서 종교회의가 개최되었는데, 이 회의의 결과는 다음과 같다.

㉠ 성경을 자국어로 번역하는 것을 금지한다.

㉡ 평신도가 성경 사본을 소유하는 것을 금한다.

㉢ 이단심문소(Inquisition) 제도를 인준한다.(이단심문소란 무력을 사용해서 이단자들을 찾아내고, 박멸하는 방법이다.)

㉮ 이단으로 인정된 평신도는 모든 재산을 박탈당한다.

㉯ 이단으로 인정된 교역자는 모든 사례비를 교회에 반납한다.

㉰ 봉건영주 가운데 그의 영토 내에서 이단자를 제거하지 않는 사람은 감독이 파문한다. 일 년 내로 이단자를 제거치 않으면 교황에게 넘겨서, 모든 영토를 박탈하여 교회 재산으로 한다.

㉱ 특정 지역에서 이단 제거에 공헌한 사람에게는 면죄부가 발급된다.

㉲ 감독들은 봉건영주 및 영토들을 방문하여 이단자들의 고발정신을 고취한다.

㉳ 이단 심문소는 중세 기독교의 중요한 기관이 되었다. 이상하게도 설교와 삶의 모범을 강조하며 일어난 도미니크단이 이단 심문자로 일하였다.

---

악화시킨 것이다.

- 발단: 교황 성 레오 9세(재위 1049~1054) 시대에 콘스탄티노플의 총대주교 미카엘 체룰라리우스(Michael Caerularius)가 그의 관할 구역에서 라틴 전례의 관습을 금지시킨 데에서 시작되었다. 교황은 특사 훔베르트 (Humbert) 추기경을 파견하여 로마 교황의 지위를 능가하는 '전세계의 총대주교'라는 칭호를 폐기하고 문제시된 Filioque 문구를 신경에 채택하도록 요구하였다. 양측의 타협이 잘 이루어지지 않자 추기경은 총대주교를, 총대주교는 서방대표를 파문하였다. 그 후 1472년 콘스탄티노플 교회회의에서 피렌체 공의회(1439)에서의 일치를 정식으로 파기한 것으로 인해 완전 분열되었다. 양 교회의 일치가 완전 회복되지는 않았으나, 1965년 교황 바오로 6세와 동방교회의 총대주교 디미트리오스 1세는 1054년의 파문들은 무효화 하고 화해의 인사를 나누었다. 또한 요한 바오로 2세는 동방교회와의 완전한 일치를 모색하기 위해 1979년 교황청에 신학위원회를 설치하였다.

146) 이노센트 3세(Innocent III, 1161~1216. 7. 16)
교황권 신장에 크게 공헌한 로마의 교황이다. 로마제국의 황제 하인리히 4세가 죽은 뒤 독일의 복잡한 정정을 기화로, 로마냐•마르크안코나 등지의 황제령을 교황령에 합병하였다. 재임 중 제4회 십자군(1202~1204)이 콘스탄티노플을 정복했다.

⑤ 종교회의 등을 통해 카다리파는 대부분 제거되었고, 발도파는 북이태리의 산간 지방으로 밀려났다.

⑥ 발도파는 계속 존재하게 되었고, 종교개혁기에는 종교개혁 교리를 받아들였다. 발도파는 오늘날도 그 지역에 존재한다.

⑦ 발도파와 카다리파 평신도 경건운동은 예수 그리스도의 법을 선포하고 예수 그리스도와 사도의 청빈을 본받는 운동, 초기는 정통적이었으나, 교회의 공식적인 인가를 못 받자 점차 이 단으로 변절됨. 강한 민족운동으로 프랑스 남부 지방에서 강하게 일어남. 그곳 도시 이름을 따서 알비인 운동 1209~1229 알비파 전쟁 1232 이단 심문소.

(4) 12세기~15세기 경건운동 - 평신도와 수도사

12세기 평신도 경건운동 : 교회의 삶과 교원권의 절대적 세속권의 타락 - 예수그리스도와 사도의 청빈한 삶을 지표로 하였다.

(5) 13세기 초 경건과 청빈의 선교 수도회 출발

배경 : 발도파와 카다리파의 종교재판으로 20년에 걸친 알비인 전쟁(이단전쟁)이 일어났다.

① 도미니크회
- 스페인 부르고스의 서고트족 사람 오스마 교구 주교파 성당의 고위 성직자 도미니크(1170~1221)는 1203년 주교인 디에고를 따라 로마를 방문하고 귀환 중 프랑스 남부의 카다리 파를 만남 - 툴루스에서 선교회 조직.
- 회개, 금식, 교육, 설교에 전념 : 설교로 이단자들을 가톨릭으로 복귀시킴.
- 주장 진정한 복음적 청빈 - 이단사도 진정한 인간적 동반자, 공정한 논쟁을 주장하여 성서에 근거하지 못하면 패배
- 이노센트 3세 선교허용(참회, 선교, 구원) 어거스틴 규율을 채택 1216년 호노리우스 교황(라테란 공의회에서 어떤 수도원도 허가 못함을 결정 그럼에도 선교회 인가) 1217년 도미니크회 남녀수도회로 발전, 프란치스코를 만남. 1221년 북이태리 볼로냐에서 죽음.
- 대표자 알베르투스 마그누스(1206~1286), 토마스 아퀴나스(1225~1294), 에크하르(1260~1329), 종교개혁의 강력한 대응자 면죄부 설교자 요한 텐첼(1485~1519), 추기경 카에탄(1469~1534), 일골스타트의 신학교수 요한네스 에크(1486~1534)

─선교지 ▷13-14C : 이슬람지역, 스페인 남부, 북아프리카, 중근동, 동부 유럽으로 선교사 파송 ▷14C 말 : 아메리카 대륙발견 이후 - 중남미, 필리핀, 인도, 중국으로 선교지 확장

② 프란시스코회
─프랜시스(영), 프랑수아(프), 프란츠(독), 프란시스코(스페인)는 이태리어 프란체스코 (1182~1226)에서 유래 (부친 아시시사람, 모친 프랑스 남부 아비뇽, 본명 죠반니 베르나도네, 어머니가 프랑스 사람이라 영세명 프란체스코)
─마 10장 예수의 제자 파송 설교 듣고 감동
─이노센트 3세 승인 1216년 소형제단
─주장 : 기독교를 사랑의 종교, 청빈, 회개설교, 전도-한센병 환자, 가난한 자에게도 그리스도 말씀을 그대로 실천함.

③ 두 선교회의 차이점과 선교적인 관점
─도미니크회 - 학문적 주지주의, 지성, 조직력, 규율, 도시, 학문적 삶 / 어거스틴적 사고
─프란시스코회 - 감정적 주지주의, 비조직, 비규율, 실천적 삶 / 아리스토텔레스적 사고
─선교적 결과 ▷개인적 경험 강조, 사랑의 삶 실천, 자연은 종교에 개방 ▷평신도 윤리를 강조 - 회개를 통한 전도

### 8) 수도원 운동과 수도회 - 선교
◎ 콘스탄틴누스부터 당나라 멸망과 수도회 운동과 비잔틴 멸망(1453)
① 수도원 중심의 공동체 선교, 주변 다양한 종교나 종족 : 조로아스터교, 이슬람, 불교, 힌두교, 도교, 마니교, 훈족, 몽골족, 투르크족, 유대인 등
② 제도적 선교가 주변선교로 전환 : 네스토리우스 전통을 따르다 보니 자연스럽게 기독교 전통에서 잊혀짐. 페르시아 황제가 페르시아 총 주교를 임명함.
③ 기독교 상인의 전략적 방법 토마스 캄마(Thomas Cama)가 400명의 기독교인들 케랄라(Kerala)에 정착함.
④ 동시리아 선교사 알로펜(Alonpon)이 635년 중국 당나라 수도 정착 및 황제지원 : 정치적 형태의 선교유형

⑤ 신학과 의학 등 학문적 전달 매체로 선교.

⑥ 수도사들의 헌신 : 시리아 수도사 – 성경능통(암기), 기도 전념, 예의 겸손, 하나님을 진심으로 사랑 + 이웃사랑

⑦ 아프리카 선교 : 이집트 수도원 고립 – 시리아수도원 순회 선교함.

⑧ 수도원 : 수도사 선교(팀선교 유형) – 수도사 고행을 통한 성육신 선교, 평민을 대상으로 함.

⑨ 앵글로 색슨 : 관계성을 통한 선교(집단개종) – 스웨덴, 덴마크, 노르웨이는 왕이 기독교 개종을 결정, 핀란드는 스웨덴 국왕 1155년 개종을 요구하며 전쟁, 프로시아는 튜튼 기사단으로 개종

⑩ 수도회의 삶이 섬기는 선교 . 강압적 선교의 반대 모습

⑪ 베긴회 수녀원 운동 : 1223년 교황 그레고리 9세로부터 인정 – 가난하고, 어려운 자 보호

⑫ 교회 조직보다 인간에 초점을 맞춘 선교 활동

⑬ 타종교와 대화, 민주적인 태도 – 오늘 선교의 영향

# 7. 이슬람 세력의 등장(7~11세기)

샤만왕조(864~1055), 부와이 왕조(932~1155), 아바스 왕조(750~1517), 후기옴미아드 왕조(756~1011), 파티마 왕조(909~1171)

배경

이슬람의 정복과 동부국가들에 대한 봉쇄(근동, 페루시아, 인도)와 남부국가들에 대한 봉쇄(아프리카, 스페인)

1219년 — 술탄과 만남을 가진 아시시의 프란시스코

1234~1315 — 술탄[147]을 설득하려다 순교 당함(레이몬드 룰).

14세기 초 — 그리스도를 위한 기사 수도회

레이몬드 룰(1235~1316)

— 아라비아어, 코란, 논쟁술

— 선교학부조직

— 개종자들과 공동체 삶

---

아랍은 지리적으로 페루시아 제국과 비잔틴 사이에 위치하고 있다. 제국은 아랍지역에 영향력을 거두지 못했다. 민족의식이 없던 아랍민족은 통일된 체계가 없었기 때문에 유목생활을 했고, 시리아나 극동지역에서 중개상을 하는 소규모의 상인들만이 나름대로 도시를 이루었다

147) 술탄
아랍어로 지배자를 의미한다. 원래 칼리프가 임명하는 정치적 지배자로, 세속 군주를 뜻하였다. 11세기 이후 셀주크 투르크의 술탄이 이슬람 전역을 지배하게 되자, 칼리프는 종교적 지위만을 갖게 되었고 점차 유명무실한 존재가 되었다.
(오창훈 외 3인,《핵심세계사》, (주)지학사, 2004. 77.)

이슬람의 어원
특히 평화, 청결, 순종, 복종을 뜻한다. 종교적 의미에서의 이슬람은 하나님(알라)의 뜻에 순종하고 그분의 법에 복종함을 뜻한다.

**상황**
① 셈어족의 아랍인들은 부족단위의 농경생활과 대상무역을 함.
② 비잔틴 제국의 대립으로 동, 서양의 교통로가 단절됨.
③ 경제적 모순(심한 빈부격차)에 따른 변화에의 갈망

### 1) 이슬람교의 성립

아랍은 다신교였으나 마호메트의 등장(570~632)으로 610년 유일신 사상으로 창시되었고 마호메트는 570년 메카에서 태어나 환상을 보고 새로운 도덕과 유일신 신앙을 강조하여 핍박으로 메디나로(622) 피신하였다. → 이것을 헤지라라고 함.

마호메트는 당시 메카를 통치하고 있던 쿠다이슈족의 자손으로 태어났다. 40세에 이슬람교 창시에 대한 환상을 보았다. 그러나 다신교인 메카에서 유일신을 주장함으로 박해를 받고 622년 메디나로 피신을 했다.(이슬람의 원년)

### 2) 이슬람의 역사

(1) 마호메트(Muhammad, Mohamet, 570~632)의 생애

① 마호메트(숭고한 예찬이라는 뜻)는 서기 570년 사우디아라비아의 메카에서 유복자로 어머니 아미나(Aminah)에게서 태어났다. 소년시절 큰아버지 아부 탈립을 따라 시리아에 갔으며 또 하디자의 대리인으로 그곳에 다녀온 것으로 기록되었다. 이 기록에 근거하여 유대교와 그리스도교의 지식은 직접 그 교도와의 접촉을 통하여 얻게 되었다.[148]

② 청년시절이었던 때, 마호메트는 부유한 과부 하디자(Khadijah, 554~619)의 대상무역에 그녀의 대리인으로 참여, 열심히 일한 결과 그녀의 환심을 얻어 15년 연상인

---

모든 사람이 알라 앞에서 평등하다는 평등사상이 동조 받음.
- 인간과 신의 중재자로 성직자는 필요 없다. 직접 신과 대화한다.
- 어려운 사람에게 자비를 베풀라.
- 코란을 읽어라; 빈민층에서 개종자가 많았고 보수적인 귀족층에서 박해를 받음.

148) 그곳에서 아랍인 기독교 수사 쥬담(Judham)과 우드라(Udhra)를 언제나 거리에서 만날 수 있었고, 특히 카디야의 사촌 나우폴(Waraqahibn Nawfal)에게 히브리 민화와 기독교의 성경에 관한 지식을 얻을 수 있었다. 또한 마호메트는 유대인과 기독교인과의 빈번한 접촉을 통해 기독교의 도덕관과 유대인의 일신론 및 성경이 신의 계시로 이루어졌다는 것을 인식하게 되었고, 기독교와 유대인의 삶 속에 진하게 깔려있는 도덕관에 비추어 볼 때, 아라비안의 다신론 신앙의 도덕적 해이와 부락 간의 잔인한 투쟁은 유치하고 추한 모습이란 것을 발견하게 되었다. 그로부터 마호메트는 아라비아에 새로운 종교 신앙이 필요하다고 판단했다.

그녀와 25세 때 결혼하였다(이후 경제적인 안정은 물론 정신적인 평온을 되찾을 수 있었고, 그런 안정된 생활은 마호메트로 하여금 아라비아의 '새로운 종교'(new religion)를 구상할 수 있게 됨).

③ 마호메트는 명상과 기도를 위해 매년 히라산으로 가곤했다. 산에서부터 돌아온 지 1년 만에 마호메트는 자신을 신의 선택된 예언자로 선언, 메카로 돌아오자, 그는 9년 동안 자신의 메시지를 설교하였다. 그러나 612년에 그는 자신의 추종자에게 서적이 그를 죽이려 한다는 경고를 받고 도망하였다.(이러한 피신이 이슬람 달력의 시초가 되었고 헤지라(Hejirat)[149] 1년이 됨). 그의 도망으로 그는 추종자들을 얻었고 630년에는 쿠라이슈족의 손아귀로부터 메카를 빼앗기 위해 돌아왔다. 그 후 모든 아라비아에서 "예언자"로 인정을 받았다.

④ 마호메트는 메카로 돌아온 후 2년 만에 사망했으나 그의 일생 동안 그의 추종자들은 조심스레 그의 말과 환상들을 필사하였다. 645년, 그가 죽은 지 10년 후에 알리(마호메트의 의형제)와 다른 지도자들은 이러한 모든 필사본들을 모아 합쳐서 꾸란(Qur'an)을 완성하였다.[150]

(2) 이슬람 형성

① 마호메트의 시기 이후에, 무슬림 공동체는 여러 집단으로 쪼개지기 시작하였다. 주요 이슈는 믿음과 행위, 운명예정과 자유의지, 계시와 이성, 신의 유일성이 함축하는 것, 꾸란의 영원성, 꾸란을 문자 그대로 해석할 것인지에 관한 것들이었다.

---

[149] 헤지라는 "도망 또는 이주 후"라는 의미이다.

### 이슬람교의 근본 원리

이슬람교의 교리는 알라의 유일함과 창시자 마호메트가 알라의 사재(라술라흐)라는 것을 믿는 데서 시작된다. 이를 바탕으로 신앙과 종교적 의무에 해당하는 6신(信)과 5행(行)이 나타난다.
6신이란 알라의 유일성, 신과 인간의 매체로서 천사, 여러 시대의 다양한 예언자들을 통해 내려온 경전들, 알라가 파견한 모든 예언자들, 부활하여 최후의 심판을 받게 되는 내세, 정명의 여섯 가지 믿음(아마나)이다. 5행은 신앙고백(샤하다), 예배(살라트), 자선(쟈카트), 금식(싸움), 성지 순례(하지)의 다섯 가지 종교적 의무(루크눈)를 말한다. 그밖에 선행(이흐싼)을 기본으로 하는 종교적 의무도 교리의 중요한 구성 부분이다. (오창훈 외 3인, 《핵심세계사》, (주)지학사, 2004. 77.)

[150] 114개의 장과 6236개의 절로 되어 있다. 이것은 이슬람 신자들에게 성경처럼 되었다.

### 고선지 장군과 탈라스 전투

동방과 서방 사이에 일어난 비단길 쟁탈전에서 고구려 출신의 고선지 장군이 큰 활약을 하였다. 고구려가 망한 후 당에 건너가 당나라의 장군이 된 그는 동진하는 이슬람 세력을 막기 위해 여러 차례 파미르 고원을 넘었다. 그러나 최후 전투에서 이슬람 세력에게 비단길 지배권을 넘겨주고, 안녹산의 난을 진압하다가 부하의 모함을 받아 처형당하였다. (오창훈 외 3인, 핵심세계사, (주)지학사, 2004. 77.)

② 마호메트가 622년 9월에 메디나로 도망을 간 것이 이슬람 시대의 기원을 이루었고, 632년 6월의 그의 죽음은 상당한 권력과 명예를 갖는 국가를 세우는 데 성공하게 하였다. 하지만, 마호메트의 죽음은 유아기의 이슬람 공동체에 첫 번째 주요 위기를 가져다주었고, 이어지는 위기는 이슬람 공동체에서 수니파와 시아파로 영원히 나뉘도록 한 것의 시초가 되었다.

(3) 칼리프 시대[151]

① 마호메트[152]가 메디나에서 죽자, 그의 후계자에 대한 형식적 지시나 유언을 남겨놓지 않았기 때문에 무슬림들은 심각한 혼란 상태에 빠졌다.
② 신의 계시를 통하여 마호메트는 "예언자들의 봉인(Seal of the Prophets)"이라는 것이 이미 알려졌기 때문에, 예언자의 후계자는 또 하나의 예언자가 될 수 없다고 하였다.
③ 아부 바크르(Abu Bakr)가 후계자로 선출되었다. 그는 마호메트의 선지자 직을 계승한 후 스스로 칼리파트 라술 알라(Khalifat Rasul Allah, 신의 사자의 후계자)라 칭하였다. 아랍어 후계자 "칼리프"(Khalif, Calif)라는 말이 여기서 유래하며, 칼리프

151)

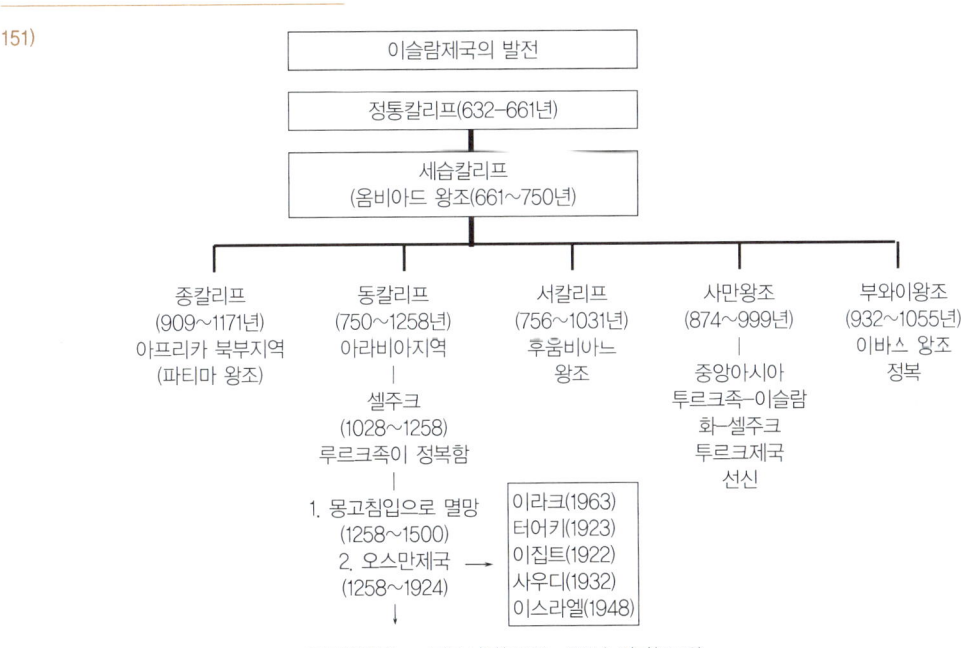

- 칼리프(정치와 종교의 최고 지도자)
- 술탄칭호(1058-정치지도자) 칼리프(종교지도자) 아그타(식민지 군사담당 책임자)

는 선지자 마호메트를 대신하여 '알라의 메신저.'(the messenger of God) 역할을 맡게 되었다.

④ 칼리프 직은 공동체의 종교적, 정치적 지도력을 통합하였다.

(4) 시아파 시작

① 칼리프 우스만이 쿠라이슈족 하심가의 세력에 의해 피살되고, 그의 참모진이 대거 메디나를 떠나는 동안, 마호메트가 죽자마자, 메디나에서는 마호메트의 사촌이자 사위(모마호메트의 딸 파티마와 결혼)인 알리 브 아비 탈리브('Ali b Abi Talib)가 아부 바크르나 다른 어떤 후보자보다도 예언자의 뒤를 잇기 위해 가장 자질이 있다고 믿는 소수 집단이 등장하였다.

② 시아파는 마호메트가 사실은 후계자를 지명했으며, 그 사람은 바로 알리라고 믿었다.[153] 알리와 그의 동료들은 선거제를 통하여 예언자의 후계자를 선출하는 행위에 대해 반기를 들었고, 이것이 무슬림 다수파로부터 시아파를 분리시키게 된 반란이었다.

③ 알리는 마침내 4대 칼리프로 계승했지만, 시아파는 그가 첫 번째 진짜 칼리프라고 믿고 있으며 11명의 다른 칼리프들이 뒤를 이었다. 알리는 신적인 영감을 갖고 있으며 오류와 죄가 무결하고, 따라서 그의 지식에서나 예언자의 뒤를 이은 가르치는 권위자로서 그는 완전하다고 하였다.

④ 정통 수니파 이슬람은 기본적으로 코란이 최종적인 권위를 가지며 더 이상의 계시는 없다고 믿었다. 그러나 시아파 이슬람은 정당한 이맘은 꾸란의 메시지를 추가할 수 있는 신적인 영감과 알라의 권위를 함께 갖는다고 믿었다.

(5) 이슬람의 분열과 종파 형성(9종류)

마호메트가 죽은 후 이슬람교는 최초의 후계자 시대를 거치면서 하리지파를 시작으로 많은 종파 분열을 가져왔다. 이들 종파는 대체적으로 칼리프 직을 둘러싼 교권파, 이슬람 법률과 관련하여 파생된 종법파(Madhahib), 정치문제로 분열된 분파, 그리고 이슬람 신

---

152) 알리(재위 656년~661년)
　　정식 명칭 'Alī ibn Abī ālib. 메카 출생. 쿠라이시족(族) 하심가(家)의 사람이며 마호메트의 종제(從弟)로, 이슬람교 초기 귀의자로 마호메트의 원조자였고, 또한 교양이 높았고 용감하였다. 제3대 칼리프인 BA 오스만(재위 644~656)이 암살된 뒤 메디나에서 칼리프로 뽑혔으나, 우마이야(움미아드)가(家)의 무아위야를 비롯한 메카의 유력자들의 반대를 받았다. 반대파와의 싸움의 혼란 속에서 시리아·이집트를 잃고 이라크의 쿠파로 옮겨 항쟁하는 한편 타협에 힘쓰던 중, 그를 배반한 하리지트파(派)의 자객에게 암살되었다.
153) 후계자를 영적인 지도자로 부르기를 좋아하여 이맘(imam)이라고 하였다.

학과 관련하여 분열된 학파 등이다.

① 하리지파(Kharijites, 탈퇴자)[154]

하리지파는 이슬람 초기 역사에 등장한 최초의 분파로서 당시 무슬림 지도자들이 꾸란을 엄격히 따르지 않으며 신에게 주요 결정을 맡기지 않는다고 주장했기 때문에 "알리 당"에서 축출되었다. 행위보다는 올바른 믿음이 더 중요하다고 강조하고 중대한 죄인에 대한 결정은 심판의 날에 신에게 유보되어야 한다고 주장하는 사람들은 무르지파(Murji'ites, 연기자, 희망하는 자)[155]라고 불렸다. 예정운명보다는 인간의 책임을 강조하는 사람들은 또 카다르파(Qadarites, 결정자)라고 불렸다.

② 이스마엘파(Ismaelis)[156]

이스마엘파는 12이맘파와 7이맘파로 구분된다. 자파리파(Jafaris) 혹은 12이맘파(Ithna-Ashariyya)로 알려지고 있는 이 파는 이슬람 시아파의 주류파로 제6대 이맘 자파르 알 사디끄(Ja'far al-Sadiq, 669~720)의 장자 이스마일(Ismail, 762년 사망)의 사상과 신앙을 중심으로 형성되었다. 10세기에 번성하여 이집트, 팔레스타인, 시리아의 파티마 왕조(Fatimid dynasty)를 세우는 데 영향을 끼쳤다. 그들은 또한 이슬람의 활동적인 선교사들이었으며 특히 남부 아라비아와 동부 아프리카로 퍼져나갔다. 이스마엘파의 본 조직은 2개의 분 파로 나뉘었는데, 무스탈리파(Musta'lis, 봄베이에 본부가 있다)와 니자리파(Nizaris, 아가 칸의 지휘를 받았다)가 그것이다. 다른 지파로는 누사이리파(Nusayris)와 드루즈파(Druze)가 있다.

③ 자이디 파(Zaydis, Zaydiyya)[157]

12맘과 7이맘을 절충하는 5이맘을 인정하는 자이디파는 시아파 내에서 중도노선을 지향하지만 수니파와 더 가까운 편이다. 주로 예멘에 분포되어 있으며, 후세인의 후예는 누구나 다 이맘이 될 수 있고, 이맘은 초인이 아니라 다만 꾸란을 해석할 수 있는 특권을 가진 사람에 불과하다고 주장한다.

---

154) 이병길,《이것이 이슬람이다》, 서울: 예영 커뮤니케이션, 2002, 158.
155) 하리지파의 극단적인 믿음과 행위론을 거부하며 7세기 다마스쿠스에서 하리지파에서 분열된 무르지아파는 이슬람교가 무슬림에게 요구하는 공덕사상을 인정하지 않는 대신 금생에서 범죄행위는 사후와는 무관하다고 믿는다. 무르지파의 이런 사상은 쿠파의 상인 출신 법학자 아부 하니파(Abu Hanifa, 699~767)의 사상에 연관되어 있다.
156) 이병길,《이것이 이슬람이다》, 서울: 예영 커뮤니케이션, 2002., 155 김정위,《이슬람 입문》, 서울: 한국외국어대학교 출판부, 1993, 88-90 잭 버드,《이슬람이란 무엇인가》, 서울: 도서출판 예루살렘, 1992, 31-32.
157) 이병길,《이것이 이슬람이다》, 서울: 예영 커뮤니케이션, 2002, 157 김정위,《이슬람입문》, 서울: 한국외국어대학교 출판부, 1993, p.87-88 잭 버드,《이슬람이란 무엇인가》, 서울: 도서출판 예루살렘, 1992, p. 31

④ 하쉬샤신파(Hashshashin, 암살자)

11세기 초기 십자군의 전쟁 기간 동안 시리아의 이스마엘파에서 떨어져 나왔다. 그들은 인도대마(hashish)를 사용하여 그 이름을 얻었는데, 십자군의 요새를 탈환하고 기독교인을 암살함으로써 유명해졌다. 오늘날, 그들은 호자스(Khojas) 또는 마울라스(Mawlas)로 알려져 있으며 인도의 봄베이 지역에 주로 거주하지만, 일부는 시리아나 이란에도 있다.

⑤ 하니피파(Hanifah)[158]

가장 초기의 수니 학파 중의 하나는 아부 하니파 (Abu Hanifah, 699~767)[157]가 형성한 것인데, 하나피 제의(Hanafi rite) 또는 학파로 알려졌다. 그것은 근본주의자들과 비교될 수 있을 정도로 보다 자유로운 학파 중의 하나로 여겨졌다. 이 학파는 오늘날에도 아라비아 반도와 이란을 제외한 대부분의 중근동 국가와 아프가니스탄, 파키스탄 및 인도의 무슬림 공동체에 지배적이다.

⑥ 말라크 제의(Malakite rite)[159]

말리크 이븐 아나스(Malik ibn Anas, 716~795)는 말라크 제의(Malakite rite)라고 알려진 또 다른 학파를 창설했다. 이 제의는 예언자 그 자신보다는 마호메트의 동료들의 전통에 의지하는 것이 보다 중요하다는 생각을 근거로 발전되었다. 모순되는 전통이 있게 되면, 말리크와 그의 추종자들은 단순히 그 절충안을 만들어냈다. 이 제의의 지지자들은 북부와 서부아프리카, 특히 알제리에서 세력이 매우 강하다.

⑦ 샤피파(Shafi'ites)[160]

알 샤피 (Al Shafi'i, 767~820)[161]에서 그 이름을 따왔다. 일생 동안, 그는 이슬람 법학의 발달에 주목할 만한 영향을 끼쳤으며, 샤리아(Shariah, 기본법)의 정의와 하디트(Hadith, 마호메트의 발언록)를 권위적인 문서로 만드는 데 역할을 했다. 샤피의 이론에 따르는 이 파는 하나피, 말리키파와는 원칙적인 융통성을 유지하면서 이론적으로는 중립적인 입장을 보여 다른 분파에 비교할 때 개방적이다.

---

[158] 이병길, 《이것이 이슬람이다》, 서울: 예영 커뮤니케이션, 2002, 149.
[159] 쿠파(KUPA)의 한 포목장사였고, 전통을 끌어들이지 않고 스스로 분석하면서 쿠란의 법률문제를 깊이 연구한 사람이다.
[160] 이병길, 《이것이 이슬람이다》, 서울: 예영 커뮤니케이션, 2002.,150.
[161] 가자에서 태어나 메카와 메디나에서 살았다. 그는 말리크 아나스의 제자였고 알 무왔 따(이맘 말리크의 제전)를 다 외웠다. 그는 바그다드로 옮겨가 하니피 학파의 법을 모방하여 법학자가 되었다. 그는 법률문제에 관한 자신의 의견과 전통적 의무와의 차이를 중재하고자 하였다. 마지막에는 카이로에 살았고 체계적인 이슬람법학의 창시자가 되었다.

⑧ 한발리(Hanbali)파[162]

아흐마드 이븐 한니발(Ahmud ibn Han-bal, 780~855)이 세웠으며 네파 가운데서 가장 엄격하다. 이들은 순수한 이슬람으로 돌아가야 한다고 주장했다. 이 파는 모든 이슬람 영역에 산발적으로 흩어져 있고, 18세기 와하비 운동에서 발견되고 아라비아 반도에서 그 운동이 부활되었다.

⑨ 수피파(Sufi orders)

수피 교단(Sufi orders)의 기원은 그 의식만큼이나 신비스럽다. 수피 대부분은 집을 떠나 산이나 사막, 반도로 가서 고독과 알라에게 가까이 가기를 구했다. 세상의 육체적 안락을 포기하고 조용한 기도와 명상을 추구하면서, 그들의 궁극적 목적은 세속의 삶을 뛰어넘어 알라와 하나 될 수 있는 천상의 영원한 정적에 이르고자 했던 것이다. 수피교의 중심 교리는 와다트 알 우주드(wahdat al-wujud, 존재의 단일성)이며, 그들은 상대적인 것이 절대적인 것과 다른 실체를 갖는 것이 아니며 유한한 것이 무한한 것과 다른 실체가 아니라고 가르친다.

(6) 무슬림의 구원

① 무슬림들은 자기들의 구원은 자신의 노력에 달려 있다고 믿는다. 무슬림이 되기 위해서, 개인은 먼저 회개를 해야 하며, 특히 우상숭배에 대하여 회개해야 하고, 그러고 나서 알라 외에 다른 신은 없으며 마호메트는 그의 사자라는 것을 시인해야 한다.

② 무슬림들은 자신이 구원될 것이라는 아무런 확신 없이 살다가 죽으며, 죄를 능가할 정도로 선행을 하도록 해야 한다. 그들의 신인 알라는 멀리 떨어져 있으며 개인적인 행복 따위에는 무관심하다.

(7) 이슬람의 기본 믿음

무슬림의 믿음에 대해 표현할 때 사용하는 용어가 5주6신 (五柱六信)이다. 5주 (五柱)[163]란 무슬림이 알라에게 삶을 복종하는 의미의 5가지 의무적 행동을 뜻한다. 그리고 6신(六信)이란 무슬림들이 믿고 있는 여섯 가지 믿음의 신념을 의미한다. 알라, 천사들, 사도들, 성서 및 최후의 심판일, 이 다섯 가지는 공통적인 믿음이고 여기에 순니파는 정명(定命)을 여섯 번째 믿음으로 추가하고 시아파는 인간의 자유의지를 더 강조하여 여섯 가

---

162) 이병길,《이것이 이슬람이다》, 서울: 예영 커뮤니케이션, 2002., 151.
그는 샤피의 제자였으나 쿠란의 합리적인 해석을 거부했다. 그는 29,000개의 마호메트 전통을 모아 무스나드 한발(Musnad b. Hanbal)이라는 백과사전에 모았다.

163) 5주(五柱)
### 1. 믿음의 선언(샤하다)
믿음의 선언은 이슬람을 자신의 종교로 받아들이겠다는 성언으로 신자가 되고자 할 때 하는 신앙 선서로서, "하나님 외에 신은 없으며 마호메트는 그의 사도임을 증언합니다."라는 말을 여러 신자 앞에서 함으로써 무슬림(이슬람 신자)이 되는 것이다.

### 2. 예배(쌀라)
예배는 하루 다섯 번을 의무적으로 해야 한다. 의무 예배는 해의 움직임에 따라 정해진 하루 다섯 차례의 시간에 맞추어 반드시 예배를 올려야하는데, 그 다섯 차례는 새벽(파즈르), 정오(주흐르), 오후(아스르), 일몰(마그립), 밤(이샤) 예배로 벽은 동이 막 터올 무렵 검은 실과 흰 실이 구분되기 시작할 때 드리게 되어있다. 예배 전에는 반드시 몸을 청결히 닦은 후 예배를 드리는데 이를 "우두"라고 하는데, 이 우두 없이 예배를 드리면 그 예배는 무효가 된다. 예배를 드리는 방향은 "끼블라"라고 하며 세계 어느 곳에서든 사우디아라비아의 메카라는 도시에 있는 "까아바"라는 옛 신전을 향하여 예배를 드린다.

### 3. 구빈세(쟈카트)
모든 무슬림은 자신의 수입 중 생활을 영위하는 최소의 금액(최저 생계비)을 제외한 금액의 2.5%를 가난한 사람에게 의무적으로 내야한다. 쟈카트를 내는 방법도 자신의 주변에 있는 가난한 사람에게 아무도 모르게 주는 것이 가장 좋은 방법이다. 성원에 모인 쟈카트는 그 성원에서 가난한 사람들에게 다시 분배하여 주게 된다. 이슬람에는 임의 희사금이 있는데 이것은 '싸다까'(sadaqa)라고 부르며 무슬림들이 자발적으로 기부하는 금액이다.

### 4. 단식(싸움)
단식은 이슬람력으로 매년 9월(라마단 기간)에 모든 무슬림은 한 달 동안 의무적으로 행해야 한다. 단식을 통하여 절약된 곡식이나 비용은 단식이 끝난 다음 날 열리는 '이둘피트르' 축제일에 '자카아툴피트리'라는 명목의 희사금으로 주변의 빈민 또는 성원에게 준다. 단식은 한 달 동안 매일 새벽 예배로부터 저녁 예배까지 사이에 행하고 저녁 예배 이후 약간의 음식을 취할 수 있으나 배고픔을 면할 정도로 먹는 것이 원칙이고 배불리 먹으면 안 된다.

### 5. 성지 순례(핫즈)
성지 순례는 무슬림이라면 평생에 한 번은 반드시 사우디아라비아의 메카에 가서 순례를 행해야한다. 순례는 이슬람력으로 12월인 둘-힛자에 정해진 순례 기간에 맞추어 해야 하며 만인이 평등하게 순례를 하도록 이흐람이라는 바느질이 없는 두개의 무명천으로 몸을 감싸 입고 정해진 코스를 순례하도록 하며, 그 비용은 본인이 순수하게 노동의 대가로 벌어들인 돈을 모아서 충당해야 그 효과를 인정받는다.

| | 개척 | 교류 |
|---|---|---|
| 초원길 | 선사시대의 북아시아와 남러시아의 유목민족 | 청동기문화 전파, 흉노족의 서진, 선비·돌궐·위구르 등이 사용 |
| 비단길 (사막길) | 한 무제 때 장건 → 중국과 북방 민족 간의 경영권 싸움 → 탈라스 전투(751)에서 이슬람 세력에 패배할 때까지 중국 주도 | 비단·제지술의 서방 전파, 헬레니즘·이란 문명·불교·이슬람교 등이 중국에 유입 |
| 바닷길 | 기원전 2세기 경 개척, 로마의 홍해 지배 이후 번창 | 인도 상인들의 동남아시아와 무역, 8세기 중엽 이슬람 상인들이 중국과의 무역로 이용, 송·원내에 나침반을 이용하여 남인도까지 진출, 명대 정화가 대선단을 이끌고 아프리카 진출 |
| 근대 이전의 세계 통합을 완성한 바닷길 | 바닷길을 이용하여 인도인들이 남아시아에 불교와 힌두 문화를 전달, 이후 아라비아 상인들이 유라시아 대륙을 연결하는 바닷길 완성 | 이슬람교 등이 중국에 유입 계절풍의 이용, 거대한 범선의 건조, 나침반의 등장 |

지의 믿음을 이룬다.

① 알라(Allah) 신앙

이슬람교의 기본적 신앙 교의는 '알라'(Allah)에게서 시작된다. '알라'는 초자연적 존재인 하나님을 가리키는 아랍어 '알 알라(al-allah)'의 단축형이다. 아랍어로 타우히드라고 하는 알라의 유일성은 이슬람의 가장 중추적인 사상이다. 이슬람 성립 초기인 7세기 아라비아 반도는 다신교적 분위기와 우상숭배가 만연된 부족사회였다. 그런 사회를 개혁하고자 했던 마호메트는 천지를 창조한 창조주이자, 운명의 결정자이고 심판자적 속성을 가진 초월적이고 전지전능한 유 일신인 알라를 알리면서 이슬람을 발전시켰다.

② 천사(Malak, pl Al Malaika) 신앙

천사에 대한 이슬람교의 신앙은 특별하다. 무슬림 가운데 어떤 사람이 천사의 존재를 부인하면 이방인으로 취급된다. 천사들은 알라에 의해 빛으로 창조되었으며, 죽지도 않을 뿐만 아니라 인간 같은 성(性)을 갖고 있지 않다. 그들은 사람보다 격이 낮게 창조되었다고 믿고 있으며, 인간과 같은 자유의지를 가지고 있지도 못하며 단지 알라의 뜻에 복종만 하는 존재로 창조되었다. 천사는 알라와 인간 사이를 연결하며, 인간의 행동을 기록하고 감시하는 임무를 띠고 있다.

③ 선지신앙(Al Rasul)

이슬람교 신앙에서 사도(Rasul, 알라의 메신저)와 선지자(Nabi)는 다르다. 선지자는 알라에게 직접 계시를 받은 사람이다. 그러나 모든 선지자가 반드시 당대에 그가 받은 계시를 사람들에게 전하는 것은 아니다.

ⓐ 무슬림은 마호메트를 세상에 마지막으로 보낸 선지자로 믿는다. 선지자는 알라의 계시를 인류에게 선포하는 사람으로서 약 315명에 달한다. 꾸란은 그중 28명의 선지자를 언급하는 데 그 중에서 가장 특출한 선지자는 6명으로서 아담, 노아, 아브라함, 모세, 예수 그리고 알라가 특별히 보낸 최대의 사도 마호메트이다.[164]

---

164) 이병길, 앞의 책, 69~70.
아담, 이드리스(Idris), 이름 불명의 선지자(혹은 에녹), 노아, 후드(Hud), 사례(Saleh), 아브라함, 룻, 이스마엘, 이삭, 야곱, 욥, 줄키풀리(Zulkifli, 혹은 에스겔), 스쥅(Sjuib), 모세, 아론, 다윗, 솔로몬, 엘리야, 이사야, 요나, 사가랴, 세례요한, 예수, 마호메트
- 진경신앙 : 이슬람교는 알라가 인류를 위해 모두 104권의 경전을 주었는데, 그 중 10권은 아담, 50권은 셋, 30권은 에녹, 10권은 아브라함이 각각 받았으나 이들 경전이 모두 소실되어 현재까지 찾을 수가 없고, 그 중 4권만 남아 있다고 믿는다. 그 남은 경전은 알라가 모세에게 준 모세 율법서(Taurat), 다윗에게 준 시편(Zabur), 예수 그리스도에게 준 복음서(Injil), 그리고 마호메트에게 진경(Qur'an, 진경) 쿠란을 주었다고 믿는다.

ⓑ 사도란, 예언자 혹은 선지자로 불리는 알라에 의해 선택된 사람들을 의미한다. 모든 사도들은 "나 이외에 다른 신이 없으므로 나에게 헌신하라"(꾸란 수라 21, 25절)는 이슬람의 복음을 전하는 사람들을 뜻하며, 예언자들은 각기 다른 시대에 다른 종족에게 와서 복음을 전하였지만 조롱을 당하기도 하고, 박해를 받아 죽기도 하였다. 사도들은 특별히 알라에 의해 선택된 사람이지만 이들이 경배의 대상이 될 수 없다. 그러나 이전의 가르침이 왜곡된 것을 바로 잡은 최후의 사도인 마호메트에 대해서는 특별한 존경과 숭배의 감정을 가지고 있다.

④ 꾸란(Al Khutub)

'꾸란'이라는 말은 아랍어 동사 '읊다'(qara'a, to recite)에서 유래한다. 이 말은 마호메트가 알라의 말을 받아 인간 세계에 공포한 계시적 의미를 담고 있다.

모든 무슬림은 꾸란을 그들 신앙의 절대자인 알라의 영원하고도 완전한 계시로 믿는다. 꾸란은 천사 가브리엘을 통해 마호메트를 통해 전달된 알라 최후의 계시로서 이전의 왜곡되고 변질된 복음에 대한 정통성을 세우기 위해 마지막으로 보내진 성서라고 믿고 있다. 꾸란은 계시 그대로의 정통성을 위해 아랍어 이외의 다른 언어로 번역을 금하고 있으며, 번역도 엄격한 규정을 따라야 한다. 또한 그렇게 번역된 것도 '해설서'나 '주해서'의 역할만 할 뿐 꾸란으로써 의 특별한 의미를 가지지 못한다.

⑤ 최후 심판의 날

이슬람은 최후의 심판과 내세를 믿는 종교이다. 하지만 믿음을 통한 은혜로 구원을 받는 기독교와는 다르게 꾸란에서는 무슬림 각자 행동의 책임을 강조하고 있다. 절대 신만이 알고 있는 우주의 대 변동시간에 모든 영혼이 심판받게 될 것이다.(81장 1~14) 따라서 이 날은 최후 심판의 날 또는 최후 결산의 날로도 불리고 있다. 최후 심판의 날에는 사람들과 진(jinn, 요정, 정령)들도 알라 앞에서 자신의 행동에 책임을 지고 변론할 것이고, 각자의 행동에 따라 심판 받을 것이다. 이 모든 심판은 각 사람들의 죽기 전의 행위에 기초하지만 전적으로 알라의 권리이다.

심판 뒤에는 사람들의 육체가 부활하여 심판에 따라 천국과 지옥을 경험하게 될 것이다. 천국에 대한 묘사는 현세의 쾌락이 그대로 이어지는 모습을 보여주고 있다. 꾸란은 천국의 쾌락한 생활을 생생하게 묘사하여 아리따운 모습을 음미하는 즐거움과 강물이 흐르고 꽃들과 나무들로 꾸며진 아름다운 환경 속에서 풍성한 음료, 음식과 함께 검은 눈동자의 아름다운 여인들 결합의 즐거움 사이에 아무런 모순도 없는 것으로 본다.(56장 12~37절) 이와는 반대로 저주받은 사람들은 지옥으로 떨어져 절대 신과는 영원히 별거하게 되는 것이다. 그들은 이글거리는 불덩이 속에서 육체적 고통으로 고뇌와 절망에 허덕일 것이다.(18장, 29장). 이것은 기독교에서 묘사된 육체와 영혼이 분리되어 하나님 나라에 거하는 내세와는 사뭇 다른 면을 보여준다.

⑥ 지옥

꾸란에서 '지란남'(Jahannam)은 히브리어 '스올'(Sheol), '힌놈의 골짜기'(Valley of Hinn om), 그리스어 '게헨나'(gehenna)에 해당하는 말이다. 이슬람교의 종말론 신앙과 관련된 용어들은 매우 다양하다.

→ (종말의) 때(al-Sa'a h, The Houre) = 심판의 날(Yawm al-Din, The Day of Judgement, The Last Day 심판의 날은 아랍어로 '결산하는 날'(Yawm al Hisba, The Day of Reckoning) 혹은 "응보의 날"이다. 부활의 날(Yawm al- Qiyamah, The Day of Resurrection)

→ 이스라필(Israfil), 부활의 날에 나팔 부는 임무를 맡은 천사

→ 동산(al-Jnna, The Garden), 'Paradise'와 관계

→ 무덤의 천사(Munkar, Nakir)

→ 불(al-Nar), 'Hell'과 관계

※동서 문화의 교류[165]

→ 지옥의 다리(Sirat al-Jahim) ⑦ 예정 신앙

이슬람교는 모든 사람은 각기 다른 네 가지 무대, 즉 모태, 세상, 무덤, 그리고 천국을 옮겨 산다고 한다. 이슬람교는 이 네 가지 무대에서 인생의 생사화복(生死禍福)의 전 과정이 영원 전부터 알라의 예정에 의한 숙명론적(宿命論的) 신앙을 견지한다. 이슬람교는 마호메트의 '후계자'(칼리프) 칭호 외에 이 숙명론적 예정교의에 의하여 수니파와 시아파로 분열된다. 이 두 파의 대립은 이미 1천여 년의 역사를 지니고 있다.

그러나 인간만이 이성을 통한 자유의지(Free Will)를 부여 받았다고 믿는 무슬림들에게 이 사상은 많은 논란을 불러일으키고 있다. 특히 시아 무슬림들은 정명(定命)보다 인간의 자유의지를 더 믿고 있으며, 끝없이 대립하고 있다.

## 3) 이슬람의 발전[166]

정통 칼리프(Caliph, 632~661) －칼리프(정교일치의 최고 지도자)의 정복활동.

세습 칼리프(옴미아드 왕조:661~750) — 시리아의 총독 무아위야 (661~680)가 정통 칼리프를 죽이고—다마스커스에서 움미야드 왕조 건설. 서고트 정복(714).

(1) 분열[167]

① 칼리프의 분열 — 시아파 이슬람교도인들이 동칼리프의 옴미아드를 멸망시키고
② 마호메트의 후손 아바스를 옹립하여 아바스 왕조(동칼리프 : 750~1258)를 세웠다.
③ 수니파—마호메트의 언행을 기준으로 누구나 칼리프가 될 수 있다고 주장하였다.
　시아파—마호메트의 가문만이 칼리프가 된다고 주장하였다.
④ 마호메트의 알리를 중심으로 코란에 대한 주석이나 보충설명을 반대하는 원칙론자

---

165) 근대 이전 동·서 문화의 교류
▶ 초원길 : 외몽고의 카라코룸(和林)에서 서로 향하여 오고타이 한국의 서울 에밀을 거쳐 바르하시 호, 카스피해의 북방을 돌아 캄차크 한국의 사라이에 이르는 이른바 초원의 교통로이다. 기원전 8세기경에 스키타이의 청동기 문화가 전파되고, 그 이후에는 흉노족의 활동이 두드러졌으나. 3·4세기 초에는 5호의 중국 침입과 훈족의 서진 등이 이 길을 중심으로 전개 되었고, 5·6세기경에는 투르크계의 기마 민족이 장악하였다. 바투가 유럽을 원정했던 길도 이곳이다.
▶ 비단길 : 전한 무제 때 장건의 서역 파견으로 처음 개척되었으며, 그 후 바닷길이 개척될 때까지 중요한 교역로로 이용되었다. 한편 알렉산더의 동방 원정으로 이란 방면에 새로운 문화권이 발달하면서 인도와의 교통도 열려 1세기 중엽부터 두 문화권 간의 교류가 활발히 전개되었다. 중국의 비단과 나침반, 제지술 등이 서방에 전파되었고, 헬레니즘 문화와 이란 문명, 불교와 이슬람교 등이 모두 이 길을 통하여 중국에 유입되었으며 고구려 출신의 고선지 장군의 활약과 동진 법현의 인도 왕래는 이 길과 관련된 중요한 사실들이다. 이 길에 대한 중국의 지배력이 가장 컸던 때는 당현종 때이며, 남북조 시대부터 수·당대까지 활발하게 이용되었다. 이 비단길의 경영권은 이슬람과의 싸움(탈라스 싸움, 751)에서 패한 후 상실되었다.
▶ 바닷길 : 항해술과 조선 기술이 발달하지 못한 고대에는 별로 이용되지 못하였으나 로마 제국의 홍해 지배와 로마 귀족들의 동양산 사치품에 대한 수요가 증가함에 따라 크게 번창하였다. 한편 인도에서 중국으로 들어오는 바닷길은 8세기 이후 이슬람 제국의 발전으로 이란과 아라비아 상인들이 중국과 직접 무역 거래를 전개하게 되고 특히 현종 말기 비단길의 경영에 실패한 이후 이 항로는 동·서 교류에 매우 중요한 역할을 했다. 8세기 후반 아바스 왕조가 바그다드를 수도로 정하면서부터 이슬람 인들의 해상 활동은 크게 활기를 띠게 되어 남부 중국의 항구까지 출입하였다. 송대 이후 중국 선박의 대형화, 나침반의 항해 이용 등 항해술의 발달로 중국 상인들이 비단, 도자기를 가지고 자바, 수마트라에서 인도에 걸쳐 폭넓게 문물 교류를 하였으며 그 뒤 이 항로는 동서 교류의 혈맥이 되었다.

166) 이슬람 제국의 발전과 확대

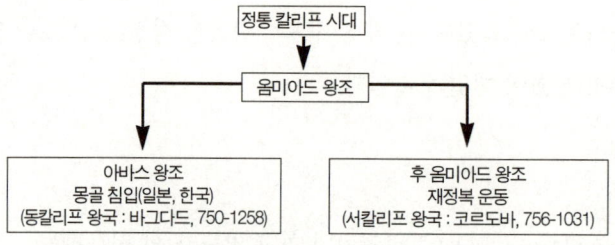

오창훈 외 3인, 《핵심세계사》, ㈜지학사, 2004, 76.

이다.

⑤ 13세기 몽고의 침입으로 멸망하였다.(1258)

⑥ 후기 옴미아드 왕조 – 서 칼리프 (756~1031) : 스페인 지역. 아바스 왕조에 밀려 이베리아 반도로 옮겨 그곳에서 이슬람 문화를 전파하였다.

⑦ 파티마 왕조 – 중 칼리프( 909~1171) : 북아프리카 전역 지배.

⑧ 사만 왕조(874~999) –이라크, 터키, 이란의 국경부분에 걸쳐 있어서 독립이 더욱 어렵다.

⑨ 중앙아시아의 투르크족 – 이슬람, 셀주크 투르크

⑩ 부와이 왕조(932~1055) : 945년 바그다드 정복(아바스 왕조)[168]

(2) 성장[169]

8~13세기(500년간의 정체기) : 네스토리우스에 의해 복음을 받아들인 셀주크 터키인들이 이슬람으로 개종하였다. 이로써 소아시아 지역의 기독 세력이 크게 감소하였고, 십자군 전쟁이 시작되었으나 실패하였다.

---

[167] 수니파 시아파

**수니파와 시아파**
- 수니파: 이슬람교도의 약 90%를 차지한다. 칼리프의 선출을 지지하고, 마호메트의 언행에 의해 경전을 보관하는 것
- 시아파: 마호메트의 혈통을 강조한다. 코란에 대한 주석을 배제하며, 아비스 왕조에 의해 발전되어 오늘날 이란 지역에 분포한다.

**선교전략**
추종자들→전투적인 부족들로서 정복과 회심의 선교활동을 폈음.
: 다메섹(635), 안디옥(636), 예루살렘(638), 가이사랴(640), 엘렉산드리아(642) 페르시아 제국 멸망(650), 기독교의 최후 보루인 카르다고 함락(697), 스페인 함락(715), 인도의 편잡지역과 중앙아시아까지 침투함

[168] 아바스 왕조는 ① 바드다드 아바스 왕조9750~1258) ② 카이로 아바스 왕조(1261~1500)
[169] 시대적 구분

13~14세기: 오스만 투르크(Ottoman Turks) 족과 중앙아시아, 몽고인들이 광적인 추종자였다. 15세기: 그리스와 발칸반도 지역을 침입하였고 1453년 콘스탄티노플을 함락시켰다.

### 4) 이슬람의 분열[170]

10세기 중엽-가즈니: 아프카니스탄의 이슬람화

10세기 말-투르키스탄 지역 유목민의 이슬람화

11세기 초-셀주크투르크의 이슬람화(이슬람의 전성시대)

12세기에 십자군 전쟁과 몽고의 침략으로 세력이 약화, 분열됨.

14세기 중엽- 투르크계 티모르(1370~1405)

#### (1) 서이슬람의 분열

11세기 중엽 -아프리카의 베르베르족(무어인): 맹렬한 선교활동으로 아프리카에 선교활동.

11세기 말 -셀주크투르크의 살라딘이 자립하여 파티마를 멸하고 아유브로를 세워 (1169~1250) 시리아, 이집트, 수니파를 지배.

#### (2) 북아프리카의 기독교[171]

7세기 기독교는 북아프리카에서 가장 큰 손실-위대한 지도자와 신학자 3명 배출, 2세

---

[170] 국토 회복 운동(Reconquista)
에스파니아의 크리스트 교도가 이슬람교도에 대하여 일으킨 실지 회복운동. 이베리아 반도는 8세기에 북아프리카의 원주민인 무어인을 중심으로 하는 이슬람교도에게 점령당하였다. 그 뒤 북쪽에서 정복을 면했던 고트족을 중심으로 한 반격이 개시되어, 1492년 그라나다의 함락을 끝으로 이베리아 반도는 완전히 가톨릭교도에 의해 회복되었다. 이 운동은 스페인 중세사의 대동맥을 이루며, 771년의 이슬람 침입에서 1479년의 아라곤, 카스틸랴 양국의 통일에 이르기까지 계속되었는데, 이를 3기로 구분한다.
▶제1기(771~1031)는 타리크의 침입에서 옴미아드 왕조의 10대 칼리프 히샴 3세의 폐위에 이르는 기간으로, 서칼리프국의 최성기에 해당한다. 먼저 아스투리아스에 크리스트교 왕국이 형성되어, 종교적 국민주의 밑에 레온, 카스틸랴 방면으로 진출하고, 한편 나바라, 아라곤 방면으로부터의 운동과 더불어 나바라 왕 산초 대왕 (970~1035) 밑에 통일되어 북부 스페인이 그 지배하에 들어갔다.
▶제2기(1031~1212)는 칼리프 권력의 붕괴에서 라스 나바스데 톨로사의 전장에 이르는 기간으로, 칼리프 권력이 여러 소국(타와이프)으로 나뉘어 카스틸랴, 아라곤을 2대 주축으로 하는 크리스트교국의 우위가 확립된 시대이다. 포르투갈이 독립하였고(1143), 코르도바, 세비야 등의 유력한 소국들이 함락되었다.
▶제3기(1212~1479)는 국민적 통일에 이르는 기간으로, 귀족의 억압과 봉건적 아나키의 극복을 통해 중앙 집권화를 달성한 시기이다. 이 동안 도시의 발달, 중산적 생산자 층의 전개, 코르테스(의회)의 정비를 보았으며, 그라나다의 함락(1492)으로 국토 회복을 완성하였다. 이러한 가톨릭적 정열이 이 지역에 있어서 '지리상 발견'의 정신적 원동력이 되었다.

기에 믿음을 방어한 터툴리안(Tertulian), 3세기에 강한 교회를 세운 시프리안(Cyprian), 4세기 바울 이후 가장 위대한 신학자 어거스틴, 세계 기독교의 1/4에 해당하는 북아프리카 교회 – 500개의 감독구역을 상실함.

(3) 무너진 이유

① 소수의 기독교인들이 이방인의 규율 밑에 사는 것을 거절하여 유럽으로 이민을 떠났다. – 자연적으로 교회약화 – 그들 종교를 수용하고 계율을 준수하기로 하였다.
② 이슬람교의 능력을 하나님의 개입으로 보고 투쟁하지 않기로 하였다. 이슬람교로 개종 – 더 수준 높은 하나님의 계시로 보았다.
③ 이슬람교의 보호와 혜택을 누렸다.
④ 영적인 면에서 교회가 나약했고 토착교회가 아니었다. 라틴 문화가 로마권세와 연결되어 교회가 그 나라 토양 깊숙이 뿌리를 내릴 수 없었던 것이다.
⑤ 현지어로 된 성경이 없다. – 라틴어 성경은 있었으나 주위에 종족을 위한 포에니어와 바바르어로 된 성경 번역은 전혀 없었다.
⑥ 교회의 에너지가 지나친 신학적 논쟁으로 다 소진되었다.
 – 어거스틴 전까지 도나티스트 논쟁[172]이 있었다.
 – 형제들을 살해하고 복음의 능력을 나타내는 일보다 그 순수성을 옹호하는 일에만 관심을 쏟은 것이다.
⑦ 복음적인 삶과 열정을 잃었다.

---

171) 아프리카의 이슬람화-파티마왕조로 시작-마물루크 왕조(1250-1517)-아라비안 나이트, 이슬람 최대 역사학자 이븐 할툰의 삼대륙 주유기 등
북아프리카 서부-베르베르인, 서아프리카 7세기 가나왕국 이슬람화, 동아프리카-이슬람 상인들의 영향 -스와힐리문화, 에티오피아 공화국이 유일한 기독교, 이돈의 이슬람화-11세기 초 아프가니스탄 -펀자브 지역을 출입한 이슬람 세력이 인도지출-투르케의 이슬람왕조 고르왕조(1148-1215)-노예왕조(1206-1290)-5개의 이슬람국가-인도에서 만인평등의 이슬람교로 개종함.
동남아시아-불교, 힌두교의 인도문화권이었다. 섬 지방을 중심으로 7-8세기 이슬람 상인진출-13세기부터 이슬람화 본격가동-자바섬, 말라카왕조-필리핀도 13세기 이슬람교-스페인 점령 후 가톨릭으로 개종하였으나, 원주민인 모르족은 아직도 이슬람교를 믿고, 저항
172) 디오클레티아누스 박해 때 북아프리카 주교 펠릭스(Felix)는 성경을 버리고 성문을 부수어버림으로 노골적인 변절자였다. 그가 카르타고 감독 '캐칠리아누스(Caeciliance)'의 안수위원 중 한 사람임을 알고 캐칠리아누스 임직을 무효로 하고 '마조리아누스(Majorinus)'를 선출하였으나, 곧 사망하자 그의 후임으로 '도나투스(Donatus)'가 선출됨. 두 감독 중 콘스탄티누스 황제가 캐칠리아누스 감독을 지지하자, 도나투스 지지자들은 황제 거부운동을 함. 교회의 독입을 선언함(4-5세기).

### (4) 기독교가 이슬람교에 끼친 영향

① 모든 이슬람세계의 격리 – 성지회복 전쟁 – 신앙자체를 거부 – 침략의 희생자에서 침략자로
② 십자군 원정대의 잔악성 – 예루살렘 수비대 1,000명 섬멸, 이슬람교도 7만을 대량학살하고 유대인을 화형시켰다.
※ 약점 : 종교수용, 계율준수, 이슬람교 능력= 하나님의 능력 · 투쟁개입 안 함. → 이슬람교 개종 – 수준 높은 하나님의 계시, 영적교회 – 나약, 고유어로 된 성경이 없었다.

### 5) 이슬람원리주의(Islamic fundamentalism)

#### (1) 명칭의 유래

① 1940년대에 들어와서 전통적인데다 과격한 이슬람교도를 이슬람 원리주의자(Islamic Funda- mentalist)라고 부르기 시작.
② 용어는 소위 이슬람 원리주의자들 자신이 스스로 이름 붙인 것이 아니고, 어디까지나 비(非)이슬람세계, 특히 영어권에서 이들에게 붙여준 이름이다.[173]
③ 이슬람 원리주의(Islamic Fundamentalism)는 정작 무슬림 세계사에서는 아랍어로 우술리야(usuliyyah)라는 한 단어로 번역, 요즘 이슬람 원리주의자들은 자신들의 운동을 이슬람 부흥운동(nahdah; 부흥, 재생)이라는 이름으로 불리는 것을 더 선호한다.

#### (2) 이슬람원리주의[174]의 정의

이슬람 원리주의는 이슬람사회가 이슬람교의 원점으로 되돌아갈 것을 주장하는 운동이다. 이것은 이슬람 사회가 서양사회에 예속된 원인을 이슬람교의 타락에서 비롯됐다고 보고, 초기 이슬람의 순결한 정신과 엄격한 도덕으로 돌아감으로써 이슬람사회가 재생할 수 있다는 것이다.

#### (3) 역사적 배경

① 마호메트가 7세기에 불과 100여명의 무슬림을 이끌고 메카의 탄압에 메디나로 이주했을 당시 그들은 초라했지만, 곧 메카를 정복하고, 아라비아 반도를 통일하였다.

---

173) 이슬람 급진주의자(Islamic Radicalists), 이슬람 개혁주의자(Islamic Reformist) 등으로 불리기도 함.

② 페르시아를 멸망시키고, 비잔틴 제국의 콘스탄티노플을 함락(1453)시켰으며, 중세 내내 전 유럽을 상대로 우월한 위치를 고수하였다.
③ 1658년 무슬림들은 헝가리를 침공하고, 1669년 크레타를 정복하였으며, 1672년에는 폴란드를 공격하고 6년이 지나지 않아 러시아 제국을 패퇴시키며 우크라이나에 진출하였다.
④ 십자군 전쟁의 일환으로 스페인 남부를 이슬람으로부터 되찾은 유럽은 그곳에 산재해 있던 이슬람의 놀라운 문화와, 선진 과학기술, 학문에 놀라게 되었다.
⑤ 유럽은 아랍어로 된 학술자료를 이해하기 위해 아랍어를 배웠고, 르네상스에 이르도록 방대한 양의 아랍 문명은 유럽에 지식의 홍수를 가져오게 되었다.
⑥ 훗날 르네상스의 인본주의에 부합되면서 유럽에 눈부신 근대화를 이룩해 주었고, 18세기에 이르러 오스만 투르크 제국은 이와는 반대로, 군사적 충돌, 반란, 중앙 집권체제의 약화, 경제적 퇴보 등과, 강대해진 서구 열강의 침투로 급속하게 쇠퇴하였다.
⑦ 강성하던 이슬람 제국은 제1차 세계대전에서 독일의 편에 섰다가 패배하면서 승전국에 의해 조각나버렸고, 서구 열강들은 이들의 땅에서 나는 석유자원에 집착하게 되었다.
⑧ 모로코, 알제리, 튀니지, 이집트 등 북아프리카부터 이라크를 포함한 과거 이슬람의 심장부까지 서구 세력에 장악 당했다.

174) 와합주의: 이슬람 원리주의 모델
▶ 와합수의는 이슬람 성직자들의 독특한 정치체제이며, 억압적인 사우디 국가를 형성하는 정치 이념이다. 오사마 빈 라덴이나 탈레반 같은 급진적 이슬람 운동의 뿌리는 와합주의이다. 와합주의의 창시자 와합(Muhammad Abd al-Wahhab 1703~1787) 수니학파의 엄격한 종파 신앙을 가르쳤다. 와합은 과거 학자들이 쓴 이슬람 책을 정죄하고 꾸란과 순나(순나는 마호메트가 가르친 습관과 종교적 실천)로 복귀하여 이슬람에 첨가된 미신적 신앙이나 거짓된 실천과 관습은 다 제거하자고 주장했다. 그는 급진적 사상으로 인해 이단자로 몰리지만, 결국 사우디를 석권하게 된다.
▶ 와합주의의 특징
1) 종교가 정치화하여 종교적 파쇼주 혹은 종교적 전체주의의 첫 모델
2) 반과학적이다.
3) 철학, 예술을 증오한다.
4) 노골적으로 기독교와 유대교를 미워할 것을 가르친다.
5) 여성을 비하한다.
참고문헌
전호진,《이슬람원리주의의실체》, 한반도 국제대학원대학교, 서울:2006, 109-115

⑨ 당시에는 이슬람교가 받아들여졌으나, 유럽의 식민통치법, 기독교적 관습은 이슬람 세계의 주권을 빼앗고, 모든 규범 문화를 밀어내며 자리 잡기 시작. 무슬림들에게 자성의 계기가 되었다.

⑩ 근대에 이르러 이슬람교 초기의 고귀한 정신으로 돌아가자는 '살라피야' 사상이 발흥했고, 이러한 혁명가들은 침략국에 의해 강제로 추방되거나, 투옥되었고 처형되었다. 이러한 분위기 속에 '싸이드 꾸틉'[175)]에 의해 급진적인 사상이 발흥한다.

⑪ 싸이드 꾸틉은 처형당했으나, 그의 죽음 이후 이러한 급진적 생각은 급속도로 확산, 이때까지만 해도 현재와 같은 테러리즘과는 거리가 멀었고, 세속정권에 대한 정당한 탄핵행위, 도전행위일 뿐이었다.

⑫ 아랍세계를 우롱한 이스라엘의 건국, 이스라엘의 놀라운 성장과 막강한 군사력, 미국의 이스라엘에 대한 전폭적인 원조는 반이스라엘, 반미 감정을 확산, 걸프전 이후 단지 종교적 인 인종적인 차이를 넘어 서구 세력에 대한 무차별적 테러리즘의 발생을 야기하였다.

⑬ 현재의 알카에다, 하마스와 같은 조직은 더 이상 이슬람 원리를 표방한다 할 수 없음. 그들은 방어적 무장투쟁 개념의 지하드를 넘어서 무분별한 살육을 자행하고 있고, 더 이상 무슬 림이라 할 수 없다.

---

175) 사이드 쿠틉

(Sayyidn Qutb, 1906~1966)

사이드 쿠틉은 이슬람 원리주의 이론과 행동철학을 다듬고 체계화하여 이슬람 원리주의 운동의 새로운 이정표를 제시한 '이슬람 이데올로기화'와 '이슬람 혁명' 이론의 주창자이다. 오늘날 이집트를 비롯한 무슬림 세계 전역에서 일어나고 있는 이슬람 원리주의 운동에 있어 가장 영향력 있는 인물로 평가 받고 있다. 1940년대 그의 저작을 통해 나타난 그의 주장은 대체로 이슬람적 윤리에 바탕을 둔 것이었다. 무슬림 개개인의 행동과 공동체의 개혁에 관심을 기울이면서 올바르게 사는 '정직한 길'이 오직 이슬람에만 존재한다는 점을 역설하려 했다. 그에게 있어 순수한 이슬람을 타락시킨 근본은 바로 서구라는 적이었다. 특히 영국을 이집트의 적으로 보았다. 1952년 7월 자유 장교단 쿠데타를 통해 정권을 잡은 가말 압둘 나세르는 집권 초기, 사회적 영향력이 큰 무슬림 형제단과 손을 잡았지만, 혁명 후 얼마 지나지 않아 무슬림 형제단의 지도부와 사이드 쿠틉은 군사정권의 세속화와 일방적인 서구화에 환멸을 느껴 반정세력으로 돌아갔고, 1954년 초 군사정권은 무슬림 형제단의 활동에 금지령을 내렸다. 그 해 10월에 무슬림 형제단의 한 과격단원이 나세르를 암살하려는 음모가 발각되어 대대적인 탄압을 가하기 시작했고, 이로인해 사이드 쿠틉은 반정부 소요 조장, 팸플릿 제작, 파괴적 행동 죄목으로 15년의 중노동을 선고 받았다. 그는 수감 중에 대부분의 저서를 집필했는데, 그의 마지막 저서인《길가의 이정표(Ma'ālim fiat-Tarīq)》는 단순히 개인의 신앙과 행동에 의한 사회개혁 차원의 혁명이 아니라, 국가 구조 자체를 바꾸어 놓는 이슬람적 혁명이 필요하다는 것을 구체적으로 명시한 책이다. 1964년 건강 문제로 인하여 일시 석방 됐으나, 1965년 또 한 번의 대통령 암살 사건에 연루되어 다시 체포되었고, 이집트 정부를 전복하려 했다는 죄목으로 1966년 8월 29일에 사형되었다.

(4) 개혁적 이슬람원리주의

① 와하비 운동과 같은 부흥적 성향의 운동은 이슬람공동체 내부의 모순에서 나온 것으로 서유럽열강과 그 문화의 중동침투는 단순히 촉진제 역할을 한 것에 불과하였다.

② 19세기 초 오스만투르크의 개혁운동은 프랑스 원정군이 불과 일주일 만에 이집트를 점령하자 그 반응으로 등장하였다.

③ 개혁은 이슬람의 정치체계를 건전한 것으로 보았기 때문에 제국의 기존질서를 유지한 상태에서 군사적, 기술적 분야에 한하여 개혁을 실시, 그 한계를 드러냈었다.

④ 서구식 방법으로 이슬람을 재해석하고 발전시키려는 시도가 나타남. 즉, 헌정체제 도입과 함께 실시된 탄지마트 운동이 그것, 그러나 이것은 민주정치의 미숙으로 정정(政情)만 혼란하게 하였다.

⑤ 개혁들이 실패로 돌아가자 이슬람원리주의자들이 등장하여 유럽의 물질문명은 받아들이되 이슬람 고유의 신학과 사상에 바탕을 둔 정치, 사회체제로 돌아가야 된다며 개혁주의자들을 비판하였다.

⑥ 20세기 전반, 하산 알 반나에 의해 조직된 무슬림형제단[176]이 등장하여 위와 같은 부흥적, 개혁적 원리주의 운동을 계승, 발전시켜 현대적 의미의 개혁운동을 대중적 바탕 위에서 본격적으로 추진하였다.

(5) 이슬람 원리주의 운동의 현재적 상황

① 1979년 중동의 가장 서구화 된 석유부국 이란에서 원리주의자들에 의해 서민과 중산층을 껴안은 아래로부터의 이슬람 혁명이 성공했을 때, 서구는 경악하였다.

② 132년간 프랑스의 식민통치를 경험한 알제리는 독립 후에는 30년 가까이 군부에 의한 일당독재에 시달렸다.

③ '무슬림형제단'을 중심으로 하는 급진성향의 이슬람 부흥론자들의 약진은 아랍국가 곳곳에서 나타나고 있음. 군부의 소탕으로 현재는 지하로 잠적하였다.

④ 1990년대 동유럽과 소련연방이 붕괴되고, 자본주의의 모순과 함께 서구 강대국들의 중동각국에 대한 침탈이 더욱 가속화 되는 상황과 관련하여 원리주의 성향의 이슬람부흥운동이 새로운 변화를 맞이하였다.

(6) 이슬람 원리주의의 폭력화 배경

① 1950년대와 60년대는 아랍민족주의의 전성기라 할 수 있다.

② 이집트에서 1952년 군사쿠데타로 낫셀이 혜성처럼 나타나 아랍민족주의를 내세우자 그 영향으로 주변 아랍국가에도 큰 변화가 계속 되었다.

③ 강력한 민족주의자들인 이슬람원리주의자들은 이슬람을 탈피하지 않고 오히려 이념으로 삼고 있는 점에서 민족주의자들과 대립되어 현재 중동각국에서 서로 충돌하고 있다.

④ 재스민 혁명 : 2011. 12. 17. 튀니지 청년 모하메드 부아지지[177]의 분신자살로 아랍권에 민주화 바람이 일어났다. 이집트 알제리, 리비아, 시리아 등의 군부, 왕정들이 시민혁명 – 특히 이슬람 형제단에 의해 무너지고 위기를 맞았다.

---

176) 무슬림형제단

1. 설립시기와 목적

무슬림형제단은 1928년 범이슬람주의를 주장한 알아프가니의 사상을 지지하던 하산 알 반나가 이슬람을 설교하고 토론할 대중적인 장소의 필요성을 느껴 이집트의 이스마일리야에서 창설했다. 서구 열강으로부터 해방과 이슬람 원칙으로 회귀를 목표로 하여 1930년대 후반 학생 노동자 • 전문 직업인이 참여한 중동최대의 정치운동단체로 발전했다.

2. 주요이념과 영향력

초기에는 계몽운동적인 성격을 띠고 정치, 사회, 경제, 교육, 군대 등 모든 분야의 개혁을 촉구하는 운동을 벌였다. 1939년부터 유태인 독립국가 건설 추진에 자극 받아 정치투쟁 조직으로 재편성되면서 변화되기 시작했다. 무슬림형제단이 정치조직으로 재편성되기 시작하자 그 여파는 급속도로 퍼져 1940년 이집트 내에 5백여 개의 지부를 둘 정도로 그 영향력이 커졌다. 그리고 각 지부에서 종교생활과 교육을 통제해 이슬람 강조와 반영투쟁, 반군주투쟁 전략을 지속적으로 전개하자 이들은 가장 조직적이며 힘이 있는 저항운동으로 대영 투쟁 및 친영정책을 취하는 군주에 대항하는 단 하나의 길로 여겨졌다. 무슬림형제단은 와하비즘이나 마흐디즘과는 달리 현대의 원리주의운동이나 단체의 모태로 이슬람세계에 많은 영향을 끼쳤다.

3. 활동사항

- 무슬림형제단과 산하조직이 연루된 주요 테러사건 • 사다트 암살사건(81년 10월 6일)
- 이슬라마바드 주재 이집트대사관 폭파 사건(95년 11월 19일)
- 무바라크 암살미수(96년 6월 26일)
- 카이로 관광객 습격사건(96년, 97년)
- 최근 이집트에서 일어나고 있는 연쇄테러 사건에 산하 과격조직이 연계되어있다는 분석이 제기됨.

종교적 사회운동단체로 강력한 대중적 지지기반을 누리던 무슬림형제단은 비합법 단체이면서도 거대 민중조직으로 활동하고 있다. 무슬림형제단이 아직도 나름대로의 영향력을 행사하며 근절되지 않고 살아남은 것은 아즈하루 대학기구라는 성역의 존재 덕분이며 동시에 탄압의 대상이 되었던 것은 일부가 테러조직과 연루되어 있었기 때문이다.

177) 2011년 튀니지 중부의 소도시에서 청과상을 하던 청년 모하메드 부아지지가 무허가 청과물 노점상을 경찰이 단속함으로 생계수단을 잃어버리자 극단적 항의 표시로 분신자살. 튀니지의 국화가 재스민(Jesmine)으로, 재스민 혁명으로 부른다. 1987년부터 튀니지를 다스려온 제인 엘아비디네 벤 알리 대통령이 사퇴하고 사우디아라비아로 망명했다.

### (7) 오사마 빈 라덴(Osama Bin Laden)

별칭 : 오사마 마호메트 빈 라덴

출생 : 1957년 3월 10일 출생지 : 사우디아라비아 지다 킹압둘아지즈대학교 컴퓨터공학, 알타거모델스쿨

① 사우디아라비아 출신의 국제 테러리스트. 미국 대사관 폭탄 테러와 911 미국대폭발 테러 등의 배후자로 지목하였다.

② 1957년 사우디아라비아 남서부에 있는 항구도시 지단에서 명문가의 아들로 태어난 것으로 추정. 1970년대 후반부터 1980년대 초까지 킹압둘아지즈대학교에서 이슬람교 스승들의 영향을 받아 정치와 종교에 관심을 가지게 되었다.

③ 급진이슬람원리주의자로서, 1980년대 중반에는 소련의 아프가니스탄 침공 직후 아프가니스탄으로 건너가 아랍 의용군을 조직하여 도로 건설 및 난민 구호, 병참 업무 등을 담당하면서 소련(러시아)군에 맞섰다.

④ 1989년 사우디아라비아로 귀국해 아프가니스탄[178] 참전용사를 위해 복지기구를 건립, 1991년 이라크가 쿠웨이트를 침공하자 사우디아라비아의 방어를 자청하였다.

⑤ 1992년 자신의 추종자들과 함께 수단의 수도 하르툼으로 이동. 이때부터 반미(反美) 인사가 되어 이집트 과격단체들과 동맹을 맺고 막대한 부를 바탕으로 자신이 조직한 테러조직 알카에다(Al-Queda)를 통해 국제적인 테러를 지원하기 시작했다.

⑥ 1993년 발생한 소말리아인(人)들의 미국 평화유지군 살해사건에 빈 라덴의 부하 일부가 가담한 것으로 알려지면서 1996년 미국 국무부의 '주요 테러 재정지원자'로 지목되었고, 같은 해 수단에서 축출되자 다시 아프가니스탄으로 건너갔다.

---

[178] 아프간에 대하여 이슬람 원리주의를 국가적 차원에서 실천한 나라는 사우디, 이란, 아프간인데, 아프간은 원리주의로 인하여 가장 실패한 나라가 되었다. 아프간은 200년 동안 전쟁으로 철저히 파괴된 나라이다. 동과 서를 잇는《문명의 십자로》라는 전략적 중요성으로 인하여 더 외침이 잦았다. 아프간은 인종과 언어와 문화의 모자이크 국가이다. 아프간의 이슬람은 수니파가 84%이며 시아파가 15%이다. 주요 언어는 파슈분어와 다리어이다. 아프간의 비극은 다인종의 이슬람 국가로 이슬람이 부족 통합에 실패했다는 사실이다. 이슬람 국가에서 자유는 무서운 혼란을 가져온다는 것을 이라크 사태가 잘 보여준다. 근대적 국가가 어려운 것은 슈라라는 국회가 있으나 지르가라는 부족들의 모임이 더 영향력이 있기 때문이다. 서구적 정부와 정치 형태가 정착하기 어렵다. 아프간은 아편으로 유명한데, 아프간이 생산하는 마약은 전 세계의 92%이다. 이로써 마약 생산을 억제하는 유엔을 더욱 난처하게 하고 있다. 탈레반의 부활에 아프간은 불안하다. 이란과 파키스탄 정권은 탈레반을 계속 지원한다. 아프간의 미래는 아프간 군대가 스스로 탈레반을 제압할 수 있느냐 하는 것과 아프간의 재건 능력에 달려있다고 보여진다.

참고
전호진,《이슬람 원리주의에 실체》, 서울:한반도국제대학원대학교출판부, 2007. 132-136.

⑦ 빈 라덴은 아프가니스탄에 머물면서 자신이 이끄는 알 카에다를 중심으로 전세계 이슬람 테러 조직에 자금을 지원하는 것으로 알려졌다.

⑧ 1999년 이후 아프가니스탄에서 숨어 지내면서 계속 대미 테러 활동을 벌여왔는데, 2001년 9월 11일 발생한 미국 맨해튼의 110층짜리 쌍둥이 빌딩인 세계무역센터와 미국 국방부(펜타곤)에 대한 항공기 납치 자살테러 사건 역시 그가 조종한 것으로 알려지면서 전 세계의 주목을 받았다.

⑨ 2001년 10월말 미국은 그가 숨어 있는 아프가니스탄에 대해 전면전 공격과 국제테러조직들에 대해 무차별 응징을 선언. 하지만 미국의 전면적 공격에도 빈 라덴은 2011년 사망하였다.

### (8) 알 카에다(Al-Qaeda)[179]

① 1979년 소련(현 러시아)군이 아프가니스탄을 침공하였을 때 아랍 의용군으로 참전한 오사마 빈 라덴이 결성한 국제적인 테러 지원조직. 총 34개국에 달하는 국가에서 활동하고 있는 것으로 알려져 있다.

② 철저한 점조직으로 움직이면서 계속 활동영역을 확장해 비(非)이슬람권 국가에까지

---

[179] 알카에다

알 카에다는 세계화의 물결을 거부하고 지방문화와 이슬람 문화의 고수를 고집하면서도 국제화를 최대한 이용한다. 아프간의 알 카에다 본거지가 파괴되면서 테러리스트들은 그 본거지를 유럽 도시로 이동하고 세계적 조직망을 형성하고 있다. 알 카에다 이론은 이슬람 원리주의 집단이 무슬림 형제단에 뿌리를 두고 있다. 현재 알 카에다는 이라크의 시아파와 수니파의 내전을 과열시켜 엄청난 테러행위를 자행하고 있다. 여기서 알 카에다의 목표인 서방 정복만이 아니라, 다른 무슬림도 제거해야 한다는 와합주의 이념을 실현하고 있음을 알 수 있다.

참고
전호진,《이슬람 원리주의의 실체》, 서울:한반도국제대학원대학교출판부, 2007.130-131

◎ 아야톨라 루홀라 호메이니(Ayatollah Ruhollah Khomeini, 1902~1989)
이란의 종교가, 정치가, 이란혁명의 최고지도자. 왕정을 부정하고 이란의 서구화·세속화 정책에 반대하였다. 시아파의 3거두 중 1인이며 국왕 팔레비의 '백색혁명'에 반대하였다가 터키로 망명하여 이란혁명을 주도하였다. 귀환 후 이란 이슬람공화국을 성립시키고 이맘(imamn:敎主)의 칭호를 받았으며 최고 지도자로 이란을 통치하였다.

◎ 이란혁명
1962년 이래의 백색혁명이나 1970년대의 석유 이윤으로 추진한 근대화로 인해 발생한 인구이동으로 도시는 급팽창하였으며 국민들은 비밀경찰 사바크가 지배하는 암흑정치 아래 소외와 억압을 당하게 되었다. 이란 국민의 태반을 차지하는 이슬람교의 시아파(派)의 종교지도자 호메이니 등은 이러한 상황을 이슬람교도 공동체(움마)의 위기로 보고 본래의 이슬람원리주의에 기초한 움마의 재생과 결부시켜 국민에게 왕제 타도를 제창, 반국왕 운동의 선두에 섰다. 국내의 좌익세력도 여기에서 사회적 변혁의 실마리를 찾아내어 공감하였으며, 바자 상인층도 호응함으로써 이슬람원리주의를 축으로 하는 광범위한 국민결합대운동이 전개되어 팔레비왕조를 붕괴시키고 새로운 이슬람공화국이 탄생되었다.

세력을 뻗치는 한편, 1998년에는 이집트의 이슬람원리주의 조직인 지하드와 이슬람교 과격단체들을 한데 묶어 '알 카에다 알 지하드'로 통합하였다.

③ 주요 목적은 이슬람 국가들의 영향력 확대이다.

(9) 탈레반 (Taleban)

① 1994년 10월, 2만 5000여명의 학생들이 중심이 되어 아프가니스탄 남부 칸다하르에서 결성한 수니파(派) 무장 이슬람 정치조직.

② 과도정부인 이슬람공화국을 선포하면서 결속력 있는 세력으로 등장, 아프가니스탄 내 반군 조직을 무장 해제시킨 뒤 약탈과 강도, 부정부패를 없애는 데 힘을 쏟는 한편, 일상 상업 활동을 재개함으로써 전통적인 아프가니스탄 가문의 지지를 얻었다.

③ 내전이 계속되면서 국가 접수(接收)가 어려워지자 지역 지휘관들과 전략적 협정을 체결, 지역에서 일어나는 심각한 위법 사항과 이에 따른 각종 인권침해를 도외시함으로써 많은 문제가 발생하였다.

④ 2001년 9월 11일 발생한 미국대폭발테러사건의 배후자인 사우디아라비아 출신의 국제 테러리스트 오사마 빈 라덴(Osama bin Laden)과 그의 추종 조직인 알카에다(Al-Queda)를 숨겨둔 채 미국에 인도하지 않음으로써 미국과 동맹국들의 반발을 산 끝에 결국 아프가니스탄을 전쟁의 도가니로 몰아넣었다.

(10) 이슬람 국가(IS)

이슬람 국가(아랍어: الدولة الإسلامية, 영어: Islamic State, IS)는 이라크 및 시리아 일부 지역을 점령하고 있는 국가를 자처한 무장단체이다.

2014년 6월 현 이름으로 조직명을 변경하며 제정일치의 칼리파 국가 선포를 주장했으며, 이라크·레반트 이슬람 국가(아랍어: الدولة الاسلامية في العراق والشام, 영어: ISIL), 이라크·시리아 이슬람 국가(영어: the islamic state of iraq and syria, ISIS), 다에쉬 등으로도 불리고 있다. 스스로를 "국가"라고 자처하고 있지만, 국제사회에서는 국제법에 위배되는 극단적인 테러리즘의 성향으로 인하여 이를 국가로 인정하지 않고 있으며, 이슬람 국가를 변경 전 명칭인 다에시(Daesh)로 부르고 있다.

이슬람 국가는 1999년에 JTJ(유일신과 성전)이라는 이름으로 처음 조직되어, 2004년 알카에다에 충성을 맹세하고 본격화되었다. 현재 이라크와 시리아, 레바논 같은 레반트 전 지역의 영토를 요구하고 있다. IS는 무자헤딘 슈라 위원회, 알카에다 이슬람 지부, 쟈시 알파티헨, 준드 알샤하바, 카트비얀 안사르 알타위드 왈 수나호, 제흐 알타이파 알만소라 등 대형 조직을 포함하여 수니파의 지원을 받고 있다. IS는 이라크, 나중에는 시리아를 포함한 수니파 칼리프 제도를 부활하는 것을 목적으로 하고 있다. 2014년 2월, 8개월간의 권력 투쟁 이후 알카에다는 IS와의 결별을 선언했다.

이라크 전쟁이 고조되면서, 안바르 주, 니나와 주, 키르쿠크 주, 살라딘 주의 대부분, 바빌 주와 디얄라 주 및 바그다드 주의 일부분을 점령하면서 이라크의 중요한 세력으로 부상하였다. 그러면서 수도를 바쿠바라고 주장하였다. 시리아 내전이 계속되면서 데이르에조르 주, 락까 주, 알레포 주의 대부분과 홈스 주의 동부를 점령했다.

이라크 전쟁 후반 동안 연합군의 존재로 인해 단체 확장에 큰 차질이 있었음에도 불구하고, 2012년 말까지 단체 세력이 커지면서 약 두 배인 2,500명으로 증가했다.

2013년 알자지라에서 유포된 알카에다의 지휘관인 아이만 알자와히리의 편지 및 오디오 녹음에 따르면, 이슬람 국가의 시리아 진영을 해산시켰다고 말했다. 그러나, 단체 지휘관인 아부 바크르 알바그다디는 이슬람 법학에 따른 통치에 대해 논쟁했다고 분명히 밝히며, 단체는 여전히 시리아에서 작전 중이라고 말했다. 2013년 4월부터 시리아 북부의 많은 지역을 점령하기 위해 신속히 병력을 배치하고 있으며, 시리아 인권 전망대에서는 이 단체를 "강력한 군사 단체"로 설명하고 있다.

IS는 이라크에서 인구가 두 번째로 많은 도시인 니나와 주의 모술을 장악했다. 또한, IS는 살라딘 주의 행정 중심지인 티크리트를 점령했다. 현재 이 단체의 궁극적인 목표는 이라크의 수도인 바그다드를 점령하는 것이다.

2004년 유일신과 성전(JTJ)은 조직명을 "잠마앗 알타트 알지하드 피 빌라드 알라피딘"으로 바꾸었다. 이 명칭은 메소포타미아를 기반으로 한 지하드 조직이라는 의미이며, 일반적으로는 알카에다 이라크 지부로 명명한다. 2006년 1월, 이 단체는 여러 개의 소규모 이라크 반군 단체와 합병하여 모조직 형식으로 무자헤딘 슈라 위원회라는 이름으로 개명했다. 2006년 10월 12일, 무자헤딘 슈라 위원회는 "힐리프 알무타이빈" 협정(향기나는 이름의 선서라는 의미를 통해 4개의 다른 이라크 반군 세력과 이라크 부족 대표와 합류하였고, 다음 날에는 "다우라트 알이라크 알이슬라미야" 또는 "이라크 이슬람 정부"라는 이름의 단체를 설립했다고 발표했다. 2013년 4월, 이 단체가 시리아로 활동영역을 넓힌 이후 이름을 "이라크 · 레반트 이슬람 국가(ISIL) 이라크 · 시리아 이슬람정부(ISIS)[180] 또는 "이라크 · 알샴 이슬람 정부"(ISIS)라는 이름으로 개명했다.

---

[180) 이라크 · 시리아 이슬람정부(ISIS:The Islamic state of Irag and Syria).

여기서, 알샴은 레반트 또는 對 시리아를 의미한다.[181] 조직 자체는 스스로 "알카에다 이라크 지부"라는 이름을 사용하지는 않았지만, 종종 다양한 외신에서 이 단체를 설명하는 데 이용하였다. 2014년 6월 29일, 이 단체는 '칼리프'가 통치하는 새로운 이슬람 국가를 건설한다고 공식 선언했다. 이날 홈페이지와 트위터 등을 통해 발표한 성명에서 자신들의 공식 명칭을 '이슬람 국가'(IS)로 바꿔 나라를 건국하였고 최고 지도자인 아부 바크르 알바그다디를 칼리프로 추대했다고 밝혔다.

잡지 이코노미스트에서는 "… IS는 외국인 자원군 3천명을 포함하여 이라크에 6천명, 시리아에 3~5천명의 병력이 있다. 이 외국인 중 거의 천명이 체첸인이며, 500명에서 그 이상의 병력이 프랑스, 영국 및 기타 유럽 등지에서 유입되었다." 라고 보고했다.

(11) 원리주의의 향후 대응책

① 이슬람 원리주의 운동은 양차 대전 중 이슬람 세계의 지적 그리고 사회정치적인 분야에서 태동된 근대적인 현상이며, 2차 대전 후 더욱 중요성을 띠며 발전하였다.
② 이슬람 개혁 운동은 상호 밀접한 관련을 가지는 두 개의 상이한 측면, 정치 – 이념적인 그리고 문화 – 종교적인 성격을 띤다.
③ 지난 50년 동안 이슬람 헌법의 제정과 샤리아의 실시, 민주주의와 이슬람 세계의 발전을 위해 헌신적인 정치투쟁을 전개했다.
④ 개혁적 이슬람 부흥론자들의 정치-경제적 이념의 근본은 시민사회와 국가 간에 협력적이고 상호균형 있는 관계를 형성하는 것이다.
⑤ 이슬람 일부 세력들이 급진주의적 양상을 띠면서 서구가 빚어낸 배신과 약탈에 수단과 방법을 가리지 않는 극렬한 대응을 하고 있는 것도 사실이다.
⑥ 테러의 재생산을 막으려면 이슬람권의 발전을 위해 서구가 적극적인 지원을 해야 할 것이다.

6) 이슬람을 향한 기독교 선교

역사적으로, 무슬림 세계로 간 기독교 선교사들은 사역하기에 훨씬 더 어렵고 더 결실이 적은 곳에서 사역하고 있어서, 대부분이 그다지 잘 알려져 있지 않다. 사무엘 즈웸머는 아마도 무슬림에게 파송된 가장 유명한 선교사인 듯한데, 40년간 12명도 안 되는 개종자를 얻었다. 하지만, 그는 현대 개신교 사역자들이 갈 수 있는 문을 열었다. 윌리엄 캐리의

---

181) 서울신문 2014년 7월 1일.

영향력도 또한 언급되어야 하겠는데, 그는 힌두 세계로 간 선교사였지만, 벵갈어로 그의 사역이 이루어졌기 때문에, 1백만 이상의 사람들이 있는 무슬림 공동체의 문을 열었다.

(1) 레이몬드 룰(Raymond Lull, 1232~1315)[182]

① 1232년 스페인의 마요르카 섬에서 부유한 가톨릭 집안에서 태어났다.
② 청년시절 방탕한 삶을 살다 주님의 십자가의 환상을 보고 즉시 자신의 죄를 고백하고 재산과 특권을 포기하고 헌신의 삶을 살기로 결단하였다.
③ 기독교인을 가장 증오하고 위협했던 이슬람교도들에게 복음을 전하는 일에 집중하였다.
④ 세 가지 선교전략을 세웠다. 변증적으로 전할 것, 교육을 시킬 것, 복음주의적으로 사역할 것 등이다.
⑤ 수도원을 세워 복음의 일꾼을 훈련하였고, 유럽을 위한 선교사 훈련센터를 설립하였다.
⑥ 일단의 선교프로젝트를 성취한 후 북아프리카 이슬람교도 국가인 튀니지로 갔다.
⑦ 2차적 관심사였던 유대인들에게 복음을 전했다.
⑧ 75세의 나이에 알제리의 버기아에 들어가 복음의 메시지를 강력하게 전했다.
⑨ 80세가 넘어서는 튀니지로 다시 들어가 사역을 감당하였는데, 노인이라는 이유로 좀 더 많은 자유를 누리며 복음을 전파하였다.
⑩ 1314년, 83세 때 버기아로 다시 돌아가 복음을 전하다 군중들의 돌에 맞아 순교하였다.

(2) 헨리 마틴(Henry Martyn, 1781~1812)[183]

① 영국의 콘월에서 태어났다.
② 동인도회사의 전속목사로 선교업적을 이루었다.
③ 1806년 인도에 도착, 짧은 기간 동안 사역했으나 중앙아시아의 최고의 성경번역가였다.
④ 4년 동안 군대에 종군하면서 유럽인들과 인도인들에게 복음을 전하고 학교들을 세우는 등의 사역을 하면서 동시에 신약성경을 힌두어, 페르시아어, 아랍어 등으로 번역하였다.

---

182) 전창선,《선교사 22인의 생애와 사역 위대한 선교사들》, 서울:대학생성경읽기선교회출판사, 1990, 57-65
183) 루스 터커, 박해근 역,《선교사열전》, 서울:크리스챤 다이제스트, 1990, 60-66

⑤ 페르시아에서 1811년부터 1년을 보내며 찬송가와 시편을 번역하였다.

(3) 사무엘 즈웸머(Sammuel Zwemmer(1867~1950)[184]
① 1867년 미시간 홀랜드에서 개혁교회 목사의 열다섯 자녀 중 열세 번째 자녀로 태어났다.
② 해외선교의 필요성을 느낀 것은 호프 대학에 재학 중일 때, 순회선교동원가였던 로버트 윌더의 감동적인 설교를 듣고 5명의 학우와 함께 선교사로 자원하게 되었다.
③ 신학교육과 의료교육을 받고 친구인 제임스 캔틴과 함께 개혁교회 선교부에 아랍지역 파송을 요청하였으나 아랍 선교사가 실제적이지 못하다는 당시 선교부의 정책으로 거절당했다.
④ 미국 아랍선교회를 스스로 조직하여 모금 운동을 시작, 1889년 모금여행을 마친 캔틴은 아라비아로 떠났고 1890년 뒤를 따르게 되었다.
⑤ 1895년 간호사 선교사였던 에이미 윌크스와 결혼했다.
⑥ 1897년 미국에서 안식년을 보낸 후 바레인의 무슬림들을 위해 사역하였다.
⑦ 1905년 아랍선교회는 4개의 기지를 갖게 되고 개종자들도 자신들의 새 신앙을 고백하였다.
⑧ 이슬람교권 선교사 총회의 초대의장으로, 미국에서 학생자원운동의 순회강사로 사역하고, 개혁교회의 해외신교부 현지 총무가 되어 다양한 사역을 감당하였다.
⑨ 1912년에는 카이로에서 전 이슬람 세계를 위해 선교사역을 통합하여 17년간 카이로에 선교본부를 조성하고 전 세계의 이슬람교도들을 위한 선교사역을 감당하였다.
⑩ 말년에 프린스턴에서 가르치는 일을 감당, 40년 동안 《이슬람교도 세계》[185]의 편집자로도 일했다.

(4) 모드 캐리(Maude Cary)(1878~1967)[186]
① 캔사스의 한 농장에서 출생, 성장하였으며 1901년 선교 사역을 시작하기 위해, 모로코로 항해하였다.
② 아랍어 외에 버버(Berber)어를 공부하여 부족을 위한 사역을 시작할 수 있게 되

---

[184] 루스 터커, 박해근 역, 《선교사열전》, 서울:크리스챤 다이제스트, 1990, 362-368
전창선, 《선교사 22인의 생애와 사역 위대한 선교사들》 서울:대학생성경읽기선교회, 1990, 66-72.
[185] 허버트 케인에 의하면 이 책은 '영어권에서 이슬람교 선교에 대한 가장 권위 있는 저널'이었다.
[186] 루스 터커, 박해근 역, 《선교사열전》, 서울:크리스챤 다이제스트, 1990, 315-320.

었다.
③ 독신 여성 선교사로서 겪었던 굴욕적인 경험들은 무슬림교도들에게 복음을 전하는 어려운 사역을 준비하는 데 도움이 되었다.
④ 1938년 자신과 다른 한 명의 독신 여성 선교사와 함께 모로코에서 복음 선교 연맹(Gospel Missionary Union)의 전체 사역을 총괄하게 되었다.
⑤ 제2차 세계대전의 발발로 정부가 선교사들의 입국을 금지하기 직전에 두 명의 독신 여성들이 그들과 합류. 세 곳의 선교원을 운영하였다.
⑥ 71세의 나이에 엘 하젭(El Hajeb)이라는 도시에 선교사역을 개척하였다.
⑦ 1952년 안식년 후, 모로코로 돌아와 3년간 머물렀다.
⑧ 선교위원회는 건강상의 문제로 77세의 선교사로 은퇴, 12년 후 모드는 사망했다.

### 7) 현재의 사역

• 무슬림 가운데 행해지는 사역의 많은 부분이 아프리카에서 일어난다. 수단 내지 선교회(Sudan Interior Mission, SIM)[187]와 국제 복음화 십자군(Worldwide Evangelization Crusade, WEC)이 사하라 아래 지역에서 활발한 사역을 하고 있다. 거의 1,000명의 사람들과 더불어, SIM은 니제르와 수단을 포함한 10개국에서 무슬림을 직접 상대로 한 사역을 하고 있다. WEC도 또한 이 지역의 10개국에 있는 무슬림들을 목표로 하고 있다.

아프리카 내지 선교회(Africa Inland Mission, AIM)는 탄자니아의 무슬림들에게 사역하고 있는 유일한 단체이며, 거의 100% 무슬림인 코모로 섬에서 용케도 사역을 감당하고 있다.

• 북아프리카와 중동지역에는 보다 적은 사역자들이 있지만, 강한 영향력은 아직도 발

---

[187] 1982년 아시아, 남미, 중남아프리카 전문 선교단체들과 연합하면서 Serving in Mission으로 이름 변경

**이슬람 용어**

카피르(kāfir): 알라의 존재를 믿지 않는 사람 혹은 알라를 믿는다고 하면서 이슬람식 기도와 금식 등을 하지 않는 사람이다. 무쉬리쿤(mushrikūn): 알라와 동등한 자를 취하는 자들이다. 경전의 백성(ahl al-kitāb; People of the Book): 코란에서 경전의 백성은 처음에는 '기독교인과 유대인'을 가리켰으나 나중에는 '사비교, 조로아스터교'도 경전의 백성이라고 하였다.
무프티(mufū): 이슬람학을 수학한 사람으로 코란과 순나에 근거하여 법적 판결을 할 수 있는 사람이다.
파트와(fatwā): 무프티(mufū)가 코란과 순나에 근거하여 어떤 사례에 대한 법적 판결을 내리는 것을 가리킨다.
순나(sunnah): 순나는 마호메트가 행한 내용이다.
하디스(hadīth): 마호메트가 말한 것과 마호메트가 행한 것, 그리고 마호메트가 옳다고 해 준 것을 기록한 책이다.

휘되고 있다. 중동 크리스챤 아웃리치(Middle East Christian Outreach, MECO)와 예수전도단 (Youth With A Mission, YWAM), 대학생선교회(Campus Crusade for Christ, CCC)가 모두 이 지역에서 사역하고 있다. 남침례교(The Southern Baptists, SBC)와 OM 국제 선교회 (Operation Mobilization)가 이스라엘의 무슬림들을 목표로 하고 있다. 크리스챤 선교 동맹(The Christian and Missionary Aliance, C&MA)과 하나님의 성회(the Assembly of God, AOG)는 요르단에서 사역하고 있다. 그밖의 많은 단체들이 이슬람 지역 전역에서 사역하고 있다.

• 인도는 1700년대 이후로 문을 열었지만, 어려움은 여전히 있다. 월드비전(World Vision)과 CCC, SBC, YWAM이 모두 방글라데시에서 사역하고 있으며, 많은 수의 단체가 인도의 다양한 방면에서 활동하고 있다.

※ 각 지역의 무슬림 국가 이름을 가나다순으로 배열하면 아래와 같다. 비아랍국가 중 (괄호는 총인구 가운데 10~40%가 * 는 40~50%가 무슬림) (http://www.missiontoday.co.kr/ news/newsview.asp?code=0300 000&mode=1&num=1313)

1) 서아시아의 아랍국가(11개국) → 약 7천만

― 레바논, 바레인, 사우디아라비아, 시리아, 아랍에미레트, 예멘, 오만, 요르단, 이라크, 카타르, 쿠웨이트

2) 서아시아의 비아랍국가(3개국) → 약 1억 5천만

― 아프카니스탄, 이란, 터키

---

타르자마 타프시리야(Tarjamah tafsTriyyah): 코란 해설이란 의미이며, 코란의 말을 다른 나라 말로 설명하고 그 뜻을 분명히 한 것을 가리킨다. 타르자마(Tarjamah)는 번역 혹은 통역이란 의미이다.
쌀리흐(Sālih): 일반적으로 무슬림이 사용하는 '쌀리흐'는 '좋은 일을 많이 하는 선한 사람'이란 의미이다. 코란에서는 이 단어가 알라의 속성으로 사용되지 않고 무슬림이 '쌀리흐'가 되어야 한다는 뜻으로 사용된다. '쌀리흐'는 선행을 하고 다른 사람에게 해를 끼치지 않는 사람이다. 그러나 아랍어 성경에는 하나님이 '쌀리흐'라고 하면 하나님이 '흠이 없고 최고로 완전한 분'이라는 뜻이다. 비나바가 착한 사람(쌀리흐)이라고 사도행전 11장 24절에서 말하는데 '최고 수준의 가치관과 미덕을 갖춘 사람'을 가리킨다.
타우라(taerah): 모세오경을 가리킨다. 인질(injTī): 복음서를 가리킨다.
타흐리프 알라프즈(tahrTī-lafz): 어휘의 변질(교체)을 가리킨다. 타흐리프 알마으나(tahrTī al-ma'nā): 주석의 변질(왜곡)을 가리키는 것으로 문학적 본문의 이해에 해를 끼치는 것이다. 딤미(dhimmī): 무슬림들에게서 생명과 안전의 도움을 받는 대신 특별 세금을 내야 했던 사람으로서 이슬람의 보호를 받는 사람이란 뜻이다.
잘림(zālim): 상대의 권리에 합당하게 그 온전한 권리를 주지 않는 사람, 나와 상대 사이를 공정하게 판정하지 않는 사람, 부당한 대우를 하는 사람, 권리 침해자라는 의미이다.

참고
공일주, 《코란의 의미를 찾아》, 서울:예영 커뮤니케이션, 2009, P. 4-5.

3) 아프리카의 아랍국가(6개국) → 약 1억 5천만
— 리비아, 모로코, 수단, 알제리, 이집트, 튀니지

4) 아프리카의 비아랍국가(18개국) → 1억 5천만
—갬비아, 기니, *나이지리아, 나제르, 말리, 모리타니, *부르키나파소, 세네갈, 소말리아, *시에라리온, 지부티, 코모로(가나, 기니 바사오, 라이베리아, 말라위, 모리셔스, 모잠비크, 베넹, 우간다, 이디오피아, 카메룬, 코트이브와르, 탄자니아, 토고)

5) 인디아 대륙(3개국) → 약 2억 5천
— 말디브, 방글라데쉬, 파키스탄(인도)

6) 동남아시아(3개국) → 약 1억 8천만
— 브르나이, 말레지아 연방, 인도네시아, (싱가포르)

7) 옛 소련의 공화국 (6개국) → 약 6천만
—기르기즈, 아제르바이젠, 우즈벡스탄, 카자흐스탄, 타지크스탄, 투르케스탄

8) 기타지역

(총 인구 가운데 10%미만인 국가) → 약 6천만 : 중국, 약 2천만 : 유럽의 발칸반도, 약 5백만 : 북미와 남미, 가타 산재한 지역 약 2천 5백만 → 약 1억 1천

이상을 합계해 보면 무슬림 총인구는 11억 2천만으로 추정된다. 세계인구 약 66억 7천만(2007년 7월 추산) 가운데 6분의 1이상을 점하고 있다. 그러나 기독교 인구는 감소 추세인 반면 이슬람 인구는 증가(자연 증가)하고 있는 추세이다.

# 이슬람 용어

| 가이바 | ghaybah | 엄폐, 은폐(특히 시아파의 이맘) | 까다르 | qadar | 하나님에 의해 확정되어 규정된 운명 |
|---|---|---|---|---|---|
| 까디 | qadi | 샤리아법을 적용하는 재판관 | 까아바 | qa'ba | 하나님의 집(메카에 있는 성전) |
| 구슬 | ghusl | 목욕 | 끼블라 | qibla | 무슬림의 예배 방향 |
| 나비 | nabi | 예언자 | 나스히 | naskhi | 아랍어, 페르시아어의 서예체 |
| 니얏 | niyat | 결의, 결심, 또는 의도사도 | 라술 | rasul | 성전을 가져온 예언자를 지칭 |
| 데르위쉬 | derwish | 수피 종단의 수도승, 페르시아어 | 두아 | du'a | 기도 |
| 딘 | din | 종교 | 라마단 | ramadhan | 이슬람력 9월, 단식을 행하는 달 |
| 다와 | da'wah | (참 종교를)믿으라는 권유나 공식적 요구, 어떤 대의를 위한 선전 | | | |
| 라카트 | rak'at | 한차례의 예배 동작. 각 예배는 몇 차례의 라카트로 구성 | | | |
| 마흐디 | mahdi | 말세에 재림하고 정의를 부흥할 사람(특히 시아파) | | | |
| 마슘 | ma'sum | 죄에서 면제된 | 마스짇 | masjid | 이슬람 성원, 모스크 |
| 마크루 | makruh | 싫어하는(행위) | 마튼 | matn | 하디쓰의 내용문 |
| 무나피크 | munafiq | 위선자 | 만둡 | mandub | 추천된, 권장된 행위 |
| 무바흐 | mubah | 하나님이 싫어하지도 좋아하지도 않는 행위 | | | |
| 무슬림 | muslim | 이슬람교도 | 무앗진 | | 예배시 아잔을 부르는 사람 |
| 무으민 | mu'min | 믿는 사람들, 신앙을 가진 자 | 무자히드 | mujahid | 지하드에 신자를 이끌거나 참가한 사람 |
| 무하지르 | muhajir | 이주자 | 밀라 | millah | 공동체 |
| 비다 | bid'a | 변혁, 대체로 이단을 지칭 | 사다까 | sadaqah | 자발적 헌금 |
| 사움 | saum | 단식 | 사하바 | sahabah | 예언자의 교우들·측근 |
| 샤리아 | shariah | 이슬람 성법, 법의 원천으로는 꾸란, 하디쓰, 끼야스 및 이즈마가 있음 | | | |
| 살라 | salat | 예배 | 수피 | sufi | 이슬람 신비주의자 |
| 샤하다 | shahadah | 신앙의 증언. 무슬림임을 선언하는 두 구절 | | | |
| 수라 | surah | 꾸란의 장. 꾸란은 총 114 수라로 구성 | | | |
| 술탄 | sultan | 권력, 세속적 정부; 독립적 또는 최고 통치자 | | | |
| 순나 | sunnah | 관계, 규범적인 관행; 전승(사도의) | | | |
| 안사르 | ansar | 원조자들, 메디나의 주민들로서 사도를 지지했던 사람들 | | | |
| 아스합 | ashab | 예언자의 교우들 | 아잔 | adhan | 예배 시간을 알리는 부름 |
| 우두 | wudu | 예배를 드리기 위해 노출된 신체의 일부를 씻는 것 | | | |
| 아흘 알 키탑 | ahl al kitab | 성서의 백성들, 일반적으로 유대교도와 그리스도교도를 지칭함 | | | |
| 알라 | allah | 하나님 | 와집 | wajib | 필수 의무의 |
| 아흘 알 바이트 | ahl al bayt | 예언자 가문 사람들 | 우므라 | umra | 소순례(핫즈 기간 이외의 순례) |
| 울라마 | ulama | 지식인 | 움마 | ummah | 무슬림 공동체 |
| 이맘 | imam | 승인된 규범이나 순나의 시발자; 순니에서는 예배 인도자, 시아에서는 가장 고결하고도 절대적인 존재 | | | |
| 이스나드 | isnad | 권위의 연결고기(전승의 전수에 있어 본질적 부분) | | | |
| 이스마 | isma | 합의점. 이슬람법의 네 번째 혹은 세 번째 법원. | | | |
| 핫즈 | hajj | 성지순례 | 칼리파 | khalifah | 계승자, 대표자 |
| 자카 | zakat | 일종의 세금, 법적 헌금 | 자한남 | Jahannam | 지옥 |
| 잔나 | Jana | 천당 | 지하드 | jihad | 노력 혹은 성전 |
| 지즈야 | jizya | 정복 초기에는 피지배 주민에게 부과된 세금. 후기에는 딤미들(dhimmis)에게 부과된 인두세로 발전 | | | |
| 쿠뜨바 | khutbah | 주마 예배의 설교 | 쿠프르 | kufr | 불신 |
| 타클리야 | taqlid | 학파나 초기 권위자에 의해 규정된 교의의 맹목적 추종 | | | |
| 끼야스 | qiyas | 유추, 유추적 연역 | 타블릭 | tabligh | 선포; 선교 |
| 하디쓰 | hadeeth | 사도의 말이나 행적 또는 전승 | 타키야 | taqiyyah | 임시변통적 위장행위 |
| 파르드 | fard | 종교적 의무나 책임. 이행하지 않으면 벌을 받고 수행하면 보답을 받음 | | | |
| 파끼 | faqih | 이슬람 법학과 특히 그것의 해설 전문가 | | | |
| 하람 | haram | 금지된 것 또는 행위 | 할랄 | hala | 허용된 것 또는 행위 |
| 히스바 | hisbah | 선을 행하고 악을 금하는 무슬림의 의무 | | | |
| 히즈라 | hijrah | 서기 622년 9월 메카에서 메디나로의 이주 | | | |

# 참고문헌 References

고현봉, 《간추린 교회사》, 서울: CLC, 1991.

김명혁, 《초대교회 형성》 서울: 성광문화사, 1995.

김상근, 《기독교역사(세계사의 흐름을 바꾼)》 서울: 평단문화사, 2008.

김성천, 초대교회 배경과 역사, 서울: 아세아신학사, 1991.

김세윤, 《바울 복음의 기원》, 홍성희 역, 서울: 엠마오, 1994.

김인찬, 《요한복음(너희이믿음을 알아)》, 서울: 글로벌틴미니스트리, 2003.

김재성, 《바울새로보기》, 서울: 한국신학연구소, 2000.

김진웅, 《서양사 이해》, 서울: 학지사, 1998.

박양식, 《선교하는 예수 공동체》, 서울: 예안, 1990.

박용규, 《초대교회사》, 서울: 총신대출판부, 2000.

박은봉, 《세계사 100장면》, 서울: 실천문학사, 2003.

서요한, 《초대교회사》, 서울: 그리심, 2003.

송광택, 《교회사 핸드북》, 서울: 생명의말씀사, 1989.

심창섭·박상봉, 《교회사 가이드》, 서울: 아가페문화사, 1996.

차기진, 《역사비평(계간 25호)》, 역사문제연구소, 1994년 여름, 294-304.

유상현, 《바울의 2차 선교여행》, 서울: 대한기독교서회, 2008.

이광순·이용원 공저, 《선교학 개론》, 서울: 한국장로교출판사, 1995.

이광호, 《바울의 생애와 바울서신-성경신학적 관점에서 본 바울의 생애와 서신들》, 서울: 깔뱅, 2007.

이동원, 《인간적인 너무나 인간적인 제자 베드로》, 서울: 나침반사, 1998.

임영철, 《예루살렘 초대교회사》, 서울: 쿰란출판사, 1999.

            , 《세계초대교회사》, 서울: 쿰란출판사, 1998.

임원순, 《누가와 요한의 선포》, 서울: 지구촌출파사, 2008.

정승훈, 《말씀과 예전-초대교회에서 종교 개혁까지, 서울: 대한기독교서회, 1998.

조귀삼, 《바울과 선교신학》, 서울: 은성, 1995

조봉희,《큰바위 얼굴 베드로》, 강창헌 역, 서울: 성서와 함께, 2004.

차정식,《예수의 신학과 그 파문》, 서울: 대한기독교서회, 2007.

차하영,《서양사 총론》, 서울: 심구당, 1991.

최형걸,《초대교회사》, 서울: CLC, 1999.

편집부,《베드로의 일생》, 서울: 한국기독학생회, 1995.

편집부,《사도바울과 초대교회들》, 서울: 가나미디어, 2007.

D. E. H. Whiteley, 한의신역,《바울신학》,《The Theology of St. Paul》, 서울: 도서출판나단, 1988.

David Wenham, Paul and JESUS, 이한수 역, 서울: 크리스챤출판사, 2004.

Dunn James D. G, The Theology of paul the Apostle 》,《바울신학, 박문재 역, 서울: 크리스챤다이제스트, 2003.

Elgin S, Moyer,《Great Leaders of The Christian Church》, 곽안전, 심재원 역,《인물중심의 교회사》, 서울: 대한기독교서회, 1994.

Henry Chadwick,《The Early Church》, 서영일 역,《초대교회사》, 서울: CLC, 1983.

Horrell David G,《바울읽기》, 윤철원 역, 서울: 미스바, 2003.

John Drane,《An Illustrated Documentary》, 이중수 역,《초대교회의 생활》, 서울: 아가페문화사, 1996.

Joseph A. Fitzmyer, S. J., 79. Paul, 82.《Pauline Theology》, 배용덕 편역,《바울신학》, 서울: 도서출판 솔로몬, 1996.

Justo L. Gonzalez,《The Story of Christianity》, 서영일 역,《초대교회사》, 서울: 은성, 1987.

Michael Green,《Evangelism in the Early Church》, 박영호 역,《초대교회 복음전도》, 서울: CLC, 1988.

Ronald F. Hock,《The Social Context of Paul's Ministry》, 전경연 역,《바울선교의 사회적 상황》, 서울: 대한기독교출판사, 1984

Rishard N. Longenecker,《The Ministry and Massage of Paul》, 노상국 역,《바울의 선교 메시지》, 서울: 대한기독교서회, 1992

W. 바클레이,《나사렛 예수의 생애》, 이상길 역, 서울: 지성문화사, 2005.

게리윌스,《바울은 그렇게 가르치지 않았다》, 김창락 역, 서울: 돋을새김, 2007.

로버트 뱅크스,《바울의 공동체 사상－문화적 배경에서 본 초기 교회들》, 장동수 역, 서울: 한국기독학생회, 2007.

로버트 카이저, 《요한의 예수이야기》, 최흥진 역, 서울: 한국장로교출판사, 1995.

로비 캐슬맨, 《베드로》, 이철민 역, 한국기독학생회, 2004.

롤런드 앨런, 《바울의 선교 VS 우리의 선교》, 홍병룡, 전재옥 역, 한국기독학생회, 2008.

루돌프 볼트만, 《기독교 초대교회 형성사》, 허혁 역, 서울: 이화여자대학교 출판부, 1993.

마틴, 헹겔, 《바울》, 강한표 역, 1999.

베르나르 세제, 《십자가의 성요한》, 이연행 역, 서울: 바오로의 딸, 2007.

빈센트 브레닉, 《초대교회는 가정교회였다》, 홍인규 역, 서울: 기독교연합신문사, 2005.

알렌 크라이더, 《초대교회의 예배와 전도》, 허현 역, 서울: KAP, 2008.

에드가, J 굿스피드, 《바울》, 조성헌 역, 서울: 다산글방, 1993.

에르나르뜨 르샹, 《예수의 생애》, 최영관 역, 서울: 훈복문화사, 2003.

퀸터 보른캄, 《바울》, 허혁 역, 서울: 이화여자대학교출판부, 2006.

프레드릭 브루스, 《바울》, 박문제 역, 크리스챤다이제스트, 2007.

헨리 채드윅, 박종수 역, 《초대교회사》, 서울: 크리스챤다이제스트, 1999.

헨리 R. 보어, 백성호 역, 《단편 초대교회사》, 서울: 개혁주의신행협회, 1999.

고현봉, 《간추린 교회사》, 서울: CLC, 1991.

김만홍, 《2000년 기독교 역사》, 서울: 예지서원, 2008.

김명혁, 《초대교회 형성》, 서울: 성광문화사, 1995.

김병원, 《소아시아 일곱교회》, 서울: 영문, 2004.

김석환, 《교부들의 삼위일체론》, 서울: CLC, 2000.

김성천, 《초대교회 배경과 역사》, 서울: 아세아신학사, 1991.

김영재, 《기독교교회사》, 서울: 합동신학대학원출판부, 2005.

　　　《기독교교리사 강의》, 서울: 합동신학대학원출판부, 2006.

김우철, 《기독교 선교학》, 서울: 쿰란출판사, 2008.

김진웅, 《서양사 이해》, 서울: 학지사, 1998.

남 호, 《초대 기독교 예배》, 서울: 기독교대한감리회홍보출판국, 2001.

심창섭.박상봉, 《교회사 가이드》, 서울: 아가페문화사, 1996.

박경민, 《한권으로 읽는 크리스트교사》, 서울: 청목, 1999.

박용규, 《초대교회사》, 서울: 총신대출판부, 2000.

박은봉, 《세계사 100장면》, 서울: 실천문학사, 2003.

서요한,《초대교회사》, 서울: 그리심, 2003.

송광택,《교회사 핸드북》, 서울: 생명의말씀사, 1989.

심창섭,《기독교 교회사》, 서울: 대한예수교장로회총회, 2007.

이상규,《교회의 역사》, 영문, 1998.

이정현,《개혁주의 예배학》, 서울: 지민, 2008.

이중표 외,《교회발전을 위한 선교개발》, 서울: 쿰란출판사, 1993.

이형기,《세계교회사 Ⅰ》, 서울; 한국장로교출판사, 2002.

임영천,《예루살렘 초대교회사》, 서울: 쿰란출판사, 1999.

《세계초대교회사》, 서울: 쿰란출판사, 1998.

장순석,《기독교 역사 요약》, 서울: CLC, 2004.

정성한,《역사와 교회》, 서울: 한국학술정보, 2008.

진원숙,《초기 기독교 이야기》, 서울: 살림, 2007.

차하영,《서양사 총론》, 서울: 심구당, 1991.

최형걸,《초대교회사》, 서울: CLC, 1999.

한규삼,《세상을 바꾼 부흥 공동체(초대교회사)》, 서울: 아가페, 2000.

H.R 드롭너,《교부학》, 하성수 역, 서울: 분도출판사, 2001.

Elgin S, Moyer,《인물중심의 교회사》, 곽안전, 심재원 역,《Great Leaders of The Christian Church》, 서울: 대한기독교서회, 1994.

Henry Chadwick,《초대교회사》, 서영일 역,《The Early Church》, 서울: CLC, 1983.

John Drane,《초대교회의 생활》, 이중수 역,《An Illustrated Documentary》, 서울: 아가페문화사, 1996.

Justo L Gonzalez,《초대교회사》, 서영일 역,《The Story of Christianity》, 서울: 은성, 1987.

Michael Green,《초대교회 복음전도》, 박영호 역,《Evangelism in the Early Church》, 서울: CLC, 1988.

게르트 타이센,《복음서의 교회정치학》, 류호성 외 역, 대한기독교서회, 2002.

보니페이스,《초대 교부들의 세계》, 이후정 외 역, 서울: 대한기독교서회, 1999.

브루스,《현대인을 위한 교회사》, 박희석 역, 서울: 크리스챤다이제스트, 1993.

아우구스트 프란츠,《세계교회사(증보판)》, 최석우 역, 서울: 분도출판사, 2001.

존 폭스,《기독교 순교사화》, 양은순 역, 서울: 생명의말씀사, 2005.

죠셉 F 켈리,《초대 기독교인들의 세계》, 방성규 역, 서울; 이레서원, 2002.

켄 헴필,《복음 전도의 열정에 타오르는 안디옥교회》, 이명희 역, 서울: 서로사랑, 2007.

토니 레인,《기독교 인물 사상 사전》, 박도웅. 양정호 역, 서울: 홍성사, 2007.

프랭크 비올라,《1세기 관계적 교회》, 박영은 역, 서울: 미션월드라이브러리, 2006.

헨리 채드윅,《초대교회사》, 박종수 역, 서울: 크리스챤다이제스트, 1999.

헨리 R. 보어, 백성호 역,《단편 초대교회사》, 서울: 개혁주의신행협회, 1999.

고원,《이슬람 역사 1400년 알라가 아니면 칼을 받아라》, 서울: 동서문화사, 2002.

공일주,《이싸냐? 예수냐?》, 서울: 죠이선교회출판부, 1999.

공일주,《중동의 기독교와 이슬람》, 서울: 예영커뮤니케이션, 2002.

공일주,《이슬람 문명의 이해》, 서울: 예영커뮤니케이션, 2006.

공일주,《아랍인의 신개념, 종교와 문화》, 서울대학교 종교문제 연구소, 2008.

공일주,《코란의 의미를 찾아》, 서울: 예영커뮤니케이션, 2009

삼윤,《자존심의 문명 이슬람의 힘》, 서울: 동아일보사, 2001.

권오문,《예수와 마호메트의 통곡》, 서울: 생각하는 백성, 2001.

금상문 외,《이슬람 세계의 정치와 국제 관계》, 서울: 오름, 1999.

김동문,《이슬람 신화깨기 무슬림 바로보기》, 서울: 홍성사, 2005.

　　　《이슬람의 두 얼굴》, 서울: 예영커뮤니케이션, 2001.

김두현,《현대 테러리즘론》, 서울; 백산출판사, 2006.

김성혜,《이슬람과 9월 11일》, 서울: 도서출판 물푸레, 2001

김승혜 외,《유다교 그리스도교 이슬람교의 순례》, 서울: 바오로의말, 2004.

김영훈,《이슬람이 알고 싶다》, 서울: 중앙출판사, 2005.

김용선,《쿠란-초기 이슬람의 형성》, 서울: 한국외국어대학교출판부, 1984.

　　　《이슬람의 역사와 그 문화》, 서울: 명문당, 2002.

김요한,《무슬림 가운데 오신 예수님》, 서울: 도서출판 인사이더스, 2008.

김정위,《이슬람 입문》, 서울: 한국외국어대학교 출판부, 1993.

　　　《국제정치와 이슬람 원리주의 운동》, 서울: 마맥, 1994.

　　　《이슬람 사전》, 서울: 학문사, 2002.

노명식 외 4인,《대 세계역사 4-아시아의 중세·이슬람세계》, 서울: 삼성출판사, 1982.

박양운,《그리스도교와 이슬람교》, 서울: 가톨릭출판사, 1999.

서행정,《인도의 사상가》, 서울: 한국외국어대학교출판부, 2008.

유해석,《이슬람이 다가오고 있다》, 서울: 쿰란출판사, 2003.

윤상인 외,《위대한 아시아》, 서울: 황금가지, 2006.

윤영관,《나를 사로잡은 이슬람》, 서울: 김영사, 2001.

이규철, 이성수,《이슬람 아랍 중동》, 부산: 부산외국어대출판부, 2007.

이명권,《마호메트와 예수 그리고 이슬람-비움과 나눔의 철학》, 서울: 코나투스, 2008.

이병길,《이것이 이슬람이다》, 서울: 예영커뮤니케이션, 2002.

이원호,《사막의 여인》, 서울: 한결미디어, 2008.

이희수,《이슬람 문화》, 서울: 살림, 2006.

장병옥,《이슬람 원리주의와 중동정치》, 서울: 중동연구소, 2008.

전재옥,《기독교와 이슬람》, 서울: 이화여자대학교출판부, 2003.

전호진,《이슬람 원리주의에 실체》, 서울: 한반도국제대학원대학교출판부, 2007.

　　《이슬람 종교인가 이데올로기인가》, 서울: SFC출판부, 2002.

　　《전환점에 선 이슬람》, 서울: SFC 출판부, 2005.

조효근,《목사가 본 이슬람의 진실》, 서울: 들소리, 2007.

진원숙,《이슬람의 탄생》, 서울: 살림, 2008.

유해석,《이슬람이 다가오고 있다》, 서울: 쿰란출판사, 2003.

이소북 펴냄,《이슬람이란 무엇인가》, 서울: 한국이슬람연구회, 2003.

주태근,《아랍을 살리는 중동선교》, 서울: 한국장로교출판사, 2007.

현동화,《격랑의 세월 인도에 닻을 내리고》, 서울: 나무와 숲, 2006.

황병하,《이슬람 사상의 이해》, 광주: 조선대학교출판국, 1998.

　　《현대중동정치와 이슬람》, 광주: 조선대학교출판국, 1999.

홍순남,《뉴욕에서 바그다드까지(팍스 아메리카와 이슬람 원리주의)》, 서울: 인간과 자연사, 2003.

Charles R. Marsh,《모슬림 세계에 예수 그리스도를 심자》, 이광호 역, Share Your Faith with a Muslim, 서울: CLC, 1985.

Chawkat Moucarry,《기독교와 이슬람의 대화》, 한국이슬람연구소 역, 서울: 예영커뮤니케이션, 2003.

Abd al-Masih,《무슬림과의 대화》, 이동주 역,《Dialogue with Muslim》, 서울: CLC. 2001.

Phil Parshall,《the Cross and the Crescent》, 이숙희 역, 서울: 죠이 선교회, 1994.

P. J. 스튜어트,《펼쳐보는 이슬람》, 김백리 역, 서울: 풀빛, 2004.

Malise Ruthven, 《이슬람이란 무엇인가》, 최생열 역, 《ISLAM》, 서울: 동문선현대신서, 2002.

H. A. R. Gibb, 《이슬람》, 이희수 · 최준식 역, 《Islam》, 서울: 도서출판 주류성, 1997.

H. 코르방, 《이슬람 철학사》, 김정위 역, 서울: 서광사, 1997.

Ziauddin Sardar & Zafar Abbas Malik, 《이슬람》, 박지숙 역, 《Islam》, 서울: 김영사, 2002.

Shaykh Fadhlalla Haeri, 《이슬람교 입문》, 김정헌 역, 《Islam》, 서울: 김영사, 1999.

그닐카, 요하힘, 《성경과 꾸란》, 오희천 역, 서울: 중심, 2005.

21세기연구회, 《세계의 민족지도》, 박수정 역, 서울: 살림, 2008.

다테야마 료지, 《아랍 VS 이스라엘 : 팔레스타인 그 역사와 현대》, 유승호 역, 서울: 가람기획, 2006.

돈 리차드슨, 《코란의 비밀》, 이희민 역, 서울: 쿰란출판사, 2008.

디오넬 오바리아, 《종교(고정관념 Q)》, 양영란 역, 서울: 웅진 지식하우스, 2008.

로베르토 만치니, 《이슬람》, 김영경 역, 서울: 사계정, 2003.

루드비히 하게만, 《그리스도교 대 이슬람 – 실패한 관계의 역사》, 채수일 역, 서울: 심산, 2005.

루스 터커, 《선교사 열전》, 박해근 역, 서울: 크리스챤 다이제스트, 1990

마크 A. 가브리엘, 《끝나지 않은 2000년의 전쟁(기독교VS이슬람교)》, 김명신 역, 서울: 퉁스, 2006.

마호메트 수하임, 《이슬람 – 원리와 개론》, 최영길 역, 서울: 알림, 2007.

마호메트 아하마드 지아드, 《성경과 대비해서 읽는 코란》, 김화숙 · 박기봉 역, 서울: 비봉출판사, 2001.

버나드 루이스, 암살단 : 《이슬람의 암살 전통》, 주민아 역, 서울: 살림, 2007.

《이슬람 1400년(개역판)》, 김호동 역, 서울: 까치, 2001.

아미라 M. 라피두스, 《이슬람의 세계사》, 신모성 역, 서울: 이산, 2008.

아크바르 아흐메드, 《포위당한 이슬람 – 21세기를 위한 주제》, 정상률 역, 서울: 울력, 2007.

알부레히트 메츠거, 《이슬람 주의 – Issue & Thinking》, 주정립 역, 서울: 푸른나무, 2008.

앤 쿠퍼 편저, 《우리형제 이스마엘》, 서울: 도서출판 두란노, 1992.

에드워드 J. 리슨, 《진화의 역사》, 이충 역, 서울: 을유문화사, 2007.

오스카 가즈오, 《세계분쟁 바로보기》, 남소영 역, 서울: 다시, 2006.

오오즈미 코모이치, 《테러의 이해》, 강명숙 외 역, 서울: 백산출판사, 2006.

위리엄 와그너, 《이슬람 세계의 변화 전략》, 노승현 역, 서울: 아포스톨로스, 2007.

이브 토라발, 《이슬람교》, 김선겸역 , 서울: 창해, 2002.

이슬람연구소 엮음, 《이슬람의 이상과 현실》, 서울: 예영커뮤니케이션, 1995.

이와사키 이쿠노, 《아시아 국가와 시민 사회》, 최은봉 역, 서울: 을유문화사, 2007.

장 지글러, 《왜 세계의 절반은 굶주리는가》, 유영미 역, 서울: 갈라파고스, 2007.

잭 버드, 《이슬람이란무엇인가》, 중동선교회 역, 서울: 예루살렘, 1997.

존 나이스비트, 《메가챌린지》, 박종진 역, 서울: 국일증권경제연구소, 2006.

존 앵커버드, 존 웰던, 《왜 이슬람은 호전적인가》, 한승률 역, 서울: 말씀보존학회, 2002.

존 쿨리, 《추악한 전쟁》, 소병일 역, 서울: 이지북, 2006.

카렌 암스트롱, 《이슬람》, 장병옥 역, 서울: 을유문화사, 2007.

키스 스와틀리, 《인카운터 이슬람 — 역사적 종교적 문화적 선교적 관점에서 바라본 무슬림》, 정옥배 역, 서울: 예수전도단, 208.

타임라이프 북스 편집부, 《라이프 인간세계사 — EARLY ISLAM》, 한국일보 타임라이프 편집부, 서울: (주)한국일보 타임라이프, 1979.

파샬 필, 《무슬림 전도의 새로운 방향》, 채슬기 역, 서울: 예루살렘, 2003.

파워즈 A. 거즈스, 《이슬람과 미패권주의》, 장병옥 역, 서울: 명지사, 2001.

페툴라 귤렌, 《이슬람에 대한 질문들》, 김현철 역, 서울: 민미디어, 2001.

폴 발타, 《이슬람 — 이슬람은 전쟁과 불관용의 종교인가》, 정혜용 역, 서울: 웅진지식하우스, 2007.

후쿠오카 마사유키, 《21세기 세계의 종교분쟁》, 김희웅 역, 서울: 국일미디어, 2006.

Abboudi Henry S, 《Mu'jam al-hadárát al-sámiyyah》, Lebanon: Jarus press,1988.

Abduh Sameer, 《al-stiyyaniyyah-al-arabiyyah》, Dimashq: Daralá Al-din, 2000.

Abd al-masih, 《Sho is All h in Islam》, Villach: Light of Life, 1999.

Bainton, Roland H, 《Christianity》, Boston: Houghton Mifflin Company, 1987, pp. 6-143.

Betlenson, Henry(Ed). 《The Early Christian Fathers》, Oxford: University Press, 1984. 《The Later Christian Fathers》, Oxford: University Press, 1984.

Bill Musk, 《The Unseen Face of Islam》, Monaech Publication Press, 1981.

《Christian Witness among muslims》, Africa Christian Press, 1981.

Chadwick, Henry. 《The Early Church》, New York: Penguin Books Ltd, 1985.

Cunliffe-Jones, Hwbert.(Ed). 《A History of Christian Doctrine》, Philadelphia: Fortress Press, 1986, pp. 21-180.

Gonzalez, Justo L. 《A story of christianity》, Vol. 1. The Early church to the Down of the Reforamtian, New York: Harper & Row, 1985.

Faisal Siddiqui, 《The bible's last propbet》, Ar Saadwi Publications, 2000.

G. J. O. Moshay, 《Who is this ALLAH》, Dorchester House Publications, 1995.

Greg Livingstone, 《Planting Churches in Muslim Cities》, BAKER Book House, 1994.

Hasan Al-Banna, 《The Seerah of the final prophet》, Awakening Publications, 1999.

Ibn Heshan, 《The prophet's Biography》, Dar Al-Kotob Al-ilmiyab, 2001.

Jonathan Bloom & Sheila Blar, 《ISLAM empire of faith》, BBC, 2001.

, 《ISLAM》, Yale university press, 2002.

Karen Arm strong, 《ISLAM a fhort history》, Phoenix press, 2002.

, 《The Battle for GOD》, Harper Collins Publishers, 2000.

Muhammad Ali Alkhali, 《The only right choice: ISLAM》, Dar Alfalah, 2000.

, 《The Truth about Jesus christ》, Dar Alfalah, 2000.

, 《What do you know about Islam?》 Dar Alfalah, 2000.

Muhammad Asad, 《The road to MECCA》, The Muslim Academic irust, 1998.

Richardson, Cyril(Ed). 《Early Christian Fathers》, New York: Macmillan Publishing Co, Inc, 1978.

Lohse, Bernhard. 《A Short History of Chistian Doctrine》, Philadelphia: Fotresspress, 1980, pd-131.

Sheikh, 《Abdur-Rahman Ibn Hasan Al Ash-Sheikh》, Dar Al Manarah, 2002.

Steben Masood, 《More than Canquerors》, OM Publishing. 2000.

Howard Belben, 《예수님의 선교, The Mission of Jesus》, 서울: 네비게이토 출판사, 1987.

J. Herbert Kane, 《선교신학의 성서적 기초》, 이재범 역, 1976, 32-34, 55-56, 63.

게오로크 F. 휘체돔, 《하나님의 선교》, 박근원 역, 59.

전경연, 《예수의 교훈과 윤리》, 서울: 향린사, 1985, 254-256.

황성규, 《예수의 운동과 갈릴릴》, 천안: 한국신학연구소, 1995, 100-102.

진부생, 《기독교초대교회사》, 서울: 도서출판 독서랑, 1994. 21-22.

한국가톨릭대사전 편찬위원회, 《한국가톨릭 대사전》, 한국교회사연구소, 1985, 933-934.

위키피디아, 네이버백과, 두산백과의 자료(2007~2018).

# III

# 로마 가톨릭과 선교
## AD 1300~1700

1. 로마 가톨릭의 선교배경
2. 로마 가톨릭의 선교지역

| 교회사 및 선교역사 | 서양사 | 동양사 | 한국사 |
|---|---|---|---|
| 1303 아나그니 굴욕(교황 보니페이스 vs 프랑스 필립 왕). <br> 1309년 바벨론의 유수(~70년간). <br> 1316년 룰의 죽음. <br> 1347 유럽, 페스트로 인구 1/3 감소.(~1351). <br> 1365 페름(Ferm)의 주교 스테반(Steaphan 1335-1396)이 러시아의 콤비-페름(Komi-perm) 종족을 복음화. <br> 1368 중국 명조(Ming Dynasty)에 의해 기독교 폐지. | 1302년 프랑스에서 삼부회(三部會) 탄생. 교황 보니파티우스 8세, 회칙(回勅) '우남 상탐(유일하게 기록하다)' 을 발포. <br> 1303년 아나니사건 발생. 로마교황 보니파티우스8세, 아나니성(城)에서 체포되어 분사(憤死), 이집트 맘무르크왕조가 시리아 방면에서 일한국군을 격파. <br> 1304년 단테〈신곡(神曲)〉집필 시작. <br> 1305년 로마 교황 클레멘스 5세(~1314), 프랑스 국왕에 의해 프랑스 아비뇽으로 연금. <br> 1309년 교황의 아비뇽 유폐(~1377). 교황청이 프랑스의 아비뇽으로 옮겨지고, 대립교황(對立敎皇)시대에 들어감. <br> 1312년 프랑스에서 신전기사단해산 국왕이 기사단의 소유재산을 몰수. <br> 1313년 단테〈신곡〉을 완성. <br> 1321년 사망 직전 퇴고 완료. <br> 1320년 폴란드왕국 성립, 폴란드 제후(諸侯) 통합. <br> 1321년 단테 사망(1265-). <br> 1325년 모로코의 여행가 이븐 바투타, 세계일주여행에 나섬. <br> 1328년 프랑스에서 바로와왕조 시작(~1497). 러시아에서 이반 1세가 모스크바대공국(大公國) 창건. <br> 1330년 루마니아인의 바라비아 공국(公國) 헝가리로부터 독립. <br> 1331년 세르비아왕에 스테반 두산 즉위(~1355). 발칸반도 전역 패권 장악. <br> 1337년 영국-프랑스 백년전쟁(百年戰爭) 시작(~1453). <br> 1338년 렌제의 선제후(選帝侯) 회의. 독일(신성로마)황제 선거에 있어 교황의 심사허가 등이 불필요함을 천명. <br> 1343년 영국 의회가 상, 하 양원으로 분리. <br> 1344년 보카치오의〈데카메론〉출간. <br> 1346년 크레시의 싸움. 영국의 에드워드 흑태자(黑太子) 프랑스군을 격파(백년전쟁), 페스트(黑死病)이 서아시아, 이집트 지방에 창궐(~1349). <br> 1347년 영국군이 칼레를 점령(백년전쟁). 독일에서 룩셈부르크왕조 성립, 유럽 각지에서 페스트 대유행. <br> 1349년 영국 에드워드 3세가 '노동자포교령' 발표. 루마니아의 몰도바 공국(公國) 성립. <br> 1356년 카를4세「금인칙서(金印勅書)」발표, 7인의 선제후를 확정. 대제후의 영방군주권(領邦君主權) 확립, 푸아티에의 싸움. 영국군이 프랑스왕을 포로로 삼음(백년전쟁). <br> 1357년 오스만 투르크, 가리폴리 점령. 발칸반도 진출을 시작. <br> 1358년 북프랑스에서 에티엔 마르셀의 무장봉기, 자크리의 농민폭동 일어남. <br> 1360년 브레티니의 화약(칼레조약) 성립. 백년전쟁 일시 휴전상태에 들어감. <br> 1361년 한자동맹군이 덴마크왕 바르데마아르4세와 전쟁을 시작(~1370). <br> 1369년 백년전쟁 재개됨. <br> 1370년 스트랄순드조약 체결. 한자동맹과 덴마크왕과의 강화 성립, 한자동맹의 특권을 승인. <br> 1371년 마리차강(江) 등의 싸움에서, 오스만 투르크군이 세르비아에 대승, 마케도니아에 침입. <br> 1376년 존 위클리프의 종교개혁 시작. <br> 1377년 교황의 아비뇽 유폐 끝남(1309-). <br> 1378년 로마교회의 분열(시스마) 시작. 로마와 아비뇽에 각각 교황 병립상태 지속(~1417). 영국에서 위클리프의 로마(교황) 비판 시작. <br> 1380년 위클리프가 성서를 영역(英譯)해 냄. <br> 1381년 영국에서 와트 테일러의 농민반란 일어남. <br> 1382년 이집트에서 알 자하르 바루쿠크, 부르디 맘무르크왕조 창건. | 1302년 인도 델리의 하르디왕조군이 데칸 원정에 나섬(~1311). <br> 1304년 몽골의 일 한국(汗國)에서 그리스도교도 우르자이루 즉위(후에 이슬람으로 개종). <br> 1307년 하이샨 즉위(武宗), 대대적으로 라마교 숭상. <br> 1308년 소아시아의 룸 셀주크왕조 멸망(1078). <br> 1310년 차가타이한국(汗國)이 오고타이한국을 멸함. 칸스 츠푸타의 전횡 시작. <br> 1313년 원(元)나라에서 처음 과거제도 시행. 몽골(蒙古) 색목인(色目人)과 한인(漢人) 남인(南人)으로 구분. <br> 1316년 일한국에서 아부 사이드 즉위(~1335). <br> 1318년 일한국의 재상이며〈역사집성(歷史集成)〉의 저자인 라시두 알 딘 사망(1247~). <br> 1320년 호로로 한(汗)이 델리의 왕위를 찬탈함으로써 하르디조 붕괴. 개스딘 투글라크(재위 1320~25) 투굴라크왕조 창건. 원나라의 템다르, 태사(太師)가 되어 정권을 독점. <br> 1325년 투굴라크왕조의 무하마드 아디로, 다울라타바드(테오길리)로 천도(遷都). 오스만 투르크에서 투르크 죽고 오르한 즉위(~1359). 동로마의 부르사를 점령, 수도로 삼음. <br> 1328년 원(元)나라 왕실에 내분이 일어나, 남북으로 분립. 천순제(天順帝)가 즉위, 엔 티무르에 반대하여 상도(上都)를 공격하자 천순제 행방불명. <br> 1329년 토브 티무르 즉위(文宗). 엔 티무르, 태사(太師)가 되어 실권 독점. <br> 1333년 일본, 가마쿠라(鎌倉) 막부 멸망. 원나라 엔 티무르 사망. <br> 1334년 일본. 겐무(建武)의 신정(新政). <br> 1335년 일한국에서 아부사이드 죽고, 왕조가 점차 쇠망. 원나라 바얀 황후를 죽이고 독단을 자행, 과거제도 중지(5년 후 40년에 부활). <br> 1336년 남인도에서 이슬람 세력을 배제하고 비자야나가르왕조(~1649) 제1왕조. <br> 1337년 중국 허둥(河東) 광둥(廣東)에 이어 곳곳에서 민중반란이 일어남. <br> 1338년 일본, 아시카가 다카우지(足利尊氏) 무로마치(室町) 막부를 창설(~1573). <br> 1340년 원나라, 바얀이 실각하고 죽음. <br> 1341년 후광(湖廣) 산둥(山東)에서도 반란이 잇달아 원나라의 지배권이 점차 쇠퇴. <br> 1343년 마자바히트, 발리섬에 진출. <br> 1346년 원나라의 이븐 바투타가 대도(大都)에 옴. <br> 1347년 데칸고원에 이슬람교도 바흐만왕조 독립(~1527). <br> 1350년시 암에서 아유타야왕조 일어남(~1767). <br> 1351년 투굴라크왕조에서 필로즈 샤 즉위(~1588). 왕조 다시 번영. 홍건적(紅巾賊) 일어남(~1366). <br> 1352년 곽자흥(郭子興)의 거병(擧兵)에 이어, 이듬해에도 장사성(張士誠), 주원장(朱元璋) 등이 거병. <br> 1357년 오스만 투르크, 가리폴리를 점령. 발칸반도의 거점으로 삼음. <br> 1358년 홍건적, 상도(上都)를 불태움. <br> 1359년 오스만 투르크에서 무라드1세 즉위(~1389). 다시 영토확장, 티무르(타멜란), 트랜스옥시아나의 정복 시작. <br> 1362년 오스만 투르크, 아드리아노플로 천도. <br> 1363년 제1차 마리차의 전투. 오스만 투르크, 발칸 연합군을 대파. <br> 1366년 오스만 투르크, 아드리아노플로 천도. <br> 1368년 윤(朱元璋: 재위 ~1398) 금릉(金陵)에서 명(明)나라를 일으킴(~1644/1662). 원나라 일족이 도피하여 | 1308년 원이 충선왕을 심양왕(瀋陽王)에 봉함. 충렬왕 죽고(1236~), 충선왕 다시 복원. 서운관(書雲觀) 창설. <br> 1309년 각염법 제정 <br> 1310년 원에서 충선왕을 심양(瀋王)에 봉함. <br> 1313년 충선왕, 충숙왕에게 전위(傳位), 조카 연안군(延安君) 호를 심양왕(충선왕)의 세자로 함. <br> 1316년 상왕(上王), 상왕의 위(位)를 세자 호에게 전하고 태위왕(太尉王)이라 칭함. <br> 1318년 윤번(輪番)으로 근무하던 진변별초제도(鎭邊別抄制度)를 복구. <br> 1320년 정방(政房)을 다시 설치, 관리임명을 담당. 원, 상왕 충선왕을 토번(吐蕃)으로 귀양 보냄. <br> 1323년 왜구 추자도(楸子島)에서 만행, 군산 앞바다에서 조운선을 약탈. <br> 1325년 상왕 충선왕 원에서 죽음(1275~). 예문춘추관(藝文春秋館)에 예문관과 춘추관으로 분리. <br> 1332년 상왕 충숙왕 복위하고, 충혜왕은 원나라로 감. <br> 1340년 충혜왕 복위. 원나라의 문제, 고려인 기씨(奇氏)를 제3황후로 봉함. <br> 1342년 이제현(李齊賢)〈영옹패설〉을 지음. <br> 1343년 원, 충혜왕을 계양(揭陽)에 귀양. <br> 1344년 충혜왕 악양(岳陽)에서 죽고(1315~), 충목왕(忠穆王) 원나라에서 즉위(~1348). 숭문관(崇文館) 설치. <br> 1347년 정치도감(整治都監) 설치. 각도의 양전(量田)사업 시작. <br> 1349년 충정왕(忠定王) 즉위(~1351). 정치도감 폐지. 경순부(慶順府) 설치. <br> 1350년 합포천호(合浦千戶) 최선(崔禪) 등이 고성 거제 등에 침입한 왜구를 격퇴. <br> 1352년 충정왕 강화에서 죽음(1337~). 변발(辯髮)을 금지. 안흥, 서산, 강화 등지에 침입한 왜구를 격퇴. <br> 1356년 원나라 연호 사용을 중지. 쌍성총관부 회복. <br> 1358년 최영(崔瑩)이 왜구체복사(倭寇體覆使)가 됨. <br> 1359년 홍건적(紅巾賊)의 제1차 침입. 4만여 명이 압록강을 건너, 서경 함락. <br> 1360년 각군 홍건적을 무찌르고 서경수복. 강화에 왜구 침입. <br> 1361년 홍건적 10만으로 제2차 침입. 개경 함락, 공민왕 복주(福州)로 파천. 이성계(李成桂)가 홍건적을 대파. <br> 1363년 문익점(文益漸), 원나라에서 목화씨 가지고 옴. <br> 1366년 전민변정도감(田民辨正都監)을 설치. 신돈(辛旽)을 판사(判事)로 함. <br> 1369년 이성계를 보내 동녕부 공격, 원나라와 절교. <br> 1370년 명나라의 연호 사용. <br> 1374년 공민왕 피살되고(1330~), 우왕(禑王) 즉위(~1389). <br> 1377년 최무선(崔茂宣), 황통도감 설치. <br> 1378년 최영, 이성계, 왜구를 승천부(昇天府)에서 대파. <br> 1387년 왜구를 막기 위해 기선군(騎船軍)을 편성. <br> 1388년 이성계가 위화도(威化島)에서 회군, 이성계, 우왕을 폐하고 창왕(昌王)을 세움. <br> 1389년 박위, 대마도(對馬島) 정벌. 왜선 300여 척 격파. 창왕 폐위되고 공양왕(恭讓王) 즉위. <br> 1391년 이성계, 삼군도총제사(三軍都摠制使)가 되어 군사통수권을 장악. <br> 1392년 정몽주 피살(1337), 이성계 즉위. 문무백관의 제도 제정. <br> 1393년 국호를 조선(朝鮮)으로 결정. 식년과(式年科) 실시(33인 급제). <br> 1394년 정도전(鄭道傳),〈조선경국전(朝鮮經國典)〉편찬. 한양(漢陽)으로 천도. <br> 1395년 정도전 등이(고려사) 37권을 간행. 예문춘추관 설치, 중앙군 10위(衛)를 10사(司)로 하여 의흥삼군부(義興三軍府)에 소속. <br> 1398년 제1차 왕자의 난 무인정사(戊寅靖社). 태조가 왕세자 방과(芳果)에게 |

| | | | |
|---|---|---|---|
| | (~1517). | 카라코룸에서 북원(北元)을 세움(~1391). | 선위(禪位), 정종(定宗) 즉위. |
| | 1385년 크라쿠프(크라카우) 조약 체결. 폴란드와 리투아니아 통합. | 1369년 샨족(族), 아바에 나라를 세우고 상(上) 미얀마를 지배. | |
| | 1389년 코소보의 싸움에서 오스만 투르크가 발칸연합군을 대파. 사실상 터키의 발칸 지배가 시작됨. 무라드 1세 죽고, 바야지드 1세 즉위(~1403). 덴마크가 스웨덴을 병합. | 1370년 티무르(재위 ~1405), 서(西)투르키스탄을 정복. 중앙아시아를 통일하여 티무르왕조 시작(~1506). 명나라 과거제도를 제정하고 시행. | |
| | 1393년 오스만 투르크 불가리아를 정복, 속국으로 삼음. 1396년 니코폴리스의 싸움. 오스만 투르크 헝가리군을 무찌르고 발칸 정복완료. | 1371년 제2차 마리차의 전투, 오스만 투르크, 세르비아를 무찌르고 마케도니아에 침입. | |
| | 1397년 칼마르연맹 체결. 북유럽 3국이 덴마크에 통합(~1523). | 1373년 중국에서 '대명률(大明律)' 제정. | |
| | 1399년 영국에서 랭커스터왕조 시작됨(~1461). | 1375년 이븐 할둔의 《역사서설(歷史序說)》완성. | |
| | | 1378년 시암의 아유타야왕조, 스코타이왕조를 멸함. | |
| | | 1380년 명나라 황제의 독재권 강화, 중서성(中書省) 폐지. 승상(丞相)도 안 둠. | |
| | | 1381년 티무르, 아프가니스탄, 이란 원정 나섬(~1384). | |
| | | 1386년 티무르 재차 원정. 이스파한에서 대학살을 감행. 또 남러시아로 원정(~1388). | |
| | | 1388년 델리(인도) 투굴라크왕조의 필로즈 샤가 죽고, 왕조 내의 내분으로 분열 진행됨. | |
| | | 1389년 코소보의 전투. 오스만 투르크 발칸 연합군에 대승. | |
| | | 1390년 무라드 1세 죽고, 바야지드 1세 즉위(~1403). | |
| | | 1392년 마자바히트왕국 분열 시작. 일본에서 남북조(南北朝) 두 황통(皇統)의 합일 이룸. | |
| | | 1394년 오스만 투르크의 바야지드 1세, 정식으로 '술탄' 이라 칭함. | |
| | | 1398년 티무르, 델리(인도)에 침입. | |
| | | 1399년 명나라에서 연왕(燕王)의 거병으로 정난(靖難)의 변 일어남(~1402). | |
| 1450년 트리포(Tnifo)와 테오도릿(Theodorit)에 콜라라프족에 복음화. | 1404년 후스가 프라하대학 총장이 되어(~1409) 종교개혁을 제창. | 1400년 안남(安南)에서 진(陳) 왕조 멸망하고 대우(大虞) 일어남. | 1400년 제2차 왕자의 난(芳幹의 난). 방원(芳遠)을 왕세자로 책봉. 정종이 방원에게 선위. 태종(太宗) 즉위. |
| 1453년 동로마 멸망(by 이슬람). | 1410년 파문. | 1402년 앙고라의 전투, 터키의 바야지드 1세, 티무르에게 체포되어 공위(空位)시대 시작. 명나라에서 연군(燕軍)이 난징(南京) 점령. 혜제(惠帝) 분사(焚死)하고 연왕 즉위(~1424). | 1401년 증광문과(增廣文科) 실시. 신문고(申聞鼓) 설치. |
| 1493 가톨릭 서교사들의 신세계 도착. | 1414년 콘스탄츠 공의회(公議會~1417), 교회 대분열(시스마) 종결. 후스를 이단으로 규정, 화형에 처함. | | 1402년 무과의 과거 실시. 호패법(號牌法) 실시. |
| 1498 바스코 다 가마(Vasoc da Gama)와 가톨릭 선교사들의 인도선교 | 1415년 아쟁쿠르의 싸움. 영국군이 프랑스군을 대파(백년전쟁). 엘리케 항해왕이 카나리아제도에 탐험대를 파견. 교회 대분열 종식(1378~). | 1404년 명나라와 일본의 통상 정식으로 시작. | 1403년 계미자(癸未字) 주조(鑄造). 명나라에서 고명(誥命)·인장(印章) 조칙(詔勅)을 보내옴. |
| 1500 새로 조직된 개신교 교회들이 거의 150-200년 동안 복음을 받지 못한 종족들에게 집중하기 위해 노력을 경주. | 1419년 후스전쟁 일어남(~1436'보헤미아전쟁). | 1405년 티무르, 중국 원정 노상에서 사망. 밍나라 정화(鄭和) 남해(南海) 원정(1433년까지 전후 7차에 걸쳐). | 1411년 분서응봉사(文書應奉司)를 능문원(承文院)으로 고침. 오부학당(五部學堂)을 운영. 동북면지방으로 양전(良田)을 실시. |
| | 1420년 투루아의 화약(和約). 부르고뉴, 파리, 북프랑스 제후들, 영국왕 헨리 5세의 프랑스 왕위 계승권을 인정함. | 1406년 이븐 할둔, 카이로에서 사망(1332~). 장보(張輔)의 제1차 안남 원정 시작. | 1413년 도(道), 군(郡), 현(縣)의 칭호 개정. |
| | 1422년 백년전쟁 재개. | 1410년 명나라 영락제, 타타르 몽골고원 온논강변의 전투 벌임(이후 5회에 걸친 원정 실행). 《사서대전(四書大全)》《오경대전(五經大全)》을 편찬. | 1414년 노비소산한품속신법(奴婢所産品贖身法)을 제정. 무과(武科)에 삼장통고법(三場通考法) 적용. |
| | 1428년 영국, 부르고뉴 연합군이 오를레앙성(城) 공격(백년전쟁). | 1411년 일본 왜구들, 명나라 연해를 침략. | 1415년 시장세와 상인세를 저화(楮貨)로 징수. 장인세(匠人稅)를 신설. |
| | 1429년 잔 다르크, 오를레앙성의 포위망을 해체(백년전쟁). | 1413년 오스만 투르크에서 메흐메트 1세가 정식으로 즉위(~1421). 왕조 재건. 안남(安南)이 명나라에 복속. | 1417년 각 도(道)에 잠소(蠶所) 설치, 익흥현(益興縣)에서 《향약구급방》 중간. |
| | 1431년 잔 다르크, 화형에 처해짐. | 1414년 티무르의 부하 히즈루 한, 델리에서 아이드왕조를 창건(~1451). | 1419년 이종무(李從茂), 왜구의 근거지인 대마도 정벌. 제주에 양전(量田) 시행. |
| | 1434년 코시모디 메디치의 피렌체 지배 시작(~1464). | 1421년 오스만 투르크에서 무라드 2세 즉위(~1451). 청나라, 베이징(北京:北平을 1403년 개정)으로 천도. | 1420년 집현전(集賢殿) 설치. 경연청(經筵廳) 설치. |
| | 1435년 아라곤왕가와 프랑스의 앙주 가(家) 나폴리왕위를 둘러싸고 싸움(~1442). | 1424년 청나라 영락제 제3차 타타르 정벌도중 진중에서 사망. | 1423년 한성의 남산에 봉수대 축조. 불교를 선교(禪敎) 양종으로 정리. 조선통보(朝鮮通寶) 주조. |
| | 1436년 후스전쟁 끝남(1419~). | 1427년 명나라, 안남의 독립을 승인. 여리(黎利), 대월(大越)을 일으킴(黎朝;~1527). | 1429년 정초(鄭招), 《농사직설(農事直說)》 저술. 경상도 충청도에서 양전사업(量田事業) 진행. |
| | 1438년 프랑스왕 샤를 7세(재위 1422-61)에 의한 부르주의 정교칙령(政敎勅令) 발표. 갈리카니슴(교황권을 제한시키려 했던 운동)을 주창. | 1429년 티무르왕조의 울루그 베그, 사마르칸트에 천문대를 세움. | 1432년 맹사성(孟思誠) 등이 《신찬팔도지리지》를 편찬. 설순 등이 여연군(閭延郡)에 침입한 여진기병을 격퇴. |
| | 1439년 피렌체에서 동서 양 교회 합동 종교회의 열림. | 1430년 오스만 투르크, 데살로니카를 병합. 오스만 투르크에 에니체리제도 확립(1362년 등 여러 설). | 1433년 압록강변의 여진족을 토벌. 화포전(火砲箭)을 발명. |
| | 1443년 알바니아인 독립정부를 수립하고 터키에 대항(~1478). | 1433년 오이라트부족의 트곤, 실권을 장악. | 1434년 갑인자(甲寅字) 주조, 갑인자로 《자치통감(資治通鑑)》을 간행. 북동 북서에 6진(鎭)을 설치, 장영실 등이 경복궁에 자격루(自擊漏)를 만듦. |
| | 1445년 포르투갈 탐험대, 아프리카 서안 기니아의 벌데 곶(串)까지 도달. | 1438년 중국, 다이룽(大同)에 마시(馬市)를 열고, 오이라트부와 통상. | 1435년 화약무기인 비격진천뢰(飛擊震天雷)를 발명. 함길도에 목화를 심게 함. |
| | 1449년 제2차 코소보의 싸움에서 무라도 2세, 후니야디를 무찌르고 남슬라브에서의 헝가리 패권에 종지부를 찍음. | 1440년 오이라트의 에센 한이 실권을 장악, 활약상이 두드러짐. | |
| | 1450년 포르미니의 전투. 프랑스군이 영국군에 대승(백년전쟁). 독일인 구텐베르그 활자인쇄를 실시. | | |
| | 1453년 동로마(비잔틴)제국 멸망. 오스만 투르크 콘스탄티노플을 점령. 백년전쟁 종료(1337~). | | |
| | 1454년 로디의 화약(和約) 성립. 메디치 가(家), 스포르차 가(家), 로마교 | | |

| | | | |
|---|---|---|---|
| | 황 등이 참여.<br>1455년 장미전쟁 발발(~1485).<br>1461년 영국에서 요크왕조 시작(~1485).<br>1462년 이 2세가 모스크바 대공(大公)이 됨(~1505).<br>1469년 로렌초 디 메디치(마니피코)의 피렌체 지배 시작(~1492).<br>1474년 이사벨라가 카스티야의 여왕이 됨(~1504).<br>1475년 크림한국(汗國:크리미아), 터키의 보호 하에 들어감.<br>1477년 난시의 전투로 부르고뉴공(公) 패사(敗死). 합스부르크가(家), 부르고뉴를 영유.<br>1479년 에스파냐왕국 성립. 아라곤왕에 페르난도가 즉위(~1516). 아라곤과 카스티아 두 왕국이 통합.<br>1480년 모스크바 공국(公國)이 몽골의 지배에서 벗어나 독립. 이반 3세가 킵차크한국(汗國)을 멸함(1243~).<br>1481년 에스파냐에서 이단(異端)심문 시작.<br>1482년 포르투갈이, 콩고강 어귀를 점령. 유럽인의 아프리카 진출 시작.<br>1485년 장미전쟁 끝나고(1455~), 튜더왕조 시작(~1603).<br>1486년 인도에서 비자야나가르왕국 제2왕조 시작.<br>1488년 포르투갈인 바르톨로메우 디아스가 희망봉(喜望奉)에 도달(발견).<br>1492년 콜럼버스의 제1차 항해, 서인도제도의 산살바도르섬에 도착(신대륙의 발견). 에스파냐가 이베리아반도의 그라나다를 함락, 최후의 이슬람국가 나수르왕조 멸망. 알렉산드르 6세가 교황이 되어(~1503) 그의 일문 보르디아 가(家)가 로마 지배권을 장악.<br>1493년 콜럼버스, 제2차 항해.<br>1494년 피렌체로부터 메디치(家)가 추방되고, 설교사(說敎師)인 사보나롤라의 지도하에 공화정(共和政) 성립. 프랑스왕 샤를 8세가 나폴리 왕위를 요구하며 이탈리아를 침공, 이후 이탈리아에서 전란 계속됨(~1559).<br>1495년 보름스 국회 개최, 독일의 영구평화 선포, 제국(帝國)세(稅)의 결정. 제국대심원(帝國大審院) 설치.<br>1497년 아메리고 베스푸치의 제1차 항해. 존(조반니) 카보트 케이프 브레튼섬과 뉴펀들랜드 등 발견.<br>1498년 바스코 다 가마 인도항로 발견. 콜럼버스의 제3차 항해. 프랑스에 바로아오를레앙왕조 성립(~1589). 레오나르도 다빈치의 《최후의 만찬》 완성.<br>1499년 프랑스왕 루이 12세(재위~1515), 밀라노 정략. 슈바벤전쟁. 오스트리아가 스위스 동맹과 싸우고, 바젤화약(和約)에서 스위스의 독립을 승인. | 1488년 청나라에서 등무칠(鄧茂七)의 난 일어남(~1440).<br>1449년 토목(土木)의 변. 오이라트 에센 한의 군대가 명나라를 침공. 영종(英宗), 장영실을 포로로 잡음.<br>1451년 오스만 투르크에서 메호메트 2세 즉위(~1481). 델리에서 바흐를 로디 즉위(~1489). 로디왕조를 창건(~1526). 원나라에서 성화제(成化帝) 즉위(~1487).<br>1453년 오스만 투르크군, 콘스탄티노플을 점령, 동로마제국 멸망. 대원천성대가한(大元天城大可汗)으로 호칭.<br>1454년 에센 살해되자 오이라트는 쇠퇴하고, 타타르부(部)가 대신.<br>1458년 터키군, 모레아(펠로폰네소스반도)의 그리스 도시들 정복 시작.<br>1464년 원나라, 헌종(憲宗) 성화제(成化帝) 즉위(~1487).<br>1465년 원나라에서 '형양(荊襄)의 난' 일어남(~1476).<br>1469년 티무르왕조의 7대 아부 사이드 죽고(재위 1451~) 제국 쇠망 시작.<br>1470년 창파와 안남의 대월국(大越國)이 패망.<br>1477년 터키군, 에게해 제해권 둘러싸고 베네치아와 싸움(~1479).<br>1479년 명나라 군사, 원병으로 조선과 함께 여진족과 싸움.<br>1480년 타타르의 다얀 한(汗)의 활약시대(~1524) 시작.<br>1481년 터키에서 바예지드 2세 즉위(~1512). 그의 아우 젬이 형에 대항하여 반란을 일으켰으나 실패.<br>1486년 인도에서 비자야나가르왕국 제2왕조 시작. 명나라에서 효종(孝宗) 홍치제(弘治帝) 즉위(~1505) 헌종(憲宗) 때의 요승(妖僧) 계효(繼曉)를 주살.<br>1488년 시암군, 다보이를 점령. 미얀마와의 항쟁 시작.<br>1498년 포르투갈의 탐험가 바스코 다 가마, 인도의 캘리컷에 도착.<br>1499년 시암에서 세계적 규모의 대불입상(大佛立像) 건립. | 1436년 남활자 병진자(丙辰字)를 주조.<br>1437년 물시계인 행루(行漏) 앙부일구 등을 제조, 간의대(簡儀臺)를 설치.<br>1438년 왜선의 삼포평균분박(三浦平均分泊) 임수의 지시, 장영실, 자동물시계 옥루(玉漏)를 제작.<br>1441년 장영실 등이 세계 최고(最古)의 측우기(測雨器)를 설치하고, 양수표(量水標)를 세움<br>1443년 통신사와 대마도주가 계해조약(癸亥條約) 체결. 세견선(歲遣船)을 5척으로 약정. 훈민정음(訓民正音) 창제.<br>1444년 양전산계법(量田算計法) 제정. 무과삼관법(武科三官法) 실시.<br>1446년 수양대군이 《석보상절(釋譜詳節)》을 편찬. 훈민정음 반포(頒布).<br>1447년 《용비어천가》의 주해 완성.<br>1450년 동활자 경자자(更子字) 주조. 정음청(正音廳)을 설치.<br>1451년 국방강화를 위해 군사(軍士)를 늘림. 문종이 창안한 화차(火車)를 제작하여 배치. 김종서(金宗瑞) 《고려사》 136권을 개찬.<br>1452년 김종서 등이 《고려사절요》 편찬. 《동국정운(東國正韻)》을 과거 과목 신설.<br>1453년 계유정난(癸酉靖難). 수양대군이 김종서, 황보인을 죽이고 정권장악. 안평대군(安平大君) 사사(賜死)됨. 이징옥(李澄玉)의 난.<br>1456년 사육신(死六臣) 사건.<br>1457년 단종을 노산군(魯山君)으로 강등. 영월로 유배. 노산군(단종) 죽음.<br>1460년 하삼도민(下三道民) 4,500호를 평안, 강원, 황해도에 이주시킴.<br>1461년 간경도감(刊經都監) 설치.<br>1463년 홍문관(弘文館) 설치.<br>1464년 전폐(箭幣)를 주조.<br>1466년 과전법(科田法)을 폐지하고 직전법(職田法)을 실시.<br>1467년 이시애(李施愛)의 난. 규형(窺衡)과 인지의(印地義)를 이용한 삼각측량법을 발명.<br>1468년 남이(南怡) 강순(康純) 등이 반역으로 사형됨.<br>1474년 개찬한《경국대전》과《속록》을 반포.<br>1481년 서거정(徐居正) 등이《동국여지승람(東國輿地覽)》50권을 찬진(撰進).<br>1484년 성균관에 학전(學田) 400결(結)을 줌. 서거정 등이《동국통감(東國通鑑)》을 찬진.<br>1489년 유교(儒敎)의 전적(典籍)을 각 향교(鄕校)에 배포.<br>1490년 울산, 거제, 동래, 남해 등지에 축성, 순천에 전라좌수영을 설치.<br>1491년 북정(北征)을 결의. 두만강 방면의 여진족 정벌.<br>1493년 성현(成俔) 등이《악학궤범(樂學軌範)》 9권을 완성.<br>1496년 무오사화(戊午士禍), 유자광(柳子光) 등의 무고로 김일손(金馹孫), 권오복(權五福) 등이 처형되고, 김종직(金宗直)을 부관참시(剖棺斬屍)함.<br>1498년 상평창(常平倉) 설치. |
| 1503 황금해안(Gold Coast)의 추장 에후투(Efutu)와 1300명 원주민의 세례.<br>1510 도미니크회, 하이티 도착.<br>1517 마틴 루터(Martin Luther)의 95개 조 조항의 선포.<br>1523 라스카사스, 도미니크회에 합류<br>1529 루이스 볼라뇨스가 아르헨티나의 투구만 2만 명을 개종시켜 쓴 데 현재도 OFM가 이들을 위해 사역.<br>1530 마틴 루터를 포함한 많은 종교개혁자들이 그리스도의 지상명령은 1세기의 사도들에게 주어졌을 뿐이요 사도들의 죽음과 함께 끊어졌다고 가르치다.<br>1534 칼티엘(Cartier)이 선교사들과 함께 캐나다에 도착.<br>1534 예수회 설립. | 1500년 카브랄이 브라질 발견.<br>1501년 아메리고 베스푸치 제3차 탐험항해. 브라질 동해안을 탐험 남하.<br>1502년 바스코 다 가마의 제2차 인도항해. 콜럼버스의 제4차 항해. 온두라스로부터 자메이카에 이름. 아메리카 에스파냐령에서 흑인노예 수입 시작.<br>1503년 그리스 터키령이 됨. 아메리고 베스푸치의 제4차 항해. 항해 후《신세계》를 발표.<br>1505년 포르투갈 초대 인도총독 아르메이다 부임. 비자야나가르 제3왕조 시작.<br>1508년 캄브레이동맹(~1510) 결성. 신성로마 황제, 로마교황, 프랑스 에스파냐 왕들에 의한 대(對)베네치아 동맹.<br>1509년 에스파냐인 데 레온이 푸에르토리코를 정복(~1511). 포르투 | 1501년 타타르의 다얀 한, 명군(明軍)을 무찌르고 오르도스에 침입.<br>1502년 이란에서 이스마일 1세 즉위(~1524). 사파비왕조 창건(~1736). 중국에서《대명회전(大明會典)》완성.<br>1506년 티무르왕조 멸망.<br>1509년 포르투갈, 맘무크 해군을 무찌르고 인도양을 제압. 인도총독에 알부케르케 취임(~1515). 중국《정덕회전(正德會典)》완성.<br>1510년 포르투갈 고아를 점령. 말라카도 점령하고 인도 영유의 발판을 닦음.<br>1512년 터키에서 셀림 1세 즉위(~1520). | 1502년 하삼도(下三道)의 주민 1,600호를 평안, 함경, 황해도에 이주시킴.<br>1503년 김감불(金甘佛), 김검동(金儉同) 등이 연철(鉛鐵)에서 은(銀)을 분리하는 연련법을 발명.<br>1504년 갑자사화(甲子士禍).<br>1506년 중종반정(中宗反正).<br>1507년 이과(李顆) 등이 반란을 꾀하다 발각되어 옥사.<br>1510년 삼포왜란(三浦倭亂), 황형(黃衡) 유담년(柳聃年) 등이 이를 평정.<br>1512년 일본과 임신조약(壬申條約) 체결하여 세견선(歲遣船) 및 세사미(歲賜米)를 반감함.<br>1515년 ను활동활자(乙亥銅活字) 주조.<br>1517년 김안국(金安國)이《여씨향약(呂氏鄕約)》을 간행하여 반포.<br>1518년 소격서(昭格署)를 혁파하고, 소장한 그림을 도화서(圖畫署)에 |

1536 포르투갈인(Portuguese)들이 코로만달(Cormandal) 해안의 힘센 어부 바라타(Bharatha)족 1만 명을 한꺼번에 세례.
1540 예수회(Society of Jesus) 선교활동 개시.
1542 프란시스 자비엘(Francis Xavier)의 선교활동 개시
1544 프란시스 자비엘이 트라반코(Travancore)에서 선교활동 시작.
1개월 만에 1만 명의 무쿠바족(Mukuvas)을 세례.
1555 칼빈(Calvin)이 위그노교도(Huguenlos)를 브라질에서 세례.
1556 세 일 론 (Ceylon) 콜롬 보(Colombo)부근 카레아스(Careas) 해안의 어부 7만 명을 천주교로 개종. 1583년까지 마나르(Marar) 섬에서 파라바족(Paravas)과 카레아족 등 진주조개잡이 어부들 가운데 4만 3천명이 기독교인.
1564 어거스틴교단(Augustineians)의 필리핀 도착.
1580 페루의 예수회(Jesuit) 신학자 호세 드 아코스타(Jose-de Acosta 1539-1600)가 〈미개인 복음전파〉(On the Preaching of Gospel Among the Savges)에 대한 기록을 통해 아메르 인디안(Amer indian) 종족 전도의 문제점을 제시.
1583 마테오 리치(Matteo Ricci)의 중국 도착.
1588 영국교회(Anglican 교구목사 하드리안 사라비아(Hadrina Saravia)가 최초로 개신교 세계 선교 운동의 중요성을 역설
1593 프란시스코 교단(Franciscans) 일본 도착.

칼, 마므루크 해군을 격파하고 인도양 일대 제압. 포르투갈의 인도총독으로 알부케르케 취임(~1515).
1510년 포르투갈이 고아를 점령.
1511년 로마교황, 베네치아, 스위스, 영국, 에스파냐 등에 의한 대(對)프랑스 동맹 결성. 베라스케스 쿠바를 정복.
1513년 에스파냐인 발로바 파나마 횡단. 태평양 연안에 이름(태평양 발견). 데레온 플로리다 탐험. 마키아벨리의 《군주론(君主論)》 출간.
1516년 토마스 모어의 《유토피아》 출간.
1517년 마틴 루터에 의한 종교개혁 일어남. 코르테스의 멕시코 정복 시작. 셀림 1세, 카이로 점령, 맘무르크왕조 멸망. 술탄 칼리프제 성립.
1519년 라이프치히의 토론, 루터와 에크의 논쟁이 벌어짐. 스위스에서 츠빙글리에 의한 종교개혁 추진. 에스파냐왕 카를로스 1세(1516~)가 신성로마황제 카를 5세(~1556)가 됨. 코르테스의 멕시코 정복 시작. 마젤란이 세계일주 항해길에 오름(~1522).
1520년 루터 3대논문 발표. 교황의 파문장(破門狀)을 불태워버림. 마젤란이 대륙의 남단 마젤란해협을 통과.
1521년 독일 보름스국회 열러 프로테스탄트를 금지. 루터 추방. 민처 등 재세례파(再洗禮派)의 난(~1522). 뮌처는 결국 처형(1525), 독일 황제 카를 5세와 프랑스 국왕 프랑수아 1세 이탈리아를 둘러싸고 전쟁(~1526). 에스파냐인 코르테스 아스테크왕국 점령.
1522년 독일에서 기사(騎士)전쟁(~1523).
1523년 스웨덴의 독립. 구스타프 바사왕 즉위(~1560).
1524년 독일에서 농민전쟁 일어남(~1525).
1526년 제1회 슈파이어 국회. 교회문제를 제후 및 제국(帝國) 도시의 결정에 위임.
1527년 영국왕 헨리 8세(재위 1509~47)가 이혼문제로 로마교황과 대립. 카를 5세와 프랑수아 1세의 싸움 벌어짐(~1529).
1529년 제2차 슈파이어 국회, 전회의 결정(1526)을 철회. 독일 프로테스탄트 제후들이 호아제에 항거. 제노바공화국 성립.
1530년 아우구스부르크 국회. 멜랑히톤에 의한 루터파의 '아우구스부르크 신조(信條)' 성립. 신구교의 제후들 결집.
1531년 프로테스탄트 제후들이 슈말카르덴동맹을 결성. 에스파냐인 피사로가 잉카제국(帝國) 정복을 시작(~1533).
1533년 모스크바 대공(大公) 이반4세 뇌제(雷帝) 즉위. 피사로, 잉카의 수도 쿠스코를 징명. 잉까제국 완전 정복.
1534년 영국왕 헨리 8세 수장령(首長令)을 공포. 영국교회가 로마교회에서 분리. 이그나티우스 로욜라 수도회(會) 창설. 밀라노 공국(公國)이 에스파냐 지배하에 들어감.
1536년 j.캄뱅이 그리스도교의 제네바에서 종교개혁을 일으킴. 신재정치(神裁政治)의 시작. 터키군이 헝가리를 완전정복.
1543년 폴란드의 천문학자 코페르니쿠스가 지동설(地動說)을 발표. 에스파냐가 인도신법(新法)을 공포. 인디언의 노예화를 금지.
1545년 트리엔트 종교회의 열림(~1563).
1547년 러시아의 이반 4세, 차르로 호칭.
1550년 영국에서 케트의 반란이 일어남.
1552년 프랑스왕 앙리 2세(재위 1547-59)가 베츠, 툴르, 벨뎅의 3개 주 교구를 프랑스령으로 삼음으로써, 프랑수아 합스부르크 가(家)의 전쟁 시작(~1559).
1554년 영국 여왕 메리(재위 1553-58)가 톨릭의 에스파냐 왕자와 결혼으로써 큰 파문을 일으킴.

1517년 셀림 1세, 카이로를 점령. 맘무르크왕조 멸망하고 술탄 칼리프제 성립. 포르투갈인 처음으로 중국 광동(廣東) 부근에 상륙.
1519년 중국 영왕왕(寧王)이 거병. 왕수인(王守仁, 일명 양명陽明)이 평정.
1520년 터키에서 슐레이만 1세가 즉위. 오스만 터르크의 전성기를 맞음. 타타르부(部)가 중국산시성(陝西省) 다퉁(大同)을 침공.
1521년 명에서 마젤란 필리핀에서 살해됨. 중국에서 세종(世宗) 가정제(嘉靖帝) 즉위(~1566).
1524년 이란 사파비왕조의 타하마스프 1세 즉위(~1576). 다양한(汗) 죽음.
1526년 바브르, 고구라의 싸움에서 아프가니스탄 군을 하파. 인도의 비자야나가르왕 크리슈나데바라죠 죽고 왕국 쇠퇴. 중국의 명나라 왕 수인(양명학의 조상) 죽음. 남북으로부터의 침략이 격심해짐(北虜南倭의 外患).
1530년 다움구왕조의 타빈셰티왕 즉위. 바브르, 아그라에서 주고 푸마윤 즉위(~1550, 미얀마의 왕).
1533년 안남(安南)의 후여조(後黎朝:~1389) 일어남. 포르투갈인의 미얀마 해안 침범이 잦아짐.
1538년 터키군, 플레베자의 해전에서 에스파냐'베네치아' 교황 연합군을 대파.
1539년 인도 시크교 교조(教祖) 나나크 사망.
1540년 후마윤 델리로부터 무굴왕조의 푸마윤을 추방. 한때 인도를 지배. 중국의 세종, 신선술(神仙術:도교사상)에 몰두, 국사를 돌보지 않자 곳곳에서 민란, 소요.
1541년 터키, 헝가리를 완전 정복.
1542년 프란시스코 자비에르 인도 고아 지방에 들어와 여러 섬들을 돌며 그리스도교 포교(布敎) 시작.
1543년 포르투갈인이 일본 다네가섬 종자도(種子島)에 표착, 신무기 총을 전함.
1545년 델리의 수르왕조에서 셀 샤가 죽고, 이슬람 샤 즉위(~1554). 이후 왕조 쇠망.
1548년 몽골의 알탄 한(汗)의 활약이 활발해져 다퉁(大同)을 침략.
1549년 F. 자비에르, 일본 가고시마(鹿兒島)에 상륙. 그리스도를 전함.
1550년 알타 한, 중국 베이징(北京)을 포위 (康戎의 변).
1555년 푸마윤, 페르시아로부터 들어와 델리를 탈환, 무굴왕조 회복. 왜구들이 조선 전라도 일대를 유린(을묘왜변)함과 동시에, 중국 난징(南京)을 위협.
1557년 중국이 포르투갈들의 마카오 오문(澳門) 거주를 허가. 호종헌(胡宗憲), 해적 왕직(王直)을 잡아 죽임.
1562년 중국에서 왜구들의 성화(興化)를 점령. 일본이 포르투갈에 개항 시작.
1563년 중국에서 척계광(戚繼光) 등이 푸젠(福建)의 평하이(平海)에서 왜구를 격퇴하고 싱화를 회복.
1565년 중국 쓰촨 사천(四川)에서 백련교도(白蓮教徒)의 난 일어남.
1566년 터키의 슐레이만 1세, 시게트와르 싸움에서 전사. 셀림 2세 즉위(~1574). 소로코 마호메트 파샤의 집정(執政) 개시. 포르투갈인 마카오 건설.
1567년 포르투갈 선박, 일본 나가사키(長崎)에 입항. 일본과의 교류 시작.
1568년 중국 저장(浙江), 장시(江西)에서 일조편법(一條鞭法)이 시행되니, 이후 점차 확대.
1569년 몽골의 알탄 한 티베트 원정 시작.
1570년 터키 베네치아로부터 키프로스를 획득(1571).
1571년 레판토의 해전. 명(明)나라가 몽골의 알탄 한과 화해하고 순의왕(順義王)에 봉함. 에스파냐가 마닐라시를 건설.
1572년 중국에서 선종(禪宗) 만력제(萬曆帝) 즉위(~1620).
1573년 만력제 통치 아래서 장거정(張居正)의 개혁 추진. 일본 무로

이장(移葬).
1519년 기묘사화(己卯士禍).
1520년 제주의 한지(閑地)에 군량을 마련하기 위하여 둔전(屯田)을 설치.
1527년 동궁에 작서(灼鼠)의 변이 일어남. 4월, 최세진(崔世珍)에 (훈몽자회(訓蒙字會))를 지음.
1530년 이행(李荇) 등이 《신증동국여지승람》을 편찬.
1532년 조정관리의 녹봉을 감하여 구황(救荒)에 충당.
1538년 《동국여지승람》에 기록되지 않는 사찰을 폐지함.
1543년 백운동서원(白雲洞書院) 건립.
1544년 4월, 사량진왜란(蛇梁鎭倭亂).
1545년 조광조 복관(復官)되고, 현량과 다시 실시. 왕대비 문정왕후(文定王后) 윤씨가 섭정. 8월, 을사사화(乙巳士禍).
1547년 정미사화(丁未士禍). 대마도주(對馬島主)와 정미약조 체결(수호조약을 개정)
1549년 이홍윤(李洪胤)의 옥이 일어남.
1550년 백운동서원에 소수서원(紹修書院)의 편액을 하사함(사액서원의 시초). 12월 선교양종(禪教兩宗)을 다시 둠.
1551년 양종선과(兩宗禪科)를 설치하고 시경승(試經僧)의 제도(度牒)을 발급.
1555년 을묘왜변(乙卯倭變).
1559년 황해도에서 임꺽정(林巨正)의 난 일어남(~1562). 이황(李滉)과 기대승(奇大升) 사이에 사단칠정론(四端七情論)에 관한 서신왕래 시작(~1566).
1560년 이황, 예안(禮安)에 도산서원(陶山書院)을 세움(75년에 사액).
1561년 10월, 이정(李楨)이 경주에 서악서원(西岳書院)을 세우고 설총(薛聰), 김유신, 최치원을 향사(享祀). 이지함이 〈토정비결〉을 지음.
1562년 임꺽정의 난을 평정. 1567년 명종 죽고(1534~), 선조(宣祖) 즉위(~1608).
1572년 이이(李珥)와 성혼(成渾) 사이에 사단칠정론에 관하여 서신왕래 시작(~1578).
1574년 안동에 도산서원(陶山書院)을 세우고 이황을 향사(75년에 사액).
1575년 대마주(對馬島主)가 왜국이 조선침략을 위해 전선을 긴조하고 있음을 통지. 7월, 심의겸(沈義謙), 김효원(金孝元)의 동서당론이 일어남.
1577년 이이, 《격몽요결(擊蒙要訣)》 간행.
1583년 이이, 십만양병설(十萬養兵說)을 건의함.
1589년 정여립(鄭汝立)의 모반사건 일어남.
1592년 임진왜란(壬辰倭亂) 시작. 일본침략군 2만이 부산포에 상륙, 옥포해전에서 왜선 26척을 대파. 명(明)나라의 1차원군 압록강을 건너옴. 한산도대첩(閑山島大捷). 명나라의 2차원군 4만이 압록강을 건너옴.
1593년 왜군이 철수 시작. 선조가 한성으로 귀환.
1597년 정유재란(丁酉再亂), 약 20만의 왜군 상륙. 원균(元均) 휘하의 수군이 칠천(漆川), 고성(固城)에서 대패.
1598년 이순신(李舜臣)이 노량해전(露梁海戰)에서 전사. 왜군 무슨.

제1부 연대기로 보는 선교역사  195

1555년 아우구스부르크의 종교화의(宗教和議) 성립. 루터 파(派)가 공인됨.
1556년 독일황제 에스파냐왕 카를 5세 퇴위. 합스부르크 왕가가 독일 에스파냐로 분립. 에스파냐왕에 필리페 2세 즉위(~1598).
1558년 영국여왕 엘리자베스 1세 즉위(~1603). 네덜란드에서 대귀족들이 에스파냐 국왕의 전제(專制)에 저항하기 시작.
1559년 엘리자베스 여왕이 '국가수장령(國家首長令)'을 부활. '통일령(統一令)'을 제정. 프랑스, 에스파냐 간에 카토 캄부레시 화약(和約) 성립.
1560년 프랑스 궁정 내에서 신,구 양교파의 대립 격화. 스코틀랜드의 신교도가 장로교파를 조직. 영국 여왕과 제휴.
1562년 프랑스에서 위그노 전쟁 일어남(~1598).
1564년 미켈란젤로 사망, 셰익스피어 탄생.
1565년 러시아 이반 뇌제(雷帝) 황제직재권을 창안(~1572). 네덜란드의 귀족, 상인들이 브뤼셀에서 귀족동맹을 결성. 에스파냐에 대항.
1567년 네덜란드 독립전쟁 시작(~1648). 스코틀랜드여왕 메리 영국으로 망명, 엘리자베스 여왕에 의해 체포.
1569년 토스카나 대공국(大公國) 성립. 위그노 전쟁 일시 휴전. 영국인 드레이크 서인도제도로 항해(~1572).
1571년 레판토의 해전.
1572년 성(聖)바르톨로메오의 학살사건으로 인해 위그노전쟁 재개. 예수회가 신대륙 선교를 시작.
1574년 브라질에서 흑인노예의 수입 시작.
1577년 영국인 탐험가 드레이크, 세계일주 항해 길에 나섬(~1580). 캘리포니아 해안에 도착.
1579년 네덜란드 북부 7개주 유트레히트 동맹 결성(네덜란드 독립전쟁의 일환).
1580년 에스파냐의 포르투갈이 합병을 단행 (~1640).
1581년 네덜란드 독립을 선포. 북부 7개주 연방 공화국 형성.
1582년 교황 그레고리우스 13세(재위 1572~85) 역법(曆法) 개정. 그레고리우스력의 성립.
1583년 이탈리아의 갈릴레이 흔들이의 등시성(等時性) 발견.
1584년 영국인 롤리 북아메리카 버지니아에 식민(植民). 네덜란드 통령(統領) 발렘 암살당함.
1587년 아일랜드여왕 메리 처형.
1588년 에스파냐 무적함대 영국 해군에 대패. 해상권 상실.
1589년 프랑스의 발루아 오를레앙왕조(1498~) 단절. 나바르왕 앙리4세(~1610) 부르봉 왕조 시작(~1830). 러시아 모스크바에 동방정교회의 총주교좌(總主教座) 설치.
1593년 프랑스왕 앙리 4세, 가톨릭으로 개종.
1595년 러시아에서 카자크의 대반란(~1596).
1598년 '낭트칙령(勅令)' 발함. 신교도에 게 신앙의 자유 인정하고 위그노전쟁 종결. 러시아의 뤼리크왕조 단절. 보리스 고두노프 황제에 선출됨(~1605).

1618 : 돌트회의.칼반파와 알미니안파의 분쟁 조정위해
1618-1648년 : 30년 독일 전쟁(개신교 자리 잡는 전쟁)
1632년 : 장로교 목사 존 엘리오트가 인디언을 위해 사역함. 엘리오트는 신약(1661), 구약(1663) 및 문법책을 모히칸어로 번역함.
1643-1649 : 웨스트민스터 신앙고백.
1648년 : 웨스트팔리아 평화조약 체결.독일, 스웨텐/루터파, 가톨릭, 칼빈파 동등 인정.
1648-1800년: 근세시대-선교학장기
1662년 후 : 인도-동인도회사 소속의 라이든 대학출신의 12명이 파송되지만 실패함.
1664년경 : 수리남-루터파 저스티니안

1600년 영국의 동인도회사(東印度會社) 설립.
1602년 네덜란드의 동인도회사 설립.
1603년 엘리자베스 1세(1558~) 사망. 스코틀랜드왕 제임스 6세가 영국왕(제임스 1세)으로 즉위(~1625). 스튜어트왕조 시작. 프랑스인 샹플랭 세인트로렌스강 탐험.
1604년 러시아 동란(動亂)의 시대(~1613). 프랑스의 동인도회사 설립.
1606년 영국 가톨릭교도(舊敎) 탄압 법령 제정.
1607년 영국 버지니아 식민지의 재건 시작(제임스타운 건설). 네덜란드인, 뉴네저랜드(후의 뉴욕) 식민지를 건설. 프랑스왕 샹플랭, 퀘벡시를 건설.

마치 막부(室町幕府) 멸망.
1574년 터키에서 무라드 3세 즉위(~1595).
1576년 인도 무굴왕조, 비하르와 벵골을 획득. 사파비왕조에서 이스마일 2세 즉위(~1587).
1578년 터키의 재상 소코르 암살당함. 중국이 포르투갈에게 광동(廣東)을 개방. 무역을 허락(~1640).
1582년 인도 악바르대제, '신성종교(神聖宗教)'를 전국에 공포. 종교개혁 단행. 토다르 마를, 무굴왕조 재무장관이 되어 검지(檢地), 세제개혁(稅制改革)에 노력. 예수회 소속의 이탈리아 선교사 마테오 리치 중국 광동, 마카오에 상륙. 몽골의 순의왕 알탄 다한 사망. 만주에서 여진족의 누루하치가 병사를 일으킴(후에 후금국後金國).
1587년 사파비왕조에서 아바스1세 즉위 (재위 ~1629). 마테오리치 난징으로 입성. 일본 도요토미 히데요시(豊臣秀吉), 그리스도교 금지령을 공포.
1588년 후금의 누루하치, 건주(建州)의 제부(諸部)를 통일. 한때 크게 세를 확장.
1590년 일본의 도요토미 히데요시, 일본 천하를 통일.
1593년 터키, 신성로마제국과 교전을 벌임. 이후 시트바 토로크조약 체결(1606) 때까지 단속적으로 전쟁. 누루하치, 여진 제부(諸部)를 제압하고 쑹허강(松花江) 상류로 세력을 확대.
1595년 터키에서 마호메트 3세 즉위 (~1603). 네덜란드인이 처음 자바에 나타남. 일본 나가사키에서 많은 가톨릭교도들 순교(훗날 26성인 추대).
1598년 이란 사파비 왕조의 아바스 1세, 영국인 로버트 샤레이의 도움으로 군제개혁을 단행하고 이스파한으로 천도. 일본 도요토미 히데요시 사망.
1599년 여진에서 만주문자 제정.

1600년 영국이 동인도(東印度)회사 설립. 미얀마의 타운구왕조 분열.
1601년 마테오 리치 베이징(北京) 입성.
1602년 네덜란드 동인도회사 설립. 마테오 리치 중국 최초 세계지도 《곤여만국전도(坤與萬國全圖)》를 완성, 베이징에서 간행.
1603년 터키에서 아흐메트 1세 즉위 (~1617). 필리핀에서 마닐라 화교(華僑) 학살사건 발생. 일본 에도막부(江戶幕府) 시대 개막(~1867).
1606년 터키, 신성로마와 시토바 토로크조약 체결. 포르투갈의 가톨릭 수사(修士) 베네딕트고에스, 인도, '동(東)투르키스탄'을 경유,

1601년 한성에 동묘(東廟) 건립.
1603년 이(李)광(光)정(庭)과 권희(權憘)가 연경에서 마테오 리치가 제작한 《곤여만국전도(坤與萬國全圖)》를 가져옴.
1604년 유정(惟政)을 쓰시마섬과 일본에 보내어 그곳 사정을 알아보게 함.
1605년 유정이 포로 3,000여명을 데리고 일본에서 귀국.
1608년 선고 죽고, 왕세자 즉위(광해군).
1610년 허준(許浚)이《동의보감》25권을 찬진.
1613년 영창대군의 관작을 삭탈하고 서인으로 함. 폐모론 일어남.
1614년 강화부사 정항(鄭沆)이 영창대군을 죽임.
1618년 인목대비의 호를 삭탈하고 서궁(西宮)이라 칭함. 대북과 정권 장악.

폰 벨츠가 도착하지만 곧 사망함.

1611년 스웨덴왕에 구스타프 아돌프 즉위(~1632). 왕권을 강화, 각지에서 전쟁을 벌임(~1629).
1613년 러시아황제에 미하일 로마노프 선출(~1645).
1614년 프랑스 삼부회(三部會) 소집(이후, 1789년까지는 소집되지 못함). 영국인 스미스, 뉴잉글랜드를 탐험.
1616년 셰익스피어 사망.
1618년 독일에서 30년전쟁 시작(~1648). 브란덴부르크 선제후(選帝侯) 프로이센공령(公領)을 병합.
1619년 네덜란드인이 버지니아에 흑인노예를 수입. 노예수입의 시작.
1620년 와이센베르크의 싸움. 베멘의 신교도 황제군에 패하고 국외로 도망(30년전쟁의 지속). 페이플라워호(號)의 '필그림파더스' 플리머스에 상륙.
1621년 네덜란드가 서인도회사 설립. 네덜란드의 대(對)에스파냐 독립전쟁 재개.
1624년 프랑스에서 리슈리외 재상(宰相)이 됨(~1642).
1625년 덴마크왕 크리스앙4세가 30년전쟁에 참가. 30년전쟁 제2기 돌입(30년전쟁). 네덜란드의 그로티우스 '전쟁과 평화의 법'을 공표.
1628년 영국 의회 국왕에게 '권리청원(權利請願)' 제출. 영국의 하베이, 혈액순환의 법칙을 발표.
1629년 영국이 신대륙에 메사추세츠 식민지를 개척. 영국 국왕 찰스 1세, 의회를 해산(~1630).
1630년 스웨덴왕 구스타프 아돌프가 30년전쟁에 개입. 보스턴시 건설.
1632년 리첸의 싸움에서 스웨덴군 바렌쉬타인을 크게 이겼으나, 아돌프왕은 저사(30년 전쟁). 퀘벡 프랑스에 반환됨.
1633년 갈릴레이의 종교재판.
1634년 네르토닝겐의 싸움에서 스웨덴군 참패(30년전쟁), 메릴랜드 식민지 건설.
1635년 프라하의 화약(和約) 성립. 신교측의 중심인물 작센 선제후(選帝侯)가 호아제와 휴전(30년전쟁). 프랑스, 네덜란드, 30년전쟁에 직접 참가. 프랑스의 아카데미 프라세즈 창설.
1636년 에스파냐군 프랑스에 침입(30년전쟁). 로드아일랜드에 식민지 건설. 하버드대학 창립.
1637년 스코틀랜드에서 영국 국교회에 반대하는 민란 발생. 데카르트의《방법서설(方法序說)》출간.
1639년 노르망디에서 농민폭동 일어남(~1641). 코네티컷 식민지 건설.
1640년 영국의 단기의회 장기의회 열려, 청교도혁명의 기운 일어남. 포르투갈 왕국이 에스파냐로부터 독립, 인디언의 노예화 금지, 브란덴부르크 신세후 프리드리히 빌헬름(대 선제후) 즉위.
1642년 영국에서 의회 의회군(議會軍)과 왕당군(王黨軍)의 내분 시작(~1651). 영국에서 퓨리턴혁명 시작(~1649).
1643년 프랑스 태양왕(太陽王) 루이 14세 즉위(~1715). 총리에 마자랭이 선출됨(~1661).
1644년 머스턴-무어의 싸움(청교도 혁명).
1645년 네즈비의 싸움(청교도 혁명).
1646년 찰스 1세, 스코틀랜드군에 투항.
1648년 베스트팔리아조약 체결로 30년전쟁 종결. 독일은 영방(領邦)국가로 분열. 스웨덴은 북해발트의 패권을 잡고, 프랑스는 라인강 좌우 일대 영토를 획득. 프롱드의 난 일어남.
1649년 찰스 1세 처형되고, 영국 공화정(共和政) 선포.
1651년 크롬웰 항해조례(航海條例) 발표.
1652년 제1차 영국네덜란드전쟁(~1654).
1653년 영국에서 크롬웰 잔부의회(殘部議會) 해산. 호국경(護國卿)이 됨.(~1658).
1654년 니콘이 종교개혁 단행. 우크라이나가 폴란드로부터 분립. 러

중국에 입국
1607년 조선과 일본, 수교를 회복. 처음으로 통신사(通信使)가 일본에 들어감.
1609년 네덜란드가 일본 히라도(平戶)에 상관(商館)을 설치.
1610년 네덜란드가 인도의 브라카트에 상관을 설치. 프랑스 선교사 토리고, 중국에 입국.
1611년 무굴제국에서 누르 자한이 황비(皇妃)가 되어 점차 권력을 휘두름. 명나라에서 동림당(東林黨), 비동림당(非東林黨)의 당쟁 격화.
1612년 영국이 슬라트에 상관을 세움. 일본 막부, 가톨릭교를 단속.
1613년 일본 막부, 영국에 통상을 허가해 영국 상선이 입항.
1616년 누루하치가 한(汗)이 되어 후금(後金:후의 청나라)을 부흥.
1617년 터키에서 아흐메트1세 죽고, 무스타파 1세 즉위(~1618, 1622~23).
1618년 누루하치, 7대한의 칠대한(七大恨)을 내걸고 명(明)나라와 개전. 푸순(撫順), 청허(淸河)를 함락, 일본, 히라도(平戶), 나가사키(長崎)의 무역제도 정비.
1619년 사루후의 싸움에서 누루하치가 명군을 대패. 네덜란드 자바에 바다비아(市)를 건설하고 총독을 둠.
1620년 중국 홍환(紅丸)의 안(案), 광종(光宗) 즉위한 후 독살.
1621년 네덜란드 일본 히라도(平戶)에 상주상관을 설치.
1622년 중국 산둥(山東)에서 백련교의 난 일어남. 네덜란드 함대, 마카오를 공격하고 이듬해는 평후도(澎湖島)를 점령.
1623년 터키에서 무라디4세 즉위(~1640). 암보이나의 대학살사건 발생(영국 세력의 구축).
1624년 네덜란드군, 타이완섬 점령(~1661).
1626년 무굴제국에서 장군 마하바트 한이 반란을 일으킴. 중국 후금군 닝언(寧遠)을 포위, 명군과 전쟁을 벌임.
1627년 중국에서 의종(毅宗) 숭정제(崇禎帝) 즉위(~1644).
1628년 무굴왕조에서 사 자한이 즉위(~1658).
1629년 이란의 사파비왕조 국왕 아바스 1세 죽고 사피 1세 즉위(~1642, 왕조 쇠퇴 시작).
1630년 일본국, 가톨릭 서적 등 양서(洋書) 수입 금지.
1632년 무굴왕조 타지 마하르 건조 시작.
1633년 영국군 벵골만에 진출. 중국에서 후금이 원(元)나라 왕실을 폐하고 뤼순(旅順)을 함락하는 등 국세 확장.
1636년 일본이 국호를 '청(淸)으로 개칭. 일본이 나가사키(長崎) 데지마 출도(出島)를 외인에 개방. 포루투갈인을 머물러 함.
1638년 청나라가 육부(六部) '이번원(埋藩院)' '도찰원(都察院)' '팔아문(八衛門)'의 관제 실시.
1639년 영국, 마드라스에 성(聖) 조지 요새 축권을 획득. 일본이 쇄국령(鎖國令) 공포. 특히 포르투갈인의 입국을 금지.
1640년 터키, 이브라힘 1세 즉위(~1647).
1644년 이자성(李自成)의 난 일어남. 명(明)나라 멸망. 군사가 베이징을 포위하자 마종이 자살. 곧, 청(淸)나라가 이자성군을 무찌르고 중국 지배 시작. 수도는 베이징.
1645년 청군이 난징(南京) 공략. 이자성 자살. 청나라가 한인(漢人)에 변발령(弁髮令)을 내림.
1648년 터키에서 메흐메트 4세 즉위(~1687). 인도의 올드 델리 건설. 델리의 '붉은 성채' 완성.
1649년 청나라의 하마로프 헤이룽지앙(黑龍江) 지방탐험(~1652).
1652년 네덜란드인 얀 팝 리베크, 케이프타운 건설. 청군, 러시아와 충돌, 쑹어강(松花江)에서 크게 싸움.
1653년 무굴왕조 타지마하르 완공(1632~).

1619년 명나라에 1만 명의 원군 파견.
1623년 김류 등이 광해군을 폐하고 능양군(綾陽君) 추대, 정권을 잡음(인조반정).
1624년 이괄(李适)이 반란을 일으킴.
1626년 호패법 시행, 남한산성을 쌓고 수어청을 둠.
1627년 후금이 조선에 침입(정묘호란). 인조가 강화로 피신.
1628년 2월, 명나라의 숭정연호(崇禎年號) 사용.
1630년 무감(武監) 설치.
1633년 척화(斥和)의 교를 내리고, 후금의 침략에 대비케 함. 임경업(林慶業)을 청북방어사(淸北防禦使)에 임명. 상평청에서 상평통보(常平通寶)를 주전.
1635년 금나라 사신 마부대(馬夫大)가 국서를 전함.
1636년 후금의 국서를 거절. 금나라 사신 용골대(龍骨大)을 침. 청군 침입(병자호란).
1637년 강화도 함락됨. 인조 삼전도에서 청태종에게 항복. 인조 환궁. 왕세자 일행 불모가 되어 선양(瀋陽)에 도착. 왕세자 일행 명나라 연호를 폐지하고 청나라 연호를 씀.
1640년 세자 선양에서 돌아옴.
1645년 소현세자, 독일인 신부 아담 샤(湯若望)로부터 천문 '산학(算學)' 천주교에 관한 서적 등을 받아 가지고 한성으로 돌아옴. 왕세자소현세자) 죽음. 봉림대군(鳳林大君) 한성으로 돌아와 세자로 책봉됨.
1649년 인조 죽음. 세자 봉림대군 즉위(효종). 관상감 청나라 역서에 따라 역법(曆法)을 고침.
1652년 연경에 천문학관을 보내어 시헌력법(時憲歷法)을 배워오게 함. 어영청(御營廳)을 설치.
1653년 제주목사, 네덜란드인 하멜 일행의 화순포(和順浦) 표착을 알림.
1655년 추쇄도감을 두고 전국의 노비를 추쇄, 강화(江華) 방비에 임하게 함. 일본통신사 조형(趙珩) 일행 부산에서 대마도로 떠남.
1657년 최유지(崔攸之) 천문관측기구를 제작.
1658년 청나라가 러시아정벌에 원군을 요청해 옴.
1659년 효종 죽음. 왕세자 즉위(현종).
1660년 남인서인 간에 예론시비(禮論是非) 시작됨. 전라도 산간군(山間郡)에 대동법 실시.
1662년 현종 창덕궁에 능감. 고려조의 능침(陵寢)을 보수(封릉).
1671년 현종 경덕궁으로 옮김. 전국적으로 대기근, 경기, 충청도에서 민란 일어남.
1674년 현종 수축. 세자 즉위(숙종). 북한산성을 수축함.
1679년 강화에 돈대(墩臺) 축조함.
1682년 악기조성청(樂器造成廳) 설치.
1687년 금위영(禁衛營) 폐지. 숙종 탕평책(蕩平策)을 쓰도록 함.
1688년 창덕궁 금호문 밖에 관천대(觀天臺) 축조.
1689년 세자책봉문제로 노론(老論)이 실각하고 남인이 집권(기사환국). 왕비 인현왕후 민씨 폐출됨. 1690년 장희빈을 왕비로 책봉함.
1692년 숙종 창덕궁으로 돌아옴. 북경에서 동을 수입. 화폐 주조.
1694년 노론에 의해 남인 몰락(갑술옥사). 4월 폐비 민씨를 복위하고 왕후 장씨를 다시 희빈으로 강등. 수도 방위를 위해 운수산에 성을 쌓음.
1697년 장길산(張吉山)이 이끈 농민군 봉기. 도성안의 거지들을 각 섬으로 보냄. 막부(幕府)를 통하여 왜인의 울릉도 출입 금지를 보장받음.
1698년 숙종 탕평책을 지시.

제1부 연대기로 보는 선교역사  197

| | | | |
|---|---|---|---|
| | 시아에 병합.<br>1655년 영국 중앙아메리카 자메이카 점령.<br>1658년 크롬웰 사망. 아들 리처드 호국경이 됨. 레시크로조약 체결로 덴마크가 스웨덴에 스칸디나비아반도 할양.<br>1660년 영국 왕정(王政) 복고. 국왕 찰스 2세 즉위. 코펜하겐조약 올리버조약 체결. 스웨덴이 영국화 강화, 발트해의 패권을 재확인, 프러시아에서의 폴란드 종주권 상실.<br>1661년 프랑스왕 루이 14세의 친정(親政) 실시. 콜베르 재무총감이 됨.<br>1662년 영국에서 통일령(統一令) 제정. 청교도(淸敎徒)의 성직자 등 추방. 영국왕립학회 창설.<br>1663년 남북 캐롤라이나 식민지 건설.<br>1664년 프랑스 콜베르, 동인도회사의 재건 등, 보호관세 정책 실시, 영국에서의 집회법(集會法) 제정으로 비국교도(非國敎徒)의 집회 금지. 제2차 영국-네덜란드전쟁(~1667), 영국군이 네덜란드령 뉴암스테르담을 점령하고 '뉴욕'으로 호칭. 뉴저지 식민지 건설.<br>1667년 브레타조약 체결로 영국-네덜란드 간 강화, 뉴욕이 정식으로 영국령이 됨.<br>1668년 아헨조약 체결. 루이 14세 벨기에 일부를 영유, 그밖의 침략지는 에스파냐에 반환.<br>1672년 제3차 영국-네덜란드 침략전쟁(~1674), 루이 14세의 네덜란드 침략전쟁(~1678). 오라니에공(公) 빌렘 3세 네덜란드 통령(統領)이 되어 프랑스군의 침공을 막음.<br>1673년 영국에서 '심사율(審査律)' 제정으로, 비국교도들 중앙 관직에서 추방. 독일과 에스파냐의 합스부르크 가(家), 네덜란드전쟁에 참가. 루이 14세와 대항.<br>1678년 나이메헨의 화약(和約) 성립. 네덜란드전쟁 종결.<br>1679년 영국에서 '인신보호법' 성립. 영국에서 휘그당, 토리당 활동, 양당제가 정립. 뉴햄프셔에 식민지 건설.<br>1681년 윌리엄 펜에 의해 펜실베니아 식민지 건설.<br>1682년 러시아에서 표트르 1세(대제) 즉위(~1725). 이복 누이 소피아의 섭정(攝政) 지속(~1689). 필라델피아 건설. 라살, 미시시피강을 탐사.<br>1684년 버뮤다가 영국의 식민지 됨.<br>1686년 아우크스부르크동맹 성립. 독일의 황제, 여러 연방의 군주 및 덴마크 이외의 유럽 제국이 대(對) 프랑스동맹을 체결.<br>1687년 영국 국왕 제임스 2세, 신앙자유를 선포. 오스트리아가 터키로부터 헝가리를 탈환. 헝가리 왕위가 합스부르크가에 의해 세습. 뉴턴의 만유인력.<br>1688년 영국에서 명예혁명 성공, 제임스 2세 망명. '권리장전' 발표.<br>1689년 영국 오라니에공(公) 빌렘(윌리엄 3세:~1702)과 왕후 메리(~1694)가 즉위. 영국과 프랑스의 식민지 전쟁인 팔츠 전쟁(~1697) 시작. 러시아 황제 표트르 1세의 친정 시작.<br>1690년 로크의 《인간오성론(人間悟性論)》.<br>1695년 카를로비치의 화약(和約) 성립. 터키가 오스트리아, 폴란드, 베네치아 등과 강화 체결. | 1656년 베네치아 함대, 다르다네스해협 봉쇄. 터키에서 메호메트 쾨프륄뤼가 재상이 됨(~1611).<br>1658년 무굴왕조의 아우랑제브, 제위(帝位)에 오름(~1707). 러시아, 네르친스크에 축성(築城).<br>1659년 명나라 유신(遺臣) 주순수(朱舜水), 일본에 귀화, 벨기에 선교사 페르비스트(중국명 南懷仁), 중국에 입국 선교의 기틀 마련.<br>1661년 터키에서 아흐메트 쾨프륄뤼, 아버지의 뒤를 이어 재상이 됨(~1676). 청나라 정성공(鄭成功), 네덜란드인을 항복시키고 타이완에 정착. 거점을 마련(~1683). 성조(聖祖) 강희제(康熙帝) 즉위(~1722). 전성시대 시작.<br>1662년 청나라 오삼계(吳三桂), 미얀마에 침입. 영명왕(永明王)을 죽임으로써 명나라 세력 완전 쇠멸. 정성공 사망.<br>1663년 프랑스인 선교사 시암에 그리스도교 전래.<br>1664년 터키, 장크토 고트하르트의 싸움에서 신성 로마제국과 프랑스에 패배. 신성로마황제와 바스바르조약 체결.<br>1667년 이란 사파비왕조에서 슈레이만 즉위(~1694). 중국에서 성조의 친정(親政) 시작. 가톨릭교 신앙행위 금지.<br>1669년 인도의 힌두교도인 자트족(族), 무굴왕조에 대한 반란 일으킴. 벨기에인 선교사 페르비스트(남회인), 이국인으로서 청나라 흠천감(欽天監: 현재의 천문대장격)이 됨.<br>1670년 영국이 아모이에 상관(商館) 설치.<br>1672년 중국에서 성조가 '성유십육조(聖諭十六條)' 발표.<br>1673년 중국에서 '삼번(三藩)의 난' 일어나(~1681), 오삼계(吳三桂)가 원난(雲南)에서 거병.<br>1678년 터키군, 도나우를 넘어 북진 계속(~1618). 중국의 오삼계 죽음. 일본의 막부, 다시 가톨릭교 탄압, 선교 엄금.<br>1679년 아우랑제브의 왕자 악바르 반란을 일으킴.<br>1681년 터키, 빈 점령 실패 하에 카라 무스타파를 처형. 무스타파 쾨프륄뤼, 재상이 됨(~1697). 청나라, 타이완의 정씨(鄭氏)를 멸하고, 타이완을 청나라에 귀속시킴.<br>1688년 일본, 겐로쿠 원록(元祿)시대로 접어듦(~1703).<br>1689년 네르친스크조약 체결. 청나라, 러시아, 간 국경문제를 규정. 청나라 일본 나가사키에 상관 설치.<br>1690년 청나라의 성조(聖祖), 제1차 가르당한(汗) 원정, 울란부툰에 대승.<br>1691년 터키에서 아흐메트 2세 즉위.<br>1692년 중국에서 예수회 수사(修士)들의 선교 공식 허가. 안남(安南), 그리스도교의 전파 및 청나라의 언어사용, 풍습 등을 금함.<br>1694년 이란에서 호세인 1세 즉위(~1722).<br>1695년 터키에서 무스타파 1세 즉위(~1703). 중국의 자금성(紫禁城) 대화전(大和殿) 준공.<br>1696년 청나라 외몽골을 영유, 할하 여러 한(汗)에 대한 보호권을 확립. 자바에서 커피 재배 시작.<br>1697년 청나라 성조, 제3차 가르당 한국(汗國) 원정 감행. 합하부(部), 청나라에 복속. 중가르부(部) 체왕 알란부탄 즉위(~1727). 러시아인이 처음 캄차카 땅에 상륙.<br>1699년 중국 처음으로 광동(廣東) 무역 허가. | |
| 1701년: 성공회 외방 복음선교회의 선교사들이 북미에 파송됨.<br>1701년 후: 성공회 외방선교회의 선교사들이 서인도제도에 파송됨.<br>1705년: 데니쉬 할레 미션 형성.<br>1706년: 미국 최초의 장로교회 조직(메개미).<br>1721년: 자바-원주민 기독교인이 100,000명에 이르게 됨<br>1721년-36: 그린란드-코펜하겐 선교대학 출신의 한스 에게더 | 1700년 북방전쟁 시작(~1721). 나르바싸움에서 러시아군이 스웨덴군에게 패퇴. 에스파냐의 합스부르크 왕가 단절. 부르봉가(家)가 왕위 계승. 루이 14세의 손자 펠리페 5세 즉위.<br>1701년 영국에서 '왕위계승법' 성립. 국왕은 프로테스탄트로 한정. 브란덴부르크 선제후(選帝侯) 프리드리히(1세:~1713)가 황제로부터 왕호(王號)를 받음. 호엔촐레른왕 | 1702년 터키에서 재상 휴사인 쾨프륄뤼 죽고 정치, 사회 혼란 계속.<br>1703년 터키에서 아흐메트 3세 즉위(~1730). 프랑스문화 유입되고 추리프시대(라레 데우리) 시작(~1730).<br>1704년 중국 납서(拉錫) 등 황하(黃河)의 근원 탐험. 지도 작성. 중국에서의 가톨릭 전례(典禮) 완화문제로, 로마 교황 클레멘스 11세 예수회를 이단(異端)으로 규정. | 1702년 백두산 화산 폭발. 이준명(李浚明) 울릉도를 답사, 지도작성.<br>1711년 평양성과 안주성을 개축케 함. 북한산성 축성 시작. 조태억(趙泰億) 등을 일본에 통신사로 보냄.<br>1712년 청나라 오라총관 목극등(穆克登)이 백두산정계비를 세움. 북한산성 역사를 끝냄.<br>1713년 중인, 서얼 출신에게 죽은 뒤 벼슬을 주는 규정 제정. |

(H. Egede)가 사역함.
1727 : 모라비안교회(진젠도르프).
1732년 : 모라비안 선교사가 서인도의 덴마크령 도마섬에 최초로 파송됨.
1733년 5월 : 그린랜드-모라비안 선교사 스타쉬(Matthew Stach)가 파송됨.
1735년 : 모라비안 니쯔만(D. Nitshman)이 페테스부르그에서 칼묵타일을 만남.
1739년까지 : 서인도-22명의 모라비안 선교사들이 도마섬, 크로와섬에서 순교당함. 진젠돌프가 도마섬을 탐방함.
1742년 : 타타르-모라비안 랑게(C, Lange)가 타탈인 전도를 위해 중국을 여행함.
1748년 : 이라와 종촉의 한명이 펄거푸트에서 세례를 받음. 슈판 선교사가 아라와어로 문법과 사전을 편찬함.
1754년 : 모라비안이 잔섬을 선교함. 자메이카에 파송됨.
1758년 : 크리스찬 쉬바르츠가 48년간 안식년도 없이 남인도에서 봉사함.
1764년부터 : 모라비안 선교사들이 영국령 서인도의 동서지역을 선교함.
1765년 : 모라비안 베스트만(John Westmann)이 아스트라칸에 전진기지를 세움.
1778년 : 얄류산열도-러시아 기독교인 셀레코프에 의해 무역과 함께 복음이 전파됨.
1778년 : 수리남-파라마리보에 첫 흑인교회가 세워짐.
1786년 : 서인도-영국감리교 선교사들이 파송됨.
1780년 : 주일학교 시작-영국 레이크스 창시.
1787년 : 미국의 독립.
1789년 : 불란서 대혁명.
1792년 : 윌리엄 케리의 선교사역 시작.

조(~1918) 시작. 에스파냐 계승전쟁(~1714). 부르봉왕가의 에스파냐 왕위계승에 반대, 영국, 네덜란드, 오스트리아가 하그동맹(對 프랑스동맹)을 맺고 싸움. 미국에서 예일대학 창립.
1702년 북아메리카에서 앤여왕(女王)전쟁(~1713) 벌어짐. 영국과 프랑스가 식민지 쟁탈.
1703년 미슈엔조약 성립. 영국이 포르투갈 시장을 독점. 포르투갈이 대(對) 프랑스동맹(하그동맹)에 참가.
1704년 브렌하임의 전쟁(에스파냐 왕위계승전쟁). 오스트리아와 영국군이 프랑스군과 싸워 이김. 헝가리에서 라코치의 독립운동 일어남(~1711).
1706년 러시아가 캄차카반도의 완전 점유권 획득.
1707년 대(大)브리튼왕국 성립. 잉글랜드와 스코틀랜드가 병합.
1709년 러시아 표트르 1세의 개혁 시작.
1709년 볼타바의 싸움 벌어짐. 러시아 표트르 1세가 스웨덴왕 칼 12세와 싸워 이기고, 칼은 터키로 망명(북방전쟁).
1711년 러시아에서 최고통치기관인 세나토(원로원) 창설됨. 귀족회의는 폐지.
1713년 위트레호트조약 체결. 펠리페 5세의 왕위를 승인. 영국이 프랑스로부터 뉴펀들랜드, 노바스코샤 등을 얻어냄. 독일 황제 카를 6세의 '국본조직(國本組織)'나와, 오스트리아 영토의 불분할, 여자 상속권 등을 규정.
1714년 오스트리아와 프랑스, 라슈타드조약 체결. 에스파냐 계승전쟁 끝남. 영국에서 하노버왕조 성립(1917년 이후 윈저가(家)), 러시아 표트르 1세 핀란드 침입, 발트해 제해권 장악(북방전쟁).
1715년 프랑스왕 루이 14세 사망(재위, 1643~)
1718년 파사로비츠조약 체결. 터키가 헝가리의 나머지 영토 및 세르비아, 왈라키아를 오스트리아에 할양. 동 프로이센 왕의 영지에서 농노제를 폐지.
1720년 사르데냐왕국 성립. 사보이(公)이 시칠리아와 교환 조건으로 사르데냐를 획득. 왕국을 성립하고 왕이 됨. 에스파냐 식민지의 엥코미엔다제(制)가 폐지되고, 아시엔다제 성립되기 시작.
1721년 니스타트조약. 북방전쟁(1700~) 종결. 러시아가 발트해로 진출. 러시아 정교회, 총주교좌제 폐지하고 시노드(宗敎廳)를 설치.
1722년 러시아 표트르 1세가 관등제(官等制)를 제정하고, 제위계승법을 공포.
1725년 표트르 1세 사망(재위 1682~). 베링, 베링해협 발견(~1730).
1726년 러시아에서 최고추밀원 창설되어 귀족의 과두정치 시작(~1730).
1727년 카흐타조약에 의해 러시아와 청(淸)나라의 경계가 정해짐.
1730년 러시아의 최고추밀원 폐지됨.
1732년 북아메리카에서 조지아 식민지 건설되어 영국의 식민지가 13개주로 됨.
1733년 폴란드 계승전쟁(~1738). 오스트리아, 러시아와 프랑스, 에스파냐, 사르데냐가 유럽 각지에서 싸움.
1735년 빈조약(가조약) 체결. 폴란드 계승전쟁 실질적 종결됨. 오스트리아는 나폴리, 시칠리아를 포기하고 파르마, 토스카나를 획득. 나폴리, 시칠리아는 에스파냐령이 되고, 에스파냐 왕자 돈 카를로스가 시칠리아 왕이 됨.
1736년 러시아-터키전쟁 시작(~1739).
1737년 오스트리아-쿠르코왕조 단절. 메디치 왕가 단절, 오스트리아 왕비 마리아 테레지아의 남편 프란츠 슈테판이 토스카나공(公) 계승.
1738년 빈조약(본조약) 체결로 폴란드 계승전쟁 종결.
1739년 베오그라드조약. 오스트리아가 바사로비츠 조약에 의해(1718년) 얻은 영토를 투르크에 반환, 발칸 정책 포기, 콘스탄티노플 조약에 의해

1705년 러시아 사절, 청(淸)나라에 정식으로 무역을 하고, 한림원(翰林院)에서 외국어를 습득시키기 시작.
1706년 청나라 성조(聖祖), 재래식 전례를 부정하는 예수회 이외의 선교사의 포교 금지.
1707년 무굴왕조의 아우랑제브 죽고, 바하둘 샤 1세 즉위(~1712), 황제위계승 항쟁 격화.
1710년 스웨덴왕 칼 12세를 도와 러시아와 싸움. 6세 다라이라마 채봉. 번자브 지방에서 시크교도의 활동 활발.
1711년 일본에서 조선 통신사 접대법 개정.
1712년 무굴왕조의 바하둘 샤 1세 죽고 자한다르 샤 즉위(~1713). 황제위계승 항쟁 심각. 조선, 청나라 양국 간에 장백산정계비(長白山定界碑)를 세움.
1715년 영국 동인도회사, 광동(廣東)에 상관(商館) 설치. 일본 나가사키 무역을 제한.
1716년 중국《강희자전(康熙字典)》 출간. 일본 료코호(享保)의 개혁(~1735) 시작.
1717년 중국 광동성(廣東省)에서 지정은(地丁銀)제도 실시. 이후 각 성에 보급시행. 중국 다시 그리스도교를 엄금. 증가르, 라사를 점령하고 다라이 라마를 유폐.
1719년 인도 무굴왕조에서 무하마드 샤 즉위(~1748). 제국(帝國)의 결정적인 분해가 진행. 중국에서《황여전람도(皇輿全覽圖)》간행.
1720년 티베트, 청에 소속되어 6세 다라이라마 옹립. 광저우(廣 州)에 공행(公行) 창립. 일본 금서령(禁書令) 완화.
1721년 미얀마에 처음 그리스도교 전파.
1722년 러시아군이 이란을 침공. 웅정제(雍正帝) 즉위(~1735). 즈가르 기르기스족(族)의 마호주드, 이스파한을 점령, 사파비왕조 사실상 멸망.
1723년 터키, 러시아, 사파비왕조의 페르시아령 분할 점유. 중국 푸젠 복건(福建)에서 그리스도교에 대한 박해 심화. 그리스도교를 엄금하고 선교사들을 마카오 추방. 베링이 북방(北方) 탐험에 나섬. 중국에서《고금도서집성(古今圖書集成)》완성.
1727년 중국과 러시아 카흐타조약 체결, 몽골, 시베리아 경계 확정. 중국 천민(賎民)해방 실시.
1728년 터키, 이스탄불에 인쇄소 개설. 중국이 티베트 반란을 평정하고, 안남(安南)과 국경협약.
1729년 중국, 아편의 판매와 연관(烟管)의 개설 금지. 영국 상관과의 무역자유화.
1730년 터키의 이스탄불에서 파트로나 하릴의 반란이 일어나 정국이 혼란에 빠짐. 마흐무드 1세 즉위(~1754)에 부터 왕조가 쇠퇴기로 접어듬.
1732년 중국, 군기처(軍機處) 설치.
1733년 이란의 나디르 쿨리, 바그다드를 놓고 터키와 싸움. 중국《대청회전(大淸會典)》출간. 러시아, 시베리아 일대 학술탐구 기구 성립.
1735년 이란의 나디르 쿨리, 서북 국경지대에서 터키군을 대파. 청나라 건륭제(乾隆帝) 즉위(~1796).
1736년 이란의 나디르 쿨리, 아흐샤르 왕조를 창건(~1796). 샤(왕)로 자칭. 러시아-투르크전쟁 벌어짐(~1739). 중국의 그리스도교에 대한 박해 노골화.
1739년 나디르 샤, 인도 원정에 나서 델리를 약탈, 무굴제국 몰락.
1740년 중국 후난(湖南)에서 먀족(苗族)의 난 일어남. 회적령(回籍令) 한인(漢人)의 만주이민 금지) 내려짐.
1741년《몽골율령(蒙古律令)》완성.
1742년 프랑스의 뒤플레가 퐁디셰리 총독이 됨(~1754).

1714년 8도에 지진 발생.
1720년 숙종 죽고, 세자 즉위(경종).
1723년 서양의 수총기(소화기)를 만들게 함. 10월, 관상감에서 서양의 문진종(서양식 시계)을 만들게 함.
1724년 경종 죽고, 세자 연잉군 즉위(영조). 서울 200여명이 차별대우 철폐를 요구.
1725년 화폐주조를 중지하고 무기 제작.
1728년 이인좌(李麟佐) 등 밀풍군(密豊君) 추대, 반란을 일으킴.
1729년 사형수에 대하여 삼복(三覆)을 시행함.
1732년 관상감 관원 청나라에서《만년력(萬年曆)》을 가져옴.
1736년 원자를 세자로 책봉함(사도세자).
1740년 각 지방의 도량형기를 통일시키도록 함.
1745년 예각(藝閣)에서《경국대전》《속대전》을 1책으로 간행.
1746년 (속대전)이 활자본으로 간행됨.
1750년 균역청 설치.
1752년 새돈 44만 4000냥 주조.
1756년 금주령 선포. 밀주를 엄히 단속함. 11월, 흉년으로 기아민 다수가 도성을 떠나옴.
1758년 해서, 관동 지방에 천주교가 크게 보급.
1759년 원손을 왕세손으로 책봉함(정조).
1761년 노비에 대한 상전의 사형(私刑) 금지.
1762년 왕세자, 궤 속에 강혀 굶어 죽음. 금주령을 엄수케 하고 범법자는 사형에 처함.
1763년 김수장(金壽長)이《해동가요》편찬. 장안의 승려들을 추방함. 통신사 조엄이 대마도에서 고구마 종자를 가지고 들어옴.
1764년 장례원(掌隷院)을 혁과.
1765년 홍계희(洪啓禧) 등《해동악장》을 편간. 10월, 장례원에서 맡았던 노비관계 사무를 형조에 이관.
1768년 각도의 성곽시설과 장비를 수리토록 함.
1769년 청천강을 따라 남당성(土城)을 쌓음.
1770년 전국의 제언(堤堰)을 수축.《동국문헌비고》100권 40책을 완성.
1772년 갑인자(甲寅字)를 계수하여 활자 15만자를 주조(임진자).
1773년 한성 청계천의 둑을 돌로 쌓기 시작함. 11월, 총융청에서 조회포, 일화봉 등 새로운 포탄을 만들어 사격 실험.
1774년 종1품에서 당상 정3품을 대상으로 등준시(登俊試)를 실시(15일 급제).
1776년 영조 죽고, 왕세손 즉위(정조).《열성어제(列聖御製)》간행. 경모궁(景慕宮)을 다시 세움. 금원 북쪽에 규장각(奎章閣)을 새로 지음.
1777년 고치 주조하고 갑인자 15만자를 주조(정유사).
1779년 처음으로 내각검서관(內閣檢書官)을 설치.
1780년《문헌비고(文獻備考)》 수정에 착수(1796년에 완성). 창덕궁에 주우각을 설치하고, 서운관(書雲觀)에 명하여《천세력(千歲歷)》을 만들게 함.
1783년 승려의 장안 입성을 금함. 이승훈(李承薰)이 동기겸사은사 일행을 따라 연경으로 떠남.
1784년 이승훈이 연경 남천주당에서 그라몽 신부로부터 영세를 받음. 이승훈, 천주교 관련 서적을 가지고 귀국, 이벽(李蘗), 권철신(權哲身) 등이 이승훈으로부터 세례를 받음.
1785년 한성에 천주교회가 생김(진고개 김범우의 집). 해시계 간평일귀(間平日晷), 혼개일귀(渾盖日晷)를 제작함.
1786년 연경에서 서양서적의 구입을 금함. 검서세(檢書試)의 규정을 정함.
1787년 프랑스함대 페루스 일행 제주도를 측량하고 울릉도에 접근함. 동 5월 책문후시(柵門後市)를 금지함.
1788년 서학관계 서적을 대량 불태움.

제1부 연대기로 보는 선교역사  199

러시아가 터키로부터 드네프르강 하류 지역을 획득. 영국과 에스파냐의 식민지전쟁(~1748) 시작. 프리드리히대왕이 슐레지엔을 침공. 제1차 슐레지엔전쟁.
1742년 바이에른 선제후 카를 (7세)이, 프랑스, 에스파냐의 지지를 받아 신성로마 황제에 즉위.
1743년 오보조약. 러시아와 스웨덴의 강화 성립. 핀란드에서의 러시아령 확대. 북아메리카에서 조지 왕(王)전쟁(~1748). 영국과 프랑스 간의 식민지전쟁(오스트리아 계승전쟁의 일환).
1744년 제2차 슐레지엔전쟁(~1745). 프리드리히대왕이 브레멘에 침입(오스트리아 계승전쟁).
1745년 카를 7세 사망. 마리아 테레지아의 남편 프란츠(1세)가 황제에 즉위(~1765:오스트리아 계승전쟁). 드레스덴조약 체결.
1746년 러시아가 오스트리아 계승전쟁에 참가. 미국에서 프린스턴대학 창립.
1747년 아프가니스탄에서 두르라니 왕조 창(~1818).
1748년 아헨조약 성립. 조지 왕(王)전쟁(오스트리아 계승전쟁) 종결. 몽케스키외 《법의 정신》 출간.
1750년 포르투갈에서 총리 풍바르의 전제정치 시작(~1777).
1751년 프랑스에서 《백과전서》 간행 시작(~1772).
1754년 에스파냐에서 종교협약(宗教協約) 성립. 교회가 정부 관할 하에 들어감.
1755년 북아메리카에서 프렌치-인디언전쟁 발생. 영국과 프랑스의 식민지전쟁(~1763) 발생. 모스크바대학 창립.
1756년 7년전쟁 시작(~1763). 마리아 테레지아가 슐레지엔 탈환을 기도. 프랑스, 에스파냐 스웨덴, 러시아가 동맹 프로이센 영국과 대전. '산업혁명' 시작.
1758년 북아메리카에서 영국군이 프랑스령 퀘벡을 점령. 모로코에서 시디 모하메드가 술탄으로 즉위(~1789).
1760년 러시아, 오스트리아 연합군이 베를린 점령 (7년 전쟁의 연속).
1762년 프로이센과 러시아 단독강화(7년전쟁). 프랑스에서 칼라스 처형. 볼테르 등이 강력 항의. 러시아에서 예카테리나 2세 즉위((~1796).
1763년 북아메리카에서 파리조약 체결로 식민전쟁 종결. 캐나다와 미시시피강 동쪽의 프랑스, 에스파냐령 플로리다가 영국 영토가 됨. 후베르투스부르크 화약(和約) 성립으로 7년전쟁 끝남.
영국에서 윌크스 사건 발생.
1764년 프랑스에서 예수회 해산당함. 하그리브스의 제니 방적기 발명. 영국의회에서 설탕조례과 통화조례가 통과. 북아메리카에 영국산품 불매운동 전개.
1765년 영국 의회가 인지조례(印紙條例), 군대 숙영(宿營)조례를 통과. 뉴욕에서 농민반란(~1766년 9월) 일어남. 와트가 증기기관을 개량 완성.
1767년 영국에서 타운센트 조례 성립. 북아메리카 식민지에서 영국 산품 수입반대운동 시작. 에스파냐 및 에스파냐 식민지에서 예수회 해산, 추방.
1768년 러시아-투르크 전쟁 시작(~1774). 프랑스가 제노바로부터 코르시카섬을 매수. 쿡의 제1차 남태평양 항해. 오스트레일리아를 탐험(~1771). 아크라이트, 수력(水力) 방적기를 발명.
1770년 영국의 북아메리카 식민지에서 보스턴 학살사건 발생. 차세(茶稅) 이외의 타운젠트 관세 철폐.
1772년 오스트리아, 프로이센, 러시아에 의한 제1차 폴란드의 분할. 쿡의 제2차 항해 탐험.(~1775).
1773년 러시아에서 푸가초프의 농민반란(~1775). 로마교황이 예수회를 해산. 영국의회에서 차조례(茶條例)가 통과되고, 12월, 북아메리카 식민지에서 보스턴 차(茶) 사건 발생.

1743년 중국에서 구전법(區田法)을 시행. 대청일통지(大淸一統志) 출간.
1744년 제1차 카나티크전쟁 개시(~1748). 남인도의 카나티크를 돌러 싸고 영국과 프랑스가 격렬하게 싸움.
1746년 중국에서 한인(漢人)의 산하이관(山海關) 밖 출입을 금지.
1747년 나디르 샤가 암살되고 아다르가 그 뒤를 잇자 이란 사회에 혼란 야기. 아프간계(系)의 아흐마드 샤, 칸다하르에서 두르라니왕조를 창건(~1818). 아프가니스탄 건국. 중국에서 외국인 선교사의 청나라 거주 금지.
1748년 인도 무굴왕조의 아흐메드 샤 즉위(~1754).
잔드왕조를 창건(~1794). 제2차 카나티크전쟁 시작(~1754). 중국에서 봉금령(封禁令:한인(漢人)의 만주이주 금지) 내려짐. 담배재배를 금지.
1752년 미얀마에서 알라운바야왕조 창건(~1885).
1754년 인도 무굴왕조의 아람기르 2세 즉위(~1759). 터키에서 오스만 3세 즉위(~1757).
1756년 뱅골의 시라지 우다우라가 태수(太守)가 캘커타를 급습, 점령(블랙홀 사건).
1757년 영국군이 프랑스의 인도 거점인 샹데르나고르를 함락하고, 푸라시의 싸움이 일어남. 터키에서 무스타 3세 즉위(~1774). 청나라가 외국 무역을 광둥(廣東) 1개항으로 제한.
1759년 인도 무굴왕조의 아람기르 2세 즉위(~1759). 터키에서 오스만 3세 즉위(~1757).
1761년 중국에서 부노와, 대세계도(大世界圖)를 만듦. 하이다르 알리, 인도 남부 마이소르에서 독립(~1782).
1763년 파리조약 성립. 인도에서의 영국, 프랑스의 식민지전쟁 종결. 퐁디셰리, 샹데르나고르 이외의 지역에서의 영국의 우위권 확립.
1765년 영국이 부크살의 전쟁 결과 뱅골, 오리사, 비하르에서의 징세권(徵稅權: 디와니) 획득. 일본이 네덜란드로부터 사상 처음 금은전(金銀錢)을 수입, 도쿄(東京) 간다(神田)에 의학관(醫學館)을 세워 의술 연구를 하도록 허가.
1767년 제1차 마이소르 전쟁(~1769). 마이소르의 하이달 알 리가 영국에 저항. 전쟁으로 확대.
1768년 러시아-투르크전쟁 일어남(~1774). 카흐타조약을 개정. 러시아 상품의 내지(內地)무역을 금하고 캬흐타에서 호시를 개시.
1769년 러시아가 터키령 몰도바와 부카레스트를 점령.
1773년 영국, 아우드와 매나레스조약 체결. 군사보호조약의 원형 정립. 노스 규제법을 제정.
1774년 터키에서 압둘 하미드 1세 즉위(~1789). 터키 러시아와 크추크 카이나르디조약 체결. 흑해 연안을 할양, 헤스팅스, 초대 뱅골 총독이 됨(~1785). 중국 산둥(山東)에서 백련교의 난 일어남.
1775년 제1차 마라타전쟁 시작(~1782). 베시와 후계문제를 이유로, 영국이 마라타 세력과 싸움. 중국, 광시(廣西) 상민(商民)들의 출국 무역을 금지.
1779년 이란 시라즈에서 잔드왕조의 카림 한 사망. 이후 왕조 사망.
1780년 제2차 마이소르전쟁 시작(~1784). 중국, 1771년 폐지한 공행(公行)을 다시 조직.
1781년 중국 간쑤(甘肅)에서 이슬람교도의 난 발생.
1782년 제1차 마라타전쟁 종결. 사르바이조약 체결. 영국이 사르세트섬을 획득. 마이소르의 하이달 알리 죽고 티부 술탄이 즉위(~1799). 중국에서 《사고전서(四庫全書)》 완성. 시암의 라마 1세, 독립하여 차크리왕조를 일으킴.
1784년 비트의 인도 법(法) 성립. 영국의 동인도회사가 본국 정부의 감독 하에 들어감. 티부 술탄, 영국과 망가롤조약 체결. 제2차

1791년 박필관(朴弼寬)의 격고(擊鼓) 사건 일어남. 신해교난(辛亥教難)이 일어남.
1792년 북경 주교 구베아가 교황 비오 6세에게 조선교회 창립을 보고, 정약용(丁若鏞) 기중기(機重器)를 발명.
1794년 수원성 화성(華城)을 쌓기 시작함. 울릉도 지도를 제작케 하고 토산물을 조사함. 12월, 청나라 신부 주문모(周文謨) 밀입국 상경.
1795년 천주교도 김시삼(金始三)이 청나라 신부 주문모의 밀입국 포교 사실을 밀고, 혜경궁(惠慶宮) 홍씨(洪氏)(한중록)을 지음.
1797년 영국제독 브로우튼의 북태평양 탐헌선 프로비던스호 동래 용당포(龍塘浦)에 표착.

1774년 크추크 카이나르디조약 체결. 러시아와 투르크 가오하 성립으로 투르크가 흑해연안을 향양, 보스타항 폐쇄조례가 영국의회를 통과. 필라델피아에서 제1회 대륙회의 개최. '대륙회의의 선언 및 결의'와 통상단절동맹을 결의.
1775년 미국의 독립전쟁 시작. 렉싱턴에서 식민지군과 영국군의 무력충돌. 조지 워싱턴이 총사령관에 선임.
1776년 뉴햄프셔의 헌법 제정. 대륙회의에 버지니아 대표가 독립결의문을 제출. 독립선언서 기초위원회 성립. 독립선언서가 채택되고 선언서 확정. A. 스미스의 《국부론(國富論)》 출간.
1778년 프랑스가 미국의 독립을 인정. 영국과 싸움. 바이에른 계승전쟁(~1779). 미국이 프랑스와 동맹 체결.
1781년 오스트리아령에서 신앙관용령, 농노폐지령 공포됨. 요크타운에서의 전쟁을 끝으로 사실상 미국 독립전쟁 종료.
1782년 영국, 미국 가조약에 조인.
1783년 베르사유조약과 파리조약 체결. 미국 독립전쟁에 종지부. 크림 한국(汗國:크리미아), 러시아에 병합. 영국에서 제1차 소(小)피트 내각 성립(~1801).
1784년 카트라이트가 역직기를 발명.
1785년 마리 앙투아네트 사건(~1786).
1786년 프로이센왕 프리드리히 빌헬름 2세 즉위(~1798). 북아메리카에서 시에즈의 반란.
1787년 프랑스 명사회(名士會) 열림. 러시아가 투르크와 개전(~1792). 오스트리아가 투르크와 개전(~1791).
1788년 미합중국 헌법 발효. 영국이 오스트레일리아에 시드니 식민지 건설.
1789년 프랑스혁명 일어남. 3부회 열림. 제3신분에 의한 국민의회 성립(~1791) 선언. 테니스코트의 서약. 바스티유감옥 공격. 국민의회에 의해 '인권선언' 발표. 벨기에의 리에주에서 혁명. 튀르누의 싸움에서 벨기에 반란의 용군이 오스트리아군을 격파(브라반트 혁명). 미합중국 제1회 국회 개최. 워싱턴이 초대 대통령에 취임(~1797).
1790년 벨기에 합주(合州)공화국 성립(브라반트 혁명의 결과). 12월에 오스트리아군이 브뤼셀 점령. 브라반트 혁명정부를 해체.
1791년 벨기에의 리에주 혁명(1789~)이 오스트리아군에 의해 완전진압. 폴란드에서 신헌법 제정. 국내개혁 실시. 프랑스 국민의회가 해산되고 입법의회 소집(~1792). 미국에서 합중국 헌법 제1~10조가 수정되고 권리선언 조항들을 부가. 캐나다 법이 영국의회를 통과, 상하 캐나다로 분리.
1792년 오스트리아와 프로이센의 대(對)프랑스 동맹 결성. 발미의 싸움에서 프랑스군이 프로이센, 오스트리아 연합군을 격파. 투르크, 러시아, 아시조약 체결.
1793년 루이 16세 처형되고 공포정치 시작. '93년 헌법' 제정. 폴란드 제1차 분할. 제1차 대(對)프랑스 대동맹 결성되기 시작. 미국의 대프랑스 중립 선언.
1794년 프랑스에서 테르미도르 9일의 쿠데타에 의해 로베스피에르가 처형됨.
1795년 프랑스 '95헌법' 성립. 국민공회 해산되고 총재(總裁)정부 성립. 제3차 폴란드 분할(분할완료). 영국, 네덜란드로부터 케이프지방을 획득.
1796년 러시아가 페르시아와 전쟁(~1797). 영국 의사 제너가 종두법 발견.
1797년 캄포 포르미오조약 성립. 프로이센왕 프리드리히 빌헬름 3세 즉위(~1840). 미국 대통령 워싱턴이 은퇴.
1798년 나폴레옹이 이집트 원정. 나폴레옹군이 이집트에서 로제타석(石) 발견.
1799년 프랑스에서 쿠데타. 집정(執政)정부 성립. 나폴레옹이 제1대 집정이 됨.

마이소르전쟁 종료(~1780). 간쑤(甘肅)에서 또 이슬람교도의 난 발생.
1785년 콘윌리스, 제2대 뱅골 총독이 됨(~1893). 코칸트 한국(汗國), 시암을 속국으로 만듦. 중국 군기처 대신 화곤(和坤), 내각대학사(內閣大學士)를 겸해 전제(專制)정치. 안남(安南)의 구엔푹안(阮福映), 안남 통일전쟁을 위해 프랑스에 원병을 요청.
1787년 일본에서 간세이(寬政)의 개혁 시작(~1793).
1788년 중국, 손사의(孫士毅) 등을 통한 안남 침입 간헐적으로 지속.
1789년 터키에서 셀림 3세 즉위(~1807). '니자무제디트(신통치방식)'에 의한 개혁에 노력하지만 보수층은 저항.
1790년 제3차 마이소르전쟁(~1792) 시작. 티프 술탄 굴복함. 중국, 미얀마를 속국으로 삼음.
1791년 캬흐타조약 3차 개정. 중국이 러시아에 개시(開市)를 허가. 티베트에서 동란 발생. 일본, 이국선 도래(異國船渡來) 처치령을 내림.
1792년 세링가파탐 조약 성립. 제3차 마이소르전쟁 종결.
1793년 인도, 뱅골, 비하르 등에 영구(永久) 자민다리제(制) 성립시킴. 아라비아에서 와하브파(派)의 창시자 와하브 사망. 중구 베이징(北京)에 영국사절 마카트니 도착.
1794년 중국에 네덜란드 사절 도착. 터키계(系) 카자르족(族)의 아가 무하마드 칸, 잔드왕조의 로토프 알리 한을 완전 제압.
1795년 중국의 구이저우(貴州), 후난(湖南)에서 먀오족(苗族)의 난 일어남.
1796년 터키의 아가, 카자르왕조의 왕위에 올라, 아후샤르왕조 멸함. 러시아, 남하하여 델벤도, 바루, 모건평야 등을 점령하고 정복을 중단. 청나라 고종(高宗) 은퇴, 가경제(嘉慶帝) 즉위(~1820). 본격적인 백련교의 난(~1805) 일어남. 중국 아편수입을 전면 금지.
1797년 터키에서 아각이 암살당하고 파트 알리 샤 즉위. 청나라 백련교의 난 등을 평정하고자 향용(鄕勇)을 모집, 대처.
1798년 청나라, 구이저우 먀오족의 난을 평정.
1799년 청나라, 가경제(嘉慶帝)의 친정(親政) 시작. 전제를 감행한 화곤(和坤), 사형에 처해짐. 제4차 마이소르전쟁 벌어지고 티프술탄 사망.

# 로마 가톨릭과 선교

## 1. 로마 가톨릭의 선교배경

1300년 1700년 한국에서는 무엇이 일어나고 있었나?

몽고침입: 1231, 132, 1235, 1247, 1254, 1255, 1257, 1352년 공민왕-원 배격정치, 1359 홍건적의 침입, 1363 문익점이 목화씨 1369년 원의 연호 사용금지, 명나라에 사신 보냄, 1392 이성계-조선건국 1453 수양대군 정권 장악 1559 임꺽정 활동시작, 1592 임진왜란 1607 허균의 홍길동전, 1636 병자호란 1690 장희빈이 왕비가 됨. 1693 안용식-독도에서 일본인 쫓아냄 1712 백두산 정계비

◎ 시대적 배경

### 1) 스콜라철학[188] - 11세기 시작

- [스콜라(Schola) 학교라는 뜻] - 학교의 신학(Theologie Scholae) 학문 용어
- 12~13C 대학의 결성과 아리스토텔레스의 윤리학≠형이상학

---

[188] 도시대성당학교 - 변증법이성을 통해 신(神) 존재 증명 - 성서, 교부저서를 분석 연구함, 신에 대한 체계적 지식을 얻음. 학교의 신학(Theologia Schola) 스콜라 학문용어 등장 1088 최초의 대학 - 볼로냐
*스콜라 신학의 등장
9세기 프랑크왕국 도시 대성당학교에서 학자들의 변증:신존재증명, 이성을 통해 성서와 교부전서를 분석 연구함, 신학연구(Theologia Scholae)-스콜라 학문 용어 등장.
　　십자군 전쟁으로 동서문물의 교류, 대학의 형성(볼로냐 대학 1088, 발리울 대학 1263, 소르본 대학1257), 서방교회가 아리스토텔레스(BC 384-322) 수용.
*시기적 구분:
(1) 초기: 9-12세기 초-아리스토텔레스의 논리학 소개.
선구자: 요한 스코투스 에리케나(Johannes Scotus Eriugene 815-877)
신플라톤 사상(사유의 자기도약-자아를 충만케 하는 자기 동일화 작업/ 모든 것은 하나로부터 나온다. 갈래가 많은 것은 하나로부터 멀리 떨어진 것이다. 죄란 완전하신 하나님의 결핍이다. 로마 가톨릭의 선의 결핍이 죄다. 부정의 신학/어둠으로 마지막에 이르면 하나님을 만나게 된다. 긍정의 신학/ 하나님의 형상의 유사성이 있다. 이것을 근거로 성화의 과정을 통해 하나님께 나아간다)을 중세에 전달, 아레오파기타(행 17:34, 디오니소스의 위서)의 저서 번역 소개, 철학과 신학의 조화, 본성의 구분에 관하여(De divisione naturae)

- 14~15C 유명론 민주국가 신대륙 발견, 인쇄술의 발전과 르네상스 인문주의 등장
- 선구자 : 요한 스코투스 에리게니(Johannes Scotus Eringena, 810~877)[189] : 아일랜드 출생, 철학과 신학의 조화, 신플라톤 사상 전달

11세기 전통의 권위와 함께 이성이 등장함-스콜라의 시작, 안셀름(1033-1109) 존재론적 신존재 증명(Ontologischen Gotteabeweis)-캔터베리 대주교.
신앙은 살아있는 전통에 참여
아벨라아드(1079-1142)-성서와 전통보다 자신의 경험적 주관사변가. 변증법의 창시자.
베렌가리우스(999-1088) 변증법과 신학의 조화: 이성, 성서, 교부로 합리성 강조. 교회의 전통과 교리를 논리적으로 검토하고 합리성으로 증명함.
베른하르트(1090-1153)-성서와 교회의 전통을 신비주의 경험으로 접근.
성빅톨휴고(1097-1141)성례전적 교회적 형태의 사상가-옛 어거스틴이라고 불릴 정도의 신학체계적 사고 완성.
(2) 전성기: 13세기-아리스토텔레스의 윤리학, 형이상학 등의 전집소개/유럽의 주요대학 형성
- 대학과 구걸승단 형성(종교적 실체가 심화되고, 일반 민중에 침투),
십자군에 의한 동방문화유입(그리스도교를 유다와 이슬람 문화가 만남),
아리스토텔레스의 원전 전집 발견(아우구스티누스적 전통을 방법론적으로 극복할 수 있는 과학적 철학적 체계가 알려진 것).(Paul Tillich)
- 알베르투스 마그누스(1193-1280)-자연과학, 신학, 철학 등을 라틴 사람들이 이해하도록 집대성한 신학자.
- 토마스 아퀴나스(1225-1274)-아리스토텔레스의 모든 작품에 대한 주해서들, 욥기, 요한복음, 바울서신주해, 악과 덕에 대한 토론집, 신학대전-신학적 윤리학
(3) 후기: 14-15세기-유명론, 민족국가, 신대륙과 인쇄술의 발전, 르네상스 인문주의 등장
-스콜라 쇠퇴기: 정치적: 민족국가 민족의식 고조, 대두, 사회적: 시민계급의 형성, 사상적: 유명론, 민중경건운동=교황의 몰락
내부적 요인: 교황청의 분열, 외부적 용인: 군주들의 재기, 개인 신앙고백을 중시하는 평신도 도전과 신학자, 국가 간 전쟁과 질병.
교황의 권위 추락-아비뇽 포수기간(1309-1377)-클레멘트 5세 거처를 아비뇽으로 옮김, 추기경 28명 중 25명을 프랑스인으로, 70년간 교황청의 바벨론 포로시대.-교황청 분열-2명의 교황 등장, 로마, 아비뇽,- 피사공의회 알렉산더 5세 교황 선출, 교황이 3명이 됨.(1409-1410) 1414년 콘스탄츠공의회에서 단일화 성공: 마틴 5세 (1417-1431)
지금부터 교황과 공의회의 싸움(1418년 공의회를 해산)-프랑스와 영국의 전쟁(잔다아크 1412-1431)-민족주의 태동, 군주들이 자신의 유익을 위해 활용, 교황청의 과세와 간섭 벗어남. 독일은 예외였다. 1543년 트랜드 공의회에서 신교를 부정한 것으로 선언

◎ 13C 전성기

- 9C-13C 스콜라 초기 아리스토텔레스의 논리학, 윤리학, 형이상학 유럽의 주요 대학 형성
- 14C-15C 스콜라 후기(쇠퇴기) 유명론, 민족국가, 신대륙과 인쇄술, 르네상스, 인문주의

| 스콜라 쇠퇴기 | 외부요인 | • 군주들의 재기<br>• 개인과 신앙고백을 중시하는 평신도의 도전과 신학자 국가 간의 전쟁과 질병 |
|---|---|---|
| | 내부요인 | • 정치 - 민족국가 / 민족의식<br>• 사회 - 시민계급형성<br>• 사상 - 유명론 민중경건운동<br>• 종교 - 교황권의 쇠퇴 · 분열 |

## 2) 11C : 전통권위와 함께 이성이 등장

- 1033~1109 : 안셀롬[190](객관적 사변적 형태) — 존재론적 신존재 증명
- 1079~1142 : 아벨라이트(변증법적 방법 창시자) — 성서와 전통보다 내면적 사고가 더 중요

---

189) 요한 스코투스 엘리게나
Erigena, John Scotus (Johannes Scotus Eriugena(FK):810 ~ 877)
[영] 존 스코투스 에리제나(에리우게나)(810~877). 아일랜드 출신, 철학자, 프랑스 왕궁의 궁정 학교장. 예정설과 성체론 논쟁에 끼어들었다. 그의 철학은 신플라톤 철학의 유출설(Emanationism)과 그리스도교의 창조설을 융합하려고 했다. 그의 저서 De Divisione Naturae(자연분류)에서 자연을 네 범주로 나누었다.
(1) 창조되지 않고 창조하는 자연, 즉 하느님(Natura non creata et creans), 원초적 원인의 세계, 혹은 플라톤의 이데아의 세계;
(2) 창조되었지만 창조하는 세계(Natura creata et creans), 즉 플라톤의 logos;
(3) 창조되었고 창조하지 못하는 자연, 즉 감각을 통하여 인지되는 세계(Natura creata et non creans);
(4) 창조되지 않고 창조하지 않는 자연, 즉 만물의 최후 목적인 하느님(Natura non creata et non creans)이다. 이와 같이 세계의 시작과 끝이 하느님이다.
이 명제는 1210년 빠리에서 이단설로 판정되었고 1225년 Sens에서 교황 호노리오 3세의 단죄를 받았다. 에리제나는 가명 아레오빠지따의 디오니시오의 저서들을 라틴어로 번역하여 후대에 디오니시오를 알린 공로가 있으며, 성 막시무스 증거자의 Ambigua(애매함), Nyssa의 성 그레고리우스의 De Hominis opificio(사람의 임무)와 De imagine(상상론)를 번역했으며, 그 밖에 성서 주석을 했다.
Erigena, John Scotus [John the Scot](가톨릭에 관한 모든 것, 2007. 11. 25., 가톨릭대학교출판부).

190) 안셀롬(Amselm von Canterbury:1033-1109)-랑고부르넨의 혈통, 이태리 북부 알프스의 아오스타에서 출생, 1060년 베네딕트 수도원 입교, 15년 뒤 원장이 됨. 1109년까지 켄더베리 대주교가 됨. 1494년 성인으로 인정, 1720년 클레멘스11세에 의해 교회박사(Dokter der Kirche)라는 칭호를 받음.
저서:존재론적인 신존재증명(Ontologischen Gottesbeweis)-하나님의 본질에 관한 숙고.
"주여 나는 당신의 오묘함을 통찰하려고 하지 않습니다. 왜냐하면 아무래도 나의 지성은 그것을 알기에는 불충분하다고 생각되기 때문입니다. 그러나 나는 마음으로 믿고 사랑하고 있는 당신의 진리를 어느 정도 이해하기를 바랄뿐입니다. 믿기 위해서 알려고 하지 않고, 알기 위해서 나는 믿기 때문입니다."
"알기 위해서 나는 믿는다.(Credo, ut intelligam)"는 어거스틴과 안셀름의 공통분모다.
신앙이란? 개인의 신념이 아니라 살아있는 전통에 참여하는 것이다. 이 전통은 사람이 살고 있는 영적 실체이며, 신학의 터전이다. 신학은 이 전통을 해석하는 것이요, 그 위에 세워진 곳이다. 신앙의 우위성과 권위의 사실을 먼저 받아들이고 나서 신앙의 내용을 이해하려고 했다. 어거스틴처럼 신학과 철학의 영역을 엄격히 구분하지 않았다.
- 페터 아벨라아드(Peter Abelard:1079-1142)-1113년 안셀롬에게서 신학을 배웠다. 변증법적 사고의 대표자(Sic et Non), 터틀리안처럼 서방 기독교의 법률학적 사고의 대표자. 성서와 전통보다도 내면적인 인격적 경험을 더 우선시 여기는 것이다.
- 베른하르트(Bernhard von Clairvaux:1090-1153)-1113년 베네딕트의 원리를 채택한 개혁수도원인 씨토수도회에 입교함. 1115년부터 68개의 수도원을 개원했으며, 죽기까지 343개의 씨토 수도원을 창립. 1142년 2차 십자군 동원을 위한 설교자. 전통에 근거를 두고 카타리파와 발도파 그리고 아벨라아드와도 적대적 대립-베른하르트의 두 가지 신비주의: 1) 구체적 신비주의-예수를 따른다는 것은 신에게 참여한다는 것이다. 2) 추상적 신비주의 -신비주의 경험 3단계. 첫째단계는 숙고, 둘째단계는 참여(신전의 지성소에 들어가는 것), 셋째단계는 몰아(excessus), 자기 밖에 있는 것을 뜻한다. 여기서 인간은 신적인 것에 몰입한다.
- 후고(Hugo von St.Victor:1097-1141)-독일 작센에서 태어남. 신학의 체계를 완성, 성서주해, 조직신학, 영적인 주제에 탁월한 능력을 발휘하였고, 옛 어거스틴(alte Augustinus)라고 불릴 정도로 어거스틴에게 큰 영

- 1090~1153 : 베른하르트(신비주의적 성서주의적 형태의 사상가)

성 빅톨후고(성례전적 교회적 형태의 사상가) 343개의 씨토 수도원

### 3) 13C 스콜라 전성기[191]

- 대학과 경건 수도회 형성 – 종교적 실체 평신도에게 전달
- 동방문화유입 – 십자군 전쟁
- 아리스토텔레스의 원전전집의 발견 : 아우구스티누스적 전통을 방법론적으로 극복할 수 있는 과학적–철학적 체계(폴 틸리히의 3가지 주장)
- 알베르투스 마그누스(1200~1280)

---

향을 받음. 틸리히는 그를 성례전적 교회적 형태의 사상가라고 칭하는 것은 그가 성례전의 개념을 가장 넓은 의미로 이해하고, 그 개념으로 신의 모든 일을 파악하려고 했기 때문이다. 저서: 기독교신앙의 성례전에 관하여 "De sacramentis christianae fidei"

[191] – 13세기 스콜라 신학의 정신적 배경(Paul Tillich) 3가지.
(1) 십자군 운동, 그리스도교가 유다와 이슬람문화와 서로 만남. (2) 아리스토텔레스의 원전 전집발견. 이는 아우구스티누스적 전통을 방법론적으로 극복할 수 있는 과학적 철학적 체계가 알려진 것이다. (3) 새로운 형태의 수도회 창설(프란시스코와 도미니크회), 탁발수도회로서 종교적 실체가 심화되었으며, 동시에 종교적 실체가 일반 민중에게 침투하게 되었다.
– 어거스틴적 사고(프란치스코): 알렉산더 할레시우스, 보나벤투라, 둔스 스코투스.
– 아리스토텔레스적 사고(도미니크회): 알베르투스 마그누스, 토마스아퀴나스
– 알베르투스 마그누스(Albertus Magnus 1200-1280): 중세 전성기 독일 슈바벤에서 출생. 유명한 도미칸 신학자, 자연인식과 신학, 물리학과 형이상학은 그에게서 동일한 것이다. 보편박사(Dokyor Universalis). 아리스토텔레스를 인식론적으로 추종하여, 하나님을 인간 이성의 창조자라고 설명했다. 그러나 신학과 윤리학에 있어서는 아우구스티누스를 따른다. 아일랜드에서 러시아에 이르기까지 수백 개의 수도원을 창립함.
– 도미니크 – 요르단 폰 작센 – 알베르투스 마그누스 – 토마스 아퀴나스
토마스 아퀴나스(Thomas von Aquin:1225-1274): 1225년경 로마와 나폴리 사이의 아퀴노에서 2-3킬로 떨어진 로카 세카(Roccasecca 독일말로는 마른 언덕(Duerrfels), 현재는 폐허로 남음) 성에서 태어남. 외가는 노르만족, 친가는 랑고 부르텐이다. 5살 때 옵라텐(Oblaten:서원자 혹은 헌신자란 뜻)-조기에 서원시킨 이유: 수도사가 사회적으로 물질과 명예가 보장되었기 때문이다. 부모는 장차 몬테카시노 대수도원장으로 꿈을 꾸었다. 19살 때 도미니크 수도회에 가입. 두 가지 자극제: (1) 복음적 성격-성서로의 복귀, 성서 안에 선포되어 있는 청빈정신 (2) 진리에 대한 열정: 수도회가 지닌 진리에 대한 열정에 빠져 들었다. "철학/호교대전(Summa contra Gentiles)" 진리선포를 우리가 의도하고 있는 선결과제라고 하였다. 탁발승단 가입을 가족들의 거부와 감금 – 천사가 등장하여 영원히 순결하게 살 것을 선포함. 그럼으로 그를 가리켜 천사박사(Doctor Angelicus). 20살 때 파리대학에서 알베르투스 마그누스(1200-1280)를 스승과 제자로 만남.
1248년 쾰른대학-도미니크 수도원 자리에 현재 성안드레아 교회가 위치하고, 그 지하성당에 알베르투스의 묘가 안침됨. 쾰른대학의 초대총장-본부 광장에 알베르트의 동상이 있음.
토마스는 알베르투스의 성서 조교, 교의학 조교-1252년 파리대학의 교수 "존재와 본질"을 씀. 도미니크회와 프란체스크회의 다툼에서 벗어나기 위해 연구에 몰두함: 아리스토텔레스의 모든 작품에 대한 주해서들, 욥기와 요한복음, 바울서신주해, 악과 덕에 대한 토론집, 신학대전 중에서 제2부가 작성됨. 1265년 로마로 감, 1269년 파리로 감, 1274년 제2차 리용 공의회에 참석하러 가던 중 병으로 사망 "내가 저술했던 모든 것이 이제 지프라기처럼 생각된다" 말을 남김.

- 토마스 아퀴나스(1225~1274)


### 4) 14~15C 스콜라 쇠퇴기[192]

중세의 와해는 교황청의 몰락을 의미한다. 5세기 교황(pope)이라는 절대권자의 위치 부상으로 시작된 중세의 교회적 특징도 교황의 몰락으로 끝남.

- 중세후기
- 민족국가 대두, 민족의식 고조(정치적)
- 시민계급 형성(사회적)
- 유물론(사상적)
- 평신도 경건운동(사상적 – 사회적)


### 5) 교황권의 몰락[193]

- 외부적
  ▷ 군주들의 재기
- 개인적 신앙고백을 중시하는 평신도의 도전과 신학자 국가 간의 전쟁과 질병

---

[192] 중앙집권적인 정치적 세력의 결집으로 교황청의 세력의 후퇴/십자군의 시대도 지나감.
교황청의 몰락-종교적 회의와 정치, 경제의 발전-세상의 아름다움을 즐기고, 인간을 긍정하는 시도와 인식. 종교 없이 인간과 윤리이해, 과학과 수학의 관심.

[193] 프랑스 필립4세(1285-1314)-이태리 두 가문 간의 싸움에서 교황을 제3의 인물 켈레스틴 5세(1294)선출-8명의 프랑스 추기경과 4명의 나폴리 추기경 임명-교황청의 프랑스로 예속하는 계기가 됨. 교황 자진 사퇴-보니파키우스 8세(1294-1303): Anagni에서 출생: 재물과 권력에 관심-백년전쟁(1337-1453)의 동기에 격돌. 프랑스와 스페인의 경계 "가스코뉴(Gascogne)의 소유권 분쟁". 원래 영국왕의 봉토였으나, 1294년 프랑스 왕이 몰수, 화가 난 영국 에드워드 1세(1207-1307)가 프랑스를 침공함. 문제는 전쟁비용, 왕들은 교회를 통해서 충당하려함. 1296년 교황은 "사제에게 주는 명령(Clericis Laicos)" 칙령에서 어느 나라 사제도 교황의 허가 없이 군주에게 세금을 내는 행위를 금한다는 선포. 교황은 영국왕 에드워드 1세에게 스코틀란드를 교황의 소유로 선포하고 정복을 금지시켰다.
-프랑스 왕 필립 4세는 교황청의 대사 쎄쎄를 감금, 프랑스의 어떠한 자금도 프랑스를 떠날 수 없음을 금지시킴. 교황 보니파키우스 8세는 교황은 "세상의 구원자(Salvator mundi, 1301.12.04.)" 교서 내림-로마 교황청 안에서도 반 교황의 세력 등장-교황은 양보함-전쟁 시에는 가능하도록 함. 다시 필립 4세를 1302년 11월 8일 "우남상탑(Unam sanctam, 하나의 거룩한 교회)으로 공격함.
**우남상탑(Unam Santam ecclesiam)**
교황은 그리스도의 대리자며, 모든 교회는 교회의 지도아래 통일을 해야 하며, 영적 권위가 통치자며, 세속권력은 피통치자. 교황은 오직 하나님에 의해서만 판단 받는다.
그리스도와 그리스도의 대리자, 베드로와 베드로의 후계자, 베드로는 구원의 전수자, 교황은 베드로의 후계자요, 그리스도의 대리자로서 역할을 한다. 어느 누구도 그가 만약 교황의 통치하에 있는 교회에 속하지 않는다면 그리스도임을 주장할 수 없다.

• 내부적

▷ 교황청의 분열

▷ 1394년 파리대학 교수단 : 개혁 공의회로 교황 선출(피사, 콘스탄츠 바젤)

▷ 사례 : 아비뇽 유수[194](교황청 유수기간 1309~1377)

- 필립 4세는 자신의 파문을 준비하는 교황을 노가렛 빌헬름을 시켜 교황의 고향인 아냐니(Anagni)로 잡아옴. 귀족들과 고향사람들의 요청으로 로마로 돌아왔으나 몇 주 후 1303년 10월11일 죽음.-교황권의 몰락의 전초전

● 이노센트 3세(1198-1216)는 고대, 중세, 근대의 모든 교황들 가운데 가장 위대하고 가장 중요한 인물로 보편적으로 인정되고 있다. 그가 이룩한 과업의 분량이나 그가 교회 안팎으로 발휘한 역량, 그리고 그의 행정능력과 수완, 법률적 신학적 공헌, 뿐만 아니라 교회역사의 위기상황에서 그가 교회의 영적 선교에 대해 가졌던 감각 등에서 그의 위대성을 찾아 볼 수 있다.

교황 이노센트는 주교, 수도원장, 왕, 그밖의 여러 인물들에게 5천통 이상의 편지를 주의 깊게 써 보낸 열정적 사역자였다. 심지어 모로코의 모슬렘 왕에게 편지를 보내 기독교로 개종할 것을 권유하기도 하였다. 복음 전파에 신실한 관심을 보였던 이 교황은 선교사역, 십자군운동, 이단을 되돌리려는 노력, 평신도 교육 등에도 힘을 쏟았다.

이노센트의 이 같은 사역은 마침내 유럽의 거의 모든 왕들을 복종케 했으며, 오토황제의 임명, 그의 아들 프리드리히 2세도 임명, 프랑스왕의 이혼을 거부하며, 모든 프랑스 내 교회활동을 중지함으로 재결합을 유도하였고, 프란시스회와 도미니크회를 인정함, 그는 자신을 이 지상에 하나님의 나라를 성취시키는 하나님의 대리자로 생각하였다. 그 결과 교황 이노센트 3세는 자신을 하나님보다는 못하지만 보통 인간보다는 높은 어떤 존재로 간주함으로써, 교황의 수위권을 최대로 높인 사람이지만, 이로 말미암아 장차 교회의 타락을 가져오는 빌미를 제공하기도 했다.

그와 대조적으로 교황 보니파키우스 8세는 교황의 몰락이었다.

194) 아비뇽 유수(1309~1377) :
중세 말에 교황이 남프랑스의 아비뇽에 거주한 깃을 말한다. BC 6세기에 바빌론의 포로가 된 유대인의 고난에 비겨서 이렇게 부른다. 교황의 절대권을 주장하는 보니페이스 8세는 프랑스 왕 필리프 4세와 성직자에 대한 과세 문제로 서로 대립하다가 분사하였다. 이후 교황청은 프랑스 왕의 지배하에 있게 되었는데 이것은 교황권의 쇠퇴를 상징한다. 보르도의 대주교로 교황에 선출된 클레멘스 5세(1305~1314)는 프랑스 인으로, 프랑스 국왕에 대하여 보니페이스 8세가 취한 비난을 모두 취소하고 1309년 남프랑스의 론강 좌안에 있는 아비뇽으로 교황의 거처를 옮겼다. 그 이후 7명의 교황이 아비뇽에 체제하여 프랑스 왕의 허수아비 노릇을 하는 상태가 되었다. 그레고리우스 11세는 1377년에 아비뇽을 떠나 로마에 돌아갔지만 그 다음 해에 사상하고 이로써 로마와 아비뇽에 사실상 2명의 교황이 등장하게 되어 시스마(교회의 대분열: 1378~1417)가 일어났다.

아비뇽 유수(Avignon1309-1377)-교황청의 재정난-주교가 1년 치 수입을 헌납, 면벌부도 만들어짐.-그레고리 11세(Gregor XI: 1370-1378)-하나님의 한나라 한 백성의 사고가 무너짐, 민족 간의 갈등 노출, 후임으로 로마인을 요구함-교황 우르반 2세(1378-1389)-대항하여 프랑스 추기경단은 아비뇽에서 스위스 제네바 추기경인 클레멘트 7세(1378-1394)를 선출함-교황청의 분열시대-개혁공의회 출현 -파리대학 교황에 관한 연구방안-두 사람 모두 사임하고 새 교황을 선출-클레멘트 7세가 아비뇽에서 소식을 듣고 사망-로마의 교황 보니파티우스 9세가 화를 내다 사망-콘스탄츠공의회(1414-1417) 교황 마틴 5세(Martin V:1417-1431)-공의회가 교황보다 우선한다가 입증됨-교황과 1418년 마틴 교황은 공의회를 해산시킴-교황 지상제일주의 표방-공의회의 갈등 시작.

◎ 바벨론 포로시대(Babylonian Captivity)
- 원인 : 교황 보니페이스(Boniface) 8세와 프랑스 왕 필립과의 투쟁에서 프랑스가 강함(교회와 교직자들에게 과세함), 1309년 프랑스인 클레멘스 5세가 교황이 되어 아비뇽에 전도하고 전왕이 프랑스 왕에 대해 내린 책벌을 취소하였다(70년간)

프랑스 필립 4세(1285~1314))

교황 보니페이스 8세(1294~1303)

잔다르크 등장(1412~1431) 교황의 과세로부터 벗어남. 독일은 여전히 교황의 과세와 중압에 놓임.

### 6) 르네상스와 인문주의

왜 이태리인가?

헬라와 로마의 고전을 비교적 쉽게 접할 수 있었던 이태리의 인문학자들이 그 선두에 서서 고전에 대한 철저한 연구를 통해 싹트게 되었다,

이러한 고전연구를 통해 인문학 전통의 맥을 이었음은 물론 인간과 윤리의 문제에 대해서도 종교라는 프리즘을 거치지 않고 새로운 시각에서 보았다. 종교 없이 인간과 윤리 이해, 관심영역의 밖에 있던 과학과 수학에 대해서도 고전을 통한 새로운 관심을 소생시키는 결과.-과학과 수학에 관심.

르네상스의 구분

초기: 1420~1500: Domatello(1386~1466), Lorenzo Ghiberti: 1378~1455)

전성기: 14490/1500~1520: 조화가 지배적이었다. Bramante(Donato Bramante: 1444~1514) 베드로 성당계획.

후기: 1515~1590 - 이탈리아, 1550~1610 프랑스, 1560~1610 독일

- 프랑스어 르네상스는 고전시대의 재생을 의미

- 경과
  - 교황 클레멘스 5세가 프랑스 왕의 대변자 노릇을 하였다.
  - 아비뇽에 주재한 교황은 요한 22세(1316 즉위), 베네딕투스 12세(1334),
  - 클레멘스 6세(1352), 우르바누스 6세 (1362), 그레고리우스 11세(1370)
  - 그레고리우스 11세가 죽자 백성들이 이탈리아인으로 교황을 세우기를 요구, 추기경들은 이탈리안으로 교황을 세우고, 우르바누스 6세라 하고 로마로 환도함.
  - 우르바누스 6세가 카디날의 사치와 부패를 공격하니 아비뇽에 교황을 세우고 클레멘스 7세라고 불렀다.
  - 약 40년간(1378~1417) 분열됨.([a. 로마 교황(이탈리아, 독일, 영 국)] [b. 프랑스 교황(프랑스, 스코틀랜드, 스페인)])
- 결과
  - 교황과 국왕 간의 대립 ⇨ 로마 교황과 프랑스 교황의 대립 ⇨ 대립된 교황들은 재정 결핍을 막기 위하여 교직 매매를 함.
  - 파리 대학장의 제자 제르손(Jean de Gerson, 1363~1429)은 교회의 타락을 열고 두 교황을 퇴위시키고, 알렉산도르 5세를 새 교황으로 선출하였다. 그러나 3명의 교황이 싸우는 형편이 되었다.
  - 제르손은 1414년에 세 교황을 모두 퇴위시키고 마르틴 5세를 세움으로 교회의 싸움은 종식되었다.

▷ Renasci renovari, reformari, regeneration 등

▷ 모자이크 예술의 대가 키마부, 르네상스 회화의 선구자 기토 그리고 이태리 예술가 바사리가 이미 사용한 용어

• 인간성 회복

▷ 종교적 체험 강조

－라틴어 성서는 불가리판

중세에서 근대로 넘어가는 변화 모습을 초점

▷의식적 형식적 배격

▷평신도 운동으로 반성직적이고 반신학적 윤리추구, 성서중심

• 인문학 후기 : 언어중시 ＋ 기독교 상대화 ＋ 성직과 평신도 구분 철폐

◎ 연대기적 설명[195]

## (1) 몽고

1245~1247년 피아리오 까르피니의 요한이 몽고 선교

---

[195] 국사 연대
　　1231년 몽고 고려 1차 침입
　　1232년 몽고 고려 2차 침입
　　1235년 몽고 고려 3차 침입
　　1237년 대구 부인사의 대장경 불타고, 강화에 외성 쌓음
　　1247년 몽고 고려 4차 침입
　　1254년 몽고 고려 5차 침입
　　1257년 몽고 고려 6차 침입
　　1285년 일연 삼국유사
　　1352년 공민왕-원 배격 정책
　　1359년 홍건족 침입
　　1363년 문익점의 목화
　　1376년 최영의 왜구 정벌
　　1383년 고려 박두양이 남해에서 왜선 120척 격파
　　1388년 이성계 위화도회군
　　1389년 쓰시마정벌
　　1392년 조선 건국
　　1398년 남대문 건축
　　1401년 신문고
　　1413년 조선전국을 8도로
　　1419년 이종무 쓰시마 정벌
　　1420년 집현전
　　1434년 장영실 발명
　　1453년 수양대군 정권 쟁취

1249년 롱쥐모의 안드레아가 몽고선교

1253년 루브릭의 윌리암이 몽고선교

1298년 북경에 첫 번째 교회

1308년 몬테조르비노의 요한이 북경의 대주교

1325년 포로데논의 오드릭이 북경선교 3만 명 신자

1368년 명나라의 도래와 함께 중국선교가 폐막, 원나라 폐망

- ■ 몽고
- 북부 아시아, 러시아, 동유럽 일대(13세기)
- 인내심이 강하고, 용감한 민족이다. 일부다처제, 음주, 교활성, 적응 능력이 뛰어남.
- 종교: 우랄-알타이적 이교(Paganism), 티베트 형태의 미신적 불교와 약간의 이슬람, 호기심이 많고, 관용적임.
- ■ 프란시스코회와 도미니크 수도사
- 약간의 회의만 가능함.
- 이노센트 4세(교황)의 사절-피아리오 까르피니의 요한(John of Piario Carpino, O.F.M. 1245~47) 파견.
- 루이왕[196]의 이름으로 도미니크 수도사 롱쥐모의 안드레아(Andrew of longiumeau 1248~51)
- 프란시스코 수도사 루브랙의 윌리암(William of Rubroeck 1253)
- 마르코 폴로가 교황 니콜라스 4세에게 100명의 선교사 요청. 몬테코르비노의 요한(John of Motecorvino)급파 북경(옛명 kambalig 캄발릭)에서 교회, 라틴어 수업을 하는 성직자 학교, 수천 명의 개종자, 세 명의 주교 동참.
- 1370년 명나라가 몽고족을 공격함으로 몽고 선교의 막을 내림.

(2) 페르시아와 러시아

13세기 도미니크, 프란시스코 수도사 페르시아로 옮.

(3) 인도와 인도양

1292~93년 멜리푸르(Meliapur)에 몬테코르비노의 요한 1319년 4명의 프란시스코 수

---

[196] 루이왕(St. Louis IX, 1214~1270)
프랑스왕(1226~1270). 제8차 십자군 원정 대 튀니즈의 슐탄을 회개시킬 희망을 갖고 원정하던 중 사망하였다. 교회 보니파시오 8세에 의해 1297년 시성되었다.

도사 순교 — 봄베이의 살세르테(Salsel te)

1323년 포르데논의 오드릭(Odoric of Pordenone)이 1329년 퀼른의 주교 카탈라니의 요한(John of Catalani) 인도 남서부 지방—동방교회

(4) 아프리카

① (신항로 진척에 따른 포르투갈과 스페인의) 식민지로 활동했다.

: 1493년 교황 알렉산더 6세가 제한한 교서(Tordesillas)를 발표함으로 대서양을 분계선으로 세력 범위를 정했다.

    ⓐ 포르투갈 : 아프리카와 동인도

    ⓑ 스페인 : 신세계 그러나 카브랄에 의해 발견됨. 브라질은 포르투갈에 속했다.

② 교황의 요구

    ⓐ 신앙전파

    ⓑ 불신자 개종

    ⓒ 교회 임명권—시민 당국에 의해 그에 따른 모든 경비는 나라가 부담했다.

파트로나토(patronato) 제도: 선교사 + 상인.

파트로나토 제도의 보강 : 교황 그레고리 15세(Gregory XV) —1622년 신앙전파를 위해 "신성한 회중(The Propagation of the Faith)" 설립.

① 이교도 개종을 적절히 지도

② 국내 이단들의 회심에 영향. 1628년은 온 자국민 성직자를 훈련시키는 목적으로 로마에 중앙 신학교인 홍보대학 설립.

③ 준비된 선교사들(순종과 독신)

: 복종과 검약, 기동성—개척선교에 필요함.

    ⓐ 프란시스 교단 : 아시시의 프란시스(Francis, 1181~1226)

    ⓑ 도미니크 교단 : 스페인의 사제 도미니크(Dominic, 1170~1221)

    ⓒ 어거스틴 교단 : 1256년 교황 알렉산더 4세가 조직(Augustine, 354~430)

    ⓓ 예수회(Jesuits) 교단: 1540년 스페인의 귀족인 이그나티우스 로욜라(Ignatius Loyola, 1491~1556)

그 외에 18~19세기 기타 교단들 : Passionists; 1720, Redemp torists; 1732, Holy Ghost Fathers; 1841, White Fathers; 1866, Divine Word Fathers; 1841, Maryknoll Fathers; 1866,

④ 로마 가톨릭 선교의 박해자들

ⓐ 개신교 세력에 의한 손실 : 1658년 네델란드가 실론을 점령, 영국이 카나다 병합 (1793), 1898년 미국의 필리핀 점령. 가톨릭 선교지 손실.

ⓑ 타문화권 지도자로부터 추방 : 토착문화 파괴 및 지도력 손상 예상. 1368년 중국, 1614년 일본, 1864년 한국.

ⓒ 가톨릭 시민정부로부터 : 1811~12년 남미 프란시스교단 폐쇄.

ⓓ 같은 가톨릭 단체 중에서 : 예수회(선교방법의 적극성으로 타교단으로부터 견제), 클레멘트 14세에 의해 1773년 해산되었다.[197]

ⓔ 14C에 일어난 가톨릭의 이단들

㉠ 롤라드파(Lollards)는 영국에서 일어났고, 후스파(Hussites)는 보헤미아(현 체코)에서 일어났다.

㉡ 존 위클리프(John Wycliffe)[198]와 롤라드 운동(Lollard Movement) 옥스포드에서 가르치면서 인기 있는 교수요 설교자가 되었다.(1324~1384).

㉮ 위클리프는 어거스틴을 연구해서, 어거스틴의 신앙을 부흥시키고자 했으며 세 가지를 강조했다.

(1) 구원에 있어서 하나님의 주도권

---

197) 예수회의 타락
- 위대한 지도자가 나오지 아니하였다.
- 돈을 탐내고 안일을 구하고 음모를 잘 꾸미며 그 약점이 폭로되었다.
- 중국에 파송된 선교사들이 중국의 습관에 동화되어 기독교의 본질을 버리기까지 하였다.

▣ 예수회의 추방
포르투갈
- 원인 : 남미 파라구아이에서 군대를 훈련시켜 스페인과 포르투갈 군대를 공격하였고, 국왕 엠마누엘 1세의 암살 음모가 예수회의 계획이라는 여론.
- 추방 : 1759년 9월 3일 예수회의 재산이 몰수되고 포루투갈 영지에서 추방되었다.

프랑스
국가의 안녕 질서를 해하는 자로 규정되어 추방당함.

스페인
- 1767년 4월 2일 5천명을 체포하여 재산 몰수 후 추방함.

▣ 예수회의 금지령
- 교황 클레멘스 14세가 금지 방침 세움
- 1773년 2월 21일에 책임자에게 금지령을 통보.
- 각국 정부에서 협력
- 러시아와 프로이센(Preussen)에서는 존속을 공인하였다.
- 1814년 피우스 7세가 재흥을 허가하였다.

(2) 하나님의 주권

(3) 예정설

㉯ 위클리프는 유럽으로 왕의 심부름을 하면서 왕자와 친구가 되었다. 왕자는 여러 해 동안 정치적으로 위클리프를 보호했다.

㉰ 마지막 10년 동안에 로마 가톨릭이 보기에 급진적인 사상을 제시했다.

(1) 1370년대 중반에 위클리프는 하나님의 지배권(On Divine Lordship)과 시민 지배권(On Civil Lordship)에 대해 쓰면서 그리스도의 주되심을 강조했다.

  (ㄱ) 하나님이 모든 것의 주인이시며, 인간은 청지기라는 점을 강조했다.

  (ㄴ) 청지기가 그 임무를 다하지 못하면, 직분을 빼앗긴다고 하였다.

  (ㄷ) 이 원리를 교회에 적용해서, 감독이나 직분자가 청지기 직분에 충실치 못하면, 시민 정부 지도자에 의해 제거될 수도 있다고 했다.

  (ㄹ) 위클리프는 또한 교황도 오류가 있다고 했다. 교황의 직분은 교회에 필수적인 것이 아니라 했다. 따라서 무가치한 직분이면 제거될 수도 있다고 했다.

(2) 위클리프는 《교회에 대하여》(On the Church)라는 책을 써서 교회를 "무형의 몸으로 예정된 자의 모임"이라고 정의했다. 따라서 가시적 교회와 그 직분자들이 진정한 교회의 회원을 결정할 수 없다고 했다. 교회의 유일한 머리는 그리스도시며 교황도 선택받은 자가 아닐 수 있다고 했다.

(3) 《성경의 진리》(Truth of Scripture)에서는 성경의 권위를 강조하고, 성경만이 신앙과 행습의 원리라고 했다. 성경외 권위에 대한 강조는 성경

---

198) 존 위클리프(John Wycliffe 1320년 ~ 1384년)
영국의 신학자, 종교개혁의 선구자. 옥스포드 대학에서 수학한 후 1356년경부터 동대학에서 신학·철학을 강의하였다. 사상적으로는 아우구스티누스(Aurelius Augustinus)의 영향을 받아 학자로서 명망을 쌓았다. 구원과 신앙, 즉 복음은 성경에 있다고 확신하였다. 교황정치의 폐단에 대한 비판으로 국왕 에드워드 3세와 왕자 존의 측근으로서 교황청과의 협상에도 나섰다. 교회 비판의 서(書)『세속적 소유권에 대해』에서 교회 재산의 교황으로부터의 독립을 주장하여 교황 그레고리우스 11세로부터 단죄되었지만 그를 지지하는 존이나 귀족, 시민층에 의해 보호되었다. 정치적·국민적인 반(反)로마 투쟁은 이윽고 신학적 비판으로 발전하여 성서를 기독교 신앙의 유일한 근거로 하는 입장에서 교황권이나 성직자의 위계성에 기초한 교회제도나 성인(聖人) 숭배, 속죄, 수도사의 탁발 등의 관습을 공격, 교의(敎義)면에서는 성찬 의식에 있어서 실체변화의 화체설(化體說)을 부정하였다. 또한 민중을 위해 성서의 영어 번역이나 청빈 설교자단의 파견 등의 개혁 활동에 주력하였다. 사후 콘스탄트 공회의로부터 이단자라는 선고를 받지만 그의 사상은 신봉자들(로라드파)에게 이어졌으며 또한 그의 저서는 체코의 개혁자 얀 후스(Jan Hus)에게 큰 감화를 주었다.(21세기 정치학대사전, 한국사전연구사)

번역 활동, 성경 연구, 성경의 자국의 이용 등을 촉진했다.

㉣ 위클리프는 화체설 교리를 공격했고, 모든 신자의 제사장 직분을 강조하면서 면죄부 행습을 반대했다.

㉤ 위클리프는 1374년에 옥스퍼드(Oxford)에서 은퇴해서 작은 마을 루터워드(Lutterworth)라는 곳에서 여생을 보냈다. 왕자와의 친분이 없었더라면 이단으로 몰려 처형당했을 것이다.

㉥ 롤라드 운동은 위클리프 사후에도 계속되었고 위클리프의 추종자들은 로만 가톨릭의 행습을 공격했다. ㉠ 성직자 독신제도 ㉡ 화체설 ㉢ 연옥설 ㉣ 성지순례, 교황의 개념, 교회의 부

㉦ 초기에는 롤라드(Lollard)운동은 대부분 학문적이거나 정치적이었으나, 후기에는 점차 대중들을 끌어들이는 대중 운동이 되었다.

㉧ 롤라드파는 심한 핍박 중에도 영국에서 계속되었고 종교개혁까지 지속되었다.

ⓒ 얀 후스(John Hus)와 후스파 운동[199]

㉮ 보헤미아의 프라하(Prague) 근처에 유사한 운동이 일어났다. 많은 보헤미아 사람들이 영국에서 공부하고 위클리프의 가르침을 가지고 왔다.

---

[199] 얀 후스(John Hus 1372 ~ 1415. 7. 6).
체코 남부 후시넥에서 출생 프라하대학교에서 공부.
1402년 체코어 성경번역.
1409/ 1410년 프라하대학 총장.
1411년 면죄부 비판.
1415년 콘스탄츠 공의회에서 화형 결정.
1415년 7. 6. 화형.
기독교 역사의 많은 순교자들 중, 교회에 의해 순교를 당한 인물. 후스는 누구나 모국어로 성경을 읽을 수 있어야 한다는 위클리프의 신념을 지지했고 설교와 저서에 그 신념을 포함시켜 학생들과 교인들에게 하나님의 말씀에 대한 열정을 심어 주고 가슴에 불을 질렀다. 위클리프가 이단으로 선고받았기 때문에 당시 두 교황의 제재가 있었지만 후스는 교황이 아닌 그리스도가 교회의 머리라는 신념 아래 열정적인 저항을 멈추지 않았다. 교황의 권위에 도전했다는 죄목으로 그는 8개월 동안 옥고를 치르고 1415년 7월 6일 유죄 판결을 받은 뒤 화형을 선고받았다. 후스의 순교로 루터가 종교개혁의 열매를 거둘 수 있는 터가 마련되었고 후스의 추종자들로 결성된 보헤미아 형제단은 18세기 존 웨슬리에게 영향을 끼친 선교 성향 무리인 모라비아 교회로 발전했다.
(Richard Conish, 《기독교역사 100장면》, 이혜림 옮김, 서울: 도마의 길, 2010년, 148-150.
※ 지역안배의 전략
목적 : 중복과 경쟁을 막기 위해 동방 : 파리 해외선교회는 시암, 티벳, 미얀마
도미니크 : 대만
성심회 : 말레이시아
주요 교단과 소수교단 : 인도, 중국, 일본 등

㉯ 얀 후스(John Hus)는 위클리프의 사상을 받아들여 프라하 근처에서 전파했다.
  ㉠ 후스는 프라하대학을 졸업하고 동대학에서 가르쳤다.
  ㉡ 프라하의 베들레헴 채플(Bethlehem Chapel)에서 설교도 했다. 후스는 라틴어뿐 아니라 모국어로도 설교도 했고, 교회의 악을 비난하며 개혁을 요구했다.
  ㉢ 대부분 위클리프의 교회관을 받아들였고, 그 사상을 근거로 해서 개혁을 시도했다.
  ㉣ 후스는 또한 애국자로서 외국 세력의 침입을 거부했다.
㉰ 이 당시는 세 명 내지 네 명이 서로 교황이라고 주장하던 때였고, 유럽은 이 문제로 분열상을 보였다.
㉱ 1415년에 신성로마제국 황제(Sigismund)는 교황 분열 문제를 해결키 위해 독일의 도시 (Constance)에서 종교회의를 개최했다(마틴 Ⅴ세가 교황이 됨).
  ㉠ 얀 후스는 이 회의에 참석하여 견해를 제시하라는 요구를 받고 안전보장을 해주겠다는 약속도 함께 받았다.
  ㉡ 그러나 얀 후스가 Constance에 나타나자마자 투옥되고 즉시 화형 당했다(변명은 이단자에게는 약속을 지킬 필요가 없다). - 위클리프의 뼈도 파내라 명령했고, 위클리프는 1428년에 무덤이 파헤쳐지고 시신이 화형 당했다.
㉲ 후스의 죽음은 보헤미아에 폭동을 일으켰고, 후스파는 급격히 증가되었으며, 모든 외세는 배척되었다.
㉳ 후스파는 모든 외세를 대항하여 뭉쳤으나, 내부에서 분열이 일어났다.
  ㉠ 이종 배찬파(The Utraquists)
① 성만찬에 포도주와 떡을 다 받는 사람들로서, 프라하를 중심으로 한 귀족들로 구성된 온건한 집단이다.
② 자유로운 설교와 복음전도, 사도적 청빈, 엄격한 성직생활, 평신도에 성만찬 시 잔을 주는 행습 등을 요구했다.
③ 성서가 금지하는 의식만을 금지한다는 기본자세를 유지하였다.

㈃ 다볼파(The Taborites)
① 그들이 세력이 강했던 마을(Tabor) 이름에서 유래함.
② 성경에 명시되지 않은 교리나 행습은 모두 거부하는 기본자세를 유지함(과격한 민주주의파).
③ 성경에서 가르치는 내용만을 받아들였다.
　㉮ 집단 간에 알력이 있었는데, 로마 가톨릭은 양보를 해서 이종 배찬파(The Utraquists)를 다시 교회로 끌어들였다.
　㉯ 작은 집단은 교회 밖에 계속 존재하면서, 모라비안 형제단(United Brethren)이라는 평화적 집단을 형성했다. 이들 중 일부가 독일로 이주해서 모라비안(Moravian) 교도가 되었다.

\* 얀 후스(John Hus)

체코의 종교 개혁자로서 성서를 유일한 권위로 강조하고 고위 성직자들의 세속화를 강력히 비판하였다. 또한 체코 민족운동의 지도자로서 보헤미아의 독일화 정책에 저항했다. 1414년 콘스탄츠 공의회에 소환되어 화형에 처해졌다.

－ 보헤미아 남부 후시네즈 출생. 프라하대학교에서 신학과 문학을 배우고, 1398년 프라하대학교 교수로 신학을 강의하였으며, 1401년 철학부장, 1402~1403년 학장, 1409년 총장직 등을 지냈다. 한편, 1400년 가톨릭 사제가 되었는데, 프라하대학장 시절 그곳의 베들레헴 성당 주임신부를 겸해 일반 시민들에게도 좋은 강연을 많이 하였다.

종교개혁자로서는 옥스퍼드대학교 교수인 J. 위클리프의 설을 받아들여, 친구 히에로니무스와 함께 예정구령설(豫定救靈說)을 강조하며, 성서를 유일한 권위로 인정하고, 교황을 비롯한 고위 성직자들의 이른바 성직매매(聖職賣買) 등 세속화를 강력히 비판하였다. 또한 체코 민족운동의 지도자로서 보헤미아의 독일화 정책에 저항하였고, 프라하 대주교 즈비네크의 후원을 얻어 프라하대학교 내에서의 체코인의 권리를 신장시켰으며, 1406년 체코어의 정자법(正字法)을 확립(1406), 성서와 위클리프의 저작을 체코어로 번역하였다.

로마 교회는 분열의 혼란 중에 있어서 한동안 후스의 움직임을 묵인하고 있었으나, 1410년 피사 종교회의에서 선출된 교황 알렉산더 5세는 후스에게 그 동안의 주장들을 철회하도록 명령하였고, 후임 교황인 요하네스 23세도 1411년에 후스를 파문(破門)하였다.

후스는 여전히 자기 신념을 굽히지 않았다.

　로마교회는 이것을 철저히 단속할 필요를 느끼고 1414년에 콘스탄츠공의회에 후스를 소환, 그의 저서에 있는 이단사상으로 지목되는 부분을 취소할 것을 요구하였으나 거절하였기 때문에, 지기스문트 황제의 안전 통행장을 지니고 있었음에도 불구하고, 1415년 콘스탄츠 교외에서 화형에 처해졌다. 이러한 처사는 커다란 의분을 불러일으켜 1419~1434년의 후스전쟁을 유발시켰다. 후스를 화형을 시킨 콘스탄츠 공의회(1414)는 당시 교황이 3명이었다. 공의회는 3명의 교황을 폐위시키고 마틴 5세를 새로 선출함. 그러므로 공의회가 교황위에 있음을 입증하였고, 이때 위클리프를 이단으로 몰아 시체를 파내어 화형을 시킴.

　프라하 구시가지 중앙광장의 후스 동상 아랫부분에 체코어(?)로 다음과 같이 적혀 있다. 동상 뒤쪽 "나의 민족이여 부디 살아남으십시오. 당신의 나라가 당신에게로 돌아올 것입니다." 동상 앞면에는 후스가 콘스탄츠 감옥에서 보낸 편지 "신실한 체코인에게"의 한 문구 "서로 사랑하십시오. 그리고 모든 이에게 진리가 있도록 하십시오" 혹은 "진실을 사랑하고, 진실을 말하고, 진실을 행하라"(Thomas Butta, Seznameni s. Mistrem Janem, 이종실 역, 체코 종교개혁자 얀 후스를 만나다, 동연, 2015. 한국 성결신문. 2015. 10. 24. 8면).

　-마틴 루터와 백조

　후스가 처형되기 전에 "당신들이 지금은 거위(후스라는 이름의 뜻) 한 마리를 불태우지만 백년 후에 당신들이 해칠 수도, 구이를 할 수도 없는 백조가 나올 것이다." 그러므로 100년 뒤 마틴 루터는 백조와 함께 그림으로 만들어졌다.

## 2. 로마 가톨릭의 선교지역

### 1) 아시아(구대륙)

(1) 중국

◎ 중국의 가톨릭 역사[200]

　중국에 최초로 기독교가 유입된 것은 당나라 시대 동방 페르시안 사제인 알로폰에 의해서 이다. AD 625년 알로폰은 당나라 수도 장안에서 복음을 전파했는데 네스토리안교[201]로 불린 이 종파는 당 태종에서 무종 때에 이르기까지 약 200년 동안 꾸준하게 발전하였다. 그들의 전도방법은 경전출판과 질병치료 등의 두 가지 방법이었고 특히 당나라 문화에 적응하여 복음사역을 효과적으로 전파하기 위해 불교문화를 모방하여 복음을 전했으며 구호활동을 꾸준히 함으로써 부흥되었다.

그러나 네스토리안 종교는 무종 시대 이후 타락하게 되었다. 그 이유는 불교의 영향을 받아 양적으로는 많은 성장을 했으나 질적으로는 매우 수준 낮은 영적 타락을 가져왔기 때문이다. 이후 중국 최초로 가톨릭이 프란시스칸 사제 요한에 의해서 유입되었는데 그는 1305년까지 사역하는 동안 6,000여명을 개종시켰다. 또한 그는 몽고어를 배워 신약성경과 시편을 번역하고, 교회를 개척하였으며, 150명의 학생들을 훈련시키기 위하여 성경학교도 세웠다. 그러나 사역하는 동안에 네스토리안들에게 많은 공격을 받고 사역지를 수차례 옮겨다니며 복음을 전했다. 16세기 이후 로마 가톨릭은 선교에 획기적인 장을 이룩했다. 1517년 포르투갈 선교사가 칸톤에 도착하여 복음을 전했다. 그들은 중국전역의 복음화를 위하여 강한 선교의 열정을 가지고 선교를 했고 도미니칸, 프란시스칸, 어거스틴 선교사들로써 50여 년 동안 남중국 해안 홍콩 근처 부근에서 사역을 감당했다.

| | |
|---|---|
| 1차 시도 | 1294년 프란시스 수도사 몬테 코르비노의 존 요한(John of Monte Corvino)[202] 네스토리안 교회의 일부 잔재가 반대하였으나 황제의 신임을 얻어 북경에 교회를 세워 1,000명의 회심자가 생겨남. 15년 동안 혼자 150명의 신학도 육성 북경의 대주교가 됨. 몽고[203]의 후원에 힘입은 바가 컸음. 1368년 중국 자주권을 소유함. 명나라의 선교사 추방이 있었음. |
| 2차 시도 | 마테오 리치(Mateo Ricci: 1552~1610) – 마카오를 발판으로 중국문화 채택, 유학자의 모습으로 유럽의 선진문물 중의 하나인 시계를 선물함. 황제 완리(Wan Li)가 있는 수도까지 진출(1601년), 지식인 중심의 교제, 1650에 25만 명이 개종함. |
| 3차 시도 | 자멸(박해), 예수회[204]에 대한 도미니크와 프란시스 교단이 하나님의 호칭관계로 논쟁함. 교황을 천부라 하여 미움을 삼. 예수회의 법칙(천주–교황–상제)을 거부하여 1724년과 1736년 박해령. |

200) 김기원·조병욱 공저, 《동남아시아의 역사와 기독교사》, 한국기독교말씀사, 서울:1999, 68-69.
201) 알로펜(Alopen)과 경교(景敎, Nestorianism)]
7세기경에 네스토리우스파가 중국에 전파한 기독교의 일파. 네스토리안(Nestorian, 네스토리우스파 신도들)은 에베소 공의회(431년)에서 이단으로 정죄된 후 페르시아를 거쳐 인도, 중국에 이르러 경교라는 독특한 형태의 토착종교를 형성하였다. 즉, 635년 페르시아에서 알로펜(Alopen, 阿羅本)을 단장으로 한 선교단이 당나라 수도를 방문하여 당태종을 예방하고 복음을 전했다. (638년)(Klaus Wetzel, Kirchengeschichte Asiens, 71-72). 이때 당태종은 이들을 위해 장안에 대진사(大秦寺)를 건립하고 승려 21명을 배속시켜 주었다. 이후 경교는 이슬람교(回敎), 조로아스트교(拜火敎)와 더불어 삼이사(三夷寺)의 하나로 당나라 시대 중국에서 크게 번성했다. 그러나 당나라 말기 '황소의 난'(878년)을 기점으로 박해를 받으면서 지하로 잠적하였다. 그러다 원나라(1279-1367년) 때 다시 페르시아에서 선교사들이 오자 변방으로 피신했던 경교도(景敎徒)들이 '아리가온'이라는 이름으로 재흥하게 되었다. 그리하여 한때는 경교사원인 십자사가 72개소나 세워질 정도로 왕성하게 되었다. 그러나 원의 멸망과 함께 경교는 다시 쇠퇴했다. 경교는 중국에 들어와 토착화하여 예배를 드릴 때 목탁을 치거나 사제(승려)들이 삭발하는 등 불교적 요소를 띠게 되었다. 경교는 파사교(波斯敎), 파사경교, 대진사(大秦斯, '대진'은 '로마'를 가리킨다), 대진경교(大秦景敎)로 다양하게 불렸으며, 교회당(경교사원)은 파사사(波斯寺), 경사(景寺)로, 경교 신도는 경중(景衆) 혹은 경사(景士)로 불렸다. 또 경교가 사회에 미친 영향력을 가리켜 경풍(景風), 경력(景力), 경복(景福)이라 하였다. 한편, 학자들 가운데는 1956년 경주에서 발굴된 돌 십자가 등을 근거로 하여 경교가 당시 당나라와 교류가 잦았던 통일신라에도 영향을 미쳤을 것으로 추정하기도 하나 정설로 인정받지는 못하고 있다. [네이버 지식백과] 경교 [景敎, Nestorianism] (교회용어사전 : 교파 및 역사, 2013. 9. 16., 생명의말씀사)

202) 요한은 몬테꼬르비노의 요한(John of Montecorvino): 여행가 마르코 폴로가 이교도들을 물리치기 위하여 100명의 선교사를 원한다는 큐빌라이 칸(Kubilai Khan)의 요청에 교황 니콜라스 4세가 파송함. 명나라가 1370년 원나라에 멸망당할 때까지. 대주교로, 주교 3명을 데리고 성직자 학교 설립.(김웅태, 선교역사와 개념, 50)

203) 몽고민족(달단)에게 1245-1247년 피아리오 까르피니의 요한이 몽고인들에게 복음을 전하다. 1249년 룽쥐모의 안드레아, 1253년 루브뤽의 월리암이 몽고인들 사이에 복음을 전하다.
1298년 북경에 첫 교회가 개척되다.
1308년 몬테꼬르비노의 요한이 북경의 대주교가 되다.
1325년 포르데논의 오드릭이 북경에서 선교하고, 약 30,000명의 가톨릭 신자.
1368년 원나라가 명나라에 밀려 북으로 이동함으로 중국선교가 문을 닫다.
16세기에 예수회에 의해 중국 로마 가톨릭 선교가 재개되었다. 이미 프란시스 하비에르(1552+)가 인도, 일본에 이어 중국 선교를 시작했으나, 중국 남부의 상천도(上川島)에서 극소수의 로마 가톨릭 신자를 얻었을 뿐이다. 그 다음에 마테오 리치(Matteo Richi:1552-1610)가 1582년 마카오 상륙(1554년 무역상진입)을 시작(1583년 공식허가 : 중국어 배우고, 중국문헌 연구로 제한받음)으로 천주실의를 저술하는 등 열성적인 선교로 서광계, 이지조, 양정균 등이 입교하는 등 많은 성과를 보았다. 마테오리치가 죽은 4년후 1614년 15만 명의 기독교인이 증가함, 황제 강희(1662-1722)도 기독교를 허락함. 호의의 배경에는 예수회회원들이 수학자, 천문학자, 대포제조자들이기 때문이었다. 1671년은 20,000명의 세례를 줌.
1644년 명나라 대신 청나라가 중국을 지배하였으나, 아담 샬 폰 벨, 페르비스트 등 예수회 선교사들은 청나라 황궁에서 학자로 활동하는 등 그 수완을 인정받았다. 강희제는 1692년 로마 가톨릭을 공인하였다. 그러나 18세기에 접어들어 이 구도는 변화를 겪었다. 교황청에서 중국의 전례가 어떤 의미를 갖는지를 계속 추궁한 것이다. 세례의 타액 사용, 병자 성사시 뿌리는 기름 바르는 행위 등을 거부하는 것이 도미니크 수도회에서 불법적으로 봄. 예수회와 도미니크회 간의 갈등과 고발, 포교성의 사절인 마이야르 드 뚜르농과 강희제와의 갈등. 공자와 종상을 존중하는 예절은 종교행위가 아니라 감사의 예를 올리는 법령을 1700년 11월 30일 발표. 1742년 베네딕토 14세는 단죄함으로 강희제는 로마가톨릭을 추방함. 그 결과 1704년 내려진 교황청의 회칙은 중국의 전례에 호의적인 것이 아니었다. 이후에도 당분간 선교사의 중국 입국 자체는 허용되었으나, 중국에서의 로마 가톨릭 선교는 이후 장기간 중단되었다.
19세기 이후의 중국 개신교는 서구 열강의 쇄도와 함께 식민주의라는 변질된 경로로 들어오는 듯한 경향을 보였다. 또한 정통 교의에서 이탈한 태평천국과 같은 신비주의 운동이 일어나기도 했다. 그러나 그와 같은 문제들에도 불구하고 영국의 개신교 선교사 로버트 모리슨을 시작으로 여러 개신교 단체들의 꾸준한 선교의 결과 수천만 명의 신자를 얻었다. 그 중에는 중화민국 임시 총통 쑨원도 있었다. 영국의 개신교 선교사로서 중국 내지 선교회(현재 동아시아 선교회/OMF의 전신)를 설립한 허드슨 테일러와 로마 가톨릭 선교사들은 중국인들과 똑같은 옷을 입음으로써 중국인들이 기독교에 친숙함을 가지게 하였다.

204) 예수회(라틴어: Societas Iesu, 영어: Society of Jesus, S.J., SJ, SI)는 로마 가톨릭교회 소속 수도회이다. 1534년 8월 15일에 군인 출신 수사였던 이냐시오 데 로욜라에 의하여 설립되었다. 스페인의 귀족 가문에서 태어난 이냐시오 로욜라는 세속적인 욕망에 충실한 군인이었으나 스페인 팜플로나에서 프랑스군과의 전투로 중상을 입고 오랜 병상 생활을 하던 20대 후반에, 작센의 루돌프라는 카르투시오 회원이 쓴 〈그리스도 전〉과 자코보 데 보라지네라는 도미니코 회원이 엮은 〈성인 열전〉을 반복해서 읽으면서 그리스도인으로서 새롭게 회심을 하고 순례자가 될 결심을 하였다. 훗날 스페인과 프랑스에서 신학을 공부한 그는 1534년 8월 15일 6명의 동료들과 함께 청빈, 정결, 순명과 교종에 대한 순명을 서원하고, 영혼구원에 헌신할 것을 맹세하며 예수회라는 가

(2) 일본

◎ 일본의 가톨릭 역사205)

일본 기독교의 최초 기원은 중국 방문자들이 기독교 복음을 일본에 최초로 전했다는 기록이 있다. 기독교 복음이 일본에 최초로 들어온 것은 16세기 중반 로마 가톨릭이 일본에 들어오면서부터였다. 16세기 중엽부터 로마 가톨릭이 최초로 일본에 들어온 것은 1549년 도미니칸 선교사와 프란시스칸 들에 의해서였다. 이들은 헌신적으로 일본에 들어와 사역활동을 성공적으로 수행했는데 1582년 일본에는 25개의 교회와 15만 명의 신도가 85명의 가톨릭 사제들의 헌신적인 사역으로 양육되어졌다. 16세기 말까지 2배 이상의 급속한 부흥을 했다. 최고 전성기인 1615년에는 50만 명의 신도수로 부흥되었는데 그 당시 일본은 가장 복음 운동이 활발히 일어난 시대였다.

톨릭 수도회를 설립하였다. 당시 예수회 설립에 참여한 6명 중 한 사람이자 로마 가톨릭교회 사제였던 프란치스코 하비에르 신부는 1549년 최초로 일본에 그리스도교를 전파했다. 1540년 로마에서 교황 바오로 3세를 알현한 그는 이 수도회를 인정해 줄 것을 요청하였고, 바오로 3세는 '예수회' 라는 이름을 내려 이 수도회를 승인하였다. 1773년 교황 클레멘스 14세는 포르투갈, 에스파냐, 프랑스에서 들어온 추방 청원을 받아들여 예수회를 해산했다. 예수회는 전통적인 수도회가 내세우는 삼대 서원인 청빈, 정결, 순명 외에 구원과 믿음의 전파를 위해 내려지는 교황의 명령을 지체 없이 실행에 옮겨야 한다는 네 번째 서원이 덧붙여져 있다. 이것은 예수회만의 특징으로 이와 같은 정신은 종교 개혁의 물결로부터 가톨릭교회를 지키는 데 중요한 역할을 수행할 수 있게 해 주었다. 이 수도회는 전통적인 수도회의 모습 중에서 불필요하다고 보는 것은 과감하게 탈피하는 개혁적인 모습을 보여준다. 수도자의 외적인 모습보다는 내적이고 영적인 면을 더 중시하여 수도복을 입지 않는다. 수도원의 전통적인 면은 그대로 받아들이되 선교 활동이나 형식은 시대의 흐름에 맞게 자유롭게 변형을 하고 있다. 예수회의 표어는 '하느님의 더 큰 영광을 위하여(Ad majorem Dei gloriam)' 이다.

예수회는 대항해 시대에 동방 항로 및 신대륙을 발견함에 따라 미개척지역으로 가톨릭 교회를 확장시키는 운동에 적극적으로 참여하였다. 학문 능력이 뛰어난 선교사들은 인도 고아를 근거지로 하여 동아시아로 선교 활동을 벌여나갔다. 이 지역에서 예수회 선교사들은 적응주의 선교전략, 즉 현지의 언어와 문자를 학습하여 그들의 사상과 문화를 익힌 다음 지배층이나 지식인들과의 학술적 교류를 통하여 교리를 전파한다는 전략을 채택했다. 예수회는 아직 개신교의 세력이 미치지 않은 중국 대륙과 아메리카에서 활발한 해외선교를 하였고, 유럽 교회 역사 최초로 일본에 선교하였다. 당시 중국, 일본, 베트남의 군주들이 장기간 동안 예수회 선교사를 고용한 이유는 그들을 통해서 서학에 접근할 뿐만 아니라 무기, 탄환 등 서양문물을 제공해주는 유럽 상인들의 무역도 보장받을 수 있기 때문이었다.

예수회 선교사들은 선교 지역의 전통과 문화를 존중하되, 트리엔트 공의회의 결정에 따라 'Pax Christi' (주님의 평화) 등의 라틴어 전례용어와 사제가 제단 쪽으로 돌아서서 미사를 집전하는 전례를 사용하였으나, 이러한 전례는 제2차 바티칸 공의회 당시 전례 개혁에 따라 현지용어로 미사를 집전하는 양식으로 바뀌었다.

예수회 선교사들은 대부분 논리학, 라틴어, 법학 등 학식이 풍부한 지식인들이었기 때문에, 학교 설립 등의 교육 사업에도 업적을 남겼다. 미국의 조지타운 대학교, 대한민국의 서강대학교 등이 예수회에서 운영하는 대표적인 교육기관이다.

205) 김기원·조병욱 공저,《동남아시아의 역사와 기독교사》, 한국기독교말씀사, 서울:1999, 68-69.
1549년 프란치스코 사비에르와 다른 두 예수회 회원들의 일본 상륙.
1562-1582년 오다 노부나가(Nobunaga) 막부가 예수회에 호의를 베풀다.
1582-1598년: 히데요시(Hideyoshi) 막부가 점점 덜 호의적이다.
1587년 유형과 파괴의 명령.

일본 선교가 탄압 받기 시작된 때는 1587년 히데요시가 집권한 이후부터였다. 1587~1680년 사이에 수만 명의 기독교인들이 희생당하게 되었는데 약 37만 3천명의 기독교인이 살해당했다. 일본은 1549년 프란시스 사비에르(두 명의 예수회와 일본인 통역자)가 일본 사람을 "그의 영혼의 빛", 2년 동안 교육, 설교, 의례전 등으로 사역함.

### 상황
15세기 중엽부터 무로마치 막부의 통제력이 약화되어 전국시대가 계속됨.
1590년 도요토미 히데요시가 통일함. 1592년 임진왜란을 통해 영토 확장과 상인들의 이익추구가 생겨남. 신도와 불교의 타락으로 가톨릭에 우호적이었음.

### 발전
- 1581년 200개의 교회와 15만의 교인들로 성장함.
- 계층의 다양화:불교승, 신도의 사제, 군인, 및 평민 등.
- 집단 개종: 지도자의 개종으로 부하들을 집단으로 개종함.
- 정치가의 협조: 미가도의 장관인 노부나까(Nobunaga)가 도덕적 지원을 함.

1597년 나가사끼에 25명의 순교자.
1598-1616년 예야수(Yeyasu) 막부가 종교정책에 우유부단함.
1601년 세 명의 일본인 첫 신부
1614년 대 박해령과 추방
1616년 기독교 금지.
17세기 박해가 계속됨
1634-1854년 비밀리에 신앙생활.
- 로마가톨릭의 일본선교의 특징
1) 넓은 중앙의 섬들을 중심으로, 막부정권의 장원제도를 바탕으로.
2) 검에 의한 서약은 왕과 영주에게 충성하듯이 신앙.
3) 신도와 불교의 배경을 가짐
4) 포르투갈의 후원세력은 일본귀족들을 선교를 위해 존경-상업적 재산을 놓고 오게 한 배경-사메리오와 발리냐(Valignano)가 선교허락을 받음. 무기거래.
5) 사용된 선교방법은 니쉬렌(Nichiren)이라는 불교분파가 행했던 야외설교를 함..
6) 통역을 위해서 재속 선교회(Secular Institute) 설립.
7) 소책자를 중국에서처럼 전도용으로 활용.(트리엔트공의회 교리서, 성 이냐시오의 영신수련, 세속에 관해 경멸론, 논쟁들 등.
8) 집단 개종을 구함-윤리-교리-구속의 신비 순으로 가르치며, 전하려함.
9) 기도생활-회개 그리고 순교하려는 신실성.
10) 불교적 경향을 활용함-묵주기도, 열품 도문, 행렬, 현지음악 활용 등. 1582년에는 50명의 일본인 수사들, 15만 명의 세례 가톨릭 성도, 200개의 교회와 경당. 1598년 오다 노부나가(Oda Nobunaga) 사망으로 위기가 옴.
11) 1597년 필리핀으로부터 온 프란치스코 사제 6명 화형.(히데요시).
12) 1637년 기독교인들과 남쪽 영주들의 반란군 17,000명 칼빈주의자들의 대포들에 의해 점멸. 일본인들 십자가 유린사건 일어남.

> **박해**
> – 조선침략의 실패로 도요토미 히데요시 정권은 무너지고 도쿠가와 이에야스가 지금의 도쿄에 막부정권을 수립함 (1603~1867). 메이지 왕국 등극. 1867년 에도를 도쿄로 부르게 됨. 서양문물을 적극적으로 유입함. 중앙 집권적 봉건제도: 지방영주(다이묘)에게 영지를 주고 중앙통제함. 왕권의 약화, 천황의 정치 참여를 금함. 나가사키 한 곳만 개방함. 가톨릭을 금지함.
> – 예수회와 프란시스 교단과 도미니크 교단의 대립. 1600~1614년 반 기독교령– 선교사 추방, 기독교인 순교. 1638년 37,000명 시바마라 고성에 전투로 전멸함. 1867년 메이지 유신의 암흑기.

### (3) 필리핀

1521년과 1565년 선교의 시작(Hermits of St. Augustine)

1574년 프란치스코 회원들.

1579년 도미니코 회원들.

1581년 예수회원들

1611년 마닐라에 성 토마스 대학

17~18세기: 조용한 발전.

1768년: 예수회 회원들 추방

– 1521년 마젤란에 의해 발견됨.

◎ 필리핀의 가톨릭 역사[206]

필리핀은 1521년 마젤란에 의해 재발견된 44년이 지난 후에, 스페인에 의해 정복되었다. 이후 3세기 동안 스페인은 필리핀을 지배하게 되었는데, 로마 가톨릭의 첫 주자는 레가스피와 함께 온 5명의 선교사들이 선구자적인 역할을 감당했다. 그 후 1578년 프란시스칸 선교자들이 마닐라에서 사역을 하였는데 그들은 15개 지방의 103개 마을에서 사역을 했다.

예수교회 1581년에 사역을 시작했는데 그들은 민다나오 모슬렘 지역에서 중점적으로 사역을 했다. 도미니칸은 1587년 선교를 시작하여, 10개의 지방에 73개의 교회를 세웠고, 이들이 전도의 결실을 맺은 숫자는 70만이다. 교육사역에도 헌신하여 아시아 최초의 대학인 산토 토마스 대학을 1625년에 세웠다. 그 결과 오늘날 필리핀 인구의 80% 이상이 가톨릭 신자가 되었다.

---

[206] 김기원 · 조병욱 공저, 《동남아시아의 역사와 기독교사》, 한국기독교말씀사, 서울:1999, 98.

| | |
|---|---|
| 1차 시도 | – 레가스피(Father Legaspi)와 어거스틴 교단(1564),<br>– 프란시스 교단(1577)<br>– 도미니크(1587)<br>– 예수회(1591) |
| 2차 시도 | ① 기독교적인 가족개념 도입<br>② 교회, 병원, 학교의 설립: 여자대학 (1593), 산호세대학(1601), 세인트 토마스대학(1611) – 도미니크<br>③ 문화와 기술전수(성경번역은 1898년 개신교 이후에 이루어졌음.)<br>④ 토착민 지도자와 현지인 등장(1800)<br>⑤ 200만의 성도로 개종함(1621년경)<br>⑥ 이슬람 상인들에 전파되는 이슬람 세력의 북진을 민다나오 섬에서 차단. |
| 3차 시도 | ① 예수회는 섬 전체에 교육제도를 도입함.<br>② 피선교지의 토착문화를 거의 그대로 수용함.<br>③ 혼혈정책(스페인 남자+필리핀 여자) 원주민의 결혼장려 → 피부문제 해결.<br>④ 400년 동안 스페인의 정치, 경제적 안정. |

## (4) 인도차이나 반도[207]

| | |
|---|---|
| 시 작 | 프랑스의 개척 선교사 : 예수회의 알렉산더 드 로데(Alxander de Rhode, 1591~1660) |

| | |
|---|---|
| 선 교<br>방 법 | ① 안남어(Annamese)를 현지어로 선포함.<br>② 교리문답학교를 통해 선포함(초기에 20여 명의 불교승)<br>③ 병자들을 돌보았음(접근의 용이성) → 간접선교 성경번역, 사회봉사, 교육 |

| | |
|---|---|
| 선 교<br>결 과 | ① 30만의 개종자가 생겨남.<br>② 1658년 프랑스에 파리 해외선교회를 설립.<br>③ 인도차이나 식민지 – 1911년 기독교 선교연맹이 입국 허가를 받기까지 로마 가톨릭 선교사만 가능<br>④ 필리핀 다음으로 베트남이 동남아에서 가장 큰 기독교 국가(400만의 신자) |

---

[207] 1) 인도차이나(Indo-China=Siam etc)
1544년 말라카 교구(Malacca)
1568년과 1574년 시암(Siam:타일랜드의 옛 이름)과 캄보디아에서 도미니코 회원들의 순교
1580년과 1583년 코친차이나(Cochin-China:베트남의 최남부 지방)와 시암에서 프란치스코 회원.
1606년과 1615년: 시암과 코친 차이나에서의 예수회 회원들
1624-45년 인도차이나의 데 로데스 신부(De Rhodes, SJ)의 선교와 사역자들 추방.
1644년 시암에서의 프랑스와 팔뤼(FR.Pallu)와 라 못트 랑베르(La Motte-Lambert) 대목구장들.
17-18세기: 선교의 성공과 박해가 뒤엉킴.
2) 인도네시아(Indonesia)
1530년 티모르(Timor: 인도네시아 남부에 있는 섬)에서의 선교.
1534년 몰루카스인(Moluccas)들에 대한 선교
16세기 : 몰루카스, 자바(Java), 수마트라(Sumatra)-프란치스코회;, 예수회, 재속성직자들의 선교
1596년 네덜란드의 공격증가.
1656년 보르네오에서의 예수회 회원들

### (5) 인도

1500년 프란치스코 회원들과 재속사제들이 콘친에 도착하다.

1510년 프란치스코 회원들이 고야(Goa)에 오다.

1517년 프란치스코 회원들이 콜롬보(Colombo)에 오다.

1534년 고아교구(아프리카 희망봉에서 일본까지)

1542년~1545년, 1551년: 성 프란치스코 사비에르가 고아와 그 남부에 오다.

1578년 북부의 무굴(Mogul)인의 황제에게도 예수회 회원들의 선교가 시작되다.

1595년 마두라(Madura)에서의 첫 선교.

1605년 로베르또 데 노빌리(R. de Nobili, SJ, 1577~1656) 신부가 피세리(Fishery) 해안에 도착

1635년 카푸친(Capuchins) 회원들이 폰티체리(Pondicherry)와 마드라스(Madras)에 오다.

1657년 마테오 데 카스트로(Matthew de Castro)가 비자푸르(Bijapur)와 중앙인도(Central India)의 대목구장(Vicar Apostolic)이 되다.

1622년 인도남부의 많은 분파 교회들(Schismatics)이 가르멜 회원들에 의해 화해가 되다.

1671년 토마스 데 카스트로(Thomas de Castro)가 카나로(Kanaro) 지역의 대목구장이 됨.

1683년 죤 데 브리트 신부(John de Britto, SJ)가 순교당하다.

1704년 교황사절 마이야르 드 뚜르농(Maillard de Tournon)이 인도전례에 적응한 것을 단죄하다.

1710년, 1727년, 1739년: 더 조사함.

1744년 로마는 1704년의 단죄를 확정함.

선교전략

1) 힌두교[208] 브라만들과 접촉함 – 크리스챤 브라만으로 행세함, 산스크리트어를 가지고 대화, 힌두교 교리를 배움 – 상류층과 접촉 – 로마에 고발당함 – 해결함 – 기독교교리를

---

[208] 인도에서 불교보다 힌두교가 성장한 이유?
　① 불교는 누구나 부처가 될 수 있다. - 제국의 통일과 안정에 불교의 교리가 반대하는 경향성이 있다.
　② 중앙집권보다 지방분권과 독립이다. - 불교와 토착종교가 결집한 힌두교가 중앙집권의 도구로 안착되었다.

라틴어로 가르치기보다는 산스크리트어로 가르치려고함 – 1656 사망.

 1660년경에는 4만 명의 성도, 1700년경에는 남부에만 10만 명의 성도.

 1658년 네덜란드 개신교의 공격을 받음 실론 섬.

 2) 선교문제는 선교사들 간 논쟁. – 전례논쟁 – 1744년 예수회 단죄.

 3) 적응이 어려움. 라틴사람, 포르투갈 사람을 만드는 일은 하층민 선교의 대상을 할 수밖에 없었다.

 4) 문화적 교량(Cultural bridge)을 발견 못함.

 1498년 바스코다가마의 인도항로 발견. 프란시스 사제가 동승함.

 ※상황 : 이슬람교[209]도 무굴족과 포르투갈의 탐험대가 인도에 도착함.

## ◎ 인도의 가톨릭 역사[210]

 1498년 바스코다가마의 인도 대륙의 발견과 함께 인도에서의 기독교 역사는 시작되었다. 당시에 이미 100여 마을에는 네스토리안 기독교 신자들의 집단이 있었다고 한다.

 초기 인도 가톨릭 선교사들은 인도 네스토리안 교인들을 가톨릭으로 개종시켰고 고아, 코인 등지에서 사역활동을 통해 힌두교인들을 개종시켰다. 이후 1542년 프란시스 자이에르 예수회 사제가 사역을 시작하여 교회를 개척했다. 그 당시 고아는 아시아 선교지 중심지가 되었던 곳으로 로마 교황청에서 1557년 대주교를 파견하여 사역을 확장했다.

 예수회 선교사로서 인도 선교에 가장 영향력을 준 선교사는 1604년부터 사역을 시작한 노빌리 선교사로 마두자에 도착하여 힌두교 생활양식을 배우고 습득하여 인도 상류층으로부터 수많은 개종자를 얻었다. 이러한 노력의 결과 가톨릭 선교부에서는 타밀 태루구 언어로 20여권 이상의 기독교 저서를 남겼는데 그를 통하여 개종한 숫자는 10만 명을 넘었다고 한다.

---

209) 인도에서의 이슬람 성장 이유
 ① 정치적 정열에 불타는 무굴인 대륙장악
 ② 포르투갈은 무역에만 관심. 주로 서부 해안의 소수 식민영토에 관심.
 ③ 포르투갈은 상인들의 타락과 난잡한 생활이 비방의 대상 – 기독교가 비난의 대상이 되면서 이슬람이 선교의 열정을 갖게 되고 이슬람이 성장함.
 ④ 힌두교의 계급제도의 방해 – 어려운 장애물(이슬람은 평등주의).
 ⑤ 포르투갈 사람들이 비포르투갈 선교사들을 방해함.
 ⑥ 그 결과 이슬람교 개종자가 가톨릭보다 많았음.
 ⑦ 선교사들은 주로 해변가에서 선교활동을 함(내륙에는 들어가지 않았으나 리빙스턴이 내륙으로 들어가 선교를 하기 시작함).
210) 김기원 · 조병욱 공저, 《동남아시아의 역사와 기독교사》, 한국기독교말씀사, 서울:1999, 253-254

가톨릭의 선교사역은 왕의 허락과 보호아래 이루어졌고, 포르투갈 제국의 쇠퇴와 함께 힘을 잃어갔다. 1773년 로마 교황이 인도의 가톨릭 선교를 포기하도록 할 정도로 침체한 상황에 이르도록 했다. 18세기 후반 가톨릭 선교는 점차적으로 개신교 선교 세력에 비하여 침체를 거듭했다.

| 선교활동 | (1) 예수회의 프란시스 자비에르의 시작(1540) 1579년 무굴제국의 아카바 황제의 도움으로 선교사 루돌프 아카 비바(Rudolf Acquaviva;1550~1583) – 힌두교 살해. 1590년 예수회가 다시 무굴 궁정에 황제 기독교 공인. 황제보조. 라호레(Lahore)에 기독회 설립함.<br>(2) 로버트 드 노빌리(Robert de Nobili) – 고어에서 마두라에 체류함.<br>① 문화장애 발견, 극복 –인도의 생활방식을 받아들임. 인도의 최고 계급처럼 – 의복, 음식(육식과 술을 멀리함)<br>② 힌두교 경전연구–고상한 유럽인이 존경받음.<br>③ 높은 계급의 사람들과 교제하여 개종함.<br>④ 17세기 말에 15만의 신도. |
|---|---|

## 2) 아프리카[211]

※ 상황

(1) "모르는 땅들"(Terrae Incognitae) 혹은 "여기는 사자들이 있다"(Hic suntleones)
(2) 해안 – 내륙으로 도보여행
(3) 노예상인들이 선교사들을 따라옴–상인들의 약탈(노예상인, 니콜라스 5세가 포르투갈 왕에게 인준)

---

[211] ※연대기적 윤곽
1484년 콩고(Congo)에 대한 선교 시작
1489~1491년 세네감비아(Senegambia) '왕'의 세례, 그리고 마니(Mani)족과 베니노(Benino)족의 '왕'의 세례.
1501년 남아프리카에 첫 번째 교회
1509~1543년 콩고의 그리스도교 신자 국왕 알퐁소(Alphonso)
1520년 앙골라(Angola)에서의 선교 시작
1540년 마다가스카르(Madagascar)에서의 첫 시도
1560년 모잠비크(Mozambique)에서의 선교와 왕의 세례
1584년 앙골라왕의 세례 17-18세기 선교의 확대 그 후 18세기부터 쇠퇴
1454년 교황 니콜라스에 의해 기독교 소개. 복음화의 책임 : 포르투갈. 1483년 디오고 카고의 콩고 도착. 1487년 바돌로메 디 아즈가 희망봉 발견. 서해안의 콩고와 앙골라에 선교부가 세워졌음. 동해안의 모잠비크, 마다가스카르에 선교부 설치.
※시초 : 1491년 콩고에 5명의 선교사가 왕족을 개종. 1509, 1512, 1521년 각각 선교사 증원. 황태자의 아들 헨리의 사제 훈련– 산살바도르의 제1대 감독. 1548년 4명의 첫 예수회 선교사들이 3개월에 5,000명 세례를 줌. 귀족대학 설립. 국왕과 갈등 – 정치와 가톨릭의 결탁(기독교의 국교화 경향)
※선교활동의 유형들 : 선교의 운명이 왕들과의 관계에 의해 판가름 됨. 17세기 사제들의 부족으로 쇠퇴함.

(4) 4년 후 교황 갈리스도 3세(Calixtus III)는 그리스도의 교단(The Order of Christ)에 의해서 복음화 시도함.

(5) 부족적 : 족장들의 종주된 영향 – 강한 계급사회

(6) 종교는 유일신론적 + 미신, 미술, 마법+정령주의 혹은 마나이즘(Monaist) 집단 개종

(7) 수도사들 · 교구사제 도움 – 통역

(8) 포교성성(Congregation of Propaganda) Fide 1622년 교황 그레고리 15세 – 포르투갈 왕 – 문호개방, 무역책임 – 복음화 + 개종사업 책임

(9) 15세기~ 17세기 성공적/높은 계급에게 세례

(10) 17~18세기 포르투갈 식민지 철수, 예수회 해산, 프랑스 혁명, 나폴레옹화된 유럽 – 식민지


(1) 앙골라

1520년 포르투갈에 의해 문호를 개방하였다. 크리스천이 되고자 문호개방. 첫 선교사는 콩고에서 온 사제였다. 왕을 개종시키려 했으나 실패로 끝났다. 포르투갈 왕이 산토메에 4명의 사제를 파송하였으나 실패하였다. 1560년 포르투갈 대사와 4명의 예수회 선교사들– 국왕 담비(Dambi)의 회심 거부로 그들을 투옥하였다.

(2) 기니아

14세기 베닌(Benin)에 선교부를 설치했으나 실패했다. 17세기 초 예수회의 등장으로 왕과 신하 일부가 개종하였다.

상부 – 카멜라이트 수도사, 하부 – 카푸친 수도사들: 선교부 증원.

17세기 중엽 – 잠비아와 시에라리온지역까지 확대되었다.

(3) 동부 아프리카[212]

1차 접촉: 인도로 가는 길에 일시 정착하였다. 1500년 카브랄, 1541년 프란시스 사비에르와 프란시스 교단 선교사들이 정착했다. 모잠비크의 초대 선교사는 고아(Goah)에서

---

212) 18세기까지 아프리카에 대한 가톨릭의 선교는 찾아보기 어려운이유?
  ① 이상 고온으로 선교사들의 적응이 어렵고 의료품의 빈곤(풍토병, 식인종, 정글)
  ② 포르투갈의 노예무역으로 인해 자국 선교사들의 인식이 좋지 않았음.
  ③ 교회교육이 약화, 토착 지도자의 결핍.
  ④ 정치적 불안, 부족 간의 전쟁.
  ⑤ 선교사들의 피상적인 선교-즉각적인 회심과 집단개종.

파송되어 강을 따라 퉁구까지 들어가 왕을 개종시켰으나 이슬람세력과 정치에 결탁한 포르투갈 음모에 선교의 종지부를 찍었다(포르투칼의 세력이 이슬람과 결탁하여 로마 가톨릭의 선교를 막음). 가장 어려운 선교지는 마다가스카르였다. 1648년 첫 선교로 빈센트 교단의 선교사가 포트 다우핀에 도착하였으나 죽음. 그 이후 후속 선교사들이 계속 죽었다. 결국 선교부는 해체되었다.

### 3) 중, 남미(신대륙)[213]

컬럼버스의 두 번째 항해 시에 사제가 동승하였다.

(1) 프란시스 교단(카브랄): 브라질(1500), 하이티(1502), 멕시코(1503) 선교사 도착.

(2) 도미니크 교단 －초기에는 어거스틴 교단과 합세하였다. 하이티(1500), 쿠바(1512), 콜롬비아(1531), 페루(1532).

(3) 예수회 － 브라질(1549)

(4) 기타 －1555년까지 탐험가들과 정복자들을 따라 서인도, 멕시코, 중미, 베네수엘라, 에콰도르, 칠레, 브라질 등으로 전파하였다.

---

**3단계 정복**

⇩

군대와 사제들이 인디언에 거치는 군인, 자제하고 책망함.

⇩

개척자의 단계 － 선교정착지 설립 →인디언의 복음화(10명에서 수천 명까지), 10~20년 사이 관리 이후 세속적인 관리의 보호→개종과 스페인문화 습득.

⇩

문명화된 자치제 － 교회, 학교, 도서관, 재판소, 상수도, 도로 등을 설치하여 스스로 자치제도를 이루어갈 수 있게 함.
1525년 이미 리마와 멕시코시티에 대학이 생겨났음.
1575년 인디언 서적이 12개어로 출간됨.

---

부족선교, 미전도 종족 선교가 많다(부락공동체, 목축업을 통한 생활향상). 집단 공동체 생활을 하였으나 자국민에 대한 독립전쟁으로 선교는 방해를 받았다.

213) 선교활동

| 선교활동(8개구역) | |
|---|---|
| 볼리비아 동부 예수회와 프란시스 교단의 합세 | • 베네수엘라의 쿠마나(Cumana) –도미니크, 프란시스.<br>• 인디안 –목축업, 신부–코코아, 설탕, 커피. 18세기에 쇠퇴함. |
| 1658년 ~ 1758년 | • 베네수엘라의 평원의 카라카스의 일라노스에 카푸친 교단에 의해 100여개의 선교부와 대규모 목장이 생겨났으나, 독립 전쟁으로 파괴됨. |
| 오리노코 강의 선교부 | • 1670년 예수회의 설립. 브라질 북부지방까지 확대.<br>• 카리브해안 인디언들의 습격으로 어려움 겪음.<br>• 1734년 카푸친 교단과 프란시스 교단이 예수회와 연합하여 예수회선교부를 인수함. 30년 뒤에 예수회를 축출 |
| 1629년 예수회 | • 밀림지역의 인디언. 1767년 해체. |
| 기아나 선교부 | • 1724년 카푸친 교단과 프란시스 교단.<br>• 100년 후 혁명분자의 습격으로 파멸. |
| 메이나스 선교회 | • 페루와 서부의 브라질<br>• 1560년 예수회와 프란시스 교단이 성공적임. 사무엘 프리츠 아마존 인디언의 사도. |
| 차코(Chaco) 선교부 | • 볼리비아 동부– 예수회와 프란시스 교단의 합세 |
| 파라구아이 선교부 | • 예수회– 브라질, 아르헨티나, 볼리비아를 포함.<br>• 기도로 시작, 교회를 중심으로 똑같은 마을 건축, 농작물 재배에 성공.– 100만 명이 세례를 받음 |

### 아메리카의 중부와 남부에서의 선교

대륙의 중부와 남부에서 코르테즈에 의한 멕시코 정복, 피자로(Pizarro)에 의한 페루의 정복, 그리고 콜롬비아, 볼리비아, 칠레 등에 대한 폭력적인 정복을 따라서, 선교는 아메리카를 스페인화 하는 것에 상응하여 이루어졌다. 목적은 본방인들의 정치적 세력, 종교 그리고 때때로 문화를 전멸시키는 것이었는데, 식민주의적 행정제도와 히스파니아드(hispanidad)와 그리스도교에 의해서 유능하지만 게걸스럽게 그것들을 대체시켰다. 그 제도의 기반은 탐험에 의한 식민지화였다. 식민주의자들은 우선적으로 도시들 안에 머물러 있었는데, 그들은 거기에서 살며 광산과 농장을 활용하여 부자로 성장하였다. 그들은 원주민들의 강제된 노역으로 봉사 받았다. 발토로 메오 데 라스 카사스(Bartholomew de las Casas, 1474~1555)가 끊임없이 항의 한 것은 바로 이와 같은 남용들에 대행해서이었다.

원주민들은 자기들의 습관에 의하여 이따금 유목적이었던 종족들 가운데 살아왔다. 그들의 왕국들과 연방국들의 정부는 참혹하게 되었다. 왕조들은 어떤 신성한 성격을 소유하고 있었다. 그들의 종교는 일반적으로 어떤 위대하고 아마도 어떤 최상의 신이 식별되어지는, 자연적 세력들에 기원을 둔 많은 신들을 숭배했다. 그들의 의식은 때로는 잔인하였으며, 특히 죄수들의 인신제사(Human sacrifice)도 포함했다.

피정복민들에게도 그들의 스페인 정복자들처럼 종교와 국가는 밀접하게 연결되었다.

선교사들은 수도회 출신들이었는데, 프란시스코회, 도미니코회, 에로니모회, 예수회 등이었다. '포르투갈의 파드로아드(보호권)조약(Portuauese Padrodao)과 유사한 '왕의 보호권(Patronatus Regius)에 따라서 그들은 마드리드에 있는 군주들과(종교가 식민주의자들의 경제적 재정적 이해관계와 충돌할 때를 제외하고는) 지방행정관, 지사들, 그리고 식민주의자들 스스로에 의해 자기들 재산들에 대해(동일한 예외와 함께) 보호를 받았다.

선교는 식민지화 사업의 한 일부인 '국가–선교'(State-Mission)의 모든 형태를 취하고 있었다. 원주민은 국가와 선교에 굴복하거나 저항하였다. 심지어 그 저항이 그 둘 사이에 일어날 수도 있었던 것이다. 시민 당국들의 행동들은 진실된 열정에 의해 자극 되었으나 불행히도 그것들은 때때로 사회적 압력이나 힘의 위협과 연계

※선교의 수난

① 18세기 중엽 예수회 축출됨: 예수회의 공백, 타선교단이 들어가기 어렵고 토착민에 대한 지도자가 없었다. 성직자 → 스페인 태생에게만 주어졌다.

② 1820년의 독립전쟁 : 관리, 행정의 책임자들이 스페인과 포르투갈 세력이었다. 식민주의에 대한 증오가 종교계까지 이어졌다. 스페인의 도움 단절, 식민지 정부 박해, 스페인 성직자가 귀국하여 토착훈련을 할 수 있는 지도자가 없었다. 바티칸은 새로운 정교조약을 체결하였으나 상당한 손실을 입었다.

4) 북미(신대륙)

※북미 대륙의 연대기적 윤곽을 살펴보면 다음과 같다.

1493년 중앙아메리카로의 첫 선교사들

1502년 쿠바에서 프란시스코 회원들

1503년 브라질에서 프란시스코 회원들, 그리고 그밖의 다른 지역에 진출, 1513년부터 후에 '라틴'(Latin) 아메리카였던 곳에 다른 선교회

1519년 코르테즈가 멕시코를 정복하다. 1474년 발토로메오 데 라스 카사스(B. de las Casas) 가 노예제도와 성직록 제도(commend am)를 반대함

되어 있었다. 어떤 선교사들은 스페인 풍습을 따르기를 주저하지 않았으며, 종교재판(Inquisition)의 개입이나 혹은 세속무기(군대)의 개입에 호소하기도 했다. 그럼에도 불구하고 폭력과 강탈로부터 인디언들을 보호하려는 다른 사람들도 있었다. 어떤 이들은 심지어 자기들이 이행해야 할 의무의 최고 권위를 상기시키기도 하였다. 어떤 이들은 식민주의자들과 지방 관리들의 탐욕으로부터 안전하고 당국의 감독 밖에서 실제적으로 지내고 있는 선교 정착 지역에 인디언들을 모으려고 하였다.(예, 파라과이 축소) 이것은 인디언들에게는 가장 큰 특혜였다. 다른 이들은 자기들의 수도원들과 선교회들 이외에 병원들과 여러 형태의 학교들, 특히 추장들의 자녀들을 위해 학교들을 세우기도 하였다.

특히 처음엔 많은 성인들이 충분한 준비 없이 세례 받은 것처럼 보인다; 1539년에 바오로 3세는 선교사들에게 이 점에 관해서 권고하였다. 통계수치와 사제들의 소규모 숫자를 고려해 본다면 백성들의 그리스도교화는 피상적이었다는 결론을 내려야 할 것이다. 예, 1540년 이후 멕시코엔 9백만의 신자통계가 있었다. 많은 신자들은 성체성사와 일상적인 빵 사이의 차이점을 말할 수도 없었으며, 우상들과 물신들이 때때로 그들의 소유물에서 발견되었으며, 때때로 뒤에 감추어지기도 했고, 혹은 그 안에는 종교적 상들이 있었다. 다른 한편 성직자들에 대해서 성직매매 행위(Simony)에 대한 불평들도 제시되었다. 이러한 점에도 불구하고 백성들은 그들 사목자들과 교회들에 대해 고분고분했으며 존경을 품거나 관대하였다. 교계제도는 16세기 중반에 설립되었다.

스페인계 아메리카(Spanis America)는 공식적으로 가톨릭이었다: 의식(세례, 혼인, 장례)과 문화(축제, 관습)의 면에서 더욱 그렇게 가톨릭적으로 되어갔다. 이론상 적어도 선교는 중지되었다. 하지만 미신적인 잔존, 교리에 대한 무지 그리고 사제들의 드묾.(특히 농촌 벽지)에서의 이유로 항상 곤란에 처해 있었고 그러한 요인들이 종교의 실천면에 불규칙성을 산출하기에 이르렀다. 근본적으로 선교적 지원이 인식되는 대로 계속되어야 할 필요성이 느껴졌다.

1523~72년 멕시코의 복음화

1529년 아르헨티나와 파라과이에 대한 선교의 시작

1532년 페루의 정복

1530년경부터 아메리카(멕시코, 중부, 남부)에서의 위대한 도미니코 회원의 노력

1549년부터 예수회 회원들이 브라질에 도착하다. 그 후 페루와 멕시코 등지에 진출, 17세기 남아메리카의 여러 지역들과 그리고 사도적인 각 곳에서의 예수회 회원들의 축소

18세기 예수회 회원들의 추방

### (1) 미국

자국민에 대한 선교정책과 미전도 종족에 대한 선교정책을 실시하였다. 프란시스 교단 – 플로리다(1526년), 뉴 멕시코(1542), 텍사스(1544), 캘리포니아 남부에 선교부 설립(16세기 이전). 스페인 선교사들과 도미니크, 프란시스 교단이 플로리다와 조지아주에 35개의 선교부를 세웠으나 1704년 영국에 의해 모두 사라졌다. 1612년 예수회가 메인주의 아브나기스 선교부를 세웠다.

### (2) 캐나다[214]

인디언 부족 선교, 미전도 종족 선교. 인디언들의 개종은 초기 프랑스 탐험가들의 주요 관심사였다. 제키스 카티어(Jacques Cartier)가 사제와 함께 동승했다.(1534) 조직적 선교 사업은 1614년 참/팜 플레인(Cham Plain)에 의해 시도되었다. 1611년 프란시스 교단이 후론족에 선교하였다. 후론족의 개척자 예수회 존 브레브프 – 노르만인이었다. 1674년 첫 관구조직. 추운 기후와 호전적인 인디언들, 영국과 미국의 전쟁으로 어려움을 겪었다.

◎ 종합정리

| 로마 가톨릭[215] 선교전략 비교표 | | |
|---|---|---|
| 아시아 | 아프리카 | 아메리카 |
| 중국 – 정치와 결탁(문제점) 민족문화(실패) 집단 선교<br>일본 – 계층선교 지방정치(성공) 중앙집권(실패)<br>필리핀–선교와 문화가 연결됨. 정치의 안정<br>인도차이나 – 선교와 사회봉사 교육 | – 풍토병. 기후<br>– 정치적 불안<br>– 토착지도자 결핍(교육 없음)<br>– 왕을 통한 집단개종 | • 남미<br>– 부족중심의 공동체 생활<br>– 목축업, 특용작물 재배에 대한 교육<br>– 독립전쟁의 수난<br>• 북미<br>– 미국 : 원주민, 자국민<br>– 캐나다 : 인디안, 원주민 |

# 3. 19세기에서 21세기 로마 가톨릭 선교

19세기 개신교 선교가 활발해짐에 따라 가톨릭도 선교의 열정과 관심을 가지게 되었다. 선교학적으로 독일의 구스타프 바르넥(Gustav Warneck:1834~1910)을 근대 선교학의 아버지로, 개신교 측 첫 선교학 강의는 에딘버러 대학교(1867년:김웅태, 선교역사와 개념, 127) 또한 구스타프 바르낙은 할레대학교에서 1896년~1908년 선교학 교수(Horst Rzepkowski. Lexikon der Mission, Styria Verlag, 1992, 437~438)로, 가톨릭의 로버트 슈트라이트(Robert Streit)은 1910년 1월 22일 베를린에서 열렸던 선교협의회(Missionary Conference)에서 선교학 강의개설을 요청했다. 이미 요셉 슈미들린(Josef Schmidlin)은 뮨스터 대학교에서 선교학 강의를 1909~1910년 동안 하고 있었다.

슈미들린은 1919년 "Katholische Missionslehre in Grundriss"을 발간하였고, 1925년 "Katholische Missionsgeschichte" 저술했다.

### 1) 19세기와 가톨릭교회

낭만주의와 세상 염려 – 사회질서 – 피우스 7세(Pius VII 1800~1823) – 1814년 예수회 재건, 피우스 9세(1792~1846)는 자유주의 신학을 차단하고 교회적 교리 정체성 확립. 레오13세(Leo XIII) 1891년 노동헌장, 현대사회에서 교회역할 강조 – 평화의 교황.

### 2) 20세기와 가톨릭교회

문화와 학문을 통한 신학의 근대화 교회법 완화, 평신도의 활동, 근대학에 따른 교리, 전례, 성서학, 세상 속에 적용 제2차 바티칸공의회(1962~1965): 하나이며 유일한 예수그리스도의 교회, 갱신운동, 에큐메니칼, 선교의 사명으로 인류에 복음을 선포하는 최고의

---

214) 연대적 윤곽
    1543년 캐나다에서 쟈크 까르티에(Jacques Cartier)와 그 첫 사제들
    1606년 선교를 시작하는 퀘벡(Quebec)주의 창설
    1625년 캐나다에 온 예수회 회원들
    북미는 프랑스의 한 식민지로 발견됨.
    1615년 선교사들은 프란치스코 회원들임, 예수회는 20년 뒤에 들어옴. 1691년 쟈크 까르티에(J.Cartier)들어간 뒤 157년이 지나도 여전히 유럽인은 12,000명만 살고 있었음. 모피회사 등장. 인디언들의 공동체생활을 위한 재배치에 협조하지 않았다. 피의 순교가 계속됨.
215) 김웅태 신부 저서 347쪽에서 358 참조.

과제, 세계대전과 공산주의, 교리강화교육, 성서운동, 예전운동을 함.

(1) 벨기에: 루뱅대학교에서 샤를르(Pierre Charles, SJ)가 선교학 강의를 시작하였고, 사베리오 총서 개발, 1927~1945년까지 선교학 강의를 함. 유명한 잡지 선교회보(Le Bulletin des Missions)가 1952년 "세상의 리듬"(Rythmes du Monde)으로 선교논술들이 계속 출판됨.

(2) 스페인: 1930년 첫 "선교학 주간"(Semana de Missionologia)으로 시작되어 "스페인 선교학 학자들의 양성협회"로 발전되고, 1946년 "선교에 관한 집중 오리엔테이션 주간"으로 집중적인 선교강의가 있음.

(3) 프랑스: 1923년 처음으로 파리대학에서 학술적 모임이 시작되었다. 2차 세계대전 이후에도 위축된 선교가 프랑스 내부의 비 기독교화 됨에, 내부선교가 필요함으로 "밖으로 향한 선교"가 위축을 받았다.

(4) 네덜란드: 1930년 이래 니즈므젠(Nijmegen)에 있는 가톨릭대학교에서 선교학 강의가 있었고, 초기강의 시작부터 선교운동과 직결되어 나타났다. 1948년 선교학 연구소가 등장했으며, 초대 소장은 뮬더(A.Mulders)－선교학 입문을 저술했으며, 선교학 정기간행물 "Het Missiewerk"가 출판, 성직자선교연합회가 결성되고, 선교회, 신학교와 선교사 양성소가 활발하게 활동.

(5) 이탈리아: 로마로 보아야 한다. 1622년 포교성성(Propagande Fide)으로 세계선교를 주도함, 1934년 가톨릭 선교지도서 발간, 1919년 포교성성에서 선교학을 가르침, 1932년 교황립선교연구소, 그레고리안 대학교에서는 1928년 선교학 과목 설정, 1932년 선교학 박사학위 도입, 지금도 학위를 주는 유일한 대학.

### 3) 21세기와 가톨릭교회

로마가톨릭은 정치, 국가기관으로서의 선교의 장점을 살린 NGO, 문화, 가난한 자, 고통을 당하는 자들의 편에서 따뜻하고 신뢰받는 공동체 정신으로 선교를 이끌고 있다. 교황의 선교지 방문은 많은 결실로 나타났다. 대한민국에서 입증되었다. 성령운동, 노방전도, 심령집회 등을 통한 영적 대 각성운동처럼 활발하게 활동한다.

특히 평신도 선교가 활성화되며, WCC 등과의 연합운동을 넓혀가면서, 동시에 정치적인 입지를 국가기관들과 새롭게 만들어 내면서, 각 선교지에 새로운 선교사역의 유형과 사역을 개발해 내고 있다. 수도회의 수사들을 중심으로 한 활동에서 평신도와 지역교구의 활동으로 총체적 선교의 틀을 엮어내고 있다.

### 4) 로마가톨릭과 개신교의 미래선교(예언자적 대화의 선교)

(1) AD GENTES와 정교회의 문헌 – 삼위일체 하나님의 선교(Mission Dei)에 참여로서의 선교.

정교회는 "평안히 가라"가 선교관이다(1986). 교회의 선교가 그리스도의 선교에 근거해 있는 반면, 이 선교는 삼위일체신학의 적용을 필요로 함. – 하나님의 생명과 친교로 이끄시려는 목적 – 하나님의 목적 자체가 선교다. 모든 피조물이 하나님의 넘치고 풍부한 친교의 생명에 포함. – 하나님나라가 가까이 왔음을 증명함.

(2) Evangelii Nuntianadi와 WCC 선교 – 하나님 나라의 해방으로서의 선교. 하나님의 통치를 알리고, 봉사, 증언으로 교회의 정체성을 확립함.

(3) Redemptoris Missio와 복음주의 및 오순절 선교 – 예수 그리스도를 보편적인 구원자로 선포하는 선교. 예수 그리스도 안에서 발견되는 삶을 새롭게 변화시키는 진리를 선포함에 최우선 이것을 표면화 한다.

(4) 예언자적 대화의 선교

은사와 수용의 온전한 친교, 타자에 대한 정체성과 개방성, 관계속의 친교와 선교 속의 친교, 선교에 의해 성립되는 교회는 공동체 – 임재와 설득과 존중, 비움과 겸손함.

# 개신교 선교역사

I. 개신교 선교의 기원

II. 개신교 선교의 태동

III. 개신교 선교의 중흥

IV. 개신교 선교의 성장과 위기

# I

# 개신교 선교의 기원

1. 근대 의식의 성장과 배경
2. 종교개혁 이전의 개혁자
3. 종교개혁의 배경
4. 종교개혁자의 선교개념과 배경
5. 반종교 개혁운동과 30년 전쟁
   *루터의 선교 이해
6. 종교개혁자들의 선교전략

# 개신교 선교의 기원

## 1. 근대의식의 성장과 배경

- 종교개혁 이전의 상황- 스콜라 신학의 쇠퇴(15세기)로 교황청이 몰락되었으며, 동시에 휴머니즘의 등장은 르네상스와 함께 근대의 출발 배경의 근원이다.
- 근대의 출발은 1648년 베스트팔렌 평화조약에서 시작된다.
- 근대는 개인주의와 세속주의 역사다.

### 1) 근대 이전 배경

(1) 자치도시의 성장
- 상업발달로 인한 시장, 도시 발생
- 도시는 봉건 영주로부터 자치권을 획득 – 길드조직
- 경제도시 등장 – 제국도시-수공업·금융업

(2) 장원제도의 붕괴
- 화폐·지대 발생
- 장미전쟁[1]과 백년전쟁[2] – 농노대우 개선
- 자영농민 등장

---

1) 장미전쟁
(Wars of the Roses, 1455~1585)
1455년 세인트 올번스 전투로 시작되어 1460년 요크공(公)의 리처드가 웨이크필드에서 전사하여 장남 에드워드가 그 뒤를 이었다.
1461년 에드워드는 랭커스터파(派)를 타우턴 전투에서 격파하고 헨리 6세를 국외로 추방했다. 그 후 에드워드 4세 옹립에 큰 공이 있던 요크파의 워릭 백작이 반란을 일으켜 1470년 에드워드 4세를 국외로 추방하고 헨리 6세를 구출했다. 에드워드 4세는 중앙집권화를 추진하고 될 수 있는 대로 의회를 열지 않고 중상주의적(重商主義的)인 정책을 채용하여 절대왕정의 경향을 나타냈으나 1483년 사망하였다. 이 무렵 대륙에 망명해 있던 랭커스터계

- 농민반란: 프랑스 파리의 자크리의 난(1358), 영국 런던의 와트 타일러의 난(1381)

(3) 교황권의 쇠퇴
- 아비뇽 유수 : 프랑스의 국왕 필립 4세가 교황을 프랑스에 연금 - 교정지배
- 교회의 대분열(1309) : 로마와 프랑스에 2명의 교황 등장
- 위클리프(영국)와 후스(보헤미아-체코)가 성직자의 타락과 교회의 세속화 비판

(4) 중앙집권국가성립
- 왕권강화: 교황, 귀족의회, 국왕과 시민의 제휴로 신분제의회 성립
 - 영국: 대헌장(1215년)
 - 프랑스: 필립 4세의 삼부회 소집(1302년) - 사제, 귀족, 평민 대표
- 백년전쟁(1338~1453) : 봉건세력 약화되고 왕권신장
- 스페인과 포르투갈 : 스페인은 이슬람교를 몰아냄, 포르투갈은 카스티야에서 독립 신항로 개척
- 독일과 이탈리아 : 분열과 혼란

## 2) 근대의 배경

(1) 르네상스: 부활을 뜻한다.[3)]

---

의 리치먼드 백작 헨리튜더는 1485년 웨일스에 상륙하여 보즈워스 전투에서 리처드 3세를 패사시켜 30년에 걸친 장미전쟁은 끝났다. 헨리는 즉위하여 헨리 7세라 칭하고 튜더왕조를 열었다.
참고
두산백과 http://100.naver.com/100.nh n?d ocid=132822)

2) 백년전쟁(1338~1453) : 영국과 프랑스의 분쟁
 - 프랑스 노르망디 지방의 공작이었던 윌리엄이 영국 왕이 되면서 시작
 - 프랑스 왕은 영국 왕이 자기 신하라 생각, 영국 왕은 노르망디가 영국 땅이라고 봄
 - 프랑스 왕 필립 4세가 자식 없이 죽자, 그의 외손자인 영국 왕 에드워드 3세가 프랑스 왕위 요구
 - 전반전 영국 승, 후반전 프랑스 승(원인- 잔다르크 등장, 프랑스 중앙집권 국가로 변화)
 - 영국은 대가족이자 왕가의 혈통을 이은 랭카스터가와 요크가가 왕위를 놓고 장미전쟁이 일어남(1455~1485)
 - 랭스터가의 핸리 튜더가 요크가의 엘리자베스와 결혼하여 왕위계승
 - 프랑스 필립 4세 - 영국 에드워드 1세 프랑스와 스페인 경계의 땅 영국 소유의 가스코뉴(Gascogne)를 프랑스가 점령하자 일어난 전쟁.
  - 전쟁 내용 ▷교회를 통해 정당(포치파키우스 8세 교황거부 ?1215년 다데란 공의회 : 교황의 허가 없이 성직자에게 과세 부담 못함

3) *르네상스
고전시대의 재생-라틴어 성서 불가타에서 찾아볼 수 있다(Renasci, renovari, reformari, regeneratio, Renaissance=Wiedergeburt).-이미 이태리 회화에서 키마부, 조토, 바사리가 이 용어를 사용했음.
용어 정착은 Jacob Christoph Burchkart(1818-1897): 독일 바젤 출생. "이탈리아에서의 르네상스 문화" 이태리 인문학자, 종교 없이 인간과 윤리이해, 과학과 수학에 관심.
구분: 초기1420-1500, 전성기: 1490/1520, 후기: 1515-1590 이탈리아, 1550-1610 프랑스, 1560-1610 독일.

- 14세기부터 그리스·로마 고전 문화의 부활
- 인간성 회복을 지향하고 인문주의(인간과 문화를 중요시하는 사상) 강조, 세속적, 현실적, 합리적인 인간성 존중의 시대
- 종교개혁, 신항로개척, 근대과학
- 이탈리아에서 시작됨: 16세기 경제침체(지중해→대서양), 정치적 혼란기

"외론(外論, Exkurs)"

＊르네상스의 구분＊
- 초기: 1420~1500: Domatello(1386~1466), Lorenzo Ghiberti:1378~1455)

전성기: 1490/1500~1520: 조화가 지배적이었다. Bramante(Donato Bramante:1444~1514)베드로 성당계획.

- 후기: 기교주의, 장식주의, Jacopo Pontormo:Kreuzabnahme Christi. 1515~159 이탈리아, 1550~1610 프랑스, 1560~1610 독일.

영국: 초서:켄터베리 이야기, 토마스 모어:유토피아, 세익스피어:햄릿, 독일:에라스무스의 우신예찬, 반 에이크 형제, 구텐베르크의 활자 인쇄술(1445).

## 1. 제프리 초서(Geoffrey Chaucer(1343~1400)의 시대상황

초서가 살던 시기인 14C, 15C는 중세의 세계의 해체기였고 중세로부터 르네상스 시대에로의 과도기에 해당한다. 간헐적으로 계속되는 백년전쟁이 일어났으며, 14C 초기에 악천후에 의한 대기근, 1348년 흑사병이 맹위를 떨치며 잉글랜드 전체인구의 1/3이 감소, 1381년에는 영주지배에 대한 농민층의 반항으로 6월 농민봉기가 일어났고, 1388년엔 잔혹의회가 일어났다. 중세의 사상은 실제사회에서 일어나는 현실을 따라가지 못했다고 하며, 중세 영국은 귀족계급과 일반평민계층 둘 사이의 어떤 계급도 인식하지 못했고, 그 신분은 태어나면서 동시에 결정이 되어 버리는 것이었으며 신분상승의 기회는 거의 없었다고 봐야했다. 그 와중에 중산계급층은 거대하게 증가하고 있었으며, 이 계층이 지속적으로 귀족계층에 편입되고 있었다. 그리고 이 중상계층이 바로 초서가 속해있던 계층이었다.

## 2. 토마스 무어(Thomas More:1478. ~ 1535.)

이상적 국가상 그린 명저《유토피아》를 쓴 영국의 정치가·인문주의자. 르네상스 문화운동의 영향을 받았고, 에라스뮈스와 친교를 맺었다. 외교교섭에도 수완을 발휘했다. 해학취미의 소유자로 명문가·논쟁가였다.

3. 셰익스피어 (William Shakespeare: 1564. 4. 26 ~ 1616. 4. 23.)

영국이 낳은 세계 최고 극작가로서, 희·비극을 포함한 38편의 희곡과 여러 권의 시집 및 소네트집이 있다.

주요작품:《로미오와 줄리엣》《베니스의 상인》《햄릿》《맥베스》

1613년 그의 마지막 작품인 《헨리 8세》를 상연하는 도중 글로브극장이 화재로 소실되었다. 1616년 4월 23일 52세의 나이로 고향에서 사망하였다.

(2) 인문주의자

인문학이란?

12세기 인문학이 부각되었다. 프랑스의 샤르트르와 오를레앙, 영국의 켄터베리, 스페인의 클레도를 중심으로 한 성당 부속학교에서 수도원의 역할-지식과 학문의 보고-을 인수 받음으로 시작되었다.

인간의 가치와 존엄성에 관심을 둔 철학이자, 세계관이다. 관용, 비폭력, 양심의 자유를 삶의 가장 중요한 원리로 여김.

독일과 인문주의: 개인적 종교체험과 직관을 중요시함. 의식적이고 형식적인 것 배격, 깊은 윤리추구, 평신도운동은 반성직적이고, 반신학적, 성서 중심적, 순수한 기독교 상태로 돌리려고 함.

후기인문주의: 언어를 중요시함-근원으로 돌아가자. 성서로 돌아가자. 기독교의 상대화, 평신도와 성직자의 구분 철폐.

단테 신곡(1265~1321, 이탈리아 시인), 페트라르카(1304~1374, 최초의 인문주의자), 마키아벨리(군주론), 레오나르도 다빈치(1452~1519), 라파엘로(1483~1520)의 마돈나, 미켈란젤로(1475~1564)의 시스틴 성당의 천지창조와 최후의 만찬, 성베드로 성당.

(3) 알프스 이북의 르네상스-수사학

• 현실사회와 교회비판(사회적, 개혁적 성격을 띰)
• 에라스무스(우신예찬), 토마스 모어(유토피아)[4], 멜랑히톤(중세교회 비판), 세르반테스(돈키호테), 몽테뉴(수상록)

① 에라스무스(Desiderius Erasmus:1466년 추정 ~ 1536년)

네덜란드의 인문학자, 가톨릭 사제

에라스무스는 르네상스 시기의 가장 중요한 학자 중 한 사람으로 손꼽히는 인물이다.

---

[4] 유토피아(Utopia) "없는"이라는 'ou'와 "장소"라는 'toppos'의 그리스어에서 유래

세계주의자이자 근대자유주의의 선구자로 손꼽힌다. 그는 네덜란드의 로테르담에서 사생아로 태어나 수도원에서 양육되었으며, 20세에 정식 수도사가 되었다. 카메리 주교의 비서가 되어 일하게 되었고, 그는 사제로서의 의무에서 면제되는 특권을 받기도 했다. 주교의 배려로 파리 대학에 유학하여 공부하고, 고전 라틴 문학을 연구했다.

1499년에 영국을 방문하여 여러 인문학자들과 교류하였고 특히 존 콜렛(John Colet)의 성서 연구에 영향을 받았다. 파리로 돌아온 후에는 그리스어를 익혀 성서를 연구하기도 했다. 1506년에는 이탈리아를 방문하고, 토리노 대학을 졸업한다. 1511년, 그는 런던으로 가는 여정에서 〈우신예찬(愚神禮讚) Encomium Moriae〉을 구상하여 런던에 있는 토머스 모어의 집에서 집필한다. 그는 〈우신예찬〉에서 부패한 가톨릭 교회를 비판하면서, 성직자의 위선과 신학자 허구성 등을 풍자하고 야유하였다.

1516년에는 그리스어와 라틴어를 병기한 그리스어 신약성서를 출간하였다. 〈그리스도교 군주의 교육〉, 〈히에로나무스 저작잡〉 등을 발표하다가 스위스 바젤에서 생을 마쳤다.

에라스무스는 〈우신예찬〉 등에서 교회의 타락상과 부패를 고발하였기 때문에 종교개혁에 많은 영향을 미쳤다. 그가 출간한 그리스어 신약성서도 사제가 성경 해석을 독점하는 현상을 타파하고자 한 것이었다. 그는 중세의 가톨릭 교회를 비판하는 동시에 교회가 그리스도의 복음으로 회귀할 것을 역설하였다.

그러나 루터를 필두로 한 종교개혁 운동에는 일정한 거리를 유지하였다. 에라스무스는 학문적 명성이 높았기 때문에 루터는 에라스무스의 지지를 받고자 여러 번 요청하였으나, 에라스무스는 종교개혁에 함께 참여하기를 거부했다. 이는 교회를 비판할 뿐 기존 체제에 근본적으로 반기를 들고 싶어 하지 않던 에라스무스의 성향에 따른 것이었다. 그는 이러한 중립적 태도로 인해 말년에 가톨릭 진영과 신교도들의 사이에서 곤경을 겪기도 했다. 저서로는 〈격언집(Adagia)〉(1500), 〈우신예찬〉(1511), 〈대화집(Colloquia)〉(1518) 등이 유명하다.

② 미겔 데 세르반테스(Miguel de Cervantes (Saavedra):1547 ~ 1616)

스페인의 소설가이자 극작가이며 시인. 레판토 해전에 참가하여 왼손에 상처를 입었고 알제리에서 노예생활을 하기도 하였으며 가난한 생활을 보냈다. 당시 스페인의 기사 이야기를 패러디한 소설《돈 키호테》의 작가로 유명하며 성격묘사에 뛰어났다. 그 밖에《모범소설집》등의 작품을 남겼다.

주요저서 : 《돈 키호테》(1605) 《모범 소설집》(1613)

1547년 9월 29일 에스파냐 알칼라데에나레스에서 출생하였다. 소설《돈키호테 Don Quixote》(1605)의 작가이다. 가난한 외과의사의 아들로 태어나 1568년 마드리드에서 로페스 데 오요스의 사숙(私塾)에서 잠시 공부한 것 외에는 학교교육을 거의 받은 적이 없다.

이듬해 이탈리아에서 아크콰비바 추기경을 섬기고, 이어서 이탈리아 주재 스페인 군대에 입대하여 1571년 역사상 유명한 레판토 해전에 참가, 가슴에 두 군데, 왼손엔 평생 사용 불능의 상처를 입었다. 1575년 스페인 해군 총사령관이며 왕제(王弟)인 돈 후안의 표창장을 받고 에스파냐로 귀국하던 도중, 당시 지중해에 횡행하던 해적들에게 습격을 당해 1580년까지 5년간 알제리에서 노예생활을 하였다. 1584년 18년 연하인 카타리나라는 부유한 농가의 딸과 결혼하였고, 이듬해에 처녀작 소설《라 갈라테아 La Galatea》를 출판하였다. 1587년까지 20~30편의 희곡을 쓴 것으로 전해지나, 《알제리의 생활》과《라 누만시아》등 2편만이 현재 전해오고 있을 뿐이다.

그 후 문학을 버리고 일개 무명의 세금 수금원 등으로 생계를 유지하였고, 몇 번인가 투옥당하기도 하며 빈곤한 생활을 하였다. 그러다가 1605년 명작《돈 키호테》제1부를 출판하였다. 출판과 함께 세상의 갈채를 받았으나, 여전히 빈궁한 생활을 계속하였다. 출판 직후 어느 변사사건과 관련된 혐의를 받아 한때 가족과 함께 구속된 적도 있었다.

그 후 1615년《돈 키호테》제2부를 출판하기까지 12편의 중편을 모은《모범 소설집 Novelas exemplares》(1613), 동시대의 시인을 평한 장시《파르나소에의 여행 Viage del Parnaso》(1614)《신작 희곡 8편 및 막간희극 8편 Ocho comedias, yocho entremeses nuevos》(1615)을 출판하였다. 만년에는 종교적인 결사에 가담하고, 1611년 프란시스코 데 실바가 창립한 아카데미아 셀바헤라는 작가 단체에 가입하였다. 그는 1616년 4월 23일 마드리드에서 사망하였는데, 이 날은 W. 셰익스피어 사망일과 같다.

《돈 키호테》의 정식명칭은《재치 발랄한 향사(鄕士) 돈키호테 데 라 만차 El Ingenioso Hidalgo Don Quixote de la Mancha》로, 작가 자신이 "유행하고 있는 기사(騎士) 이야기의 인기를 타도하기 위한 것"이라고 밝힌 바와 같이, 당시 스페인에서 유행한 기사 이야기의 패러디에서 출발되었다. 이 작품의 중심은 돈키호테와 산초 판자의 두 성격의 창조로, 기사의 고매한 이상은 산초 판자의 실제적이고 비속한 물질주의와는 대조적이다. 그러면서도 두 사람은 서로 보완하며, 인간성의 양면을 나타낸다. 두 사람의 보편적인 인간성은 국적·인종·나이·성별을 초월하여 모든 사람에게 친근감과 공감을 불러일으켰다. 세르반테스는 셰익스피어와 함께 성격묘사의 요령을 알고 있는 보기 드문 작가였다.

### (4) 과학적 발견과 발명
- 프톨레마이우스의 천동설, 폴란드의 코페르니쿠스의 지동설

⇒이탈리아의 갈릴레이와 독일의 케플러가 입증.
- 중국 발명품 전래 : 화학과 나침반이 이슬람을 통해 전래됨.
- 구텐베르크의 활판 인쇄술

☆코페르니쿠스(Nicolaus Copernicus:1473~1543)

지동설(地動說 : 태양중심설)의 제창자로 알려진 폴란드의 천문학자. 이탈리아 유학 중에 그리스의 고문헌을 통해 사모스의 아리스타르코스의 태양 중심설을 알게 된 후 폴란드로 돌아와 자신의 태양중심설 천문학을《요강(要綱)》형식으로 서술해 유포시키고 있었는데, 천문학 체계로서 전개한 것은 초판 인쇄본이 그의 임종에 도착한《천구(天球)의 회전에 대하여》(1543)에서였다. 코페르니쿠스의 이 저서는 프톨레마이오스의 천동설(天動說) 천문학 체계에 대치되는 본격적인 지동설 천문학 체계를 제시했다는 점에서, 그리고 당시 활발해지기 시작한 인쇄매체를 이용함으로써 혁명적인 영향력을 갖게 되었다.

코페르니쿠스는 논의에만 몰두하는 당시의 스콜라학의 학통에서 벗어나 천체관측과 궤도계산을 위주로 하는 실지천문가였다. 엄밀하게 말하면 그는 태양을 우주의 중심에 놓지 않았다.

관측과 계산을 일치시키기 위해 태양은 태양계의 중심에서 약간 벗어난 곳에 자리 잡고 있다. 그러나 그것은 기술적인 문제점일 뿐, 그는 우주관(宇宙觀)으로서는 태양을 우주의 중심이라 생각했다. 태양과 지구와 행성의 삼각 측량이 그의 체계를 취하면 가능해지므로, 프톨레마이오스의 체계에서는 무의미한 값이었던 행성의 상대거리를 올바르게 파악할 수 있어, 여기에서 케플러의 제3법칙, 뉴턴의 역학이 유도되었다. 그는 항성(恒星)의 세계를 무한 내지 그에 가까운 것으로 생각했다. 그러나 우주가 만약 무한이라면, 거기에 중심은 없을 것이다. 그는 이런 종류의 논의는 자연철학자에게 맡겨야 할 일이라 생각하고, 스스로는 자신의 입장을 명확히 밝히지 않았지만, 그 발상은 「닫힌」중세적(中世的) 우주관에서 「열린」근대적 우주관으로의 이행을 촉발했으며, 이러한 우주관·세계관의 대변혁은 흔히 「코페르니쿠스 혁명」이라 일컬어진다.

### (5) 루터의 종교개혁[5]
- 정치적 분열과 교회권의 착취＋성서연구와 교리비판

- 남독일 농민전쟁[6] : 신구파의 대립 → 슈말칼덴동맹 ?

아우크스부르크회의(1555)를 통해 독일의 제후와 자유도시 루터파 교회 선택권을 얻음.

＊슈말칼덴동맹(Schmalkaldischer Bund)

신성로마제국의 개신교 국가들이 로마가톨릭 황제 카롤 5세로부터 신설 루터파 교회를 지키기 위한 동맹이다. 1531 중부 독일의 슈말칼덴에서 맺은 독일 개신교 세력의 방위동맹.

신성로마제국 황제 카를 5세의 정책에 대항하기 위한 동맹으로, 1532년 2월 27일 헤센백작, 작센 선거후(選擧侯)를 비롯한 그리스도교 제후와 마크데부르크, 브레멘 등의 도시 사이에 6년 기한으로 체결되었다.

1535년 다시 10년간 연장되었으며, 이듬해에는 안할트·포메른·뷔르템베르크·아우크스부르크·하노버·함부르크 등의 도시도 가맹하여 독일 개신교 세력의 대부분을 포함하게 되었다. 황제 카롤5세는 개신교 동맹을 자신의 적인 프랑스 프랑수아와 화해할 1544년까지 인정하다가 1547 슈말칼덴전쟁을 일으켜, 이 동맹을 해체시켰다 재연합하여 가톨릭과 전쟁 후 1555년 아우크스부르크 평화협정을 체결하였다.(루터교가 유럽에서 공식 인정을 받음)

### (6) 칼뱅(1509~1564)의 종교개혁

- 프랑스 태생, 스위스로 망명
- 성경에 없는 모든 의식은 폐지, 민주적인 교회조직, 엄격한 금욕생활, 성도가 선출하는 장로제

---

5) 종교개혁가에 대한 선교 이해는 일방통행의 역사적 의미를 풍기고 있다. 현장 중심적인 지리적 개념으로 받아들인 선교의 이해는 종교개혁 자체가 선교의 현장임을, 개신교의 태동임과 동시에 흩어져가는 선교의 역사임을, 가톨릭의 바탕 위에서 새롭게 접근하여야 할 것 같다. 지금까지 연구들을 보면 "없다"라는 결론을 내리지만, 선교적 본질과 선교의 가장 기초 작업인 성경번역이 있었음은 의미가 있다. 종교개혁의 모습을 내적 선교의 시작임과 동시에 외적 선교임을 우리는 생각해 볼 수 있다.

6) 농민전쟁
루터의 종교개혁으로 1524년에 남독일 지방에서 발생한 농민 반란을 '농민 전쟁'이라고 부른다. '메멩겐의 12개조'에 압축된 농민들의 요구는 교회에 납부하는 1/10의 폐지, 봉건적 부과조의 경감, 농민의 지위 향상 등이었다. 반란 농민 중에는 천년 왕국설을 내걸고, 원시 그리스도교적인 공산주의의 경향을 가진 뮌처를 중심으로 한 과격한 재세례파(태어났을 때 받은 세례는 무효이며, 성장 뒤 확고한 신앙을 가졌을 때 다시 세례를 받아야 한다는 주장에서 유래)도 있었다. 루터는 처음 호의적인 태도를 보였으나 유력한 영주의 보호를 받기 위하여 반란 농민을 매도하고, 영주들에게 단호하게 진압할 것을 종용하였다. 농민 전쟁은 1525년에 진압되고 뮌처도 처형되었다. 루터의 태도에 실망한 농민들이 루터를 등지게 되어 남독일은 대체로 가톨릭으로 남았으며, 루터의 종교개혁은 그 뒤 주로 북독일의 제후들과 자유 도시를 중심으로 진행되었다.
[네이버 지식백과] 농민 전쟁 [農民戰爭] (Basic 고교생을 위한 세계사 용어사전, 2002. 9. 25., ㈜신원문화사)

- 신의 영광을 드러내는 직업노동에 충실(이윤과 축재인정) ⇒ 자본주의 성립
- 위그노(프랑스), 청교도(영국), 장로파(스코틀랜드), 고이센(네덜란드의 칼벵파) : "거지패"라는 뜻) 등의 여러 교파 형성

(7) 영국의 종교개혁
- 헨리 8세(1491~1547)는 교황에게 이혼을 승인해 줄 것을 요청했으나 거절당함. 이에 대한 반항으로 수장령 발표(1533) ⇒ 내용: 정교일치, 헨리 8세가 교회와 나라의 머리가 된다는 것, 영국교회를 교황으로부터 분리, 성직임명권, 수도원 해산, 토지·재산 몰수
- 교리는 칼뱅파, 의식은 가톨릭

(8) 가톨릭 교회의 개혁
- 교회의 폐단을 시정하고, 정통교리를 재확인, 종교재판 강화, 가톨릭교회와 지상권을 재확인, 신교의 확대방지
- 예수회 활동 : 교황권을 보호, 친위대 역할
- 마테오 리치(중국)(1552~1610), 프란시스 사비에로(1506~1552)(일본, 동남아) — 동양의 사도

(9) 신항로 개척
- 동방물산(후추, 비단 등)을 싼값에 구입
- 동방견문록으로 유럽의 호감을 삼
- 시민계급성장+국왕의 경제적 도구⇒경제적 욕구
- 바르톨로뮤 디아스의 남아공 희망봉 발견(1486)
- 바스코다가마가 희망봉을 돌아 인도 켈리켓에 도착(1498)
- 스페인의 콜럼버스가 서인도 제도발견(1492), 마젤란의 세계 일주(1519)

(10) 식민지 쟁탈전(Patronato Mission, 1493)
- 대서양을 기준으로 동쪽은 포루투칼(동양무역 독점)이, 서쪽은 스페인(동서무역 독점)이 차지
- 포르투갈: 인도의 고아, 실론, 말라카, 몰루카제도 점령, 마카오 점령, 명나라와 통상, 일본에 조총전달, 남미의 브라질 지배, 중계무역 의존, 자국 산업 쇠퇴
- 스페인: 멕시코와 아스테크 제국과 잉카제국 정복, 신대륙 대부분 점령, 금은 채굴, 농장경영, 모직물 수출 — 집단공동체 생활

## 2. 종교개혁 이전의 개혁자들[7]

1) 발도파(Valdes, Waldo:Waldenses 1143~1197)
(1) 프랑스 리용 출신의 부자 상인.
(2) 성경 및 기독교 문서 번역 사업에 투자.
(3) 1177년 재산을 팔아 구제하고 전도운동 시작(마 19장에 감화 받음) — 청빈과 성경적 설교 지향
(4) 1184년 이단으로 몰려 파문당했으나 스페인, 남부 독일, 이탈리아에 널리 퍼졌다.
◎ 발도파의 주장
• 성경이 신앙과 행위의 유일한 표준, 산상보훈 지키기에 힘썼다. 연옥설, 죽은 자를 위한 기도, 예전을 취하지 않았다.
• 1215년 인노켄트 3세의 박해를 받았으나, 이탈리아 통일 후 이탈리아에서 가장 큰 단체가 되었다.

2) 요한 위클리프(John Wyclif 1324~1384) : 롤라드(Lollard, Lollardi, Loller)는 영어교육을 받지 못한 것을 경멸적으로 표현.
(1) 옥스퍼드 대학 졸업 후 교수, 궁정목사가 되었다.
(2) 국왕 사절로 프랑스에 가서 교황 사절과 협상.
(3) 1382년 성경을 영어로 번역.
(4) 교황이 영국에 과중한 세금 부과와 고위 사제들의 타락을 공격하며 체포령을 내렸

---

[7] 송인설 엮, 《기독교회사》, 크리스챤 아카데미, 2010, 339-351.
교리적 개혁자 → 위클리프, 후스
실제적 개혁자 → 사보나롤라, 발도파
신비적 개혁자 → 어크하르트, 켐피스, 벳셀
"Peter" 이름은 정당성 없다. 14세기 말에 추종자들이 발데스를 첫 번째 사도와 연결시커 그의 교회를 정당화하기 위한 방편으로 사용
발도파 시대 카티리파 등장
• 카타리파(Cathars)
• 손수한 사람들이란 뜻
• 성령 받은 세례자는 성도
• 근거지 알비시를 파(알비따)
• 마니교라고도 함
(송인설 역, 《기독교회사》, 크리스챤아카데미, 2010, 339-346).

으나, 왕실의 보호로 무사했다.

(5) 런던 대회에서 이단으로 규정되어 대학을 사직하고 고향에 돌아와 목회 생활을 하다가 사망.

(6) 41년 후 콘스탄츠 공회의(1414~1418)에서 요한후스의 파견 후, 그에게 영향을 준 위클리프를 정죄하고 뼈를 불사름.

※신학 : 성경만이 신앙의 유일한 표준, 속죄권을 부인, 화체설을 배격, 교황정치의 불필요 역설, 승려의 독신주의 비난.

### 3) 요한 후스(John Huss, 1369~1415)

(1) 보헤미아 수도 프라하 대학 교수로서 총장까지 지냄.
(2) 위클리프의 개혁 정신에 감화 받았다.
(3) 교황정치의 부패를 공격하고 속죄권 판매를 반대했다.
(4) 신변의 위험으로 도피하여 〈교회론〉을 저술했다.
(5) 콘스탄츠 회의에 소환되어 황제로부터 신변 안전보호 약속을 받고 출두했다.
(6) 토굴에 감금하고 심문하다가 이단자로 규정하고 1415년 7월 6일에 콘스타트 회의에서 화형을 당했다.

※ 그가 죽은 후 보헤미아인들이 분개하여 장찌시카(Jan Zizka〈체코〉 Jean Ziska〈프랑스〉)가 중심되어 개혁당이 결성되었다.

## 3. 종교개혁(Reformation)의 배경

1) 배경 : 중세의 왜곡에 대해 반발한 또 다른 움직임이 있었다. 그 중요한 시도는 요한 위클리프 (John Wycliffe)라는 옥스포드 대학의 교수가 성경이 '최고의 권위'를 가지고 있다는 것을 가르치고, 후에 유럽 전역에 영향을 미친 성경의 영역판을 펴내었다는 사실이다.(그 당시 '성경'이란, 훈련된 사제들만이 거룩한 말 즉 라틴어로 읽을 수 있었다). 요한 후스(John Huss) 역시 성경이 최상의 권위를 가졌음을 인정하면서 교회가 성경과 초대교회의 가르침으로 돌아가야 한다고 강조하고, 오직 그리스도의 공로를 통해서만 하나님에게로 돌아갈 수 있다고 주장했다. 이러한 위클리프와 후스의 가르침은 점증적으로 교

회에 파급되어 있던 인문주의로부터 분리되었다. 위의 두 사람에 의해서 새롭게 시작된 종교개혁 운동은 1517년 10월 31일에 젊은 수도사인 마틴 루터가 부패하고 타락한 로마교회에 대해서 95개조의 반박 문서를 내면서 표면화되었고 이것이 당시 일반 민중들의 호응과 지지를 받게 되자 종교개혁의 횃불은 치솟아 오르게 되었다.

2) 중세 로마교회는 관대한 봉건적 영지 위에 세워진 교회로서 많은 특권을 부여받고 있었으며 말씀 위에 세워진 교회가 아니라, 많은 미신과 전통, 장엄하고 화려한 종교의식으로 화장한 교회였다. 8세기부터 로마교황은 지상에서 자칭 '신의 대행자'로서 절대적인 권위를 발휘하고 있었고, 따라서 로마교회는 권력과 부를 과시하고 있었는데, 후에 십자군 운동 [명분은 예루살렘 성지를 이교도(이슬람)들로부터 회복하자는 것이었다]의 결과로 심각한 후유증이 나타나자 곧 붕괴의 위험에 처하게 되었다. 장기간의 전쟁은 인적, 물적 손실, 생산력의 저하 등을 가져왔고 부상병의 치료 등을 인한 재정의 필요가 급증했으며, 이때 설상가상으로 유럽전역에 흑사병이 돌아 급격한 인구의 감소와 생산의 감축이 초래되었다.

3) 로마교회의 수입은 매년 격감했음에도 불구하고 로마교회의 사치성 소비는 점점 더 증가했으며, 특히 성 베드로 사원을 건축하기 위하여 막대한 부채를 당시 유럽의 금융시장을 독점했던 메디치가에게 지게 되자 로마교회는 궁여지책으로 메디치 집안의 고위 성직자를 로마교황에 임명했는데, 그가 바로 마틴 루터를 파문했던 레오 10세였다. 레오 10세는 물질에만 눈이 어두웠던 자로서 재정의 위기를 타개하기 위하여 면죄부 판매를 대대적으로 실시하기로 결정하였는데, 북부 독일의 한 무명 수도자요 대학교수였던 루터에 의해 제동이 걸린 것이다. 마틴 루터는 독일의 동북부 지방의 가난한 농부의 아들로 태어났으며 성직사가 되겠다는 소명이 처음부터 있었던 것은 아니었으나, 한 친구가 백주에 날벼락을 맞고 죽자 죽음의 공포로부터 벗어나기 위해서 수도원에 들어갔다.

그는 갖은 고행을 통해 금욕과 선을 쌓아 구원을 이루려고 했지만 늘 불안에 휩싸여 있었다. 그러던 중 성경을 읽고 연구하는 과정에서 비로소 하나님을 발견하고 자아를 발견했으며 "오직 의인은 믿음으로 살리라"는 구원의 도리를 발견했다. 이리하여 진리에 붙잡힌 그는 종교 개혁의 놀라운 과업을 달성하는 기수가 된 것이다.

4) 종교개혁은 종교의 부흥이었을 뿐만 아니라 ─ 비록 사회적 정치적 완성을 가져오지는 않았지만 ─ 거대하고 유일한 개선, 혼돈 없는 굉장한 자유에 대한 기회를 제공했다. 종교개혁이 성경을 제대로 인식할 근거를 가져옴으로써, 평등을 추구하는 도덕뿐만 아니라

근대 법률을 위한 기초도 제공했으며 문화에 대한 관심과 사회와 정부의 체제와 자유에 대한 진정한 초석이 되었다. 북부 유럽에서의 종교개혁은 정부에 대한 견제와 균형에 공헌했다. 이처럼 종교개혁이 사회에 많은 변혁과 영향력을 끼친 것은 사실이지만 완벽한 것은 아니었다.

### ＊흑사병(plague)

흑사병은 14세기 중반부터 17세기까지 약 300년 동안 유럽인구의 1/3이 죽었다. 그러니까 1347년 무렵 킵차크(Kipchak) 군대가 제노바 시를 향해 페스트 환자의 시신을 쏘아 보냄으로써 유럽에 전파되었다는 것이 일반적인 설이다. 그러나 이전부터 동방 원정에 나섰던 십자군 병사들이 보석과 동방 문화를 약탈해 오면서 부수입으로 한센씨병(나병)과 흑사병을 얻어 왔다는 것이 정설이다. 그때부터 순식간에 퍼져 나간 흑사병은 불과 수년 동안 시칠리아, 이탈리아, 스페인, 영국과 프랑스, 유럽 중부의 오스트리아, 스위스, 독일을 거쳐 벨기에, 네덜란드로, 그리고 처음 선보인 지 고작 3년여 만에 스칸디나비아 국가에까지 이르렀다. 1665년-1666년 런던의 대역병을 마지막으로 사라졌으며, 파스퇴르가 19세기말 페스트균의 발병원인과 치료법을 알게 된 후 사라짐.

(세상의 모든 지식, 2007. 6. 25., 서해문집)

## 1) 개신교 종교 개혁의 배경

로마제정 말기(14~16세기) 경제 문제로 보이지 않는 또 다른 계층이 생겼다. 바로 "대토지 소유제"로 경제 주종관계와 군사 주종관계를 맺었는데 이 둘이 합쳐진 것이 중세 봉건문화 사회이다.

특히 중세 시대의 특징은 200년간 전쟁인데 결국 칼 대제[8]가(주후 800년) 신성로마제국[9]의 황제가 되었다(중세 봉건사회가 약 100년간 지속되었다). 정신문화의 배경에서는

---

8) 칼 대제 (742~814): Karl der Groβe : 샤를마뉴(프) 카롤루스 마그누스(라)
 프랑크 국왕, 768년 부친인 피핀 사후, 동생 칼만과 왕국을 공동 통치하다가 771년 칼만이 죽자, 전 프랑크 왕국을 통일 지배하였다. 재위 40여 년간 사방을 경략하여 대통일 사업을 성취, 772~804년에는 작센을 병합하고, 774년에는 교황의 청으로 북이탈리아 랑고바르트 왕국을 멸망시켜 이를 합병, 778년 서로는 사라센족을 토벌하여 스페인 변경에 영토를 설치하였다. 또한 그 후에도 주변의 국가를 정복하여 거의 대부분의 게르만 족을 하나의 국가와 하나의 종교, 즉 프랑크 왕국과 크리스트교를 통합하였다. 이밖에 이탈리아의 영토의 일부를 교황에 헌납하는 등 교회에 대한 봉사가 컸으므로, 교황 레오 3세로부터 800년 크리스마스에 서로마 황제로 대관되었다. 이로써, 다시 부활된 황제권과 교황권의 제휴로 피핀, 클로비스 이래의 과제였던 유럽의 비잔틴 제국으로부터의 해방이 실현되었다. 또한 수도 아이헨에 궁정학교를 설립, 알퀴누스 등 학자를 초빙하여 교육 사업을 장려하였으므로 소위 카롤링 르네상스 문화가 번영하였다. 이 점에서 유럽을 형성하는 3대 문화요소(고전문화, 크리스트교, 게르만 민족정신)는 찰스 대제의 통치 하에서 완전한 통합을 이루었다고 볼 수 있다.

플라톤 철학으로(이원론)[10] 이러한 구조는 개인의 신앙 고백이나 지성, 사유가 존재하지 않았던 시대인데 이것이 십자군 전쟁에서 무너졌다.

15세기쯤에는 도시인들이 사회구조에 꼭 교황이 필요하냐는 문제가 대두되어 사회구조가 와해되었다. "아리스토텔레스주의"[11]

종교개혁의 중요한 배경으로 문예부흥을 들 수가 있는데 "고전 고대로 돌아가자"(남방문예부흥 → 예술로, 북방문예부흥 → 학문적으로 고전을 공부하다보니 성경의 가르침과 교부들의 사상과는 로마교회가 틀렸음을 알았다)로 이성주의 즉 인문주의는 종교개혁에 아주 밀접한 관계가 되었다. 그것은 그들도 "로마교회가 잘못됐다"는 말은 루터의 말과 같았기 때문이다. 그 당시 인문주의자 가운데 최고의 지성인은 "에라스무스"였는데 바로 그가 그 말을 하였고 또한 실질적으로 칼뱅, 쯔빙글리도 인문주의자들로 개혁자가 되었기 때문이다.

15세기~16세기는 특히 성직자의 타락과 농노의 반란, 종말론적 운동 출현, 새로운 질서에 대해 갈망하게 되고 때마침 흑사병이 돌아 많은 사람이 죽어가는 것을 보고 참신앙

---

9) 신성로마제국(Heuluges Romisches Reich Deuts cher Nation : 962~1806)
   중세부터 19세기 초엽까지 존속한 독일 국가의 명칭. 독일 왕 오토 1세가 962년 교황 요하네스 12세로부터 제관(帝冠)을 받은 데서 시작되었는데, 이후 독일에서는 왕이 즉위하면 이탈리아에 가서 교황으로부터 대관(戴冠)하여 신성로마 황제의 제위를 겸하게 되었다. 이와 같은 왕권과 교권의 결합은 황제들에게 교회 지배권을 가져다주어, 그들은 그것을 통해 국내의 분립적 제후를 누를 수 있게 되었으며 그들은 관념적이기는 하나 유럽 세계에 있어서 속계의 최고 군주로서 영예를 가지게 되었다. 그러나 황제의 교회 지배권은 하인리히 4세 이후 성직 서임권 투쟁을 통하여 붕괴되었고, 또 당초의 이념을 실천하려던 역대 황제의 이탈리아 정책은 본국의 봉건 제후들에 대한 양보를 불가피하게 하여 중세 말기 이후 독일이 영방 국가로 분열되는 커다란 요인의 하나가 되었다. 황제 선거권은 13세기말 이래 7선제후에 의해 고정되고 황제의 선출은 그들의 이해를 제국 전체의 이해보다 앞세우는 경우가 많아졌고 그것은 1437년 이후 황제 위를 계속 차지한 오스트리아의 합스부르크가에서 그 절정에 달하였다. 또한 대공위 시대에서 종교개혁 시대에 걸쳐서 진행되던 영방 주권의 확립은 제국을 명목 상의 존재로 떨어뜨리던 중 30년 전쟁 후의 베스트팔렌 조약에서 영방 국가의 체제가 문서로서 승인되어 제국은 사실상 해체 되었고, 1806년 나폴레옹 세력하의 라인 동맹 16방이 제국을 탈퇴하게 되자 합스부르크가의 황제가 제위를 사퇴하고, 신성로마제국은 완전히 소멸되었다.
10) 이원론(二元論) 세계나 사상(事象)을 두 개의 상호간에 독립하는 근본 원리로 설명하는 입장이다. 세계나 인간을 설명할 경우에 쓰인다. 조로아스터 등의 종교에도 있지만 철학에서는 데카르트가 대표자이다. 데카르트는 물심(物心) 이원론을 주장하여, 정신과 신체(물질)는 전혀 이질(異質)의 것이라고 생각했다. 그러나 2원론을 철저히 구명한다면 물심(物心)이 분열해버리기 때문에 스피노자는 물심이 실체의 표리(表裏)라 하여 일원론을 주장했다. 또한 다원론도 일원론의 곤란을 극복하는 것으로서 생겨났다.
11) 자율적인 이성주의가 들어오게 되었다. 이때를 맞추어 스콜라 철학이 등장하는데 이성과 신앙의 반반으로 민족국가가 출현하게 되었다. 영주들이 실세를 잡아 교황들과 연결되었을 때는 교황의 권위가 있었지만 그 연결이 국가 왕에게 갔을 때 "절대왕조"가 생기므로 민족주의로 로마교회 권위가 깨어지는데 설상가상으로 교황의 분열로 더 붕괴되었다.(스콜라 철학 등장은 로마 교회를 보존하려고 했지만 말기에 "윌리엄 오캄"의 "유명론"에 의해 신앙이 산산조각 되었다)

에 대한 갈망이 더욱 종교개혁을 하는 계기가 되었던 것이다.

(1) 교황권의 쇠퇴와 교회의 타락

－십자군 운동의 실패 및 프랑스 필립 4세 vs. 교황 보니페이스 8세가 프랑스 영내의 성직자 과세문제로 대립함. 그 결과 교황이 패배하여 필립은 교황을 남프랑스 아비뇽으로 유배시킴 (아비뇽유수). 이후 70년간 프랑스 국왕이 교황을 통제함. 로마에도 교황이 옹립함. 교회의 대분열(1378~1417) : 콘스탄츠 공의회(1414) 로마 교황청을 정통으로 인정함.

(2) 국가조직의 강화(왕권강화)

－민족국가의 대두 － 민족의식 고조 － 시민계급의 형성 － 선제후 제국도시 － 시정부 － 시의회

(3) 국왕과 영주의 교회 및 수도원 재산 소유 경향

① 영적권위 밑에서 일치 거부(황제와 교황의 권위)

② 교권과 속권의 협력거부

③ 학술과 도덕의 원천인 교회를 비판하고 거부하기 시작함. 따라서 교황권과 정치권이 갈라짐.

### 2) 루터와 칼뱅의 종교개혁

**루터(Martin Luther : 1483~1546)**[12]

작센의 아이슬레벤의 가난한 농부의 아들로 태어나 에르푸르트 대학에서 법률학을 공부하였으나 1505년 돌연 아우구스티누스파 수도원에 들어갔다. 1512년 신학박사가 되었고, 비텐베르크 대학 교수가 되었다. 가톨릭 교의에 대한 의문은 수도원 생활 중에 싹텄으며, '신앙 만에 의한' 의인에의 확신에 접근하고 있었다. 의인설(義人說)은 루터가 종교개혁을 일으킨 바탕이 된 이론이다. 인간의 구제는 교회에서 말하는 바와 같이 성사와 선

---

[12] 내가 비록 수도사로 살면서 또 남에게 비난받을 만한 짓을 하지는 않았지만, 하나님 앞에서는 죄인이라는 기분이 들어 극도로 마음이 불안해졌다. 내가 죄사함을 받기 위해 들인 노력을 하나님께서 받아들이셨다고는 믿어지지 않았다. 나는 죄인을 벌하시는 정의의 하나님을 사랑하지 않고, 오히려 미워했다. 그리고 속으로, 비록 하나님을 모독하지는 않았다 해도, 분명 아주 투덜대며 하나님께 화를 내곤 하였다. … 그러면서도 나는 그 처지에서 끈질기게 바울을 물고 늘어져, 성 바울이 무엇을 원했는지 알려고 무척 애를 썼다. 마침내 하나님의 자비로, 나는 밤낮을 가리지 않고 명상을 하던 중 다음과 같은 구절에 주목하게 되었다. "복음에는 하나님의 의가 나타나서 믿음으로 믿음에 이르게 하나니, 기록된바 오직 의인은 믿음으로 살리라"(로마서 1:17) 거기에서 나는 하나님의 의로우심이란, 의인이 하나님의 은총, 즉 믿음에 의해 구원받는다는 것을 이해하기 시작하였다. 그리고 이것은 다음과 같은 의미라는 것도 알았다. 하나님의 의로우심은 복음에 의해 나타난다는 것, 즉 자비로운 하나님이

행에 의해서가 아니라 오직 신에 대한 신앙과 자비로운 신의 은총으로서 즉 신앙으로써만 의롭게 된다는 것이다.

1517년 테째르에게 인솔된 면죄부 판매 일행이 작센으로 왔을 때에 그는 종교적 확신에서 95개 조항의 항의문을 작성, 발표하였는데 독일 민중들에게 곧 커다란 영향을 불러일으켜 종교 개혁의 발단이 되었다. 로마 교황의 압박에도 굴하지 않고 1519년 교회 측 대표인 에크와의 라이프치히 토론에서 교황·종교 이외의 권위를 부정하고, 1520년에는 교황의 파문장을 대중 앞에서 소각하여 불퇴전의 결의를 표명하였다. 또 같은 해에 '독일 국민의 크리스트교 귀족에게 드림', '교회의 바빌론 유수의 서곡', '크리스트 교도의 자유'를 저술하여 의인론과 성서주의, 만인 사제주의를 근간으로 하는 개혁 이념을 표명하였다.

1521년 카를 5세에 의해 보름스 국회에 소환되어 소신을 철회할 것을 강요당하였으나 이를 거절하였으므로 국법의 보호 밖으로 놓여져, 귀로에 작센 선제 후(選帝候) 프리드리히 공의 보호로 발트부르크 성에 칩거하여 성서의 독일어 번역을 완성하였다. 1524년 독일 농민 전쟁이 일어나자, 처음에는 영주·제후와 농민과의 조정에 노력하였으나, 폭력화하자 제후의 무력적 진압을 지지하여 개혁 운동에 대한 농민의 지지를 잃었다. 이는 그

믿음에 의해 우리의 죄를 용서해 준다는 면에서 수동적 의미의 의로움이란 것이다. 여기에서 나는 내가 완전히 다시 태어나 열린 문으로 천국에 들어가 있음을 느꼈다.
◎ 라틴어 저작 전집 서문에서
교황이나 사제만이 신에 가깝고 제후나 수공업자나 농민은 그렇지 않다고 하는 것은 말도 안 되는 궤변이다. 모든 크리스트교도는 신에 가깝다. 다른 것은 그가 맡은 직무일 뿐이다. … 왜 우리 독일인은 교황에게 이렇게 많은 세금을 탈취 당해야 하는가? 프랑스 국왕이 막을 수 있었던 것을 왜 독일은 하지 못하여 이렇게 바보처럼 되었는가? … 성서에 의하면 사제는 훌륭한 인물로 학식이 있고 한 여자의 남편이어야 했는데, 크리스트교가 로마의 권력자에게 핍박받을 때 죽음을 두려워하지 않는 용기가 필요했으므로 결혼하지 않겠다고 결심하는 사제가 많이 나왔다. 그런데 교황은 이 훌륭한 사람들이 자발적인 의지에서 했던 것을 하나의 규칙으로 모든 사제들에게 강요하였다. 그것은 모든 교회의 재산을 로마 교회로 흡수하는 역할을 하였다. 〈독일 민족의 크리스트교 귀족에게 (1520년)〉에서
◎ 루터의 95조 반박문(1517. 10. 31)
가톨릭 사제로서의 루터가 작성했지만 어느 정도 가톨릭 잔재가 남아있다. 1~4행: 참된 회개는 기계적 회개보다 죄에 항거하여야 하며 고해성사는 기독인의 삶의 저해요소라고 보았다. 그리고 56~68항에 공로에 대한 반론이 있다. 62항에서 루터는 마리아의 위탁된 공로가 아니라 그리스도의 공로라고 말한다. 36항에서 면죄부가 아니라 참된 복음을 신앙으로 받아들이는데서 참된 용서를 받게 된다고 한다. 53~55항에서 의인이면서 죄인인 기독인은 평생 병원인 교회에서 복음이신 그리스도에 의해 치료받아야 하면 면죄부는 그 설자리가 없어야 한다고 하였다. 비판적인 부분으로는 26~40항에서는 면죄부를 신학적으로 비판하고 있다. 26항에서는 연옥을 어느 정도 인정하고 있으나 연옥의 영혼들을 해방시킬 수 있다는 것은 동의하지 않았다. 33~39항에서 면죄부와 복음 설교에서 나오는 은혜를 구별하였다. 42~51항에서 면죄부를 살 것이 아니라 가난한 자들을 도울 것이라고 주장한다. 가톨릭적 구원을 비판하고 이신칭의를 가르치며 값없이 받는 하나님의 은혜를 선포하고 교회에서 설교되어야 할 복음을 말하고 있다.

의 프로테스탄트 교회 확립을 제후들의 세력에 기대한 입장 때문이었으나, 연방 교회제 확립 쪽으로 개혁 운동의 선회를 결정짓는 것이었다.

### 3) 독일의 종교개혁 운동

(1) 면벌부 = 제2의 세례 = 부서진 널빤지[13]

중세교회는 참회의 성례전에서 죄책과 함께 영원한 지옥의 형벌은 용서되지만, 한시적인 형벌은 용서되는 것이 아니다. 한시적인 형벌은 사제가 부과하는 참회형벌과 연결되어, 부과된 형벌을 실천함으로 용서 받을 수 있다.

중세교회의 참회 4단계

① 마음의 회개(Contiritio corclis)

② 입술의 고백(Confessio oris)

③ 용서(Absolutio)

④ 행위의 보속(Satisfactio Operis) 면벌부는 참회의 완성이라고 할 수 있는 "행위의 보속"을 대신함

(2) 면벌부의 종류

① 십자군 면벌부 - 교황 에우제니오 : Eugenius PP.III 3세(?~1153)에서 크라우비스 10세(1145~1153) 십자군 소집 시 발행

② 기념 면벌부 - 교황 보니페이스 8세(1294~1303) : 로마의 건국을 기념하는 해에 로마에 있는 베드로와 바울의 무덤을 방문하는 사람들에게 발행

③ 특별 면벌부

④ 일괄 면벌부 - 교황 율리우스 2세(1503~1513) : 베드로 성당 신축기금을 조성하기 위해 1506년 발행

● 멜랑히톤(Philipp Melancthon 1497~1560)[14]

- 1518년 대학교의 어학 교수 (히브리어, 그리스어)

---

13) 면죄부가 아니라 면벌부다. 죄는 하나님만이, 죄의 결과인 벌은 사제가 할 수 있다.
 (정병식, 《한눈에 보는 세계교회사》, 프리칭아카데미, 2007, 세계교회사 24-1517년 면죄부 논쟁)

14) 멜랑히톤의 독일식 이름은 필립 슈바르츠 에르트(Philipp Schwartzerdt)다. 1509년 12살 때 하이델베르크 대학 문학사학위를 받음, 영국의 에라스무스도 1515년 멜랑히톤을 영국으로 초청하기도 했다. 베텐베르크 루터 광장에 루터와 멜랑히톤 동상 두 개가 있다. 루터는 멜랑히톤을 가리켜 "소중한 도구" 이자 "나의 가장 소중한 필립"이라고 하였다.

- 성격이 온유 겸손하고 강직하므로 혁명적인 루터의 유일한 동지였다.
- 저서 〈신학 통론 : 권위는 성경에 있다, 신앙 … 예수가 우리 죄를 위해 죽으심을 확신하는 것, 예전 … 세례와 성찬. 〉

● 과격파와 온건파

- 온건파 : 에라스무스[15](루터의 개혁이 과격하다고 비판)
- 과격파 : 카알시타트(Karlstadt)[16] … 독신주의, 성상 숭배, 성찬식. 제사 부분 등 반대 - 토마스 뮌처(Thomas Munzer)[17] 등 3인 유아세례 부인, 성경과 교직을 경히 여김, 사회 조직의 개혁을 강조, 세상 종말이 가까웠다고 혼란.

---

멜랑히톤은 비텐베르크 대학 교수 취임연설 "대학과 학문의 개혁"에서 "신학과 사회를 개혁하기 위하여 인문주의 개혁을 과감하게 실행하고 고전과 그리스도교 원전으로 되돌아 갈 것"을 주장했다.
Richard Cornich, 기독교역사 100장면, 이혜림 역, 도마의 길, 2010.

15) 에라스무스(Desiderius Erasmus 1466년 ~ 1536년)
저서 : 그리스도교 병사제요(1504년), 교정 그리어서 신약성서(1516년), 그리스도교 군주교육(1516년), 평화의 호수(1517년), 대화집(1522년), 그리스도교적 결혼교육(1526년), 어린이의 교육에 대해서(1529년), 어린이의 예의작법에 대해서(1530년), 격언집, 문장용어론, 우신예찬
르네상스 최대의 인문주의자. 네덜란드의 로테르담 출신. 수도사제가 되었는데, 신학연구를 위해서 1494년 파리에 유학한 후에는 다시 수도생활에 복귀하지 않고 언어의 정확한 이해를 기초로 한 실증적·역사적 방법에 의해서 성서·교부 문학이나 이교 고대의 연구에 선도적·역할을 수행하고, 많은 고대 문헌을 처음으로 활자화했다. 한편 이런 학구적 성과에 서서 당시의 사회문화의 왜곡을 비판하는 데 놀랄 만한 건필을 휘두르고, 유럽 각지를 전전해서 스위스의 바젤에서 사망했다. 그의 저작은 이절판 전10권 11분책에 이른다.
그리스도교적 휴머니즘은 최초의 대표작 『그리스도교 병사제요』(1504)에 학실하게 밝혀졌다. 즉, 악과 죄라는 최대의 적에 도전하는 신시대의 그리스도인의 무기는 〈기도와 성서〉인데, 그러나 성서의 중세적 이해에 그치지 않고 참된 정신을 깨닫기 위해서는 준비단계로서 그리스·로마이교 고대의 시인·철인의 유산에 〈저속하지 않게 친숙〉할 필요가 있다. 또한 참된 신앙생활은 각 개인이 성서, 특히 그 근간인 복음서와 바울(㉮ 바오로)의 편지 등에 직접 접촉하고, 그 정신과 살아있는 실례를 모방하는 것이라는 것이다. 이는 바로 중세 가톨릭교회가 구축한 교리 전례나 전승, 또는 살아있는 이상으로서의 수도원제도 등을 이의적(二義的)으로 하는 새로운 신앙관의 표명이며, 마침내 복음주의의 기반에, 나아가서는 종교개혁에 대한 길을 여는 예언석 수상이나.
그 후의 그의 모든 활동은 이 주장의 실현을 향한 끊임없는 노력으로 볼 수 있다. 고대가 낳은 명구금언에 어학적·역사적 주해를 붙인 『격언집』이나 라틴어 수사학을 논한 『문장용어론』은 정확한 고대의 모습을 전하고자 한 것이며, 한편 각종 사본을 교합해서 사상 처음으로 그리어서 원전을 활자화해서 상세한 주해와 라틴어 역을 첨가한 노작 『교정 그리어서 신약성서』(1516)나 에로니모나 기타 교부의 저작의 사상 최초의 활자화(1516~28)는 〈인지에 의한 날조나 인위적 제도〉로부터 참된 그리스도교를 해방하려는 것이었다. 또한 당연히 예상된 보수적 가톨릭의 격렬한 비난과 교회분열을 시인하지 않는 그에 대한 루터파의 공격을 받으면서 그는 사랑과 평화의 복음정신 하에서 하나로 결합된 세계의 실현을 지향하는 투쟁하는 휴머니스트로서 보다 넓은 독자에 대해서 경세의 필을 휘둘렀다. 유명한 『치우신(痴愚神) 예찬』을 비롯해 고대의 영지를 모방한 『대화집』(1522~33), 휴머니즘의 정치철학을 대표하는 『그리스도교 군주교육』(1516)이나 근대 최초의 평화론 『평화의 호소』(1517), 남녀 양성의 사랑과 합의에 의거한 세속의 결혼생활에 적극적 가치를 인정한 『그리스도교적 결혼교육』(1526), 어린이의 자발성과 개성을 존중한 『어린이의 교육에 대해서』(1529)나 보다 실제적인 『어린이의 예의작법에 대해서』(1530) 등은 가끔 중판 번역되어 동시대 및 후세에 많은 영향을 미치고 있다.
에라스무스 [Desiderius Erasmus] (종교학대사전, 1998. 8. 20., 한국사전연구사).

─루터의 방문 : 1522년 3월 바르트부르크(Warburg)에 8일간의 설교로 혼란과 질서를 완전히 회복(과격주의 배격), 많은 수도사와 일반 귀족들의 지지를 얻음.

◉ 분열

─농민전쟁 : 1524년 농민의 봉기를 무력으로 진압하여 사망자 15만 명에 달함. 루터는 귀족편이라는 오해를 불러일으킴.

─에라스무스의 분열 : 자유 의지를 강조하여 루터와 반대의견 발표.

─루터의 결혼[18] : 1525년 귀족 출신 수녀 카타리나 폰 보라(Ka tharina von Bora)와 결혼

◉ 황제의 박해와 항의

─1526년 스파이어(Speier)국회 : 제후는 교황이나 황제 앞에서 답변할 수 있는 한도 내에서 신앙을 정하는 권리가 있다.

─1529년 국회 재소집: 가톨릭 제후국주의 개혁주의 선전을 금지함, 개혁주의 제후국에서 가톨릭 활동은 자유, 옛날부터의 권위와 세입은 그대로 가진다.

---

16) 카알시타트(혹은 칼슈타트) (Andreas Karlstadt:1480년 ~ 1541년)
독일의 종교개혁 급진파, 직업 : 신학교수, 설교자
독일의 종교개혁 급진파의 한 사람. 본명은 보덴슈타인(Bodenstein). 엘푸르트, 퀼른에서 공부하고 비텐베르크대학 신학교수로서 루터의 스승, 후에 동료가 되었다. 그 영향 하에 복음주의로 바뀌었는데, 결국에 더 한층 철저한 개혁을 지향하고, 성서론, 직제론, 성찬론 등에서 루터와 대립, 루터의 격렬한 비판을 받아서 그곳을 떠나서 농민전쟁의 혼란 중에서 각지를 전전했다. 츠빙글리의 비호로 취리히, 후에 바젤에서 교수, 설교자로서 평생을 끝마쳤다. 그에 대한 평가는 규정하기 어렵다.
칼슈타트 [Andreas Karlstadt] (종교학대전, 1998. 8. 20., 한국사전연구사).

17) 토마스 뮌처(Thomas Müntzer, 1489년경 ~ 1525년 5월 27일)는 독일의 전도사, 신학자이다.
종교개혁시대 독일의 급진적인 사회개혁운동 지도자로 가난한 자를 위하여 교회 ・ 수도원 강탈을 주장하였다. 튀링겐 슈톨베르크 출생. 슈톨베르크 크베들린부르크에서 배우고 1506년 라이프치히대학에 입학, 신학을 수학한 뒤 여러 나라를 여행하였다. 1516~1517년 아셔스레벤 프로제 수도원 원장으로 있었고, 1518년 루터의 개혁운동에 공명(共鳴)하였다. 1520년 츠비카우에 목사로 갔으며, 그곳에서 급진적 종교개혁 집단 지도자 N. 슈토르흐를 만나 그 영향을 받아, 점차 루터 사상과 대립하게 되었다.
1521년 츠비카우에서 추방되고, 1523년 보헤미아 알슈테트에서 포교활동을 하였다. 그의 복음운동이 급진적 사회개혁으로 기울어져, 가난한 자를 위하여 교회・수도원 강탈을 주장하였다. 영주제와 타협하여 기존질서의 존중을 역설하는 루터와 정면으로 대립하고, 또한 내면적 신앙의 체험만을 중시하고 성서의 객관적 권위를 무시한 주장이 주관적인 신비주의라 하여 루터파에게 공격을 받고 다시 쫓겨나 튀링겐 밀하우젠으로 피신하였다. 그곳에서의 운동은 한때 성공을 거두어 하층시민・광부・농민의 봉기로 그 시(市)의 정권을 장악하였으나, 영주군(領主軍)의 공격을 받고 도피하여 각지를 유랑하였다. 1525년 농민봉기를 돕기 위하여 민병을 거느리고 프랑켄하우젠으로 향하였다. 거기에서 영주 연합군에게 패하고 결국 참수되었다.

18) 루터의 결혼 - 1526년 6월 13일 루터는 가톨릭 수녀인 카테리나 폰 보라와 결혼하여 가정을 이루었다. 그는 가정생활을 정치 생활, 교회 생활과 함께 기독교인이 세상을 살아가는 데 가장 중요한 3개 조직으로 생각하였다.
마틴 루터 [Martin Luther] (교회용어사전 : 교파 및 역사, 2013. 9. 16., 생명의말씀사).

- 루터를 따르는 자들을 반항자 "Protestantino"로 정의
- 개혁파의 항의 : 1529년 4월 19일 항의문 제출, 서명자…5 제후국, 14자유도시

◉ 신교 발전
- 1530년 6월 25일 아우크스부르크 신앙 고백문 작성(멜랑히톤이 기초)
- 1532년 뉘른베르크에서 신구교 화친 조약 체결.
- 1539년 덴마크, 스웨덴, 노르웨이 등이 신교권에 가담.

### 4) 스위스의 종교개혁[19] 운동

스위스 종교개혁은 독일보다 2년 후인 1519년을 기점으로 1712년 일어난 제2차 빌메르겐(Vilmergen) 전쟁을 통한 신앙고백으로 종결됐다. 스위스 종교개혁은 국가 연합인 연방제의 특성에 따라 다양한 축을 중심으로 여러 종교개혁자들이 이끌었다. 독일의 종교개혁으로 루터교회가 형성됐다면, 스위스는 개혁교회를 태동시켰다.

칼뱅[20] : 스위스로 망명, 성서에 없는 모든 의식을 폐지, 민주적 교회조직, 장로제, 직업노동 권고, 정당한 이윤추구, 근로에 의한 축제는 신의 은총이라고 봄, 자본주의 성립에 기여하였다.

- ◉ 베른(Bern) ▶1528년 1월 26일 개혁 단행, 베르트홀로 할러(Berthold Haller), 세바스티안 마이어(Sebastian Mayer) 등이 지지함.
- ◉ 바젤(Bazel) ▶1525년 2월에 개혁, 요한 외콜람파디우스(Jo‧hann Oecolampadius, 1482~1531)가 개혁의 핵심인물이었다. 그는 목사요, 대학 교수로서 쯔빙글리[21] 다음가는 개혁자였다.

---

19) 쯔빙글리(Huldrych Zwinggli 1484. Wildhaus-1531) -1525년 취리히 종교개혁은 거의 완료됨. 양종성찬, 성상은 사라짐, 미사와 독신도 폐지, 가난한자들의 구제, 사제들의 결혼. 성찬은 상징이다. - 교회와 국가를 연계함-급진적 개혁파와의 대립-1525년 취리히 시의회-성서적으로 재세례 입증 실패,-재세례파 1525년 1월 21일 촐리콘 교회에서 성인세례-최초의 재세례파교회 탄생-펠릭스 만츠 1527년 1월 5일 스위스 림마트에서 수장됨.
가톨릭과 전쟁(1531년 10월 9일 전쟁 중 10월 11일 사망 -카펠 평화회담-스위스 동맹정책 포기, 공격적인 종교개혁 중지.
20) 칼뱅(Johannes Calvin 1509.7.10. 프랑스 리용.-1564.5.27.); 루터는 에어푸르트 대학 교수, 쯔빙글리는 사제로 성서연구 중, 율리우스 2세 교황은 주변세계와 다툼, 영국은 헨리 7세가 죽고 8세 등장-국교회를 만들어감. 1559년 제네바 시민권 획득, 1564년 5월 27일 제네바 아카데미 원장인 베자와 동료들이 지켜보는 가운데 임종
21) 쯔빙글리와 핵심적인 사상
1484년에 쯔빙글리는 스위스 산촌에서 출생 아버지가 시장이고 그의 삼촌은 학문의 지성인으로(헬라어 통달) 그에게서 영향을 받았고 또한 그의 선생 토마스 바겐바텐(인문주의자)으로부터 훈련을 받았다.

### ● 신구 양파의 투쟁

원인 : 산림 지역 5개조는 개혁을 거절하고 연맹을 맺음, 시비쯔 주에서 목사 1명을 이단이라고 화형시킴.

카펜(Kappel)의 제1 조약 : 산림지역 주는 군비를 지출한다. 각주의 신앙은 다수로 결정한다. 종교상 문제로 분쟁하지 말 것.

카펜 제2조약 : 1531년 산림지역 주들이 조약을 어기고 군사 8천명으로 쮜리히 급습, 개혁 도시들도 대항했으나 대패 쯔빙글리의 전사(10월 11일).

─조약 체결 : 개혁 도시 주는 군비를 지출할 것, 5개 산림 지역

1506년 "바젤" 대학에서 석사학위를 받고 "글라루스"에서 신부가 되었다. 루터는 종교성이 강하므로 신앙의식(죄의식)으로 종교개혁의 계기가 되었는데 쯔빙글리는 반대로 인문주의 방법사고로 훈련받았던 철저한 학자이다. 쯔빙글리는 인문주의 학문으로 로마 교회의 문제를 알게 되었다. 그가 사역을 감당하게 될 때, 한때 그가 "함대군목"으로 근무했는데 전쟁의 참상은 이긴 자나 진 자나 모두 사회 윤리적 질서를 파괴해 버리는 용병제도가 문제 있음을 깨닫게 되었다. 1518년 츄리히 지방에 신부가 되었을 때 로마 교회의 문제점을 확실히 깨닫게 되고 로마 교회와 결별하게 되었다.

- 그 시대 모든 문제점을(특히 우상숭배, 성상, 마리아 숭배, 미신적인 예배 등) 목회현장에서 적용했는데 그의 조직적인 성경 강해로(마태복음부터 강해) 개혁의 기초를 놓았다. 1518~1526년까지 성직자 결혼식, 사순절 절기 폐지(소시지 문제), 성상제거, 성경이 모국어로 번역, 대중음악종시, 목회자 연구모임, 미사대치, 성찬식(계절) 그리고 대회 정치함. 이러므로 새로운 개혁교회가 되었고 자연스럽게 로마교회와 독립하게 되었다.
- 칼뱅이 "셀푸투스" 문제로 권위가 섰듯이 쯔빙글리 역시 그 당시 재세례파 문제로(급진적 종교개혁자들로 오늘날 해방신학과 같다) 쯔빙글리가 해결하였는데 그의 합리적이고 설득력 있고 성경적이고 학문적인 것은 대항할 자가 없었고 자연스럽게 의회에서 합법적으로 지지하여 개혁의 지지를 받았다.
- 재세례파(Anabaptist)

재세례파는 쯔빙글리로부터 뿌리를 찾을 수 있으나 이들은 쯔빙글리보다 더 극단적인 개혁자들이었다. 그들은 유아세례를 인정하지 않았다. 그것은 유아세례를 받은 자도 다시 세례를 받아야한다고 했는데 그 당시 중세 교회의 세례를 생활관습이나 제도로 거듭나는 영의 역사에 의해서 세례를 받은 것이 아니었다면서 판단력 없는 어린아이가 부모에 의해 받은 세례는 문제가 있다고 판단하여 인정하지 않았다. 이들은 전쟁을 반대하는데 이것은 산상수훈을 문자적으로 받아들였기 때문이다. 더 큰 문제는 이들은 자기들의 것을 따르지 않는 자들이 오히려 이단이라 하며 자기들만의 공동체를 형성했다는 것이었다. 그들은 처음부터 과격한 것은 아니었다. 1525년 구교에서 1529년 루터파에게 박해를 받으면서 과격하게 되었는데 그 당시 농민 반란의 세력들과 뭉쳐 과격파로 발전하는 계기가 되었다. 왜냐하면 루터가 마음으로 농민 편에 있었지만 공식적으로 농민을 정죄하므로 농민들은 루터파로부터 박해를 받은 재세례파와 뭉치게 되었고 그들은 사회정의를 부르짖음으로 행동적으로 과격하게 되었다. 이들은 미국으로 도망가서 평화주의로 정착하여 후기에 와서는 사회정의, 사회봉사로 인정받지만 초창기 그들의 과격한 행동들은 후에 많은 영향을 받게 되었다.

1527년 7개조 신앙선언
1. 모든 신자는 세례를 받아야 한다.
2. 교회는 성만찬으로 결합된 모임이다.
3. 성경의 축자 영감 강조
4. 권징은 파문이상 내릴 수 없다.
5. 교역자 개교회가 선택.
6. 신자는 정치에 참여하지 말아야 한다.
7. 신자는 맹세해서는 안 된다.

주는 로마교를 지킨다. －추리히는 외국과 스위스 내에서 모든 동명정책을 포기 －
공격적인 종교 개혁도 금지

● **루터와의 만남**

－시기 : 제1카펜 조약과 제2카펜 조약

때와 목적 － 1529년 10월 1일 마르부르크

쯔빙글리는 1529년 성찬론 때문에 독일의 마부르크를 찾아왔다. 루터는 그와의 악수도 뿌리치며 "당신은 나와 다른 영을 가졌다"고 저주했다. 이후 스위스 종교개혁과 독일의 종교개혁은 함께할 수 없는 길을 가고 말았다. 칼뱅 역시 이러한 루터의 태도를 이해할 수 없었다.

－ 차이점

■ 정치 문제 : 루터는 작센의 동의만 얻으려함. 쯔빙글리는 독일과 스위스 개혁자의 합동으로 프랑스 왕과 협력하여 카알 5세로 하여금 신교를 공인하게 하려함.

■ 성찬 문제[22] : 쯔빙글리(상징설) 루터(공재설)

－결과 : 15개조의 신조 중 14개조는 합의했으나, 성찬 문제로 성립되지 못함.

## 칼뱅이 유럽에 끼친 사상적 영향

－영국: 청교도들에 의하여 가톨릭식의 의식과 미신적 예식 일소, 청교도 신앙을 배양. 후퍼(Hooper), 험프리(Humphrey), 밀톤(Milton), 번연(Bunyan 1628~1688)을 배출.

---

[22] 중세에 들어서 성찬 시 사용되는 떡과 포도주 자체를 숭배하거나 미신적인 사상들이 침투하여 성례를 오염시켰고, 이에 종교개혁을 전후한 때에 성찬의 해석 문제로 논쟁이 발생하였다. 대표적인 견해는 다음과 같다.
 ① 화체설(化體說, transubstantiation) : 로마 가톨릭의 견해로서, 성찬에서 성물 곧 떡과 포도주가 실제로 예수의 살과 피로 변한다고 믿는다. 천주교 사제가 축사하여 떡을 나눠 줄 때마다 예수 그리스도가 떡과 피로 변하여 희생되어진다고 주장하는 희생교리를 내세운다. 천주교 성당에는 사용하고 남은 떡과 포도주를 보관하는 장소가 있다.
 ② 공재설(共在說, co-existentialism) : 루터의 견해로서, 성찬에서 그리스도가 실제로 임재하신다는 사실을 믿으면서도 화체설은 부인한다. 즉, 떡과 포도주는 성별의 기도 후에도 주의 살과 피로 변화되지 않고 그대로 있지만 떡과 포도주 속에 그리스도의 신성과 인성이 함께 실제적으로 임재하신다고 믿는다.
 ③ 상징설(象徵說, symbolism) : 쯔빙글리의 견해로서, 성찬에서 그리스도께서 실제로 임재하시는 것이 아니라 성찬은 단지 그리스도의 죽음에 대한 기념이며 상징이라고 주장한다. 즉, 그리스도가 하나님 우편에 계실 뿐 성찬의 질료에는 임재하시지 않는다면서, 성찬은 단지 그리스도의 은총을 교인들이 함께 모여 기념하는 행위에 지나지 않는다고 주장했다.
 ④ 영적 임재설(靈的 臨在說, spiritual presense) : 칼빈의 견해로서, 성찬에 그리스도께서 영적으로 임재하신다고 믿는다. 그래서 그것들을 믿음으로 받을 때, 그 자체는 변하지 않지만 성령께서 그 떡과 잔을 통해 그리스도의 살과 피의 공로와 능력을 전달해 준다고 한다. 즉, 눈으로 보이는 실재와 형식의 깊이에 있어서 영적 실재를 보아야 한다고 주장한다. 그런 점에서 이를 '버추얼리즘' (virtualism)이라고도 한다.

- 스코틀랜드 : 패트릭 해밀턴(Patrick Hamilton)과 조오지 위셔트(G. Wishart)에 의하여 개혁의 신호가 일어남.
  존 녹스(John Knox 1513~1572)에 의하여 1506년 개혁 교회가 법적으로 인정을 받았다.
- 프랑스 : 위그노(Huguenots)가 활동함, 그 중심인물은 페르베였다. 1572년 성 바돌로매 (St, Bartholomew) 전야제에 위그노 대량 학살이 있었다. 1598년 앙리 4세의 낭트(Nantes) 칙령에 의하여 신교의 자유를 획득하였다.

**칼뱅 사상이 발전한 원인**
- 신학이 통일적이다 : 교회의 기치가 선명하다. 교회 정치는 세계 각국에서 적용하여도 편리한 점이 많다.
- 기독교 생활 훈련에 치중하여 실효를 거두었다, 재세례파, 루터파, 쯔빙글리파 들을 넓게 포용하였다.
- 훌륭한 테오도르 베자(Theldore Beza)와 같은 후계자가 있었다.

### 5) 프랑스의 종교개혁

프랑스의 종교자유는 독일보다 어려웠다. 1550년부터 칼뱅의 영향으로 프랑스의 개혁파들은 조직되기 시작하였다. 즉 1555년 아우구스부르크 종교회의(영주가 관할권 내 성직자 임명, 재정권 심지어 교리적 문제까지 관여할 수 있게 되었다. 가톨릭이 개신교의 루터교를 인정한 회의) 이후로 본다.

프랑스 귀족의 절반이상이 칼뱅개혁파였다. 프랑스 남서부인 푸아투, 가스코뉴, 페리고트 그리고 도핀 등이다.
- 프랑스의 왕조: 메로빙거왕조:481~751 → 카롤링거 왕조:751~987 → 카페왕조:987~1328(프랑스가 최초로 통일된 국가를 형성한 시기로 봄) → 발루아 왕조:1328~1589(지계와 카롤 4세가 죽으면서 후계자 없음. 삼부회에서 발우아 백작의 필립 6세가 왕위를 계승함) → 부르봉 왕조:1589~1792(부르봉 라르삼보시에서 유래. 원래는 소영주였으나, 1272년 프랑스아 루이 9세의 6번째 아들인 로베르와 부르봉가의 베아토리스가 결혼함으로, 그들의 아들이 루이1세 공작이 되었다.)
- 루이12세(1498~1515) - 한 하나님, 한 신앙, 한 법, 한 왕을 모토로, 왕은 국가와 교회의 수장이다. 아들 프랑수아 1세는 갈리안 주의(Gallicanism): 가톨릭은 프랑스

식이어야 한다. 교황이 아닌 왕의 지배를 더 받아야 한다고 주장함.

프랑수아 1세의 아들 알리2세(1547~1559년): 반 개신교정책-1548년 화형재판소 설치(위그노를 화형), 샤또 브리앙 칙령(위그노 탄압정책) 칼뱅주의는 종교적으로 이단일 뿐 아니라 국가 안의 또 하나의 국가라고 하여 반국가적 성격을 부여함. 1559년 프랑스에는 100만-200만 신자와 2150개의 위그노 교회가 있었다.

- 프랑수아 2세(1559~1560년): 앙리2세와 카트린 드 메디치의 아들이 1558년 스코틀랜드의 공주 메리 스튜어트와 결혼. 나이가 어려, 기즈공 프랑수아 일파가 정권을 잡음. 불만을 품은 귀족과 신교도들이 왕을 유괴하여 기즈가에서 떼어 내려 하였으나 실패. 왕은 16세에 죽음. 종교전쟁이 시작됨.
- 섭정자 기즈공 프랑수아(1519~1563년)와 로렌추기경 샤를(1547~1574년)은 갈리안주의자들이다.
- 프랑수아 2세의 뒤를 이어 동생 샤를 9세(1560~1574년)가 등극했으나, 나이가 어려 어머니 카트린 드 메디치(1519~1589년)가 섭정함. 생제르 칙령(1562년 1월): 제한적 종교의 자유(파리 시외에서 예배허용). 1533년 10월 28일 결혼-9명(10명?)의 자녀를 낳음. 아들 샤를 9세가 왕위에 오른 뒤 30년을 섭정함. 아들 3명이 왕이 됨: 프랑수아 2세, 샤를 9세, 앙리 3세다.
- 프랑스 귀족들의 대립: 개신교에 기울어진 부르봉가, 가톨릭인 가즈가.
- 국왕과 가까운 위그노 콜리니 장군 암살 미수사건을 얼버무리기 위해 기즈 집안과 메디치 집안을 선동하다가 수천 명의 위그노가 죽는 "성 바돌로메 대학살" 사건이 발생했다.

▣ 개혁의 반대자들

종교개혁의 특징: 귀족층의 참여가 두드러짐: 왕족인 나바르, 부르봉가, 콩데가, 샤티웅가, 아들로가, 콜리니 등이다. 양 진영의 세력이 비슷하였기에 종교전쟁이 8차례(1562~1563, 1567~1568, 1568~1570, 1572~1573, 1574~1575, 1577, 1579~1580, 1585~1593) 오래감. 1598년 4월 13일 낭트 칙령: 예배의 자유, 교육의 자유, 신, 구교 동수의 판사들로 법 구성.

프랑스 종교전쟁이 남긴 교훈: 양 진영의 세력이 균등함으로 전쟁이 오래 걸림. 대 귀족들과 외부 후원세력 등장. 미약한 왕권의 요동침. 기즈 가문의 앙리2세의 섭정으로 시작됨. 프랑스는 절대왕권을 원함-앙리4세.

왕권, 고등 법원(파를라망: Parlment), 소르본(Sorbonne)

■ 개혁자

- 마르가레트(프랑소와 1세의 누이): 신교도는 아니어도 개혁사상을 동정하고 보호함. 1527년 프랑스령 내 소국인 나바르 왕과 결혼하여 나바르 여왕이라 불리었고 궁전을 개혁자들의 은신 처로 제공하였다.

■ 위그노 (Huguenots)[23] 사건

- 시발 : 카타리나가 섭정하면서 세력 확장을 위하여 신교와 결탁하자 가톨릭파 지도자인 귀이즈(Guise) 형제는 이를 결렬시키고자 1562년 3월 1일 그의 호위병으로 바씨(Vassy)[24]에서 예배드리는 위그노파를 습격하였다.(이것을 〈바시의 혈낙〉이라고 한다)
- 경과: 프랑스의 종교 쟁론이 전쟁으로 변하였고 위그노 사건이라는 장기전으로 돌입

---

[23] 위그노(Huguenot) : 프랑스의 프로테스탄트를 부르는 호칭으로 그 어원은, 독일어 Eidgenossen에서 나온 말이라는 설이 유력하다. 프랑스에서의 캘빈파 신봉자는 대체로 《불쌍한 빈곤 노동자》, 장인, 변호사, 의사, 교수 등의 자유 직업인과 근로 농민이 많았다. 그들은 가톨릭교도와 격렬하게 싸웠는데 (위그노 전쟁), 1598년의 낭트 칙령으로 신앙의 자유를 획득하였다. 그러나 그 뒤에도 리셜리외, 루이 14세의 억압을 받았고, 1685년에는 낭트 칙령도 폐지되어 국외로 망명하는 자가 많았다.

• 칼뱅주의와 아르미니우스주의 차이

| 문제 | Calvin파 | Arminius파 |
|---|---|---|
| 인간 | 완전타락 | 자유의지 의존 |
| 예정 | 무조건 예정 | 예지 예정 |
| 속죄 | 제한된 선택 구원 | 무한 선택 구원 |
| 은총 | 불가항적 은총 | 가항적 은총 |
| 성도 | 성도의 견인 (보호) | 성도의 보호 확실. |

• 개혁자와 신학자의 비교

개혁자들의 신학을 여러 가지 각도에서 분석하여 가장 기본적인 것을 도표화하면 다음과 같다.

| 구분 | 루터 | 쯔빙글리 | 칼뱅 |
|---|---|---|---|
| 신학 중심 | 그리스도 중심 | 신의지 중심 | 신 절대 중심 |
| 근본 원칙 | 이신 득의 | 이신 득의 | 신의 절대 주권 |
| 성찬론 | 공재설 | 기념설 | 영적 임재설 |
| 국가와 관계 | 교회는 국가에 복종 | 민주 헌법 교권 배격 | 국가와 교회 분리 |

[24] - 바씨 대학살 사건-1562년 3월 1일 프랑수아 드 기즈는 200명의 병사를 거느리고 쌍빠뉘 지방 바씨(Massacre de Wassy)에서 자유롭게 예배를 드리던 위그노들을 공격함. 이유는 자신의 영지에 속한 주민들이 그 곳으로 가서 예배드림을 못마땅하게 생각함. 74명이 죽고, 14명이 부상.
기즈는 파리로 카트린을 추방시키기 위해 입성. 위그노 36년의 전쟁이 시작됨. 기즈공 뒤에는 로마와 스페인이, 위그노 뒤에는 제네바와 영국이 있었음.
- 나바르왕 앙투안 드 부르봉이 전사, 몽모랑시와 콩테는 포로, 기즈공은 위그노의 폴트로 드 메레에 의해 암살당함. 1593년 양측은 협상함.

하였다.

**〈1차전〉 노르망디에서 1년간 전쟁.**
- 위그노의 지도자는 콘데(Conde)로서 영국과 독일의 개혁파들이 응원하였다.
- 가톨릭의 지도자는 귀이즈 형제 외에도 몽모랑시(Montmorency) 장군과 생 앙드레(St. Anere)이었고, 쌍방의 지도자 모드가 포로 되고 전사하였다.
- 1563년 3월 앙부와즈(Amboise) 칙령으로 종전하였다. 이 칙령의 내용은; 가톨릭 교회는 파리와 각 도시에서 로마교 성당에서 예배드리고, 위그노파의 귀족에게는 신앙의 자유를 허락하고 그들이 소속한 시나 궁전에서 예배 처소를 구할 수 있게 하였다.

〈2차전〉 위그노파는 로레인의 홍의 주교가 궁중에서 득세하자 이를 제거하려는 것이 전쟁으로 변하였다. 1569년 11월에 양 파가 모두 기진하여 휴전하였다.

〈3차전〉 카타리나가 2차전의 책임이 위그노에게 있다하여 그 목사를 추방하므로 시작하였고 얼마 후 양파 모두 기진하여 1570년 8월에 생 제르맹(St. Germain) 조약을 체결하였다.

- ■ **결과** : 이 조약에 의하면 위그노는 파리 이외에서 예배의 자유와 평등 권리가 허용되었다. (관직 부여), 조약 실행의 담보로 4개 도시를 주었다.
- ■ **바르돌로뮤 축제의 학살**[25] : 위그노 전쟁이 프랑스 국내의 내란으로 끝난 것이 아니라 유럽 전 지역의 신구교 국가 사이에 전쟁과 실력대결로 변하였다.
- 카타리나는 자기의 딸 엘리자베토를 스페인 왕 필립과 결혼시켰고, 신교 측에서는 엘리자베토의 노이 마르가레토를 나바르의 앙리(Henri)와 결혼시켰다.
- 1572년 8월 24일(성 바돌로매 축제일) 결혼 축하를 위해 양파가 파리에 모였을 때 종소리를 신호로 콜리니(Coligny)를 위시하여 파리에서 7만여 명, 지방에서 무수히 위그노를 학살하였다.

---

[25] 성 바르돌로뮤의 학살
(Massacre of St Bartholomew : 1572. 8. 24) 1572년 8월 24일 프랑스의 성 바르돌로뮤(St. Bartholomew) 사원에서 위그노 지도자가 대량으로 학살된 사건. 당시 신교도의 수령인 콜리니는 국왕 샤를 9세의 신임을 받아 가톨릭교도를 원조하는 에스파냐를 토벌함으로써 내란을 종결지으려고 하였다. 한편, 가톨릭과 프로테스탄트의 양 교도를 조화시킴으로써 프랑스 왕실의 안정을 도모하려 한 섭정 카트린 드 메디시스는 프로테스탄트 세력의 확대를 두려워하여 가톨릭 수령 기즈 공 앙리와 결탁하고, 성 바르돌로뮤 사원에서 제례의 종소리를 신호로 콜리니 이하 위그노 교도들을 학살하였고 이것이 계기가 되어 파리를 비롯하여 전국에 위그노 학살이 번져가 전국에서 수만 명이나 되는 희생자를 냈다고 한다. 많은 지도자를 잃고 귀족층에서는 개종하는 자들도 속출했으나 신교도 민중은 격렬한 저항을 전개하여 위그노 전쟁은 더욱 격화되었다.

■ **낭트(Nantes) 칙령:** 1598년 4월 3일 앙리(Henri) 4세가 국가와 개혁교회와의 관계 즉 신교의 양심의 자유를 용인하는 칙령

　– 예배의 자유를 허락하고, 관직 취득권 부여, 신교도들도 로마교인과 동등권 부여, 안전보증으로 수개 처 도시에 병력을 허용. 루이14세가 1685년 10월 18일 낭트칙령을 폐지함 : 40만의 위그노가 대탈출을 함. - 영국, 네델란드, 독일 등이다.

### 6) 영국의 종교개혁과 청교도운동[26]

영국의 종교개혁

헨리 8세의 결혼과 6명의 부인-형수를 취한 결과-클레멘스 7세와 대립-칼5세로 인해 교황 클레멘스 7세 개혁안 거부-1533년 캔터베리 대주교 헨리8세 캐더린 결혼 무효-1534년 영국교회와 로마와의 결별-국왕이 교회의 최고 통수권자라는 수장령. - 성당 안에 성상, 성화제거, 제대위에 촛불 두 개로 축소 등.

(1) 1559년 통일령 반포

16세기 초 영국의 종교개혁을 일으킨 사람은 헨리 8세였으며 종교개혁을 완성시킨 것은 청교도운동이었다. 헨리 8세는 스페인 공주(형수)와 정략적인 결혼을 하였지만 원치 않는 결혼이었기 때문에 결혼 생활이 원만치 못하여 로마 교황청의 의사와 상관없이 이혼하고 궁녀(앤볼린, 1533년)와 다시 결혼한 연고로 로마 교회에서 파문당했다.

---

[26] 16-17세기 영국교회에서 친가톨릭인 요소를 제거하려는 영국 개신교의 운동 "영국교회를 그리스도께서 직접 설립하신 1세기 교회의 정결한 상태로 회복시킨다"는 뜻으로 "깨끗하게 정화하려는 자"란 의미에서 청교도(Puritan) Perry Miller and Thomas H. Johnson., The Puritans, vol1(New York:Harper & Row Publisher, 1963)
청교도의 시작: 튜더왕조-헨리8세(1491-1547)-에드워드 6세(1537-1553):지금까지 개신교로 개혁 기대부응 못함-메리 여왕(1553-1558): 친가톨릭적으로 개혁-엘리자베스 1세(1553-1603): 국가가 교회보다 우선/중용정책.
로이드 존스는 청교도주의를 1524년 윌리엄 틴데일(William Tyndale 1484-1536). 감독의 승인 없이 성경번역과 왕의 허락 없이 독일 행: 전통과 권위보다 진리를 앞세우려는 자세, 진리라고 생각한 방법으로 하나님을 섬길 자유를 고집
성직자의 예복 논쟁(1559-1567)으로 청교도라고 불리워지기 시작함.
청교도 개혁운동 시작 1569년 이후 교회정치제도 개혁(칼빈의 장로교회제도 채택): 카트브라이트(Thomas Cartwright 1535-1603) 케임브리지 대학교수 교회정치론 강의. 튜더왕조는 엘리자베스 1세로 끝나고(국교파, 고교회파:교회제도에서 성도의 거룩한 삶으로 방향 전환), 메리의 아들 James I세(1603-1625)-감독제도 유지/왕권신수설.(헨리 제이콥이 시작함. 영국 국교회를 교회로 인정하면서 회중교회적인 독립교회 시도-1591년 영국 노르위치 감독의 고발로 네덜란드 미델부르크(Middleburg)로 이동. 네덜란드에서 메이플라워호를 타고 1620년 9월 6일 지도자 윌리엄 브래드포드( William Bradford 1590-1657)와 함께 신대륙.
제임스 1세의 아들 촬스 1세(Charles I 1625-1649)가 대대적인 청교도 탄압. 신대륙(메사추세츠, 뉴잉글랜드, 코네티컷: 존 엘리엇은 성경번역, 농업기술 전수 등) 켐브리지 대학 청교도의 본산지가 됨.
1640년 왕당파와 의회파의 7년 전쟁(1642-1649)-1649년 촬스 1세의 처형으로 의회중심, 장로교제도, 청교도교회제도. 1658년 크롬웰의 죽음-프랑스에 망명 중인 촬스 2세 복귀/청교도 쇠퇴

헨리 8세는 영국의회를 소집하여 1534년 영국의 국왕(국왕지상천 가결)과 영국 교회의 지도자는 영국 왕이라고 선언함으로써 로마 교회로부터 독립할 수 있는 법적인 근거와 초창기 청교도운동으로 시작하는 계기가 되었다.

청교도는 "존 후퍼"(1495~1555)를 지도자로, 처음에는 제도의 개혁과 나중에는 교리적인 개혁으로 말미암아 엘리자베스 여왕 때는 국민의 과반수가 청교도들이 되었다. 그가 죽자 제임스 1세가 등극하여 영국 국교회로 귀향하여 청교도를 박해 하였다. 이때 천명의 성직자들이 종교탄원을 국왕으로 올려 단일 임지와 예배의식에 로마의식 삭제 요망을 했지만 찰스 1세가 등극하면서 국회를 세 번 해산, 왕권강화를 위한 강압정치를 폈다.

그러나 1649년에 "크롬웰"(의회파)이 이끄는 공화정치가 시작되었다(그 당시 스코틀랜드가 군대를 일으켜 장로교 사수를 위해 영국을 침공하였고 1638년) 이를 계기로 "웨스트민스터 종교회의"가 열렸다.

청교도 신앙의 특징 —하나님의 말씀에 대한 충성심이 강했고, 교리와 생활의 표준은 성경이며, 강대상 십자가상 반대(모든 형상도 포함), 하나님의 주권을 강조하면서 인간책임을 강조(노동 신성의 중요성을 말함). 열성적 헌신, 성수주일을 철저히 지켰다.

(2) 청교도 발생배경

1534년 헨리 8세가 국가 제일주의적 교회정책으로, 가톨릭과 결별하는 데 개신교적 개혁을 생각한 귀족과 백성들로 구성된다. 그러므로 청교도란 영국국교회가 형성되어져가는 과정에서 가톨릭 잔재를 제거하고, 성서와 복음에 근거한 개신교, 특히 칼빈주의적 삶을 지향했던 사람들을 일컫는 말이고 그 시각은 튜터왕조의 통치 시기다.

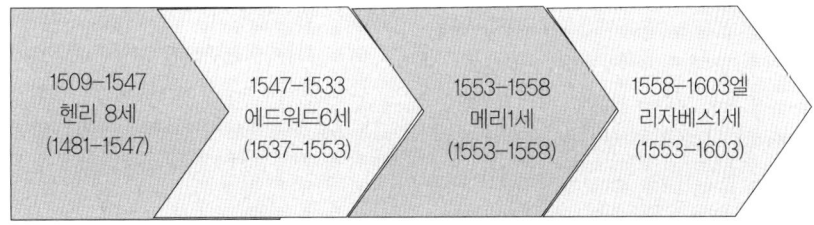

- 청교도주의는 일종의 태도요 정신이라고 본 로이드 존슨은 "청교도주의는 윌리엄 틴데일에게서 최초의 모습으로 드러났다." 이유는 ① 감독의 승인 없이 성경번역(100년 전 번역된 불가타 번역본을 기초로 함) ② 왕의 허락 없이 영국을 떠나 독일로 감
- 윌리엄 틴데일(William Tyndale, 1484~1536) 1536. 10. 6. 벨기에 브레셀에서 화형

# 청교도 혁명

대륙에서 피를 통한 종교의 자유를 부르짖고 있을 때 영국에서는 다른 식의 모습을 보여주고 있었다. 이미 헨리 8세가 만든 영국국교회가 영국사회의 합법적 종교 형태인 가운데서 가톨릭이나 칼뱅주의 모두와 힘든 싸움을 하고 있었던 것이다. 왕이 선택한 종교에 따라 그 때마다 수많은 피를 흘린 후 엘리자베스 여왕 때에 가서야 영국의 종교상황은 어느 정도의 안정을 갖게 되는데 1563년 39개의 조령(Thirty-Nine Articles)이 발표되고 이것이 1571년 의회에서 통과됨으로 안정이 이루어진 것이다.

그러나 여왕의 이러한 개혁안에 반발한 자들이 있었는데 이들이 바로 청교도로 보다 강력한 종교 개혁을 이루어 가톨릭적인 요소를 제거하기를 원했다. 엘리자베스 여왕의 뒤를 이은 제임스 1세는 스코틀랜드의 왕으로 이곳은 장로교회가 국민교회였기에 청교도들은 큰 기대를 걸고 있었다. 그러나 제임스 1세는 기대와는 달리 국교회를 중시하는 정책을 내걸게 되고 결국 그의 재임기간 내내 팽팽한 긴장이 감돌게 된 것이다.

스튜더 왕조의 엘리자베스 1세는 평생을 독신으로 지냈다. 그녀의 유언대로 스코틀랜드 왕인 사촌 제임스가 영국 왕위에 올라 제임스 1세가 되어 스튜어트 왕조가 성립되었다. 이로써 스코틀랜드와 영국은 한 나라가 되었다. 제임스 1세는 대헌장(1215 Magna Charter)이래의 영국 의회의 전통을 무시하여 의회와의 마찰을 초래하였다. 그는 프랑스의 루이 14세와 함께 〈왕권신수설〉의 신봉자로 유명하다. 의회는 제임스 1세의 왕권신수설에 즉각 반발하고 나섰다(의회의 자유와 권한은 이론의 여지없이 영국 신민이 옛날부터 상속받은 재산이다. 국왕·국가·국토방위·교회에 관한 곤란하고 긴급한 사항들은 마땅히 의회가 토론해야 할 의제들이다). 이와 같은 의회의 주장에 격분한 제임스 1세는 그 내용을 실은 의사록을 갈기갈기 찢어버리고 의원 7명을 체포했다. 1625년 제임스 1세의 뒤를 이어 아들 찰스 1세가 왕이 되었다. 그는 왕이 되자 에스파냐와의 일전을 계획, 전쟁에 필요한 비용문제 때문에 의회를 소집했다. 의회가 열리자, 법률가 출신의 하원의원 에드워드 코크는 의회의 권리를 명시한 청원서를 제출했고, 의회는 이를 기꺼이 승인했다. 이것이 유명한 〈권리청원: Petition of Rights〉이다. 찰스 1세는 6월 청원서를 재가하고 그 대신 필요한 돈을 받아냈다. 그러고는 이듬해 의회를 해산해 버렸다. 그런데 1639년 의회를 소집하지 않을 수 없는 사건이 터졌다. 스코틀랜드의 장로파 교회를 영국의 국교회식으로 고치려다 스코틀랜드에서 이에 반발하는 반란이 일어난 것이다. 찰스 1세가 스코틀랜드까지 감독교회로 만들려하자 스코틀랜드가 반란을 일으키고 이를 저지할 군대의 운영을 위해 그는 의회를 소집(1640)하게 된다. 그러나 이 의회는 3주 만에 해산되고 따라서 이를 단기의회라고 부른다. 다시 스코틀랜드와 전쟁을 한 찰스1세는 배상금 문제로 의회를 소집하게 되는 데 이 의회는 약 8년간 계속 되었기에 장기의회라고 한다. 이때 청교도는 청교도 혁명을 일으켜 청교도적인 사회를 건설하려는 일을 하게 된다.

그런데 찰스 1세를 사형시킨 영국의 상황은 혼란이었다. 이러한 상황을 극복하게 된 데에는 당시 군대의 수장이던 올리버 크롬웰이 권력을 잡은 것이 중요한 요소가 되었다. 올리버 크롬웰에 의해 강화된 청교도 혁명은 영국을 공화국으로 만들기까지 나아가나 그의 사후 다시금 왕정이 들어서고(1660), 비국교도에 대한 탄압이 시작되면서 영국에서의 종교상황을 우울하게 만들게 된다.

찰스 1세는 할 수 없이 다시 의회를 소집했다. 그러나 의회는 경비조달을 승인하기는커녕 왕을 거부하기 시작했다. 분노한 찰스 1세는 무력으로 의회를 누르려고 했다. 그러자 의회 측도 군대를 모아 대항했다. 이리하여 왕당파와 의회파 간의 8년에 걸친 내전이 시작되었다. 싸움은 처음엔 왕당파가 우세했다. 왕당파는 구 귀족·성직자·독점 상인 들의 지지를 받았으며 의회파는 자영농·신흥 상공업자·신흥 지주들의 지지를 받았다. 이때 등장한 인물이 올리버 크롬웰이다. 중류 지주 출신인 그는 매우 독실한 청교도였으며 논리 정연한 인물이었다. 그는 철기군(Ironside)을 이끌고 1645년 6월 네이즈 전투에서 왕당파를 격파, 결정적인 승리를 거두었다. 기도를 올리고 찬송가를 부르며 적진을 향해 돌진하는 철기군의 활약은 눈부셨다. 1646년 6월 왕당파의 근거지인 옥스퍼드가 점령되자, 찰스 1세는 스코틀랜드로 도망쳤다. 그러나 스코틀랜드는 40만 파운드를 받고 찰스 1세를 영국 의회에 넘겨주었고, 1649년 1월 30일 찰스 1세는 마침내 처형되고 말았다. 영국은 군주제를 폐지하고 공화제를 수립했다. 왕 대신 의회가 최고 통치자의 자리에 오른 것이다. 이 일련의 사건을 청교도 혁명이라 하는데, 그 이유는 새로 권력을 장악한 의회의 구성원들이 바로 신흥 상공업자들, 즉 청교도였기 때문이다.

### ■ 성경 번역사

① 위클리프(Wyclif, 1380): 라틴어로부터의 번역.
② 틴데일(Tyndale, 1515): 위클리프를 모방.
③ 커버데일(Coverdale, 1535): 위클리프를 모방.
④ 매튜 성경(Matthew Bible, 1537): 틴데일 역의 부족을 커버데일 역으로 보충하고 약간의 수정과 약주를 달음.
⑤ 대성경(The Great Bible, 1538~39): 헨리 8세 때 매튜 성경을 개정.
⑥ 태버너 성경(The Taverner Bible, 1539): 리처드 테버너(Richard Taverner)가 매튜 성경을 수정
⑦ 제네바 성경(The Geneva Bivle, 1557): 제네바에 피신했던 휘팅엄(Whittngham)이 신약을 번역, 청교도들이 애용.
⑧ 감독 성경(The Bishop's Bible, 1568): 대주교 파아카(Parker)가 8명의 감독과 다른 학자들과 번역, 40년간 공적으로 사용한 영어성경.
⑨ 로마교도 성경(Donai Rheims, 1582-신약, 1610-구약)
⑩ 흠정역(King James Version, 1611): 영어의 표준적 성경이 됨.

### ■ 웨스트민스터(Westminster) 회의

- 동기: 찰스 1세가 왕권신수설을 주장, 국회를 탄압하고 1629~1640년간 국회를 소집하지 않았다. 1640년 11월에 스코틀랜드와의 전쟁 때문에 국회를 회집하였다. 이 국회를 장기 국회(The Long Parliament)라고 하며 지도자는 장로교 정치를 주장하는 햄프던(Hampden), 핌(Pym) 등이다.
- 목적: 교회의 신조와 정치, 의식 등을 새로 제정하기 위하여
- 조오지 허어버트(George Herbert, 1593~1632) 케임브리지 대학 출신으로 제임스 1세의 부름으로 궁중에서 화려한 생활을 함. 시인으로서 시집 《성전 Temple》이 유명함.
- 회원: 목사 121명, 귀족 10명, 하원 의원 20명
- 결의: 예배 모범을 채택, 신앙 고백서 채택, 대소요리문답서 제정.

### ■ 크롬웰(Oliver Cromwell, 1599~1658)

- 헌팅턴(Huntington) 출신으로 후에 국회의원이 되었다.
- 국왕과 국회와의 전쟁에서 국회군을 이끌고 국왕군을 격파하였다.
- 아일랜드, 스코틀랜드를 정복하고 공화 정치를 선포.
- 1652년 공화국 통령이 되어 종교 자유를 허락하고 신교도들을 보호함.

### ■ 이 시대의 학자들

- 존 밀턴(John Milton, 1608~1674) 철저한 청교도로서 크롬웰의 비서관을 지냄(소경이 되었으나). 저서 《실락원》, 《복락원》
- 존 번연(John Brnyan, 1628~1688) 베드퍼드(Bedford) 출신으로 대장간에서 일함. 침례교회에 속하여 설교, 불법 집회로 12년간 투옥, 석방 후 다시 16년간 설교함.
- 리처드 백스터(Richard Baxter, 1615~1691). 국회군의 종군 목사. 저술의 종사, 칼뱅주의와 아르미니우스주의의 조화에 노력함. 저서 《성도의 영원한 휴식》, 《목회자상》 등
- 존 오우엔(John Owen, 1619~1683) 영국 국교회 목사로서 장로파에 가담하였다가 후에 독립파가 됨. 크롬웰의 궁중 목사가 됨. 옥스퍼드 교회 수석 목사. 저서 《히브리서 주해》
- 리처드 후커(Richard Hooker, 1533~16) 옥스퍼드 대학의 조교수, 저서 《교회 정치의 법칙》.
- 제러미 테일러(Jeremy Taylor, 1613~1667) 영국교회의 교구장, 저서 《거룩한 생활, 거룩한 죽음》

# 영국의 종교개혁

영국 종교개혁의 간단한 흐름:
헨리 8세(Henry VIII) - 에드워드 6세(EDWARD VI) - (MARY) - 엘리자베스(ELIZABETH) - 제임스1세(JAMES I) - 찰스 1세(CHARLES I)
(middle way)(prostantism)(romanism)(middle way)영국의 성공회(Anglican Church) 확립

■ **성격** : 교리와 신학 중심이 아님. 정치와 교회법이 중심.

■ **원인** : 헨리(Henry) 8세의 중혼 문제로 교황과 충돌이 생김.
- 헨리 8세가 형수인 캐더린(형은 이미 죽음)과 결혼하려고 교회법이 인정하지 않은 것을 교황을 강요하여 결혼하였다.
- 15년간 메어리(Mary)외에는 자식이 없으니 이 결혼은 하나님의 뜻이 아니라고 교황에게 선언하여 주기를 청하였으나 교황이 거절하였다. 헨리 8세는 1533년 궁녀인 앤 불린(An Boleyn)과 결혼하였으나 교황이 반대하였다.
- 6명이 부인 - 혼인 문제

■ **영국의 종교 개혁의 분위기가 형성된 이유**
- 종교 개혁의 새벽별(morning star)이라고 불리우는 존 위클리프(John Wycliffe, 1320~1384)의 가르침을 따르는 그의 추종자들(Lollards)의 반교회적(反敎會的) 성경 중심 사상이 영국 전역에 확산됨. 그래서 1521년에는 500명 정도의 추종자들(Lollards)이 런던 주교에게 체포되기도 하였음.
- 인문주의(Humanism)의 보급 : 토마스 모어(SirThomas More), 딘 콜렛(Dean Colet),에라스무스(Erasmus) 등의 인문주의자들이 헨리 8세(헨리 8세(Henry VIII)와 교제.
- 反 성직제도 사상의 확산
- 루터(Luther) 사상의 침투와 확산 : 1517. 10. 31에 95개 조항이 게시된 지 4개월 후에 인문주의자들에 의해 영국에 입수됨. 옥스퍼드 캠브리지(Oxford, Cambridge)에서 연구되어 영국전역에 확산됨.
- 윌리엄 틴데일(William Tyndale, 1494~1536)이 독일에서 번역한 영어 성경(신약, 1525)이 영국에 입수되어 널리 읽힘.
- 국가주의(Nationalism)의 확산 : 유럽 전역에 교황의 지배와 간섭으로부터 벗어나려는 국민감정이 각 나라마다 확산 됨.

■ **개혁의 방법** : 교황과 단절하고 국교를 창설, 교회 수장령을 발표(1535), 교황에게 납세와 재판을 금함. 수도원을 해산하고 수입을 황실에 귀속시킴, 그러면서도 구교적 태도를 취하였고 화체설을 부인하는 자를 화형에 처하였다.

■ **종교 정책**
- 대립하여 오던 신.구교 양파를 모두 탄압하고 영국교회에 복종을 강요함, 1559년 국회에서 교회 수장령을 가결.
- 공기도문 채택: 성찬식에서 일반에게 떡을 나누어 줄 일, 십자가, 제단, 화상을 제거, 단순한 제복착용, 로마교 의식이 많음.
- 1563년 39개조 신조를 제정: 성찬식 견해는 칼뱅의 사상과 같음. 신조는 진보적 경향이 농후함.

결과 : 의식에 치중하므로 여기에 반대하여 청교도 운동이 일어남.

■ **관련 인물들**

헨리 8세(Henry VIII)의 종교 개혁 : 왕의 큰 고민(King's great matter)이 영국 종교 개혁의 발단이 됨.
헨리는 1509.4.22 18세의 나이에 즉위한다. 아버지 헨리 7세의 유언에 따라 2개월 후에 당시 24세의 아르곤의 캐서린과 결혼한다. 캐서린은 스페인의 공주로 이미 헨리 8세의 형인 아서와 16세 때에 정략결혼한 몸이었다. 영국이 오랫동안의 전쟁(30, 100년, 장미전쟁)으로 인해 쇠약해진 국력을 회복하기 위하여 그 당시의 강국이었던 스페인과 손을 잡기위해 헨리 7세가 자기의 장남과 캐서린을 결혼시킨 것이다.

헨리 8세는 건강한 미남이었고 모든 낭만적인 기질을 지니고 있었으며, 승마와 궁술에도 뛰어났다. 음악에도 상당한 조예가 있었고, 신학에도 깊은 관심이 있었던 괄목할 만한 학자였다. 만일 그의 형이 죽지 않았더라면 아마도 그는 영국의 대주교가 될 수도 있었다. 1521년 그는 "The Defence of the Seven Sacraments Against Martin Luther"의 신학 논문을 교황 레오 10세(Leo X)에게 헌정하자 교황은 그에게 신앙의 수호자(FideiDefensor)라는 칭호를 수여하기도 했다.

헨리가 캐서린과 결혼한 이후 자녀를 7명을 낳았으나 6명이 사산, 혹은 어려서 죽고 오직 연약하고 신경질적인 딸 메리만 남았다. 1525년 캐서린이 40세에 더 이상 임신할 수 없음을 안 헨리는 다음 세 가지 이유로 이혼을 고려한다. 1) 후계자 문제 2) 형의 아내를 취한 점에 대한 양심의 가책. 헨리는 자녀들의 죽음을 이탓으로 돌린다. 3) 시녀 안 볼레엔과의 열애.

헨리는 첫 결혼이 무효임을 선언해 주도록 교황 클라멘트 7세에게 요청하고 교황도 이 요구에 대해 긍정적이었다. 그래서 교황은 영국 대주교인 울세이에게 이 문제의 재판권을 부여한다. 그러나 캐서린의 완강한 거부로 이 문제는 다시 로마로 회부된다. 이때 스페인의 찰스 5세(캐서린의 조카)가 군대를 이끌고 로마를 점령하여 교황은 포로가 되고 결과적으로 헨리는 뜻을 이루지 못한다. 이에 헨리는 분노하여 울세이(울시)를 반역죄로 체포하고 자기의 보좌관으로 토마스 크롬웰(1489~1556)을 기용한다. 그리고 안을 황후로 대관하자 교황은 그를 파문한다 헨리는 Reformation Parliament 혹은 Seven Years' Parliment(1529~1536)를 소집하여 반성직, 반교황의 입장을 표명한다. 그리고 로마로 임직세를 바치지 못하도록 하고 수도원을 해산하여 수도원의 재산을 팔아서 평민들에게 나누어 주었다. 헨리는 1534년에 의회에서 수장령(The Act Of Supremacy)을 통과시켰다.

"The King's majesty justly and rightly is and out to be and shall be reputed he only Supreme head in earth of the Church of Eng land Called Anglicana Ecclesia" 1536년에는 영국교회의 첫 번째 교리 진술인 10개 조항이 발표된다. 그 내용은 다음과 같다.

1) 성경이 신앙의 기초와 내용임 2) 세례를 통한 중생의 은혜와 필요성 3) 고회(참회)의 필요성. 4) 화채설. 5) 칭의는 그리스도의 공로로 얻어짐(선행의 필요성을 인정하면서도) 6) 화상(image)은 숭배의 목적이 아니라 기억의 수단임. 7) 성자는 삶의 모형이며 기도의 대상이 됨 8) 성자를 통해 기도할 수 있음 9) 의식은 신비적인 의미가 있음. 10) 죽은 자를 위해 기도할 수 있음.

＊여기에서 괄목할 만한 점은 영어성경이 개 교구 교회마다 비치되고 읽혀져야 한다고 못 박음.

1539년에는 6개 조항으로 개정됨.

- 에드워드 6세(Edward VI)의 종교 개혁(1547~1553): 9세의 나이로 즉위. 크롬웰(Cranmer)와 그의 보좌관들에 의해서 개신교 정책이 수행됨. 개혁예속이 우선됨. 통일령(The Act Of Uniformaty)에 의해 성상을 파괴하고 예배의식을 통일하고 예배시 영어를 사용토록 함.

영국교회의 공동기도서(The First Prayer Book)를 1549년에 발간함. 교리적 개혁도 이루어져서 1552년에는 42조문(Forty-Two Articles)을 포고하였는데 여기에는 루터 및 칼뱅주의적인 요소가 비중있게 포함됨. 그 중요 내용은 다음과 같다.

1) 믿음에 의한 칭의 2) 성경의 최고 권위(Supreme Authority) 3) 7성례를 2성례로 줄임 4) 화체설(Transubstantiation)을 전적 부인 5) 승려의 결혼 승인 6) 고해성사를 폐지.

- 피의 메리(Bloody Mary,1553~1558) : Back to Romanism. 캐서린의 딸. 앞 시대에 대하여 매우 반발적이었다. 매우 급한 성격이었고 이때에 많은 박해와 아울러 많은 순교가 있었다. 크롬웰을 화형에 처하였고 이때에 많은 개신교도들이 영국 밖으로 도피함. 그녀의 이 같은 정책이 영국을 개신교국으로 만드는 원인이 됨.

감독: 세자르 카푸르, 제목: 엘리자베스, 출연: 케이트 블랑쉐, 제프리 러시, 조셉파인즈, 리차드 어탠보로, 크리스토퍼 엑스레스톤

7) 스코틀랜드의 종교개혁(영화: 브레이브 하트 참고)

영국과 오랜 적대관계, 헨리 8세 전쟁 – 존 낙스(John Knox.c. 1513~1572) – 독일 교황이 신성동맹으로 프랑스에 전쟁, 영국도 신성동맹 가입. 교황이 주도권 전쟁을 위해 주변 국가들과 동맹을 결성한 것.

- 신성 동맹(1495년) : 별칭 "베네치아 동맹", 이탈리아에서 프랑스의 헤게모니를 막기 위해 몇 개의 적대 국가들이 연합해 만든 동맹. 제안자는 교황 알렉산데르 6세.(1538, 1571, 1684, 1815)

영국의 헨리 8세와 스코틀랜드 매형 제임스 4세 1513년/제임스 사망 – 1542년 재 전쟁 – 영국 점령.

- 존 낙스(John Knox.c.: 1513~1572) – 1554년 피의 메리가 여왕이 되자, 낙스는 대륙으로 떠난다. 1558년 "괴물 같은 여성통치에 대한 첫 번째 나팔소리" – 여자들의 지배는 자연과 하나님의 뜻과 율법에 위배 – 하나님을 모욕하지 않고는 행할 수 없다. – 종교개혁의 기준점: 말씀이탈, 세상을 따르고, 마귀와 우상숭배를 허용. 1572년 11월 24일 에딘버러에서 사망 "세상이 나에게 진저리나듯이 나 역시 세상이 진저리 난다."

■ 혼인 관계 : 프랑스 왕실과의 관계로 친밀함.

■ 칼뱅의 영향 : 스코틀랜드는 독립 국가이므로 프랑스와 친밀하고 칼뱅의 영향을 받아 종교 개혁을 활발히 진행하였다.

■ 3개 대학 설립 : 1413년 세인트 앤드류스(St. Andrews)대학, 1451년 글래스고우(Glasgow)대학, 1464년 애버딘(Aberdeen)대학.

■ 개혁자들 : 첫 순교자 패트릭 해밀톤(Patrick Hamilton)
　　　　　1528년 2월 27일 순교.

- 조오지 위셔트(Geoge Wishart) – 1546. 3. 1 순교.

- 존 녹스(John Knox,1505~1572) : 대지주의 아들로 그라스고우 대학 수학, 1530년까지 로마 교회 소속, 조오지 위셔트의 제자. 투옥되었다가 1549년 탈출하여 영국 목사가 되었고, 1554년에는 제네바에서 칼뱅을 만남. 여러 교회에서 목회하였으며 개혁운동을 위해 최선을 다하였다.

## 8) 네덜란드의 제2종교개혁

네덜란드는 스페인 제국의 통치를 받는데, 스페인의 황제 칼 5세가 네덜란드 사람이었기 때문이다. 네덜란드는 독립전쟁을 통해 개혁되었다. 그가 죽자 그의 필립 2세가 황제로 즉위한 다음부터 네덜란드 사람들에 대해 무관심하고 특히 도시귀족 특권을 박탈하고 자치 통치권을 폐쇄하였으며 그들의 지도자로 스페인 귀족을 파송시켰다.

그리고 왕의 권한은 하나님의 권한과 같다고 하며 절대 권력을 내세웠는데 이러한 일에 장애가 된다고 느끼는 칼뱅주의를 탄압하였다. 특히 그는 교황에게 주교 임명권을 양도받았다. 그러한 가운데 1648년 웨스터 팔렌 평화조약에 의하여 네덜란드를 승인받게 되었으며 이와 더불어 종교개혁 운동이 성공하게 되었다.

네덜란드의 종교정책은 칼뱅주의[27]를 정식 종교로 채택하게 되었다. 그러므로 네덜란드 국민의 98%가 장로교인이다. 네덜란드는 다른 교파에 대하여서는 신앙양심의 자유에 따라 종교 관용정책을 폈으나 이들은 예배당을 사용할 수 없게 했고 공무원이나 정치 지도자가 될 수 없도록 하였다.

## 9) 스칸디나비아의 종교개혁

■ 스웨덴의 종교개혁

─구스타프 파사(Gustav Vasa)가 독일 망명 시에 루터를 만났고 왕이 된 후에도 계속

---

[27] 네덜란드의 칼뱅주의
독일과 프랑스가 국내적인 분쟁을 통해 개신교와 가톨릭의 공존을 모색했다면 네덜란드는 외세와의 투쟁이 곧 개신교 자립의 역사였다. 네덜란드는 일찍부터 상업을 발달시켜 북해무역을 주도했고 지리적으로도 중요한 요충지에 있었기 때문에 강대국의 침략을 많이 받는 나라였다. 종교개혁 당시 네덜란드를 지배하던 자는 신성로마제국의 카알 5세였는데 그는 왕이 된 후 개신교도를 핍박했으나 그의 생존 시에는 그리 큰 문제기 나타나지는 않았다. 그러나 그의 뒤를 이은 필립 2세 때 네덜란드는 독립운동을 일으키게 되는데 가장 큰 이유는 네덜란드의 스페인화(Hispanis-ation)였다.
1568년부터 독립전쟁이 일어나고 필립2세가 죽은 후, 1609년 휴전조약이 맺어져 네덜란드는 독립하게 된다. 이제 네덜란드는 유럽에서 얼마 안 되는 개신교 국가가 되었고 칼뱅주의가 꽃피는 곳이 되었다. 그러나 문제가 다 해결된 것은 아니었는데 바로 종교의 관용과 그 한계에 대한 문제가 남아있는 것이다. 결론적으로 말하면 1618년 도르트레히트회의 전까지는 관용론이 앞서갔으나 이 회의 이후 원칙론자가 득세했고 결국 아르미니우스파에 대한 징계가 이루어짐으로 종교적 관용의 정신은 위축되게 된다.

| 제2의 종교개혁 |
|---|
| 네덜란드 -선교의 동기, 목표설정을 가능케 함.<br>도르트 대회(Synod of Dort: 1618~1619)의 지도자였던 보에티우스(Gisbertus Voetius)는 칼뱅주의 입장에서 선교신학을 정립.<br>- 하나님이 선교의 기본, 교회를 통한 선교 3가지 입장 1) 개종 2) 교회설립 3) 하나님의 이름을 영화롭게 함. |

교류를 하였다.
- 울라프 페터손(Olaf Pesterson,1499~1573), 라으스 페터손(Lars Peterson), 라으스 안도손(Lars Anderson,1480~1552) 등은 스웨덴 종교개혁의 3대 인물로서 신약을 번역하였다.
- 국왕은 1527년에 국회를 소집하고 루터파 예배의 자유를 허락하였다.

■ 덴마크의 종교개혁
- 왕 크리스찬 2세가 루터주의를 찬송하는 정치 채택.
- 한수 타우젠(Hans Tausen, 1494~1561)이 덴마크의 궁전 목사로서 1530년 동지들과 함께 43조의 신앙고백을 제정하였고, 교회정치를 루터 식으로 함.

■ 노르웨이의 종교개혁: 왕의 권력으로 종교개혁을 단행하였다.

■ 아이슬란드의 종교개혁
- 깃세르 아이나르센(Gisser Einarsen)이 1540년 스칼홀트(Skal holt)에서 루터교회 감독이 되어 개혁 사업을 단행하였다. 1554년에 신교가 이 섬을 지배하게 되었다.

### 10) 네델란드와 이베리아 반도에서의 종교개혁

#### (1) 네델란드 종교개혁

1517년 독일의 종교개혁은 루터파와 재세례파는 동부로, 칼뱅주의는 북 프랑스로, 칼 5세의 반 개신교정책에도 불구하고 개신교는 번져갔다.

칼 5세는 1555년 황제자리와 독일과 동유럽을 동생 페르디난트에게, 스페인, 네델란드와 해외 식민지는 아들 펠리페(필립2세)에게 물려줌.
- 네델란드 필리 2세는 스페인 출생, 네델란드는 친개신교정책으로 나아감, 필립2세는 친스페인 정책으로 기울어짐. 스페인 마드리드에 궁궐을 지음. 당시 황제는 유럽에 산발적으로 체류함. 그러나 필립2세는 스페인에 정착함. 필립2세는 누나 파르마의 마르카레타(1522~1586년)를 총독으로 세워 네델란드를 다스리게 함. 정치고문 그랑벨(1517~1586년)의 실정으로 네델란드 귀족이 그랑벨 사퇴요청과 1566년 종교탄압 중지요청. 필립2세는 알바공(1507~1582년)으로 하여금 네델란드 점령 - 1566~1648년의 80년 종교전쟁이 시작됨. 네델란드는 1572년부터 필립2세는 기울어짐 - 1597년 투른하우트 전투에서 스페인 2350명 사살, 네델란드 군인은 7명, 스페인 무적함대가 폭풍을 만나서 북해에서 전멸하다시피 함. 필립2세는 1598년 사망.

네덜란드 함대가 스페인을 공격할 정도로 강력해짐. 베스트팔렌 평화조약 네덜란드 독립.

- 페르디난드와 이사벨라 왕들은 "복음적인 법률을 공포, 확대시키고 인디언들을 가톨릭교회로 개종시키는 것 이상을 바라지 않는다. 이런 전반적인 분위기와 신항로 개척과 상업혁명.
- 집단 개종(Massentaufen) : 가톨릭화 함.
- 1537년 바오르(Papa Paolo III)[28] - 신세계 인디언들을 '거룩한 말씀과 선한생활'인 그리스도께로 돌아오게 하는 선교명령.

(2) 포르투갈(아프리카와 인도에 선교)

동양무역 독점[29] - 인도 고아와 실론, 말라카, 몰루카 제도 점령, 마카오 조치, 명나라와 통상.

쇠퇴: 중계무역에만 의존, 본국 산업발전에 소홀함.

※ 포르투갈 주도하에 선교

프란시스파 선교단 - 탐험대와 함께 마데리아(Maderia 1420), 아조르 군도(The Azores, 1431), 케이프 베르데 군도(The Cape Verde Islands, 1450), 1500년 카브랄과 함께 브라질. 트리니티안(Trinitarian) 선교사 - 1498년 바스코다가마와 함께 인도로 신세계 정복을 통해 포르투갈의 독점적 위치는 끝났다.

(3) 스페인(1454년 교황 Nicholas Ⅴ세) - 아메리카 발견

신대륙 정복 - 멕시코의 아즈텍 정복, 페루의 잉카제국정복 - 신대륙의 대부분을 점령. 금, 은, 채굴농장을 경영. 동서무역독점 - 신대륙에 모직물 수출, 은의 유입, 16세기 세계

---

[28] 교황 바오르 3세는 (1534. 10. 13~1549. 11. 10) 가톨릭 개혁과 수도회 승인(예수회, 테아티노회, 성 바오르회, 오라토리오회)
- 니콜라우스 코다르니쿠스에게 그의 저서 '천구의 회전에 관하여'를 헌정 받음
[29] 포르투갈의 동양 진출
8세기 이래 이슬람 지배하에 있던 이베리아 반도에서는 그리스도 교회에 의해 국토 회복 운동이 추진되었고 그 과정에서 아라곤, 카스틸랴, 포르투갈의 여러 나라 들이 형성되어 갔다. 포르투갈은 주앙 1세(재위 1385~1433) 하에 중앙 집권적인 통일국가로 성장했으며 포르투갈의 해외 진출이 진행되었다. 국토의 회복에서 더욱 아프리카 오지에 있다고 믿어졌던 '성 요한의 나라'와의 제휴를 도모하려고 했던 이 계획은 그 속에 더 깊은 물질적인 목적을 가지고 있었다. 향료를 중심으로 하는 동방 무역의 이익인 것이다. 헨리 왕에 의해 항해가 이미 14세기 전반부터 아프리카 서해안의 탐험은 착착 추진되었으며 《성 요한의 나라》는 발견하지 못했지만 아프리카에서 가져온 부는 리스본을 윤택하게 하였으며 이와 함께 동양의 부를 구하는 신항로 개발이 현실화 되어 왔다. 1488년 디아스는 희망봉에 도달하였으며 이윽고 1498년 5월 20일 아라비아인의 뱃길 안내인에게 인도된 바스코다

제일의 부국. 이 바탕위에 로마 가톨릭교회의 선교가 새롭게 시작되었다. 중심세력은 포르투갈과 스페인이다.

가마의 선단이 인도의 항구 켈리컷에 도착하였다. 1517년에는 중국에 진출하여 마카오를 점령하였고, 1543년에는 일본과도 통상을 열었다. 이렇게 해서 포르투갈은 16세기 전반에는 동방 무역을 독점해서 거대한 부를 얻었으며 수도 리스본은 한때 세계 상업의 중심이 되었다.

◎ 마젤란[Ferdinand Magellan](1480~1521)
최초의 세계 일주자. 남양 제도 탐험에 종사한 후 1517년 에스파냐로 가서 1519년 카를 5세의 인가를 얻고 안티워프 상인의 지원을 얻어 서쪽으로 돌아가는 항로에 의해 향료 제도를 찾고자 출항하였다. 1519년 8월 10일 기함 트리니다드 외 5척의 선박을 이끌고 출발하여 대서양을 횡단하고 남아메리카 연안을 남하하여 1520년 10월 태평양으로 빠져 나가는 길을 발견하였으며(마젤란 해협), 그 자신이 명명한《파도가 잔잔한 평화로운 바다》인 태평양을 서쪽으로 항진하여 98일간의 험난한 항해 끝에 괌 섬에 기항하고, 1521년 3월 16일 필리핀 남단에 도달했으나 원주민에게 피살되었다. 그 해 11월 트리니다드 호와 빅토리아 호가 몰루카즈에 도착했으나 빅토리아 호와 선원 18명만이 에스파냐에 귀환했다. 이로써 지구가 구체라는 것과 아메리카가 아시아와 접속되지 않은 별개의 대륙이라는 점이 명백해졌다.

1454년경 교황 니콜라스 5세는 포르투갈에게 아프리카와 동인도 제도에서 단독적으로 전도할 특권을 주었다. 스페인이 신대륙으로 진출함에 따라 포르투갈의 세계탐험 독점권은 박탈당했다. 이 두 이베리아 세력의 경쟁을 피하기 위해 교황 알렉산더 6세는 1493년 분계교서(Demarcation Bull)를 발표하여 세계를 두 영역으로 구분하였다. 포르투갈은 아프리카와 동인도 제도에서의 선교권을 장악하였고 스페인은 신대륙에서 활동하도록 하였다.

Tordesillas 조약 - 교황이 그은 바다 국경선 15세기 후반, 탐험 지역들에 대한 소유권 분쟁을 해결할 목적으로 에스파냐와 포르투갈이 에스파냐의 북서부 토르데시야스에서 협정을 맺었다. 바로 토르데시야스 조약(Treaty of Tordesillas, 1494. 6. 7)으로, 포르투갈과 에스파냐의 세력 확장 범위, 즉 바다의 국경선을 정한 조약이다. 이 조약에 따르면 포르투갈은 대서양을 통하여 아시아 및 동인도 제도로 진출할 수 있었고, 에스파냐는 아메리카 대륙 쪽(서쪽)으로 진출해야만 했다.

이 조약은 에스파냐의 지원을 받은 콜럼버스가 신대륙을 발견하고 귀국한 즉시 로마 교황 알렉산드르 6세에게 새로 발견한 지역, 즉 아메리카와 그 서쪽 모두가 에스파냐 영토임을 인정해 달라고 요청한 데서 비롯되었다. 그리하여 교황은 카보베르데 제도(당시 프랑스 국왕 개인 소유)에서 서쪽으로 100레구아(약 480km) 떨어진 지점에 경계선을 긋고 서쪽 지역은 에스파냐가, 동쪽 지역은 포르투갈이 차지하게 했다(1493). 하지만 포르투갈의 주앙 2세는 포르투갈의 권리가 충분히 보장되어 있지 않다고 주장하면서 이 교황 칙령에 강한 불만을 표시하였다.

양국은 1년쯤 협의를 거쳐 경계선을 370레구아(약 1,500km) 떨어진 지점으로 이동하기로 결정하였고, 1506년에는 교황 율리우스 2세도 변경 사실을 재가하였다. 유럽의 다른 열강들은 이 결정을 받아들이지 않았지만, 두 나라의 압력에 힘을 발휘할 수 없었다. 이 새로운 경계선에 의해, 포르투갈은 1500년 카브랄이 브라질 연안을 발견하였을 때 그 영유권을 주장할 수 있었다. 이후 몇 세기 동안 진행된 경계선 서쪽 지역 탐험은 포르투갈이 남아메리카 내륙의 광대한 지역에 대하여 권리를 주장할 수 있는 확고한 토대가 되어, 오늘날 브라질은 남미에서 유일하게 포르투갈어를 쓰는 나라가 되었다.

토르데시야스 조약 - 교황이 그은 바다 국경선(대단한 바다여행, 2009. 12. 1., 푸른길)
알렉산더 6세의 분계교서(Patronato Mission)로 인한 광대한 특권에 대한 보답으로 포르투갈과 스페인 왕들은 그들의 해외점령지에서의 이교도들에게 전도를 하여 개종시켜야 하는 책임을 부여받았다. 성직자들의 임명은 정치적 지배자들이 담당하였다. 모든 비용은 국가가 담당하였다. 파트로나토라고 칭해진 이 제도는 선교사들이 상인들과 마찬가지로 탐험에 커다란 이해관계를 가지고 있었음을 의미했다.

Patronage-Padroado의 뜻은 보호권으로, 아프리카와 아시아를 보호할 의무와 권리를 가진다는 것에 의해서 행하여짐.(김웅태 엮음, 선교의 역사와 개념, 가톨릭대학교출판부, 2005, 55).

## 4. 종교개혁자의 선교 개념과 배경

종교개혁자들이 선교가 없다고 말하는 긍정적 측면과 부정적 측면의 비교[30]는 종교개혁자들에게 선교가 없다는 이론이 가톨릭 학자들에 의해 지적되었고, 특히 16세기 추기경 로베르토 발라르미노(Robert Cardinal Bellarmine)는 빈약한 선교기록을 근거로 "이단자들은(개신교) 이교도나 유대인들을 개종시키지 않고 오직 타락한 기독교인들만 데리고 간다"(S. Neill, P. 233)고 함.

선교신학의 아버지 바르넥(G. Warneck)도 선교의 개념도 없었고, 선교사 활동은 더더욱 없었다. 에릭 시크(Erich Schick)는 〈Vorboten und Bahnbrecher〉에서 교회의 기본적인 선교의 의무에 대한 확신조차도 없었다. 그러나 1555년 칼뱅과 4명의 성직자는 프랑스 위그노(Huguenots) 일단을 리오데자네이로에 보내어 박해받는 개신교를 위한 영지를 개척함. 그리고 1622년 동인도(Leydon)에서 성직자와 선교사 훈련학교를 세움.

일반적으로 종교개혁과의 선교의 이해는 기독교 영토 확장사적인 면에서 연구되어 왔다. 초기 선교 역사가 그렇게 쓰여졌다. 1964년에 스티븐 니일(Stephen Neil)《기독교의 역사》〈A History of Christan Missions〉의 시작으로 1975년 "케네트 라토렛"(Kenneth Latourette)《기독교선교사 1-12권》〈A History of Christianity Vol. 1〉 등에 의한 자료들과 계속된 연구가 사실상 두 사람에게 의존되어 왔음을 부인할 수 없다. 그러므로 우리는 창조적인 최초의 선교사라 할 수 있는 마틴 루터의 동시대의 상황과 관점에서 이해 해석 되어져야 한다.

루터를 통해 우리는 ① 교회를 통한 선교의 중요한 원리와 지침 또는 선교의 전략뿐 아니라 가장 기초적인 작업인 성경번역이 세계 선교의 빗장을 열었다고 해도 틀리지 않는다. 동시에 그는 ② 선교화 즉, 복음자체의 사역을 하였다. 복음을 듣고 모이는 것 자체가 선교가 아닌가?

---

30) 긍정적 측면
　　① 교회갱신을 통한 선교(로마 가톨릭→ 개신교) ② 교육선교 ③ 교회중심 ④ 존재 (현존)의 선교
　부정적 측면
　　① 선교 활동이 없으므로 선교신학, 선교 사상이 없다.
　　② 종교개혁자들의 신학(예: 예정론)은 장애물이었다.
　　③ 마태복음 28장의 선교의 대명령은 원시 시대로 끝났으므로 선교할 필요가 없다.
　　④ 선교 단체가 없다.

루터는 종종 복음이 우물에 던져진 돌과 같다고 함. 물결은 해안 끝까지 번져 가지 않는가? 또한 당시의 신학적, 사회적, 지리적 배경에 영향이 있다고 본다. 예를 들면 지리적으로 개혁자들의 선교가 로마 가톨릭의 지지자들[31]로 인하여 상선에 승선이 허락되지 않았을 것이다.

그러므로 ③ 개신교의 고립적 위치가 드러났다. 신학적으로 마태복음28장 선교의 대위임 명령이 이미 사도시대에 끝났다고 보는 견해가 있다.[32]

④ 사회적으로 선교단체가 조직되지 못하고 개인적으로 전파되어진 결과가 아닌가 라고 개진하기도 한다. 그러나 이 부분들은 좀 더 정확한 연구가 필요하다.

### 1) 루터교 선교 이해[33]

루터의 신학은 어거스틴에 의해 5세기에 발견된 바울에 대한 재발견으로 롬 1:16 "…믿음으로 믿음에 이르게 하나니…"하는 본문은 헬라시대는 요 3:16, 중세 가톨릭 시대는 눅 14:23 "…강권하여 데려다가 네 집을 채우라"는 두 모습을 하나로 모은 것이 루터의 롬 1:16이다. 하나님의 의는 형벌과 징벌이 아니라 은혜요, 자비의 선물이다. 그는 죽을 때 불쌍한 인간을 은혜와 자비로 받아주심을 찬양하며, 우리는 단지 거지라는 고백으로 일생을 마감하였다.

종교개혁자들은 마 28:16~20의 대위임 명령이 이미 사도시대(기적의 능력)에 끝났다고 보았음. 또한 사도들로부터 이미 땅 끝까지 복음이 전파 되었다고 보았음. 복음을 후대가 못 받았으면 자신의 잘못이고 심판이다. 그러므로 땅 끝은 끝났다.

#### 예외

Adrian Saravia(1531~1613) — "A Continuing Apostolic Authority" "The Church … must continue to care for the preaching of the gospel to the unbelieving nations"

＊특징 : 하나님의 주권이 역사, 인간의 참여 필요 없음. 루터 자신도 탁상 대화(Table

---

31) 스페인과 포르투갈의 왕들의 신앙고백 : 왕위보다 선교하다 죽겠다 할 정도의 열성적인 왕
32) Gustav Warneck, Outline of A His-tory of Protestant, 1901, 8-24.
33) 루터는 제자들을 훈련 → 덴마크, 노르웨이, 스웨덴, 핀란드에 파송함(그 지방 언어로 성경 번역을 권장[루터 자신도 1538년 핀란드어로 신약성경을 번역 함])
최정만,《다시 써야 할 세계 선교 역사》, 서울: 쿰란출판사, 2007, 130.

Talks)에서 100년 후 선교사가 사라진다고 하였음.

### 2) 개신교 간의 대립(순수논쟁)

(루터파 vs. 칼뱅파: 세상에 대한 신자의 책임 강조)

종교적 질서가 없었다. −기독교 분파주의로부터의 종교전쟁의 해결방법은 "Cuius regio eius religio 각 지역은 그 지배자의 종교를 따른다"는 아우구스부르그 평화회의(1555)[34]와 웨스트 팔리아(1648) 조약[35]이 나왔다.

**다양한 형태의 종교 개혁자들의 모델**

독특성−구원은 우리가 할 수 있고 해야 할 것이 아니라, 하나님께서 그리스도 안에서 이미 이루셨다. 가톨릭교회가 죄의 다양성에 머무르고 있는 것과 대조적으로 죄(단수)와 인간의 본질적인 죄성의 관계. 하나님 자신으로서가 아니고, 우리를 위한 하나님으로 − 구원이 각자의 관계로, 집단에 대한 개인의 책임을 강조−주관적인 체험(성령), 만인제사장론 등, 성경중심. 모라비안 선교사(기혼자, 직업 등) 들은 열정적이었으나 가톨릭 선교사들보다 전략적 차원이나 전문성에서 열세였다.

### 3) 지리적 고립현상

선교사 선박이용 반대, 선교사들 정착 반대 등, 비록 네덜란드의 1602년 동인도회사는 그렇지 않았다. 개혁가들은 사명의 재회복 정도로 알았다.(라투레트도 지지) 조지 피터스

---

34) 아우크스부르크 종교회의(Augsburger Religionfriede: 1555) :가톨릭과 루터파의 대립을 조정하기 위하여 아우크스부르크에서 소집된 제국 의회의 결의. 내용은 1) 제후 및 제국 도시는 신구 신앙 중의 하나를 선택할 수 있는 권리를 가진다. 주민은 그에 따라야 하며 이를 원하지 않는 자는 다른 곳으로 이주할 수 있다. 단 루터파 이외의 신교는 금지된다. 2) 가톨릭 제후가 루터파로 개종할 때는 그 지위와 영토를 상실하며 가톨릭의 후계자가 임명된다. 3) 루터파의 영토에는 가톨릭교회의 사법권은 행사되지 못한다. 1552년(파사우 제국의회) 이전에 몰수된 교회령은 현행대로 인정되나 그 이후의 것은 옛 영지로 복귀한다는 것 등이다. 이것으로 종교개혁 운동 이래의 양파의 대립은 일단 종식되었으나 그 철저하지 못한 타협적 해결은 후에 30년 전쟁 발발의 원인을 초래하게 하였다. 또한《지배자의 종교가 그 영내의 종교가 된다》는 원칙에 따라 제후들과 자유도시에게 종교 선택의 자유가 주어졌다. 이로써 교황의 지배를 받지 않는 새로운 교회가 탄생하였으며 이미 실현될 단계에 있던 연방교회제가 최종적으로 확인되었다.
◎ 아우크스부르크 종교회의 조약
- 모리쯔 등 변절자들이 회개하고 1552년 3월에 황제는 습격하여 승리함.
- 1555년 국회가 열리고 9월 25일에 협정함.
- 로마교 신자와 아우크스부르크 신조 신봉자는 같은 권리를 가짐(칼뱅, 쯔빙글리는 제외).
- 주의 시민의 신앙은 군후의 신앙과 같아야 함. 같지 않으면 재산을 팔아 다른 주로 이사하여야 함.
35) 웨스트팔리아(Westphalia) 조약
-30년 전쟁으로 1648년에 독일과 스웨덴 사이에 맺은 강화 조약이다.

도 동일함, 장로교회 칼뱅주의 예정론이 선교신학이 결여됨.

가톨릭의 오류를 시정, 성경의 권위와 교회의 영성을 재발견. 개혁세력은 교회 내 내적 갱신에 힘을 쏟다보니 복음 확장은 어려웠다. 개신교회가 신대륙이나 아시아 대륙으로부터 고립 받음. 로마 교회의 가시적 교회에 관해 불가시적인 교회를 주장하자 당연히 로마 교회는 이방지역에 교회를 세우는 것이나, 개신교는 복음전파의 뚜렷한 목표가 없었다.

## 5. 반종교 개혁운동과 30년 전쟁

### 1) 배경

1517년 이후 개신교 개혁운동은 유럽, 영국, 스코틀랜드에서 가톨릭은 폐지되고 개신교가 확립됨. 독일과 스위스 대부분이 개신교 우세. 네덜란드, 보헤미아, 헝가리, 폴란드에서도 개신교가 기반을 구축. 북부 네덜란드는 개신교로 돌아감. 남부네덜란드는 여전히 가톨릭이 우세.

- 가톨릭의 거듭된 도덕적 부패 현상.
- 1540~1541년 황제의 요청으로 모인 신·구교도의 협의회가 일치를 못함.
- 교황청의 지도자 부재 : 1521년 교황 레오 10세가 갑자기 죽음, 교황 하드리안 6세(1522~1523)는 1년 만에 사망, 1523년 클레멘스 7세 교황, 1534년 바울 3세 교황(3가지 결정) 1534년 열병으로 죽음.

(1) 영국 왕 헨리 8세 파문 — 영국 국교회 형성 계기
(2) 칼 5세를 도와 슈발칼덴 동맹[36] 진압
(3) 트렌트 공의회 소집[37]

---

■ 종교에 관한 규정
- 가톨릭파, 루터파, 칼뱅파 모두가 동등한 권리를 가진다, 교회 재산 소유권은 1624. 1. 10. 현상으로 환원한다.
- 자유 이주권은 허용하며 재산 몰수는 할 수 없다. 루터파와 개혁교회와의 관계는 조약 체결 당시의 현상에 준한다. 신앙 자유, 재산 소유를 인정한다.

■ 정치에 관한 규정
- 스페인은 네덜란드를 승인한다. 독일은 스웨덴의 독립을 승인한다,
- 스웨덴에 포메라니아(Ponerania)의 일부와 뤼겐(Rugen) 섬을 할양하고 이 지역 대표는 독일 국회에 참석한다.
- 프랑스는 메츠(Metz), 툴루즈(Toulouse), 베르덩(Verdun), 알자스(Alsace)의 대부분을 획득한다.
- 각국은 자유로 서로 연합하여 또 자기 나라와 외국 간에 맹약할 수 있다.

1545~1563년 3번 소집

목적 : 가톨릭 개신교 지역 안으로 개신교들 축출.

과정 : 가톨릭의 부패와 타락으로 종교개혁자들이 주장 전개, 교회역사를 중심으로 가톨릭의 교리와 의식을 점검(신앙의 표준, 원리, 칭의), 개신교의 개혁 내용 점검.

---

36) 슈발칼덴 동맹 : 1529. 4. 22. 슈파이어 제국회의 후 개신교 제후들이 스스로 보호하기 위한 연합체 형성, 1531. 2. 27. 개신교 방어 연맹 결성, 칼 5세는 터키의 위협에 제후들의 도움이 필요하여 1532. 7. 23. 뉘른베르크 유예(Nürnberger anstand)에서 종교평화 선언과 교황 클레멘스 7세에게 공의회 개최 문제를 상의함. 개신교 측에서 자유롭고 그리스도적 공의회를 요구

37) 트랜트(The Council of Trent) 공의회 1545~1563
- ◉소집자 : 교황 바울 3세(찰스 5세의 청원으로)
- ● 찰스 5세의 제안으로 교황파들은 교리의 개혁을, 황제파들은 교회의 개혁을 더욱 열망하였다.
- ◉의제
- ● 황제편
1) 교회의 개량, 신교와 가급적이면 타협을 원함
2) 이슬람교권인 터키의 세력을 대항하려는 정치적 동기
- ● 교황편
1) 신교 혼동방지를 위해 교리 제정을 주장
2) 로마 가톨릭 교회 내의 계율 개혁안 제정
3) 이단 박멸을 위한 종교재판의 수단으로 삼으려는 동기
- ◉동기 1) 이단경계, 2) 교회의 부패상 개혁, 3) 교리문제의 불확실성 4) 영적 이상의 상실 5) 성직자들의 각성 등이었다. 트랜트 회의는 처음에는 로마 교회의 성직자들이 도덕적 타락을 척결하기 위해 모였다(그때 칼뱅, 루터도 함께 참석했는데 처음에는 온건파들이 회의를 주도해서 개혁파의 입장을〈구원과, 전통교리〉받아들였지만 회의가 진행되면서 강경파들이 주도권을 잡으면서 교리적 입장을 분명히 밝히고자 하였던 것이다). 첫 번째로 도덕적 무장 확립이고(성직자 첩이 있으면 사퇴케 함), 두 번째 로마 교회의 신학적 입장을 분명히 천명하였는데 개신교 교리와 차이가 있음을 볼 수 있다.
- ◉권위 문제 : 외경도 정경이다(개신교 : 외경을 정경에서 뺌), 성경과 전통이 같은 권위이다. 오로지 성경만 권위가 있다. 제롬이 번역한 성경(벌게이트)이 가장 적합하다. 성경해석은 어머니 교회가 한다.(성경은 성경으로 해석한다.
- 루터는 개개인이 한다고 했는데 그것은 그 당시 로마 교회가 자기 쪽으로 유리한 데로 끌고 갔기 때문이다.
- ◉죄의 개념-하나하나 행위가 죄라고 한다.
- 그들의 주장은 자유의지는 완전히 파괴되지 않았고 다만 약화 되었다고 하므로 원죄는 세례를 받으면 해결되지만 율법을 어길 때마다 신부를 찾아가 고해성사 해야 한다고 한다.
- 개신교 : 죄의 개념은 상태, 즉 존재 자체를 말하며 예수님을 믿느냐 안 믿느냐, 하나님과의 올바른 관계가 회복 됐느냐 안 됐느냐 문제이다. 예: 세례 요한, 예수님
- ◉칭의 문제 –구원은 하나님과 협력 사역이라고 주장하며 칭의는 은사라고 주장.
- 개신교 : 믿음으로만 구원 얻는다 하며 루터는 "수동적인 의"를 말한다.
- ◉성례 문제-성례는 구원의 도구이다. 회개로만 구원 받지 못한다고 함.
- 개신교 : 성례는 이차적인 중요성이며 은혜의 방편이라 함.
- ◉금서목록에 보카치오의《데카메론》과 루터와 칼뱅의 모든 저서들을 포함시켰다.
- 피우스 4세 신경(Creed of Pius Ⅳ) 공포 : 1564년 피우스 4세에 의해 공포
- 이것이 트랜트 신앙고백서(Profession of Tridentine Faith )이다.

제1기 1545~1547 : 성경과 교회의 전통(오직 신앙에 반대하는 칭의론 세례 후 원죄 사라짐)을 동등한 권위 + 세례와 견신례를 함께 인정.

제2기 1551~1552년 : 교황 바울 3세가 죽고 율리우스 3세가 교황 등장(합의 실패). 공회화 재확인.

제3기 1562~1563 : 교황 피우스 4세 등장(사제 혼인금지, 성자숭배와 면죄부 인정, 이혼 불가), 살아있는 자와 죽은 자의 중보기도를 인정.

◎ 결과

― 가톨릭의 악습폐지, 사제 교육 강화, 개신교에 효과적으로 대응, 가톨릭교회로 개종할 수 있는 기회 마련.

― 오늘날까지도 가톨릭교회로 받아들임.

2) 과정

교황 중심의 공의회라는 이유로 1545~1563년 트랜트 공의회는 실패하고 1548년 아우구스부르크 잠정안(Augsburger Intertim) 개신교 수용.

가톨릭 ― 경전과 서품 채택 /예수 성채일 수용

개신교 ― 개신교 교리의 기본 입장 고수

1555년 9월 5일 아우스부르크 평화조약체결

내용

(1) 신교 ― 황제나 제후들로부터 국교 평화를 깨는 전쟁에 참여하도록 강요당할 수 없다.

(2) 구교 ― 제후 귀족들은 종교문제를 자유롭게 해결. 즉, Cuius regio, eius religio "그의 지역이 곧 그의 종교다."

3) 30년 전쟁과 베스트 팔렌 협약[38]

(1) 서유럽의 칼뱅주의와 아우스부르크 협약 : 미해결

서유럽에 활발했던 칼뱅주의, 아우구스부르크 협약이 미결로, 방치했던 칼뱅주의와 성직 유보조항. 가톨릭은 ....회부됨이 회복됨으로, 가톨릭 세력이 급부상되고, 종교적 마찰이 빈번해짐.

가톨릭은 트리엔트 공의회 등으로 가톨릭 지역 회부됨(마인트, 쾰른, 트리어, 밤베르

크, 뷔르츠부루크, 풀다, 피터보아, 오스나뷔르크, 뮌스터 등)

(2) 배경

㉠ 1606년 도나위뵈르트 : 가톨릭의 하일리 히크로이츠 수도원 성 마가의 날 시간 갱신에 개신교가 참석, 신성로마 황제 루돌프 2세(1576~1612)는 바이에른 막시밀리안 1세에게 가톨릭 보호 요청 → 도시 무력점령, 도나우뵈르트는 슈바벤 영토 개신교 제국 동맹(1608)에 대항, 팔츠의 선제 후 프리드리히 5세(가톨릭 막스밀리안 1세 주도로 가톨릭 연맹(1609))

㉡ 1609년 루돌프 2세(Rudolf II:1576~1612)가 보헤미아와 슐레지언의 종교자유 보장, 교회설립허가(개신교는 어느 곳에나 교회를 세워도 된다고 봄) 가톨릭교회 소유지에 2개를 건축함.
(브라우나우의 베네딕토 수도원자리, 다른 하나는 프라하 대교주 소속 클로스터 그라프(Klostergrab))

㉢ 1612년 루돌프 2세가 죽은 이후 동생 마티아스가 새황제가 됨.(교회처소 무수) 칼뱅주의자 하인리히 마티아스 백작과 루터파 요아힘 안드레아 폰 슐릭 외 12명 개신교 지도자 1618년 5. 23 프라하 성 방문, 황제 고문 마르티니츠(Martinitz, 1582~1649)와 슐라바타(Slavata, 1572~1652)를 프라하 궁전 창문 밖으로 던짐 −

---

38) 독일의 30년 전쟁(1618~1648)
■ 의의 : 가톨릭 교도와 신교도들의 신앙 교리로 인한 전쟁, 독일 제국의 안전과 파괴 문제는 정치적 전쟁임.
■ 원인
− 독일의 루돌프(Rudolf) 황제가 신교의 자유를 허락하였으나 그 후 가톨릭파인 페르디난트 황제가 즉위하고 신교를 박해하였다. 신교 개혁파는 여기에 굴하지 아니하고 구교에 도전하여 독일 30년 전쟁이 일어났다.
− 전쟁의 직접적 원인은 가톨릭 보호령인 보히미아에 스페인 왕 구스타프 아돌프(Gustav Adolf)가 신교를 적극 후원한 데 있다.
■ 경과
− 제1기(1618~23) 팔쯔(Pfalz) 전쟁: 왕이 신교를 탄압하여 회당을 헐게 하므로 개혁파들이 궐기하여 프라하를 점령하였다.
− 개혁파에 영국왕의 원조가 없고, 루터파는 변절하였다. 왕군은 틸리(Tilly)를 대장으로 공격하여 승리하였고 이에 망명자가 3만 명이나 되었다.
− 제2기(1625~29) 덴마아크 전쟁: 덴마크 왕 크리스찬 4세는 영국, 네델란드 군대와 같이 독일의 신교군을 후원하였으나 독일 왕군에게 격퇴 당하였다.
− 제3기(1630~35) 스웨덴 전쟁: 스웨덴 왕 구스타프 아돌프(Gustav Adolf)가 신교군을 도와 침입하였으나 발렌시타인에 의해 격퇴되었다.
− 제4기(1635~48) 프랑스 전쟁: 프랑스는 독일 왕권의 강화를 견제하기 위하여 스웨덴을 도와 남부 이탈리아를 공격하여 독일에 혼란을 주었고, 프랑스의 야심을 보고 신교 제후들도 조약을 체결하였다.
■ 결과: 전쟁의 피해로 인구 3분의 2가 감소, 교역자 전사가 620명, 교육, 정치, 경제, 문화 등 각 분야가 황폐하여짐, 베스트팔리아 조약 체결(1648)

거름 더미 위에서 살아남. -4차례 격돌

*1606년 도나우베르트(Donauwoerth: 도나우 강변과 Ingolstadt Augusburg, Noerdlingen 사이에 있음): 이 도시의 유일한 하릴리히 코르이츠 수도원(거룩한 십자가 수도원)의 성 마가의 행사 시가행진 중 개신교가 투석으로 공격함. 수도원 원장은 신성로마...에게 도움을 요청, 황제는 자신에 대한 모욕으로 간주하고 바이엘른 공작 막시밀리안 1세(Maximilian I.(1573~1651)에게 ...도시를 무력점령. 사실상 도나우뵈르트는 바바리아가 아닌 개신교 슈바벤의 영토임. 가톨릭이 영토화하자 개신교 제후들이 즉각적으로 개신교 동맹을 결성(1608년). 리더는 .... Friedrich V.(1596-1632) - 1608년 5월 14일 Noerdringen 근처 Auhausen 에서 8명의 선제후와 17개의 개신교 도시가 개신교동맹 결성. 가톨릭 제후동맹은 쾰른, 트리오, 마인즈, 뷔르츠부르크 등이 연합.

개신교는 철군을 요구, 가톨릭은 가톨릭 재산 반환을 요구.

가톨릭 제후 동맹의 지도자 신성 로마제국의 황제

① 1618~1623 보헤미아 팔츠 전쟁

페르디난드 2세 1620 : 휜산전투(Weiβenberg)에서 개신교 동맹의 팔츠의 선제 후 프리드리히 5세 격퇴 하이델베르크, 만하임, 프랑겐찰(팔츠) 1623. 8. 5.-6 뮌스터의 슈타트론(Stadtlohn)에서 최종승리

② 1625~1629 덴마크 니더작센 전쟁

1625. 12. 영국, 덴마크, 네덜란드 대표 + 프리드리히 5세가 헤이그에서 결성 : 덴마크 크리스챤 4세가 독일공격, 1626. 4. 2. 데사우 전투에서 발레스타인 군대가 개신교 군대 격퇴, 헝가리로 추방. 발레스타인은 홀스타인, 메클렌부르크, 포매라니아 점령. 덴마크왕 1629. 5. 28. : 뤼벡 평화 조약((Frieden von Luebeck), 이 조약 후 덴마크는 앞으로 독일 공격을 안 할 것을 약속 : 잃었던 땅 돌려받음.

③ 1630~1635 스웨덴 개입, 개신교연맹의 지도자인 스웨덴의...1631년 9월 7일 브라이텐벨 전투에서 제국군 틸리의 부대 철저히 격파, 36,000명 중 12,000전사, 8,000명이 포로 됨, 구스타프는 도나우뵈러, 인골스타드 그리고 1632년 5월 17일 바이에른 뮌헨에 입성함. 1632년 나움베르크 전투에서 구스타프 사망. 전쟁은 개신교 승리.

④ 1635~1648 스웨덴 프랑스 전쟁

1648년까지 계속됨 - 마지막 13년 전쟁은 독일를 파괴시킬 정도. 1648. 10. 24. 베스트팔리아 조약(독일, 프랑스, 스웨덴)

프랑스 스웨덴 전쟁(1635~1648)

프랑스는 30년 전쟁 개시 이후 항상 반합스부르크의 흑막적 존재로서 신교파에게 원조를 하고 있었는데, 신교파가 약하게 되자 공공연히 전쟁의 정면무대에 등장하여 프랑스군은 남부독일로 침입하였고 스웨덴군도 공격을 재개하였다. 그 후 황제군은 수세에 몰리게 되자, 오랜 동안의 전쟁에 지친 황제와 독일 제후, 그리고 스웨덴 사이에 45년 이후 화평교섭이 이루어져, 48년 베스트팔렌조약이 성립되었다.

4) 결론

1648년 이후 제후의 북부는 개신교 남부는 가톨릭으로 라인강을 따라 칼뱅파가 정착하였다.

- 유럽 내 칼뱅주의 종교의 자유
- 네덜란드와 스위스가 신성로마제국에서 독립
- 재세례파 : 18세기부터 아메리카의 펜실베니아주로 이주
- 예수회의 반종교개혁운동[39] : 저술, 설교, 교육을 통해 가톨릭 성도회복 개신교에 투쟁, 교황청에 충성, 기독교와 각 지역의 풍습연결, 개신교 세력이 약한 지역(스페인, 이태리)에 종교재판을 통해 개신교 제거

# 마틴 루터(M. Luther 1483~1546)의 선교 이해

1. 서 론
    1) 연구 방향가 목적
    2) 연구자들의 역사적 분석
2. 루터와 선교 논쟁
    1) 논쟁점의 출발.
    2) 논쟁점의 원인
3. 루터와 선교 이해
    1) 로마 가톨릭의 선교 이해
    2) G. Warneck의 선교
4. 결 론

---

[39] 로마 교회의 부흥과 예수회
개신교의 개혁 운동에 대항하려는 로마 교회의 반종교 개혁(Counter Reformation)으로서 로마 교회의 부패를 정화하고, 규율을 바로 잡으며 교리적으로는 종래의 입장을 계속 유지하려는 운동이다.

# 1. 서론

### 1) 연구방향과 목적

'종교개혁자들에게 선교는 있는가' 라는 질문은 종교개혁기 이후 500년이 지난 지금에 이르러서도 계속되는 논란으로 남아있다. 주로 영미권에서는 '종교개혁자들에는 선교가 없다'고 주장하였고, 유럽 특히 독일권에서는 '종교개혁자들에게는 선교가 있다'고 말한다. 이러한 견해 차이는 역사를 바라보는 시각에서 비롯되어진 것이다. 영미권의 선교신학자들은 종교개혁과 덴마크-할레 선교회(Danish-Halle Mission)와 모라비안의 선교(Herrnhuter Mission) 활동보다는 윌리암 케리(Willian Carey: 1761~1834)를 시작으로 한 영국의 선교활동에 더 비중을 둔다는 데 차이점이 있다.

이에 대하여 독일의 선교 신학자들은 종교개혁과 덴마크-할레 선교회에 더 많은 관심을 보이고 있다. 그러나 독일의 선교 신학자인 구스타프 바르넥이 종교개혁자인 루터에 대한 비판의 글을 쓴 때문에 그로 인하여 영미권에 논쟁의 요소를 제공하였다.[40]

---

■ 기원
- 히메네스(Ximenes, 1436~1517): 로마에서 수학하고 프란체스코 교단에서 엄격한 신앙생활을 하였다, 1495년 톨레도(Toledo)의 대감독이 되었고 스페인 교회의 머리가 되었다. 그는 교회의 정화, 대학의 설립, 아퀴나스 신학에의 복귀에 최선을 다하였다.
- 캄페기오(Camperggio): 1524년에 남부 독일에서 개혁 운동을 전개하였다.
- 콘타리니(Contarini)와 카랍파(Caraffa): 이탈리아를 중심으로 개혁 운동에 종사함, 카랍파가 1555년 바울 4세로서 교황이 되자 도덕 혁신, 예배의 진흥, 재정의 정리에 힘을 쏟음.

■ 창설자
- 이그나티우스 로욜라(Ignatius Loyola): 1491년 스페인 귀족의 아들로 태어남(로욜라 - 성 이름), 무사 교육을 받고 통솔력을 키움. 1521년 전쟁에서 중상을 당해 입원 중 성자전을 읽다가 헌신하기로 결심함, 37세 때 파리 대학에 입학하여 철학과 신학을 연구함. 이들은 팔레스티나에서 고생하는 기독교인을 보호하고 로마 교회에 충성을 맹세하였다.

■ 예수회((라) Societas Jesu, (영) Jesits)
- 정의: 로마 교회 안에서 생긴 수도사 단체, 규칙 생활을 하고 전도하며 이단과 싸우고 이교도들을 개종시키고자 힘쓰는 결사 단체.
  로욜라가 규합한 6명의 동지로 출발, 1540년 9월 27일 교황의 재가를 얻음(단원 60명으로 출발), 강령은 절대 복종, 2년간 예배훈련(금욕적 고행과 노역), 학생(5년), 부사원(교수와 수학, 5년), 정사원(신학 연구, 4년) 등 모두 16년간 수련을 받음, 복종, 빈곤, 독신이 이들의 3대 서약임.
- 세력 확장의 방법: 고백을 들음(정치상 기밀을 들음으로 확장의 기회로 활용), 교육(대학 경영, 상류 사회를 이끔)
- 외국 선교(크게 성공함): 프란치스코 하비에르 스페인(Francis Xavier, 1506~1552): 인도, 스리랑카, 일본 등지에 선교.
  마테오 릿치(Matteo Ricci): 중국, 브라질, 유럽 아시아 등지에 선교

■ 결과: 로마 교회의 내부 각성, 개신교에 영향을 줌.

종교개혁자들의 선교를 비교, 연구한 대부분의 논문들은 루터를 제외한 다른 종교개혁자들에 대하여는 긍정적인데, 그 이유는 다른 종교개혁자들의 선교를 교회론[41], 예정론[42], 혹은 종말론[43]과 관련하여 "선교가 있다"로 다루는 것을 볼 수 있다. 그렇다면 종교개혁자들의 선교를 연구한 많은 학자들이 유달리 루터만 제외한 이유는 무엇이며, 종교개혁과 선교신학의 아버지라 불리우는 바르넥(G. Warneck)은 루터를 어떻게 평가하고 있고, 그 원인과 배경은 무엇인지를 본 소고에서 살펴보고자 한다. 우선적으로 종교개혁자들의 선교에 대한 총괄적 내용을 살펴보고, 논쟁점들의 불명확한 부분에 대한 앞으로의 연구과제로 새롭게 제시하고자 한다. 본 소고의 내용 전개는 첫째, 종교개혁가들의 논쟁점들은 무엇인가, 둘째, 종교개혁가들의 논쟁점들의 전개는 어떻게 되어졌는가, 셋째, 종교개혁가들의 논쟁점들의 결과가 무엇인지 다루어 보려고 한다.

## 2) 연구자들의 역사적 분석

개신교 선교역사를 연구할 때 먼저 종교개혁기의 전후를 살펴봄으로써 종교개혁기 전후의 선교를 어떻게 평가하고 있는지 파악해야 한다. 그런데 이 시기의 선교역사를 살펴보면 대부분이 종교개혁에 있어서 선교에 대하여 부정적으로 평가하고 있다. 선교를 '이방인들에게 나아가 복음을 전하는 것'이라고 정의한다면, 선교활동이 없는 선교에 대한 평가는 불가능하다. 또한 선교의 동기와 목적에 대하여 종교개혁자들의 활동과 그들의 업적을 분석해보면 심지어 그들의 사상에까지 의문을 갖게 한다.

그리하여 현재까지의 대체적인 평가들은 종교개혁자들에게 선교활동이 없었으므로 '종교개혁자들의 선교는 없다'라는 논제가 철저히 검증되지 않은 채, 로마 가톨릭 선교신

---

40) Stephen Neil, A History of Christian Missions,(Harmondsworth: Penguin, 1964); K. S. Latourette, A History of the Expansion of Christianity,(Grand Rapids: Zondervan, 1970); David Bosch, Transforming Mission,(New York: Orbis Book, 1991) 등의 영미권 선교역사서와 Hans Werner Gensichen, Were the Reformers Indifferent to Missions?., in History's Lessens for Tomorrow's Mission, World Students Christian Federation, 1960.; Karl Sell, Der Ursprung der Christlichen und der modernen Mission, in Zeitschrift fuer Theologie und Kirche, 1875.; H. Jim Montgomery, Luther und die Mission, Ge-sammelte Aufsaetze zur Kirch-enegschic-hte III,(Tuebingen:Mohr, 1928), Walter Horsten, Reformation und Mission, Archiv fuer Reformationsgeschichte, Vol. 44.(Stuttgart:Ev. Missionsverlag, 1953).; Wolfgang Schaefele, Das missionarische Bew-usstsein und wirken der Taeufer, (Neu-kirchen-Vluyn:Verlag des Erziehungsve-reins, 1966). 등의 독일어 자료들에서 선교 기준치의 특징들이 다른 것을 알 수 있다.
41) 박근원,《오늘의 선교론》(서울:전망사, 1983).
42) 전호진,《한국교회와 선교》(서울:정음출판사, 1983)
43) David J. Bosch,《Witness to the World》, (Atlanta: John Knox pre., 1980).

학자들의 가혹한 비판을 받아왔다. 그러나 '종교개혁자들의 선교는 없다'는 논제는 루터에게만 관련시키고 나머지 종교개혁자들에 대하여는 논란이 거의 없다. 역사 이론가인 플리트(Plitt)[44]의 논조를 받아들인 바르넥도 종교개혁가인 루터를 이방인을 위한 선교보다 교회를 통한 간접선교 혹은 내적 선교(Innere Mission)[45]라고 밝히면서 루터의 선교활동이 없음을 지적하였다. 그는 더 나아가서 "로마 가톨릭의 선교활동을 통하여 과거 어느 때보다도 선교적 사고가 충분한 때에 선교적 의무(Missionspflicht)를 깨닫지 못했다는 것은 종교개혁자들의 근본적인 신학적 견해가 그들의 사상과 활동이 선교적 경향에 방해되었음이 틀림이 없다"라고 했다.[46]

이러한 평가를 뒷받침하는 플리트(Plitt)의 주장은 지금도 종교개혁과 선교의 기본적인 증거자료로 제시되고 있다. 플리트(Plitt)와 바르넥(G. Warneck)의 견해를 근거로 하여 종교개혁에 관한 선교 역사서들은 20세기 후반까지 다음과 같은 동일한 7가지 논리[47]를 제시하였다.

첫째, 종교개혁 당시의 시대적 상황이 선교활동을 할 수 없는 조건에 있었다. 즉, 로마 가톨릭의 반대와 억압, 종교개혁자들 간의 논쟁을 해소하고 개신교의 세력을 형성하는 데 많은 노력을 기울여야 했다.

둘째, 그들은 종말이 가까왔으며 복음이 온 세상에 이미 전파되었다고 간주하였다.

셋째, 개신교 정부의 지도자들이 선교에 열정을 갖지 못하였다.

넷째, 가톨릭의 수도원과 같은 조직적인 선교기구가 존재하지 않았다.

다섯째, 비기독교 세계와의 접촉점이 전무하였다.

여섯째, 선교명령을 사도들만으로 제한하였다.

일곱째, 교회의 사명이라 할 수 있는 선교보다 교회의 본질에 더 관심을 가졌다. 이방

---

44) Plitt, Kurze Geschichte der luterischen Mission,(Erlangen, 1871). 1. Vortrag: Luthers Auffassung und Erfuellung der Missionspflicht. 재인용: Abriss einer Geschichte der protesantischen Mission von der Reformation bis auf die Gegenwart(Berlin; Verlag von Martin Warneck, 1899), 10. "루터는 교회를 통한 선교 명령이 없었고, 말씀과 행함의 일치를 위해 나아갔다. 선교란 복음을 비기독교지역에 전파하여 기독교화(Christianisierung)하는 것이다. 루터는 이것을 발견하지 못했다."

45) Horst R. Flachsmeier, Geschichte der evangelischen Weltmission,(Gissen: 1963), 104. 로마 가톨릭의 선교를 세계정복을 위한 외적선교(Aeusseren Mission)로 보고, 종교개혁은 'die Innere Mission der Christenheit'로 분석하였다.

46) G. Warneck, Abriss einer Geschichte der Protestntischen Mission,(Berlin: Verlag von Martin Warneck, 1899), 9.

47) K. S. Latourette, A History of the Expansion of Christianity, Vol. III,(Grand Rapids: Zondervan Pub., 1975), 43.과 전호진,《한국교회와 선교》(서울:정음출판사, 1983), 13.

인을 향한 선교보다는 교회 안의 개혁과 지역전도에 더 관심을 두었다.

이러한 부정적 접근에 대한 반박으로 '종교개혁자들에게 선교가 있다'는 논제를 내세운 16세기 최초의 루터교 정통파 신학자인 필립 니콜라이(Philip Nicolai, 1556~1608)가 있었다. 그는 "교회확장의 선포"가 "사도들의 사역을 위한 파송"이라는 입장을 밝혀 종교개혁에 관한 긍정적 시야를 열어 주었다.[48] 또한 마틴 부서(Martin Bucer)는 1533년 "진리의 상담에 관하여 (Von der wahren Seelsorge)"라는 글에서 "지속적으로 복음을 전하는 교회의 선교에의 요 청"[49]을 통해 교회의 사역을 선교로 보았다. 17세기의 유스티안 본 벨츠(Justinan von Welz: 1621~1666)와 19세기 칼 셀(Karl Sell)은 루터의 복음의 자발적인 확대(die unwillkuerlisch Selbstaussaat des Evangeliums)[50]가 곧 선교의 증거임을 드러내었다.

20세기 후반 한국의 전호진, 박근원, 장중렬 등은 개혁교회의 입장에서 종교개혁자들의 선교를 칼뱅의 선교로 발표하였고, 칼 홀(K. Holl), 베르너 엘네르트(Werner Elert), 윌리암 샤우펠(Wolf·gang Schaeufele), 발터 홀스텐(Walter Holsten), 존 몽고메리(J. W. Montgomery), 에드워드(C. E. Edwards), 한스 베르너 겐지헨(H. W. Gensichen) 등 주로 독일 신학자들이 대부분인 이들은 종교개혁자인 루터의 선교를 긍정적으로 주장[51]하고 있다. 그러므로 종교 개혁가인 루터에 관하여 영미권과 유럽권의 평가가 서로 대치되고 있음을 보게 된다. 먼저 종교개혁자들 가운데 루터만 구별시킨 논쟁점의 근거를 찾아보고, 이에 따라 논쟁을 출발시킨 바르넥(G. Warneck)의 선교 이해를 통해 루터 선교의 연구 기본 자료를 제시하고자 한다.

## 2. 루터와 선교논쟁

종교개혁에 나타난 선교의 논쟁점은 종교개혁자들 가운데 특히 루터에게 집중되었다. 루터의 비선교적 이해와 사상, 나아가 선교적 무활동 등에 쟁점을 두면서 나타나게 되는

---

48) Willy Hess, Das Missionsdenken bei Philipp Nicolai, (Hamburg: Friedrich Wittig Verlag, 1962), 90-96.
49) J. Wallmann, Kirchenegschichte D eutschlands seit der Reformation, (Tuebungen: Mohr, 1993), 46.
50) Karl Sell, Der Ursprung der christlichen und der moderenen Mission, Zeitschrift fuer Theologie und Kiche, Vol .6. 1895, 438, 전호진, 《한국교회와 선교》, 15. 재인용.
51) 전호진, 《한국교회와 선교》(서울:정음출판사, 1983), 9-24.
  - David Bosch, Transforming Mission,(New York: Orbis Books, 1991), 241.

데 일반적으로 두 가지로 나타난다. 하나는 루터에게 선교활동이 없었다는 부정적인 견해와 다른 하나는 루터의 교회개혁에 있어서 교회를 중심으로 한 그의 모범적인 선교활동을 긍정적으로 보는 견해이다. 따라서 이 두 가지 논쟁점의 출발을 살펴보고, 그 원인을 정리하고자 한다.

### 1) 논쟁점의 출발

종교개혁자들의 선교에 대한 그들의 연구논문들에서의 비판적 접근은 루터에서 출발하여, 쯔빙글리, 칼뱅, 제세례파로 이어지는데, 이것은 루터에게서 없었던 선교활동이 쯔빙글리와 칼뱅 등으로 이어지면서 선교활동이 점진적으로 확장되었다. 이 과정을 노만 토마스(Norman E. Thomas)는 "루터에게서 하나님의 왕국은 말씀과 믿음과 최종 계시에 근거한 하나님의 역사를 통해 이루어져야 했다. 사도의 선교명령은 이미 그들(사도들)에 의해 이루어졌다는 해석"[52]으로 루터는 선교활동의 근거를 전혀 제시하지 못했다[53]는 것이다.

그러나 다른 종교개혁자들은 루터가 열리지 않은 선교활동의 빗장을 점진적으로 열도록 초석을 제공했다고 말한다. 예를 들어, 칼뱅은 사도의 특별직분(extraordinary offices)[54] 즉 복음 선포의 활동을 시작으로 선교활동의 영역을 루터보다 한 단계 높였고, 전호진은 칼뱅의 현대 선교신학의 선포(proclamation)[55]를 주장하였다. 박근원은 칼뱅의 교회론이 선교적 기능을 가지고 교회 전체가 그리스도를 증거할 사명이 있음을 제시함으로써 루터보다 진일보한 선교활동을 보여주고 있다.[56]

또한 칼뱅은 스스로 자신의 교회에서 브라질에 설교자 페터 리허(Peter Richer)와 가스파드 데 콜리니(Gaspard de Coligny)를 파송함으로 루터보다 확증적인 선교활동을 보여준다.[57] 그 외 재세례파의 경우에 있어서 그들의 선교활동을 데이비드 보쉬(David Bosch)는 "세상을 향한 증거 (Witness to the World)"에서 "현대 선교운동의 선구자들

---

52) Norman E. Thomas, Classic texts in Mission,(New York, Orbis Books, 1995), 32.
53) 윌리엄 리치 호그,《개신교의 선교사상사》1517-1914, Gerald H. Anderson, The Theology of the Christian Mission, 박근원 역,《선교신학서설》(서울: 대한기독교서회, 1975), 120.
54) Norman E. Thomas, Classic Texts in Mission and World Christianity,(New York: Orbis Books, 1995), 32.
55) 전호진,《한국교회와 선교》(서울:정음출판사, 1983), 9-24 중 23f.
56) 박근원,《오늘의 선교론》(서울: 전망사, 1983), 20.
57) Werner Raupp, Mission in Quellen-texten,(Bad Liebenzell, 1990), 34-37.

로서 … 그들(재세례파)은 구원받는 자는 구원받지 못하는 자에 대하여 거룩한 책임을 느끼지 않을 수 없다. … 그들(재세례파)은 믿지 않는 사람들과 판이한 행실로 살아야 한다는 하나님의 명령을 받고 있다고 스스로 생각한다. … 이렇게 해서 신도는 다 각기 선교사가 되었고 … 복음이 다시 세계에 전파되었다."[58] 따라서 재세례파에 와서 현대 선교활동의 모습을 갖추었다고 할 수 있다.

또한 재세례파는 자신들을 "하나님이 원하는 대로 쓰임 받도록 모든 것을 바치고 헌신하여 하나님 자신이 종말을 위하여 준비하도록 하는 것이다. 하나님의 개선 행진에 붙들린 자들이다"[59]라고 하였다. 이들은 나중에 유럽, 아시아, 아프리카와 라틴 아메리카에서 선교활동을 하였다.

이러한 종교개혁자들과 선교에 관한 논쟁점의 발달과정을 살펴 볼 때, 루터를 제외한 다른 종교개혁자들은 점진적 현대선교의 활동과 목적을 이루어가고 있음을 알 수 있다. 데이비드 보쉬(David Bosch)의 "세상을 향한 증거"에서 이 과정이 가장 잘 나타나고 있다. 그에 의하면 "루터는 사도들이 세계를 분배하여 세계복음화를 다 이루었다는 우의적 개념을 배척하였다. 유럽과 다른 지역에 있는 이교도들에게 복음을 선포할 필요성을 강조함으로 … 소명감의 창조적 긴장감"[60]에 대해 칼뱅은 자신들을 세계를 변화시킬 도구로 보았다.[61] 이렇게 확장된 선교활동은 제2의 종교개혁을 일으킨 네덜란드 선교신학자 비시우스, 브라켈 그리고 허니우스 등에 의한 현대적 선교활동으로 제 모습을 갖추게 되었고, 그 이후 도트 총회(1618~1619)에서 기스버터스 보에티우스는 선교의 목적을 세 가지로 분류하였는데[62], 이러한 분류는 현대 선교신학의 기초를 이루어 지금까지 그대로 정의되고 있다.

정리해 보면 종교개혁자들의 선교활동은 루터 이후에는 선혀 문세로 제기되지 못하였다.

종교개혁과 선교의 논쟁점에서 '종교개혁자는 선교가 있는가'라는 물음이 이제는 '루터에게 선교가 있는가'로 바뀌어야 한다. 그러므로 더 이상 종교개혁에 선교를 연관시켜 '선교가 있다 또는 없다'라고 하는 것은 의미가 없다. 이제 종교개혁과 선교의 과제는 자

---

[58] David J. Bosch, 전재옥 역, Witniss to the World, (서울:두란노, 1980), 155-158.
[59] Ibid., 157.
[60] Ibid., 148f.
[61] Ibid., 149.
[62] 그 세 가지는 첫째, 이교도들의 개종(conversio), 둘째, 교회개척(plantatio ecclesiae), 셋째, 하나님의 은총의 현현과 영광(gloria et manifestation gra-tiae divinae)이다. Ibid. 153f.

연히 루터에게 돌아간다. 루터에 정통한 신학자인 베르너 엘레트(Werner Elert)는 "사도들이 이미 복음을 온 세상에 전파하였으므로 교회에는 전도의 사명이 없다고 루터가 말한 것으로 주장하는 현대 신학자들의 사상은 사실상 루터와 멜랑히톤에서는 찾아 볼 수 없다. … 루터는 그의 선교와 교훈과 찬송에서 심오한 선교 비전을 나타내었다. 종교개혁의 웅장한 교리적 핵심이 되는 곡 "내 주는 강한 성이요"는 선교의 찬송가63)라고 주장하였다.

그러나 루터의 선교적 활동을 외적으로 증거 하는 데 있어서 베르너 엘레트(Werner Elert) 는 루터가 선교에 대해 활동적인 사람은 아니라고 말한다. 그러나 루터의 선교활동을 지지하는 자들은 '현대선교에서 루터의 종교개혁이 결과적으로 현재의 선교를 이루게 된 원인과 배경이 되지 않았느냐 라고 논박하고 있다. 반덴 베르그(Van den Berg)의 박사학위 논문 'Constrained by Jesus' Love(예수의 사랑으로 구속받아 – 역자 주) '와 루이(Rooy)의 "청교도 전통에서의 선교신학(The Theology of Missions in the Puritan Tradition)"에서, 종교개혁 이후 선교활동의 결말이 바로 루터가 종교개혁을 시도한 결과가 아닌가 하는 미약한 간접적 선교접근64)을 시도하였다. 또한 한스 베르너 겐지헨(H. W. Genischen)은 종교개혁자 없이 개신교 역사가 있을 수 없는 것처럼, 종교개혁자들의 선교신학 없이 어떻게 개신교 선교신학을 정의할 수 있는가 하는 지적을 하였다.65) 그러나 이러한 주장은 오히려 루터의 선교를 불확실한 연관성을 확증시켜 주는 계기가 되었다. 더 나아가 루터신학에 있어서 하나님의 주권성이 강조된다면, 그의 신학은 선교사상까지 의심하게 된다는 남침례교 선교신학자인 페터스(G. Peters)의 주장은 결코 공허한 것이 아니다.66)

결국 종교개혁자들 중에 선교와 관련되어 선교활동의 비판을 받아온 종교개혁자는 사실상 루터67)였으며, 루터에 관한 신학활동이 종교개혁자들의 선교의 논쟁점의 출발이 되고 있음을 살펴보았다. 그렇다면 종교개혁과 선교와의 부정적 만남은 루터에게서 찾아야 한다. 그러나 반덴 베르그(Van den Berg), 루이(Rooy), 한스 베르너 겐지헨(H. W. Genischen), 베르너 엘레트(Werner Elert), 칼 셀(Karl Sell), 발터 홀스텐(W. Holsten)

---

63) Luther and Mission, Evangelical Missions Quarterly Vol. 3, No. 4. Summer, 1967, 195-97, 전호진,《종교개혁과 선교》15. 재인용.
64) 전호진 역《한국교회와 선교》, .14.
65) Ibid.
66) G. Peters, A biblical Theology of Missions, 26, 148.
67) 장중렬,《종교개혁과 세계선교》신학과 선교 제17집(부천: 서울신학대학교, 1992), 42-69.

등은 종교개혁의 선교를 주장한 학자들인데, 이들의 미약한 주장보다는 루터의 활동에 과연 다른 접근의 가능성은 없는가 하는 것이 앞으로 풀어야 할 과제이다.

### 2) 논쟁점의 원인

종교개혁과 선교에 대한 논쟁점의 원인을 다루는 데 있어서, 우선 종교개혁자들이 직면해 있었던 로마 가톨릭과의 대립적인 시대적 상황은 가장 큰 요인으로 등장한다. 바르넥(G. Warneck)은 종교개혁자들이 잘못을 시인해야 할 요소로 첫째는 이방 백성에 대한 직접적인 선교의 부름이 없었고, 둘째는 이방 문화에 그리스도를 세우기 위한 투쟁보다는 구교와의 투쟁에 총력을 기울였다고 지적하였다.[68]

그러면 종교개혁자들은 왜 세계선교에 적극적으로 동참하지 못했을까? 게다가 종교개혁자들은 왜 한마디 회개나 고백이 없이 침묵하였는가? 그 이유에 대하여 바르넥(G. Warneck)은 종교개혁자들은 자신들의 정체성 확립과 로마 가톨릭과의 투쟁 때문이라고 지적한다. 그는 종교 개혁자들이 신대륙의 발견 이후 폭발적으로 증가하는 가톨릭의 총체적 선교세력을 전혀 바라보지 못한 "선교의 책임성 결여", "선교의 열정 부족", "복음의 증인으로서 선교의 부름에 관한 회개와 고통의 고백 없는 행동에 선교사상"까지 결여되었다고 몰아 세웠다.[69]

이러한 바르넥(G. Warneck)의 비판적 논쟁점은 종교개혁자들의 선교에 대하여 거의 원자료적인 역할을 했다. 마치 한 연구소에서 동일한 자료를 내어 주는 착각이 들 정도이다. 즉, 닐(Stephen Neill)은 바르넥(G. Warneck)의 '종교개혁자들이 세계선교의 대상인 이교도들을 직시하지 못하고 1648년까지 생존을 위해 구교와 투쟁하였다'[70]라고 한 지적은 당시의 시대상황이 가톨릭으로 하여금 종교개혁자들의 선교활동의 부재를 비판하는 근거가 되었다고 하였다.

한편 케인(J. H. Kane)은 신대륙의 발견으로 세계선교가 확산되리라고 생각했으나 결과는 그렇지 못했다고 하였다. 그는 그 이유를 다음과 같이 네 가지로 언급하였다.[71]

1) 선교적 책임의 부재, 2) 종교논쟁(가톨릭대 개혁파)에 힘을 소진함 3) 로마 가톨릭

---

68) G. Warneck, Arbiss einer Geschichte der protestantischen Mission von der Reformation bis auf die Gegenwart, (Berlin: Verlag von Martin Warneck, 1899), 8.
69) Ibid.
70) Stephen Neill, A History of Christian Missions,(Harmondsworth: Penguin Books, 1990), 188-89.
71) J. Herbert Kane, A Grobal View of Christian Missions,(Grand Rapids: Baker Book House, 1985), 73-75.

의 해상권 독점으로 인하여 해외선교의 길이 봉쇄됨 4) 로마 가톨릭과 같은 확고한 종교적 체계와 질서의 미확립으로 보았는데 이 역시 바르넥의 견해를 확대하거나 세분화하는 정도였다. 보다 흥미로운 것은 선교역사가이자 신학자인 라토렛(Kenneth Scott Latourette)이 저술한 "기독교 확장의 역사(A History of the Expansion of Christianity;1937-1945까지 출간)" 7권에서는 다섯 가지[72] -1) 신앙적 투쟁(로마 가톨릭 대 종교개혁자)을 통한 체계화의 과정 2) 복음이 이미 온 세계에 전파되었다는 종말사상 3) 개신교의 선교에 대한 관심결여 4) 조직화된 선교조직의 부재 5) 종교개혁자들과 비기독교 국가와의 접촉부재-로 정리하였는데 이것을 전호진도 바르넥(G. Warneck)의 비판을 근거로 하여 같은 맥락에서 분석했다.[73]

이를 통해 볼 때 종교개혁자들의 논쟁의 원인은 바르넥(G. Warneck)이 저술한 종교개혁자들의 《선교비판서》(Abriss einer Geschichte der protestantischen Mission von der Reformation bis auf die Gegenwart)에 들어 있음을 발견하게 된다.

지금까지의 내용을 정리하면 논쟁의 원인 제공은 바르넥(G. Warneck)이었다. 이제 다음으로 그가 다루고 있는 선교 이해를 살펴보면서 논쟁의 결과를 분석하려고 한다.

## 3. 루터와 선교 이해

종교개혁자들 사이의 논의의 쟁점이 루터로부터 시작되었다는 것을 앞에서 연구한 본문들을 비교해본 결과 찾아 볼 수 있었다. 이제 종교개혁자들과 선교와의 관계를 다룬 논쟁의 결과를 바르넥(G. Warneck)의 견해를 통해 살펴보려고 한다. 먼저 분석의 배경이 되는 로마 가톨릭의 선교개념을 이해하고, 이어서 바르넥(G. Warneck)의 선교 이해를 바탕으로 하여 그가 루터를 비판한 내용을 정리하고자 한다.

### 1) 로마 가톨릭의 선교 이해

16세기 로마 가톨릭의 대표적인 선교 신학자 벨라민(Robert Cardinal Bellarmine)에 의하면 "이단자들은 이교도나 유대인들을 신앙으로 개종하지 않고 단지 타락한 기독교인

---

72) K. S. Latourette, A History of the Expansion of Christianity, Vol. III,(Grand Rapids: Zondervan Pub., 1974), 42.,
73) Ibid.,

들과 함께 있다. 루터파 사람들은 … 상당수의 유대인과 함께 살며, 폴란드와 헝가리에는 터어키인들이 이웃하고 있으나, 그들은 이러한 이교도들 중 몇몇 사람도 개종시키지 않았다"[74]라고 말하며 '개신교에는 선교활동이 없다'고 지적하였다.

로마 가톨릭의 선교 이해에 있어서 여러 학자들의 견해를 비교 연구하는 것보다는 당시에 등장했던 자료들을 추적하고 분석하는 것이 타당하다. 따라서 선교와 세계 기독교에 관한 원문(Classic Texts in Mission and World Christianity)을 모은 토마스(Norman E. Thomas)의 자료를 근거로 하여 살펴보려고 한다. 로마 가톨릭의 선교 역사[75]는 A.D. 600년에서 1500년 사이를 언급한다. 이 기간 동안 선교의 시작은 히포의 어거스틴(Augustine of Hippo: 354~430)까지 거슬러 올라감으로써 중세기 선교의 근거를 찾을 수 있다.

### (1) 선교의 동기 [76]

어거스틴(Augustine of Hippo:354~430)은 로마가 이슬람족속인 알라릭(Alaric)과 고트족(Goths)에 의해 로마가 약탈되는 시기에 살았다. 그는 달마티안의 주교였던 헤시키우스 (Dalmatian bishop Hesychius)로부터 이방민족의 로마 약탈에 대하여 세상의 임박한 종말의 내용으로 히포의 어거스틴에 보낸 편지에서 다음과 같은 답장을 전했다.

"로마의 권력이 미치지 않는 내륙에 있는 미개인들은 전혀 기독교의 영향을 받지 못하고 있습니다. 그러나 아무도 그들이 하나님의 약속과 무관하다고 말할 수 없습니다. … 주님의 약속은 로마인들뿐만 아니라 모든 족속을 향한 것입니다. … 결론적으로 주님께서는 '너희는 예루살렘과 온 유대와 사마리아와 땅 끝까지 이르러 내 증인이 되리라'(행 1:8)라고 말씀하실 때, 그 말을 듣는 그들 자신에 의해 임무가 완수될 것을 의미하지는 않습니다. 주님은 홀로 남겨질 그들에게 말씀하셨습니다. '볼지어다 내가 세상 끝날까지 너희와 항상 함께 있으리라.'(마 28:20) 우리 모두는 이 말씀을 지금부터 세상 끝 날까지 반복되는 출생과 죽음으로 말미암은 계속되는 세대들을 통해 존속하는 보편적 교회에 주어진 약속으로 이해해야 합니다."[77]

---

[74] Stephen Neill, A History of Christian Missions,(Harmondsworth: Penguin Books, 1966), 221.
[75] Norman E. Thomas, Chapter 2:The Middle Ages and Roman Catholic Missions, Classic Texts in Mission and World Christianity,(New York: Orbis Books, 1995), 16-31.
[76] Ibid., 16-19.
[77] Ibid., p.18f. "누가 이 세상을 복음으로 가득 채울 것인가?" (Who will Fill the World with the Gospel?)

어거스틴은 아직까지 복음을 받아들이지 못한 많은 민족들이 있기 때문에 선교의 위임 명령은 아직 끝나지 않았다고 주장하였다.

이에 대하여 바르넥(G. Warneck)은 루터가 아직 끝나지 않은 선교의 명령인 이교도 개종과 바다 건너 이방민족에게, 즉 유럽이 아닌 곳으로 나아가는 선교를 하지 않았다고 지적하였다.[78] 어거스틴(Augustine of Hippo)이 주장했던 "이방 민족에게 복음을 전하는 것"이 선교의 동기가 되었다. 그는 이것을 '하나님의 도성(The City of God)'이라는 저서 안에서 로마 가톨릭의 선교이론을 정립시켰다.

### (2) 선교 이론[79]

'하나님의 도성(The City of God)'이라는 어거스틴(Augustine of Hippo)의 저서의 직접적인 동기는 AD 410년 로마의 함락 때문이었다. 이때 당시 사람들 사이에 로마 시민들이 토속신들을 버리고 기독교로 개종했기 때문이라는 비난이 일어나게 되었다. 어거스틴(Augustine of Hippo)은 이러한 비난을 반박하고자 '하나님의 도성'을 집필하게 되었다.[80] 그에 의하면 하나님의 도시 사람들은 지상의 도시 사람들을 위하여 성도들의 삶의 모습을 보여주는 부름을 받게 된 것을 선교의 원리로 제시하였다.

이를 좀 더 설명하자면 먼저 '하나님의 도성'은 하나님과 함께 영원히 지속하고 있지만 하나님의 순례자들, 즉 성도의 공동체의 교제로서 부분적으로 이 땅에 나타난다. 다음으로 '이 땅의 도성'은 거짓된 신들을 섬기는 사람들과 정의와 평화를 위해 노력하는 사람들을 포함한다고 하였다. 그렇다면 두 도성의 사람들은 서로 섞여 살아야 하는데, 이 속에서 그리스도인들이 충실한 증인으로 증거와 봉사에 부름을 받았다는 분명한 정황을 제시하고 있다. 이러한 부름의 사역이 바로 로마 가톨릭의 선교이다.

### (3) 선교사 파송[81]

로마제국이 야만족의 침입으로 붕괴 되었고 이슬람교도들의 정복은 5세기로부터 15세기까지의 유럽을 암흑시대로 몰아갔다. 이 기간 동안 그리스도인들의 이상을 지킬 수 있었던 것은 보쉬(David Bosch)가 말했듯이 정통 기독교의 많은 부분들을 수도원이 잘 보

---

78) G. Warneck, Abriss einer Geschichte der protestantischen Mission von der Reformation bis auf die Gegenwart,(Berlin: Verlag von Martin Warneck, 1899), 8f.
79) Ibid., 19f. "어거스틴에게 '모든 족속에게 가라'는 여전히 완수되지 않은 선교 명령이다"
80) Ibid., 19.
81) Ibid.,

존하였기 때문이다. 이때의 수도원은 문화와 문명의 중심으로서 뿐만 아니라 선교의 중심지로 발전하였다. 유럽의 수도원은 동방과 서방으로 갈라지는데, 동방의 수도원은 성자적인 삶을 통한 개인적인 경건의 훈련을 발전시켰으나, 서방의 수도원은 공동체 생활을 통해 "그리스도의 고난을 인내로서 나누어 가지라"라는 표현을 표방한다. 이것은 영혼구원에 대한 관심과 나그네들과 가난한 자들에 대한 돌봄의 사역을 선교의 대상으로 보았던 것이다. 또한 이교도들을 그리스도에게 굴복시키고 개종하는 방법으로 이방인들이 사용하던 성전을 기독교에 적합한 예배처소로 사용하는 선교전략을 삼았다.[82] 이것은 마테오 리치의 중국선교에 있어서 역사상 주목할 만한 선교의 성과를 이루어 낸 적응(Accommodation)의 방법이다.

그러나 이와는 반대적인 접근으로 민족 간의 직간접적 선교 전쟁들이 있었다. 누가복음 14:23 "주인이 종에게 이르되 길가 산울가로 나가서 사람을 강권하여 데려다가 내 집을 채우라"라는 말씀은 십자군을 향한 성경적 명령으로 해석되었다. 그러므로 선교를 정복의 전쟁으로 보았다. 이러한 접근원리는 선교역사가들에 의해 지금도 제기되고 있다.[83]

11세기 선교에 대한 서구의 접근방법이었던 십자군의 정신은 모슬렘으로부터 예루살렘을 재탈환하려는 시도였다. 이러한 접근방법은 십자군 전쟁 이후 점차 변화를 겪게 되는데, 15세기 스페인을 정복한 무어족(Moor, 모로코에 사는 회교인종 - 역자주)을 추방하고, 15세기를 거쳐 16세기 세계정복을 이루어 토착민에 대한 살인과 착취를 자행하였다. 이러한 스페인의 만행에 대한 분노의 항쟁이 히스 파뇰라(Hispanola)에서 일어났다. 이곳을 정복한 스페인 사람들을 위한 예배당의 사제였던 바돌로메 라스카사스(Bartholomew de las Las Casas)는 1514년 영적인 회심을 경험한 후 스페인 전제정부에 대항하여 토착민을 방어하는 데 헌신하였다. 이러한 회심은 교황 바울 3세의 교서 "Sublimis Deus"(지극히 높으신 하나님 - 역자 주)에 로마 가톨릭의 선교전략으로 지시되었다.

결론적으로 로마 가톨릭 선교신학자들은 루터를 어떻게 평가할 것인가? 그들의 선교개념에 따른 선교활동이란 이방민족을 향한 선교의 목적, 방법, 동기와 연관된 것으로 정의해 버린다면 — 즉 '바다를 건너 이방인에게로' 가야만 한다는 논리로 루터를 평가해 볼

---

82) Ibid.
83) Karl Mueller, Werner Usdorf(Her sg.), Einleitung in die Missionsgeschichte,(Stuttgart, Berlin, Koeln: W. Kohlhammer, 1995) 에서 "선교는 정복이다" 11.

때 – 루터에게는 선교 사상조차 없다고 단정하게 된 것이었다.

※바르넥(G. Warneck)의 선교 이해

개신교 선교신학의 아버지라 불리우는 바르넥(G. Warneck)은 "Abriss einer Geschichte der protestantischen Mission"에서 종교개혁의 역사와 이론을 연구하는 플리트(Plitt)는 자신의 주장을 수용하고 있다. 그의 세미나 발표문 "Luthers Auffassung und Erfuellung der Missionverpflicht"에서 플리트(Plitt)는 선교를 "이방인들의 개종과 기독교화"라고 한다. 결국 바르넥은 이러한 주장이 결핍된 루터의 선교 이해를 선교적 사상조차도 없다고 혹평[84] 하였다. 이는 바다 건너 신대륙의 이방인들에게 달려가 복음을 전하는 로마 가톨릭의 선교개념[85]과 일치하고 있다.

이러한 선교 이해가 바르넥(G. Warneck)의 글에서 어떻게 증거되고 있는지 살펴보려면, 먼저 그의 선교 이해를 담은 이론서 ; "개신교 선교학(Evangelische Missionslehre)"[86]을 살펴볼 필요가 있다. 여기에서 바르넥이 복음증거의 대상인 '바다를 건너 이방 민족에게'라는 로마 가톨릭의 입장을 어느 정도 반영하고 있는가 하는 것이다. 이러한 접근에 대하여 베르카일(J. Verkuyle)도 바르넥의 '개신교 선교학(Evangelsiche Missionslehre)'을 3부로 설명하고 있지만[87] 여기에서는 2부로 나누고자 한다.

먼저 제1부에서 바르넥은 선교의 필요성에 대한 근거로 파송과 교회의 역할에 대하여 논한다. 복음의 선포는 예수 그리스도 안에서 세상의 모든 백성들이 구원(retten)을 얻는 보편적인 구원(Heils · universalismus)을 말한다.[88] 보편적 구원의 복음은 모든 인간들이 죄를 범하였기 때문에 구원의 필요성이 하나님의 형상을 닮은 인간에게 구속의 은혜로 다가오는데, 이 구원의 소식의 전달자로의 사명이 있다. 이것은 예수와 그의 제자들에게

---

84) G. Warneck, Abriss einer Geschichte protestantischen Mission von der Reformation bis die Gegenwart,(Berlin: Verlag von Martin Warneck, 1899), 9.
85) ◆ 로마 가톨릭 선교를 정리하면
   (1) 복음이 전해져야 주님이 재림하신다.–종말론
   – 선교의 대임명령은 아직 끝나지 않았다.(세계복음화의 근거)
   (2) 수도원 운동은 훈련된 선교사들을, 수도원은 선교단체로 선교현장을 위해 생겨났다.
   (3) 선교지의 문화를 존중하며 사역을 한다.
   (4) 선교사들은 영과 육의 문제를 해결하는 온전한 복음을 전해야 한다.
   (5) 선교적 접근은 강제, 억압 혹은 전쟁으로 인한 정복의 선교가 되지 말고 복음의 능력으로 회심케 만드는 선교가 되어야 한다.
86) G. Warneck, Evangelische Missionslehre,(Gotha: Friedrich Andreas Berthes, 1894).
87) J. Verkuyl, Contemporary Missiology an Introduction, 50-53.
88) G. Warneck, Evangelsiche Missionslehre,(Gotha: Friedrich Andreas Perthes, 1894), 1.

만 한하는 것이 아니라 성도들의 기본적인 책임이다.[89] 이러한 책임을 감당하는 것이 교회이며, 교회가 모든 인간을 치유(Heilsanstalt)하는 기관이지만 본질적으로 선교에 참여해야 한다.[90] 선교의 참여자는 억압적인 선교가 아니다. 개인적인 개성을 가지고 이방 백성들의 문화적 종교적 유산을 연결하는 교량역할을 하는 억압적인 선교가 아니라 기독교화 하는 것이다. 바르넥도 복음을 들어야 할 대상이 문화와 종교가 다른 이방 백성들이며 선교는 그들을 향한 선포의 작업이라고 평가하고 있다.

제2부는 선교사에 관한 기록으로, 선교사는 예수를 모르는 이방 백성들에게 구원의 전달자(Heilsbotschaft)로서 복음을 선포하는 사역자였다. 또한 교육을 통해 성경을 읽고 복음을 배우게 하는 것이었다. 이러한 양면성의 사역(Dualistation)[91]이 정복과 전쟁으로 분리될 수 없었던 로마 가톨릭의 선교를 사회적, 문화적으로 전환된 선교사역의 원리를 다루고 있다.[92] 결론적으로 바르넥은 선교명령과 선교사역을 전개해 나가면서 선교는 이방 민족들의 기독교화(Volkschristianisi-erung)로 선교사역은 사회와 문화적 접근으로 받아들여졌다.[93] 사역의 전략은 특별히 선교사들의 교육과 봉사사역을 통한 보편적 구원을 보여주었다. 동시에 집단개종은 "민족 전체의 기독교화, 민족들 사이에 교회개념과 민족교회"[94] 등으로 표현된다. 그러므로 루터의 선교개념과 활동은 유럽 안에 있는 당시 로마 가톨릭 교회의 선교 이해로만 평가되었다.

루터의 선교는 1648년 베스팔렌 조약(cuius regio - eius religio)에 이르기까지 교회 안에 그릇된 구원론을 가진 자들을 향한 것이었다. 바르넥의 선교 이해 속에 이 점이 이해된다는 것은 어려운 일이다. 1910년 처음으로 가톨릭 선교신학을 쓴 요셉 슈미들린(Joseph Schmidlin)[95]은 선교활동의 목적을 "비기독교인을 기독교화하는 것"[96] — 이슬람교, 유대교, 동방종교 및 모든 이교도인들까지 포함하여 - 에 두었다. 이 내용은 바르넥의 '복음적 선교론'(Evangelische Missions-lehre)을 체계적으로 정리한 것에 불과하였

---

[89] Ibid., 1-20.
[90] Ibid., 47-65.
[91] Ibid., 141f.
[92] Ibid., 141-254.
[93] J. Verkuyl, Contemporary Missiology,(Grand Rapids: William B. Eerdmans pub.,1978), 28.
[94] Ibid.,
[95] Joseph Schmidlin, Katholische Missionslehre im Grundriss,(Muenster: Aschendorff, 1919, 2nd., 1923), 468.
[96] Ibid.,

다.⁹⁷⁾ 그러나 이에 대한 새로운 시도로서 랄프 윈터(Ralph Winter)는 선교의 개념을 지리적으로, E0, E1, E2, E3로 정의할 때, 교회의 개혁과 부흥은 E0에 속한다는 맥락에서 루터의 '교회 중심적(ekklesiozentrische Ansatz)' 선교의 접근을 수용한다.

이제 문제는 바르넥의 선교에 대한 이해는 '이방백성을 향한 선교인지 아닌지를 어떠한 역사적 정황 가운데서 해석해야 하느냐' 하는 것이다. 즉, 바르넥 당시의 말씀과 시대적 상황은 어떠한 역사적 변증법(Dialektik)을 통하여 '이방민족에게 복음을 전하는 것'으로 개념 정의 하였느냐 이다. 왜냐하면 역사적 사실들은 신학적 해석으로 논의되어질 때에 그 역사적 사실이 설득력을 지니기 때문이다.[98] 바르넥의 선교 이해로서 가톨릭과 살고자 투쟁했던 종교개혁 당시의 역사적 정황들로 루터의 교회 중심의 선교를 정립함 없이 루터의 선교 이해를 평가하는 것은 재고해야 한다. 이러한 논란은 개신교 선교정책에서 선교의 동기가 식민정책적 또는 문화적 근대화라는 성격의 이중적 입장으로 모호하게 결합되었다.[99] 후에는 이 일의 부정적 역사관을 통한 선교의 식민지적 접근을 주장하는 영국의 선교신학자 베르너 우스도르프(Werner Usdorf)[100]가 대표적이다. 이러한 문제점들을 좀 더 살펴보기 위해서는 칼 뮬러(Karl Mueller)의 세 가지 분석적 접근으로 어느 정도 해결 되리라 보았다.[101]

1) 말씀과 선교  2) 상황과 선포  3) 증인과 증거

# 4. 결론

종교개혁자들의 선교에 관한 비판은 루터에 의해 제기된 것이며, 그 원인은 바르넥의

---

97) 'Le' volution de la the' ologie missionnaire au vingtieme sie' ecle' in the symposium Scientia Missionum ancilla(Utrecht:Dekker en Van de Vegt, 1953), 54-65.의 수정본. 앙드레 슈모아, 《로마 가톨릭 교회의 선교신학》 in: Gerald H. Anderson, 박근원 역, The Theology of the Christian Mission,(서울:대한기독교서회, 1975), 148.
98) Karl Mueller, 박영환 외 역, Missionstheologie,(서울:한들출판사, 1997), 23. 재인용, Missionslehre III-I, 258: Hoekendijk, Kirche und Volk 91f.
99) Ibid., 24.
100) Karl Mueller, Werner Usdorf, Einleitung in die Missionsgeschichte,(Stuttgart, Berlin, Koeln: Verlag W. Kohlhammer, 1995).
101) Karl Mueller, 박영환 외 역, Missionstheologie,(서울:한들출판사, 1997), 24-36.

선교 이해와 로마 가톨릭의 지리적 개념의 선교 이해로 이방 백성에게 나아가는 사역의 활동을 선교라고 하는 단편적인 정의가 종교개혁과 루터 사이에 이루어졌던 논쟁이었다. 본 소고에서는 논쟁의 원인, 출발과 결과를 살펴보게 됨으로 앞으로 계속될 종교개혁과 선교의 주제는 루터와 선교로 바뀌어져야 한다고 제안한다.

루터와 선교도 바르넥의 두 가지 지적인 이방세계와 사명의 부르심에 관한 재조사가 분명하게 요구된다. 예를 들면 마태복음 28장 대 위임명령을 거부했다는 루터의 선교사상은 바르넥이 이 부분에 관해 루터의 침묵과 사과성 발언이 없다는 것만으로 판단한 것은 재고되어야 한다.

이것은 루터를 가리켜 선교 사상까지도 없다는 논리다[102]. 루터의 선교관련 부분은 베르너 랍프(Werner Raupp)의 "선교 원전(Mission in Quelletexten)"에서 루터의 승천일 기념설교 (1522) "가라 세상으로"[103]는 루터의 선교분야에 새로운 시각을 여는 계기가 될 것이다.

## 6. 종교 개혁자들의 선교전략

### 1) 교회 갱신을 통한 선교

(1) 로마 교회 탈퇴가 아니라 로마 교회 안에서의 갱생이었다. 교권지도가 거부되고 교회로부터 추방되자 개신교의 탄생은 불가피하였다.
(2) 개신교는 폭발적으로(네덜란드, 영국, 스코틀랜드, 헝가리, 북구 스칸디나비아 등에 급속도로 확장) 확장하였다.
(3) 루터 자신이 스칸디나비아에 파송하였다.
(4) 1555년 프랑스의 위그노와 연관되어 칼뱅도 브라질에 리오데자네이로에 4명의 선교사 파송 – 박해받는 개신교 영지를 위함. 인디안 선교의 시도 후에 포르투갈 손으로 넘어갔다.
(5) 1622년 동인도회사와 협력하여 레이돈(Leydon)의 대학에 신학교 1년도 못가서 철수(12명 선교사).

---

102) G. Warneck, Abriss einer Geschichte der protestischen Mission von der Reformation bis auf die Gegenwart, (Berlin: Verlag von Martin Warneck, 1899), 9.
103) Werner Raupp, Mission in Quell entexten, (Bad Liebenzell, Erlangen, 1990), 14.

(6) 1661년 게오르그 폭스(George Fox) 동지회를 구성하여 동료 3명을 중국으로 파송하였다.

(7) 1664년 유스티니안 폰 벨츠(Justinian von Weltz, 오스트리아 루터교) 교회의 선교적 책임을 외쳤다.

① 선교적 책임 주장 ② 선교회 기구 구성 주장 ③ 선교사 훈련 학교 개설을 요구하였다.
※ 데이비드 보쉬는 사도의 대임명령의 과제가 미성취 됨. 유럽의 재복음화를 주장하였다.

2) 지도자를 육성하는 교육선교 : 성경공부, 사회지도자 육성
└, 칼뱅 – 제네바에 대학을 세움, 개신교회가 유럽에 대학을 세우는 데 앞장섰다.
– 제네바 교회를 선교센터(기지)로 사용 → 많은 목회자들을 교육, 훈련시켜 프랑스로 파송, 브라질까지 선교사를 파송하였다.

3) 교회중심의 공동체 : 구성체, 공동체의 조직화를 통한 전략.
– 말씀을 선포하는 수단으로서의 설교이며, 목표는 교회 설립이다. 지나치게 경직되었다.
– 교회와 하나님의 나라 균형 상실, 교회의 설립만을 강조하며 폐쇄적이다.

4) 말씀 중심의 선교
└, 말씀을 삶 속에 보여주는 행동하는 증인, 말씀공부의 생활화

---

### 낭트칙령, 퐁텐불루 칙령[104]

**낭트 칙령(Edit de Nantes : 1598)**
프랑스 국왕 앙리 4세가 국내의 프로테스탄트(위그노)에게 신앙의 자유를 인정한 칙령. 국내의 종교적 분쟁을 해결하기 위하여 본래 프로테스탄트였던 앙리 4세는 가톨릭으로 개종함과 동시에(1593), 이 칙령으로써 신앙의 자유를 인정했다. 주요한 내용은, 1) 프로테스탄트에게 개인의 신앙의 자유를 인정한다. 2) 200개의 도시와 300개의 성채에서, 프로테스탄티즘의 공공연한 신앙을 인정하며, 3) 프로테스탄트의 학교에 국가의 재정적 원조를 주며, 4) 프로테스탄티즘의 서적의 출판을 허가하고, 5) 프로테스탄트에게 집회의 자유를 주며, 스스로 재판할 수 있게 하고, 7) 8년간 약 200개의 성채에서의 완전한 자치를 인정한다는 것이다. 신구 양파에게 평등한 지위를 준 것은 아니며 구교의 우위아래 신교까지도 보호한다는 원리에 입각하고 있지만 신교도는 개인으로서 신앙의 자유가 인정되었다.
이 칙령으로 일단 종교 전쟁인 위그노 전쟁은 정치적으로 해결되었으나, 종교적 대립은 그 후에도 계속되었다. 특히 루이 13세와 루이 14세 시대에 프로테스탄트는 끊임없이 탄압 당했다. 루이 14세는 절대주의를 강화하기 위해 종교적 통일을 목적으로, 1685년 10월에 이 칙령을 폐지함으로써, 신교도 약 40만이 프로이센, 영국, 홀란드 등으로 망명하였다. 신교도들이 경제적으로 중요한 역할을 담당하고 있었기 때문에, 칙령의 폐지로 경제계의 타격은 매우 컸다.

**퐁텐불루 칙령(Edict of Fontainebleau : 1685)**
23세의 루이14세는 교황청에 대결하기도 하고 개신교를 옹호하기도 하였지만, 정치적으로 종교적으로 반대

파를 인정하기 싫어했다. 그래서 위그노 세력을 파괴하는 데 전력을 기울였다. 왕은 위그노를 로/카에 재결합시키기 위함
1) 회유 2) 개종자헌금 지급을 했으나 실패하여 3) 무력을 동원한다. 그리고 1685년 왕은 퐁텐블루 칙령 (Edict of Fontainebleau)을 반포한다.
그 내용 :
1. 낭트칙령 조항 취소
2. 개신교도가 되는 것은 불법이다. 이것으로 인한 영향
3. 많은 위그노들 – 스위스, 독일, 미국으로 이주함
4. 이주로 인한 경제적 타격을 입음 – 후에 프랑스 대혁명의 발생원인 중 하나였다.

104) 두 칙령의 차이 비교, 설명
- 낭트칙령은 개신교 신자들의 자유와 생명을 보호하기 위한 것이며 퐁텐블루 칙령은 개신교를 불법으로 규정한 것이다.

| 앙리드 기즈 공작 강경한 가톨릭으로, 신성동맹을 조직하여 위그노 탄압에 앞장선다.(가톨릭당, 신성동맹의 수장) | 앙리 드 부르봉 - 콩데 공작 그는 연금 상태에서 탈출하여, 위그노 교도들을 모아 반격을 꿈꾼다. (위그노당의 수장) | 프랑수아 드 몽모렌시 공작 (François de Montmorency) 온건한 가톨릭으로 기즈 공작에 반대 (반기즈 공작파.정책파(Policist)의 수장) |

위그노 전쟁[Huguenots Wars(1562~1598)] 16C 프랑스에서 구교와 신교 간의 갈등으로 전개 된 전쟁

프랑스에서는 전통적으로 로마 가톨릭(구교)에 저항하는 분위기가 강했던 남부를 중심으로 널리 퍼져 있던 신교도를 위그노(Huguenot)라 불렀다. 이들이 빠르게 성장하여 종교적 영역을 넘어 정치세력화 되기 시작함에 따라 구교의 반감을 사게 되었고 이러한 신구교의 정치적 갈등이 프랑스 궁정 내부문제와 국제적 문제와 겹쳐지며 결국에는 프랑스 최초의 종교전쟁인 위그노 전쟁(1562-1598)이 일어나게 된다. 이 전쟁은 신구교 양진영 모두에게 많은 희생자를 냈으며 당시 유럽의 악화된 경제 사정, 전염병, 국제적 갈등이 더해지면서 프랑스 국토를 심각하게 황폐화 시켰다. 하지만 이 전쟁으로 인한 폐해를 극복해가는 과정에서 프랑스에서는 정치파(politique)라고 불리는 새로운 정치세력이 탄생하게 된다. 이들은 종교를 떠나 객관적으로 사태를 바라보고 해결책을 찾으려 했으며 이후 왕권
강화와 질서 회복에 많은 기여를 했다. 이는 훗날 프랑스가 영토국가의 기틀을 갖추고 절대주의 시대로 접어드는 밑바탕이 된다. 위그노 전쟁의 구체적인 과정은 다음과 같다. 프랑스 구교의 신교 탄압은 프랑수아 1세를 시작으로 그의 아들 앙리 2세로 이어지게 된다. 앙리 2세가 죽은 후 그의 아들 샤를 9세가 어린 나이로 왕위에 어머니이자 앙리 2세의 부인인 카트린 드 메디시스(Catherine de Medicis,1519-89)가 섭정을 하게 된다. 이탈리아 출신이었던 그녀는 프랑스 내무에서의 입지를 강화하고자 가톨릭 귀족 가문인 기즈가(Les Guise)와 결탁하게 된다. 당시 프랑스는 위그노인 나바르의 왕, 강한 가톨릭 성향의 기즈가(Les Guise), 온건 가톨릭 교도인 몽모랑시 가문으로 나뉘어져 있는데다 가톨릭과 위그노들의 대립으로 혼란한 상태였다. 이 혼란의 와중 반신교주의 성향이 강했던 기즈 공작이 먼저 1562년 예배를 올리던 위그노들을 기습 공격하고 이를 시작으로 8차에 걸친 위그노전쟁이 시작된다. 가톨릭과 위그노들은 서로를 이단시하고 폭력을 가했다. 3차전까지 치른 뒤 양측은 평화협상을 벌여 합의를 이루었으나 정부가 위그노들의 종교적 자유를 인정하지 않는 태도를 유지함에 따라 격렬한 갈등은 다시 시작된다. 결국 1572년 8월 24일 성바르톨로메오(St. Bartholomew)의 축제일(그날 카트린의 딸과 나바르 왕의 결혼식 열림)에 기즈 공작과 카트린이 결탁하여 축제에 참석한 위그노 지도자들과 위그노들을 대량 학살(성 바르톨로메오 축일의 대학살)한다. 이에 격분한 위그노들은 전국에서 들고 일어났고 신교와 구교의 격렬한 싸움은 재개된다.

하지만 샤를 9세가 사망하고 신교에 대해 다소 너그러웠던 앙리 3세가 왕위에 오르면서 상황은 조금씩 달라지기 시작했다. 이후 앙리 3세가 죽고 그 뒤를 이어 위그노의 지도자인 나바르의 왕이 앙리 4세로 왕위에 오르게 된다. 그는 신교와 구교의 갈등을 해결하고 혼란한 사태를 종식시키고자 하였다. 앙리 4세는 1592년 가톨릭으로 개종하여 화해를 도모코자 하였으며 1598년에 낭트칙령(The Edict of Nantes)을 발표함으로써 36년간을 끌어오던 위그노 전쟁을 종결시켰다.

# 참고문헌

김의환,《세계기독교회사》, 서울: 성광문화사, 1990.

김진웅,《서양사 이해》, 서울: 학지사, 1998.

박은봉,《세계사 100장면》, 서울: 실천문학사, 2003.

차하영,《서양사 총론》, 서울: 심구당, 1991.

송광택,《교회사 핸드북》, 서울: 생명의말씀사, 1989.

심창섭·박상봉,《교회사 가이드》, 서울: 아가페문화사, 1996.

최정만,《칼뱅의 선교사상》, 서울: CLC, 2000《다시 써야 할 세계 선교역사》, 쿰란출판사, 2007

홍치모,《종교개혁사》, 서울: 성광문화사, 1977.

Elgin S, Moyer,《인물중심의 교회사》, 곽안전·심재원 역, 서울: 대한기독교서회, 1994.

Latourette, K.S.《기독교사(中)》, 윤주혁 역, 서울: 생명의 말씀사, 1980.

Lewis W. Spitz,《종교개혁사》, 서영일 역, The Reformation, 서울: 기독교문서선교회, 1983.

Justo L Gonzalez,《종교개혁사》, 서영일 역, The Story of Christianity, 서울: 은성, 1987.

R. Tudur Jones, Protestant Reformation,《기독교개혁사》, 김재영 역, 서울: 나침반사, 1990.

R. Hooykaas, Religion and the Rise of Modern Science,《종교 개혁과 과학혁명》, 이훈영역, 서울: 솔로몬, 1992.

Tillich, Paul.《폴 틸리히의 그리스도교 사상사》, 송기득 역, 서울: 한국신학연구소, 1983.

Walker, Williston,《세계 기독교회사》, 강근환 외 역. 서울: 대한기독교서회, 1976.

Willston, Walker.《기독교회사》, 류형기 역. 서울: 한국기독교문화원, 1980.

종교개혁사.

배본철, 세계교회사, 도서출판 영성 네트워크, 2009.

정병식, 한눈에 보는 세계교회사, 신앙과 지성사, 2011.

지원용, 루터사상의 진수, 컨콜디아사, 1988.

Thomas Butra, 종교개혁자 얀후스를 만나다, 이종실 역, 동연, 2015.

최윤배, 마르틴 부처, 대한기독교서회, 2012.

Hans-Martin Barth, 마르틴루터의 신학, 정병식, 홍지훈 역, 대한기독교서회, 2015.

Karl-Heinz zur Muehlen, 종교개혁과 반종교개혁, 정병식, 홍지훈 역, 대한기독교서회, 2003.

Bernhard Lohse, 마틴 루터의 신학, 한국신학연구소, 2002.

조병하, 마르틴루터와 개혁사상의 발전, 한들출판사, 2000.

Owen Chadwick, 종교개혁사, 소요한 역, 크리스찬 다이제스트, 1999.

위키백과, 두산백과, 네이버 등의 자료를 옮겨왔음.

ko.wikipedia.org.

naver 지식백과, doopedia 두산백과 등의 자료, 2016~2018

# II

# 개신교 선교의 태동

1. 개신교 선교 태동의 사상적 배경
2. 개신교 정통주의 발생
3. 독일 경건주의 배경 17세기
4. 개신교 선교 활동
5. 개신교 선교의 영향
6. 근대선교의 배경
7. 북미대륙의 인디언선교
8. 개신교 최초의 선교사
9. 영국과 미국의 선교

# 개신교 선교의 태동

## 1. 개신교 선교 태동의 사상적 배경[105]

1) 루터의 종교개혁을 이어받은 정통주의 신학이 객관적 교리 작업에 심혈을 기울였을 때 개인의 삶에 관심을 기울이지 않는데서 생겨난 반작용이다.
2) 경건주의는 계몽주의[106]와 함께 정통주의 후기이다.

---

[105] *근대교회사(정병식 저)
중세: 신율적인 도구/신중심
근대: 인간은 책임적인 존재? 개인주의 세속주의-교회와 국가의 분리/이익사회 등장, 교파 출현/교회권위 실추, 과학의 발달/세계관의 변화.=교회의 세속화.
H. Lehmann는 근세를 유럽의 세속화-탈 기독교화-재기독교화의 공존과 대립으로 보았다. 마틴 슈미트도 세속화의 과정의 뒤를 이어 종교화가 되었다.
교회는 개신교 정통주의, 경건주의, 계몽주의, 부흥운동, 자유주의"

[106] 계몽주의 (약 150년 동안 지속)(정병식 저)
"계몽주의는 인간이 자신에게 부과한 미성숙 상태와의 결별이다. 미성숙 상태란 인간이 다른 어떤 것의 인도를 받지 않고는 자신의 지성을 사용할 수 없는 상태를 의미한다. 이러한 미성숙 상태는 지성의 결핍이 아니라, 다른 사람의 인도 없이 사고하려는 결단과 용기가 없을 때 저절로 생기는 것이다. 따라서 담대히 알고자 하라! 이것이 계몽주의의 모토이다.(Immanuel Kant:1724-1804, 계몽주의란 무엇인가? 1784.
종교개혁 이후 정통주의는 영적이고 실천적인 삶의 부재에서 경건주의와 금욕주의로 집중한 기독교에 반대하는 세상에 집중하는 계몽주의를 낳았다.
시기구분:
정치: 1648년 베스트 팔렌 협약-1789년 프랑스 혁명
사상: 1620년 프란시스 베이컨(1561-1626)(참고 로저 베이컨 : -영국 경험론의 시초)(1214-1294)-칸트(1724-1804)
17-18세기 인간의 지성 및 이성의 힘을 빌어 자연과 인간관계, 사회와 정치문제를 낙관적으로 관찰하고 이해하려는 시대정신, 인간의 존엄성과 자율을 강조함. Aufklaerung
기본원리 4가지: 자율, 이성, 자연, 조화
계몽주의 이전과 이후의 차이점

3) 17세기 신학적 특징 : 경건주의 정치 사상적 특징 : 계몽주의 교리와 신학은 체계적 신앙적 역동성은 상실하였고 이성과 계시, 학문과 경건이 특징이다.
4) 종교개혁 이후 인간을 책임 있는 존재로 인정 — 1648년 이후 근대 즉 개인주의와 세속주의시대의 교회시대이다.
5) 교회가 주도하던 세상은 세속문화가 등장한다.

결과

1. 교회와 국가의 분리 : 개인주의 이익 사회 훈련
2. 교파의 출현 : 교회 권위 실추
3. 과학의 발달 : 세계관의 변화
6) 근대 : 자율시대, 이성시대, 개인주의, 세속화 시대이다.
7) 개신교 정통주의, 경건주의, 부흥운동, 자유주의이다.

1) 지식이 지혜의 원천/과학의 자율성. 2) 위대한 지혜는 비가시적 영역, 가시적 영역은 타락/ 현실적 가치-인간의 지위 회복. 3) 우주의 신비로운 힘이 신적인 힘이다. 우주는 인간의 이해 범위 안에서 움직인다. 자연과 우주는 경오의 대상이 아니라 연구의 대상이다.
원인 두 가지: 콜롬버스의 신대륙 발견(Christopher Columbus 1451-1506.)과 지동설(Nicolaus Copernicus 1473-1543)-Johannes Kepller(1571-1630), Galilei(1564-1642), Francis Bacon(1561-1626:실험을 유일한 인식의 근원) 경험의 학문을 이성의 학문으로 전환.
데카르트(Rene Descartes 1596-1650/인간론), Blaise Pascal(1623-1662), Immanuel Kant(1724-1804), G. W. F. Hegel(1770-1831), Nietzsche(1844-1900),
계몽주의 결과: 교회개념의 상대화/교회만이 옳고 정당하다는 독점권이 상대화, 종교현상-종교학 등장, 계시에 의존하지 않고 철학적 관찰, 성서비평이 등장/일치된 과점보다 개별적인 책과 저자들의 특성을 연구함.
1750년 이후 독일 신학의 분류.
보수신학
1751년 라이프찌히 대학의 철학교수 겔러트(Christian Fuerchegott Gellert 1715-1760)
자유신학진영
할레 대학의 요한 살로모 제믈러(Johann Salomo Semler 1725-1791) 역사비평, 정경비판의 창시자, 자유신학의 명칭 사용(자유로운 신학적 교수법 시도, 1777). 성서는 독자들을 위한 지역적이고 시간적인 한계를 가진 것이다. 오늘날 무의미하며, 전통적인 기독교의 완성을 거부하며, 교리 역시 상대적일 뿐이다. 성서축자감설도 설자리를 잃음.
양진영에서 합리주의와 초자연주의로 다시 합리주의적 초자연주의 혹은 초자연주의적 합리주의.(기독교는 이성적 종교다. 그러나 시작은 하나님의 계시에 근거하고 있다. 보수진영에서도 환영)+ 질풍노도시대(Friedrich Gottlieb 1724-1803) 설교에서 교리배제, 단순하고 감동적인 섭리신앙과 도덕 강조, 찬송을 시대에 맞게, 감상적이고, 애국적인 주제다.
경건주의 반발
독일 남부의 우를페르거(Johann August Urlsberger 1728-1806) 1780년 스위스 바젤에서 독일 기독교협의회를 창립, 추종자 스피튤러 1804년 바젤 성서공회, 1815년 바젤선교학교 창립.

8) 개신교 정통주의[107]는 주지주의적 경향과 신학을 동일시하고 신앙고백서와 같은 형식과 도식에 무작정 매달리는 것이 절대적으로 필요하다고 생각하는 경향 : 유일한 관심은 교리적 체계를 세우는 것 – 결과적으로 신스콜라주의의 회귀요, 루터교의 화석화다.

9) 탈 정통주의[108] 등장 : 반교리주의가 특징인 소시안 주의는 전통적인 교리를 부인했고, 교리가 인간의 사고를 지배하는 것에 반대하며, 인간의 자율과 해방을 부르짖었

---

107) 개신교 정통주의- 루터교의 일치신조(1577)-교리적 체계 확립/루터파 입장 정리 및 칼빈주의와의 교리적 한계 설정-가톨릭 공격 방어/ 성서는 유일한 잣대, 가능자, 사도신경, 니케아신조, 아타나시우스 신조는 진리의 증언, 자유의지거절, 법정적인 칭의론, 화체설, 미사희생, 단종성찬 거부, 칼빈의 예정론 거부.
초기: 교회의 조직화 1550-1600/전성기 1600-1675년은 필립 야콥 스페너가 Pia Desideria 출판/ 신학적 체계화:가톨릭, 루터교, 개혁교회의 신학논쟁, 신스콜라 철학 등장, 학문적 조직화, 체계화/후기 1675-1740(철학자 크리스티안 볼프가 할레대학에 다시 복귀함/경건, 계몽 운동: 교리를 체계화 하였으나, 이성과 계시, 학문과 경건 그리고 성경에 대한 초기 생각이 달라짐.
"루터교의 화석화...루터교의 경직화" –죽은 정통주의의 비판에서 출발/필립 야콥 스페너(1635-1705)
108) 개신교정통주의의 반대는 탈 정통주의다.
소시니안주의: 16세기 후반과 17세기 초에 등장함. 하나님의 용서는 전적인 용서지, 하나님을 만족시키는 보속은 합리적이지 않다. 보속이 필요하다면 용서는 거짓이다. 반대가 소키누스주의다-중세 정통주의 사상 연계됨: 하나님의 절대권위와 그리스도의 권위는 차이가 있다. 그리스도를 떠난 죄의 용서는 인정할 수 없다.
소시안 주의(Socinianism: Faustus 및 Laelius Socinus)와 소키누스(Sicinusism, Sociiinus Faustus:1539-1604)주의
1. 16세기 후반과 17세기 초에 폴란드 등에서 꽃피웠고, 후에는 저지대(Low Countries)와 영국에까지 전파된 종교개혁 후시대의 한 신학적 운동이다. 이 운동은 반삼위일체적 교리뿐만 아니라, 합리주의적이고 윤리적인 강조점에 있어서도 유니테리안주의(Unitarianism)의 선구자로 알려져 있다. 이 운동은 삼위일체, 그리스도의 선재(Pre-existence), 원죄, 구속의 만족설(Satisfaction) 등에 대한 반대자로서 알려져 왔다. 즉, 하나님이 절대적인 주권을 가지고 있다면 자신이 생각하기에 적당한 어떤 방법으로든지 죄를 용서할 것이다. 더욱이 죄의 용서와 만족설은 서로 상충되는데, 이는 하나님이 죄를 용서하신다면 보상은 필요가 없는 것이고, 보상이 필요하다면 용서라는 것은 한낱 환상에 불과한 것이 되기 때문이다. 저명한 교회사가 하르낙(Adolf von Harnack, 1851-1930년)은, 이 소시니안주의는 신자들 개개인에게 성경을 연구할 수 있는 자유를 부여하였다는 점에서 중요한 역할을 하였다고 결론지었다.
2. 소키누스주의는 중세기의 마지막 때에 해당하는 중세사상의 연장이었다. 소키누스주의의 하나님은 스코투스주의자들이 말하는 dominium absolutum(절대 권능)을 의인화한 것이었다. 하나님의 의지는 도덕적 진공상태 속에서 작용한다. 죄는 사채에 불과하다. 그리고 속죄(사채에 대한 보상의 뜻)는 사채에 비해 넘치는 것이다. 소키누스주의자들은 중세의 절대주의적 하나님 관점으로부터 보속설에 대한 비평이 가해졌고 또 이 비평은 이 하나님 관점이 형식상의 일관된 적용인 것이다. 그러나 소키누스주의가 이 비평에서 간과한 것은 다음과 같은 사실이다. 즉 어느 누구도 십자가 위에서 고난을 당한 사람(그리스도)으로부터 떠나서는 신적 용서를 경험할 수 없다는 것과 모든 구속받은 자는 신적 용서의 경험의 통일성 속에서 gratuito(무보수적 은총)와 propter Christum(가까이 계시는 그리스도)를 파악하게 된다는 사실이다.
109) 계몽주의:17-18세기 합리주의와 이성, 로크의 자연법 등에 의한 인간의 무한한 진보와 발전을 통해 사회를 개혁하려는 운동.

다. 계몽주의[109]로 이어지는 가교, 계몽주의는 자유주의 신학을 잉태하게 되는 직접적인 동기 → 자연신론[110] → 경건주의

10) 경건주의는 교회에 체험적인 신앙의 중요성을 일깨워 주었고, 이것은 다시 모라비안 운동을 통해 웨슬리의 부흥운동에 영향을 주었다.

---

110) **자연법 사상(Law of Nature)**
현실의 법률 위에 시간과 공간을 초월하여 존재하는 것으로 인간만이 아니라 자연계에도 통용된다고 생각하는 이상적인 사상으로 현실사회를 비판하고 개혁하려는 사상적 무기가 되었다. 그리스의 플라톤이나 아리스토텔레스의 정의의 사상 속에 약간 그 싹이 보이지만, 헬레니즘 시대에 이르러 '이성이 우주(자연)의 본질이다'.
라고 주장한 스토아 철학에 의해 비로소 확립되었다. 로마에 있어서는 세계 제국을 건설하였던 BC 1세기경부터 스토아 파의 영향을 받아 키케로, 가이우스, 울피아누스 등이 이성의 보편성을 주장했는데 특히 실용면에서는 만민법을 형성함에 있어서, 법학 사상에 자연사상이 현저한 영향을 끼쳤다. 중세에서 자연법은 신의 의지에 포괄되는 모든 피조물에 관한 법(신의 섭리)이라 해석 되었고 이성법은 이 자연법에서 파생한, 인간에게만 관계되는 보편법이라 생각되었는데 스토아파 이래의 자연법 사상은 토마스 아퀴나스 등의 신학에 이르러 완성되었다. 르네상스의 자아 각성과 16, 7세기의 종교전쟁을 통하여 전제적 권력에 반항하는 군주 방벌론이 일어났으나 그 후 그 신학적·초월적 성격을 벗어나 근대 자연법사상의 중핵을 이루는 계약 이론이 성립하였다. 계약 이론은 인간 본성의 규정(자연 상태·자연권)에서 출발하여 이성의 합리성을 주장하였고, 사회 계약설로 발전하여 근대 민주주의의 근본 사상이 되었다. 그 이론은 그로티우스, 홉즈, 스피노자, 존 로크, 루소 등으로 대표된다. 또한 근대 자연과학 사상도, 자연 현상 속에서 객관적이고도 보편타당한 법칙을 추구하려 했다는 점에서 자연법사상에 근거를 두고 있다고 할 수 있다. 19세기에는 역사법학파나 실증주의의 발전에 따라 쇠퇴하였으나 20세기에 국제적 위기가 고양되어 세계적 협조가 절실하게 요청되게 되자, 《세계 인권선언》 등 기본적 인권이 강조되어 자연법사상이 부활하게 되었다.
세상을 창조한 신의 존재를 인간의 이성으로 알 수 있다.

◎ 자연신교(Deism)
■ 발단: 16세기의 개혁자들이 전통을 버리고 신앙에만 의존한 데 반하여 17세기 영국에서 일어난 신학사상으로 계시를 이성과 대치시키고, 종교를 도덕으로 대치, 이성으로 종교의 근본 도리를 캐낼 수 있다고 확신하는 사상이다.
■ 교리: 신의 존재를 믿는다. 창조주는 자연법을 세웠다. 인간에게는 양심과 자유를 주었다. 자연은 신의 완전한 창조이므로 특별 계시가 필요 없다.
■ 대표자
• 에드워드 허어버트(Edward Herbert, 1581~1648): 자연신교를 개조하였다. 이성과 도덕률을 강조(특징: 선자), 독립, 보통, 확실
• 토올런드(Toland, 1670~1722): 합리적 자연신교를 주장.
• 콜린즈(Collins, 1676~1729): 자유 이성론 주장, 예언 부인.
■ 결론: 자연신교는 죄악과 투쟁할 능력을 주지 못하였다. 그래서 칸트(Kant)의 순수이성비판에서 이성의 계성을 정하므로 이성을 유일한 근거로 삼았던 자연신교는 사상적으로 어느 정도 활동하다가 완전히 붕괴되었다.

## 2. 개신교 정통주의 발생[111]

### 1) 시기

| 1555~1600 초기<br>(교회조직화) | 1600~1675<br>전성기 | 1675~1740 후기 | |
|---|---|---|---|
| 일치 신조 1577[112] | 아디아포라논쟁[113]<br>(1448-1558)<br>오시안더 논쟁[114]<br>(1550-1566)<br>마요르 논쟁[115]<br>(1556-1558)<br>혼합주의 논쟁[116]<br>(1556-1566) | 신학적체계화 스패너의<br>Desideria 초판 | 1675~1740 후기 철학자 크리스티안 볼프가 할레 대학에 다시 복귀 경건, 계몽주의 도전 교리체계와 이성과 계시, 학문과 경건, 그리고 성서에 대한 기본 입장에서 전성기와 다름 |

### 2) 개신교 정통주의란?

종교개혁 이후 개신교 신학이 추구한 첫 번째 신학적인 경향으로 여기고 신앙고백서와 같은 도식이나 형식에 무작정 매달리는 것이 절대적으로 필요하다고 생각한 하나의 신학적 경향이다.

---

111) 초기논쟁:
아디아포라(adiaphora란 중간적인, 보통의, 크게 중요하시 않음) 논쟁(1448-1558): 1547년 5월 아우구스부르크 잠정안과 12월 라이프찌히 잠정안-일반적 문제만 합의정도. 일종의 타협으로 보는 순수루터파의 마티아스 플라키우스(1520-1575)는 떠나고, 멜란히톤의 필립(Philippisten)파는 남음.
오시안더 논쟁(1550-1566)-안드레아스 오시안더(1498-1552); 죄의 용서는 치의다.(루터), 죄의 용서는 칭의의 부차적인 전제조건이다.
마요르 논쟁(1556-1558): 게오르크 마요르(Georg Major 1502-1574)는 뉘른 베르크에서 출생, 1545년 비텐베르크 신학부 교수 "선행이 구원에 필요하다" 악행을 하면서 구원을 받을 수 없다. 아무도 선행을 하지 않고는 거룩해질 수 없다.
혼합주의 논쟁(1556-1566)-자유의지의 의미와 기능에 관한 논쟁-회개와 칭의를 가져오는
3가지 원인: 성경, 성령, 인간의 의지/함께 작용: 은총론에 혼합적 요소.
결과적으로 일치신조(1577)-교리가 교회의 보물-신앙의 경직화, 신앙은 지식과 동의됨. 개신교 제후들 신앙고백-신학적 성격-정치적 성격을 요구함-칭의론과 성경-1825년 전자는 내용, 후자는 형식으로 정리. 루터는 두 원리를 부정하지 않았다. 정통주의는 분리시켜 병합함.-성경만이 권위를 가짐으로 정리.

112) 결과적으로 일치선조 교리는 교회가 교회의 보물이라 선포했는데, 이는 신앙의 경직화를 가져옴. 신앙은 지식과 동일한 것이며, 개신교 제후들은 신앙고백, 정치적 성격, 신학적 성격을 요구함. 이는 칭의론과 성경을 동일하게 보는 것임. 전자는 내용이며, 후자는 형식으로 정리하였다. 루터는 두 원리를 부정하지 않음. 그러나 정통주의는 분리시켜 병합함. 결국 성경만이 권위를 갖는다고 정리함.

113) 아디아포라(adiaphora)란 중간적인, 보통의 크게 중요하지 않음이란 의미인데, 이 논쟁은 1547년 5월 아우구스부르크 잠정안과 12월 라이프찌히 잠정안을 일반적으로 합의한 정도. 그러므로 일종의 타협으로 보는 순수루터파의 마티아스 플라키우스(1520-1575)는 떠나고, 멜란히톤의 필립(Phillppisten)은 남음.

114) 안드레아스 오시안더(1498-1552)는 죄의 용서가 칭의(루터)라는 주장에 반대하여 죄의 용서는 칭의의 부차적인 전제조건이라 주장함.

115) 게오르크 마요르(1502-1574)는 비텐베르크 신학부 교수로서, "선행이 구원의 필수조건"이라고 주장함. 악행

### 3) 개신교 전통주의 두 원리 칭의론과 성서

- 정통주의 : 경직화와 화석화는 후기에 나타난 현상이다. 정통주의를 비판하며 일어 난 경건주의는 정통주의 전성시대와 같다. 그 맥을 슈패너(1635~1705)가 이어갔다.

### 4) 경건주의 신학의 범위

- 신학 : 1675 슈패너 — Pia desideria 발표

1799 슐라이마허 — 종교론(Reden uberdie Religioneu) 발표

- 정치 : 1648년 베스트팔리아 협약 — 1806 랄펠트 전투 : 프로이센 루이스페르디난 드 왕자 사망(독일 신성로마제국의 몰락)

### 5) 유럽 내 새로운 운동

영국의 청교도 운동, 네덜란드의 제2종교개혁, 독일 루터파와 정통주의 갱신 운동, 프랑스 가톨릭의 얀센주의 운동, 유럽인들의 차씨도주의(Chassidismus), 루터파 경건주의 필립야곱 스페너(1635~1705)에게 요한 아른트(1555~1621)가 진정한 기독교 4권(1606) 등으로 영향을 줌. 가톨릭의 신비주의가 루터교로 흘러 들어옴.

## 3. 독일 경건주의 배경 17세기

1) 영국 앵글로 색슨 — 청교도주의(Puritanismus)
2) 네덜란드 — 엄정주의(Präzisismus)
3) 프랑스 — 얀센주의(Jansenismus), 정적주의(Guietismus)
4) 동구라파의 유대인 — 차씨드주의(Chassidismus)

종교개혁
① 교회관에 대한 투쟁(가현교회-비가현교회), ② 교회 안에 도덕적 부패, ③ 교황의 압제로부터 자유, ④ 루터, 칼뱅, 멜랑히톤, 낙스 등 종교 개혁자들의 선교는 없는가? 보쉬(Bosch) — 복음전파 없이 추상적이다. 허버트 케인(Herbert Kane), 기독교 선교의 이해(Understanding Christian Mission)에서 지정학적으로 아시아 아메리카로부터 고립 되었졌다. 그러므로 복음 확장에 등한시 하였다. 로마 가톨릭의 끊임없이 아시아와 아메리카로 선교의 번창함을 개신교 초기 선교태동과 비교하는 것은 선교 확장사적인 면만 보는 것이다. 그러나 개신교는 성경의 번역을 통해 온 세계가 복음을 다 들을 수 있는 길을 준비하고 있었다는 사실에 우리는 관심을 기울여야 한다. 또한 루터, 칼뱅 자신도 선교사를 파송하는 예를 남겼고, 개혁자들 스스로 선교로 이웃 나라들을 다녔다. 그 자체를 선교라 할 수 없는 이유가 무엇인가? 없다. 로마 가톨릭의 반론은 유럽을 벗어난 선교 활동만을 선교로 정의 하였다.

을 하면 구원을 받을 수 없으며, 어느 누구도 선행을 행치 않고서 거룩해질 수 없음을 주장함.
116) 자유의지의 의미와 기능에 관한 논쟁. 회개와 칭의를 가져오는 3가지 원인을 성경, 성령, 인간의 의지라 보면서 함께 작용함을 주장함. 은총론의 혼합적 요소.

## 4. 개신교 선교활동[117]

◎ Pius→ Pietas → Pietist

경건주의란 라틴어 '피우스'(Pius)에서 유래, '경건한, 올바른'이라는 의미다. 경건(pietas)은 명사형이다. 라이프치히 대학의 수사학 교수인 요아힘 펠러(Joachim Feller)는 1689년 "경건주의자란 하나님의 말씀을 연구하고, 그 말씀에 따라 거룩한 삶을 영위하는 자다. 경건주의란 말은 1674년 필립 야콥 스페너(Philipp Jakob Spen · er)를 따르는 자들, 1680년 스페너의 편지에서 나타났다.[118]

용어의 출발: 1689년 라이프찌히 대학 수사학 교수 요아힘 펠러(Joachim Feller: 1638~1691), "경건한, 올바른" 뜻이다. 경건주의란 하나님의 말씀을 연구하고, 그 말씀에 따라 거룩한 삶을 영위하는 자이다.

개념은 필립 야콥 스페너를 따르는 자들을 말함. 1674년에 등장, 1680년 스페너의 편지에 등장.

정통주의가 교리와 신학은 체계적이었지만, 신앙적 경건성은 상실된 시대였다.

객관적 교리체계가 개인의 주관적 확신을 주지 못하여 신앙의 정체성을 상실함. 유럽에서 극복하려는 운동이 일어남: 네덜란드의 제2의 종교개혁운동, 독일의 루터파 정통주의 갱신운동, 프랑스의 가톨릭의 얀센주의 운동, 동구 유대인들의 차씨드 주의(Chassidismus)

시대구분: 1648~1806(신성로마제국의 몰락: 1806년 10월 10일 프로이센의 루이스 페르디난드 왕자 사망), 나폴레옹 라인동맹으로 제국을 약화)/ 1675년 스페너의 저서 "Pia Desideria"에서 슐라이마허(F.D.E. Schleiermacher, 1768~1834)의 종교론(Reden ueber die Religion)를 발표한 1799.

### 개혁교회 경건운동

네덜란드에서 시작/독일의 요한네스 코흐(Cocceius, Johannes 1603~1669) 계약과 하나님 나라의 사상/지도자론 푸치우스(Gisbert Voetius 1589~1676)−엄숙주의(하나님의 이름 남용, 안식일 모독, 춤, 무용, 연회, 만취, 도박, 화려한 의상 착용금지, 여관 출입

---

[117] 16세기 로마 가톨릭의 선교 정의
　　① 유럽을 벗어난 지역을 대상
　　② 배를 타고 대륙을 건너가는 활동(아메리카와 아프리카 등을 선교대상으로 봄)
[118] 정병식,《세계교회사》, 36−경건주의

금지령 등.

장 드 라바디(Jean de Labadie 1610~1674) – 프랑스인, 가톨릭에서 칼빈의 기독교 강요를 읽은 후 개종, 전도주간 실시해 반발 – 추방됨.

- 독일로 전달:Muelheim의 데오도르 운데어아익(1635~1693)+찬송작가 요아킴 네안더(1650~1680), 게어 하르트 테어스테겐(1697~1769)

루터파 경건운동

필립 야콥 스페너(1635~1705); 물리적이며, 마음의 감동이 없는 형식적인 기독교 신앙 – 신앙의 정체성 상실+ 요한 아른트(Johann Arndt 1555~1621)의 4권으로 된 진정한 기독교 책 발간 – 개인적인 신앙경험이 절대적으로 필요하며, 참된 기독교의 표지는 본질적으로 금욕적인 생활에 있다. 가톨릭의 신비주의가 루터교로 유입. 30년 전쟁 후유증으로 종말론적이고 묵시적인 경향등장(예, 존 번언: John Bunyan 1628~1688의 천로역정)

필립 야콥 스페너가 정통주의에서 경건주의로: 1606년 진정한 기독교 영향, 1666~1686년 동안 프랑크푸르트에서 목회/제도적 민족 교회와 루터교회의 차이점을 발견. 경건주의 운동을 일으킴.

1670년 목사관에서 루터파 경건주의 모임(Collegium pietatis), 1695년 할레대학교를 경건주의적 학교로 발전시킴. 1705년 베를린에서 사망. 후계자 아우구스트 헤르만 후랑케(August Herman Franke 1663~1727), 진젠도로프(Nikolaus Zinzendorf 1700~1760) 모라비안 형제단 – Herrnhut(보헤미아 형제교회와 작센의 루터란).

후랑케의 학교와 고아원 설립 – 칸슈타인 성서공회, 이방선교기관, 사회복지 후생시설.

슈바벤의 경건주의:요한네스 벵엘(johannes Albrecht bengel 1687~1752), 야콥 뵘머(Jakob Boehmer 1575~1624) – 신지학(신과의 일대일 조우).

1) 개신교 경건주의 운동과 선교의 활력

| 배경 |
|---|
| 1648년 웨스트팔레협약으로 30년 전쟁 후(신구교의 세력 확장 전쟁) – 독일 300여개의 지역으로 분류 –각 지역마다 교회법 제정, 교권의 절대적 세력 –세속화 –인구감소, 정치교회제도 타락(Peter C.Erb., 엄성옥 역, 경건주의자들과 그 사상), 교회 지도자들 타락 –경건주의 운동 등장 배경됨. 종교적 : 30년 전쟁 후 신앙적 갈등과 회의 절망감 – 두 사상 등장 |

(1) 무신론 : 철학적 회의주의자, 신비주의적 신령주의 · 종교적 논쟁 등장(종말론적 사고방식), 독일 경건주의(Pietismus), 개신교 안의 영적부흥운동.

(2) 계몽주의(Aufklaerung)[119] 사상에 도전 이성중심의 교리 이해(교리주의) 약점보완. 금욕주의와 경건의 실천운동 전개

목적 : 참신앙은 신앙의 실천이다.

전략 : 신앙생활-개인의 회심, 성경연구, 기도, 선교 등

(3) 경건주의 (pietism)[120] 성격(1670년~1740년)

1) 개인적 내적 변화
2) 신앙의 삶
3) 성경을 영적생활, 회심과 개종을 이루는 성령의 도구
4) 세속과의 연락을 끊고 금욕적으로 규제함. - 오락, 댄스, 시합, 극장을 피하고 주일엄수, 성경읽기, 간소한 의복 입기 - 청교도적인 삶의 모습 강조.

17세기 독일 루터교의 한 영향력 있는 종교개혁 운동으로 시작한 경건주의는 개인적 신앙을 강조하면서 다른 여러 나라에 확대되었고 경건주의의 역사가 계속되는 동안 광범위한 사회적, 교육적 분야에 관심을 표명하기까지 폭넓게 성장하였다. 복음적 경건주의는 교회 안의 세속주의에 대항하여 일어난 하나의 외침이었던 것이다. 세속주의의 발전에 저항하면서 경건주의는 사람의 생활을 변화시키고 교회의 기능과 본질을 재생시키기 위하여 그리스도교의 능력을 거듭 주장해야만 한다고 생각하였다.

세속화운동을 역전시키려는 경건주의의 시도는 실패했지만, 그러나 경건주의는 20세기에도 결코 여러 가지 형태로 힘을 잃지 않았다. 경건주의에는 일반적으로 네 가지의 성격이 있다고 생각되어 왔는데 첫째, 경건주의자들이 그리스도교의 본질은 개인적으로 체

---

119) 계몽주의(사상) [Enlightenment]
데카르트의 합리주의 철학과 새로운 기계적인 자연관, 그리고 로크의 민주적인 정치사상의 영향으로 18세기 프랑스를 중심으로 발전하였다. 인간의 이성을 믿고 이성에 의한 인류의 무한한 진보를 확신하며 이성의 힘에 의해 무지와 미신을 타파하고 이성에 어긋나는 구습과 낡고 모순된 제도를 과감하게 시정하고 개혁해야 한다고 주장했으며 절대 왕정과 구제도를 타파하고 자연법, 자연권 사상과 사회계약설에 의지하여 자유롭고 평등한 사회를 건설해야 한다는 논지이다. 이 같은 계몽사상은 당대의 질서의 타파와 개혁의 사상적 기반이 되었으며 현실적으로는 프랑스 혁명의 사상적 배경이 되어 크게는 근대사회 발전의 사상적 원동력이 되었다. 프랑스에서의 대표적 인물은 몽테스키외, 볼테르, 루소가 있다. 볼테르는 신앙과 언론, 출판의 자유를 주장하여 프리드리히 2세와 예카테리나 2세 등 계몽 전제 군주들에게 영향을 주었으며 몽테스키외는 법의 정신이라는 저서에서 삼권 분립을 주장했으며 루소는 사회 계약론에서 인민 주권설을 강력히 제기했다. 루소는 사회계약론을 주장하여 주권은 인민에 귀속한다는 이른바 인민주권설을 내세웠다. 그의 사상은 영국의 군주정을 찬미한 몽테스키외나, 교회를 공격한 무신론자이며, 파리 살롱의 총아였던 볼테르와 비교할 때 가장 급진적이었으며 프랑스 혁명 후 쟈코뱅당의 이론에 영향을 주었다. 디드로, 달랑베르는 '백과사전'을 편찬하였다.

험되는 내적 변화라고 확신한다는 것이다.

둘째, 역사적인 경건주의는 그리스도 안에서의 새로운 삶에 전체적으로 참여하는 이상을 강조한다. 즉, 낡은 옛 생활과의 단절과 인격적 거룩함을 성장시킬 수 있는 기회를 주는 경건의 훈련을 강조한다는 것이다.

셋째, 경건주의는 그리스도교에 있어서 성경의 역할에 새로운 관심을 부여한다. 성경은 단순히 그리스도교 교리의 근거일 뿐만 아니라 — 개신교 스콜라주의(Protestant Scholasticism) 의 이런 강조도 거부되지 않았다 — 영적생활의 근거이기도 하다. 경건주의자들은 성경을 그리스도 안에서의 새로운 삶과 개종, 회개를 초래하는 성령의 수단으로서 이해하였다. 성경은 사람의 지(知)를 비추어 주며, 새로운 탄생을 요구하며, 질적으로 새로운 생명으로 거듭나게 인도한다. 경건주의가 그 본질을 이탈하게 되자 경건주의자들은 성경을 도덕법의 지침서나 신비스러운 신탁의 책, 혹은 결단의 순간에 하나님의 지시를 얻기 위해 아무데나 열어 보아 눈에 띄는 구절을 그 계시로 받아들일 책 또는 일종의 복권으로 이용하기도 한다.

넷째, 경건주의는 본래부터 하나의 저항운동이었다. 경건주의는 '기존 종교'에 대한 대립이라는 점에서 '저항적'인 것이었다. 이런 성격은 앵글로색슨의 청교도주의(Puritanism)와 대륙적인 경건주의에서 명백히 나타난다. 이 두 형태의 경건은 교회론적, 신학적, 종교적인 현실을 유지(Status quo)하려는 당시의 지배적인 대표자들과 갈등을 일으켰다.

(4) 필립 스페너(Philip Jakob Spener : 1635~1705)

1635년 알사스 지방의 귀족 가문에서 출생하였다. 그의 가족은 철저한 루터파 신앙을 가지고 있었다. 그는 어릴 때부터 영국의 청교도들에 관한 책들과 독일 신비주의에 관한

---

120) 경건주의란?
  "신앙생활의 갱신을 추구하는 운동이요 그것을 가능하게 해주는 교회의 개혁운동이다."(Immanuel Hirsch)
  ◎ 경건주의 배경

| Johann Arndt | Frömmigkeitsbewegung + Reformbewegung |
|---|---|
| 30년 전쟁(der Dreissigjährige Krieg) ||
| 신비주의적 영성주의 (Mystischer Spiritualismus) ||

책들을 읽는 중 이 같은 사상에 크게 감화를 받았다. 그는 독일의 존 안트의 저서 《참된 기독교》를 읽고 경건주의에 눈을 떴다. 또한 청교도 목사 레위스 베일의 《경건의 실천》이라는 책을 읽고 크게 감명을 받았다.

그는 스트라스부르그 대학에서 공부했는데, 학생시절에 경건과 행위에 있어서 많은 이들에게 칭찬을 받았다. 그는 졸업 후 제네바에 가서 칼뱅과 여러 교회 사람들과 교제하며 그곳 교회생활에 대해 연구했고, 후에 독일 내 여러 대학을 순방하기도 하였다.

그가 1666년 안수를 받고 프랑크후르트의 목사로 있을 때, 웨드게스텐의 궁정 설교자가 되었는데 그곳에서 아우구스트 헤르만 프랑케를 자신의 견해를 따르는 추종자로 삼았다.

당시의 설교가 이론에만 치우쳐 사람의 마음속에 큰 감명을 주는 바가 적음을 깨닫게

---

**독일의 경건주의(Pietism)**
스콜라적 루터교의 발전은 루터가 가르친 신자와 하나님 사이의 생동적 관계를 경직시켰다. 평신도의 역할은 수동적이었다. 이른바 "죽은 정통"이었다. 경건주의는 이러한 스콜라적 경향에서 벗어났는데, 기독교적 체험과 감정의 우월성을 주장하며, 평신도에게 기독교적 삶의 형성에 능동적으로 참여할 것을 요구하였고, 세상에 대한 엄격한 금욕 자세를 강조했다. 중심 인물은 필립 야곱 슈페너(1635~1705)이다. 그는 요한 아른트의 저작 [진정한 기독교]에 자극을 받았다. 소규모의 경건의 모임에서 경건주의(Pietism)라는 말이 나왔다. 1675년 [경건한 열망]의 저서로 교인에게 경건생활을 고취시키고, 교회 안의 교회의 회중의 모임을 제안했다. 기독교는 지적 지식이기보다는 오히려 삶이다. 삶에서 드러나는 것이 진정한 기독교이다. 정상적이라면 그런 생활은 영적 변화 즉 의식적인 중생에서 시작한다. 그는 청교도와 같은 금욕, 절제를 주장했다. 그는 강조점을 신조에서 성서로 옮겼다. 성서와 대중사이의 벽을 허물어 주었고, 성서가 가르치는 궁극적 논리의 형태였던 신앙고백의 기준의 권위를 약화시켰다. 그리고 성서 연구의 결과 성서의 본질 및 역사에 대한 연구의 길을 열었다. 또한 슈페너는 청년층의 종교 교육을 전면 개선하였다. 이렇게 해서 보다 활기차고 진지하며 성서적으로 윤택한 기독교인의 생활을 대중에게 소개하려는 그의 목적은 달성되었다.
아우구스트 헤르만 프랑케(1663~1727)는 할레 대학을 경건주의의 중심지로 만들고 유지시켰다. 또한 1710년 친구의 도움을 얻어 성경 출판 및 염가 보급을 위해, 성서 연구소를 설립하였다. 할레에서 두드러진 특징의 하나는 선교열의 고조였다. 개신교가 아직 선교를 의무로 받아들이지 못할 때, 프랑케와 그의 동료는 선교 활동에 눈을 돌렸다.
경건주의는 라인 상부 지역의 독일 개혁 교회에도 전달되었다. 경건주의의 누룩은 노르웨이, 스웨덴, 덴마크 등지의 루터파 교회에 스며들어 그곳의 신앙적 열정을 자극했다. 그러나 프랑케의 별세를 정점으로 경건주의가 쇠퇴하기 시작했다. 요한 알브레흐트 벵겔로 인해 계속 확산되었지만 말이다. 이것은 더욱 생동감 있는 형태의 경건을 조성시켰다. 그리고 교직자의 영적 자질, 설교, 그리고 젊은이를 위한 기독교 훈련을 크게 개선했다. 그것은 교회 생활에서 평신도의 역할을 확대시켰다. 그리고 성서를 대중화시켜서, 성서의 헌신적인 연구를 고조시켰다.
한편 경건주의에서 부정적인 사항들도 있었다. 하나님 나라에 들어가기 위한 유일한 방법으로서 오직 투쟁을 통해 의식적으로 회개하는 것만을 고집한 것, 세상에 대해서 과도하게 금욕적인 태도를 취한 것, 경건주의자가 아닌 사람은 비신앙적이라는 식으로 편협하게 판단한 것, 신앙의 지적 요소를 무시한 것 등이 그것이다. 그러나 전반적으로 볼 때, 긍정적인 평가를 내릴 수 있다. 경건주의는 독일 개신교 신앙생활에 아주 가치 있는 기여를 하였다. 고트프리드 아르놀트는 그의 1699년과 1700년 작품인 [비당파적 교회와 이단의 역사]에서, 그의 시대가 그를 이단으로 간주했다고 해서 오늘날도 그를 당연히 이단이라고 생각할 수는 없다는 결론을 내렸다. 이른바 이단이라 불리는 견해일지라도 기독교 사상사에서 나름대로의 위치를 가진다.

되었다. 그래서 자기의 설교를 실제적이면서도 신앙적으로 만드는 데 주력하게 되었으며, 1676년 그는 자기 집에서 형식적인 종교에 불만을 갖는 자들과 함께 작은 집회를 만들었다. 이 집회를 '경건회'(Cellegia Pietatis)라 불렀다.

이러한 이름 때문에 교회 안에 있던 그 운동을 스페너에 의한 경건주의로 불리워지게 되었다. 이 모임에서 성경을 읽고 연구하고, 기도하였고 스페너가 주일날 4회 설교를 토론하였다. 특히 경건회를 통해서 신앙적인 독서를 통해 영적 생활을 함양하는 데 전력하였다.

1674년에 안트의 설교집에 설교를 써달라는 요청을 받고 긴 서문을 통하여 경건주의 운동의 요강을 발표하였다. 1675년에 이 글은 《경건한 열망》[121](Pia Desideria)이란 표제로 출판되게 되었다. 이 책에는 신자들의 경건을 육성하기 위한 내용이 담겨져 있다. 이 책으로 스페너는 일약 경건주의 운동에 창시자로 인정을 받게 되고 이 책의 출판과 함께

---

[121] 《경건한 열망》(Pia Desideria)은 경건주의 운동의 선언서가 되었다. 1675년에 처음 출판된 이 책은 스페너의 민감한 영으로 볼 때 분명히 생명을 잃은 신교에 개혁을 위한 6가지 원리를 주창하였다. 이 작은 책의 영향은 국경을 넘어 멀리 확산되어 나갔다. 첫째, 평신도와 성직자가 모두 정기적인 성경연구를 해야 한다는 요청이 있다. 이것은 정기적인 금식과 기도로 강화되었고 경건주의의 증명이 되었다. 둘째, 만인제사장직에 대한 새로운 강조가 있다. 이것은 경건자의 단체(Collegia Pietatis)의 기초가 되는 개념이다. 셋째, 진실한 믿음에 대한 강조가 있다. 이것은 교의와 신조에 대한 지적 동의가 아니라 사랑의 실천적인 행위, 즉 행위로 증명하는 믿음을 말한다. 넷째, 경건주의는 초교파적인 추진력을 가졌다. 스페너는 그의 계획이 루터교회와 개혁교회 간의 교회적 장벽을 무너뜨리고, 종교개혁 정착지의 지방주의를 꿰뚫으며, 무의미한 신학 논쟁에 종지부를 찍는 것으로 보았다. 다섯째, 스페너는 성직의 완선개소와 성직자의 사명감 회복을 주창했다. 목회자들은 자신들을 철저히 훈련시키고, 자신의 교구 내 젊은이들이 교리문답을 배우고 확신에 이르도록 학교를 세우는 의무를 진지하게 수행해야 한다. 경건서적을 통해서 영적 생활을 깊이 있게 하는 것은 그러한 계획의 기초가 된다. 마지막으로, 스페너는 마음을 감동시키고, 회개케 하며, 신앙의 불을 붙이고, 신령한 예배로 인도하는 "생명력 있는" 설교를 회복할 것을 주창하였다. 이 여섯 가지 원리 위에 세워진 경건운동은 스페너가 살던 독일뿐만 아니라 다른 여러 나라에서도 기독교 교회의 생명을 보여 주는 것이었다. 생명이 없는 교회의 형식주의에 대항하는 모든 산 신앙의 운동은 일부 추종자들에게는 불균형적인 강조와 불건전한 내향성을 가짐으로 과도한 비판을 받는 경향이 있다. 그러나 만일 주류적인 교회들이 스페너와 프랑케의 경건주의의 유산, 특히 그들의 선교사업과 자선사업을 확고하게 지켜나간다면, 오늘날에도 훌륭한 신앙적 유산으로 자리 잡을 것이다.

◎서론
본론
• 교회 현 상태 진단 - 타락
→교회의 미래 전망 - 유대인의 개종, 바벨론(로마 가톨릭)의 멸망
→ 갱신의 구체적 방법 - 6대 개혁안
① 하나님 말씀이 풍성 - 예배 + 매일 성경읽기 ② 만인 제사장 실천 - 성직자와 평신도 구별 허물기 ③ 지식이 아니라 실천을 - 이웃사랑 ④ 루터교 내부의 신학논쟁 중지 ⑤ 신학교육의 개혁 : 실천 지향적인 신학교육, 경건훈련 ⑥ 설교의 개혁 : 신앙의 열매를 강조하는 설교
◎ 교회 안의 작은 교회(Ecclesiola in eccesia) 국가교회 외에 경건생활을 목적으로 하는 작은 교회모임을 가졌으나, 이 모임들 가운데 국가교회를 이탈하려는 경향 때문에 이후에 드레스덴, 베를린으로 옮겨간 후 경건한 작은 교회 모임을 하지 않았다.

경건주의 운동의 새 시대가 도래하게 되었다.

### (5) 프랑케(August Hermann Franke:1663~1727)[122]

프랑케는 1663년 루백(Lubeck)에서 출생하였다. 그는 법학박사인 아버지 밑에서 학구적인 분위기 속에서 자랐다. 킬에서 학생 시절을 보내고 1684년 라이프치히 대학에 들어갔다.

그는 1686년 성서를 연구하기 위하여 몇몇 친구들과 함께 성서 연구회(Collegium Philolilicum)로 함께 모여 연구했으며, 프랑케는 라이프지히 대학교에서 연구를 하고 있다가 1687년 중생의 신비로운 경험을 한 바 있었다. 그러다가 드레스덴에서 스페너와 함께 몇 달 지내는 사이에 경건주의의 신앙을 받아들이고, 그 열정으로 강의를 하였다. 그 후 1689년부터 그는 여러 곳을 순회하며 그의 주장을 보급했으며, 그의 이러한 경건주의적 활동은 학교 당국에 의해 방해를 받게 되었고, 결국은 1691년 추방을 당하고 말았다. 이렇게 되자 스페너가 그를 할레대학 교수로 초빙하였다. 프랑케는 스페너의 뒤를 이어 할레 대학교를 경건주의 중심지로 만들었으며, 거기서 스페너의 할레대학을 물려받아 그곳을 경건주의의 중심지로 삼았고, 거기서 1727년 죽을 때까지 사역하였다.

---

[122] 아우구스트 헤르만 프랑케는 1687년 뤼네부르크에 머물 때 '믿음 없는 로마' (요 20장)라는 설교 준비 중 신앙의 내적 시련을 겪었다. 수개월간의 시련을 통해 실존과 중생의 확신을 얻는 회심을 경험. 이 회심이 그를 경건주의자로 인도함
3가지 중요사업
① 칸슈타인 성서공회 - 최초의 독일 성서공회 1710년 프랑케가 칼 힐데브란트 폰칸슈타인(1667~1719) 남작과 함께 설립
② 1705년 덴마크 왕 프리드리히 4세(1671~1730)가 할레에서 신학을 공부한 지겐발그(Batholemenus Ziegen-balg, 1682~1719)와 하인리히 플리차우(Heirich Plüschau, 1677~1746) 인도 트람 개발지역 선교사로 파송, 덴마크-할레 선교회는 독일 개신교 역사의 최초의 이방인 선교 기관이다.
③ 사회복지 후생사업 : 빈민학교, 고아원,
교육기관-어린이를 육성, 장려교육
- 프랑케는 형제 공동체와 감리교에 탈세상적인 방식의 계몽주의를 심화
◎ 슈바벤(슈투트가르트 지역)의 경건주의
- 뷔르템베르크슈바벤은 동요 "깊은 산속 옹달샘" 의 고장이다. 신지학(Theoso-phie) - 영지주의적 경향으로 신교의 일대일 만남
- 야곱 뵈머(Jakob Böhmer(1575~1624))-신지학, 요한 알프레이트 벵엘(Jo-hann Albreit Bengel, 1687~1752), 외팅어(Friedrich Christoph Ötingen, 1702~1782) 특히 벵엘은 신학적 진술을 변증 없이 직접 성서에서 이끌어 내는 경건주의 성서 연구의 기본 입장을 고수 : 최초의 학문적인 본문 비평의 창시자이다. 마 6:13의 "대게 나라와"/denndeinist das reich가 고대 교회의 기도 책에서 유입되었음을 찾은 사람도 바로 그였다. 1742년 신약성경지침(Gnomou novi testamenti )-영감 있는 주석-체험과 학문적 깊이가 결합된 경건주의의 책, 1755 존 웨슬리에 의해서 번역됨. 1836년 6월 18일 재림의 날로 잘못 설명하기도 했다.
정병식, 《한눈으로 보는 세계교회사》.

### (6) 경건주의의 업적

경건주의 운동은 성경연구에 큰 자극을 주어 그들로 하여금 신학적 이론에서 실제적 방면으로 주의를 기울이게 하여 중용을 얻을 수 있게 하였고, 성령의 감화(感化)와 개인의 중생(重生)의 필요를 깨닫게 하였다.

또한 경건주의 운동은 독일에 있는 영적으로 냉각된 루터파 교회를 많이 재건시켰다. 경건주의자들의 깊은 종교적 열성으로 인하여 이 운동은 각국으로 퍼져 나갔다. 그리고 경건주의 운동의 가장 성공한 업적 중의 하나는 이교도인 백성들을 위한 외국 선교 사업을 시작한 일이다. 특히 이 정신은 모라비안파에게 영향을 주었고, 모라비안파는 각국에서 경건주의 계열에서 가장 뛰어난 선교에 성과를 올렸다.

### (7) 경건주의의 위기

경건주의자들은 그들의 길이 기억될 만한 공헌에도 불구하고 다음과 같은 여러 가지 역사적 과오를 남기기도 하였다.

첫째로 그들의 세계관의 문제이다. 경건주의는 현세도피적(現世逃避的) 성향 때문에 개신교의 토양에 부활된 중세 수도원주의를 탈피하지 못했다.

둘째로는 그들의 교회관에 있다. 교회의 개혁을 시도함에 있어 열심 있는 소수를 구분하여 '교회 안의 교회' 운동을 전개한 것은 지나친 독선주의적인 구별의식을 심어주는 목회적 위험을 자초하는 것이다.

셋째로 교리의 경시로 기독교의 변질을 쉽게 초래하는 결과를 얻게 한 점이다. 종교를 개인적인 것으로 경건생활의 열매를 강조하는 나머지 정통신앙고백의 중요성이 외면될 때 아무렇게나 믿어도 좋다는 사상적 개방주의가 따르게 된다.

넷째로, 정통을 부정으로 보려는 경향이 기독교 이단을 일으키는 데 계기를 만들어준다.

## 2) 덴마크 할레 선교회(재정-덴마크 정부, 선교사-할레대학)[123]

※선교전략 1) 교회와 학교를 세움 2) 성경번역 3) 토착문화연구 4) 개인적 회심강조 5) 토착 지도자 육성
 - 1733년 최초의 인도목사 아론(Aaron)

---

[123] 덴마크 할레 선교회(Danishe-Halle Mission)
(Daenische-hallesche Mission, 1705. 덴마크 식민지인 인도의 트람 개발에 치겐 발크(Batholomeus Ziegenbalg )와 플뤼 차우(Heinrich Plutschau) 선교사 파송. 지켄발크 1717년 보고서 책으로 출판 Bartholomaeus Ziegenbalg, Der Taetigkeit der Mission, daenische Missionsdruckerei, 1717, 박영환, 이용호 역, 덴마크 할레 선교회의 역사적 보고서, 도서출판 바울, 2012.

개신교 최초의 선교기구 형성 - 할레대학, 코펜하겐의 궁정목사인 프란쯔 루칸(Franz Luckens) 1705년 프레드릭 4세의 명을 받고 인도 동해안의 트랑케발(Tranquebar-마드라스에서 150마일 남쪽)에 선교사 파송을 구함.

지켄발크(Bartholomeus Ziegenbalg, 1682~1719)와 플뤼차우(Heinrich Pluetschau, 1677~1746) 파송

### 3) 모라비안 선교[124]

(1) 기원

30년 전쟁에서 가톨릭의 박해를 모면하려고 보헤미아 지방의 교회, 모라비아에서 피난해 온 이들이 갈 곳이 없어 허덕일 때에 진젠도르프 백작은 자신의 영지 안 드레스덴 부근의 헤른후트(Herrnhut: 주의 보호 혹은 망대)라는 곳에 거주하기를 허락하였다. 이로써 그는 모라비안 운동의 지도자가 되었다.

이들은 루터교의 경건을 살리며 궁지에서 생존하기 위해 반수도원적인 공동생활을 채택하여 생활의 안정을 얻게 되자, 여력으로 세계복음화에 전력을 기울이게 되었다. 그들은 60인마다 선교사 하나를 외지로 파견하여 선교 사업을 개발하였으며 1732~1752년 사이에 그들이 파송한 선교사들의 숫자는 그 이전에 개신교 전체가 한 것보다 많았다. 모라비아인들로 인해 형성되어진 경건운동은 영국 감리교도들(Methodists)에게 많은 영향을 미쳤다.

(2) 모라비안교도의 특징

체험적 신비주의, 공동체 형성, 서로 발을 씻겨주고 평화의 키스를 하였다. 서로 형제라 부른다.(초대교회 공동체 특징)

---

[124] 진젠도르프와 모라비아주의
모라비아 형제단(Moravian Brethren)은 진젠도르프 백작이 주도했다. 1727년 8월 13일은 모라비아 교회라고 부르는 형제단이 다시 태어난 날로 기념되고 있다. 그는 헤른후트 공동체를 새로운 형태의 개신교 수도원주의로 조직했다. 그리스도를 위한 일이라면 어디든 기꺼이 가려하는 모라비아 인의 자발성은 선교운동에 강력한 추진력을 제공하여 결코 잊을 수 없는 강렬한 인상을 남겼다. 개신교 어느 교파도 이들 만큼 선교의무를 절실히 느끼지 못했고 그 어느 단체도 수에 비하여 그렇게 크게 선교사역에 헌신한 적이 없었다. 그는 인디안에게 선교하기 시작했고 순회 단체도 설립했다. 헤른후트는 선교활동의 중심지가 되었다. 선교는 수리남, 가이아나, 이집트, 그리고 남아프리카에서도 시작되었다. 그의 사후 실제상의 지도력이 슈팡겐베르크에게 돌아갔다. 슈팡겐베르크의 뛰어난 조직력과 강력하고도 지혜로운 지도로 모라비아파를 강화하고 개선했다. 모라비아 교회는 기독교계에서 공인된 위치를 차지했으며 선교열과 모라비아인 디아스포라 사역을 통해 광범위한 영향력을 발휘했다.

### ※모라비안

종교개혁자 후스의 영향으로 모라비아와 보헤미아 지방에서 생겨난 개신교이다. 후스는 1415년 순교하였으나 모라비아 지방 사람들은 신앙을 지키기 위해 오스트리아와 로마 교황에 대항함. -30년 전쟁에 로마교황은 모라비안 교도들을 박해함. -이때 빠져 나간 사람들 중 삭소니의 헤른후트에서 형제단이 조직됨-1644~65년 교회조직을 가짐. 선교사 파송. 1732년-버진 아일랜드, 그린랜드-1733년, 북미-1734년, 남미-1735년, 남아프리카-1736년 등 선교 전초기지를 세움. 선교 특징-이방인 개종, 전 세계를 교구로 봄, 자비량 선교사, 교회 외부 영향 배격, 개인적이고 지역적인 복음화를 강조함.

(3) 진젠도르프(Nicholas von Zinzendorf 1700~1760)[125]

혹은 니콜라스 루드비히(Nicholas Ludwig)라고도 불렸다.

진젠도르프는 1700년 부유한 귀족의 집이자 열렬한 경건주의자들인 부모에게서 태어났다. 그의 아버지는 색슨의 귀족이며 고관이었고 외조부는 저명한 경건주의자였다. 그 부모들은 경건주의 학교인 할레대학에 보내어 프랑케 아래 수학하도록 하였다.

진젠도르프는 1710년부터 1716년까지 할레의 기숙사에서 생활하면서 학교에 다녔다. 그는 일찍이 대부였던 스페너로부터 매력을 느꼈었고 프랑케로부터는 큰 자극을 받았다.

진젠도르프는 14살 때 '겨자씨 모임'(Order of the Grain of Mustard Seed)을 조직했다. 이 모임의 구성원들은 모든 인류를 사랑할 것을 맹세하였다. 이때 그의 심령 속에는 순결한 교회와 순결한 영적 생활에 대한 경건주의적 사상이 뿌리박힌다.

할레에서 교육을 마친 후 신학 공부를 열망했으나, 그는 루터파의 중심지인 비텐베르크에 가서 법학 공부를 하였다. 여기서 그는 교수들과 여러 차례 논쟁을 벌이곤 하였다.

그 후 1721년에 색슨 공의 정부관리가 되어 드레스덴(Dresden) 궁정에서 일을 하게 된다. 1727년 진젠도르프는 조상에게서 물려받은 재산의 일부로 땅을 사고 자기 가옥을 내놓아 종교적 피난민들의 안식처로 삼는다. 이 피난민들은 대부분 15세기 초 후스파 운동의 후예들인 '모라비안 형제단'(Moravian Brethren)[126]인데 이들은 세상으로부터 분리되어 오직 주님을 믿는 자들만이 모이는 '성도들의 교제'(communion of the saints)

---

125) 니콜라우스 진젠도르프(Niokolaus Zinzendorf, 1700~1760)
1700년 드레스덴에서 태어남. 가정에서는 스패너적, 학교에서는 프랑케적 경건주의 영향을 받음, 1721년 전쟁으로 피난해 온 200여명의 피난민(보헤미아 형제교회와 작센의 루터란)들에게 피난처 제공. 1747년 작센에서 형제단 교회 "CA Variat i(1540)"를 수용 ① 철저한 그리스도 중심 ② 감정, 감성, 명랑 낙관적 성향 ③ 그리스도와 연합이 죄를 소멸

를 꿈꾸었다. 그는 이곳에 신앙공동체를 세우고 이들의 지도자가 된다.

1728년 진젠도르프 백작은 정부의 공직에서 물러나 오직 하나님의 사역에만 몰두한다.

1734년 진젠도르프 백작은 루터파 목사로 안수 받고, 1737년에는 진젠도르프가 설립한 '모라비안 교회'(Moravian Church) 혹은 그들이 더 선호하는 이름인 '연합 형제단'(United Brethren)에서 정식으로 안수 받는다.

1731년 코펜하겐에서 열린 크리스쳔 4세(ChristianⅣ, 1730~1746)의 대관식에 참석하였던 진젠도르프는 덴마크령 서인도 제도 출신의 흑인을 만나고 당시 노예들에게 깊은 연민을 느꼈다. 그 결과[127] 1732년 모라비안 선교사 제1진이 서인도 제도를 향해 떠났고, 1733년에는 그린란드로도 갔다. 1735년에 대규모 선교단이 아메리카 인디안들을 선교대상으로 삼아 신대륙 조지아에서 활동했다.

그 후 줄지어 아프리카·남미 등 갖은 악조건을 무릎 쓰고 실로 헌신적인 선교활동을 이루었다. 이처럼 진젠도르프는 진실한 경건주의자였다. 그의 이상은 고상하고 순결하였다. 또 그는 사람들의 영혼을 구하는 것을 일생의 목표로 삼았으며 자기가 창설한 모라비아 형제단으로 하여금 구령운동을 최고의 목적으로 삼고 활동하도록 힘썼다.

모든 재산을 선교에 사용하고, 영국에서 1760년 5월 9일 하나님의 부르심을 받았다. 그는 28년간의 활동을 통해 226명의 선교사를 파송했고, 19세기에는 유럽에 15개의 선교 기관이 설립되었다. 모라비아 교회는 20세기 초반까지 세계 14개 나라에 3,000여 명의 선교사들을 파송했다고 한다.

(4) 할레(Halle)대학[128]

할레대학은 1531년 교황청 관리들을 양성하는 학교로 세워졌다. 재정적 위기가 왔을

---

126) 모라비안 선교전략
　　① 자립선교의 원리, 모든 그리스도인은 선교사다. 세계가 선교지다.
　　② 교회 외부의 정치적 영향을 배제함으로 집단, 국가적 개종보다 개인회심에 강조
　　③ 선교사 학교를 세웠다.→ 적응훈련 및 생존의 훈련
　　④ 소그룹을 통한 자비량 선교사 → 교회 설립측면보다 소그룹 형성을 통한 참된 신앙인의 양육을 중시함
　　⑤ 성육신의 정신을 본받아 수난의 선교원리를 가지고 선교
　　⑥ 선교지에 대한 철저한 적응훈련 → 성경번역 → 토착민의 정확한 의미노력
127) 사역중심 - 이방인 개종, 현대 자비량 선교의 틀을 놓음. 선교지 : 버진 아일랜드 - 1732년, 그린랜드 - 1733년, 북미 - 1734년, 남미 - 1735년, 남아프리카 - 1736년.
128) 1750년 이후 독일 신학의 분류
　　보수신학
　　1751년 라이프찌히 대학의 철학교수 겔러트(Christian Fuerchegott Gellert 1715-1760)
　　자유신학진영

때 비텐베르크 주에서 새로운 계획을 가지고 재구성, 1680년 Magdeburg의 공작령에 의해 세워갈 때 Brandberg와 연합하여 기사학교로 전환되었다. 1690년 토마시우스(Thomasius)에 의해 대학교가 된다. 공식개교는 1694년 12월 7일 700명의 학생으로 시작됨. 1691년부터 스페너와 1692년 후랑케 등의 경건주의 그룹들이 대학교육에 영향을 줌. 1896년 큐스타브 바르낙(Gustav Addf Wareck : 1834~1910)이 최초로 선교학 교수(명예교수)로 공식 직함으로 활동을 함.(Udo Straeter, Halle, Universitaet, RGG 4판, 3권, 1391-1393, 2000)

할레대학은 독일뿐만 아니라 전 유럽의 경건주의 운동의 본산이었다. 할레대학의 정책이 주로 스페너의 주장과 교육방침에 의하여 세워진 것이었지만 실지로 행정적인 면에서 이를 실천한 사람은 프랑케였다. 그는 이 학교를 중심으로 젊은이들에게 목사가 되게 하기 위한 교육을 시키는 데 전념했다. 할레에서 그는 새로운 교육제도로 인해 유명해진 학교들을 세웠는데, 이 제도들은 경건주의에 젖은 분위기에서 실천됐다.

할레대학에서 그의 업적은 선교기관을 통한 가난과 부도덕의 생활에 빠져 있던 소외된 대중들에게 교육과 자선의 손길을 뻗친 것이었다. 고아원, 학교, 과부의 집, 여자방, 교사 양성학원, 화학 실험실, 약국, 책방, 인쇄소, 무료 숙박소, 빈민수용소 등의 기관들을 세워 선교에 힘썼다. 이러한 기관들은 경건주의 정신을 표현하는 것이며, 또한 선교 사업의 계획은 독일 교회에 새 생명을 불어넣어 주었고 또한 그리스도교로 하여금 생명이 없는 하나의 전통이 아니라 생명이 있는 실제의 종교가 되게 하였다.

한편 선교뿐 아니라 할레대학을 중심으로 해외 선교에도 힘써서 개신교 선교가 첫 발걸음을 내딛게 하는 일에 큰 공헌을 하였다. 같은 할레대학의 교수들의 비난 속에서도 프랑케를 중심한 경건주의는 18세기의 신교사업 산실의 역할을 했다. 모이어(Moyer)는

---

할레 대학의 요한 살로모 제믈러(Johann Salomo Semler 1725-1791) 역사비평, 정경비판의 창시자, 자유신학의 명칭 사용(자유로운 신학적 교수법 시도, 1777). 성서는 독자들을 위한 지역적이고 시간적인 한계를 가진 것이다. 오늘날 무의미하며, 전통적인 기독교의 완성을 거부하며, 교리 역시 상대적일 뿐이다. 성서 축자 영감설도 설자리를 잃음.

양진영에서 합리주의와 초자연주의로 다시 합리주의적 초자연주의 혹은 초자연주의적 합리주의.(기독교는 이성적 종교다. 그러나 시작은 하나님의 계시에 근거하고 있다. 보수진영에서도 환영)+ 질풍노도시대(Friedrich Gottlieb 1724-1803) 설교에서 교리배제, 단순하고 감동적인 섭리신앙과 도덕 강조, 찬송을 시대에 맞게, 감상적이고, 애국적인 주제로 바꾸었다.

경건주의 반발

독일 남부의 우를페르거(Johann August Urlsberger 1728-1806) 1780년 스위스 바젤에서 독일 기독교협의회를 창립, 추종자 스피툴러 1804년 바젤 성서공회, 1815년 바젤선교학교 창립.

'할레의 경건주의자들이 성공한 것 중에 가장 중요한 한 가지는 이교도인 백성들을 위한 선교 사업을 시작한 일이다'고 말한다. 할레대학은 18세기 동안에 60명 이상의 선교사를 배출하였으며, 창설된 지 30~40년 만에 약 6,000명 이상의 경건주의 목사를 배출하여 독일뿐 아니라 세계 각국에 일꾼으로 보냈다. 특히 모라비안 선교의 중심 인물인 진젠도르프도 할레대학에서 공부하고 세례를 받을 때, 스페너가 그의 대부가 되었으며 프랑케에 큰 영향을 받았다.

(5) 1749년 공식적인 인정을 얻을 때까지 그들은 분리주의자라는 이름을 벗어날 수 없었다. 그들은 흔히 "독일인", "헤른후트인", "반 명목론자"들이라고 불려졌다. 그들에 대한 반대는 1742년에서 1745년까지 최고조에 달하였다. 그러한 반대에는 다섯 가지 원인이 있음을 홀튼(J. E. Hulton)이 지적하였다.

① 운동이 독일인에 기원을 두었다.
② 훈련이 너무 엄격하였다.
③ 감각적인 것을 피하고, 주로 조용히 기다림을 강조하는 고요의 교리에 원인이 있다.
④ 불완전한 교리와 실천이라는 오해이다.
⑤ 비일상적인 언어를 사용한다는 점을 들었다.(예 : 피와 상처의 신학)


## 5. 개신교 선교의 영향[129]

개신교 선교는 15세기말 새로운 대륙의 발견과 식민지의 확대에 감동과 행복감에 젖어 있었다. 로마가톨릭으로부터 겪는 박해와 순교가 개신교선교를 더욱 급진적 복음의 삶을 갈망하게 만들었다. 이 시기에 선교라는 용어가 지금의 선교라는 의미의 용어로 사용되었다. 이전의 선교는 그 아들을 보내신 성부 하나님과 성령을 보내신 성부와 성장의 신학적

---

[129] 1492년~1773년 선교현장이 주는 선교 이해 배경 : 대량학살과 정복, 강압과 정의, 생존과 관대함. 착취와 경쟁과 이방성 대 존경과 상호성 적응의 긴장과 극단화, 아시아의 의례, 국가적 이익, 인권, 선교사들의 협력, 신학적 차이, 경제적 관심에 대한 논쟁과 갈등.
- 구조 악에 대한 구조 밖에서다.
- 교회와 국가에 대한 정의와 외침-예언자 소리
- 원주민의 존엄성, 문화, 삶을 증진
- 해방시키는 복음화
- 문화라는 종교 간의 대화와 해결 유도
- 겸손의 교훈 – 편견과 부정

의미 안에서 이해되었다. 선교사업의 권리와 의무를 부여하였다. 1493년 분계교서(Demarcation Bull)에서 이제 선교는 교황이 요구하는 어떤 임무이든 수행해야 한다는 포괄적 의미를 포함시킨다. 보냄을 받는다는 의미가 명료해졌다. 선교의 개념은 비기독교인들과 비가톨릭 사람들뿐만 아니라 가톨릭교도들에게도 역시 적용되었다. 선교가 제도적으로 정해졌으며 교황은 보호권(patronatus 스페인어로는 patronato, 포르투갈어 padroado) 제도로 스페인과 포르투갈 왕에게 선교사업의 권리와 의무를 부여하였다. 17세기 후반 교황은 선교에 대한 교회의 의무 천명으로 1622년 포교성성(Sacred congregation for the Propagation of the faith)을 설립하였다.

### 1) 선교회 중심의 선교

할레와 모라비안 선교회가 중심이 됨.

덴마크 할레선교와 모라비안 선교가 중심무대 → 네덜란드선교회(1797)를 출발로 19세기에 15개 선교회 구성 → 1824년 → 베를린, 1828년 → 라인이쉬, 1836년 → 라이프치이, 1849년 → 헤르만스부르그, 1821년 → 1874년 → 스칸디나비아 6개선교회, 프랑스 → 1822년 파리, 1815년 가장 오래된 스위스 바젤선교회 등 독일계통의 선교회는 1,300여개다.

### 2) 복음 각성 운동

(1) 웨슬리와 휫필드[130]

공통점 → 영적 열정은 같으나 방향은 달랐다. 조지 휫필드는 말씀선포, 웨슬리는 사회봉사적 차원에 관심을 가졌다.

(2) 웨슬리와 모라비안교도

복음선교회로 미국 파송(1735~1737) 인디언선교 정착민을 위한 목회 실패(기독교윤리와 율법주의적 태도, 교회운영과 태도의 융통성 없음)

→ 조지아주에서 모라비안교도(Spangenberg)의 경건한 삶, 기쁨에 찬 생활로 구원의 확신, 미국선교사(1735)로 갈 때 대서양에서 모라비안교도 → 자신의 신앙결함을 발견 → 1738년 올더스게이트의 체험으로 평안을 얻음 → 헤른후트 방문 → 미국에까지 전파되는 영적 운동을 일으킴.(4개월 23일 항해-모라비안교도 26명 만남)

※결론

130) 존 웨슬리와 조지 휫필드

| 구분 | 웨슬레 | 휫필드 |
|---|---|---|
| 출신 | 엡워드 국교회 목사의 아들 | 두 살 때 과부된 어머니 엘리자베스에 의해 주변 환경에 폭넓게 영향받음 |
| 어린시절 | 어머니 수잔나에 의해 엄격한 종교 교육을 받음 | 21세 때 옥스포드 대학 |
| 회심 | 그의 나이 35세 때, 런던시내 올더스게이트의 모라비아 집회 | 21세 때 옥스포드 대학 |
| 성직수임 | 1728년(24세) 영국 국교회 | 1736년 (21세) 영국 국교회 |
| 설교형태 | 이지적인 면과 교리적인 면을 겸비함 | 열정적인 면과 극적인 면을 겸비함 |
| 교리 | 알미니안주의(네덜란드의 알미니안주의보다는 반(半) 어거스틴주의 경건주의자에 가까움) | 칼뱅주의적임 |
| 조직관리면 | 탁월한 조직관리 자로서 신자들을 (감리교)속회라는 조직으로 관리, 훈련시킴 | 스코틀랜드를 14차례 방문하였고 캠버슬랭 부흥운동을 도왔고 미국을 7차례 방문하였고 제1차 대각성운동의 기폭 제 역할을 담당하였음 |
| 선교활동 | 초기 선교활동지였던 아메리카의 조오지아주에서는 실패하였으나 후대에 스코틀랜드와 아일랜드에 선교하였고 미국 지역의 감독으로 임명받아 선교사 역을 감당하였음 | 조직관리자라기보다는 설교에 치중하여 많은 신자들이 다른 교파로 떠남 |
| 유산 | 감리교회 | 칼뱅주의적인 감리교도들 : 영국 국교회의 경건파의 영향을 받았음 |

### 영국의 영적 각성운동
**영국교회의 상황**
1739년 웨슬리에 의한 감리교운동이 본격화되기 전까지 영각함-명예혁명(1688-1689)부터 1739년까지 개신교 예배 인정, 그러나 십일조는 주교교회, 비국교도 신분으로 공무원이나 시의원이 될 수 없음.

**사회, 경제적인 상황**
산업혁명으로 빈부의 격차, 노동자문제 등에 종교적 힘이 미비함.

**종교와 철학적 상황**
이신론:이성을 근거로 한 신앙, 성서의 절대성을 부정함. 성서로 복귀를 주장하는 자들이 등장함. 전통적으로 삼위일체를 부정하는 유니테리언: 자연과학자며, 설교자인 조셉프리스틀리(1733-1804, 1772년 산소발견) 등장.
프라이마우어러(Freimaurerei: 장벽이 없는/인간성 회복과 형제애)-1717년 런던에 센터 건립

**감리교회의 시작**
요한 웨슬리(John Wesley 1703-1791)-1726년 동생 찰스(Charles , 1707-1788)와 1726년 홀리 클럽(Holy Club)결성-1736년 2월 6일 조지아주 선교사로 출발, 1736년 12월 2일 조지아주를 떠남(모라비안 교도를 만남)-1738년 부흥회 활동, 1739 휫필드(Georgr Whitefield 1714-1770)의 권면으로 킹수우드 지방의 광부들에게 옥외설교. 1740sus 모라비안교도들과 결별. 1741년 휫필드와 결별(예정론의 차이)-1740년 조지아주의 노스헴프턴 교회 부흥회, 담임목사는 조나단 에드워드. 
웨슬리는 노예제도, 사회개혁 안정에 관심, 휫필드는 아동복지제도에 관심. 웨슬리는 윌리암 윌버포스(William Wilberforce) (1759년 8월 24일 – 1833년 7월 29일)는 영국의 정치인이다. 노예제도 폐지운동을 이끈 정치인을 도움.

① 내적 선교-종교개혁(내적인 교리와 정책에 대한 종교개혁), 외적 선교-경건주의(외적인 삶에 대한 종교개혁이라고 할 수도 있다) 기도, 경건운동으로 선교의 총력을 준비하였다.
② 진젠도르프와 모라비안 교도는 세계를 향해 직접 선교사로 선교회를 구체적으로 조직 운영하며 자립의 선교를 이룩하였다.
③ 개인적 회심의 강조인 단독사역은 범신론적인 낭만주의와 자유주의를 불러일으키는 요소가 되었다.
④ 19세기 신학과 선교운동을 세계화시키는 근간이 되었다.
⑤ 신앙의 뜨거운 열정과 영혼사랑이 복음주의 중요한 전통이 되었다.

## 6. 근대 선교의 배경

메마른 전통을 신앙 실천운동으로 개혁하였다. -이성 중심, 교리주의에 대한 보완
※필립 스페너(Philip Spener 1635~1705), 프랑케(August Francke 1663~1727) - 할레대학 -데니쉬 할레(Dänish Halle Mission)와 모라비안 교도(목표-이방인 개종), 진젠도르프(Ludwig Zinzendorf 1700~1760) -현대 개신교 운동의 틀을 형성.

17세기부터 시작된 개신교선교는 청교도 선교운동, 경건주의 선교운동, 모라비안 선교운동과 감리교선교운동, 침례교 선교운동(윌리암케리), 성공회선교운동[131](1534년 가톨릭에서 독립-1570년 교황 비오5세가 엘리자베스 영국여왕을 파문하자 로마교회와 단절함), 윌리암 케리와 개신교 선교단체, 선교회 등장. 미국신교운동. 16세기 라틴 아메리카 선교가 17세기부터 북미선교원주민 선교 등의 다양한 형태의 선교회와 선교운동 등장.

---

[131] 성공회 선교운동
복음전도운동은 성공회에서 발전되었다. 노예선 선장이었던 존 뉴턴(나 같은 죄인 살리신 곡), 만세반석 열리니를 쓴 어거스투스 토프레디(Augustus Toplady), 노예제도를 반대한 윌리엄 월버포스(Wilberforce), 선교지도자인 존 벤과 헨리(Henry Venn) 등이 성공회 선교자들이다.
1799년 교회선교회(Church Missionary Society, CMS)-동아프리카 부흥운동-맥스워렌(Warren). 사회변혁운동에 앞장섰다. 자선사업을 주도함.
스코틀랜드교회의 복음주의 운동-존 위더스푼(Witherspoon)-웨슬리 운동보다 먼저 일어났다.
미국의 부흥운동은 뉴저지주의 장로교 출신 윌리엄과 길버트 테넌트(Tennent)가 주도함-뉴잉글랜드주의 조나단 에드워즈, 조지 휫필드 등이 가세함(미국 부흥운동은 1739년을 기준으로 함)-지역에 대학을 세움-목회자를 훈련하기 위한 뉴저지대학(후에 프린스턴 대학).

부흥운동-복음전도운동은 가난한 자와 소외된 자를 대상으로 함, 개인구원의 경계를 넘어 사회적 관심을 가졌다.

## 7. 북미대륙의 인디언 선교[132]

### 1) 연대기적 상황

1543년 캐나다에 쟈크 까르티에(Jacques Cartier)와 그 첫 사제들, 1608년 선교를 시작하는 퀘벡(Quebec)주의 창설, 1625년 캐나다에 온 예수회, 18세기 초부터 북아메리카 선교는 프랑스의 한 식민지 성 노랜스에서 시작되었다. - 상업적인 독점 지원정책, 백성들은 인디언이었음.

### 2) 인디언들의 특징
- 종족회의에 종속적으로 결합된 부족
- 신의 영역인정 – 종교는 마술이 지배
- 용감＋환대적＋잔인＋물질적이다.
- 집단생활 못하고 흩어져 살았다.

### 3) 선교사 사역과 협력
- 헌신과 순교에도 불구하고 위험, 동요, 제한적으로 활동하였다.

사도직은 식민주의자들에게 다시 돌아갔다.
- 근대생활을 할 수 있도록 기여하였다.
- 문화 파괴 및 공동체 멸절

---

[132] 할레 비텐베르크 마르틴 루터 대학교(Martin-Luther-Universität Halle-Wittenberg) 독일 잔센안 할트 주 할레와 비텐베르크에 있는 대학교. 1502년 세워진 비텐베르크 대학과 1694년 세워진 할레대학교 1817년 합쳐지면서 설립되었다. 1531년 마인즈의 알브레이트, 교황의 외교사절(대사)의 지원을 받아 설립, 그러나 1680년 재정의 위기가 왔을 때 마그덴 부르크 주정부지원으로 해결됨. 1692년 프랑케가 신학교수로 부름. 1694년 브란덴 베르크 프리드리히 3세에 의해 근대 대학의 모습을 가졌다. 1817년 비텐베르크 대학(1502)과 합병. 1933년 마르틴 루터 탄생 450주년을 기념하여 현재의 명칭을 가짐.(Udo Sträter, Halle, universitat, RGG4. Bd3. 1391~1393).

### (1) 가톨릭 선교[133]

북미 대륙에서의 선교개척자들은 로마 가톨릭이었다.

① 프란시스 수도회 - 미국 서남부 지역 푸에블로(Pueblos)에서 선교 사역하였다.

지금의 샌디에고에서 로스엔젤레스에 이르는 해안선을 따라 선교기지를 세웠다.

이 지역 인디언들 - 인디언 전통과 샤머니즘적 옛 종교에 미련을 갖기는 했어도 명목상 그리스도인이 되었다.

② 프랑스 예수회 - 캐나다 세인트 로렌스(St. Lawrence) 골짜기의 휴런족(Hurons)에게 복음 전파.

17c 중반 - 부족 절반 명목상 그리스도인이 됨.

ⓐ 이로쿠와 부대(Iroquois League) - 휴런족 토벌

지역 선교사들 쫓겨나거나 순교

선교단장 장 드 브레보(Jean de Brebeau) 고문 끝에 순교.

ⓑ 예수회의 후론족 선교 실패로 돌아감.

---

133) 1492~1773 가톨릭의 선교모델
  1. 아메리카 선교모델
    ① 1503년 엔코미엔다 제도(encomienda system) 교회밖에 구원이 없다. 스페인 정착촌에 원주민 교육을 받고 노동력 제공, 노예제도의 일부로 봄
    ② 1514년 예언자적 모델 엔코미엔다 제도의 부정적 결과로 고발 - 원주민 자신의 삶의 방식과 종교에 대한 권리 인정
    ③ 콘벤토(Convento) 모델전도, 회심, 세례를 통해 실현원주민+스페인 정착민 +4~5명의 선교사 = 한마을, 한 교회, 학교, 병원, 고아원 타불라 라사(tabula rasa) 방법으로 접근 : 문화 종교적인 관습의 파괴는 일단 그리스도인을 본 온정적 간섭주의가 선교를 통해 인디언의 완전한 멸망을 막아줌. 교육을 위해 여성이 선교에 투입됨 1772. 3차 리마회의 원주민도 서품 인정
    ④ 정착촌 모델-1503년 스페인은 원주민을 정착지 혹은 정착촌으로 모음을 명령. 이것은 인간화, 문명화, 복음화의 의도다. 당시 지배적인 정복 모델의 대안적 선교 모델
    ⑤ 원주민 모델 : 프랑스식 형태 원주민 공동체로 선교사가 들어감. 선교사는 마을에 집 하나를 구축하고, 그다음에 다른 마을로 설교하러 감. 프랑스 평신도들은 헌신된 교리 교수자이자 선교사의 동역자이다.
  2. 아시아 선교 모델문제 :
    조상숭배 의례가 종교적이라기보다 문화적이고 사회적이다. 포르투갈인은 아시아에서 ㉠ 해군의 힘을 활용 ㉡ 내지의 통제보다 단절된 해안의 요새를 세움 ㉢ 해안 도시에 남아있던 극소수의 유럽인 거주자를 동반함
    ① 프란시스 자비에르 모델
      • 순응의 형태인 번역의 중요성-타종교 경멸
      • 타불라라사 방법 강조(힘에 의한 정복 작업)
    ② 알렉산드로 발리그라노-부드러운 혹은 감미로은 방법(il modo soave), 일본인을 성직자로 준비, 지방언어로 번역
    ③ 마태오 리치-적응화법칙 선포한 신앙이 더 이상 낯설지 않고, 어떤 점에서 중국적인 참되게 중국적이며, 기독교적 교회가 세워질 수 있을 때, 그 이론에 이 교회가 민족의 회심을 위한 과제를 낳는다.

퀘벡 등 다른 지역도 실패로 끝이 남.

③ 북미주 대평원과 오레곤 주에 있는 인디언들 상대로 로마 가톨릭의 선교가 시도 되었으나 모두 실패로 끝남.

④ 북아메리카 대륙의 가톨릭 선교는 국가의 지원과 보호로 이루어졌으나, 국가의 이유들과 교회의 정책들, 그리고 설득과 힘의 문제들을 구별하는 데 실패했다. 18세기까지 이러한 불리함과 선교의 불이익을 체험하게 되었다.

가톨릭 선교는 특히 교황청 포교성에서 파송된 선교사들이 보호권 조약을 가진 나라와 군대들로부터 무시함과 추방, 공격적인 선교방해를 받기도 했다. 그러므로 선교는 보호권 조약이 미치지 않는 지방에서 일어났다. 특히 현지인 성직자 교육과 양성에 힘을 쏟았다.

(2) 개신교의 선교[134]

영국 → 신대륙 진출 시부터 인디언 선교에 강렬한 열망이 있었음. 운송업자, 무역상인, 정치가 → 자신들의 이익을 위해 선교사업 지원함.

영국/미국 식민주의자

- 인디언들을 개종시키면 식민지 경영이 순조롭고 유익이 될 거라는 생각에 인디언 선교 장려. 인디언 정책 마을 점령, 추방 – 이주촌

① 영국국왕 – 버지니아 헌장(VIRGINIA CHARTER) [1606년] 발표.

"암흑 가운데 아무것도 모른 채 불쌍한 생활을 하고 있는 인디언 원주민들에게 그리스도 신앙을 전파 할 것이다."

---

[134] 개신교 선교 모델 2가지
  1. 가톨릭의 입장 (부정적)
   ① 기본적인 신학의 방향 - 선교적 루터 "창조적이고 참된 선교 사상가"
   ② 200년 동안 선교 활동 거의 없었다. 초점이 교회생존과 개혁
   ③ 해외 선교지와 접촉 불가, 스페인, 포르투갈 상선
   ④ 수도원 주의와 수도회를 거부함으로써 선교 모델이 준비 못함
   ⑤ 선교모델 - 상호 대립되는 접근 방법 사이의 이동
   ⑥ 타불라 라사 방법으로 접근
  2. 개신교의 입장(긍정적)
   ① 루터신학 : 창조적 구원론 - 선교의 기본을 정립-선교신학
   ② 선교의 단계적 이해 - 200년 동안 준비-과정-발전으로 드러남
   ③ 개신교 상선-영국, 독일, 네덜란드 등에 의해 해외선교
   ④ 평신도 선교 모델과 교회 개척 중심의 선교정책
   ⑤ 상업-이익-선교지원 정책은 가톨릭과 동일함. 개신교는 '중생'의 확신을 배경으로 하는 회심 선교 운동

② 매사추세스 헌장(Massachusetts Bay Charter)

"이 지역의 원주민들에게 인류의 구원자이신 참되신 하나님을 알고 그에게 경배하는 그리스도교 신앙을 심어주기로 서약한다."

③ 코네티컷 헌장(The Charter of Connecticut)

"복음화는 식민지를 세우는 유일하고도 중요한 목적이다."

④ 이들 식민지 헌장들은 듣기 좋은 미사여구에 불과하였다.

ⓐ 이주민들이 정착해 나갈 때 "불쌍한 야만인", "적색인(Redskins)", "잃어버린 이스라엘의 부족" 들은 잠재적 기독교 형제가 아닌 위험하고 방해하는 적으로 느껴졌다.

ⓑ 감상적인 인류애나 복음화라는 말은 탐욕의 그늘 아래 가리어져, 선교사는 언제나 멸시의 대상일 뿐이었다.

⑤ 메사추세스 주민만은 다른 식민지와 달리 선교헌장을 성실히 지키려하였다. 선교사들은 존경 받았으며, 인디언들만이 아닌 식민지 거주자(이주민)들을 복음화시키는 이중의 책임을 떠맡았다.

⑥ 미국의 인디언 선교는 감동적이고, 흥미 있고, 헌신적인 이야기를 담고 있었으나 결국 실패로 끝이 나고 말았다.

> 많은 투자와 헌신을 하고도 결실을 거두지 못한 이유는?
> 2세기에 걸친 땅의 약탈, 문화적 침략, 점진적 인종 말살 등이다.

## 4) 인디언 선교사

(1) 존 엘리엇(John Eiiot, 1604 ~ 1690) "인디언 사도"

① 1604년 영국에서 비국교도 출신 가정에서 태어남.[135]

② 1631년 메사추세스 주에 정착 록스베리(Roxbury) 교회의 담임목사가 됨.[136]

③ 1644년 그가 40세가 되던 해에 선교에 대한 올바른 자세를 가지게 됨.[137]

---

[135] 1622년 케임브리지 대학교를 졸업하고 목회에 대한 충분한 교육을 받았으나 비국교도라는 이유로 목사 안수 불허. 토마스 후커(Thomas Hooker) 밑에서 학교 교사로 일하다 미국에 건너옴.

[136] 잉글랜드 거주 인디언들이 백인들이 옮겨놓은 전염병에 면역력이 없어 죽어가고 있었다. 이때 백인들은 하나님께 이렇게 기도했다. "오 하나님 당신께서 택하신 백성들을 위하여 이렇게 땅을 깨끗이 청소하시는 것을 감사드립니다."

④ 1646년 가을부터 인디언들에게 처음으로 설교.[138]

⑤ 1649년 워반 장막에서 설교한 지 3년이 되던 해부터 성경번역에 착수.[139]

⑥ 1675년 왐파노아그(Wampanoag)족 추장의 비밀 공격 계획을 식민지 관리들에게 알리려 했던 인디언 추장들과 전사들을 죽이는 사건 발생.[140]

⑦ 1690년 85세에 임종하기까지 인디언들을 위한 성경 번역 사업은 후세 선교사들의 선교에 초석이 됨.

- 그의 영향을 받아 영국 국교회(성공회)

SPG(복음전도회 : Society for the Propagation Gospel) 설립.

(2) 메이휴 가문(The Mayhews)의 선교사들

① 토마스 메이휴 1세는(Thomas Mayhew, St) 1630년 미국에 도착

- 메사추세스 주 마서즈 빈야드(Martha's vineyard) 지역에 정착

넓은 토지를 매입 대지주가 됨.

- 아들 토마스 2세(Thomas Mayhew, Jr)

신학 공부한 후 20대 초반에 목사 안수 받음.

- 고향으로 돌아와 백인 정착민과 인디언 선교를 병행함.

---

[137] 인디언어인 알공킨(Algonquin) 언어를 공부. 피쿼트 전쟁(Pequot war)에서 포로가 된 코케노(Cochenoe)의 도움을 받아 언어 공부를 했으며, 그를 통역으로 삼아 선교 여행을 하게 됨.

[138] "반응은 매우 좋았고, 성공적이었다." 집회 후 어린이들에게는 교리를 암송하게 하고, 어른들은 집회 때 들은 내용을 다시 복습하게 하였다. 그가 십계명과 그리스도의 사랑을 설교 할 때에는 눈물과 흐느끼는 울음소리가 들릴 정도였다. 그들은 이렇게 좋은 진리를 왜 이제야 전달해 주었냐는 말까지 하였다. 그는 백인 교회 담임 목사와 인디언 선교사라는 이중의 역할을 교구 성도들과 이웃 교회 목회자들의 도움을 받아 잘 감당해 나갔다. - 엘리엇은 점차 백인 정착민 지역이 확산됨에 따라 기독교 인디언들이 특별한 보호구역을 가지도록 주 의회에 나가 호소한 결과, 보스턴 남서쪽 24Km 떨어진 지역에 수천 에이커의 땅을 허락받아, [기도하는 도시 "네이틱(Natick)"]을 설립하였다. 그는 참된 기독교회는 마음과 영적 상태의 변화뿐 아니라 생활양식과 문화면에서도 변화되어야 한다고 믿었다. 그러나 이 선교는 큰 실수였다.(복음과 함께 문화도 서구의 것을 따르도록 한 것이다.) 주 의회에 청원, 더 많은 땅을 인디언 보호구역으로 설정할 것을 호소 1671년 1,100명의 인디언들에게 14개의 '기도하는 도시'를 제공하였다.

[139] 1654년 창세기와 마태복음 번역 1661년 신약전서 번역 1663년 신·구약 전서 완역. 인디언 지도자 양성에 집중 -1660년 24명까지 훈련받음. 안수 받은 인디언 목회자 - 여러 교회에서 나왔고, 여러 도시에 인디언 학교 설립

[140] 필립 왕의 전쟁(King Philip's War)이 터짐. 13개의 인디언 정착촌 파괴. 인디언들은 모두 쫓겨났고, 당국자들에 의해 호적이 소멸됨. 수백 명의 인디언 기독교인들은 황량하고 메마른 섬으로 추방당함. 남아있던 인디언들은 복수심에 불타는 비겁한 백인들에게 무차별 학살을 당함. 필립 왕의 전쟁으로 인해 72세가 된 엘리엇은 수십 년 동안 자신을 희생하며 전심전력을 다하여 가꾸어 온 선교의 밭이 황폐해지자 그는 물거품 같은 인생의 허무를 느꼈다. - 그러나 엘리엇은 포기하지 않았다.

그의 인디언 사역은 일대일 사역을 원칙으로 함.

② 1643년 선교회 첫 열매로 하아쿠메스(Hiacoomes)라는 인디언 개종자 나옴.

하아쿠메스를 통역으로 하여 함께 선교 여행을 함.

10년 동안 사역한 후 약 300명의 개종자를 얻음.

그들을 위한 학교 세움

③ 1655년 인디언 제자 1명과 영국교회에 인디언 선교사역 현황과 비전을 알리러 가는 도중 대서양에서 폭풍을 만나 실종됨.

－토마스 메이휴 1세 70세가 넘는 고령에도 불구하고 아들의 사역을 떠맡음.

92세까지 22년간 인디언들의 따름과 존경을 받으며 선교 사역을 성공적으로 잘 마치고 손자 존 메이휴에게 그의 사역을 맡기고 임종. －그의 4대손인 익스피어리언스 메이휴(Experience Mayhew)도 인디언 선교를 맡아 32년간 선교사로 헌신.

(3) 데이비드 브레이너드(David Brainerd, 1718~1747)

① 1718년 코네티컷 주 해덤(Haddam)에서 태어남.

－8세 때 아버지를, 14세 때 어머니를 잃어 고아가 됨.

－20세가 될 때까지 아버지가 물려준 농장에서 누이들과 일함.[141]

② 1739년 9월(21세) 예일대학교 입학.

학교의 비신앙적 분위기 속에, 대부분의 교수와 학생들은 종교에 무관심.[142]

③ 학교에서 나온 후 펨버튼(Ebenezer Pemberton)이 인디언 선교에 관한 강좌를 연다는 소식을 기억하고 있다가 펨버튼에게 가서 그와 손을 잡고 일하게 됨.[143]

---

141) 해덤으로 들어가 경건한 목사님께 배우며 함께 지냄. 그 목사님은 "젊음에만 안주하지 말고 영원한 세계를 바라보게"라는 충고. 이 말은 브레이너드에게 매우 큰 영향을 미쳤다.

142) 예일대 재학 시 조지 휫필드 목사가 이끄는 대각성 운동이 동부 지방에서 시작 전국으로 진행. 그 영향으로 브레이너드는 뉴잉글랜드 지방에 있는 대학 캠퍼스에서 성경 공부와 기도모임을 밤늦게까지 진행함. 학교 당국은 이 모임에 대해 '광신적'인 성격으로 판단 매우 싫어함. 브레이너드는 어떤 교수와의 불화 속에 그 교수에게 '더 이상의 은혜를 누릴 수 없는 사람'이라고 폭언을 함. 이 사건이 확대되어 학교당국은 '대각성 운동의 비이상적 증거'라 하며, 브레이너드에게 공개 사과를 요구했으나 그는 사적으로 한 말을 공개적으로 사과할 수 없다고 맞서다 결국 퇴학을 당함.

143) 펨버튼은 미국 목사였지만 스코틀랜드에 있는 '기독교 지식의 전파(Prop-agation of Christian Knowledge)'라는 선교기관 총무로 봉사하고 있었음. 그 선교회가 인디언 선교를 결정하자 펨버튼은 브레이너드를 인디언 선교사로 파송하고 후원을 결정하게 됨. 뉴욕주의 카우나우믹에 사는 인디언들에게 가서 첫 사역 시작. 인디언 언어는 매사추세츠의 스톡브릿지에서 사역하고 있는 존 서전트(John Sergeant) 선교사에게 배움. 그는 아내 아비가일(Abigail)과 8년 동안 인디언 사역을 하며 100명 이상의 인디언 개종자에게 세례를 주었다.

④ 브레이너드가 이 선배 선교사로부터 체계적이고 인내심을 겸비한 선교 사역을 배웠더라면, 아마도 미국의 인디언 선교 사역은 매우 달라졌을 것임.

브레이너드는 독립심이 강하고 영웅심이 강해서 혼자 힘으로 인디언을 복음화시키고자 하였음.

초기 선교 사역은 낙심되는 일뿐이었고, 처음 몇 주간은 통역도 없이 인디언들에게 설교하려 했음. 얼마 후 스톡브리지에서 온 인디언의 통역 도움을 받게 됨.

⑤ 얼바니(Albany)에서 25Km떨어진 사막 같은 곳에서 침대도 없이 널빤지 위에 밀짚을 깔고 잠을 자며, 매일 2.5Km를 걸어 인디언들에게 복음을 전함.

• 그러나 인디언 사역은 결실이 하나도 없었다.

1744년 3월 카우나우믹 사역 1년 만에 그들에게 고별 설교를 함.

― 두 번째 사역 지역은 필라델피아 북쪽 델라웨어 강(Delaware River) 분기점에 있는 펜실베니아였다.

여기서는 인디언 추장 집에 초대받아 가서 설교하는 일이 자주 있었고 인디언들에게 환영받음.

⑥ 1745년 포크스 남쪽 약 130Km 지점의 뉴저지주 크로스윅성(Crossweeksung)으로 가서 사역

그 곳의 인디언들은 기독교를 환영하였고, 백인들도 먼 곳에서부터 그의 설교를 듣기 위해 몰려옴. 한 주일 평균 25명의 개종자에게 세례·겨울에 학교를 세움.

⑦ 1745년 여름부터 미국 동부의 대각성 운동과 같은 대부흥운동이 인디언 사이에 일어남.

1745년 8월 6일자 그의 일기[144]

― 1746년 봄, 뉴저지에 흩어져 있는 인디언들을 크랜베리(Crabury)에 정착시키기로 하고 거기에 교회를 세움.

부흥이 계속되어 1년 만에 150명이 모였다.

⑧ 브레이너드는 1746년 겨울에 심한 폐렴을 앓게 되어, 이듬해 19주 동안 매사추세츠

---

144) "…영혼문제에 대해 몇 마디만 해도 눈물을 흘리고 탄식하며, 한없이 흐느껴 울었다. …요한일서 4장 10절 '사랑은 여기 있으니'에 대해 설교했다. 주께서 놀라운 은혜를 쏟아 부어 주셨다. 40명 중 3명만 빼고 37명은 눈물과 통곡을 억제하지 못했다. 부드럽고 온유한 복음이 저들의 심장을 얼마나 강하게 꿰뚫었는지 놀라지 않을 수 없었다. 주님의 강하고 능력 많으신 팔이 우리를 붙들고 계셨던 것이다."

주 노쓰 햄프턴에 있는 조나단 에드워즈(Jonathan Edwards) 목사관에서 그의 약혼녀이자 목사의 딸인 제루사의 간호를 받으며 하늘나라로 감.

　- 브레이너드 사후 대각성운동의 지도자인 조나단 에드워즈는 그의 편지와 일기 등을 모아서 그의 전기를 출판함.

　- 브레이너드가 위대한 세기의 선교 지도자로 널리 알려진 것은 그의 전기가 큰 역할을 한 것이라고 볼 수 있음.[145]

(4) 엘저 휠록(Dr. Eleazer Wheelock, 1713~?) 교육에 의한 선교 창안

① 뉴잉글랜드 토박이로 1733년 예일대학교 졸업[146]

② 휠록의 선교방법 - 인디언과 백인을 함께 모아 똑같이 훈련시켜 선교 사역을 감당[147]

③ 1754년 뉴저지에서 브레이너드의 사역을 이어받은 존 브레이너드가 2명의 인디언을 보내와 코네티컷의 레바논(Lebanon)에 학교를 세움.[148]

④ 휠록의 사역은 굉장한 성공을 거둔 것 같으나, 사실은 그렇지 못했다.[149]

　- 첫 번째 학생 샘슨 오쿰은 자신의 방법대로 하여 모두에게 존경받는 훌륭한 선교사가 됨.

⑤ 휠록의 학교는 드레스덴(Dresden)으로 옮겨 백인을 교육하는 학교가 됨.

→ 오늘날 다트모스 대학(Dartmouth College)이 됨.

(5) 다비드 자이스베르거(David Zeisberger, 1722~1808) "모라비안 선교사"

① 인디언 선교 사역을 한 모라비안 선교사 중 가장 성공적인 사역을 함.[150]

---

[145] 이 책은 기독교 고전으로 수많은 그리스도인에게 감명을 주었음. 윌리엄 캐리(William Carey), 헨리 마틴(Henry Martyn) 등이 읽고 크게 감명을 받아 그들이 선교사로 헌신하는 계기가 되었다고 한다.
[146] 1743년 인디언 청년 샘슨 오쿰(Sam son Occum)을 집에 데려다 4년간 교육시킴. 그가 오쿰에게 기독교 교육을 시킨 것이 성공하자 역사가 피어스 비버(R. Pierce Beaver)가 말한 바 "뉴잉글랜드에서 인디언을 위한 선교한 방법 중 가장 독창적인 계획"을 개발하기에 이름.
[147] 백인-인디언 문화와 언어를 자연스럽게 배우고 인디언-백인 방법으로 교육을 받게 하는 것임. 특별히 인디언 선교사 후보들에게 중점 인디언- 문화적 장벽을 극복하는 데 적합, 백인 선교사에 비해 적은 재정적 후원비
[148] 조슈아 무어(Joshua Moor)가 집을 기증하여 세움 - 무어 훈련학교(Moor's Training School) - 한참 잘 될 때는 22명의 학생이 등록, 휠록이 훈련한 50여 명의 인디언 학생들 중 삼분의 일 이상은 고향으로 돌아가 복음전도자, 교사로 봉사
[149] 서로간의 문화를 이해하고 배운다는 취지와는 달리 학교는 백인 중심으로 운영되었음. 휠록 자신도 인디언과 그들의 문화에 대한 우월감에서 벗어나질 못했음. 인디언들을 훈련시켜 파송하는 일은 성공적이었으나 동등한 입장에서 인디언들과 동역하는 것은 실패하였음.
[150] 반감을 가진 관리들에게 모라비안 선교사라는 이유로, 그의 동료와 함께 7주간 감금당한 후 풀려남. 당시 정통 개신교 교단들은 모라비안을 "분파주의자"라고 경멸

— 1744년 허드슨 강 계곡에서 인디언 사역을 하던 중.

② 1746년 펜실바니아에 기독교인 마을 그나덴후에텐(Gnaden - huetten) 설립.[151]

③ 1755년 프랑스 — 인디언 전쟁 발발.[152]

— 1770년대 오하이오(Ohio)에 땅을 마련

④ 미국 독립전쟁(1775~1783) 발발.[153]

- 자이스베르거와 그의 동역자들이 간첩 혐의로 영국군에게 붙잡힘.
- 인디언들 샌더스키 강 (Sandusky River) 쪽으로 쫓겨가 혹독한 겨울동안 태반이 굶어 죽음.
- 그 후 10여 년간 자이스베르거와 그의 추종자들은 오하이오 북쪽 지방과 미시간 남쪽 지방을 이리저리 방황함.
- 1792년 온타리오(Ontario)에 정착.
- 이곳에 세운 선교기지는 100여년 이상 운영됨.
- 1798년 자이스베르거는 오하이오로 돌아가 그곳의 인디언들을 위해 사역하다 10년 후에 임종함.

## 8. 개신교 최초의 선교사

### 1) 독일 개신교 선교사

① 지켄발크(Bartholomaeus Ziegenbalg, 1682~1719)와 플뤼차우(Heinrich Pluetsch : 1677-1746)의 평가는

— 하나님의 부름에 대한 동기, 목적 — 개인회심과 개인양육, 토착교회 설립.

— 성경번역 — 온전한 복음 · 영육 간에 구원, 학교설립, 토착 지도자 육성 등

---

[151] 마을은 아주 번영하는 농장이 되어 500여 명의 인디언 공동체가 됨. 인디언들은 그를 매우 존경하여 '명예 추장'으로 추대하고, '공문서 담당자'로 삼음.

[152] 한 떼의 인디언들 마을로 쳐들어가 11명의 사람을 학살, 건물에 방화. 마을에 살아남은 사람들은 제각각 도망가 버림. 몇 안 남은 인디언과 폐허가 된 마을을 재건하려 했으나 실패.

[153] 1776년 봄 100여 명의 기독교인 인디언이 전쟁으로 인해 미처 거둬들이지 못한 옥수수를 추수하러 오하이오 정착촌으로 갔다가 미국군에게 붙들려 90명(남 29명, 여 27명, 어린이 34명) 전원을 잔인하게 살해.

\*허버트 케인(Herbert Kane)의 평가 – 질적인 사역으로 평가 내리는 데 조금도 손색이 없다.

\*클리우스 베츨의 평가는 그들은 선교와 교회사의 새로운 전환을 일으켰다(Klaus Wetzel, 233쪽).

② 짐머랑(Zimmerlang)은 지겐발크와 하인리히 플리차우를 최초의 개신교 개척 선교사로 평가한다.[154] 문제점은 케리의 근거를 표준으로 삼고 실제적 선교 "세계주의" 준비(선교동역자, 방법, 준비 등) 미비점으로 접근하는 것은 잘못 되었다고 볼 수도 있다.[155]

## 2) 영국 개신교 선교사(내륙을 중심으로 함)

17세기 시작된 선교는 독일의 경건주의, 모라비안 운동, 웨슬리와 감리교 운동, 영적 부흥운동으로 전세계로 달려나갔다. 그 중심은 사랑 안에서 행동하는 믿음이었다.

개신교 선교의 특징은 제자로서의 삶과 그리스도인 삶에 대한 열정이며 개인적인 성경 연구에 관심을 가졌다. 성경을 믿음의 유일한 법칙으로 수용, 신학의 원천으로 받아들임. 또한 평신도의 선교 참여는 각자에게 나타난 강한 선교의 열정의 결과물이다. 처음의 개신교 선교는 독일의 경건주의에 바탕을 둔 덴마크 할레선교회에서 영국의 윌리암 케리의 선교로 볼 수 있다.[156]

1569년 예배논쟁에서 교회정치제도 개혁으로 방향 전환

① 목사가 교회행정 주관

② 교인이 목사 선택

③ 목사, 장로, 집사에 의해 교회운영

④ 목사는 자신의 교인에게만 설교

---

154) Zimmerlan, Pione, Pioniere der Mission in aelteren Protestantismus, 18-19.

155) Norman E. Thomas, Classic Texts in Mission and World Christianity, S.46 "Serving Both Soul and Body". S.56. "The Great Commission a Present Obligation". 지겐발크의 개신교 최초의 선교보고서 《덴마크 할레 선교회의 역사적 보고》, 박영환 역, 도서출판 바울, 2012.

156) 당시 선교사상은 청교도 운동과 경건주의운동 모라비안 선교운동 영적 부흥 운동 들이다. 영국에서는 청교도 운동이 16~17세기 친가톨릭적인 요소를 제거하려고 했던 영국 개신교를 말한다. "영국교회는 그리스도께서 직접 설립하신 1세기 교회의 정결한 상태를 회복시킨다." 는 목표로 인해 "깨끗하게 정화하려는 자" 란 의미에서 "청교도"(Puritan)란 호칭도 얻었다. 청교도주의를 가장 잘 설명한 책은 J. I. packer의 A Guest for Godliness (Wheaton, IL : crossrads books, 1990)-경건을 향한 추구. 이것이 성공회 종교개혁-청교도운동이다.

청교도 내부의 3가지 반응

① 국교파 - 고교회파(온건) : 체제 안에서 점진적 개혁 : 설교자 초판으로 경건운동
② 분리파 - 저교회파(과격) : 영국교회로 떠남 : 개혁운동 1581, 로버트 브라운을 중심으로 영국 최초의 분리파 교회
③ 독립파 - 헨리 제이콥 시작 : 영국 국교회를 인정하면서 최종 교회적인 독립교회 시도.

분리파 로버트 브라운과 동료 40명이 네덜란드 미텔부르크에 합류하여 삶 - 어려워지자 1620년 9월 6일 메이플라워를 타고 신대륙 · 네덜란드 라이텐으로 갔다가, 1620년 9월 6일 남녀102명이 영국의 플리머스 항을 출발하여 케이프코드에 도착함.: 지도자 윌리암 브래드포드(William Bradford, 1590~1657)

제임스 1세(James Ⅰ, 1603~1625) 뒤를 이어 왕이 된 찰스 1세(Charies I 1625~1649)의 청교도 탄압으로 청교도들은 신대륙으로 이동.

① 1630년 존 윈스럽(John Winthrop 1588~1649) : 메사추세츠 중심
② 존 코튼(John Cotton 1585~1652) : 뉴잉글랜드 중심
③ 토마스 후커(Thomas Hooker 1586~1647) : 코네티컷에 세움. 찰스 1세의 탄압은 의회파와 왕당파의 7년 전쟁(1642~1649) : 1644, 1645 두 곳 전투에서 왕당파 패배. 왕은 스코틀랜드로 도주, 크롬웰 승리. 스코틀랜드는 1647년 왕을 체포하여 의회파에 넘겨줌. 1649. 1. 30. 찰스 1세 공개처형, 크롬웰은 안정적 정치(1658), 윌리엄 케리(William Carey)[157]는 당시 세계선교가 왕성하지 못한 이유를 자신의 저서에 다음과 같이 지적하고 있다. 독일에서 2가지를 지적해서 총 5가지이다.

영국선교가 미비한 점(케리 저서 232쪽)[158]

---

[157] 초기 영국선교회 - 윌리엄 케리 이전 1792년 근대선교 이전 식민지 형태 내에서 운영
1) 복음선교회(1649) → 북미인디언 선교
→ 존 엘리어트 독립전쟁 전까지 사역
2) 기독교 이해 증진회(1698 - 토마스 브레이(런던교구 감독)) 신세계 백인이 주민의 영적생활을 돕기 위한 문서선교, 다른 선교기관과의 협조사역.
3) 해외복음선교회(The Society for the Propagat-ion of the Gospel in Foreign Parts = 1701 SPG) 목적
1) 해외 영국 정착민 신앙지도
2) 토착민선교
3) 특별히 미국 선교의 결정적 영향을 가짐.
4) 윌리엄 케리(1716~1834) 출발 1792년

(1) 케리의 저서 "이방인들의…"에서 3가지로 지적함(232-234쪽)

① 컴파스의 발견과 바다항해는 안전하다(바다 항해가 불안했다는 의미).

② 문명의 전달자로서가 아니라 사랑을 가지고 복음(십자가)을 전함으로 기독교화.

③ 죽음을 두려워 말라. 하나님의 창조물로 쓰임 받음을 행하라(죽음을 두려워 함). 독일에서는 두 가지를 추가함(Klaus Wetzel, Kirchengeschichte Asiens, S. 297).

④ 이방 삶의 적응이 가능하다(이방 삶의 적응을 두려워함).

⑤ 외국어의 두려움은 문제 아니다(외국어에 대한 두려움). 모라비안 교도의 영향을 받고 1792년 "이교도들의 개종을 위한 방법을 사용할 그리스도인들의 의무를 검토함."[159]

(2) 1793년 인도 선교전략(Stephen Neil)

① 모든 방법으로 전도(학교 설립)

② 성경번역

③ 교회설립

④ 불신자들의 사상과 배경연구

⑤ 토착인 지도자 양성

(3) 문제점

케리의 선교의 동기는 쿡 선장의 《마지막 항해 (The Last Voyage of Capitan Cook)》 두 번째 관심 있는 책은 구드리(Guthrie)의 《지리학 입문, 조나단 에드워드의 "데이빗 브레이너드의 생애와 일기(Life and Diary of David Brainerd)"를 탐독함. Geographical Grammer》이 동기유발을 일으켰다면 무엇인가? 강한 칼뱅교도와 침례교 안에서 특히 동료들을 경고, 혹은 주의까지 주었다.[160] 1792년 침례교 교역자모임에서도 반응 없었음. - 1738년경 미국에서 돌아온 웨슬리가 영국서 사역하던 중이었다.

(4) 결론

독일과 영국 두 나라 정책 사이에는 별다른 차이가 없었다. 성경 보급과 토착민 지도자

---

158) "The impediments in the way of carrying the gospel among the heathen must arise, I think, from one or other of the following things:-either their distance from us, their barbarous and savage manner of living, the danger of being killed by them, the difficulty of procuring the necessities of life, or the unintelligbleness of their languages" (Enquiry, P. 232).

159) 이방인의 개종을 위해 수단을 사용해야 할 기독교인들의 의무에 대한 탐구" 서적은 2008년 한국 최초로 번역되었음. 위대한 선교사 윌리엄 케리, 박영환, 이희용 편역, 도서출판 바울. 2008. 4. 15., 그 후에 장신대 변창욱 교수가 윌리엄 케리의 이교도 선교방법론, 미션아카데미, 2008. 6. 3. 발행함.

160) 허브트케인의 기독교세계선교사에서 122쪽 이하.

와 토착교회를 설립하게 함으로 이루어졌다. 그러나 지겐발크는 개인회심에 윌리암 케리의 대중운동성격인 교회개척운동을 전개하였다.(Stphen Neil 342) 선교의 아버지는 누구일까? 데이빗 보쉬는 윌리엄 케리로 보았다. 그러나 케리보다 75년 앞서 발간된 지겐발크의 선교역사보고서는 케리의 소책자와 전혀 뒤지지 않는 선교정책과 전략을 제시하였다. 오히려 윌리암 케리의 선교사역의 현지 적응화 정책에서는 지겐발크가 앞서있는 것을 발견하기도 한다.

## 9. 영국과 미국의 선교(1750~1850)

### 1) 영, 미국 선교의 배경과 상황

18세기의 시대적 상황은 다음과 같다. 정치적으로 유럽전쟁 러시아와 스웨덴의 전쟁(1700~1721년). 영국과 프랑스의 식민지 쟁탈 전쟁. 오스트리아, 영국 헝가리 전쟁.

루이14세 사망(1715년), 폴란드, 터어키, 러시아 전쟁 1783년 미국 독립전쟁 종결, 1789년 프랑스 혁명과 나폴레옹의 등장, 과학과 인문학의 등장 – 과학과 인식론의 등장으로 계몽주의 탄생 – 니콜라스 코페르니쿠스(Nicholas Copernicus:1473~1543), 프란시스 베이컨(Francis Bacon:1561~1626), 갈릴레오 갈릴레이(Galileo Galilei:1564~1642), 르네 데카르트(Rene Descartes:1596~1650), 100년 뒤에 존 로크(John Locke:1632~1704), 바루흐 스피노자(Baruch Spinoza:1632~1677), 고트 프리트 빌헬름 라이프니츠(Gottfried Wilhelm Leibnitz:1646~1716), 아이작 뉴톤(Lsaac Newton:1642~1717) 여기서 두 개의 과학적 특징 베이컨의 경험론과 데카르트의 합리론은 인간 이성의 자율성을 불러일으킴-다음과 같은 특징을 불러일으킴-18세기 선교의 배경사

(1) 계몽주의는 이성의 시대다. (2) 계몽주의는 인간이 과학적 객관성을 소유함으로 광물과 자연계를 연구할 수 있다. 인간도 다양한 관점에서 조사가 가능하다. (3) 과학의 목적을 제거하며, 그 이해로서의 인과율을 물리학의 설명으로 풀어주었다. (4) 진보에 대한 계몽주의 신앙은 매혹적이며 선동적이었다.-신대륙 발견-식민지 소유-확신-운명을 개척하는 전문가로 부상-세상을 재창조할 능력과 의지가 있다고 봄. (5) 과학은 사실적이고, 중립적이다. 신앙적 가치를 포함시키지 않고 있다. (6) 계몽주의 패러다임은 모든

문제들을 풀 수 있다. (7) 계몽주의는 사람을 해방시키고, 자율적으로 만든다.

  －신앙과 과학의 등장－신학과 기독교 변증학이 등장

  의문점: 인간이 자신을 과대 강조함. 인간의 자유 속에서 하나님의 주권은? 무엇이든지 창조할 것 같은 과학의 세계의 주인인 인간에게 하나님은 더 필요한 존재인가? 하나님은 아직도 섭리와 은혜로우신 주이신가? 하나님은 신적권위로 세상에 선포하는 교회를 세울 수 있는가?

  －교회와 신학의 만남

  종교를 이성으로부터 분리하고, 인간의 느낌과 경험에 위치시키고, 의식을 객관화하려는 계몽주의를 견제함.

  종교의 사유화다. 자신을 위한 작은 영역을 마련함. 개인적인 문제가 됨.

  신학을 과학으로 선언하려함. 과학 중의 과학, 가장 위대한 과학, 하나님의 과학 등으로 됨.

  기독교가 공식적인 종교가 되고 정부뿐 아니라 공직자들의 종교적인 원칙과 계명 들을 신앙해야만 기독교사회를 세울 수 있다.

  이성의 우월성의 도전은 세속사회를 수용하는 것이다.

  본훼퍼(Dietrich Bohnhoeffer)의 에트시 데우스 논 다레투르(est Deus non daretur: 마치 하나님이 없는 것처럼) 행동해야 한다.－ 요한네스 호켄다이큰(Johannes Hoekendijk)은 교회활동을 철저히 세속화로 시작하라. 북미신학자는 하나님의 죽음의 신학을 주장. 류벤의 시곡교와 세계역사에서 복음에 의해 염감 받은 세속화는 미래의 물결, 하비콕스의 세속도시.

  성경기록시대와 역사의 차이전을 인시－성경의 무오성을 강조＝순수한 교리로 객관석인 진리를 보호－말씀의 인격화를 강조한 경건주의, 말씀의 이성화를 강조한 관념론, 말씀을 순전히 역사적인 것으로 인식하려는, 성경의 먼 역사적인 문서로 상대화 하려는 자유주의.

  (1) 경건주의는 불확실성을 초래 － 구원의 확신 문제제기
  (2) 교회와 종교적 무기력 － 계몽주의는 경건주의자들과 정통주의자들을 자체 내 유입에 실패
  (3) 마음의 평안과 영혼회복을 프랑스 혁명[161]은 사라지게 함 · 도덕적 비관주의, 영혼의 긴장과 분열

(4) 계몽주의는 소수의 지식인들만 교회에서 분류

(5) 프랑스의 독일 지배와 해방전쟁이 종교적 활력을 소생시켰다.

(6) 30년 전쟁으로 독일은 수백 개의 작은 나라로 분류－18세기 말 프랑스가 독일 점령

(7) 영적각성운동[162], 성서주의적, 정적인 각성운동, 교회주의적운동, 사회 문제 이해 부족, 민족운동 거부, 신학적 관심 부족, 교회, 직임 선교에 대한 이해 불일치

선교영역의 분리와 이해

선교에서 세속적인 관심과 종교적인 관심에 개신교국가에서 선교지에 나타났다.

세속적인 일과 종교적인 일은 경건주의에서 나타났다. 덴마크 할레선교회에서 지겐발크는 "영혼구원과 육체구원(Dienst der Seelen와 Dienst des Leibes)-Gensichen, Dienst der Seelen und Dienst des Leibes in der fruehen pietistischen Mission, in H. Bornkamm et al, der Pietismus in Gestalten und Wirkungen(artin Schmidt zum 65. Geburtstag), Bielefeld:Luther-Verlag, 155-178. 프랑케가 합리주의와 라이프치히의 가르침을 근본적으

---

161) 프랑스 혁명

[French Revolution : 1789. 7. 14~7. 28]

프랑스혁명은 전형적인 시민혁명(bourgeo is revolution)으로 그 근본원인은 앙시앙 레짐(Ancien Régime), 즉 혁명 전의 프랑스 사회인 구체제의 모순에 있었다. 당시 프랑스는 절대왕정의 절정기에 있었고 경제적으로는 많은 체제 유지비가 필요한 때였다. 게다가 종교적으로 극도의 불평등이 상존하였으며 결국 곧 터질 활광로 같은 상황이었다. 프랑스 혁명의 직접적인 원인으로는 무엇보다도 왕실의 재정위기를 넘겨보려는 개혁정책을 귀족들이 반대한 데 있다. 결국 루이 16세는 180여 년 동안 한 번도 열지 않았던 삼부회를 1789년 소집하게 된다. 그러나 귀족과 성직자들의 반발로 제3신분－평민계급－은 삼부회에 출석하지 못하게 되며 이에 반발한 제3 신분의 대표들이 국민의회를 결성하게 된다. 루이 16세는 이를 얼마 후 인정하고 국민의회가 삼부회를 대신하게 된다. 그런데 1789년 7월초 왕이 파리에 군대를 집결시킨 것을 시민들이 알고 14일 바스띠유 감옥을 공격함으로 프랑스혁명이 시작된다. 루이 16세를 처형한 혁명정부는 가톨릭에 대해 적대적인 정책을 편 반면 개신교에 대해서는 관용정책을 사용했다. 그러나 이러한 정책이 프랑스의 혁명의 여파가 자신들의 나라에도 미칠 것을 염려한 주위의 절대 왕정과 교황청을 자극하게 되고 결국 전쟁이 일어나게 된다. 수차례 걸친 전쟁으로 인해 프랑스의 공화정은 무너지고 나폴레옹이 다시금 왕정을 복구하게 된다. 나폴레옹은 프랑스에서 자신의 권력을 유지하기 위해서는 가톨릭의 협조가 필요함을 인식하고 또한 대외적으로도 안정을 얻기 위해서는 가톨릭 교회와 제휴해야 함을 알고 프랑스 협정을 1801년 맺게 된다. 그러나 나폴레옹은 1812년 무모한 러시아 정벌에 나서 큰 피해를 보게 되며 결국 1814년 제위를 물러나 엘바섬에 유배된다.

나폴레옹은 프랑스혁명의 계승자도 결산자도 아니다. 다만 그는 혁명의 혼란을 수습하고 성과를 분배하며 프랑스 국민에게 위대한 프랑스의 모습을 심어준 자였다. 게다가 프랑스혁명의 사상을 전 유럽에 퍼뜨림으로 자유주의와 민주주의 그리고 민족주의를 일깨웠다. 그럼으로 전제정치와 구체제의 몰락을 앞당긴 것이다.

162) 제2각성운동
- 19C 미국 개신교 역사도 복음주의적인 각성운동으로부터 시작.
  -경건주의적이고 복음적이며 지교회적인 경향의 신앙부흥운동이 대체로 지배적.
- 독립전쟁 기간 동안 교회의 생활이 상대적으로 쇠퇴기.
- 제2대각성 운동－1792년 뉴잉글랜드에서 첫 모습을 보임. 1800년경에는 부흥운동이 절정에 달함.

로 반대함. 경건주의는 신앙을 영적인일로, 세상을 그 사역 범위 밖으로 정리하며, 자신의 길을 감. 그러므로 덴마크 할레 선교부에서는 트랑게발에 있는 지겐발크에게 인디언들의 영혼에만 신경을 쓰라고 함. 지겐발크는 반발함. 선교본부는 1727년 일반적인 일과 종교적인일로 분류함. 종교적인 일을 교회일로 봄. 선교사역은 계몽주의와 합리주의에 항복해 갔다.

미국 선교는 청교도 운동과 조지 휫필트의 영향을 받은 미국 조나단 에드워드(Jonathan Edwards 1703~1758년)[163]의 부흥 운동이 선교의 동력이다.

- 예일대 총장인 터모시 드와이트는 새로운 부흥운동의 신학을 형성하는 데 탁월한 능력을 발휘함.
- 각성운동은 중부 아틀란타 남부, 서부 쪽으로 확산됨.
- 뉴욕과 오하이오 지방에서 "장로회중" 교회들이 세워짐.
- 1801년 코네티컷의 회중교회와 장로교 총회는 "연합계획"에 참여하여 서부에서 사실상 교파통합을 이룸.
- 부흥운동의 대표자로 찰스 그랜디스 피니로 그는 부흥운동의 방법으로 "새로운 방법"이라고 알려지게 된 양식들을 사용. 즉 예배 순서를 갑자기 바꾸는 것, 예배를 연장하는 것, 거칠고 통속적인 말을 사용하는 것, 기도와 설교에서 개인의 이름을 거명하는 것, 예배 시 설교단에서 가까운 사람에게 질문하는 것, 이러한 시도의 효력은 뉴욕 로체스터 부흥운동(1830~1831)에서 극적으로 나타남. 자발적 단체 형성 - 교파적 경향을 가짐. 장로교는 1817년에 감리교는 1818년에 감독교회는 1820년에 선교협회를 조직. 소책자와 성서 배포. 교육적 관심과 주일학교의 증가. 직접적인 구제와 전도노력을 위해서 조직됨.
- 절제, 평화 그리고 노예제도 폐지운동이 일어남.
- 자유주의자들에 의해 각성 반대운동이 일어남.
- 1811년 코네티컷과 매사투세츠의 장로교 총회와 회중교회 연합의 노력으로 절제 운동이 일어남.
- 1813년에 라이언 비처가 음주를 반대하여 행한 설교가 큰 관심을 끔.
- 1826년 미국 절제 촉진협회가 자발저 단체의 모임으로 추가.
- 1840년 워싱턴에서의 운동은 음주자들을 개선시키는 효과를 나타냄.
- 1846년 메인에서는 금주법이 제정됨. 미국 평화협회는 1828년에 조직되었고 노예제도 폐지운동 전개 - 존 울먼의 노력이 중요. 이 운동으로 인해 남부와 북부 복음주의자들의 간격이 계속 벌어짐.

163) 뉴저지 라리타 계곡의 네덜란드 개혁교회에서 시작함. 장로교 조나단 에드워드가 지도자임.
천박한 합리주의를 막고, 화석화된 청교도의 교리를 깨뜨리고 기독교의 역동성을 회복시킴.
에드워드의 리너닙: 건고한 신학석 기조와 인격적인 모범, 그리고 헌신의 결과다.
특징: 하나님이 행하셨고, 성경의 가르침이 객관적으로 시금석, 개인의 영적 체험이 주관적 시금석을 결합함. 종말론으로 후 천년설을 주장함. 대각성으로 종말이 시작되었다. 선행을 강조하는 것이 아니라 회개와 믿음의 복음 선포와 직결 되었다.
권고와 위협, 그리고 약속으로 성도를 일으키기보다는 살아계시고 임재하시는 주님과의 만남을 통해 삶의 근원을 청결케 할 수 있도록 인도함.
하나님의 주권을 강조에서 하나님의 은혜로 강조를 변화(니버의 주장)
1735년 애드워드의 사역, 웨슬레와 동생 찰스 웨슬레의 조지아주의 사역(SPG파송)
웨슬레 형제들은 성도와 이방인을 구별하지 않았고, 국내와 해외도 구별하지 않았다. 그러므로 세계 어디든지 모든 곳이 다 선교지다. 국내든 국외든 그 결과로 "세계는 나의 교구다".
교회가 선교를 주도하기 전에 자원정신으로 성도들과 목회자들이 선교현장에 뛰어들었다.
세상적인 일과 영적인 일을 구분함(Van den Berg:1956, 170) 사회변화는 영혼구원과 병행되는 것이기보다는 결과물로 간주함. 그러나 사실 웨슬리는 분리될 수 없다고 주장함. 1744년 웨슬리는 노예제도를 공격함.(W. T. Smith, John Wesley and Slavery(Nashville: Abingdon Press, 1986, 121-148).

선교의 동력은 미국 대륙의 영적 각성운동(1726~1760년)이 지속됨(1787~1825년), 감리교의 태동, 영국국교회의 복음적인 부흥운동이 세계선교의 동력으로 자리 잡았다.

(8) 존 웨슬리와 영국의 각성운동 – 비국교도 모임은 자유로우나 국교회 십일조, 공무원 신분 못 가짐

— 명예혁명 1688~1689년 이후 1739년까지 무기력

— 산업혁명 : 빈부격차, 노동자 문제, 교회영향권 약화, 종교적 힘 마비

— 유니테리언 : 산소발견 요셉 프리스틀리(Joseph Priestley 1733~1804년)

— 이신론 – 이성을 근거로 신을 믿음 : 성서의 절대성 부정, 자연신론 볼테르(Voltaire 1694~1778년)

— 18세기 프라이마우어러 종단 와스베덴보르리 : 중세 건축조합에서 시작하여 인간성 회복과 형제애를 모토로 결성된 집단 Freimaurerei(장벽 없는 이), 스웨덴보르리파(Swedenborgianer) : 1788년 이후 스웨덴 광산업자였던 에마뉴엘 폰 스베덴 보르크 — 절반은 합리주의[164]와 절반은 성령주의

---

[164] 합리주의

인식론에서 합리론(合理論, 영어: rationalism), 합리주의(合理主義) 또는 이성주의(理性主義)는 이성을 지식의 제일의 근원으로 보는 견해를 말한다. 합리론에서의 진리의 기준은 감각적인 것이 아니라 이성적이고 연역적인 방법론이나 이론으로 정의된다. 합리론자는 우리의 개념과 지식이 감각적 경험에서 독립하여 얻어지는 방법이 존재한다고 주장한다. 경험론자는 감각적 경험이야말로 우리의 개념과 지식의 궁극적인 원천이라고 주장한다.[1]

합리론은 경험론의 반대하는 입장이었으며, 합리론자는 실제는 본질적으로 논리적인 구조를 가지고 있다고 믿었다. 이 때문에 합리론자들은 어떤 진리는 존재하며, 지성은 이러한 진리를 직접적으로 포착할 수 있다고 주장하였다. 즉, 합리론자들은 근본적으로 참인 어떤 이성적인 원칙이 논리, 수학, 윤리학, 형이상학에 존재하며, 이를 부정하는 자는 모순에 빠지게 된다고 주장하였다.

합리론자들은 이성에 매우 강한 확신을 가지고 있어서 경험적인 증거나 물리적인 증거는 진리를 획득하는 데에 불필요한 것으로 간주하였다. 다시 말해, 우리의 개념과 지식이 감각적 경험에서 독립적으로 얻어지는 두드러진 방법이 있다는 것이다. 이러한 방법이나 이론을 강조하는 정도의 차이는 "지식을 획득하는 다른 방법에 비해 우월함을 가지고 있다"는 온건한 입장부터 이성은 "지식을 향한 유일한 길"이라는 극단적 입장까지 다양한 합리주의적 관점을 낳았다. 전근대의 이성에 대한 이해를 고려할 때, 합리론은 소크라테스의 질문하는 생애나 권위에 대한 회의주의자의 명쾌한 해설로서의 철학 그 자체와 같다고 할 수 있다.

정치에서 계몽주의 이래로 합리론은 합리적 선택 이론(rational choice theory), 공리주의, 세속주의, 무종교(종교적 또는 무종교적 이념에 관계없이 실현 가능한 다원론적 합리주 방법론의 공리주의를 적용하여 수정된 후기 양상의 반신론)[3][4]에 집중된 "이성의 정치"를 강조하였다. 이러한 점에서, 철학자 존 커팅햄(John Cottingham)은 방법론으로서의 합리주의가 세계관으로서의 무신론과 어떻게 융합되었는지를 강조하였다.[6]

과거에 특히 17세기와 18세기에 합리론자라는 용어는 종종 반성직자적인, 반종교적인 관점을 가진 자유로운 사상가를 말하기 위해 사용되었고, 시간이 지나면서 이 단어는 뚜렷하게 경멸적인 의미를 얻었다. (그래서 1960년에 샌더슨(Sanderson)은 '순전한 합리론자, 즉 보통의 영어에서 후기 판형의 무신론자'라고 얕잡아 말했다.) 초자연적인 것을 위한 공간이 없는 세계관을 특징짓기 위하여 합리주의자라는 딱지를 사용하는 것은 오늘날 더욱 혼하지 않게 되었고, 인본주의자나 유물론자 같은 용어가 그 자리를 차지하고 있는 것으로 보인다.

## 감리교 시작[165]

그러나 이 오래된 용법은 아직 살아 있다.
데카르트는 최초의 근대적 합리론자이자 근대 철학의 아버지로 불린다.
근대 철학의 핵심적 인물 중 한 명으로서, 칸트는 합리론이란 용어를 정립하였다.
현대 합리론
오늘날 합리론이라고 단순히 이름붙이는 것은 진귀한 것이 되었다. 오히려 다양한 종류의 특수화된 합리론이 확인되고 있다. 예를 들어 로버트 브랜덤은 《아티큐레이팅 리즌스》(Articulating Reasons)에서 자신의 과정(programme)의 일면을 위한 이름으로서 합리론적 익스프레시비즘(rationalist expressivism)과 합리론적 프래그머티즘(rationalist pragmatism)이라는 용어를 사용하였고, 명제의 내용은 "필수적으로 전제와 추론의 결론으로서 모두 작용한다"는 주장인 언어적 합리론(linguistic rationalism)을 윌프리드 셀러스의 주요 이론으로 인정하였다.

[165] 감리교회(Methodists)
- ■ 유래 : 옥스퍼드 대학에서 웨슬리를 중심으로 종교계의 침체를 바로잡기 위해 성경연구, 감옥 방문, 전도 등이 감리교회의 시초이다.
- ■ 조직 : 비사제적 감독 정치, 중앙 집권적 조직, 감독은 총회에서 투표하고 목사는 감독이 파송되었다. 직원은 목사, 장로, 권사, 속장, 유사, 탁사 등이다.
- ■ 교리 : 하나님은 은혜 무차별적이다. 그리스도는 모든 죄인을 위하여 십자가에 달렸다. 지옥에 가는 것은 그 사람의 책임이다. 자기 구원에 대하여 성령의 확신을 얻을 수 있음. 원죄는 믿지만 완전 타락은 불신, 의롭게 된 자는 거룩하게 되기 위하여 계속 노력하여야 한다.
- ■ 설립 : 1739년 5월에 처음으로 회당에 회집하였다. 1740년 7월에 남자 26명, 여자 48명이 정식 결성하였다.
- ■ 웨슬리의 부흥운동
; 1703년 6월 17일 영국에서 목사의 16번째 아들로(모친 수잔나(Susannah 출생), 옥스퍼드 대학의 특대생이었고, 대학 평의원으로 당선, 대학 내에 〈거룩한 모임〉이라는 모임을 조직하고 지도자가 되었다.(경건을 목적으로, 성경과 경건서적 읽기, 매일 밤 기도회 모임, 병자, 가난한 자, 감옥에 갇힌 자 돌봄), 선교사로 미국 조오지아 주에 파송되었으나 성과 없이 돌아오다가 배에서 풍랑을 만남, 모라비아 교도들이 태연히 전도하는 것을 보고 감동 받음, 1738년 5월 24일 모라비아 교회의 기도회에 침석하이 하나님의 임재와 능력을 체험, 모라비아 교회의 경건 생활을 배우기 위하여 독일에 가서 진젠도르프 백작을 방문하고 2주간 체류함, 1739년 5월 브리스틀에서 처음으로 야외 설교를 하여 큰 부흥운동이 일어남, 1739년 5월 12일에 브리스틀에 처음으로 메더디스트 교회를 설립. 1742년 2월 메더디스트 연회 개최, 저서 381종, 표어 〈세계는 나의 교구이다〉
- ■ 분파
  • 원시 메도디스트(야외 설교, 여자설교권 인정, 신도의 평등 권리를 존중, 목사 1인과 평신도 2인의 비례로 의회를 조직)
  • 일치 자유 메더디스트(목사 임면권이 중앙에 있음을 반대, 개교회의 독립 주장.)
  • 칼뱅파 메더디스트(휫필드(Whitefield)가 7회 도미하여 칼뱅 신학을 전파, 웨슬리와 별도로 전도함)
- ■ 감리교운동
18세기 영국은 국교회 내에서의 소집단 운동이 활발하게 진행되고 있었다. 바로 이때 웨슬리 형제가 1729년 신성클럽을 결성하여 성경공부와 기도모임을 가지게 된다. 존 웨슬리는 얼마 후 미국으로 선교 여행을 떠나게 되는데 이곳에서 모라비안인 슈팡겐베르그를 만남으로 모라비안파와의 인연을 맺게 된다.
미국에서 돌아온 후 그는 모라비안파의 일을 돕다가 1738년의 올더스게이트 회심을 체험하고 헤른후트 공동체에 머물면서 본격적인 전도활동을 벌이게 된다. 그는 '영국의 사도'라는 칭호를 얻을 정도로 큰 반향을 영국 사회에 끼쳤으나 기본적으로 감리교를 영국국교회 안에 위치시키기를 원했다. 그래서 감리교를 협회의 형식으로 조직화 하면서도 국교회 안에 포함시켰다. 그러나 그가 죽은 지 2년 만에 결국 감리교회는 분리되게 된다.
웨슬리의 부흥운동은 영적으로 피폐해가던 영국사회를 회생시키는 역할을 했으며 교육에 대한 관심을 고조시키고 선교열을 향상시켰다. 또한 사회개량사업에도 힘을 썼다. 무엇보다도 그는 청교도 정신을 다시 소생시켰으며 산업혁명 시대에 들어선 영국 사회에 정신적 힘을 제공하였다.

- 영국교회의 종교적 힘 소진과 영국 개신교와 영국 사회의 도덕적 무능력
- 요한 웨슬리(John Wesley 1703~1791년)[166]

영국교회는 합리주의와 경건주의 통합한 형태를 가졌다. 청교도와 합리주의 이신론를 반대한 중간지대-광교회파(Latitudinarianism)가 있었다. 영국의 경건주의는 독일의 경건주의처럼 좁은 사고를 갖지 않았다. 영국의 SPCK(1699년)와 SPG(1701년)는 계몽주의와 온화한 경험적인 신앙의 종합적인 특징을 가졌다.

(9) 영국 성공회는 자국의 가난한 자와 식민지에서 고통당하는 자들에 관심을 가지지 않았다. 미국의 국경지대의 빈민가, 감옥, 광산촌, 서인도 농장들, 그 밖의 열악한 환경에 사는 자들에 관심 없음-영적 대각성에 동참한 자들(영국의 비국가 교회 목회자와 선교사)의 선교사역의 주된 대상이었다.-바젤선교회의 선교사 블룸 하르트(Christian Blumhardt)[167] "가난한 흑인들이 수세기 동안 자신을 그리스도인이라고 부른 자들에 의해서 얼마나 혹독한 대우를 받았는지 결코 잊지 말도록 요구했다.

식민지를 경영하는 회사들은 선교지에서 선교사들을 추방하려고 애썼다. 그러나 선교사들은 복음전도를 선행하며, 삶의 일시적인 개선이 아니라 새로운 삶을 선언했다. 이것은 계몽주의에 도전하며, 대안을 제시하는 복음주의 선교였다.

개신교의 선교는 루터의 종교개혁을 통한 내적 선교와 외적 선교인 세계선교의 빗장을 완전히 열어놓은 성경번역 "성경이 선교사다"(유대 랍비들이 디아스포라 중간기에 언급함, 전호진, 선교학)라는 기본적 교리 바탕위에, 독일의 경건주의 운동이 영적 수혈을 통

---

166) 존 웨슬리(John Wesley, 1703~1791년)
1703. 6. 17. 멥피스 19명의 자녀 중 15번째, 아버지 사무엘은 영국 성공회의 성직자, 어머니 수잔나는 말을 시작한 아이는 주기도문, 5살이 되면 성서와 시편을 읽고, 그 후에는 문법, 수학, 역사, 지리 등 1726년 동생 찰스(Charles, 1707~1788)의 홀리 클럽 참여, 매일 3시간 신약공부, 주 2회씩 금식, 죄수, 가난한 자, 빈곤한 사람들을 방문, 1735년 조지 횟필드(George Whitefield, 1714~1770)가 이 모임에 참여. 1728년 목사안수. 1735년 동생 찰스와 2년간 미국 조지아주 선교여행을 떠남. 내국으로 가는 심몬조호에 80명의 영국인과 헤른후트 형제단 28명 동행, 웨슬리는 폭풍 앞에서 헤른후트 형제단의 시편은 평안한 마음으로 노래함을 보고 감동. 1737. 12. 2. 사무엘호를 타고 선교 실패자로 영국에 돌아왔다(1738.2.1.). 1738. 5 .24 웨슬리는 올더스게이트 모라비안 집회 참석. 루터의 로마서 주석 서문을 읽다가 저녁 8시 45분 '그리스도를 믿는 믿음을 통해 마음에 변화가 일어나도록 하나님은 역사하신다' 라는 설명을 듣자 웨슬리는 갑자기 마음이 뜨거워졌다.(회심 사건) 1740년 웨슬리는 모라비안과 결별, 독자노선 1741년 조지 횟필드와도 결별. 횟필드가 예정론을 주장했기 때문이다. 4만회 이상설 교 1791년 사망.
167) (Christoph Friedrich Blumhardt, 1842년~1919년)-Möttlingen출생. 요한 크리스토프 블룸하르트의 아들, 괴딩겐의 노동자 사귐. 하나님 나라-노동운동가.

해(모라비안교도, 덴마크 할레선교회 등), 영국 존 웨슬리 형제들에게 영향을 주었다. 이들을 통하여 영국과 미국 아니 세계 개신교 선교의 불길이 번져가는 역사의 현장을 발견케 된다. 19세기의 선교배경은 18세기 초에 발생한 영적 대각성을 먼저 이해하여야 한다.

영국 : 복음적 각성 – 웨슬리(개인적으로 진젠돌프와 모라비안교도를 만남)와 조지 횟필드(G. Whitefield, 프랑케를 연구함)[168]

*1738년 웨슬리의 회심 후 ┌ 1741년 모라비안과 별거 ┐   1751년 라이프찌히 대학 캘러트
                        ├ 1740년 조지 횟필드와 별거 ├  교수에 의해 보수신학이 시작됨
                        └ 1741년 감리교 시작       ┘   1777년 할레대학의 제뮬러에
                                                       의한 자유주의 신학

### 2) 미국 선교운동의 배경

#### (1) 17, 18세기의 배경

17, 18세기 미국은 급진적 사고방식의 소유자들로 넘쳤다. 종교의 자유, 새로운 방식으로 예배는 물론 대부분은 경제적 기틀을 얻는 것이 첫 번째 과제였다. 그 가운데 종교적 자유로 미국에 온 사람들도 급진적 성향은 말할 것도 없다. 급진적 퀘이커교도, 청교도, 감리교, 그리고 침례교 등 다양한 사람들이 모인 곳 · 미국.

지역에 따라 교단 형성, 독일은 루터교 다른 지역은 가톨릭, 스코틀랜드나 북부 아일랜드는 장로교, 영국의 대부분이 성공회, 급진적인 청교도, 청교도 운동에는 여러 교단들이 참여했다. 장로교, 회중교단, 침례교 그리고 퀘이커교다.

– 종교적 통일성은 없고, 북미는 교단 전시장이었다. 물론 버지니아 지역은 성공회 뉴잉글랜드 지역에 회중교단이 주를 이루었다 – 교단개념이 등장 – 교단이란 특정지역, 특정 단체, 특정한 정치적 이유와 이해를 가진 그룹으로 받아들여졌다.

#### (2) 19세기의 배경

시대적으로 개인들은 스스로 결정할 능력을 가진 자들로 보았기 때문에 편협한 구속론자들이 되었다. 계몽주의는 교회의 관심을 사회와 삶의 전 영역에서 축소시켰다. 신정정치의 사고는 애국심으로 직결되었고, 더 세속적이 되었다. 개신교 영국은 가톨릭의 프랑스를 적그리스도로 평가하였다. 세계역사는 영국의 승리로 끝날 것이라는 섭리적 운명론을 주장함.

---

168) Herbert Kane, A Global view of Christen Missions, 81–82.

복음주의자들은 국가의 존경받는 권력층으로 등장하였고, 선교사들은 서구 제국주의 확장의 주창자가 되었다. 이것은 모든 자의 선을 추구하는 것으로 표현 되었다. 데이빗 보쉬는 이것을 "복음주의자들의 이중성"(변화하고 있는 선교, 432) – 공적으로는 수준 높은 도덕적 얼굴이나 사적인 얼굴에는 많은 종류의 악이 있다. 복음주의의 살아있는 신앙은 생명 없는 도덕으로 타락했다.

미국은 세상에 관한 낙관적 견해를 가졌다. 악은 자동적으로 사라질 것이며, 종말론적인 삶은 후천년설로 하나님의 나라는 역사의 격변 속으로 들어가지 않았으며, 옛 청교도의 이상이 부활하였다. 부정도 사라지며, 홉킨스의 수정 칼빈주의로 싸움도 갈등도 사라질 것이며 더 이상의 전쟁과 기근, 억압이나 노예제도는 미국 땅에서 사라질 것으로 보았다. 찰스 피니(Charles G.Finney:1792~1875)는 영적 부흥이 계속되지 않을 것으로 주장했다. 1862~1865년 남북전쟁은 적대감을 종식시키지 못했고, 복음의 통일성은 해체되고 복음주의는 좌측에는 좌파로 에큐메니즘과 우측은 우파로 교리적 정통주의와 복음을 강조했다. 전자는 사회복음으로, 후자는 근본주의로 발전함.

과학의 발전은 물질주의, 자본주의, 세속주의 표현들로 기독교의 상징으로 칭송됨. 노예제도, 억압 그리고 전쟁과 같은 악들이 제거되면서 과학, 기술 그리고 지식의 발전은 후천년설의 초자연적인 측면들이 포기하게 만들었고, 하나님과 사단의 전쟁은 그리스도의 가시적인 재림과 함께 역사 속으로 사라져갔다. 하나님의 나라는 미래가 아니 여기, 지금이 되었다. 이런 점에서 복음에 대한 갈급함이 사라졌다. 안 믿는 자들이 지옥에 갈 것이라는 믿음도 사라져 갔다. 미국교회의 해외선교는 점점 더 미국문화의 혜택과 삶의 방식을 소외된 나라와 백성들에게 나누어주는 것이 되었다.

(3) 청교도 운동이 영국의 왕정 복고(찰스 2세 1658 복귀) – 청교도 탄압 – 신대륙 이민 1세대 청교도 지도자들

    ⓐ 율법 폐기론자 앤 허친슨(Anne Hutchinson 1594~1643),

    ⓑ 분리주의자 로저 윌리암스(Roger Williams 1603~1684) 청교도 2세대 – 청교도가 명목상 형식적인 청교도로 전락 : 죄가 없는 경건한 사회 실현 실패 → 1세대 신앙을 회복하자는 운 동 → 조나단 에드워드, 조지 휫필드의 18세기 영적 부흥운동 → 지속성 없음, 독립전쟁, 노예제도, 세속화 등으로 삶에 치중한 청교도 운동은 영향력 상실 → 18세기 점진적 쇠퇴 → 삶의 방식을 넘는 선교로

(4) 청교도 운동의 특징

  ① 성경중심 – 성경을 신앙과 삶의 참된 기준으로

② 개혁열망 – 가톨릭적 요소 완전 제거

③ 지성존중 – 지도자, 학자, 교육받은 계층 경건서적으로 교육

④ 도덕운동 – 윤리적, 거룩한 삶, 엄격한 규율과 복종

⑤ 영적체험 – 선택받음의 표식으로 영적 경험과 신비체험 강조

미국 : 조나단 에드워드(Jonathan Edwards:1703~58) – 목사의 아들로 태어남, 1716년 예일대학에서 공부, 1734년 두 번째 영적 변화 – 조지 휫필드의 영향을 받음, 설교의 특징 – 하나님께서 우리를 돌아보시고, 우리에게 자유를 주셨고, 선한 것을 사랑하는 마음을 주셨다. 세계의 복음화를 위한 전 세계의 기도 연합회를 조직함.

### 3) 영국 선교의 배경[169]

(1) 사회적 : 근대선교는 동인도회사의 발판으로 전개됨. 세계무역의 기초. 증기기관의 발명으로 바다여행이 신속하고 안전하게 됨.(이 내용은 윌리암 케리가 교회연합 모임에 선교 안건을 채택하자고 주장하였던 5가지 중에 두 개가 여기에 속함)

(2) 종교적 : 독일의 경건주의 운동(말씀의 생활화와 기도생활로 전도 열정과 선교비전)과 영국(조지 휫필드는 프랑케의 글에 감명을 받고 들판에서 선교, 웨슬리는 교회에서 설교 – 반드시 교회가 아니더라도 교구지역 어느 곳에서, 목사 아닌 누구라도 선포 · 평신도 선교, 사회구원에 힘썼다, 케임브리지대학은 지성인의 복음화)과 미국에 일어난 영적 각성운동(1882년 캠브리지에 무디의 방문을 통해 7인이 구성 – 중국선교 – 지성인의 복음화와 웨슬리의 사회운동 등).

| 영국 | 1791년 아이삭 왓츠-햇빛을 받는 곳마다 주 예수 왕이 되시고(찬 52장), 1723년 페이슬리의 로버트 밀러(Robert Millar of Paisley)가 "기독교 선포와 이교도 전복사" – 이교도들의 회심에 관한 책 ↔ 중보 기도가 중요함. 1/43년 영국 도시 20여 곳에 기도의 모임이 부흥됨. 1746년 선교 사업을 위한 7년 기도대회 –보스턴 –조나단 에드워즈의 회신. 세계복음화를 위한 중보 기도모임 – 1783년 에드워즈의 소책자는 노스햄프톤셔 교역자연합회(Northamptonshire Ministerial Association)에 존 서클리프(John Sutcliff)에 의해 침례교에서 매월 첫 월요일을 연합 기도일로 정함. |
|---|---|

[169] 유럽의 종교전쟁 종식은 각 나라로 하여금 식민지 경쟁에 눈을 돌리게 하였으며, 이로 인하여 많은 사람들은 신대륙과 아시아 각 나라에 관심을 갖게 된다. 특히 나폴레옹의 실각(1814)은 영국이 자유롭게 식민지 경쟁에 뛰어들 수 있는 문을 열어 놓았다. 산업혁명으로 인한 철강업 및 통신과 교통수단의 발달은 외국과의 교류를 활발하게 하였으며, 특히 증기기관의 발명으로 인한 증기기관차와 기선의 개발은 그 무엇보다도 해외 선교의 활로를 여는 데 기여했다. 뿐만 아니라 산업혁명으로 다양한 원자재의 필요와 생산 물품의 시장 확보를 위해 영국은 식민지 확장에 집중하였고 이것은 직, 간접적으로 복음 확장(선교)에 크게 기여하였다. 또한 영국의 존 웨슬리는 감리교운동을 일으켜 영국과 영국식민지에 영적부흥의 불을 당겼다.

(3) 세 선교기관 : 윌리엄 케리의 선교를 뒷받침해주는 1792년 이전 선교기관이 영국에 있었다. 공통된 특징이 있다.

> 1649년(북미인디안) 뉴잉글랜드의 복음 선포회, 존 엘리엇-1631년부터 1780년 정도
>
> 1698년(신세계 백인 원주민 신앙) 기독교 이해 증진회 + 성공회, 쉘돈 교구목사- 토마스 브레이 (Thomas Bray) 목사- 기독교문서 보급, 도서관 1835년부터 출판사업
>
> 1701년(1. 영국 거류민의 신앙. 2. 토착원주민 복음화) The Society for the Propagation of the Gasepel in Forei-gen Parts=S.P.G.

### 4) 영국 선교사역[170]

**(1) 윌리엄 케리(William Carey 1761~1834)년의 등장**

① 1771년《노스햄프톤 머큐리(주간 신문)》에서 제임스 쿡 선장을 읽고 이탈리아어(라틴), 헬라어, 히브리어, 프랑스어 및 네덜란드어까지 독학으로 배움, 해외에 많은 관심, 구드리의《지리학 입문》죠나단 에드워드의《데이빗 브레이너드의 생애와 일기》를 읽음.

— 1774년 제화공의 도제가 됨.

그리스어를 배웠고, 존 워르를 만나 회심, 비국교도(침례교 1779. 2. 10)가 됨.

— 1781년 같은 교회의 돌리 프럿켓과 결혼.

— 1783년 얼스 발턴의 비국교교회의 설교자가 되었으나, 그 해 그의 첫째 딸이 죽고 그마저 병에 걸려 후유중으로 대머리가 된다.

— 1783년 10월 5일 다시 세례 받음.

유아세례를 받았기에 자신의 선택에 의해 세례를 받아야겠다는 생각.

존 라일런드 목사 교적부에 '오늘 가난한 제화공에게 세례를 줌'이라고 기록.

② 1787년 5월 3일 침례교의 목사안수 받음. 안수식을 집도한 목사(존 서트클리, 존 라일런드, 앤드루 풀러) 이 네 명의 만남과 우정은 평생 지속됨.

③ 1792년 10월 2일 덴마크 — 할례선교회에 직접적인 관계로 "모라비안 선교회 회보"를 통해 케터링에서 12명의 교역자와 평신도와 함께 모여 향후 선교 계획에 대해 논의했고 4명(존 서 트클리, 존 라일런드, 앤드루 풀러)은 [복음 전도를 위한 특별 침례회]라는 최초의 이방인에 대한 선교 단체를 만듦.(북미 인디언의 선교를 위한 뉴잉

---

170) Paul Pierson, 기독교선교운동사, 임윤택 번역, 기독교문선선교회, 2009, 407-437.

글랜드 복음선포회(1649), 신세계 백인 이주민을 위한 기독교 지식 전파 협회(1698), 해외 영국 거주자를 대상으로 한 해외 복음 선교회(1701)가 이전에 있었다.)[171]

④ 1793년 6월 13일 토마스 박사와 윌리엄의 가족 인도로 출발 – 12월에 인도 도착.

도착 후 토마스 박사의 빚으로 인해 헤어져 데차타란 곳으로 옮겨 어렵게 사역.

-1794년 토마스 박사의 소개로 무드나바티의 염료공장 감독으로 일함.

벵골어로 성경을 번역 시작, 기숙사 딸린 학교를 세움.

현지 개종자 람 보슈-교장(12명 학생으로 시작 : 성경, 지리, 과학 등 가르침)

힌두교 경전이 산스크리트어인 점을 착안 산스크리트어를 배우게 됨.

– 1797년 벵골어 성경 번역 초안 완성 – 4권으로 인쇄.

그 생애에 33개의 언어로 된 성경과 사전 등을 만듦.

-1799년 10월 27일 새로운 선교사(8명, 5명의 아이들까지 13명) 들 파송되어 옴.

이때까지도 동인도 회사에서는 선교사의 입국을 전면 금지하고 있었으므로 이들은 덴마크 자치구로 가게 되었는데 이때부터 세람포르 선교회의 시대가 된다.

4권으로 인쇄되는 성경을 윌리엄 워드의 제안으로 마가복음 한권으로 더 많은 성경을 찍어 빠른 이해를 돕자는 말에 의해 수백 권의 성경이 배포하게 됨.

⑤ 1800년 12월 28일 2명(7명의 개종자 중 5명은 군중들이 자신을 죽일까 두려워 포기하였다)의 세례식이 많은 영국인과 인도인이 보는 가운데 베풀어짐.

-1801년 3월 5일 벵골어 신약성경 한권으로 묶어 인쇄.

덴마크의 국왕과 조지3세(영국 국왕), 켈커타의 군목인 브라운 목사에게 한권씩 보내게 되는데 바로 이 성경책이 후에 선교회를 살리는 역할을 한다.

---

[171] 첫 번째 열린 모임에서 많은 의문점이 제기 되었는데, ① 선교사의 자격 요건은 어떻게 할 것인가?, ② 선교사로 파송할 사람은 있는가? ③ 어디로 파송할 것인가? ④ 선교지에서 어떤 사역을 할 것인가? ⑤ 선교사가 선교지에서 직업을 가져도 되는가? ⑥ 선교사를 가족과 함께 파송해야 하는가? ⑦ 선교사가 선교사역을 보고하기 위해 얼마나 자주 본국에 돌아와야 하는가? 이 모든 사항이 결정 되어도 최종적인 문제는 * 과연 누구를 파송할 것인가? 1793년 1월 10일에 열린 모임에서 인도 벵골지역에서 동인도회사 선원의 의사로 있다 주님을 영접하여 의료선교사가 된 토마스 박사를 초청하여 그들(복음 전도를 위한 특별 침례회)은 ① 인도에서는 한 가족 생계비는 얼마나 드는가? ② 토마스 박사는 벵골어에 능통한가? ③ 벵골어는 어떤 문자이고 지금 벵골어로 된 문서를 볼 수 있는가? ④ 인도에 영어를 할 줄 아는 사람은 얼마나 되나? ⑤ 인도어로 된 기독교 서적은 있는가? ⑥ 토마스 박사는 몇 명의 인도인을 개종시켰는가? ⑦ 인도에서 흙으로 짓는 오두막집을 짓는데 얼마나 필요한가? 등을 물었다. 토마스 박사는 번역을 도와줄 사람이 필요하다 하였고, 순간 윌리엄은 자신이 적임자라 생각한 뒤 모든 사람에게 "제가 가겠습니다!"라고 반복해 말했다.

― 1802년 영국의 사무관들을 위한 포트 윌리엄 대학의 인도어 교수로 윌리엄을 초청. 얼마 후 영국, 덴마크의 전쟁에서 덴마크가 폐하여 세람포르가 영국에 귀속되나 세람포르 선교회 책임자가 총독이 세운 학교 교수라는 점으로 인해 존속하게 됨.[172]

⑥ 1807년 윌리엄 주니어가 침례교 목사 안수 받음.

첫 번째 아내인 돌리 소천. 6개월 후에 그는 덴마크의 여백작인 샬롯트 루모어와 결혼.

그녀는 7개 국어를 하여 선교사역에 많은 도움이 됨.

그녀의 대 저택을 기독교 학교로 사용하도록 함.

― 1812년 3월 11일 세람포르 선교회의 인쇄소가 두 번 연속 불이나 모두 잿더미가 됨.[173]

⑦ 1813년 영국의 모든 교회가 50만 명으로 된 탄원서를 의회에 제출.

선교사들의 인도 입국이 자유로워짐. 이때에 의원들을 감동시킨 것은 윌리엄이 대학에서 받는 1,500파운드를 모두다 선교기금으로 사용한다는 사실이었음.

― 1813년 둘째 아들 제이비즈가 몰타칸 섬으로 파송.

파송식에 참석하러온 펠릭스(첫째 아들 미얀마에서 사역)가 돌아가던 중 거센 풍랑을 만나 아내와 두 아이가 익사 ― 1818년 윌리엄에게 세례를 받은 인도인이 600명이 넘게 됨.

개종자들을 위해《세람포르 대학》을 세워 기독교인이라면 누구든지 자유롭게 공부할 수 있게 함. 인도어 잡지《딕 다르샨(길잡이)》

신문《사마챠르 다르판(소식 반사경)》

기독교 잡지《인도의 친구》발간.

⑧ 1827년《세람포르 대학》은 덴마크 국왕이 각 학과에 정식학위제도를 인가.

― 1834년 6월 9일 마지막까지 세람포르대학에서 종교와 과학을 가르치다 소천.[174]

• 윌리엄은 선빅토리아왕조 시대의 선교 지도자였고, 1830년대 그와 가까운 친구들은

---

[172] 윌리엄이 교수라는 직책으로 총독인 웰레슬리 경과 친분관계를 맺는데, 이때 [사티]에 대한 부당성을 총독에게 말하여 [사티]는 없어지게 된다. 1797년 윌리엄은 인도지역의 풍습인 [사티](남편이 죽으면 아내도 같이 태워 죽이는 것)를 보게 되는데 모여 있던 사람들이 "후리 볼! 후리 볼!(기쁠 때 외치는 힌두어)" 하는 소리에 속이 뒤집힐 것 같은 충격을 받게 됨.

[173] 이 사건은 6개월 후 영국에 전해져 영국 전역의 교회들 안에 최고의 화제와 기도제목이 되었고 윌리엄 캐리는 순식간에 유명한 사람이 되어버린다. 영국의 많은 교회들이 헌금을 하여 성탄절쯤에는 더 이상 헌금을 보내지 말라는 편지를 써야 할 정도였다. 아울러 사람들이 윌리엄의 초상화를 보고 싶어 해 로버트 홈이란 화가가 그린 그의 초상화의 복사본이 1장에 1파운드에 팔려 수익금 또한 선교회로 보내져 왔다.

그를 "세람폴 선교회의 아버지"로 칭송한 반면에 복음주의 후손들은 거기에 덧붙여서 "근대 선교의 아버지"로 약간 부적절하게 그에 대한 경의를 표하였다.

※상황 : 극단적 칼뱅주의는 이방인의 개종이 하나님의 때가 되면 저절로 된다. 지상명령은 사도들에게 제한되어졌다.

"이방인 개종을 위한 수단으로 쓰여져야 할 기독교들의 의무"(An Inquiry into the Obligation of Christians to Use Means for the Conversion of the Heathens)[175]에서 선교는 모든 그리스도인의 필수다. 사명이다.

⑨
- 1885. 1. 8. 저녁 엑스터 홀에서 중국을 위해 선교사로 갈 것을 선언함
- 중국내지선교회(CIM – OMF[176] 전신)의 선교사로 활약함
- 이 날을 계기로 "캠브리지 7인[177]"으로 불리워짐
- 1885. 1. 8 ~ 2. 4 각처에서 행한 그들의 선교집회는 영국국민에게 큰 도전을 줌
- 1985. 2 .5 ~ 3.19 빅토리아 역을 출발하여 중국 상하이에 도착함

### 5) 미국의 선교배경(Gangs of NewYork)[178]

미국과 영국은 식민지 관계로 신앙적 영향을 받을 수밖에 없는 곳이었다.

---

174) 선교전략(Stephen Neill, P. 263~265)
   1) 모든 가능한 방법을 동원하여 복음을 전하자
   2) 자국어로 된 성경을 보급해서 전도사역을 돕는다.(토착화 성경 번역 작업)
   3) 가능한 빠른 시일 내 교회를 설립한다.
   4) 불신자들의 사상과 배경을 연구함.(선교 현장의 문화를 살펴라)
   5) 빠른 시간 내 토착 교회 목회자를 세운다.
   결과 (많은 선교기관 창설)
   - 런던 선교회(London Missionary Society, 1795 – 후에 주일학교를 만듦)
   - 스코틀랜드와 글래스고우 선교회(Scottish & Glasgow Missionary Societies, 1796 – 도시선교의 출발)
   - 네덜란드 선교회(Netherlands Missionary Society, 1797)
   - 교회신교회(the Church Missionary Society, 1799)
   - 영국과 해외 성서공회(British & Foreigen Bible Society, 1804)
   - 미국 해외선교회(the American Board of Commissioners for Foreign Missions, 1810)
   - 미국 침례 선교연합(American Baptist Missionary Union, 1810)
   - 미국 성서공회(American Bible Society, 1816) 등.

175) 박영환, 이희용 역,《위대한 선교사 윌리엄 케리》, 도서출판 바울, 2008.
   분량은 87쪽이었다. 이 책은 5장으로 되었는데, 1장 '영국의 그리스도인들이 왜? 복음을 전해야 하는가!' 2장 '예수님 이후 선교사로 일했던 사람들에 대해' 3장 '영국인들이 알고 있는 세계 다른 나라들에 대한 모든 정보' 4장 '다른 나라에 가서 복음을 전할 수 있는 방법' 5장 '선교사들의 재정 마련 방법'이다. 이 책은 1792년 5월 12일 톰 포츠라는 사람의 후원으로 출간되었다. 책이 출간된 지 3주후 침례교 교역자 모임에서 선교사의 필요에 대해 설교를 하였는데 사람들의 반응은 예전과 달랐다. 그는 설교를 다음과 같은 말로 끝냈는데 "하나님을 위해 위대한 일을 기대하십시오, 그리고 하나님을 위해 위대한 일을 시도하십시오!" 이 말은 후의 많은 선교사들에게 영향을 끼쳤다.

176) OMF = Oriented Missions Fellowship

1601년 영국 상인들에 의해 조직되고 제임스 1세에 의해 특허가 주어진 두 개의 주식회사(런던 버지니아 회사와 플리머드 버지니아 회사)로 식민지를 관리 운영하는 데 있다.

이때 회사와 함께 영국성공회는 메릴랜드에서 남쪽으로 뿌리를 내림, 영국 청교도들의 영향을 받았고 그 이후 독일, 프랑스, 스코트랜드와 아일랜드 이주 집단에 의해 소개되었으며 영국으로부터 대부분 영향을 받았다.

---

177) 캠브리지 7인

| 이름 | 선교사역 내용 |
|---|---|
| 윌리엄 카셀(William Wharton Cassels) 1859. 3. 11~1923 | • 캠브리지의 St. John's college에서 B. A 학위를 받음<br>• 중국 서부의 새 교구에서 감독으로 안수 받아 사역하다가 그 곳에서 사망함 |
| 찰스 스터드(Charles Thomas Studd) 1860. 12. 2~1931. 7. 16 | • 캠브리지의 Eton college와 Jesus college-B. A 학위<br>• 1894년 건강 악화로 중국을 떠났으며 다시 돌아가지 않음<br>• 1931년 아프리카에서 사역 중 콩고의 아이밤비에서 소천<br>• WEC(World Evangelization Crusade)의 창설자 |
| 세실 헬리 폴 힐-터너(Cecil Henry Polhill-Turner) 1860. 2. 23. 1938 | • 캠브리지의 Eton college와 Jesus college에서 수학<br>• 티벳 및 주변지역에서 사역 중 병으로 1903년 영국으로 돌아감.<br>• 1938년 80세로 하우베리에서 소천함. |
| 스텐리 스미쓰(Stanley Peregrine Smith) 1861. 3. 19~ 1931. 1. 31 | • 1874년 13세 때 디 엘 무디의 설교를 들을 때 구주를 영접<br>• 캠브리지의 Trinity college에서 B. A 학위를 받음<br>• 1902년 불신자의 최종운명에 대한 논쟁으로 CIM 탈퇴<br>• 그 후 소속 없이 산서성 동부에서 사역하다 소천함 |
| 몽테규 보쌈프(Montagu Harry Proc-tor Beau-champ) 1861. 4. 19~1939 | • 캠브리지의 Trinity college에서 B. A 학위를 받음<br>• 1900년 북청사변으로 잠시 철수하였다 1902년 다시 중국으로 돌아감.<br>• 1911년 영국으로 귀국하여 안수를 받음<br>• 1차 대전 중에 종군목사로 이집트, 그리스 등지에서 사역<br>• 1939년 79세에 중경으로 돌아가, 1939년 빠오닝에서 소천 |
| 딕슨 호스트 (Dixon Edward Hoste) 1861. 6. 23~1946 | • 울리치의 Clifton college와 왕립육군사관학교에서 수학<br>• 1903년 허드슨 테일러를 계승, CIM총재가 됨<br>• 1946. 6까지 중국에서 60년간 사역, 런던에서 소천 |
| 아더 폴힐- 터너 (Arther.Twistleton Polhill-Turner 1863. 2. 7~1935) | • 캠브리지의 Eton college와 Jesus college-B. A학위<br>• 1888년 중국에서 안수 후, 쓰촨성과 다른 지역에서 사역<br>• 1928년 66세에 은퇴, 1935년 영국 허퍼드셔에서 소천 |

John Pllok,《케임프리지7인》, 서울: 기독대학인회한출판사(ESP), 1988/개정판 2009.
참고: 런던 도시선교회(Die Londoner Stadmission, 혹은 London City Mission)는 1835년에 시작됨. 이에 대하여는 다음을 참고하라. Peter Meinhold(Hg.), Bd I, 1962, Lutherisces Verlagshaus, Berlin & Hamburg, 425쪽, 각주 147.

178) 참고자료: Paul Pierson, 기독교선교운동사, 임윤택 번역, 기독교문서선교회, 2009. 439-479. 영화 〈Gangs of NewYork〉.

### 6) 미국 선교 사역[179]

미국교회는 초기 급진적 신앙을 가진 자들이 건너온 자들이었으나, 미국에 와서 교회 출석한 사람은 6.9%가 되었다.(Paul Pierson, 443) 대부분은 경제적 기회를 찾아온 자들임. 퀘이커 교도, 청교도, 감리교, 침례교(각주번호) 등이다. 지역에 따라 독일지역 사람은 루터교, 다른 지역은 로마가톨릭, 스코틀랜드나 북부 아일랜드는 장로교, 영국은 대부분이 성공회, 청교도운동지역은 회중교단, 침례교, 감리교, 장로회 등이었다. 교단개념이 등장했다. 국가지원이 없었기에 교단이 같은 교회끼리 하나의 조직체를 구성함-자신의 신학, 사역자 훈련, 선교활동.

영국 감리교를 넘어 미국 감리교가 등장, 미국에서만 나타난 그리스도 제자의 교회, 이민자들 중에 불신자를 전도하는 방법들이 등장했다. 미국교회가 타락하지 않을까에 두려움 때문에 교회와 리더쉽은 유연해졌다.

여기서 미국 선교방법은 부흥운동, 리더를 선택하는 새로운 방법, 유연한 교회조직 등이다.-복음전도와 교회개척, 소명, 선교구조, 리더쉽이다.

#### (1) 동기- 대학생을 불러 선교를 시작

미국 선교의 동기를 부여한 사람: 사무엘 밀즈(Samuel J. Mills 1738~1818년)

1802년 코네티컷(Connecticut) 농장에서 부르심(복음전도에 대한)을 들음 → 윌리엄즈대학(Williams College)에 입학(1806년)[180] - 건초더미 기도회(Haysatack Prayer Movement 1806년) - 밀즈의 규칙적인 생활의 일면 중 수요일과 토요일 오후에는 가까운 강이나 언덕이나 대학 가까이에 있는 산골짜기에 4명의 친구들과 같이 기도로 시간을 보내는 것이었다. 그러한 생활 가운데 1806년 8월 어느 토요일 오후 밀즈와 네 친구는 산골싸기에서 기노회를 마치고 돌아오는 길에 소나기를 만났다. 그들은 소나기를 피하기 위

---

179) 신약성서의 내용에 따라 신앙 고백을 한 사람들에게만 세례를 베풀어야 한다고 믿으며 이 때문에 유아세례를 인정하지 않는다. 성서원리(聖書原理), 침례, 만인사제(万人司祭), 각 교회의 독립, 교회와 국가의 분리 등을 강조한다. 영국의 청교도(퓨리턴)의 여러 파 가운데 하나로 생겨났으며, 창시자는 J. 스미스(1554?~1612)이다. 그는 교직자로 1608년 국교회의 압박을 피하여 동지들과 함께 네덜란드의 암스테르담으로 망명했는데, 그 중 T. 헬위스와 몇몇 동지들이 영국으로 돌아가 1612년 침례교회를 창설하였다. 아르미니우스파(派)의 입장을 취한 일반침례파와 칼뱅적 입장에 선 특수침례파의 구별이 있다. 영국에 이어 미국에서도 크게 퍼져서, 현재 미국 최대의 교파를 이루고, 대소 27개의 그룹으로 형성되어 있다.

180) 건초더미 기도운동의 중요 관점 (배울점)
　① 선교에 있어서 기도가 얼마나 중요한가?
　② 학생들의 소그룹 기도운동이 미국의 선교의 잠을 깨워 세계 선교를 하도록 함.
　③ 선교는 자원하면 할 수 있다는 의식을 불러일킴.

해 건초더미 아래로 들어갔다. 그곳에서 비가 멎기까지 기도를 계속하기로 하고 학생들 간에 해외 선교에 관한 자각 운동이 일어나게 해달라고 간절히 통성으로 그리고 합심하여 기도했다. 밀즈가 이끄는 대학 1학년생의 기도 모임에 주님의 약속대로 과연 놀라운 현상들이 나타났다. 기도하던 5명의 학생들 가슴속에 성령 충만과 성령폭발의 놀랍고도 뜨거운 체험이 느껴지기 시작했다. 이들의 생애에 엄청난 변화가 일어나기 시작했다. 기도회 인도 때 밀즈는 "만일 우리가 하고자 하기만 하면 할 수 있다."고 친구들을 격려했는데, 이 말은 후에 그들의 표어가 되었다. 이들은 이제 완전히 성령에 사로잡힌 자들이 되어 선교 역사상 최초로 '학생 선교회'를 구성하고 기도회와 성경공부, 전도에 완전히 미친 사람처럼 되었다. 이 모임의 영향으로 많은 학생들이 자신들의 생애를 해외 선교에 바치기로 작정했다. 그로부터 2년 후인 1808년 9월에 이들은 '형제회'란 단체를 창설했다. — 형제회(The Society of Brethren [제임스 리챠드스, 프란시스로 빈즈, 하비루미스, 고든 홀(Gorden Hall), 루터 라이스(Luther Rice) 등]) → 구성원들은 전 세계에 복음을 전파하는 데 자신을 바친다는 비밀 맹세를 함으로써 굳게 단결했다. 이들은 인근 대학으로 흩어져 각 대학마다 해외 선교에 헌신할 동지들을 찾으며, 이와 같은 기도모임을 각 대학마다 구성하는 운동을 전개해 나갔다. 이들의 영향에 의해 1812년 2월 19일 미국 역사상 최초로 아도니람 저드슨[181](Adoniram Judson)과 새뮤엘 뉴웰(Samuel Newell)이 인도 선교사로 떠나고, 새뮤엘 모트(Samuel Mott), 고든 홀, 루터 라이스도 인도 선교사로 뒤를 따랐다. — 건초그룹(Haystack Group)

※ 밀즈의 업적

① 1812년에 최초의 해외 선교부를 창설.

② 뉴욕 빈민가와 유태인 거리에서 복음 전하는 일로 공헌.

③ 1816년 미국성서공회(American Bible Society) 발족에 중추적 역할.

④ 선박성서연구회를 설립, 선원들의 복음화에 공헌.

⑤ 미시시피 유역에서 흑인들에게 전도.

⑥ 1818년 6월 5일 35세 나이로 요절.

(2) 발전

대부흥운동의 결과로 미국의 해외선교가 연결됨.

솔로몬 스토다드(Stoddard)는 존나단 에드워드의 조부다. 인디언 선교의 필요성을 역설함.

코튼마서(Cotton Mather)는 프랑케, 지겐발크, 그리고 영국법정의 채플린과 교류함.—초교파적으로 선교의 비전을 공유함. 독일의 경건주의를 미국에 소개함. 복음전도와 교회연합을 강조함. 교회의 선교적 비전을 외쳤다.

데오돌 프레링하이즌(Theodore Jacobus Frelinghuysen:1691~1747) 뉴저지주 대 부흥운동의 선구자. 영어로, 화란어로 설교하게 함. 펜실베니아에 작은 통나무신학교(Log College)를 세움. 20명의 학생들이 교회개척에 나섬. 1746년 뉴져지 대학으로 개명됨. 1756년 프린스턴으로 이사함. 1800년 프린스턴 대학교로 개명.

조나단 에드워드—1734년 매사추세츠 노스햄튼에서 "믿음으로 의로움에 대한" 설교 시리즈. 1735, 1739년 부흥. 윌리엄 캐리보다 선교단체를 통한 선교를 먼저 강조함. 북미 선교운동의 태동을 일으킴.

---

181) 아도니럼 저드슨(Adoniram Judson, 1788년 8월 9일 ~ 1850년 4월 12일)은 미국 최초의 해외 파송 침례교 선교사이다. 파송기관 미국 해외선교회(American Board of Commissioners for Foreign Missions:ABCFM)는 두 사람을 파송함. 저드슨과 루터 라이스(Luther Rice). 저드슨은 인도로 갔다가 버마에서 정착, 라이스는 바로 미국으로 돌아와 1814년 침례교선교회를 조직함.
1788년 매사추세츠 주의 한 조합교회(Congregational Church) 목사의 아들로 태어남. 어릴적부터 종교적인 감수성이 있어서 개신교 목사인 아버지가 설교하는 모습을 흉내내었다고 한다.
1794년 브라운 대학교 졸업. 대학생 시절 기독교 신앙을 버리기도 했지만, 친구의 죽음을 목격한 일을 계기로 신앙을 다시 갖게 되었다.
1808년 앤도버 신학교(Andover Theological Seminary)에 입학하였다. 신학생시절 애도니럼은 신학교 친구들과 선교사가 될 것을 기도로써 다짐한다.
1810년 신학교 졸업
신학교 졸업 후 큰 교회에서 좋은 대우를 받으며 일할 수 있었지만, 선교사가 되기 위해 거부하였다.
1812년 2월 5일 아내 낸시와 함께 미국 조합교회 소속의 인도선교사로 임명받고 인도 콜카타에 입국하였으나, 동인도회사와의 갈등으로 선교활동을 중단해야 했다. 이때 저드슨은 윌리엄 캐리의 영향으로 침례교로 교파를 옮긴다.
1813년 당시 선교사가 없던 지역인 미얀마 양곤에 입국하여 카렌족을 대상으로 전도함.
아내와 같이 현지인에게 미얀마어와 문법을 배움.
1817년 신학교에서 배운 라틴어와 그리스어로 마태복음서 번역
1818년 전도를 시작
1819년 첫 현지인 신도인 정원지기에게 침례를 집전하였다.
1820년 10명의 미얀마인들이 침례를 받음.
1820년대 미얀마와 영국 간의 갈등으로 1년 6개월간 수감됨.
종교의 자유를 보장해준다는 조건을 제시한 영국군의 미얀마어 통역으로 활동.
1826년 아내 낸시와 딸이 병으로 죽음. 가족과의 사별로 2년간 우울증에 시달리다.
1834년 미얀마 양곤에 교회를 세움. 여성 선교사 새라 보이드먼과 재혼.
1845년 선교에 필요한 자금 확보를 위해, 미국으로 되돌아가던 중에 새라가 병으로 죽음.
미국 각지를 돌아다니면서 전도.
작가 에밀리 첩보크와 재혼, 3년간 미얀마에서 선교사로 같이 일함.
1850년 질병치료를 위해 미국에 돌아가다가 뱅골 만에서 죽음. 시신은 수장됨.

데이빗 브레이드-에드워드의 딸이 약혼녀, 그 집에서 결핵으로 사망. 인디언 선교의 위대한 지도자.

2차 대부흥운동 1776년 영국 식민지로부터 해방, 이신론이 유행, 신앙은 퇴행, 1795년 에드워드의 손자인 티모시 드와이트(Timothy Dwight)가 예일대 총장이됨. 예일대 1/3이 개종을 할 정도로 영적 부흥운동.

사무엘 홉킨즈-에드워드의 후계자 노예운동 반대, 박애정신을 강조, 사욕이 없는 선행을 가르침.

엔도버 신학교(하버드의 자유주의 불만 세력) -구 칼빈교도들과 사무엘 홉킨즈 추종자들이 1808년 창설한 학교 -밑은 아도니람 저드슨(Adoniram Judson : 1788~1850년)을 만나 뉴잉글랜드의 복음화 및 해외선교에 큰 역할을 하였다.

브라운 대학교에서 온 아도니람 저드슨, 하버드 대학교의 사무엘 뉴엘(Samuel Newell), 유니온 대학의 사무엘 노트 주니어(Samuel Nott, Jr) 등이 모여서 선교문제 연구회를(Society of Inguiry on the Subject of Missions 1811년) 조직하였다.

1810년 6월 28일 메사추세츠 회중 목회자 총회 - 해외 선교위원회 청원 -구성.

1810년 9월 5일 14개 조항의 법규를 토의 결정, 선교 채택.

1811년 세 명의 안보위원회원(Prudential Committee)을 포함한 임원선출.

외지 선교를 위한 미국 대표 협의회를 구성.

- 연구회의 목적은 선교 대상국에 대한 자세한 정보를 수집, 분류하고 해설하여 각 교회와 각급 학교에 공급하여 선교적 사명에 관해 일깨우는 것이었다. 이 연구회로 인해 각 교회와 대학이 선교에 대한 세계적 사명을 절실히 깨닫는 데 영향을 크게 미쳤다. 1856년 당시 미국의 156개 대학 중 49개의 대학에 해외 선교 단체가 설립되었는데, 이것은 '선교문제연구회'의 영향을 받은 것이다.

해외선교단체-아메리카 원주민과 선교단체-교단별 원주민 선교회. 교단선교단체-해외선교-사무엘 밀즈 등장.

(3) 전략[182]

---

[182] 미국선교신학의 바탕은 청교도신학이다. 1) 선교는 하나님과 동역하는 파트너쉽, 2) 선교의 동기는 하나님의 영광, 3) 모든 자들에게 구원에 대한 가능성이 있다고 봄. 4) 교회중심의 선교-영적군대로 봄. 선교를 개인구원으로만 간단하게 보지 않고, 전 세계에 교회를 세우는 것으로 보았다. 존 엘리어트는 원주민 인디언 사역자를 세우자. 5) 땅 끝까지 복음을 들고 가자는 교회의 시대로 보았다. 6) 하나님의 종으로 선택받은 자로의 삶을 강조- 어떤 민족이 복음을 들어야 할지 하나님이 섭리하신다.

국내(1817~1883년 인디언을 선교 — 체로키족(Cherokees), 치카소우족(Chickasaws), 촉타우족(Choctaws), 및 다코타족(Dakotas) 등 총 15개 종족이 복음화가 되었음.) 및 국외(런던 선교회와 자립할 때까지 지원 — 독립성을 유지하도록 함. — 첫 선교지 — 미얀마)

＊제3차 연례회의 때 위원회는 선교활동을 필요로 하는 네 종류의 선교지를 선정함.
— 고대 문화권에 속한 사람들(4대 문명 발상지)
— 원시문화권(아프리카)
— 고대 기독교 교회권(로마 가톨릭)
— 이슬람교에 속한 사람들

1812년 1월 27일 파송 결정 — 저드슨(첫 선교사 후에 버어마로 옮김 — 성경을 버어마로 번역), 노트, 뉴엘, 홀 등

1812년 2월 6일 — 살렘의 성전에서 안수

1816년 실론, 1820년 근동, 1830년 중국 및 마두라(1834)

(4) 사역

저드슨— 케리의 동역자 윌리암 워드(William Ward)로부터 침(세)례
— 미국 침례교 해외 선교회에서 사역

1813년 7월 13일 랑구운에 도착 — 제2의 미국선교

(5) 학생자원자운동(Student Volunteer Movement)[183]

학생자원자운동은 1886년 헐몬산(Mount Hermon) [프린스턴대학에서 YMCA를 지도하고 있던 루터 위서드(Luther Wishard)의 제의에 의해 당대 복음 전도자인 D. L 무디를 강사로 초청해서 성경사경회를 열었다. 6월 16일 기도 그룹은 유명한 성경학자이면서 《세계선교개관(Missionary Review of the World)》의 편집자인 피어슨(A. T. Pierson) 박사에게 "선교에 대한 주님의 계획"이라는 제목의 메시지를 부탁했다. 이에 피어슨은 "모든 사람이 가야 하되 모든 사람에게로 가야 한다."고 설명하여 큰 감명을 불러일으켰

---

183) 대학생 선교 운동의 특징
　① 대학생들은 선교를 일생의 사업으로 생각하여 총력을 기울인다.
　② 대학생들은 선교에 대한 연구와 활동에 자원하는 학생들을 양육하기가 쉽다.
　③ 대학생들은 조직적이고 활동적이며 연합적인 활동을 한다.
　④ 대학생들은 충분한 훈련을 잘 받는다. 훈련 프로그램에 적극적으로 참여할 수 있다.
　⑤ 대학생들은 물질과 홍보로서의 선교 사업에 학생들을 잘 모으고 후원해줄 수 있다. 따라서 열정적, 헌신적, 충성적이다.

다. 이 설교에서 피어슨 박사는, 후에 학생자원자운동(SVM)의 슬로건이 된 세계복음화는 우리 세대에(World Evangelization in Our Generation)를 제창했다.

이 집회 마지막 날 저녁에는 꼭 100여명의 해외 선교를 지원한 프리스턴 헌장 서명자들이 모여서 시작되었다. 그 계기는 캠브리지의 7명의 대학생들이 출세하고자 하는 야망을 버리고 해외선교사로 헌신했던 데서 비롯되었다. 이 선교운동은 거의 50년간 지속되었는데 허버트 케인에 의하면 "그 운동은 20,500명의 학생들을 선교사로 보내는 역할을 하였고 그들 대부분이 북미출신이었다." 20세기 초에 그들이 차지한 비율은 전 세계 개신교 선교사의 절반가량이라고 추정된다.

이 운동은 매 4년마다 회의를 개최하였으며 그로 인하여 교파가 다른 회원들 사이에도 유대감이 조성되었는데 이렇게 넓은 기반을 둔 선교운동은 전례가 없던 일이었다. 선교사들 사이에 전에는 좀처럼 볼 수 없던 서로 협동하는 유익한 결과가 나타났다. 그리고 나중에 에큐메니칼 운동의 계기가 되기도 하였다.

1940년대에 와서 대학생 선교 운동의 쇠퇴 이유
① 지도층의 잦은 교체로 지속성의 약화(끈기부족, 책임감 부족)
② 재정적 어려움
③ 지도층의 수가 많다.
④ 해외선교를 강조하다보니 교회 관계가 소홀해지고 어려움이 생김.
⑤ 학생들의 관심이 전도였으나 부수되는 여러 가지 흥미로부터 관심이 많아짐. 즉, 중심이 바뀜, 전도보다 주변의 부수적인 것에 더 큰 관심을 가짐.
⑥ 전도 교육에 문제가 있었다.
⑦ 대학생 선교 활동의 기본 사역인 성경공부, 전도, 헌신, 해외 선교 등의 의미를 상실하고 대신 인종문제, 경제적인 불균형, 영토문제 등 사회적인 문제에 관심을 갖게 됨.
⑧ 자국 지도자들의 증가로 해외 선교부에 의존했던 활동이 축소되었다. 그 나라에도 그것을 감당할 수 있는 사람이 늘어났기 때문이다.
⑨ 회 복음의 출현으로 미국의 기독교와 세계의 미복음화 지역 간에 갈등이 생김. 이 지역과 미국이 대립하자 자연히 철수할 수밖에 없다.
⑩ 신앙부흥 운동이 기독교의 정당성, 우위성에 대한 주장에 관하여 불확실해져가고 불투명해짐.
최초의 미국 해외 선교사는?
1813년 아드리암 저드슨(Adoniram Judson)인가?
아니면 1794년 데이빗 조오지(David George)와 조오지 리슬(George Lisle)인가?
paul Pierson은 조지아 사바나의 흑인 침례교회에서 데이빗 조오지를 교회개척자로, 노바스코티아(Nova Scotia)로 갔다가 시에라리온에서 서아프리카 최초의 침례교를 설립하였다. 조오지 릿슬을 전도자로 자마이카(Jamaika)로 갔다.(Paul Pierson, 기독교선교운동사, 460.)

| 미국의 선교전략 |
|---|
| 국내선교에 치중한 - 15개 인디언 부족선교와 국외선 런던 선교회의 협력과 도움을 지원 받음. 1812년 9월 하트포드에서 제3회 연차 총회에서 선교전략 구분 1) 고대 문화권 2) 원시문화권 3) 이슬람교권 4) 고대 기독교교회 권에 속한 사람들 |

많은 학생자원자들에게 선교 사역지는 한 나라가 아니고 세계 전체였다. 학생자원자들은 그들과 함께 YMCA 및 다른 조직을 만들어 학생조직의 전 세계적인 연대를 형성하였다. 20세기의 절반인 50년 동안 학생 자원자들은 해외 선교 분야에 지울 수 없는 공적을 남겼다.

(6) 미국 선교의 결과

교단 중심의 선교로 바뀌면서 교단 선교회가 많이 생김.

감리교 감독교회(1819), 개신교 감독교회(1821), 장로교회(1831), 복음 루터교회(1837), 1973년 485개의 선교기관이 있음. 세계선교사의 70%가 미국에 속함.

도시 중심의 선교 – 인구집중지역인 서부를 바탕으로 한 선교 정책.

교단 중심의 선교정책 – 장로교와 회중교단 선교 – 유연성을 가진 목회적 리더쉽, 교육과 통나무 대학교 – 비정통적인 신학을 못한 사역자들의 활발한 선교사역, 목회자 훈련방법 – 전방 개척선교사역, 침례교 – 가난한 자, 교인전체가 이주함, 농사꾼과 설교자, 민주적 교회 리더쉽, 전방개척 감리교, 선교자원 결사체 – 성직자와 평신도단체가 지원하는 것.

20세기 초까지 교단선교부가 미국선교의 90%가 되었으나 20세기 말경에는 5%도 안 된다. 거의가 초교파 선교단체나 초교파 교회들이다.

## 6) 영·미 선교의 특징

※19세기 선교의 특징

(1) 제국주의적 식민지 선교형태
(2) 선교의 다양성 – 자발적으로 생성 – (유럽선교 : 침례교선교 협회 – 1792년, 린던선교협회 – 1795년, 네덜란드선교협회 – 1792년, 바젤 선교회 – 1815년 등), 교파별 – 웨슬리파와 같은 교회들의 참여(1818), 초교파로 허드슨 테일러 등 – 신앙 선교(중국 내지선교회 등), 특수선교회.
(3) 성경번역을 선교의 원론으로 봄.
(4) 선교사들은 학문적 훈련보다 열정으로 보내졌다가 후기에 훈련받은 전문 선교사로 대체됨.
(5) 선교사의 끊임없는 토착병과의 투쟁을 통한 삶과 죽음의 행진들
(6) 선교사역은 성경번역, 주일학교 구성, 영어반, 재봉반과 가사반 구성, 의료사업,

교육기관 설립 운영, 농업위생, 국가정책 등.

### 7) 영·미 선교의 공통점

(1) 영적 대각성운동[184]의 결과로 등장하였다.

(2) 교회 연합적 선교를 하였다. 선교부와 교회 혹은 국가 간에 나타남. 웨슬리 형제들 - 소그룹운동, 순회전도 - 평신도지도력, 복음의 수용력이 있는 계층으로 전략 (영국 남쪽보다 북쪽이 더 복음에 수용력이 있다. 그러므로 중상계층의 사람들과 자립성이 있는 노동자들에게 집중)

(3) 사회봉사를 통한 총체적 전도.

### 8) 유럽과 미국선교의 공통점과 차이점[185]

(1) 공통점

- 영적 대각성의 결과다. 연합된 선교 - 영국 - 국교도, 미국 - 회중교회, 독일 : 모라비

---

[184] 미국의 대각성운동

(The Great Awakening, 1730년대, 1740년대)
미국 기독교의 가장 큰 특징은 교파주의(denominationalism)이다. 교파주의는 미국의 민주화에 기여한 반면 연합 사업을 힘들게 했고 따라서 미국이라는 깃발 아래 모이는 국민적 통합은 쉽지가 않았다. 게다가 종교적 다원주의는 종교적인 무관심과 타락을 불러오게 되었고 청교도적인 모습은 훼손되고 있었다. 바로 이때 '대각성운동'이라는 부흥운동이 일어났고 이 운동은 조나단 에드워드라는 인물에 의해 확고하게 진행되었다. 1734년 대각성운동이 일어날 때 지도자는 에드워드 프렐링호이젠 그리고 조지 휫필드였다. 이들은 서로 연합하면서 부흥회를 인도하였고 결국 미국의 회중교회와 장로교회가 연합할 수 있는 길을 마련해 놓은 것이다. 그러나 이러한 부흥회에 반대가 없진 않았으며 부흥회가 진정한 경건을 훼손하며 학문 대신 감정만을 부채질한다는 비난이 있었다. 결국 부흥회를 찬성하는 신파와 반대하는 구파가 분열하는 지경에 이르고 결과적으로 침례교가 크게 성장하는 계기가 된다. 대각성운동의 가장 큰 기여는 미국인들에게 일체감을 제공한 데 있을 것이다. 이제 교파가 중요한 것이 아니라 회심한 기독교인이냐가 중요한 문제가 되었으며 결국 이러한 통합은 독립전쟁(1775~83)을 수행하게 한 원동력이 된 것이다. 대각성의 초기 징조는 1720년대 네덜란드 개혁교회에서 보이기 시작했다. 프렐링후이젠 목사는 교인들에게 보다 깊고 체험적인 기독교 신앙을 권면하였다. 대각성 운동이 뉴잉글랜드에 도착한 것은 1734년에서 1735년까지 부흥 운동이 휩쓸 때였다. 특히 노스햄프턴 회중교회 목사인 조나단 에드워즈는 대각성 운동에 관한 글을 써서 많은 관심을 불러 일으켰다. 그러나 각성에 대한 반동으로 인하여 아르미니우스와 나중에는 회중교회 안에 있는 유니테리언 사상이 확산되었다. 하지만 침례교에서는 각성 운동이 계속 되어 교세가 크게 증가했으며, 뉴잉글랜드 전역으로 급속히 퍼졌다. 대각성은 또한 남부 식민지로 확산되었고 비국교도 교회의 성장에 공헌했다. 감리교는 독립전쟁 기간 중에도 계속 성장했고, 많은 현지의 평신도 설교자들이 그 운동에 헌신했다. 감독교회들은 각성 운동에 거의 관심이 없었다. 루터파 교회들은 대각성의 영향을 직접 심하게 받지 않았다. 대각성 운동의 논쟁으로부터 18세기의 최고의 미국 신학이 뉴잉글랜드에 등장했다. 바로 조나단 에드워즈와 그의 학파의 작품이었다. 에드워즈는 매사추세츠 스톡브리지의 선교사로 파송되었다. 거기서 그는 아르미니우스주의에 대항하여 칼뱅주의를 옹호하는 데 자신의 신학적 철학적 역량을 발휘할 수 있었다. 그는 아르미니우스주의로부터 18세기 자유신학 사조의 특성을 밝혀냈다. 그는 [의지에 관한 논문]에서 이렇게 주장했다. 모든 사람은 하나님께로 돌이킬 수 있는 본원적 능력이 있지만, 그렇게 할 만한 도덕적 능력 즉 성향(inclination)은 결여되어 있다. 에드워즈 학파는 대각성 운동이 뉴잉글랜드 회중 교회에서 전성기를 경과한 후에 나타났지만, 이후의 미국 발전에 큰 영향을 준 복음주의적 칼뱅주의를 소

안 교도와 협력, 세계복음화를 위한 기도회 운동을 벌임.

(2) 차이점
- 유럽 : 자발적 선교, 문화적 선교(기능), 평신도 선교, 소그룹운동, 교회음악
- 미국 : 교파중심, 직접선교와 전문인 선교(신학 교육받음), 국내 인디언 선교

(3) 특징

① 지역별 선교지 구분함 - 내지 도시선교

② 토착교회 설립운동 - 교회의 자급, 자치, 자전 운동

③ 총체적인 선교(성경번역, 학교설립, 지도자훈련, 교회설립, 문서선교 및 사회 개혁 운동)

④ 영국은 다양한 선교단체를 형성함(CMS, 스코틀랜드 선교회, CMS/ SPG)

⑤ 위대한 선교 지도자들이 많이 등장 : 로버트 모텟, 데이비드 리빙스턴, 로버트 모리슨, 론윌리암스

---

185) 개하고 옹호했다. 이 운동은 캐나다에도 얼마간 영향을 주었다. 헨리 앨린은 독특한 "각성 신학"을 창안했다.
영·미국에서 나타난 선교의 특징 중의 하나는 특정 교단이나 기관의 지원 없이 신앙으로 파송하고 선교하는 단체인 신앙선교회(Faith Mission)의 등장이다. 최초의 설립은 제나나 의료선교회(Znana & Medical Massionary Fellowship 1852 : 현재의 Bible & Medical Massionary Fellowship)가 있고, 대표적인 것으로 중국 내지선교회(China Inland Mission 1865 : 현재 Overseas Massionary Fellowship:1982sus Serving in Mission), 수단 내지선교회(Sudan Interior Mission 1893), 아프리카 내지선 교회(Africa Inland Mission 1895)가 있다. 허드슨 테일러와 중국 내지선교회에서 보여주듯 이들은 선교사역에 있어서 모든 일에 오직 하나님만을 의지해야 할 것을 강조했다.
이들 선교회의 특징은 선교회의 명칭에서 나타나듯이 내지 및 도서 지역 선교를 시도하였다. 리빙스턴은 아프리카의 동부에서 서부로 횡단함으로써 육상 무역로를 개발하였고 노예 무역제도를 폐지하고 아프리카를 발전시키면서 동시에 복음화를 시켰고, 허드슨 테일러는 중국 내의 선교사들이 안전하고, 개발이 잘된 해안 지역에 집중적으로 모여 있는 것을 비판하고 내지에 들어가 중국인들의 생활양식(문화)에 적응하면서 선교를 하였다.
다음의 특징은 성경 번역을 통해 그들의 언어와 문화 등을 이해하기 위해 생긴 성서공회들이다. 특히 네 개의 성서공회들이 세계 기독교선교에 엄청난 공헌을 끼쳤다. 즉 영국 해외 성서공회(1804), 스코틀랜드 국가 성서공회(1809), 네덜랜드 성서공회(1814), 미국 성서공회(1816)이다. 이들은 인류 역사상 그 어느 때에도 한 권의 책을 번역, 출판, 보급하기 위해 이토록 많은 기관(현재 연합 성서공회 소속 66개들이 조직된 적은 결코 없었다.
네 번째의 특징은 영국 선교에 나타난 평신도 선교이다.
영국출신의 선교사들은 별로 교육을 받지 못했다. 1815년에서 1891년 사이 교회선교회(Church Missionary Society)는 650명의 선교사를 파송하였는데 그 중 240명만이 대학출신이었다. 더구나 대부분은 안수 받은 목회자가 아닌 평신도들이었다. 런던선교회(London Missionary Society)가 1796년 최초로 남태평양에 파송한 일행은 30명이었는데 그 중 4명만이 안수를 받았고 나머지는 직공이었다. 그 평신도 선교사들의 지적능력이 부족했던 점들을 그들은 기독교인다운 성격으로 메웠다. 평신도 선교사들은 거의 예외 없이 신앙과 사랑이 가득한 남녀들이었다. 그들은 이방인들이 예수 그리스도에 관한 지식이 없다고 확신하였고, '그것이 너무 늦기 전에' 구원받지 못하고 죽어가는 영혼들에게 복음을 전하고자하는 데 어떠한 고통도 아끼지 않았다.

⑥ 부흥운동과 선교 운동은 에큐메니칼 운동의 기초

⑦ 유럽 대륙 선교단체 – 1796년 네덜란드, 1815년 스위스 바젤, 1824년 베를린

⑧ 선교사들 선교지에 복음 전하는 교회 설립

⑨ 영국은 선교사 파송교회는 교단 조직보다 단체다.

⑩ 미국은 19세기 3분기까지 교단선교부가 선교의 기준 : 회중, 장로, 침례, 감리교 순이다. 20세기 초 : 75%가 교단 선교사. 20세기 중반 : 교단 선교부 활동 감소, 쇠퇴 이유:

    ⓐ 교단 지도부가 세계복음화의 필요성을 인정하지 않음. 신학적 원인 ⓑ 교단 선교부를 교단 다른 기관에 연합시킴 – 구도적 원인 ⓒ 교단 선교부는 선교현장의 다양성과 급변성에 무대응 – 전략적 원인 ⓓ 선교 주제의 새로운 변화와 도전을 수용 못함 – 정책 부재

⑪ 영국/미국 선교사는 남성 중심이었다. 미국 최초의 선교사는 1794년 노예였던 데이빗 조오지는 노바스코티아(Nova Scotia)에 갔다가 시에라리온으로 가서 서아프리카 최초의 침례교회를 세움. 조오지 리슬(George Lisle)은 자마이카로 갔다. 아드리안 져드슨은 19년 뒤에 1813년 인도에 머물 수 없어 버어마로(폴피어슨, 기독교 선교운동사, 458~460) 혹은 버어마에 머무를 수 없어 인도 윌리암 케리에게로 갔다.(박영환)

# 영국의 침례교도

1638년 말경에 칼뱅주의 신학을 견지하면서 신자의 침례를 실행한 회중이 생겨났다(이들을 "특별 침례교도"라고함). 이들은 영국 최초의 독립파 회중에서 시작되었으나 언제부터 침례교도의 모든 견해를 받아들였는지 분명치 않다. 청교도적 방식으로 교회의 원칙들을 본 급진적인 입장은 처음에는 교회를 함께 모인 공동체로 이해하였으나 후에는 오직 침례를 받은 신자들만이 그 견해에 적합하다고 보게 되었다. 초기의 침례교도들은 네덜란드의 메노파와 관련을 맺었었고 영국 분리주의자들 사이에서 생겨난 사도적 교회의 유형을 추구하려던 양심적인 탐구에서부터 생겨났다.

침례교도들은 정치적 공백 기간 중에 엄청난 세력을 확보하고 국가의 영향을 미치는 초창기에 절정에 이르렀다. 그러나 왕정복구 이전에 이르러서는 퀘이커파와 같은 더 급진적인 파에게 교인들을 빼앗기고 많은 부분에 있어서 제5 왕당파의 혁명적인 견해들을 광범위하게 받아들임으로써 심각한 위험에 직면하였다. 이 침례교회 중에 지역적 독립을 주장하였을 때 그것은 그들이 추구하였던 바 국가의 간섭으로부터의 자유였다. 그들은 지역 회중으로서의 완전한 자격을 요구하지는 않았다. 회중 간의 상호 원조가 필요하였기 때문에 초기의 일반 침례교도 사이에는 총회를 세우게 되었고 특별 침례교도들은 지역적인 연합회를 세우게 되었다. 이것은 신학적인 문제나 권징 문제를 논의하거나 혹은 "침례교도의 관점"을 확립시키기 위한 공적인 협의회의 역할을 하게 되었다. 특별 침례교회 모임에서는 다음과 같은 것들이 논의 되었다 : 교회의 모임, 신자의 침례, 침례 받지 않은 자와의 교제, 목사의 장립, 성직의 유지, 치안 판사의 위치, 선교, 예배 의식의 사용 문제(예배시의 음악문제, 떡을 떼는 것, 시편 찬송, 세족식, 환자에게 기름을 바르는 것), 교회의 권징, 배제시킬 수 있는 근거와 방법, 가정의 의무와 관계 등이다.

1660년경까지 거의 3백여 개의 일반 침례교회와 특별 침례교회가 있었던 것으로 추산된다. 왕정복구 후 국가는 25년간 간헐적으로 핍박을 하였다. 윌리엄과 메리가 왕위를 계승함으로써 침례교도들은 단지 한정된 부분에서만 묵인을 받게 되었다. 39개 조항의 중요 내용을 찬성하는 삼위일체 신앙의 숭배자인 신교 비국교도들이 비록 형벌을 받지는 않았지만 여전히 압제의 법은 존속하고 있었다. 그러나 신학적인 견해에 관하여는 광범위한 관용책이 생겨났다. 비국교도들과 영국 국교도들은 모두 종교적인 활기 속에서 쇠퇴기를 견디어 냈다. 반면에 일반 침례교는 장로교처럼 그리스도의 신성을 부인했던 아리안주의의 확장을 위해 희생을 당하였다. 18세기 말경에 많은 침례교도들은 그들 자신을 적어도 유니테리언파라고 부르고 있었다. 반면에 특별 침례교도들은 신학적 자유주의에 대해 과도한 저항을 했다. 그들은 하나님의 주권을 강조하였기 때문에 개인의 도덕 행위와 복음 전도가 모두 "과도한 칼뱅주의"(hyper-Calvinism)라고 알려진 것 속에서 방해를 받았다. 침례교도는 대각성 운동에 의해 나타난 새로운 삶에서 즉시 유익을 얻을 만한 위치에 있지 않았지만 몇 차례의 운동은 침례교를 각성하게 하였다. 1755년 레이세스터서 지역의 노동자들이 침례교도가 되었고 단 테일러(Dan Taylor)가 형성한 교회와 더불어 일반 침례교회와 함께 일반 침례교 신연합을 1770년에 형성하였으며 계속 확장되어갔다. 1785년 케터링의 앤드류 풀러(Andrew Fuller)가 만민이 받을 만한 복음(The Gospel Worthy of all Acceptation)을 발간했을 때 특별 침례교에서도 새로운 생명의 운동이 찾아왔다. 그는 칼뱅주의 그 자체가 근본적으로 선교적 신학이라고 주장하였다. 특별 침례교는 18세기에 새로운 탄생을 경험하게 되었다. 그 당시 그들의 생활은 청교도와 복음주의 사이의 논쟁을 보여주고 있다. 단 테일러의 열정주의를 반대하던 일반 침례교도들은 유니테리언파로 빠지게 되었다. 또한 복음주의적인 올바른 힘을 거절하고 성만찬에 그들의 회원만 용납한 특별한 침례교도들은 "엄격한 침례교도"가 되었다.

풀러는 1781년에 그의 저서를 완성했으나 4년간이나 출간을 주저하였다. 1784년 그는 미국의 신학자 조나단 에드워드(Jonathan Edwards, 1703-58)의 사상을 영국의 종교적 상황에 적용할 수 있게 되었다. 풀러의 동료인 존 수트클리프(John Sutcliffe)는 노스햄프튼셔의 침례교도들에게 ?기도에의 부르심"(Call to Prayer)을 출간하였다. 1792년에 침례교 선교회가 창설되었다. 윌리엄 케리(William Carey, 1761-1834)와 존 토마스(John Thomas)가 이 선교회의 최초의 국외 대표자가 되었다. 1812년 특별 침례교가 보다 더 일반적인 연합을 바람직하게 수행하였고, 복음선교회가 탄생하였으며 교파적 조직의 선교사가 시작되었다. 그러나 침례교 연합회(The Baptist Union)가 결성되기까지는 그 후 20년이 걸렸다.

# 참고문헌

Gunbery, Paul. 《Philipp Sakob Spener. Vol 3.》, Gottingen, 1893.

Schmit, Martin. 《Spener and Luther. in Luther-Jabrbuch. Vol. XXIV.》, Berline, 1975.

Snyder · Howard A. 《Signs of the Spirit》. Michigan: Zondervan Publishing House, 1989

고현봉, 《간추린 교회사》, 서울: CLC, 1991.

김광채, 《근세 현대교회사》, 서울: CLC, 2000.

김진웅, 《서양사 이해》, 서울, 학지사, 1998.

김의한. 《기독교 교회사》, 서울: 성광문화사, 1990.

_____. 《인물로 본 선교의 역사(上)》, 서울: 장로회신학대학출판부, 1986.

박은봉, 《세계사 100장면》, 서울 실천문학사, 2003.

송광택, 《교회사 핸드북》, 서울: 생명의 말씀사, 1989.

심창섭 · 박상봉, 《교회사 가이드》, 서울: 아가페문화사, 1996.

옥한흠. 《교회사》, 서울: 세종문화사, 1975.

임도건, 《근대.현대교회의 역사와 신학》, 서울: CLC, 1997

주도홍. 《독일의 경건주의》, 서울: CLC, 1991.

지형은, 《경건주의 연구 갱신. 시대의 요청》, 서울: 한들출판사, 2003.

차하영, 《서양사 총론》, 서울: 심구당, 1991.

한인수, 《경건신학과 경건운동》, 서울, 도서출판 경건, 1996.

Bernard Ramm, 《The Evangelical Heritage》, 권혁봉 역, 《복음주의 신학의 흐름》, 서울: 생명의 말씀사, 1985.

Brown, Dale. 《경건주의의 이해》, 오창윤 역, 서울: 생명의 말씀사,1987.

Erb, Peter C. 《경건주의자들과 그 사상》, 엄성옥 역, 서울: 은성출판사, 1991.

Justo. L. Gonzalez, 《기독교 사상 상(Ⅲ)》, 이형기 · 차종순 역, 서울: 대한예수교장로회출판부, 1988.

Justo. L .Gonzalez, 《현대교회사》, 서영일 역, 서울: 은성, 1987

Kane, J Herbert. 《세계 기독 선교사》, 이요한 역, 서울: 생명의 말씀사, 1981.

Latourette, K.S. 《기독교사(中)》, 윤주혁 역, 서울: 생명의 말씀사,1980.

Moyer, S.E. 《인물중심의 교회사》, 곽안전, 심재원 역, 서울: 대한기독교서회, 1994.

Neill, Stephen. 《기독교 선교사》, 오만규 · 홍치모 역, 서울: 성광문화사, 1979.

Schmidt, Martin. 《경건주의》. 구영철 역. 서울: 성광문화사, 1992.

Snyder, Howard A. 《새 포도주는 새 부대에》, 이강천 역, 서울: 생명의 말씀사, 1990.

Spec: London, 1983. 《경건주의자들과 그 사상》. 서울: 은성, 1991.

Spener, D. J. 《경건한 소원》, 엄성옥 역, 서울: 은성고전, 1988.

Stoeffler · Ernest. 《The Rise of Evangelical Pietism》, 《경건주의 초기 역사》, 송인설 · 이훈영 역. 서울: 도서출판 솔로몬, 1993.

Tillich, Paul. 《폴 틸리히의 그리스도교 사상사》, 송기득 역. 서울: 한국신학연구소, 1983.

Walker, Williston. 《세계 기독교회사》, 강근환 외 역. 서울: 대한기독교서회, 1976.

Willston, Walker. 《기독교회사》, 류형기 역. 서울: 한국기독교문화원, 1980.

Encyclopaedia Britunnica, 1975ed. "Pietism"

고현봉, 《간추린 교회사》, 서울: CLC, 1991.

김광채, 《근세. 현대교회사》, 서울: CLC, 2000.

김진웅, 《서양사 이해》, 서울: 학지사, 1998.

나균용, 《웨슬리신학독서자료》, 서울: 서울신학대학교, 1982.

박은봉, 《세계사 100장면》, 서울: 실천문학사, 2003.

송광택, 《교회사 핸드북》, 서울: 생명의말씀사, 1989.

송홍국, 《웨슬리 神學》. 서울: 대한기독교서회, 1979.

심창섭 · 박상봉, 《교회사 가이드》, 서울: 아가페문화사, 1996.

이장식, 《기독교사상사 II》 서울: 대한기독교서회 1980.

이창규, 《요한웨슬리의 生涯》. 서울: 기독교대한 감리회 총리원교육국, 1973.

임도건, 《근대.현대교회의 역사와 신학》, 서울: 기독교문서선교회, 1997.

전석재, 《변화하는 현대선교전략》, 서울 : 대한기독교서회, 2014.

_____, 《21세기 세계선교전략》, 서울 : 대서, 2010.

박영환, 《독일 기독교사회봉사실천의역사》, 서울 : 성광문화사, 2015.

_____, 《선교정책과 전략》, 인천 : 도서출판 바울, 2006.

황승렬, 《에큐메니칼 협력선교 : 정책, 사례, 선교신학, 부산 : 세계선교연구소, 2015.

바돌로메우스 지겐발크 저/ 박영환, 이용호, 《덴마크 할레선교회의 역사적 보고서》, 인천 : 도서출판 바울, 2012.

윌리암 케리 저/ 박영환, 이희용, 《위대한 선교사 윌리암 케리-이방인 개종을 위해 수단을 사용해야 할 기독교인들의 의무에 대한 탐구》, 인천 : 도서출판 바울, 2008.

최재룡, 《현장으로 간 통전적 선교신학》, 서울 : 도서출판 케노시스, 2016.

박보경, 《통전적 복음주의 선교학》, 서울 : 도서출판 케노시스, 2016.

조종남, 《요한웨슬리 神學》. 서울: 대한기독교출판사, 1984.

지형은, 《경건주의 연구 갱신. 시대의 요청》, 서울: 한들출판사, 2003.

차하영, 《서양사 총론》, 서울: 심구당, 1991.
최정만, 《다시 써야 할 세계 선교역사 I》, 서울: 쿰란출판사, 2007.
한인수, 《경건신학과 경건운동》, 서울: 도서출판 경건, 1996.
딜렝버거 죤. 《신교사(新敎史)》, 정봉은 역, 서울: 대한기독교서회, 1978.
윌리스턴 웨커, 《기독교 교회사, 류형기역, 서울: 대한기독교서회, 1974.
자넷·제프 벤지 부부, 《윌리엄 캐리》, 안정임 역, 예수전도단, 2003
Bernard Ramm, 《복음주의 신학의 흐름》, 권혁봉 역, 서울: 생명의 말씀사, 1985.
Elgin S·Moyer, 《인물중심의 교회사》, 곽안전·심재원 역, 서울: 대한기독교서회, 1994.
J. Herbert Kane, 《세계선교역사》, 신서균. 이영주 역, 서울: CLC, 1993.
Jonathan Edwards, 《데이비드 브레이너드의 일기》, 윤기향 역, 서울: 크리스챤다이제스트, 1984
Justo L Gonzalez, 《현대교회사》, 서영일 역, 서울: 은성, 1987.
Ruth A. Tucker, 박해근 역, 《선교사 열전》, 서울: 크리스챤다이제스트, 1993.
Stephen Neil, 《기독교선교사》, 홍치모·오만규 공역, 서울: 성광문화사, 1980.
Paul E. Pierson, 《The Dynamics of Christian Mission : History through a Missiological Perspective》, Pasadena CA, 2009, 임윤택 역, 2009, 서울: CLC.
김연진, 《선교신학총론》, 서울: 성광문화사, 1995, 87-88.
한국선교신학회편, 《선교학 개론》, 서울: 대한기독교서회, 2001, 110.
김성태, 《세계 선교전략사》, 서울: 생명의 말씀사, 1994, 131.
전석재, 《변화하는 현대선교전략》, 서울 : 대한기독교서회, 2014.
전석재, 《21세기 세계선교전략》, 서울 : 도서출판 대서, 2010.
박영환, 《독일기독교 사회봉사 실천의 역사》, 서울 : 성광문화사, 2015.
박영환, 《세계선교학 개론》, 서울 : 성광문화사, 2018.

# III

# 개신교 선교의 중흥

1. 연대기적 분류
2. 선교의 사상적 배경
3. 현대신학의 조류
4. 19세기 선교의 확장기
5. 19세기 선교사와 사회사업
6. 19세기 유럽대륙의 개신교
7. 각종 신흥 종파들

# 개신교 선교의 중흥

19세기는 기독교 선교의 일대 전환의 세기다. 라토렛(Kenneth S. Latourette)은 19세기를 위대한 세기라 말한다. 그러나 20세기로 보는 것이 타당하다. 19세기는 단지 선교의 시작점에 불과하다. 미국(영국, 독일, 네덜란드) 주도의 20세기 개신교 선교는 모든 개신교 국가[186]가 거의 다 선교사를 파송하게 만드는 정치, 사회 문화적 활성화의 세기다.

서구의 자신감과 낙관주의, 과학의 발달로 인한 서구문명의 놀라운 발전-교통과 통신의 발달, 동시에 식민지 무역, 영국에 중국에 아편을, 미국 국가들과 아랍국가들은 노예무역, 맹목적 기독교 문명시대이며, 세계는 서구화 되어져야한다고 봄. 식민지의 서구화로 백인들은 책임과 부담을 떨쳐내려고 하였다. 이것이 당시 시대정신이다. 여기에 선교지 현지인들은 결사적으로 반대하였으며, 자유와 독립을 위한 투쟁을 전개하기도 하였다.

---

[186] 개신교 신생 파송국
한국, 필리핀, 인도 브라질, 싱가포르, 가나, 나이지리아, 코스타리카 등. Peter Brierley, Christian Research, Vision Builcing, William Taylorsed, 백인숙 외 4명 역, 《잃어버리기에 너무 소중한 사람들》, 조이선교회출판부,1998, 101 두산백과 http://100.naver.com/100.nh n?d ocid=132822).

# 1. 연대기적 분류

### 19세기의 세계사, 동양사, 한국사, 선교역사

| 세계사 | 동양사 | 한국사 | 선교역사 |
|---|---|---|---|
| 1803-1815년 나폴레옹 전쟁<br>1804년 나폴레옹 황제등극<br>1810년 아르헨티나 스페인으로부터 독립<br>1815년 신성동맹과 4국 동맹, 네덜란드 독립<br>1820년 에콰아드르의 독립<br>1821년 멕시코 독립, 나폴레옹 사망<br>1825년 스티븐슨(1781-1848) 영국 기관차 발명<br>1827년 베토벤 사망, 교육가 페스탈로찌 사망<br>1829년 영국이 가톨릭을 허용<br>1833년 영국에서 옥스퍼드 운동이 시작됨<br>1840년 영청간의 아편전쟁/ 홍콩이 영국의 관할이 됨(-1997), 리빙스턴 아프리카 도착<br>1848년 마르크스의 공산당 선언<br>1849년 영국이 인도를 정복<br>1855년 덴마크의 철학자 키에르케고르 사망<br>1856년 크림전쟁의 종결<br>독일의 네안데르탈에서 선사 인류의 유골이 발견됨<br>1858년 인도 무굴제국의 멸망<br>1859년 이탈리아 통일전쟁/ 다윈의 "종의 기원"이 출간됨<br>1861년 미국 남북 전쟁발발<br>1865년 링컨 암살과 남북전쟁 의 종결/<br>앙리뒤낭이 제네바에서 국제 적십자연맹을 조직함<br>1866년 도스토예프스키가 죄와 벌을 출간함<br>1869년 미국 대륙횡단 철도 완성/톨스토이 "전쟁과 평화" 완성/ 수에즈 운하 개통<br>1870년 이탈리아 로마점령- | 1833년 영국 동인도회사 의 대중국무역 독점권 폐지<br>1840년 아편전쟁 발발<br>1842년 난징(南京)조약 조인<br>1850년 태평천국(太平天國) 봉기<br>1856년 애로호 사건 발생<br>1858년 러시아와 아이훈 조약 체결/영국·미국·프랑스와 텐진(天津)조약 체결<br>1860년 영불연합군 베이징 점령/ 베이징조약 체결/양무(洋務)운동 시작<br><br>1864년 태평천국 멸망 | 1800년 순조즉위<br>1801년 신유박해.<br>1804년 안동김씨 세도정치<br>1811년 홍경래의 난<br>1818년 정약용의 목민심서<br>1831년 가톨릭의 조선교구 설치<br>1836년 프랑스 신부 모방 밀입국<br>1839년 기해박해<br>1840년 풍양조씨 세도정치<br>1846년 김대건 신부순교.<br>1853년-1856년 러시아함대 영국, 프랑스 함대 동해안 측량 및 양민 학살<br>1860년 최재우 동학 창시<br>1861년 대동여지도 간행<br>1864년 동학 교주 최재우 처형<br>1866년 미국상선 샤만호 평양에 정박/ 프랑스함대 도착/ 병인양요<br>1867년 경복궁 근정전이 완공됨<br>1868년 독일상선 오페르트 가 남연군묘를 도굴<br>1871년 신미양요/미국 로저스 군함을 이끌고 광성진 점령.<br>1873년 대원군 실각.<br>1875년 일본군함 운요호 강화도 침입.<br>1876년 강화도 조약<br>1879년 지석영 종두 실시<br>1881년 일본에 신사유람단, 청나라에 영선사 파견<br>1882년 임오군란/ 대원군 재집권 /미,영,독일과 통상조약 체결.<br>1883년 태극기를 국기로 정함/ 한성순보 발간. | 1805년 핸리 마틴 동인도회사 선교사 파송<br>1800-1849년 독일 헤르만스선교회 등 많은 선교회가 결성됨(영국 11개, 소코틀랜드 2개, 미국 9개, 네덜란드 1개, 프랑스1개, 스위스 1개, 독일 7개, 덴마크 1개, 스웨덴 1개, 노르웨이 1개 등)<br>1840년 영국 데이빗 리빙스톤 남아공 도착<br>1846년 영국의 복음주의 연맹(EA)-8월19일부터 9월 2일 리버풀에서 900명 모임<br><br><br><br><br><br>1854년 런던 선교대회<br>1858년 뉴욕선교대회<br>1865년 허든슨 테일러 중국내지선교회<br>1873년 영국 학생선교운동<br>1884년 YMCA 조지 |

| 세계사 | 동양사 | 한국사 | 선교역사 |
|---|---|---|---|
| 완 전통일<br>1871년 독일 고고학자 슐리만이 트로이 유적 발견함/ 프로이센이 프랑스 전쟁에서 승리함/<br>독일제국의 재건-베르사유 궁전에서 독일황제 즉위식을 가짐.<br>1874년 영국의 아프리카 탐험 일본이 대만을 침략함<br>1875년 화가 밀레가 사망함<br>1876년 미국 과학자 벨(1847- 1922년)이 전화기를 발명<br>1879년 에디슨 전구 발명<br>1880년 아프리카에 철도건설 시작.<br>1881년 도스토에프스키 사망/<br>1883년 바그너 사망/다임뮬러가 자동차를 발명/ 프랑스가 베트남 점령<br>1886년 독일 역사가 랑케의 사망/ 헝가리 음악가 리스트 사망<br>1893년 미국의 경제공황/ 에디슨이 활동사진을 발명함/ 러시아의 음악가 차이코프스키 사망<br>1895년 파스퇴르 사망/뢴트켄이 X선을 발견/마르코니 무선통신 발명/<br>1896년 헤르츨(1860-1904, 프랑스)이 시온주의 운동을 제창/<br>미국 하와이 합병/그리스 아테네에서 근대 올림픽이 개최됨<br>1898년 미국이 필리핀을 점령함/퀴리부부(마리와 피에르)가 풀로늄과 라듐을 발견<br>1899년 영국의 남아공 전쟁-보어전쟁(트란스발 공화국+오랜지 자유국)/<br>청나라 의화단의 난이 발발함/<br>오스트리아 정신분석학자 프로이트(1856-1939년) "꿈의 해석"을 완성 | 1882년 조선으로 청·일 양 국 출병<br>1884년 청불전쟁 시작<br>1885년 프랑스와 텐진(天津) 조약 체결<br>1894년 청일전쟁 개시/ 쑨원(孫文)이 하와이에서 흥중회(興中會)를 결성<br>1895년 시모노세키조약/ 일본군이 타이베이(臺北) 점령/ 타이완총독부 설치<br>1898년 무술정변(戊戌政變) 발생<br>1899년 산둥성(山東省)에 서의화단(義和團) 활동 | 1884년 우정총국 설치/갑신정변 발발.<br>1885년 영국 함대 거문도 점령<br>1886년 노비세습제 폐지<br>1887년 언더우드 최초의 교회 새문안교회<br>1890년 언더우드 한영문법, 한영자전 출판, 커피, 홍차가 들어옴<br>1892년 동학교도 교조신원 요구<br>1894년 동학농민전쟁<br>1895년 일본 낭인들 민비 시해(을미사변)/태양력 사용/ 단발령 시행.<br>1896년 의병 봉기/독립협회 결성<br>1897년 대한제국 선포/서울에 가로등 설치<br>1898년 만민공동회개최/황성신보 발간/서울에 전차, 전등 수도 설치/최초의 일간 신문인 매일신보 창간<br>1899년 서대문과 청량리 구간 전철 개통 | 윌리암즈/ 언더우드와 아펜젤러 선교사 한국 도착<br>1889년 존모트의 학생 자발 선교운동<br>1895년 세계학생선교협회 |

18세기는 선교의 바탕을 만들었다면 19세기는 18세기 선교의 신학적 배경을 형성하였고 이륙, 도약 그리고 선교지를 향해 비행을 시작했다. 19세기는 식민지 세력과의 전쟁으로 식민지 독립이 활발하게 이루어졌다. 또한 19세기는 갈등과 대립이 식민지 세력과 독립 국가 간에 존재해 있었지만 표면적으로 드러나는 시기가 20세기다.

## 18세기와 19세기 선교적 특징과 배경[187]

– 일반적 선교의 특징과 배경.

1) 하나님의 재림을 인간이 앞당길 수 있다.

기독교는 1859년 다윈의 "종의 기원"을 자율적 진보(기독교 종말론의 세속적 해석)로 보고, 과학과 기술의 발전은 기독교적 신앙의 동기로 하나님의 나라를 임하게 할 수 있다고 봄. – 급진적 사회복음주의자들의 경향성. 또한 진화론은 하나님의 개념에 도전했고, 극단적으로 나가면 무신론으로 귀결된다.

**19세기 세계역사**

|  |  |
|---|---|
| 1799년 | 나폴레옹의 쿠데타–충절 정부구성 |
| 1805~1814년 | 나폴레옹 전쟁, 영미 전쟁, 러시아와 이란 전쟁, 스페인과 아르헨티나 전쟁 등의 반도전쟁, |
| 1821년 | 멕시코가 스페인에서 독립, 그리스 독립 전쟁시작 |
| 1840년 | 1차 청–아편전쟁, 1842년 영국–홍콩 할양 |
| 1844년 | 청–프 미국 조약 |
| 1848년 | 공산당 선언 |
| 1853년~56년 | 크림전쟁 |
| 1859년 | 다윈의 종의 기원 |
| 1860년 | 링컨 당선 |
| 1861년~1865년 | 미국 남북전쟁 |
| 1869년 | 톨스토이–전쟁과 평화 |
| 1873년 | 독일 비스마르크 총리 가톨릭 억압–1차 프랑스–베트남 전쟁 |
| 1875년 | 프랑스 화가 밀레 사망 |
| 1876년 | 미국 벨 전화기 발명 |
| 1877년 | 에디슨–측음기 |
| 1877~1947년 | 영국 인도지배 |
| 1890년 | 네덜란드 고흐 사망 |
| 1894년 | 청일전쟁 |
| 1896년 | 프랑스 헤르플(1860~1904) 시온주의 운동 |
| 1898년 | 미국–스페인 전쟁 : 12월 필리핀을 미국이 얻음 |
| 1899년 | 영국과 이집트–수단 통치, 보어전쟁(남아프리카전쟁–1902)–보어국(트란스발 공화국, 오렌지 공화국)–청의 의화단의 난. |

187) Paul Pierson의 기독교선교운동사, 505~648

2) 1860년 성경의 고등비평적 관점이 시작됨(1777년 정경비판의 창시자며, 자유주의 신학이란 용어도 처음 사용한 요한 살로모 제믈러:Johann Salomo Semler:1725~1791는 자유로운 신학적 교수법 시도:Institutio ad doctrina Christianam Liberaliter discendam를 출판함).

성경을 정확하게 해석하는 데 도움을 주는 것은 좋으나, 급진적 분류는 성경의 권위를 훼손하고 기본적인 신학적 교의를 혼돈하게 함.

**19세기 한국역사**

| | |
|---|---|
| 1804년 | 안동 김씨 세도정치 시작(-1860) |
| 1811년 | 홍경래의 난 |
| 1818년 | 정약용의 목민심서 |
| 1831년 | 가톨릭조선교구 설치 |
| 1832년 | 영국 상선 로드아마스트로가 황해도에서 통상요구 |
| 1836년 | 프랑스 신부 모방이 의주를 거쳐 밀입국 |
| 1839년 | 기해박해 |
| 1846년 | 김대건 순교-프랑스 해군 침입 |
| 1853년 | 러시아 함대 영일만까지 내려옴-동해안 측량 |
| 1855년 | 영국-독도 측량, 프랑스-동해안 측량 |
| 1860년 | 최재우 종학 창시 |
| 1861년 | 대동여지도 간행 |
| 1863년 | 고종 즉위 |
| 1866년 | 미국 상선 셔먼호-평양에 정박, 프랑스 함대 도착(병인양요) |
| 1871년 | 미국 콜젓 -광성진 점령(신미양요) |
| 1873년 | 대원군 실각 |
| 1875년 | 일본 운요호-강화도 침입 |
| 1876년 | 러일 수호조약 |
| 1879년 | 지석영 종두 실시 |
| 1881년 | 일본-신사유람단, 청-영 선사 파견 |
| 1882년 | 임오군란 |
| 1883년 | 태극기를 국기로 결정 |
| 1884년 | 갑신정변-김옥균 : 일본광명 |
| 1885년 | 영군-거문도 점령, 기독교 전개-언더우드-아펜젤러 |
| 1890년 | 언더우드가 한영문법, 한영사전 출판, 커피, 홍차가 처음 소개 |
| 1894년 | 동학 농민 전쟁-청일전쟁 |
| 1895년 | 일본 낭인들 명성황후 민비시해사건 |
| 1896년 | 독립협회, 고종-러시아 공사관 거처-아관파천 |
| 1897년 | 대한제국 선포-서울 가로등 등장 |
| 1898년 | 만민공동회 개최, 황성신문 창간 / 매일신문 출간, 서울에 전차, 전등, 수도 설치, 흥선대원군 사망 |
| 1899년 | 서대문과 청량리 사이 전철 개통 등의 역사가 근대화 되어져가며, 로마 가톨릭과 개신교가 자리를 잡아가는 과정이었다. |

3) 1870년 로마가톨릭은 바티칸으로 제한되었고, 이태리는 통일된 국가가 되었다.(1929년 2월 11일 독립)

4) 영국정부가 인도를 관리함 – 신앙의 자유를 선포함 – 자유로운 선교활동이 보장되었으나, 부정적 영향을 주기도 했다.

5) 아편전쟁과 중국개방

1842년과 1858년의 협정으로 선교사들의 중국여행 자유와 안전 보장 – 중국인들에게 기독교는 서구제국주의, 무력, 아편과 연계하여 인식됨. 기독교는 악랄한 식민지국가와 외국 무력침략자들로 인식됨.

6) 제2차 복음각성 운동 – 평신도 운동 – 1958년 실업인 기도모임 – 시카고의 D. L. 무디 – 복음전도운동 – 대각성운동이 영국으로 건너감 – 학생자원자운동이 영국에서 일어남.

7) 1858년 로마 가톨릭 사제들이 일본에 입국. – 1857년 데이빗 리빙스턴의 선교사 전기 출간 – 대학생들 사이에 선풍적인 인기를 가져옴. – 중국 내지선교회 (China Inland Mission)와 학생자원운동(Student Volunteer Movement)[188]

중국 내지선교회는 아프레드 J. 브룸 홀(Alfred James Broomhalle)dl 허드슨 테일러와 중국에 관한 7권의 서적을 출판.1865년 중국 내지선교회 은계계좌 개설. 죠지물러의 믿음 선교 – 오직 믿음으로 선교. 믿음선교란 사전에 선교비 모금없이 선교지로 떠났다.

교파 구별 없이, 지금은 26개국 선교사들이 모였음.

8) 학생 선교운동 – 대학생은 아니지만 13세기 도미니칸 수도회 운동이후 학생연령대인 청년운동은 네스토리안과 켈트족, 칼뱅의 목회자운동, 할레대학의 선교사들, 웨슬레와 휫필드의 대학생운동, 1806년 윌리임스대학의 '건초너미기노회, 무니의 캠브리지

---

188) 학생자원운동(The Student Volunteer Movement for Foreign Missions)은 1886년 미국 노스필드에서 미국의 대학생들에게 복음과 선교에 대한 도전을 주기 위하여 A. T. 피어선 박사(Arthur Tappan Pierson)가 드와이트 라이먼 무디(Moody)와 함께 설립한 해외 선교를 위한 학생 선교운동 단체이다. 노벨상을 받은 존 모토는 A. T. 피어선의 영향을 받고 이 운동을 후에 인도하였다. 1886년 헐몬 산(Mt. Hermon)에서 하버드 대학교, 프린스턴 대학교, 예일 대학교 등 미국 및 캐나다의 89개 대학에서 251명의 대학생 대표들이 7월 6일부터 8월 2일까지 "대학생 YMCA Summer Bible School에 참석하였다. 그 집회에서 당시 선교와 설교로 유명한 피어선 박사(A. T. Pierson)가 세계선교에 대한 인상적인 설교를 통하여 이 운동을 창설하도록 제안하였다. 그는 '우리는 가야 한다 모든 곳으로 가야 한다' ('All should go, go to all')"라는 유명한 설교가 대학생들에게 큰 영적 감동을 주었는데 이 운동의 태동의 계기가 된다. 이 운동의 영향을 받은 선교사들이 한국에 많이 와서 전도, 교육, 봉사에 커다란 공헌을 하였다.[[1]] 피어선 박사는 직접 1910년에 한국에 방문하여 성경공부를 가르쳤다.

전도집회, 7명의 캠브리지 대학생들, - 윌리암대학의 건초더미 기도회를 통한 형제회, 선교문제연구소, YMCA(1844sus 조지 윌리엄스) 프린스턴 해외선교회(1840년대 로얄 윌더(Royal Wilder는 앤도버에 있는 형제회소속 선교사로 인도에서 30년 동안 선교사역, 건강상 귀국 후 프린스턴에서 거주하면서 미국선교잡지 "The Missionary Review of the World의 편집장이 됨)가 조직되고 1885-1886년 기도 선교운동 미국전역으로 확산.

9) 헐몬산 학생수련회-1885년 루터 위샤드(Luther Wishard)는 무디와 함께 헐몬산 학생수련회를 한 달 동안 개최함-수양회를 마친면서 100명이 선교사로 헌신함.

10) 학생자원운동

윌더와 존 포멘이 162개 대학을 방문, 2106명 선교사로 헌신(500명은 여학생)-사무엘 즈위머(Zwemer)와 로버트 스피어(Speer)가 포함됨, 1888sus 위샤드(Wishard)의 주관으로 YMCA 가 구성됨. YMCA의 지원을 받아 학생자원운동(Student Volunteer Movement)이 조직됨. 슬로건은 "우리세대안에 복음화하자"1938년 25명의 헌신자중에 도널드맥가브란의 헌신.

쇠퇴이유 : 1차 세계대전이후 신학적 혼돈-사회복음운동-복음전도의 우선 순위가 무너짐, 성경의 권위추락, 죄로부터 구원에 대한 필요성에 도전함. 1차세계대전 이전은 기독교가 서구문명이라고 봄, 세계대전이후 전쟁의 피해는 서구문명에 환멸을 불러일으킴. SVM의 리더 모토가 다른 사람에게 넘어감. 모토는 국제선교사 협의회와 세계기독학생운동에 몰입. YMCA는 복음주의 신학적 기반 상실, 1940년대 이후 SVM은 사라짐.

-대학생해외선교협회(Student Foreign Missions Fellowship) 193년 노스캐롤라이나의 벤리 펜(Ben Lippen)이 수양회를 개최한 후 1938년 대학생 해외선교협회(Student Foreign Missions Fellowship)1941년 미국 36개 지부와 2600명의 회원.

IVCF(Inter-Varsity Christian Fellowship)가 캐나다를 통해 미국에 들어옴. 두 기관이 1945년 통합. 1946년 토론토에서 제1회 국제학생선교대회.

-전문적 선교의 특징과 배경

여성선교사 등장 및 출판 자료 제공-피어스 비버(R.Pierce Beaver)의 "미국 개신교 여성선교사들", 대나 로버트(Dona Robert) "미국 여자선교사들", 루스터커(Ruth Tucker) "지상명령의 수호자"-비서구여성과 어린이들에게 집중됨. 매리 웹(Mary

Webb) 1800년 '보스턴 여자선교후원회'를 14명으로 조직함. 1802년 심긴스 부인의 '센트 후원회(a Cent Societyu) — 미국해외선교회(ABCFM)보다 10년 앞서 조직됨. 독신여성 선교사들 — 샬롯 화이트(Charlotte White) — 최초의 여성선교사, 1827년 신디아 패러(Cynthia Farrar) 인도로, 일리너 맥컴버(Eleanor Macomber)는 버마로, 1839년 엘리자 애그뉴(Eliza Agnew)는 스리랑카로, 아프리카계 미국인 루시 세파드(Lucy Sheppard)는 아프리카 콩고로, 4명의 독신 아프리카 선교사. 여성선교사 협의회(1847년 여성중국선교사협회: The Ladies' China Missionary Society), 1861년 개혁교회 사라 도레머스(Sara Doremus) 여성유니온 선교사협의회: The Women's Union Missionary Society, WUMS). 1852년 영국에서는 제나나 선교회(The Zenana Missions), 이 선교회는 1975년 WUNMS와 통합하여 성경의료선교회: Bible and Medical Missionary Fellowship를 구성함.

— 1910년 에딘버러 세계선교사 대회

## 2. 선교의 사상적 배경

### 1) 슐라이에르마허(Friedrich Ernst Daniel Schleiermacher, 1768.~1834년)

합리주의가 정통주의를 공격했다면 합리주의는 자유주의의 공격을 받게 된다. 19세기 신학을 주도한 자유주의를 시작한 사람이 슐라이에르마허이다. 그는 칸트에 의해 인식된 관념론의 구조 안에서 기독교의 가치들을 재발견하려고 노력했다. 사실 그의 영역이 너무나 광대하여 그 이후의 신학이 모두 그의 영향을 받고 있음을 부인하기 어려우며 칸트에게 주어진 철학 영역의 찬사가 신학에서는 슐라이에르마허에게 돌려져야 할 것이다.[189]

---

189) 그는 종교에 대해 이성적인 접근을 하기를 포기하면서 오직 직관에 의한 그리고 그의 표현처럼 절대의존의 감정으로 접근하라고 말한다. 그렇게 함으로 그는 합리주의나 정통의 문제들을 극복할 수 있다고 여겼던 것이다. 결국 그에게 종교의 궁극적 목표인 구속은 이러한 감정의 회복이며 이 회복이 바로 그리스도의 사역이라는 것이다. 그가 경건주의의 아들이라는 것을 생각한다면 그의 이러한 반합리주의를 이해할 수 있을 것이다. 그러나 그 역시 시대의 아들이기에 계몽주의 영향을 벗어날 수는 없었으며 실상 주관성이 신앙의 규범이 됨으로 기독교의 본질을 호도할 우려를 남기고 말았다. 그의 뒤를 이은 신학자들이 이러한 주관성을 벗어나서 객관적 인식을 세우려고 노력한 것이 필요 없는 일이 아니었던 것이다.

## 2) 키에르케고르(Soren Kierkegoard, 1813년~1855년)

덴마크 코펜하겐 출생 – [현대 실존주의의] 아버지

키에르케고르는 19세기를 산 가장 흥미 있는 인물이다. 그는 헤겔철학이 득세하던 시기에 그것을 따르지 않고 진리는 항상 소수 안에 있다는 신념으로 살았던 자이다. 그에 의하면 기독교의 기반은 합리성도 아니고 절대의존감정도 아니다. 기독교는 결국 신앙의 문제이며 성경과 그리스도 안에서 나타나는 하나님의 계시에 대한 신앙인 것이다.[190]

## 3) 칼 바르트(Karl Barth, 1886년~1968년)

스위스 바젤 개혁파 목사 장남으로 태어남, 본, 뮌스터, 바젤대학 교수

20세기의 가장 영향력 있는 신학자 프로테스탄트 사고에 있어서 급진적인 변화를 주도했다. 그는 인간의 이성과 그의 내적인 종교적 도덕적 양심과는 거리가 먼 입장을 취했던 19세기의 인간 중심의 신학의 저술에 반대하여 하나님의 말씀의 신학을 발달시켰다. 신학과 교회의 진정한 과제에 대한 보다 깊은 성찰의 결과로 1919년 《로마서 주석》을 출판해 당시 자만심에 차 있었던 신학자들에게 충격을 주었다.[191]

## 4) 라인홀드 니버(Reinhold Niebuhr, 1892년~1971년)

미국 미조리 주 라이트 시 출생

디트로이트의 베델교회에서 니버감 목사로 재임한 13년 동안은 뉴욕의 슬럼가에서 라우센부쉬가 경험한 것과 동일한 결정적 영향을 미쳤다. 그러나 니버의 경우에 산업주의의 사회적 현실들은 그의 젊은 날의 자유주의적 낙관론에 결정적인 충격을 주었다. 니버는 마르크스주의적 방향을 가진 사회주의 기독교관에서 출발하였으나, 자신의 기독교 급진

---

[190] 그는 신앙이 결코 안이하거나 조용한 삶으로 나타날 수 없으며 언제나 위험을 안고 즐거움을 포기하는 것이라고 했다. 따라서 그에게 가장 위험한 신앙의 적은 이러한 신앙의 실존을 가로 막는 기존의 기독교인인 것이다. 진정한 기독교인은 그에 합당한 대가를 치루어야 한다고 했으며 기독교인의 흉내를 내는 그리고 그것을 유도하는 성직자들을 공박했다. 키에르케고르의 이러한 물음은 결국 종교개혁의 불꽃이 다 사라지고 재만 남아버린 교회를 향해 던진 비수인 것이다. 개혁자들이 거부하던 의식과 형식적인 신앙의 양태가 다시금 나타나고 신학적으로도 조직화가 기세를 떨칠 때 키에르케고르는 체계의 환상을 버리고 인간의 본질을 찾으며 신앙의 본 모습을 찾으라고 외치는 것이다.

[191] 그의 《교회교의학》, 《로마서 주석》 등에 나타난 신학적 독특성은 선교, 교회를 위해 봉사하는 신학이라 할 수 있다. 그는 교회와 신학의 거리감을 극복하고 교회의 문제에 살아있는 해석을 하는 신학이 되려고 했고 성경과 오늘의 역사 현실이 만나는 신학을 하려고 했다. 그리고 그는 사회적으로도 관심을 가지고 부패한 히틀러 정권에 대해 바르멘 선언문을 작성하기도 했다. 바르트에게 있어서의 신학은 특별히 아름다운 학문이었으며 기쁨을 주는 과업이었다.

주의의 바탕이 된 자유주의적 전제들에 대해 보다 비판적인 입장을 취하게 된 것은 30년대가 되어서였다. 1939년에 니버는 에딘버러 대학에서 개최되었던 그 유명한 기포드 강연에 초대를 받았다.[192] 이 강연의 산물이 바로 금세기 전반부에 가장 영향력 있는 저서 가운데 하나로서 미국의 전반적인 신학적 경향을 변화시켰던 니버의 최고의 걸작이《인간의 본성과 운명》이다. 계속해서 니버는《신앙과 역사》,《기독교 실재론과 정치적 제문제》,《자아와 역사의 드라마》,《국가와 제국의 구조》등이 있다. 이 모든 저서들 속에서 니버는 인간의 본성과 역사의 어려운 실체들을 이해하는 데 있어서 성경적 신앙의 중요성을 입증함으로써 현대의 기독교 변증가로서의 모습을 보여주었다.

### 5) 아돌프 하르낙(Adolf Von Harnack, 1851년~1930년)

하르낙은 루터교 계통의 경건주의 전통을 이어 받았고 대학에서 신학을 가르치는 교수의 아들로 태어났다. 하르낙은 신학 일관에 있어서 뿐만 아니라 실천면에서도 활발하였다. 하르낙의 사상에 결정적으로 영향을 준 사람은 리츨이다. 리츨의 영향 중 형이상학적 사변에 대한 거부와 기독교의 역사적 해석의 강조가 두드러진 것이었으나 하르낙은 리츨보다 '역사'에 더 큰 관심을 기울였다. 하르낙에 있어서 복음이란 예수 그리스도에 관한 복음이 아니라 예수의 복음이다. 이것은 살아계셨던 역사적 인물로서의 예수 그리스도를 의미한다. 하르낙이 이야기하는 복음의 세 가지 주제는 하나님의 나라와 그것의 도래, 성부 하나님과 개인 영혼의 무한한 가치, 고차적인 의와 사랑의 계명이다.[193]

---

192) 니버의 작품들의 특징은 첫째, 논쟁적이다. 니버는 인간과 역사에 대한 세속적 관점의 대안을 거부하면서 보다 극단적이지만 덜 섬세한 반대자의 주장을 인용하는 경향을 보인다. 두 번째로 니버의 변증은 변증법적이고 해석의 폭이 광범위하다. 대안적 교리들(예, 관념론과 자연주의, 또는 합리론과 낭만주의)의 결함과 한계를 증명하면서 니버는 대안적 교리에 따라 과장되거나 무시되는 인간 조건의 진리들을 고려하는 성경적 신앙의 국면들을 주목한다. 니버의 방법의 세 번째 특징은 그가 성경적 신앙과 현대적 상황과의 끊임없는 제휴를 시도한다는 것이다. 니버는 기독교 신앙의 진리성이 조금이라도 강력하거나 타당성을 지닌 것으로 보여지는 것은 오로지 그것의 세속 문화의 교리들과 사건들에 대한 변증법적 관계에 입각해서라고 간주했다. 변증법적 과업 무시는 교만한 부적합성을 자초하는 것이다.

193) 첫 번째 주제에서 하르낙은 복음서의 종말론을 껍데기와 알맹이로 본다. 즉 "하나님의 나라가 가까웠으니 회개하라"고 하는 예수의 설교는 그 알맹이가 실천이성의 회개에 의한 도덕적 왕국 건설에 있는 것인데 그것이 후기 유대교의 묵시문학에서 온 종말론으로 뒤덮여 있는 것이다. 예수의 설교로 혹은 예수가 매개가 되어 회개한 개인 영혼들은 하나님을 아버지라 부른다는 것이다. 두 번째 주제에서 '하나님 아버지'는 성자이신 예수 그리스도의 아버지가 아니라 인간과 만물을 섭리하는 보편적 신이다. 천지를 통치하시는 존재에 대하여 '나의 아버지'라고 부르는 사람은 하늘과 땅위로 고양되어 온 세상보다 훨씬 가치가 있게 된다는 주장이다. 세 번째 주제는 '보다 고차적인 의와 사랑의 계명'에 관한 복음의 윤리적 메시지에 대한 것인데 이는 첫 번째 주제와 두 번째 주제에서 본대로 하나님의 통치를 받는 개인 심령이 천지의 섭리주를 아버지로 고백하는 신앙인의 경우는 복음의 윤리 명령을 잘 지킬 수 있다는 내용이다.

즉, 윤리 명령과 인간의 성향이나 의도 사이에 충돌이 생기는 것이 아니라 사람이 동기에 의해서 도덕적 삶의 실현이 가능케 된다는 것이다. 하르낙의 탈 교리화는 특히 로마 가톨릭시즘과의 관계에서는 공헌이 크다 하겠으나 니케아의 삼위일체론과 칼케돈의 기독론까지 제거하며 바울의 복음까지도 헬라화 되었다고 하는 점에서 많은 문제를 안고 있다. 그는 예수 그리스도의 '하나님의 아들' 되심을 거부했고 구약을 거부했으며 케리그마와 성령의 생명적 관계를 인정하지 않았다. 하르낙은 루터의 '경전 안의 경전' 사상을 역사적 예수에 초점을 맞추어 재조정한 것이다. 그의 축소 주의적 기독교의 본질 이해는 19C의 다른 독일 개신교 자유주의 신학자들과 동일한 맥락에서 이해될 수 있다.

### 6) 디트리히 본회퍼(Dietrich Bonhoeffer, 1906년~1945년)

1906년 2월 4일 독일 브레슬라우에서 정신과 의사인 아버지 칼 본회퍼의 아들로 태어났다. 할아버지는 궁정목사로 사목했지만, 정작 그의 아버지는 신앙에 무관심했다. 하지만, 본회퍼는 튀빙겐 대학교와 베를린대학교에서 신학을 공부했는데, 베를린대학교 졸업 시 《성도의 교제》(communio sanctorum)를 졸업논문으로 제출했다. 성도의 교제는 신정통주의 신학자 칼바르트가 칭찬할 정도로 훌륭한 논문이었다. 그는 개신교 목사이자 반나치운동가이기 이전에 뛰어난 신학자였다. 본회퍼는 진보신학의 명문으로 불리는 미국 유니언 신학교에서도 공부했는데 이때 그는 백인들에게 인종차별을 받는 흑인들의 삶 속에서 민중들과 어울린 예수 그리스도를 발견한다.

1933년 집권한 나치에 대해서 독일교회는 저항은커녕, 오히려 히틀러를 구세주로 우상숭배하고 있었다. 이를 본 본회퍼는 라디오 방송을 통해서 히틀러는 독일 국민들을 우상숭배로 몰아가고 있다고 경고하는 예언자적인 목소리를 내었고, 결국 방송은 중단 당하고 말았다. 당시 독일교회에서는 본회퍼처럼 그리스도인의 양심을 지키기 위해서 나치에 반대하는 신학자들도 있었는데, 이들은 고백 교회를 결성하여 그들의 양심을 실천했다. 하지만 나치의 탄압으로 고백교회 참여자들은 박해받았는데, 본회퍼의 경우 1943년 4월 체포되어 2년간 수용소들을 전전해야 했다. 이때 그가 친구와 가족들에게 보낸 편지는 《옥중서간》으로 출판되었고, 이후 본회퍼가 히틀러를 암살하려고 하였다는 증거가 확보되면서 1945년 4월 9일 새벽, 교수형으로 순교했다.[194]

---

[194] 디트리히 본회퍼 신학의 첫 번째 특징은 고난을 함께 나누는 삶의 실천이다. 디트리히 본회퍼에 대한 나치의 박해가 시작되었을 때, 그는 미국으로 망명할 수도 있었다. 개신교 신학자이자 유니언 신학교 교수로 일하던

### 7) 루돌프 불트만(Rudolf Bultmann, 1884년~1976년)

불트만은 1884년 독일의 올덴부르크 지방의 한 루터교 목사의 맏아들로 태어났다. 그는 독일의 튜빙겐, 베를린, 말부르크 등의 주요 대학에서 교육을 받았다. 말부르크에서는 빌헬름 헤르만 교수에게 칼 바르트, 프레드릭 고가르텐과 함께 강의를 들었다. 그 후 브레스라우와 기센 등지로 옮겨 다니며 가르치다가 1921년에 그의 모교인 말부르크로 돌아와 1951년 퇴임할 때까지 거기서 봉직하다가 1976년 7월에 죽었다.[195]

### 8) 알브레히트 리츨(Albrecht Ritschl, 1822년~1889년)

리츨은 1822년 베를린 출생, 아버지와 할아버지가 루터교 성직자였다. 본대학(1839~41)과 할레대학(1841~43)에서 신학과 철학을 공부하던 중 헤겔의 영향을 받았다. 슐라이마허, 임마누엘 칸트에게도 영향 받은 후 자유주의적 입장으로 바꿨다. 그는 고전 신학과목, 예수 그리스도의 구원활동에 관한 교리보다 구체적으로 속죄론에 특별한 관심을 기울였다.

그는 기독교 기원 및 초기 교회의 역사와 신학을 재구성하는 주도적인 튀빙겐 학회에 참여함. 1889년 괴팅겐에서 죽었다.

리츨의 신학은 헤겔의 형이상학적 이상주의와 쉴라이에르마허의 감정의 신학에 대한 반항이다. 리츨은 신학에서 형이상학을 몰아내고 기독교의 교의와 신앙을 '보편적 개념'의 원리에서 해석하려는 신앙의 철학화, 추상화를 배격하는 한편 신앙을 역사적 사실 안에서 세우지 않고 감정과 경건위에 세우고, 기독교의 교리를 배격하려고 하였다.[196]

---

라인홀트 니버가 신학교수 자리를 마련한 뒤, 초대장을 보냈기 때문이다. 하지만, 본회퍼는 독일 국민들과 고난을 함께 하지 않는다면, 전쟁이 끝났을 때 독일교회를 재건하는 일에 동참할 수 없다면서 이를 거부했다. 본회퍼는 독일교회에 대해서 값싼 은총을 나누고 있다고 비평했는데 그가 말하는 값싼 은총은 "죄에 대한 고백이 없는 성찬례, 죄에 대한 회개 없이 용서 받을 수 있다는 설교, 예식을 무시한 세례, 회개가 없는 면죄의 확인"이다. 교회의 성사를 통해서 주어지는 하나님의 은총을 너무 값싸게 만들고 있다고 비판한 것이다.

195) 그의 주요 저서로는 《공관복음서의 전승사》(1921), 《예수》(1926), 《신앙과 이해》(1933), 《신약성서 신학》(1948) 등이 있으며, 이 외에도 많은 저서와 논문 등이 있다. 1941년에는 "비신화화"에 대한 신학의 새로운 주제를 발표하여 신학적 논쟁을 불러 일으켰다. 불트만은 신약성경 학자였다. 그의 주된 관심사는 성경적, 기독교 신앙을 현대의 지성에게 이해시키는 것이었고, 이를 위해 신약성경에 대한 실존주의적 해석을 채택했다. 그것은 고대 문서의 메시지가 개인에게 주어진 하나님의 말씀으로서 개인의 신앙적 반응을 촉구하는 것으로 보는 해석이다. 그는 신약 성경의 주해와 조직신학 사이에 격차가 없는 것으로 보았으며, 오히려 양자의 임무는 신약성경을 통하여 그 개인에게 말씀하시는 하나님의 말씀에 귀를 기울이게 함으로써 인간의 실존을 하나님과의 관계 속에서 설명하는 것이라 고 주장했다.

196) 리츨은 19세기 후반의 신학의 영향을 잡아 주었다. 이것을 4가지로 요약하면 첫째, 하나님이 정의와 진노를 배격할 정도까지 하나님의 사랑을 강조하는 그의 태도는 그 당시의 시대적 특징이기도 했다. 인간의 모든 행동을

## 3. 현대 신학의 조류

19세기 자유주의 신학은 종교개혁적 전통에 대한 도전으로 나타난 운동으로 18세기 철학 사상인 영국의 이신론과 프랑스의 자연주의, 독일의 합리주의의 영향을 받았다. 이러한 19세기의 자유주의 신학에 도전하는 두 흐름의 신학이 나왔는데 두 신학이 바로 신정통주의 신학과 근본주의 신학이다.

### 1) 신정통주의 신학

주로 유럽에서 일어난 자유주의 운동에 대한 도전으로 1918년 칼 바르트가 로마서 주석을 쓰면서 일어났다. 이 조류는 1, 2차 세계대전을 겪으면서 인류의 위기의식을 근거로 시작된 신학운동이기에 "위기의 신학"이라고도 하고 "변증법적 신학"이라고도 한다.

- 하나님의 초월성 강조, 인간의 타락으로 인간은 지상에 유토피아를 건설할 수 없는 전적인 죄인이고 약자임.
- 기도 중심의 신학을 강조
- 말씀의 신학을 강조한 주도적인 학자는 칼 바르트와 폴 틸리히이다.
  - 칼 바르트 : 교회와 선교를 위해 봉사하는 신학, 화해의 신학

---

문제시하고 판단하는 하나님의 초월성이 제1차 세계 대전 이전의 시기의 자유주의 신학에서는 거의 상실된 지 오래 되었다. 둘째, 첫 번째 요소로 인해서 죄와 은총의 중요성은 놀랄 정도로 감소되어 버렸다. 죄는 무지에서 나오며 인간의 존재 상태보다는 악한 행동에 있다고 보았다. 은총은 하나님의 사랑에 대한 우리들의 인식에 불과하다. 셋째, 기독교의 본질적인 본성에 대한 연구는 역사적 연구를 통해서 접근할 수 있다. 넷째, 칸트로부터 이끌어낸 도덕을 종교의 자리로 강조하였다. 리츨의 신학은 기독교를 독일 문화와 너무나도 쉽게 동일시했는데, 그 독일 문화가 20세기에 끔찍한 비극을 초래했다고 할 때 너무나 비참한 일이다. 그는 그리스도인의 의식에서 출발하지 않고 예수 그리스도 안에 주어진 복음, 즉 역사에서 출발하였다. 그러나 그는 이 역사적 예수와 신앙의 관계를 하나님의 말씀에서 출발하지 않고 칸트의 윤리적 아프리오리에서 출발하였다. 리츨에 의하면 예수는 종교적 숭배의 대상이다. 그것은 예수의 인격에서 우주의 보편적, 도덕적 목적에서 소명과 복종의 충성의 윤리적 이상이 최고의 표현을 가지고 있기 때문이다. 즉 우리는 예수에게서 이 특수한 도덕적 의의를 발견하기 때문이다. 리츨의 용어를 빌리면 우리는 그를 하나님으로 판단한다. 그리스도 안에서 가지는 이 가치 판단이 신앙이다. 그러므로 리츨에게 있어서 계시는 윤리적 모범 또는 인간이 윤리적 이상의 역사적 실현을 위한 자극에 불과하다. 물론 여기서 예수 그리스도가 가치 판단의 기준이지만 그것은 다만 인간의 고유한 윤리적 이상의 역사적 실현화의 의미 또는 계기에 불과하다. 그것은 쉴라이에르마허에 있어서 예수 그리스도가 인간의 종교적 경건의 역사적 실현화의 계기가 되었던 것과 같다. 리츨에 의하면 기독교는 하나님의 나라를 세운 예수 그리스도의 인격과 사업위에 세워진 절대 윤리의 종교이다. 하나님은 절대 개념이 아니라 '사랑'이다. 그러나 그의 하나님의 사랑은 하나님의 거룩을 침범하여 죄악 과 구원이 다른 것이 되었다.

— 폴 틸리히[197] : 신학 방법은 상관관계에 의한 방법이며, 문화의 신학이기도 함.

## 2) 근본주의 신학[198]

— 미국에서 일어난 자유주의에 대한 도전으로 19세기말과 20세기 초에 시작, 1895년 나이아가라 성서연구회에서 근본주의 5대 주장을 채택.

- 성서의 축자영감설, 예수 그리스도의 신성, 처녀 탄생설 대속의 속죄설, 몸의 부활과 그리스도의 재림…

---

[197] 폴 틸리히(Paul Johannes Tillich, 1886.8~1965. 10) 독일 신학자이자 루터교 목사다. 1886년 독일에 출생하였고, 히틀러 정책에 반대함으로 교수직을 떠나게 되어 1933년 미국 하버드 대학교 교수로 있다가 1965년 사망했다. 그는 불트만의 신정통주의 영향을 받았다. 20세기 신학의 통합 운동에 큰 공적을 이루었다. 그의 신학-조직신학 서문-에서 "변증신학의 관점에서 구성되고 철학과 지속적 상호관계를 수행하는 신학 체계의 방법과 구조로 제시하는 것"이 이 책의 목적이라고 썼다. 문화와 신학의 상호관계성-계시와 이성- 신과 인간의 관계-상호관계방법

[198] 복음주의자들은 3가지유형으로 나뉘어진다.
복음주의자들의 유형(김은수, 현대선교의 흐름과 주제, 214-216)
*신학적복음주의자들(W. Kuenneth & Beyerhaus(Herg.), Reich Gottes oder Weltgemeinschaft, Bad Liebenzell, 1975, 307-308)
1) 신복음주의자(Neue Evangelikalen)-학문적 기피 증세나 근본주의자들의 정치적 보수주의로부터 자유로운 태도를 취하며 모든 복음주의자들을 총망라하려함.
2) 근본주의자들(Fundamentalisten Evangelikalen)-분리주의적 태도를 가지며 로잔대회와도 다르다. 칼 맥킨타이어(Carl Mclntire)를 중심으로 국제기독교교회협의회(International Rates Christlicher Kirchen) 기구를 결성함.
3) 고백적 복음주의(Bekennende Evangelikalen)-프랑크푸르트 선언을 고백한 자들로, 시대의 잘못된 교리와 가르침을 적극적인 저항을 하는 자들을 말함.
4) 오순절 복음주의자들(Pfinstler Evangelikalen)-성령운동과 은사주의자들을 말한다.
5) 진보적 복음주의자들(radikale Evangelikalen)-남미 복음주의자들로 사무엘 에스코바, 레네 빠딜라 그리고 올란도 코스타스 등이며, 사회성지석 참여를 주상함. 성서를 기본바탕으로 선교의 사회참여와 복음전도의 통전적 입장을 강조함.
6) 에큐메니칼 복음주의자들(Ecumenicals Evangelikalen)-복음주의자들로서 에큐메니칼 운동에 참여하는 자들, 예를 들면 웨스토 케방카(Festo Kivengere) 감독.
*미국의 아더 글라서(Arthur F. Glasser)는 5가지 복음주의자들은 그룹별로 분류함
1) 분파주의적 근본주의자들(Separatist Fundamentalists), 2) 시대구분론적 복음주의자들(Dispensational Evangelicals), 3) 카리스마적 복음주의자들(Charismatic Evangelicals), 4) 에큐메니칼적 복음주의자들(Ecumeniclas Evangelicals), 5) 비공의회적인 정통 복음주의자들(Nonconciliar Orthodox Evangelicals)
박영환은 복음주의자들을 전략형 유형별로 5가지로 분류 한다.
1) 분열형 복음주의자들.(1966년 베를린)
2) 협력형 복음주의자들.(1974년 로잔대회)
3) 통합적 복음주의자들.(1989년 2차 로잔대회)
4) 총체적 복음주의자들(2010년 3차 로잔대회)
5) 연합적 복음주의자들(2013년 10차 WCC 대회 이후로 봄)

### 근본주의(Fundamentalism)

근본주의(根本主義)란 급속한 자유주의적 경향성에 대한 반작용으로 20세기 초에 생겨난 보수주의 신학운동. 협의적으로는 성경의 무오성과 축자영감설을 주장하는 것에 연관되나(성경의 문자적 해석을 주장함), 광의적으로는 보수주의적인 성향의 복음주의 체계를 이르는 말이다. 1919년 미국의 필라델피아에서 결성된 '세계기독교근본주의협회'를 중심으로 발전해왔고, 특히 우리나라를 위시한 아시아권에서는 엄격한 보수주의로 인식되고 있다.

근본주의의 5대 주장은, ① 성경의 무오(無誤) ② 그리스도의 동정녀 탄생 ③ 그리스도의 대속적 죽음 ④ 육체의 부활 ⑤ 그리스도의 재림 등이다.

근본주의는 성경연구와 전도의 열심 등으로 미국 내 교회들의 부흥과 해외 선교에 많은 열매를 거두기도 했다. 하지만 그와 더불어 교리적 축소주의와 방법적 편협주의라는 비난을 감수해야 했고, 그로 인해 보수진영 안에서도 근본주의에 대한 자기 성찰과 비판 활동이 일어났다.

### 근본주의에 반대하는 신복음주의(new evangelism)

근본주의를 반대하는 운동으로, 20세기 중엽부터 미국 신학계에서 대두되었던 신학적 경향을 이르는 말. 즉, 근본주의가 안고 있던 교리적 축소주의와 방법적 편협주의를 극복하기 위해 이성과 과학을 무시하지 않고 인정함으로써 학적 수준의 향상을 꾀했고, 지나친 영혼구원의 강조에서 복음의 현실성을 강조하여 사회에 대한 다양한 관심과, 보수신학에 대한 적극적 변증 등을 내세우며 보수진영 내에 새로운 바람을 일으켰다.

신복음주의 특징을 요약하면, ① 신복음주의는 근본주의에 대해 학문성과 사회문화성 및 역사성 결여, 반교파주의, 세대주의, 부정주의 등의 말로 가혹히 비판한다.

② 신복음주의는 신정통주의와 타협하는 경향이 있다. 즉, 자유주의 신학의 내재성을 비판하고 초월성을 강조하나 과학적 탐구와 가설을 정당시하고 성경 비평을 인정하는 신정통주의적 입장을 일정 부분 수용한다.

③ 신복음주의는 과학과 성경의 조화를 중시한다. 그것은 성경의 무오성을 변호하기 위한 하나의 논리적 귀결이라 할 수 있다. 기존의 성경 해석과는 다른 해석을 통해 과학과 일치를 이루려는 특징을 보인다. 신복음주의자들은 자연과학적 증거가 나왔다 하더라도 성경에 반하는 것은 거부한다. 하나님의 말씀이 갖는 권위를 더 신뢰하기 때문이다.

④ 신복음주의는 정치적 문제에 대해 중립적 자세를 취한다. 사회복음을 거부하면서도 사회적 변혁에 관심이 많다. 즉, 그들은 개인의 전도를 통해서 구원을 받고, 그 개인이 사회를 변혁해야 한다고 본다. 그래서 신복음주의자들은 민권 투쟁, 빈민 행진 등 과격한 사회정치 활동에 참여한다.

⑤ 근본주의자들이 교리의 순수성에 몰두했다면 신복음주의자들은 전도와 선교를 굉장히 중요시했다. 그렇기 때문에 교리가 조금 달라도 복음을 전하기 위해서 협력적인 전도를 수용했다. 신복음주의자들은 자유주의자들과 우호적, 협력적 관계를 가지고 교단을 떠나지 않고 그 안에 머문다. 그들은 자유주의자들과 신학적 대화를 원하고 그들을 강사로 초청한다. 또 빌리 그레이엄의 경우와 같이, 자유주의자들이나 오순절 계통의 교회들과 협력하여 전도 대회를 연다.

## 4. 19세기 선교의 확장기

### 1) 19세기 선교의 상황

(1) 식민지 전쟁 – 영국, 미국이 자유롭게 등장(프랑스의 나폴레옹의 실각 1814년) 식민지 전쟁은 다시 한 번 선교 영역의 확대로 보았고, 선교사는 식빈주의 3C(Christianity 기독교, Commerce 상업, Civilization 문명)의 서구 제국주의 사업의 대행자.

(2) 산업혁명과 통신수단 발전 · 생산지 원료와 공급지로 식민지 필요, 이슬람의 쇠퇴로 독립국가 등장, 영적 대각성운동 : 새로운 선교지 등장.

(3) 선교는 1706년 덴막 – 할레선교회와 1792년 윌리암 케리 선교 이후 폭발적인 확장과 성장으로 1910년 에딘버러 세계선교사 대회에 절정을 이룬다. 1914~1918년 제1차 세계대전으로 선교는 위기를 맞게 된다.

(4) 선교사는 자원하는 교회, 선교단체 그리고 선교회에 자원하는 사람들로 구성되었다(가톨릭은 수도회를 중심으로 한 선교모델을, 정교회는 선교회의 설립과 러시아와 알래스카와 동아시아에 선교에 집중함) : 19세기 전반의 선교사는 사회 중산층, 19세기 말은 대학 졸업생 중심으로 형성되었다.

(5) 교회와 선교에 가장 큰 영향을 끼친 점은 가톨릭보다 개신교다. 원인은 계몽주의와

근대화[199]로 인하여 개인의 자율성이 선교의 열정과 전심으로 활동하게 한다.

(6) 도시의 팽창으로 새로운 사회계층이 형성되고 그 결과 가정, 개인, 여성, 아이들에 관한 사회적 문제가 급속도로 번짐 – 개신교 사회복음 운동 등장.

(7) 미국의 선교가 1845년 이후 쇠퇴[200], 1849년 미국 남북의 갈등 시작, 1860년 남북전쟁 : 자유주의 신학 슐라이엘 말러 등장, 고등비평 – 리츨 등장, 다윈의 종의 기원 – 진화론, 임박한 종말론

(8) 미국은 1857~58년 성령 운동(오순절 용어 등장)+1870년 무디(Dwight L. Moody 1837~1889) 의 대중전도 운동 – 제3차 영적각성 – 부흥운동(1차 : 1830~40년대, 2차 1800~1840년, 3차 1857~58년, 1870~1900년)

(9) 여성 선교사가 절반을 넘었다. 1815년 22,000명 중에 절반이 50%가 여성이고 25%가 독신이었다. 1870년 주로 미혼 여성선교사들이 많았다.[201]

(10) 성서번역선교 – 1706년, 1792년, 1799년 인도 – 구약성경을 6개국, 23개국 신약, 1813년~1819년 중국어 번역, 1811년 라바어 성경, 1829년 말라얌어 성경, 1834년 버어마 성경, 1910년까지 500여 방언으로 번역.

(11) 사회복음과 복음전도–선교와 사회개혁과의 관계. 서구교육제도 도입, 서양교육을 통한 리더십 배양, 문명화를 위한 집단 개종을 추구하려함.

(12) 교단 분열–선교지가 장로교인가, 성결교인가? 순복음인가? 하는 운동은 초교파 선교회로 극복하는 것 같으나, 선교지의 교단 설립은 교파분열의 사례들을 입증해 주고 있다.

## 2) 선교 지역별 상황

◎ 선교는 유럽으로부터 미국으로, 미국에서 아시아 아프리카로 확산되어갔다. 그들은 교회를 세우는 것이 목표였고 선교 초기 개인적 개종을 강조함에서 신앙고백적인 교회를 세우는 것으로 변화되었다.

1841~1872년 교회선교회(CMS)의 총무 헨리 벤(Henry Venn )은 3자 원리신학 . 자

---

199) 합리주의와 르네상스의 토대위에 세워진 17세기 루소, 볼테르, 칸트, 흄과 같은 18세기 철학자들에 의해 더욱 깊이 발전 되었다. 개인의 자율성과 진리를 찾을 수 있는 인간이성의 가능성을 주창하였다. 계몽주의는 진리의 외부적 근원 – 신성한 계시나 종교적 기관의 권위에 대한 거부도 포함
200) 김영동 역,《예언자적 대화의 선 교》, 427.
201) 배본철,《세계교회사》, 도서출판 영성네트워크, 2009, 462.

립, 자치, 자전의 교회를 세우는 것. 미국 해외선교 위원회 총무인 루퍼스 앤더슨(Rufus Anderson)에 의해 토착교회 개념이 발전되어졌다. － 실천가 존 네비우스(John Nevius, 1829~1893) － 유일하게 한국에서만 성공[202]

19세기 후반 제국주의 강화로 교회세우는 선교는 약화됨.

◎ 기독교 교회의 공공정책 참여와 투쟁. 노예무역－고을선교 · 가난한 자 지원정책.

◎ 학생자원운동과 기도운동을 통한 선교사 파송 － 학생자원자 운동은 1차 세계대전 후 급감 1938년에 20명 － 전쟁에 환멸 느낌 － 서구 선교사의 전도에 항변.

(1) 중국[203]

---

[202] 네비우스 선교정책
1. 현지교회가 수용하고 발전시킬 수 있는 가능한 선교방법개발 및 제시 2. 현지교회가 목회자, 교회로 스스로 자립시킨다. 3. 성도는 직업을 가지고 민족복음화 훈련 4. 현지교회는 그들의 모델, 그들의 재정, 그들만의 재료로 교회 건축

[203] 청나라-1616년에 태조 천명제(누르하치)가 건국한 '금'(후금)을 근간으로, 아들 태종 숭덕제(홍타이지)는 '후금'에서 '청'으로 국호를 바꾸어 중국 대륙을 대표적으로 지배하는 왕조였다.

• 경교와 로마가톨릭

중국에서는 일찍이 당나라 시대에 네스토리우스파(京敎) 선교사들이 입국하여 대진사라는 교회를 세우고 선교활동을 하였다. 천주교는 명나라 때부터 마테오 리치 신부(1552-1610년) 등의 예수회 선교사들의 전교활동으로 소개되었다. 천주교 선교사들이 중국에서 전교하면서 겪었던 어려움 중 하나는 조상제사문제였다. 조상제사문제는 1704년 조상제사에 반대하는 도미니쿠스 수도회와 조상제사를 중국인의 전통으로 존중하는 예수회 간의 신학논쟁으로 이어지는데, 결국 교황청에서 조상제사를 천주교 교리에 어긋나는 것으로 규정하여 금지함에 따라 중국의 천주교 신자들과 선교사들은 탄압을 받게 되었다. 천주교 선교사들은 유럽에 중국 문화를 소개하여 유럽 지식인들의 중국연구열을 높이는 계기를 만들었으며, 중국인들과 똑같은 옷을 입는 등 중국의 전통문화를 존중하였다.

• 개신교

개신교도 중국에서 선교활동을 하였다. 18세기 독일에서 태동한 모라비안 교인들은 중국에서 선교활동을 하였으며, 1860년에는 영국의 제임스 허드슨 테일러와 그의 아내 마리아 테일러가 선교활동을 하였다. 이들은 중국 사람들과 똑같은 옷을 입음으로써 중국인들에게 다가섰는데, 당시 개신교 선교사들에게는 파격적인 일이었다. 허드슨 테일러는 1865년 중국내륙선교회(영어: China Inland Mission,CIM)를 결성하여 1898년 중국 후난성을 마지막으로 선교활동을 하였다. 그의 뒤를 이은 중국 내지선교회 선교사들은 1949년 중국 공산당이 중화인민공화국정부를 수립하여 1951년에 철수할 때까지 활동하였으며, 1964년 OMF(영어: Overseas Missonary Fellowship)으로 선교회의 이름을 바꾸었다.

일반적으로 중국의 역사에서, 중국 대륙이 만주족(여진족)의 지배를 받은 정복왕조이자, 근대식 공화정 수립 이전 마지막 전제군주정으로 본다.

⊙아무르 분지(헤이룽 강변)에서 탄생한 이민족의 나라 청나라는 광대하진 않으나 융성했으며 인구도 증가하였다. 청 초기에는 훌륭한 황제들(강희제, 건륭제)이 통치했다. 한족의 중국 명나라뿐 아니라 주변의 몽골, 위구르, 티베트를 모두 정복하여 역대 중국 왕조 중에서, 심지어 원나라보다 큰 중국 역사 중 가장 큰 영토를 이루게 되며, 1689년에는 네르친스크 조약으로 러시아의 침입을 저지하였다. 1683년부터 1830년까지는 그야말로 중국의 평화시대(팍스 시니카)였다. 이민족으로서는 가장 오랫동안 중국을 지배하였다. 제8대 도광제부터 말대 선통제 대에서 서구열강 세력 등의 영향으로 국력이 약해져 청나라는 멸망하고, 중국 역사에서 2천여 년 넘게 이어졌던 봉건 왕조가 끝나게 된다.

1807년 영국의 로버트 모리슨(Robert Morrison)[204](1782~1834년)으로 시작, 1831년 칼 구츨라프(Karl Guetzlaff)[205] (1803~1851) — 제자 양육 정도로 봄. 전략은 중국어를 배움, 중국옷을 입음, 중국집에 삶음, 중국어사전 편찬, 1819년 성경 전체를 번역함. (Akkomodation)

- 허드슨 테일러(Hudson Taylor[206], 1832~1905)

전략은 초교파, 학력과 무관, 현장지도자 결정권, 중국인 동일화 정책, 항상 전도[207], 장애는 고도화된 문화와 전통, 조상숭배, 유교의 성선설 — 인간은 죄인이다.

- 스테판 니일(Stephen Neil: 1899~1994) — 중국내지선교회 전략 — 초교파적 선교 — 보수적, 초교파 — 학력과 상관없이 선교의 열의가 중요 — 선교지의 주도권을 현장사역자에게 둠. — 중국인과 동일화 정책 — 선교의 주된 목적은 항상 전도다.

---

204) 모리슨(Robert Morrison, 1782. 1. 5~1834. 8. 1) 노섬벌랜드 불러즈그린 출생. 중국명 마리쉰[馬禮遜]. 런던선교회(London Missionary Society)에서 중국에 파견한 최초의 프로테스탄트 선교사이다. 1807년 마카오로 들어와 영국 동인도회사(東印度會社) 통역으로 1834년까지 근무하면서, 1818년 말라카에 외국인에 의한 최초의 신학문 학교인 영화학당(英華學堂)을 세우고, 인쇄소를 설립하여 정기간행물을 발행하였다. 1827년의 재직기간 동안 광둥·말라카·마카오를 왕래 하면서 중국인들에게 세례를 베풀고, 《중국어사전》(3권, 1815~23), 한역 신구약성서인《신천성서(神天聖書)》(밀른과 공동번역, 1813) 등을 남겼다.

205) 칼 구츨라프(Karl F.A. Gutzlaff, 1803~1851) 칼 구츨라프를 언급하지 않고는 동양선교를 논할 수 없다. 독일 태생으로 20대 초반에 네덜란드 선교회에 의해 인도네시아로 파송되었는데 그곳에서 선교회 승인 없이 중국 피난민들을 위해 일하다가 후에 독립 선교사가 되어 홍콩에 거처를 정하고 한 세대 내에 중국을 복음화 한다는 목표를 세웠다. 15년이 못되어 300명이 넘는 중국인 사역자들을 훈련하여 파송했는데 많은 성공을 거두었다. 수천 권의 신약성경과 헤아릴 수 없을 정도로 많은 신앙서적과 소책자들이 배포되었다. 그러나 그의 사역들이 정직하지 못한 중국인 사역자들이 꾸며낸 속임수였고 그의 명성은 훼손되었다. 그의 선교적 노력에 의해 중국복음화선교회가 조직되었으며 이 선교회는 1853년 허드슨 테일러를 중국에 파송하게 되는데 사실 구츨라프는 젊은 테일러가 선교의 방법과 목표를 설정하는 데 다른 누구보다도 더 큰 영향을 주었으며 후에 테일러는 그를 "중국내지선교의 조부"라고 불렀다.

206) 허드슨 테일러(Hudson Taylor, 1832~1905) 사도 바울 이후 19세기 선교사들 중 큰 비전을 갖고 체계적인 계획을 세워 방대한 지역을 복음화시킨 사람으로 영국출신의 허드슨 테일러를 능가하는 인물은 없다. 중국내지선교회(China Inland Mission)는 그가 독창적으로 만들었으며 그의 생전에만도 800명이 넘는 선교사들이 사역하였고 훗날 후원자 없는 독립선교(Faith Mission)의 모형이 되었다. 1853년 21세의 나이로 중국복음화선교회의 파송을 받아 중국 상해로 머물다가 사치스런 선교사들에게 환멸을 느끼고 개신교 선교사들이 가본 적 없는 내지로 들어가 사역하기 시작하였고 1865년 그의 선교경험과 성격이 반영되어진 중국내지선교회가 정식으로 출범하였다. 테일러는 지식인들과 정식목회자들로서는 중국복음화가 요원하다는 것을 알았기 때문에 영국의 노동자들 중 헌신된 남녀 일군들을 모집하였다. 그것을 통해 중국에서 활동하고 있는 다른 선교단체들과 쓸데없는 경쟁을 피하고 선교 노력을 극대화 할 수 있었다. 재정지원과 개인 후원의 문제에서 선교회는 정규적인 봉급을 약속하지 않고 자신들이 필요한 모든 것을 하나님께만 의지하게 하였다. 허드슨 테일러가 기독교 선교에 끼친 공헌은 헤아릴 수 없을 정도이다. 그의 통찰력과 비전이 없었다면 과연 오늘날 기독교 선교가 지금의 모습을 하고 있을지 의문이다.

207) Klaus Wetzel, Kirchengeschichte Asiens, R.Brockhaus, wuppertal, Zu-erich, 1995, 308-309

## (2) 한국

미국 장로교 언더우드(Underwood)와 감리교 아펜젤러(Appenzeller) - 1885년.

방법 : John L. Nevius(1829~1893) 미장로교 중국 선교사

네비우스 선교정책[208] - 자립 혹은 자급(Self-support), 자존 혹은 자치(Self-government), 자력전파 혹은 자전(Self-propagation), 그러나 이 원리는 미국 해외 선교회(ABCFM)의 앤더슨(Rufus An·derson)과 영국교회 선교회(츤)의 벤(Henry Venn)이 먼저 주장한 것이다.

선교장애 : 유·불교의 영향, 조상숭배.

◎ 언더우드와 아펜젤러

언더우드 [Horace Grant Underwood, 1859년~1916년]

한국명 원두우(元杜尤). 런던 출생. 1881년 뉴욕대학교를, 1884년 뉴브런즈윅 신학교를 졸업하였다. 1885년 H.G. 아펜젤러 목사와 함께 미국 북장로교 선교사가 되어 한국에 와서 광혜원(廣惠院)에서 물리·화학을 가르쳤다. 1887년 벽지전도부터 시작하고, 서울 새문안교회를 설립했으며, 1889년에는 기독교서회(基督敎書會)를 창설하였다. 성서번역위원회를 조직, 그 회장 등을 역임하며 성서의 번역사업을 주관하는 한편, 1890년에 《한영사전》, 《영한사전》을 출판하고, 1897년에는 주간지《그리스도신문》도 창간하였다.

---

208) 언더우드의 네비우스 방법 4가지
  ① 전도 후 자기직업에 종사하면서 전도하는 자가 되기까지 인도
  ② 교회운영은 감당할 수 있는 범위 안에서 운영된다.
  ③ 맡길만한 자 교회에 나타나면 토착 지도자를 세운다.
  ④ 지역과 한국 풍에 맞게 교회건축을 한다.
  〈네비우스 정책〉은 1890년 중국 산동성 지역의 미 북 장로교 선교사 존 네비우스(John Nevius 1829~1893)를 주한 선교사들이 초청하여 선교정책 세미나를 개최하였는데, 그가 소개한 선교정책을 1893년에 조직된 선교사 공의회에서 수정, 보완하여 한국의 선교정책으로 채택한데서 붙은 명칭이다. 그가 소개한 선교정책을 클라크(Charles Allen Clark)는 "자력전도(自力傳道; self-propagation), 자치제도(自治制度; self-government), 자급운영(自給運營; self-support)" 등으로 요약하였다. 이 정책의 중심 이념은 피선교지 교회가 외국인 선교사에게 의존하지 않고 자립적으로 발전해 가도록 유도함으로써, 능력있고 강인한 교회로 키우는 것을 주요 과제로 삼고 있다. 그러나, 이 선교정책은 네비우스 선교사의 독창적인 것은 아니고, 영국 국교회 성직자로서 선교협회 서기로 재직하였던 헨리 벤(Henry Venn )이 실시한 3대 자급원리(三大 自給原理 : three-self Principle)에 근거한 것이었다. 그가 주창한 삼자원리(三自原理)란 선교지의 교회들이 "독립적으로 행정"(self-governing)하고, "자급자족"(Self-supporting)하며, "자체적으로 선교(Self-propogating)" 하는 교회로 발전시켜야 한다는 것이다. 19세기말의 선교는 대개 이런 방향으로 움직여 가고 있었고 네비우스도 그런 영향을 받은 것이지 그가 독창적으로 개발한 것은 아니다. 네비우스는 중국 산동성에서 이 정책에 근거하여 선교를 실시하면서 동양인의 사고와 풍습에 맞도록 수정 보완하였고, 이것을 중국보(中國報)라는 논문으로 발표한 일도 있는데, 내한한 선교사들은 대개 이 논문을 읽고 있었기 때문에 그를 강사로 초빙하였다.

1900년 기독청년회(YMCA)를 조직하였으며, 1915년에는 경신학교(儆新學校)에 대학부를 개설, 연희전문학교로 발전시켰다. 1916년 신병으로 귀국, 애틀랜타에서 죽었다. 한국 개화기에 종교·정치·교육·문화 등 여러 분야에 많은 공적을 남겼다.

주요 저서에《말본》,《한국어 소사전 A Concise Dictionary of the Korean Language》(1890),《한국선교 23년 For Twenty-three Years, a Missionary in Korea》(1908) 등이 있다.

아펜젤러(Henry Gerhard Appenzeller, 1858년~1902년)

펜실베이니아주(州) 손더튼 출생. 원래는 장로교 신자였는데, 1876년 감리교로 옮겼다. 1882년 펜실베이니아주 랭카스터의 프랭클린 마샬대학(Franklin and Marshall College)을 거쳐 뉴저지주 매디슨의 드류대학 신학부를 졸업하였다. 1884년(고종 21) 미국감리교 선교회에서 한국 선교사 임명을 받고 갓 결혼한 아내 D. 엘라와 함께 1885년 초 한국에 와 한국선교회를 창설하고 배재학당 (培材學堂)을 설립하였다.

1887년 한국 성경번역부가 생기자 H. G. 언더우드, J. S. 게일 등과 함께 성경 국역 사업에 참여,《마태오의 복음서》,《마르코의 복음서,《고린토인들에게 보낸 편지》(I·II)의 번역을 마쳤다. 한편 1895년 월간잡지《한국휘보 : The Korean Repository》를 복간, 그 편집을 맡았다. 그는 암기 위주인 한국의 교육방식을 이해 중심적인 교육방식으로 고치는데도 크게 공헌하였다. 1902년(광무 6) 목포 (木浦)에서 열리는 성경번역자회의에 참석차 배를 타고 가다가 목포 앞바다에서 충돌사고로 익사하였다. 마포구 양화진 외국인 선교사 묘지에 묻혔다.

(3) 일본

1859년 영국 성공회 존 리깅스(John Liggins), 채닝 윌리엄스(Channing M.Williams) 시작(교육과 언어) 1873년 반기독교 칙령 박해와 신학(개혁주의 신학과 사회 개혁의 신학이 첫 접목의 주류가 됨)으로 성장 저해.

※ 특징 : 토조히코 카가와스(Tojohiko Kagawas, 1888~1960년) – 복음과 사회봉사의 신학, 1944년 카즈오 기타모리(Kazoh Kita·mori)–고통의 신학(Thelogie des Schmerzes Gottes). 신도 – 황제숭배와 조상숭배

※ 결론: 선교의 장애–고도의 문화로 접근 어려움, 유교 불교사상의 사회구조 틀로 반대, 3국 공통–조상숭배, 일본 : 황제 숭배, 중국 : 유교–성선설과 인간은 죄인이다. 기독교의 식민주의와 결탁적 모습, 기독교 배타주의 등

### (4) 필리핀[209]

1876년 로마 가톨릭의 타종교 허용 – 개신교 선교시작(1898)

1838 ~ 1853년 영국성공회(Briitisch and Foreign Society) – 1050여권의 성경, 100권의 신약성경, 1892년 런던선교회(London Mis‐sionary Society) 3명의 선교사 –투옥 1899년 스페인과 미국의 전쟁에서 미국의 승리로 개신교의 제임스 로저스(James B. Rodgers)가 들어감(장로교). 1900년 5명의 여자 감리교 선교사가 들어감. 1907년 장로교와 감리교가 연합하여 신학교를 세움(Union Seminary). - 마닐라 근교.

※ 선교전략 : ① 거점선교 ② 성경공부 반 운영(문맹퇴치의 목적) ③ 신학교 설립 ④ 토착민 지도자 양성 ⑤ 교육선교(사회학, 의학, 경영학, 기술 분야) ⑥ 방송선교

그 외 지역들

### (5) 인도차이나[210]

프랑스 식민지 – 개신교 단절, 미국의 초교파 선교단체인 기독교 선교연맹으로 전도

---

[209] 미국의 필리핀 지배 : 미국・스페인 전쟁 후 필리핀은 미국의 지배하에 들어가게 되었는데, 필리핀은 이에 대해 게릴라 전을 통한 독립 운동을 계속하였다. 그러던 중 필리핀 경제의 대미 의존도가 높아가는 속에서 미국은 부분적으로 필리핀의 자치권을 인정하였다. 1907년에는 국민당이 우세한 가운데 하원이 성립되어 미국 총독은 행정부의 수반으로 남고, 입법부는 필리핀인이 차지하였다. 이후 국민당을 대표하는 오스메냐 쿠에존은 일당 지배의 과두 지배 체제를 확립, 완전 독립을 지향하던 중 1935년에, 10년 후에 완전 독립을 전제로 한 필리핀 점령으로 중단되었지만 동남아시아 여러 나라 중 비교적 식민국의 통제가 가벼운 속에서 독립을 향한 민족 운동을 계속하였다.

▶ 호세 리살(1861~96) : 필리핀의 민족 운동가로 에스파냐 압제하의 필리핀 노예 상태를 통분하여, 저술에 의하여 민족적 자각을 고취하게 하고 독립과 해방의 기운을 촉진시켰다. 그는 1892년 독립 운동의 지도기관인 필리핀 연맹을 결성하여 대 에스파냐 독립 투쟁의 선봉에서 활약하였으나, 1896년 에스파냐 당국에 의하여 처형당하였다. 이 사건으로 필리핀의 민족 운동은 더욱 격화되었고 당황한 에스파냐는 아기날도와 비아크 나바트 조약을 맺어 타협을 모색하였다.

[210] 프랑스의 침략과 베트남인의 독립운동
인도 지배를 둘러싼 패권 투쟁에서 영국에게 패배한 이후, 프랑스는 극동으로 진출을 꾀하였는데 19세기 중엽의 동남아시아에서는 에스파냐, 포르투갈, 네덜란드, 영국 등의 국가에 비해 프랑스의 정치적 진출이 가장 늦은 상태에 있었다. 애로호 사건에서 영국과 협조하여 무력 개입에 나섰던 것을 계기로 프랑스는 베트남에 대해서도 제국주의적 의도를 드러내고 마침내 직접적인 무력침공 정책으로 전환하게 되었다. 월남의 남부는 월남사의 남긴 방향의 종점으로, 월남 전통에 가장 늦게 젖음으로써 남부는 북부나 중부에 비해 월남적 전통이 약하였다. 그리고 이 사실은 남부가 월남 영토 중 가장 일찍이 식민지화 되었다는 사실과 전혀 무관하지는 않다. 월남 남부를 침략의 첫 희생물로 삼았던 프랑스인의 대월남 진출은 아이러니칼하게도 전국적 통일의 바탕 위에 선 최초의 왕조인 완조의 창건과 때를 같이하였다. 완조를 창건한 阮福映(구엔 푹 앙), 즉 후일의 갸롱(嘉隆)제가 서산당에 쫓기어 사이암만의 섬들을 전전하였을 때 프랑스 신부 피뇨가 완에게 구원의 손길을 뻗었다. 피뇨가 얻어온 의용병과 무기, 탄약은 완복영의 대서산당 승리에 지대한 공헌을 하였으며 프랑스는 구완에 대한 군사 원조의 대 가로 베트남 남부 지방에 대한 할양을 요구하여 1859년 가정성(뒤의 사이공, 현재 호치민)을 점령하여 베트남 지배의 근거지로 삼고 1862년에 구엔 왕조와 사이공 조약을 체결하여 코친차이나 동부 3성과 프로콘돌 섬의 영유권을 획득하고 '코친차이나'라 하여 직할 식민지화하였다(1862). 그리고 뒤이어

= 라오스, 베트남, 캄보디아[211]이다.

(6) 인도네시아[212]

네덜란드 선교 – 개신교가 일찍 유입, 독일 선교사 개입함.

---

1873~1885년 사이에 베트남의 중부와 북부를 점령하여 이를 각각 '안남' (1884)과 '통킹' (1884)으로 명명하고 남부와는 달리 명목상 보호령으로 만들었다. 프랑스가 명실공히 베트남을 식민지로 지배하기 위해서는 이 나라에 대해 중국이 가진 전통적 종주권을 파기시켜야 했다. 그리하여 청프 전쟁(1884)을 거쳐 1885년에 톈진에서 체결된 수호통상 화평 조약에 의거, 청국은 통킹에서 철수하고 프랑스의 통킹·안남에 대한 보호권은 승인되었다. 이로써 베트남에 대한 프랑스의 독점적 지배권이 확립되어 1887년에는 프랑스령 인도차이나 연방이 성립되었으며 베트남은 프랑스의 보호령이 되었고 정치적 독립을 상실하게 되었다. 프랑스 지배 하에서도 완조의 군주는 폐위되지 않고 형식상이나마 1945년까지 계속되었다. 1897년 총독이 된 폴 도우메르는 통킹의 부왕을 폐지하고 베트남에서는 추밀원의 권한을 빼앗고 장관이 통치하게 하였다. 이때 총독부는 통화의 통일, 소금·술·아편의 전매 제도 실시를 통하여 재정을 확보하고, 그 수익을 철도·운하·항만 등 공공사업과 문화 사업에 투자하여 통치의 실적을 올렸다. 프랑스 지배 하에서 구지배층은 존속하였지만 공유지는 피탈 되어 전 경지의 6분의 1이상이 프랑스인 농원으로 화하였다. 현물세는 현금납이 되고 알콜이나 아편은 프랑스 상인에 독점되어 폭리의 원천이 되었다. 이리하여 인도차이나는 쌀·고무 등의 식료·원료 산지로 전락하였다. 프랑스 지배에 대한 베트남인들의 독립운동은 전통주의, 민족주의, 공산주의의 세 가지 형태로 나눌 수 있다. 전통주의란 1900년 이전까지의 전통적 문신 계층을 중심으로 완조에 대한 충성심에서 전개된 운동이다. 이 저항운동은 이른바 근왕운동(勤王運動)으로 대표된다. 1900년경부터는 중국어 번역서들을 통해 들어오는 서구의 근대적 사상에 기반을 둔 민족주의 운동이 판 보이 쩌우와 판 쭈 진 등을 중심으로 전개되었다. 유학자 출신 판 보이 쩌우는 중국의 변법 운동이나 일본의 메이지 유신을 본받은 자강 조국을 만들고자 활동하였다. 그는 1906년 월남 유신회를 조직하여 초기의 손문과 비슷한 방법으로 독립운동을 전개하려 하였으나 우선 일본에 접근하여 일본으로부터 무기를 원조 받아 봉기하려 하였다. 그가 단신 일본으로 가서 의지한 사람은 중국의 변법과 망명객 양계초였다. 그의 도움으로 일본의 조야와 접촉하고 이후 일본을 월남 독립운동의 근거지로 삼고자 하였다. 그가 아무 소개도 없이 양계초를 찾아가 독립 운동의 뜻을 밝히고자 필사하여 양에게 준 것이 뒤에 양의 알선으로 1905년에 출판된《월남 망국사》이다. 또한 그는 당시 프랑스가 해외에 정세를 살피거나 신학문을 배우는 것을 꺼려 월남인의 해외 유학을 금지하였는데 이에 대항하여 일본으로 유학을 권장하는 동유운동(東遊運動)을 전개하였다. 한편 판 쭈 진은 근대적 사설 학교인 東京(통킹)의숙에 적극적이었다. 1911년 중국에서 신해혁명이 일어난 뒤에는 그에 자극받아 군주제 아닌 공화제 독립을 꾀하여 1912년 월남 광복회를 조직하여 중국 국민당과 손잡고 광동성 일대를 중심으로 독립 운동에 종사한다. 월남 광복회보다 더 근대적인 독립 운동 조직으로서는 阮大學(구엔 다이 혹)의 월남 국민당과 월남 공산당이 있다. 중국 국민당을 본 따 河內(하노이)에서 결성된 월남 국민당이 1930년 초 조급하게 봉기를 일으켰다가 실패한 다음, 항불 운동의 주도권은 베트남 공산당으로 넘어갔다.

[211] 프랑스의 침략과 캄보디아 : 프랑스가 인도차이나 반도로 침입한 것은 1840년, 몇 사람의 프랑스인 선교사가 베트남에서 현지인에게 살해된 이후로 1858년의 사이공 점령을 시발로 하여 조금씩 박차를 더해갔다. 그로부터 세월이 흘러 1862년이 되자, 코친차이나의 절반을 획득한 프랑스가 다시 북방으로 손을 뻗게 된다. 프랑스는 코친차이나를 영유하고 구엔조를 대신하여 캄푸치아의 종주권을 가지게 되었는데, 이 과정에서 프랑스는 사이암을 무시하고 캄푸치아와 경제적인 관계를 돈독히 함으로써 유리한 지위를 차지해갔다. 이어 1863년에는 노르돔 왕(재위 1859~1904)과 프랑스·캄푸치아 협정을 맺음으로써 이 나라를 보호령(1864~1949)으로 만드는 데 성공하였다. 그 사이 주민들의 저항으로 반란이 일어난 적도 있으나 모두 성공하지 못하였다. 프랑스 판무관이 실권을 잡고, 왕은 국가와 종교의 단순한 상징으로만 머물렀다. 1887년, 캄푸치아는 통킹, 안남, 코친차이나, 라오스 및 중국 국경의 조차지 광저우 만을 포함한 프랑스 인도차이나 연방에 소속되어 식민지 정청의 중앙집권적인 통치를 받게 된다. 한편 노르돔 왕이 죽은 다음에 그의 동생 시오와트 왕(재위 1904~1927) 때에는 앙코르의 유적이 타이에서 캄푸치아로 되돌려졌다.

(7) 남태평양

1858년 존 패이튼[213](1824~1907년)이 뉴헤브라이드 군도에서 선교 시작, 존 윌리암스[214] '태평양의 사도' 1870년 뉴기니 선교사 도착, 선교 500가지의 언어로 둔화.

(8) 인도

윌리암 케리 1858년 영국 재패 － 식민지정부와 사회복지정책 대두, 힌두교의 대립으로 미비한 성장.

(9) 중동

13세기 레이몬드 룰 －모슬렘의 복음화, 그러나 관심 밖이었다. 19세기 중반부터 관심을 가짐. 1890년 미국 개혁교회 선교사 샤무엘 즈웸머(Samuel Zwemer)가 1890년 아라비아 도착 이래 60년 동안 선교를 계속. 미국에 머무르는 동안 잡지 발행《모슬렘 세계》, "이슬람을 위한 사도"로 불리워짐.

① 레이몬드 룰(Raymond Lull, 1232~1316년)

1232년 스페인의 마요르카 섬에서 부유한 가톨릭 집안에서 태어난 룰은 청년시절 허랑방탕한 삶을 살았다. 결혼 이후에도 심지어는 신비한 환상을 경험하며 거듭난 이후에도

---

212) 인도네시아의 역사
　　인도네시아 최초의 왕조는 인도계 이주인들이 중심이 되어 수마트라의 팔렘방을 중심으로 번영을 누렸던 스리비자야(7~14세기)이다. 이 나라는 특히 강력한 해상 세력을 형성하여 수마트라, 자바 서부, 말레이 반도의 대부분을 손에 넣었으며 남중국해 무역의 중심지로서 막강한 부를 자랑하는 국가로 발전하였다. 8세기에는 자바의 중앙에 사이렌드라라고 불리었던 왕조가 일어나 보로부두르와 같은 불교 유적을 남겨놓았다. 이 왕조는 수마트라의 스리비자야 왕조와 밀접한 관계를 유지하였으며 이 두 왕통이 합병됨으로써 한때 남중국해의 강대한 해상 제국이 성립하였다. 그 뒤 중심은 수마트라로 옮겨지고, 자바에는 대승 불교가 쇠퇴, 다시 시바 신앙의 힌두문화가 성행하고 마타람 왕국이 세력을 회복하였다. 사이렌드라조의 변혁은 중부 자바에서 브라만교와 시바 숭배를 부활시켜 마타람 왕국의 발흥을 보았다. 이 왕국은 8세기 중엽부터 11세기 초까지 존속하였는데, 처음의 약 1세기는 중부 자바의 북부지역을 지배하면서 남부지역의 사이엔드라 왕조와 대립하고 있었다.

213) 존 패이튼(John G. Paton, 1824~1906) 스코트랜드 태생인 존 패이튼은 남태평양에서 사역하였다. 뉴헤브리디즈의 아니와라는 작은 섬에서 두 번째 사역에서 많은 원주민들이 그리스도를 영접하였으며 원주민 기독교인들의 도움을 받아 2개의 고아원과 부흥이 계속되는 교회 및 여러 학교들을 세웠다. 개종한 추장의 후원으로 강력한 정치적 영향력을 행사하게 된 패이튼은 청교도적인 엄격한 법률을 만들어 섬 주민 모두가 이를 따르게 했다. 패이튼은 말년에 선교지도자로서 호주, 영국, 미국을 방문하여 자금을 조달하고 뉴헤브리디즈에서 필요한 선교사를 헌신시키는 일을 주로 하였다. 그래서 19세기가 끝날 무렵에는 30명 정도를 제외한 모든 주민들이 복음을 받아들였고 원주민 사역자들을 훈련시키기 위한 학교가 세워져 300명이 넘는 사람들이 공부하였으며 24명의 선교사가 그들의 아내들과 더불어 봉사하였다

214) 존 윌리암스(John Williams, 1796~1839) 태평양 군도에서 일했던 선교사 중 가장 혁신적이고 먼 미래를 바라보고 일했던 사람은 영국 태생의 존 윌리암스였다. 이 지역에 폭넓게 끼친 그의 영향 때문에 "태평양의 사도" 혹은 "폴리네시아의 사도"라고 불리기도 하였다. 그는 원주민 사역자들을 훈련시켜 여러 섬들에 파송하고 자신은 규칙적으로 그들을 방문하여 선교사역을 지도하는 방식을 사용 큰 성공을 거두었다. 그는 복음이 전파되지 않은 섬들을 찾아 에로망고 섬에 도착하였다가 원주민들에게 습격을 당해 창에 찔려 숨을 거두었다.

방탕의 삶은 계속되었다. 그러던 중 주님의 십자가의 환상을 보고 즉시 자신의 죄를 고백하고 재산과 특권을 포기하고 헌신의 삶을 살기로 결단하였다. 그는 수도원 생활에 충실하여 금식, 기도, 묵상훈련에 힘썼다. 그는 또한 이웃에 대한 선교적 책임이 있다는 것을 환상을 통해 깨닫게 된다. 환상 가운데 한 순례자가 룰에게 왜 다른 나라에 가서 그리스도의 복음을 죽어가는 영혼들에게 전하지 않고 자기중심적인 생활만 하고 있느냐며 꾸짖었다. 그 이후 룰은 기독교인을 가장 증오하고 위협했던 회교도들에게 복음 전하는 일에 집중하게 된다. 그는 아랍어 공부, 사건 등 준비 과정의 많은 시련을 극복하고 실제적인 선교사 훈련을 40세가 넘어서 시작하였다. 그는 세 가지 선교전략을 세웠다. ① 변증적으로 전할 것, ② 교육을 시킬 것, ③ 복음주의적으로 사역할 것 등이다. 그는 이 전략에 따라 복음전파사역을 감당하였고, 이슬람교에 대한 기독교적 변증은 선교사역에 지대한 영향을 미치게 된다. 그가 회교도 지식인들을 위해 기독교 신학에 대해 쓴 책은 60여권이 넘는다. 또한 수도원을 세워 복음의 일꾼을 훈련하였고 무모한 일이라는 지탄에도 불구하고 유럽을 위한 선교사 훈련센타를 설립하였다.

일단의 선교프로젝트를 성취한 후 룰은 북아프리카 이슬람교 국가인 튀니지로 향한다. 우려했던 바와 달리 기독교에 대한 공격적인 적대감은 없었지만, 그는 이슬람교들과 "정통성과 복음의 핵심, 중세 신학, 로마 가톨릭 교리" 등에 초점을 맞추어 이슬람교들과 많은 토론을 벌였다. 그의 기독교에 대한 설명으로 여러 반응이 나타났는데, 수긍과 관심 그리고 신랄한 비난과 공격도 받았다. 이로 인해 투옥되어 죽음의 위기에 처하기도 하고 추방을 당하기도 하였다. 추방당한 시기에 그의 2차적 관심사였던 유대인 선교를 통해 박해받던 그들에게 예수 그리스도에 관해 이야기하며 사랑으로 그들을 대하였다. 75세의 나이에 알제리의 버기아에 들어가 사랑과 온화함으로 그러나 복음의 메시지를 강력하게 전하였다. 80세가 넘어서는 튀니지로 다시 들어가 사역을 감당하였는데, 노인이라는 이유로 좀 더 많은 자유를 누리며 복음을 전파하여 몇 명의 개종자도 얻게 된다. 그러나 이슬람선교의 장벽은 점점 높아져갔다고 그는 적고 있다. 1314년 버기아로 다시 돌아간 그는 개종자들을 숨어서 교육하였는데 나중에는 공공장소에서 사랑의 마음으로 진리를 설파하였다. 그러나 성이 난 군중들에 의해 그는 도시 밖으로 끌려 나가 무수한 돌을 맞아 순교를 당하게 된다. 이때 그의 나이 83세였다.

② 사무엘 즈웨머(Samuel Zwemer, 1867~1953년)

즈웨머는 1867년 미시간 홀랜드에서 개혁교회 목사의 열다섯 자녀 중 열세 번째 자녀로 태어났다. 기독교적 배경에서 양육되어 생존한 그의 다섯 형제 중 4명도 목회자가 되었고 누이인 넬리 즈웨머는 중국에서 40년간 선교사역을 감당하기도 했다. 즈웨머가 해외 선교의 필요성을 느낀 것은 호프대학에 재학 중일 때였다. 그는 순회선교 동원가였던 로버트 윌더의 감동적인 설교를 듣고 5명의 학우와 함께 선교사로 자원하게 되었다.

신학교육과 의료교육을 받고 친구인 제임스 캔틴과 함께 개혁교회 선교부에 아랍지역 파송을 요청하였으나 아랍 선교사가 실제적이지 못하다는 당시 선교부의 정책으로 거절 당했다. 그러나 이들은 스스로 미국 아랍선교회를 조직하여 모금운동을 시작하여 1889년 모금여행을 마친 캔틴은 아라비아로 떠났고 1890년 즈웨머도 뒤를 따르게 된다. 페르시아만의 사역 초기는 진전도 없고 반대도 직면한 어려운 상황이었다. 그러나 즈웨머는 낙심치 않고 성공회 선교사들과 동역, 시리아인 개종자와 함께 사역을 계속했다.

1895년 간호사 선교사였던 에이미 윌크스와 결혼하고 1897년 미국에서 안식년을 보낸 후 즈웨머 부부는 바레인의 무슬림들을 위해 사역하였다. 전도지 배포와 노방전도, 가정 방문 등을 계속했으나 냉담한 반응과 더위, 8일 간격으로 어린 두 딸이 죽는 등의 슬픔과 역경을 맞이하게 된다. 1905년 아랍선교회는 4개의 기지를 갖게 되고 비록 수는 적었지만 개종자들도 자신들의 새 신앙을 고백하는 데 비범한 용기를 나타내곤 했다.

즈웨머는 이슬람교권 선교사 총회의 초대의장으로 미국에서 학생자원운동의 순회강사로 사역하고, 개혁교회의 해외 선교부 현지 총무가 되어 다양한 사역을 쉴 틈 없이 감당하였다. 1912년에는 카이로에서 전 이슬람 세계를 위해 선교사역을 통합하기 위한 시도의 중심에 즈웨머가 초청받게 된다. 그래서 즈웨머는 카이로에서 사역을 시작하게 되는데, 그는 카이로의 교육받은 청년들이 서구로부터 온 지식인 선교사들에게 개방적인 것을 알게 되었으며, 무슬림 대학인 알 아스라 대학의 시도사들과도 가까이 할 수 있는 기회를 얻게 된다. 17년간 카이로에 선교본부를 조성하고 이를 통해 전 세계를 여행하여 회의, 기금확보, 다른 지역의 이슬람교들을 위한 선교사역을 감당하는 등 활발한 활동을 하였다.

그의 사역으로 인한 개종자는 적었지만 이슬람권 사람들에게 꼭 복음을 전해야 할 필요성이 있다는 것을 전 기독교 세계에 일깨우게 된다. 말년에 그는 프린스턴에서 가르치는 일을 감당하였고, 40년 동안 〈회교도 세계〉의 편집자로도 일했는데, 허버트 케인에 의하면 이 책은 "영어권에서 회교 선교에 대한 가장 권위 있는 저널이었다"

(10) 아프리카

17세기 사하라 북쪽－모슬렘, 15세기 로마 가톨릭 진출, 1795년 시에라리온 영국 선교

사, 1834년 미국선교사들 리베리아에서 사역 시작, 가나, 나이제리아 등

① 존 반더켐프(John T. Van Der kemp, 1747~1811년)

최초로 남아프리카에 선교사로 온 사람은 네덜란드 출신의 의사였던 존 반더켐프였다. 네덜란드 개혁교회 목사의 아들로 태어난 그는 50세의 나이로 1799년 케이프 식민지에 도착하여 주로 호텐토트족 사이에서 사역하며 몇 번의 좌절을 이겨내고 수백 명의 개종자를 얻었다. 그는 매일 노예무역을 목격하며 대단히 마음 아파 하다가 노예를 해방시켜 주려고 수천 달러를 썼는데 그 중에는 17세의 나이로 그와 결혼했던 말라가시 여인도 있었다. 그는 선교사역을 시작한 지 12년 만에 운명하였지만 런던선교회의 가장 훌륭한 개척자였다.

② 로버트 모팻(Robert Moffat, 1795~1883년)

남아프리카선교회의 창시자로 50년 이상 이 지역 선교에 큰 영향을 끼친 스코틀랜드 출신의 로버트 모팻은 아프리카 선교에 있어 그보다 더욱 유명해진 사위 때문에 오히려 "데이빗 리빙스턴의 장인"으로 더 잘 알려져 있지만 사실 모팻은 리빙스턴보다 더 훌륭한 선교사였다. 그는 복음전파자, 번역가, 교육자, 외교관, 탐험가였는데 이러한 역할들을 잘 조화시켜 선교함으로써 아프리카 선교역사상 가장 위대한 선교사가 되었다.

③ 헨리 스탠리(Henry M. Stanley, 1841-1904년)

사생아로 태어난 파란만장한 삶을 살다가 뉴욕 헤럴드지의 기자가 되어 1871년 데이빗 리빙스턴을 찾기 위해 아프리카로 급파된 헨리 스탠리는 그곳에서 4개월을 지내고 와 "나는 리빙스턴을 어떻게 찾았는가"라는 책을 발간, 즉시 베스트셀러가 되었다. 리빙스턴이 죽은 지 1년 후 그는 아프리카 탐험을 떠났는데 스탠리는 자신을 탐험가이자 무소속 선교사로 생각했다. 선교에 대한 그의 가장 큰 공헌은 데일리 텔레그라프지에 게재한 한 편지로써 그것을 통하여 다른 많은 사람들이 일생동안 했던 것보다 더 많은 선교일꾼을 헌신하게 만들었다. 몸바사로부터 콩고강 어귀까지 아프리카를 횡단하는 999일간의 탐험은 전세계를 자극하여 검은 대륙에 선교사를 보내는 촉진제가 되었다.

④ 데이빗 리빙스턴(David Livingstone, 1817~1873년)

선교역사에 있어 빠뜨려서는 안 되는 이가 바로 데이빗 리빙스턴이다. 그는 영국 빅토리아 시대가 꼭 필요로 했던 영웅이었으며 아프리카선교에 불을 당긴 사람이었다. 그는 웨스트민스터 사원에 묻힐 정도로 확고한 명성을 가지고 있었으며 20세기 중반까지 대부분의 역사가들은 그를 가장 위대한 선교사로 여겼다. 1세기 이상 그는 영어를 사용하는

사람들 사이에서 최고의 영웅이었으며 헌신과 충성의 화신으로서 모든 기독교인들에게 도전을 주었다. 그가 아프리카 선교를 위해 가장 큰 공헌을 했다는 점에는 재론의 여지가 없으나 선교사역 자체에 얼마만큼의 결실을 맺었는가에 대해서는 비판할 점이 없지 않다. 리빙스턴은 사실 그의 많은 전기들이 말하고 있는 것처럼 그렇게 "위대한 성인"은 아니었다. 오히려 그는 소심한데다가 변덕이 심한 사람이었으며 이런 점 때문에 선교사역에 많은 곤란을 겪었다. 그러나 이런 약점들이 있었음에도 불구하고 그는 세상 사람들의 관심을 아프리카 선교에 집중시킨 하나님께서 크게 사용하신 사람이었다. 리빙스턴의 죽음은 많은 사람들에게 엄청난 심적 충격을 주었고 선교의 열풍이 온 나라를 휩쓸기 시작했으며 선교에 대한 희생의 대가가 무엇이든 간에 헌신하겠다는 젊은 남녀의 무리가 줄을 이었다.

⑤ 요한 크라프트(Johann Kraft, 1810~1881년)

─1844년 케냐 도착, 킬만자로 산 발견, 성경 스와힐리어로 번역 ─남아프리카공화국은 19세기 화란 선교사 존 반더켐프(1747~1811) 동부해안 반투족 전도. 후임자 존 필립은 교육과 노예제도 반대에 가담. ─결과 : 식민정부와 협력하여 교육, 의료 등의 지역개발에 힘을 쏟았다.

(11) 중남미

19세기 중반까지 중남미에 들어가지 못했다. 1810~1824년 스페인의 식민지였다. 가톨릭의 막강한 영향력 하에 개신교에 관심이 없었다. 1910년 에딘버러 대회에서는 더 이상 선교지가 아니었지만, 미국 선교단체가 관심을 갖고 선교를 계속함.

① 선교회의 특징

ⓐ 정치적 오해로부터 자유(십자가와 국기), 침투그룹에 포함됨, 3종류의 침투그룹 → 정치적(외교관), 경제적(상인), 문화적(선교사)

ⓑ 식민지 제도에 포함됨, 지리적인 측면 → 십자가 뒤에는 국가→ 트랑케발 → 네델란드 식민지 → 19세기 영국, 아프리카 등으로 옴. 동인도 ↔ 네델란드, 독일, 스칸디나비아 → 식민지 없음 → 집중적으로 선교하지 않음.

미국 ↔ 라틴아메리카 일부 선교지역을 뺀 모든 전 지역.

ⓒ 연대기적으로 동일함. 영국과 프랑스가 식민지 통치 전에 선교사들이 들어감 → 상업과 기독교의 통로 → 선교사들.

② 선교회의 성격

ⓐ 최초 초교파적 → 독일 초기, 런던, 미국해외 선교회 등

ⓑ 교파별 선교회 → 교파와 교단의 감독과 지도를 받음(침례교 선교회, 회중교회).

ⓒ 신앙선교회 → 특정한 교단이나 기관의 지원 없이 파송.
- 제나나 의료선교회(1852)
- 성경의료선교 협의회, 영국 시리아선교회(1860)
- 중국내지선교회(1865), 대서양
- 1860년 - 여성연합 선교회, 1887년 기독교 선교연맹, 복음주의 동맹선교회(1890), 수단내지선교회(1893), 아프리카내지선교회(1895)
- 공통점 - 복음전도, 의료, 교육사업 등

ⓓ 특수선교 → 특정한 계층과 상황 → 유대인, 인디안, 에스키모, 시각장애자, 청각장애자, 군인, 고아, 과부, 방송.

※성서공회(59개 연합성서공회)

영국해외성서공회(1804), 스코틀랜드국립성서공회(1809), 네덜란드성서공회(1814), 미국성서공회(1816), 초교파, 신학적 경향, 지리적 위치에도 상관없이 동역함. 선교사가 배포, 번역에 선교사들 참여. 무료 거부, 저렴한 가격.

③ 선교사의 특징

ⓐ 교육적 → 독일, 스코틀랜드 → 상당한 교육 ↔ 대부분 대학 출신자들이다. 미국 → 명문대학교 및 신학교 출신이다. 영국 → 교육 받지 못함 ↔ 안수 받은 사역자가 아니라 평신도였다. 런던 선교회 최초의 남양군도의 선교단 30명 중 4명만 안수 받음.

ⓑ 허드슨 테일러 → 신앙선교회 ↔ 교육보다 깊은 회심, 사랑에 충만한 자들이었다.

④ 선교사 수용상태 - 무관심, 증오, 투옥, 가옥에 방화, 생명의 위협, 열대성 질병 등
- 영혼에 대한 사랑의 국경을 넘어 세상의 소금과 빛이었다.
- 메시지의 이해는 한없는 인내와 끈기가 필요하다.

미국최초의 선교사 아도니람 져드슨(Adoniram Judson)보다 19년 앞서 떠난 데이빗 조지(David George)나 조지 리슬(George Lisle)로 정리한다.→ 피어슨(P. Pierson)[215]의 새로운 견해로 제시했다.

중국 최초 개신교 선교사 로버트 모리슨은 7년이 지난 후 첫 회심자, 북부 로디지아의 원시감리교는 한 사람을 얻는데 13년 걸림. 타일랜드는 미국 회중교회가 들어온 후 한 사

람의 세례교인도 없이 18년을 보낸다. 1849년 철수했다.

아프리카 → 말라리아, 황열병, 발진타푸스, 이질, 모험과 인내, 빈곤과 질병, 죽음의 연속 등. 알렉산더 맥케이는 우간다를 향해 출발하면서 6개월 내 사망 소식을 들을 것입니다. 계속 보내 주시기 바랍니다라고 말했다. 3개월 → 1명, 1년 지나자 → 5명, 2년 지나자 맥케이 혼자 남았다.

⑤ 탁월한 선교사들

1965년도 선교 연구 도서관에서 발간한 "선교사 열람"(An Initial Bibliography of Missioary Biography) 당시 2586명, 1993년에는 87,932명에 이르고 있다. 최초의 개신교 선교사 → 바돌로뮤 지켄발크(Bartholomew Zigenbalg, 1706) → 트랑케발(Tranquebar) → 타밀어 사전 및 성경번역, 윌리엄 케리(William Carey) → 1792년 인도 → 35개국어로 번역

아도니람 저드슨(Adoniram Judson 1788~1850년) → 1812년 인도 → 1813년 버어마 → 버어마 영어사전 로버트 모리슨(Robert Morrison, 1782~1834) → 1807년 중국

→ 중국 웬리어로 성경 번역과 중국어 사전 편집

→ 1813년 런던선교회 파송자 마일네(William Milne)의 도움으로 1914년 신약성서를 한역, 1819년 성경전체《신천성서》번역

## 3) 19세기 선교의 결과

19세기는 개신교 선교의 뿌리가 뻗어가며, 때로는 움츠리며, 제자리를 잡는(정착한) 시기로 본다. 케인은 라토렛(Kenneth La·tourette)의 7권 기독교 확장사(History of Expansion of Christianity) 중에 3권이 19세기라 하였지만 위대한 선교의 세기라 정의하는 저서는 3권이 아니라 4권이다.

7장의 서론 부분인 개신교 선교의 시작을 18세기 초로 보아야 하며 18세기 말로 보는 것은 잘못이다. 개신교의 세계 선교는 이미 모라비안 교도에 의해 전세계로 뻗어 갔음에

---

215) 폴 피어선( P.Pierson )은 미국 최초의 선교사를 아도니람 저드슨이 아닌 그보다 19년 앞선 1794년 데이빗 조지와 조오지 리슬로 보고 있다.
1794년 노예였던
① 데이빗 조오지는 노바 스코티아(Nova Scotia)에 갔다가 시에라리온으로 감. 서아프리카 최초의 침례교회로 세움.
② 조오지 리슬(George Lisle)은 자마이카로 갔다.(Paul E.Pierson, The Dynamic of Christian Mission : History through a Missiological Perspective, 임윤택 역《기독교 선교운동사》, (서울 : CLC, 2009), 460.))

도 불구하고, 1810년 미국 개신교 해외선교위원회에 초점을 맞추어 19세기를 개신교 선교 위대한 세기로 접근하는 것은 적당하지 않다.

이 시기는 20세기의 선교의 발전과 성숙을 위한 준비 과정으로 보는 것이 합당하다. 케인(Kane)의 글에서도 19세기를 개신교 선교의 확장이라기보다 20세기를 준비하는 시기로 본 것을 알 수 있다.

20세기를 준비하는 선교회의 유형들과 선교사들의 사역의 어려움과 위대한 업적들을 정리한 것으로서 라토렛의 저서는 중요성을 갖는다.

(1) 특징[216]

① 여러종파 및 종교 단체들로부터 다양한 선교단체 등장.

② 영적부흥운동 . 사회개혁운동으로 연결

③ 선교사의 열정과 헌신 : 여성 선교사의 헌신은 선교역사에 가장 위대했다. 선교사는 현지인을 사랑, 현지 문화에 애착심, 현지 언어 배우기에 열심, 성경번역 ― 근대교육제도―현지인의 기독교 잠재력을 인정한 사람 ― 병원을 건설.

④ 근대 성령운동은 선교역량을 1910 에딘버러 세계선교사대회를 집결시켰다.

---

**동유럽의 교회들**
- 터키 제국
  - 1839년과 모하메드교인을 정치상 동등 지위에 두는 법령을 발표했으나 실행되지 아니하였다.
  - 크리미아(Crimea) 전쟁 후 파리 조약 체결로 종교에 관계없이 평등지위를 소유한다는 법령을 발표 1856).
- 그리스
  - 1828 - 1829년 러시아와 터어키 전쟁의 결과로 남부 그리스가 자유를 얻고 영국, 프랑스, 러시아의 보호를 받음.
  - 1833년 그리이스는 콘스탄티노폴리스 대주교의 관리에서 떠남.
  - 오늘날의 그리스 정교회는 국왕이 임명한 공무원에 의해 지배된다.
- 불가리아
  - 15세기 이후 그리이스 교회 대주교의 관할 하에 있었다.
  - 술탄(Sultan)이 불가리아(Bulgaria)인 1만 5천명 학살.
  - 아리스산 수도사 파인트가 불가리아 교회의 독립을 고취시켰다. 1829년 5월 11일에 독립하였다.
- 알바니아(Albania)
  - 1895년 카르드(Card)인의 소행으로 신도 10만 명이 학살당하였다.

---

216) 선교업적
  사회의 폐습을 정리 혹은 경고함으로 개선시킴. 인도폐습→ 소아결혼, 과부재물, 성전 간음, 천민학대 등
  중국→발을 작게 묶는 것, 아편중독, 유아포기 등
  아프리카 → 일부다처제, 노예매매, 쌍둥이 살해 등
  공통점 → 학교와 병원, 여성과 어린이를 존중하게 함, 가난한 자 구제, 영성 교육 실시.
  *영국 글로스터(Glouceter) 지방의 한 신문 발행인

■ 러시아
- 알렉산더 2세 재위시(1855 – 1881) 어느 계급 출신이든지 교직자가 될 수 있게 하였다.
- 1860년에 코카서스(Caucasus)인 전도를 위해 전도회조직
- 1866년에는 모하메드교도 전도 위해 조직하였다.
- 처음에는 반대했으나 국교 외에는 박해하였고 공산 혁명 후에는 종교 자유를 일체허락하지 않았다

(2) 문제
① 선교사들의 우월주의 – 타종교에 무지 – 교파주의에 충실
② 기독교 토착화를 격려하지 못했다.
③ 식민지 체제와 선교사역구도가 유사하다. 선교목적은 회심이 아니라 기독교와 문명 또는 교육으로 씀, 서구문화를 복음과 동일시 보려하는 잘못이다.

## 5. 19세기 선교와 사회사업

1) 노예 폐지 운동
- 영국 왕 윌리엄 1세가 법률로 금함 → 미국에서 퀘이커파가 반대 운동
– 많은 교회 지도자들이 참여 → 1863년 링컨이 해방 선언.

2) 주일 학교 운동

1781년에 영국의 로버트 레이크스(Robert Raikes 1735~1811년)*가 가난한 어린이를 모아 일반 교육을 시키고 후에는 종교 교육만 시킴.

3) 금주 운동
- 1829년 라이먼 비이쳐(Lyman Beecher) 목사의 6회의 금주 설교로 영향. → 1873년 미국 〈여성 기독교 금주 동맹〉을 결성
- 미국 캔자스(Kansas) 등 8개 주, 주류판매 금지 → 영국에서는 주일에 술집 문을 닫음.

---

＊영국 글로스터(Glouceter) 지방의 한 신문 발행인

### 4) 기독교 사회주의
- 영국의 신학자 모리스와 킹즐러, 러들로 중심으로 일어남. 이들은 기독교 사회 문제를 연구하였다.
- 이들의 주장 – 사회주의는 기독교로부터 발생한 것이니 기독교화하여야 한다. 희생 정신과 협력으로 사회문제를 해결 하여야 한다.
- 기독교 사회주의 단체: 성 마태 조합(Guild of Saint Matt‧hews)(고교회파, 1877년), 옥스퍼드 사회 동맹 → 온건파(1880년) 사회주의 동맹(Social Union) → 비국교파(1905년), 독일에서의 운동.

### 5) YMCA
- 1844년 6월 6일 조오지 윌리엄즈(George Williams)가 자기 상점에서 12명의 동지와 함께 시작.
- 1851년 미국 기독교 청년회 설립. → 1855년 파리 만국 동맹 결성. → 1866년 뉴우요오크가 보스턴에 YMCA설립.

### 6) 구세군
- 1865년에 윌리엄 부우드(William Booth) 기독교전도회 조직, 1880년에 구세군으로 개편.
- 군대 조직으로 전도와 구제 사업에 종사.

## 6. 19세기 유럽대륙의 개신교

### 1) 독일
(1) 19C 유럽대륙의 개신교에서 가장 중요한 발전을 함. → 각성운동이 나폴레옹 점령기 동안 프러시아 국가 중심부에서 시작.

(2) 1830년대에 헹스텐베르크의 [복음주의 교회신문]에 의해 이끌어진 더욱 경건주의적인 운동이 영향을 끼침은 프리드리히 빌헬름 3세의 강요에 의해 루터교회와 개혁교회에서 이루어진 1817년의 프러시아 연합 교회에 대한 반발에 기원이 있었다.

(3) "정통루터주의자"들이 생김. → 헹스텐베르크가 1840년경에 경건주의와 관계를 끊

고 이 운동의 대표자가 됨.

(4) 신앙고백적 경향과 연결된 것이 고 교회운동이었다. 주요 인물로는 빌헬름리에와 테오도르 클리포스였다.

(5) 각성운동이 국내 선교로 표출됨.

## 2) 덴마크

(1) 신앙 부흥운동의 다양한 측면에 대한 반응으로 그 어느 때보다도 창조적인 시기를 맞게 되었다.

(2) 부흥운동의 국내선교가 표방하는 경건주의적 요소의 강조는 루터교 교회들의 환영을 받았다.

(3) 낭만주의적 동기와 광교회 측면의 대표자는 민스터였고 고 교회적 측면의 대표자는 그룬트비히로 그는 사도신경을 자신의 토대로 생각했고 현존하는 전통과 교회의 성례의식을 강조하였다.

(4) 키에르케고르는 기독교에 대해 강하게 반발하고 그리스도교 신앙이 역설적이고 실존적인 측면들을 강조하였다.

## 3) 노르웨이

(1) 각성운동의 경건주의적 측면이 특히 강하게 느껴짐 → 하우게는 국가교회의 냉랭함을 맹렬히 공격했다.

(2) 하우게의 뒤를 이은 존슨은 국교인 루터교 교회와 가까운 관계를 유지. 그는 신앙고백주의적인 것을 강조하는 동시에 성직 체제적인 것도 강조했다.

## 4) 스웨덴

(1) 신앙 부흥운동이 다양성을 지니고 있었다. → 샤르타우 → 모리비안의 영향력 아래 있었는데 고 교회를 발전시켰고 성례의식에 있어서는 교회전통의 고대유풍과 성찬에서의 실제적 임재를 강조했다.

## 5) 네덜란드 → 대표적 인물 → 이삭 드 코스타

(1) 영국에서처럼 각성운동의 흐름은 복음전도와 선교와 구제의 과업을 수행할 자발적인 조직망을 만들어냈다.

(2) 합리주의와 각성운동 사이의 긴장으로 분파가 나누어짐. 각성운동의 대표자는 헨드릭 드 콕으로 1834년 콕이 분리해 나갈 때 다수의 사람들이 기존의 네덜란드 개혁교회를 떠나서 기독교 개혁교회를 설립했다.

(3) 엄격한 칼빈주의 복사 → 아브라함 카이퍼에 의해 국가교회로부터의 또 다른 분리가 이루어졌다.

6) 스위스

이곳에서 분립을 "프랑스 개신교의 슐라이에르마허"라고 불리우는 알렉산더비네에 의해 이끌어졌다. 그는 복음주의자들을 억압하는 합리주의자들의 시도에 분을 느껴서 자신은 신앙부흥운동을 지지하게 되었으며 교회와 국가의 분리를 옹호하게 되었다.

7) 선교 단체들이 조직됨

(1) 1815년 바젤 복음주의 선교 단체→ 1821년 덴마크 선교단체

→ 1824년 베를린과 파리의 단체

(2) 1828년 라인강 지역 선교단체

(3) 1836년 라이프치히 복음주의 루터교 선교단과 북독일 선교단

# 7. 각종 신흥 종파들[217]

### 1) 메노나이튼파 교회(Die Mennoniten Mennonite Church)

(1) 원인 : 1512년 쯔빙글리가 교회와 국가의 연합을 제의하였을 때 이를 반대하는 개혁파들이 스위스 쮜리히에서 교회를 설립.

(2) 신조 : 1632년 화란 도르트레히트 회의 18기조를 기초한 것.

"하나님은 창조주, 인류는 타락하였으나 그리스도가 오시므로 회복, 복음서에 기록된 법 순종, 구원을 얻으려면 회개. 자복. 그리스도는 하나님의 아들로 십자가에서 인류 구속, 세례는 신앙의 공적 표시, 성찬은 서로의 단합, 우정 맺음을 표시 결혼생활은 영적으로 같은 사람끼리 무기 사용 외에 정부 방침에 순종, 고의적으로 죄를 범한 자는 출교

### 2) 그리스도 교회(Disciples of Christ)

(1) 원인 : 1801년 장로교 부흥사 P. W. 스톤에 의하여 창설, 부흥회 2만 명이 큰 은혜

## 217) 대표적 이단 종파들

### ◼ 모르몬교(Mormons)
- 명칭 : 미국의 유타주 소올티 레이크 시(Salt Lake City)에 본부를 두고 있는 이 종파는 〈말일 성도 예수 그리스도 교회〉라고 자칭하며 한국에서도 열성적으로 전도하고 있다.
- 창시자 : 조세프 스미드(Joseph Smith)가 18세 때 하늘의 계시에 의하여 옛 예언자 모르몬이 모라산에 감추어 둔 황금판 계시책을 찾아 번역한 것이 모르몬경이다. 1828년에 말일 성도 예수 그리스도 교회를 조직하였다.
- 신조 : 하나님과 예수를 믿음, 죄를 회개하며 성령의 세례를 받기 위하여 사죄의 세례를 받아야 한다.(세례는 침례이며 필요에 따라서는 사죄의 세례를 다시 받을 수 있다. 유아 세례는 없다), 성령은 신격이 없는 힘이다, 사람의 영은 나기 전부터 있어서 많은 영혼이 지상에 오기를 기다림, 예수 재림을 믿으며 예수가 재림하면 자기들이 천년 동안 왕 노릇한다.
- 특색 : 몰몬경에는 없으나 일부다처 제도를 허용한 일이 있었다.

### ◼ 안식교 (제7일 안식일 예수 재림 교회, The Seventh Day Adventists)
- 창시자 : 윌리엄 밀러(William Miller)
- 원인 : 침례교 열성분자들이 성경을 연구하며 자기주장대로 해석하여 선지서 연구결과 재림일자를 발표(그러나 맞지 않았다).
- 주장 : 1884년 재림 심판 후 은혜 문이 닫혔으므로 화이트를 통해서 구원을 얻을 수 있다.
안식일 엄수 주장(주일은 사람이 제정한 것이므로 주일을 지키면 짐승의 표를 받아 멸망한다고 주장). 사신의 특권 → 14만 4천명, 만원 되었다고 주장, 예수의 유죄성 주장, 죽은 후에 영혼은 침묵하며 무의식 상태이다.

### ◼ 여호와 증인(Jehovah's Witnesses)
- 원인 : 차알즈 러셀(Charles Taze Rusell)은 미국 피츠버어그(Pittsburg )조합 교회의 교인으로서 안식교 지도인 J.H. 페이튼의 저서를 읽고 감화를 받아 시작.
- 시기 : 처음에는 〈천년왕국 여명〉〈여명〉〈만국 성소 협회〉 등의 명칭을 사용하였으나 1931년 이 종파 세계 대회에서 〈여호와증인〉으로 개칭(사 13:10 근거).
- 교리 :
1. 그리스도의 신성 부인→그리스도는 하나님의 첫 피조물이다. 피조물 중 최고의 피조물이며, 출생하기에는 미가엘이었고 육신을 이루는 순간 천사적 영체를 떠나서 우리와 같은 인간이 되었다 - 삼위일체 부인.
2. 예수의 부활은 육체의 부활이 아니고 육체는 여호와께서 어디로 옮기신 것이고 새로운 영체를 입은 것이며 승천 후에는 여호와의 최고 집행관이 되었다.(육체 부활 부인).
3. 〈죄의 값은 사망〉 이라는 구절을 특별히 강조한다. 인류는 죄인이기 때문에 죽은 순간에 멸망하고 영혼이 남지 않는다는 것이며 재림 시에는 육체로 부활하여 두 번째 기회를 얻게 되며 그때에도 예수의 구원을 거부하면 멸망이 아니라 자취도 없이 없애버린다고 강조.
4. 창조 후 7,000년에는 그리스도의 왕국이 시작된다. 최초 계산으로는 1872년이 그 왕국의 시작이고 1914년이 세상 끝 날이라 하였으나 여러 번 변경하였다가 지금은 1984년이라고 했다 → 지상 천국 시대.
5. 모든 기성 교회는 마귀의 것이라고 선언.
6. 병역 의무 거부.

### ◼ 크리스찬 사이언스(Christian Science)
성격 : 이 종파는 미국에서 많은 기관과 외국 선교사들을 포용하고 있으나 현대기독교 이단으로서 주목의 대상이 되고 있다.
- 창설 : 1862년 퀴비(P.Quimby)의 최면술에 의하여 소녀 때부터 앓아온 신경통 고질병을 나은 과부 에디(Mary Baker Eddy)에 의하여 창설되었다. 그녀는 병 고치는 능력이 있었고《과학과 건강》이라는 저서에 의한 막대한 수입과 재혼한 실업가의 뒷받침으로 대학 신문사 등을 경영하였다
- 그들의 철학은 일원론적이고 범신론적이며 이상론적이다.
- 종교관 : 하나님은 모든 것 안에 있는 모든 것이다.(원리이지만 인격자가 아니다), 하나님은 선하고, 선한 것은 마음이다. 정신은 전부이며 물질은 없다, 하나님은 전능하고, 인간을 창조하지 않았다, 우주는 창조자가 없고 동시에 존재하였다. 기독교의 근본 교리를 부인하였다.

를 받음. 집회절차가 교회 규례에 어긋났다고 계속 말썽을 일으키므로 장로교에서 탈퇴.

(2) 영향 : 메소디스트 교회가 감독권 반대하여 탈퇴(제임스 오리게 중심), 침례교 신조에 반대하여 분파(아부나 존수 중심) 종파 분열이 심하므로 크리스찬 협회조직(1809년 토머스 캠플 중심으로)

(3) 신조 : 성령을 기초로 초대 교회 회복.

(4) 주장 : 정치는 회중정치, 교회나 교인의 이름은 성경의 이름대로, 세례는 침례, 성찬은 주일마다 실시.

(5) 업적 : 전도회, 선교회, 교회당 건축 회사 등 다방면으로 활동.

### 3) 나사렛 교회(Church of the Nazarene)

(1) 발생 : 미국 남북전쟁 후 각 주에서 일어난 전국적인 성결 운동의 결과이다. 웨슬리의 거룩과 성화에 교리와 신학의 기초를 둔 성결교파 중에 가장 큰 교파.

(2) 교리 : 성화 강조(성화 후 중생함), 교역자와 직원의 성화 체험 주장, 성경의 완전 영감설을 주장, 성경 속의 진리 포함(속죄, 의인, 중생을 통해 양자 부활과 심판), 세례는 물을 뿌리는 것이나 침례를 동일시하였다.

### 4) 무교회주의(Non Churchism)

(1) 일본의 우찌무라 간조(1861~1930)가 제창한 기성 교회에 대한 불만과 독립과 자유가 그들의 중요 신조였다.

(2) 현대교회가 지나치게 비성경적이어서 성경 중심, 하나님 중심, 신앙 중심이 아니다. 그러므로 개혁하여야 한다고 주장하였다.

(3) 〈에클레에시아〉로서의 단체는 인정하나 교역자의 선정과 기타 교회형식과 예전을 부인하였다.

(4) 정신과 조직을 근본적으로 요구. → 한국은 김교신을 비롯하여 함석헌, 노평구, 유달영 등이 있으며 성경연구와 간행물을 발간한다.

### 5) 오순절 교회(Pentecostal Church)

(1) 원인

미국교회 안에서 초대 교회 오순절 성령의 역사를 동경하는 신자들이 조직.

(2) 조직 발전

1898년 남캐롤라이나주 앤더슨(Anderson)에 모여 불세례 성결 교회를 조직, 일부는 오순절 성결교회 조직. 1911년 두 단체가 합동하여 오순절 교회를 조직.

(3) 교리

감리교와 침례교 혼합교리 채용, 성경무오설, 예배는 정적 분위기 중심, 침례는 전신 침례, 성찬은 서로 발을 씻김, 성령으로의 신유 은사 믿음 → 정치 → 감독 정치

## 6) 하나님의 성회(Assemblies of God General Council)

(1) 원인

1914년 미국에서 오순절 교회 목사들과 복음주의파 목사들이 보다 열렬한 복음 전도 사업을 위하여 합동하였는데 각자 본 교회에서 승인하지 아니하므로 하나의 교파가 되었다.

(2) 신학과 정치

열렬한 근본주의자들이며 아르미니우스주의를 그들의 신학으로 하며 교회정치는 장로 정치와 회중정치를 겸한 것을 채택.

(3) 신조

성경의 무오성과 영감성, 확신 인간의 타락과 그리스도의 속량, 성령, 세례와 방언, 신유은사, 거룩한 생활, 예수 재림 강조.

(4) 한국에는 1947년에 들어왔으며 일명 순복음 교회로 알려지고 있다.

## 7) 하나님의 교회(Church of God)

(1) 설립 : 1830년 미국인 톰린슨(A. S. Tomlinson)에 의해 설립

→ 분파 : 톰린슨이 죽은 후 2백여 분파로 분립되었고 교회 수 2,000개.

(2) 조직 : 목사 ⓐ 안수 목사. ⓑ 명 목사 〉 a. 설교 목사 b. 전도 목사. c. 권면 목사.

(3) 주장 : 의인, 성결, 성령의 세례, 방언, 중생, 예수 재림을 맞을 준비 → 예전 : 성찬은 발 씻기기, 세례는 침례.

## 8) 19세기의 선교단체들(초교파 및 선교협의회)

(1) 19세기 후반 – 믿음선교와 성경협회구성

1865년 – 중국내지선교회(China Inland Mission – 현 Overseas Missionary

Fellowship)

1877년 － 기독교 선교연맹(Christian and Missionary Alliance)

1890년 － 복음주의 연맹선교(Evangelical Alliance Mission)

1893년 － 수단내지선교회(Sudan Interior Mission－Society for International Minstries)

※성경협회

1804년 － 영국 및 외국 성경협회(Britisch and Foreign Bible Society)

1809년 －스코틀랜드 국립성경 협회(National Bible Society of Scotland)

1814년 － 네덜란드 성경협회(Netherlands Bible Society)

1816년 － 미국성경 협회(America Bible Society)

(2) 19세기서부터 20세기－ 학생운동이 핵심－ 선교동기부여, 초교파 연합운동

1844년 － 기독청년회(Young Men's Christians Association)

1877년 － 기독 청년 학생회(Inter－Collegiate YMCA)

1880년 － 신학생연맹(Inter－Seminary Alliance)

1886년 － 학생자원운동(Student Volunteer Movement)

1895년 － 세계 기독 학생연맹(World student Christan Federation)

기독학생의 중대한 인물 － John R. Mott(1865~1955)

－ 1910 World Missionary Conference가 주최함.

### 9) 선교 단체와 선교현지 선교사들의 협의회[218]
#### (1) 19세기 선교지에서 개최된 선교협의회들

| | |
|---|---|
| 봄베이 선교협의회(1825. 11.) | • 봄베이에서 4개 선교단체 선교사들 모임 |
| 제1차 북인도선교협의회<br>(1855. 9. 4~7) | • 켈커타에서 6개 선교단체에서 55명 모임<br>• 토착교회 및 여성교육활성 방안 논의<br>• 5년 내에 100명의 선교사 파송을 요청 |
| 제2차 북인도선교협의회<br>(1857. 1. 6~9) | • 바나레스에서 7개 선교단체 31명 모임<br>• 기독교 문서 및 토착인 교육에 대해 논의 |
| 제3차 북인도선교협의회<br>(1862.12.26.-1.2) | • 라호르에서 71명 모임(파키스탄 지역)<br>• '인도의 보편적 교회' 논문 발표 |
| 제1차 남인도선교협의회<br>(1858. 4.19-5.5) | • 우타카문드에서 8개 선교단체 32명 모임<br>• 분할선교정책(Comity) 논의 및 연합 필요성을 강조 |

---

218) 박용민, 《차트선교학》, CLC, 1999,

| | |
|---|---|
| 제2차 남인도선교협의회<br>(1879. 6.11-18) | • 뱅갈로에서 15개 선교단체의 18명 모임<br>• 토착교회 교육문제에 대해 논의 |
| 제3차 남인도선교협의회<br>(1900. 1. 2-5) | • 마드라스. 26개 선교단체 대표 160명 참석<br>토의된 의제<br>① 토착교회-자립, 자치, 자전<br>② 토착단체-선택과 훈련<br>③ 교육<br>④ 판차마족에 대한 운동<br>⑤ 여성문제<br>⑥ 토착신도의 무능<br>⑦ 기독교 문서<br>⑧ 분할선교정책 및 선교지에서의 협력<br>⑨ 선교사 훈련 및 인도인 전도 문제 |
| 제1차 10년제(Decennial)선교대회<br>(1872.12.26 - 1. 1) | • 알라하밧에서 19 선교단체 136명 참석 |
| 제2차 10년제 선교대회<br>(1892. 12. 29) | • 켈커타에서 27개 선교단체 475명 참석 |
| 제3차 10년제 선교대회<br>(1902. 12. 11) | • 봄베이에서 40개 선교단체 620명 참석 |
| 제4차 10년제 선교대회<br>(1812. 12. 11) | • 마드라스에서 55개 선교단체 286명 참석 |
| 일본 최초 개신교 선교협의회<br>(1872. 9. 20~25) | • 요꼬하마 - 4개 선교단체 대표 17명 참석 |
| 제1차 일본 개신교 선교협의회<br>(1878. 5.10~13) | • 미국선교부(American Board)에 의해 소집<br>• 4개 선교단체 47명 참석 |
| 제2차 일본 개신교 선교협의회<br>(1883) | • 오사카에서 22개 선교단체 106명 참석 |
| 제3차 일본 개신교 선교협의회<br>(1900.10.24.-31) | • 도꾜에서 42개 선교단체 442명 참석<br>• 협동/분할 선교정책, 교회 연합 문제 토의 |
| 제1차 중국 개신교 선교협의회<br>(1877. 10. 24~31) | • 상해에서 36개 선교단체 442명 참석<br>• 성경 번역 및 개역에 관한 문제 토의 |
| 대선교협의회(Great Conference)<br>(1907. 4. 5 -5. 8) | • 상해에서 1,000여명 이상 참석<br>• 연합과 협동이 중요 관심사로 등장 |
| 제1차 멕시코선교협의회<br>(1888. 1. 31~2. 3) | • 멕시코시에서 12개 교파 100여명 참석<br>• 카톨릭과의 관계, 성경개역, 분할선교정책 |
| 제2차 멕시코선교협의회<br>(1897. 1. 27~31) | • 멕시코시에서 12개 선교단체 200여명 참석<br>• 멕시코 교회 지도자들도 참석 |

## (2) 19세기 영·미국에서 개최된 선교 협의회

| 영국 | 리버풀(Liverpool) 복음주의 연맹(Evangelical Alliance) 1846. 8. 9 ~ 9. 2 |
|---|---|

복음전파와 선교를 목적으로 조직, 현대선교 및 연합운동에 크게 공헌함-영국과 스코틀랜드 중심 900명 이상, 기관대표가 아니라 개인대표

| 미국 | 뉴욕 선교협의회 (1854. 5. 4~5) | • 스코틀랜드 선교사 더프의 선교 보고 후 개최<br>• 필라델피아 목사들이 개최를 만장일치로 가결<br>• 56명 참석(11명의 선교사) |
|---|---|---|

**토의된 의제**
① 이 세계의 개종은 어느 정도 기대할 수 있는가?
② 하나님이 재정하신 가장 효과적인 복음 전파 방법은 무엇인가?
③ 해외 선교지의 선교활동은 집중/확산 중 어느 것이 옳은가?
④ 여러 선교단체들이 같은 지역에 지부를 설치하는 것이 바람직한가?
⑤ 자격이 있는 일꾼들을 발굴하고 준비시키는 과정은 무엇인가?
⑥ 선교 사역을 돕기 위해 교회의 성도들이 어떻게 협력할 수 있는가?
⑦ 선교 정보를 널리 보급할 수 있는 방법은 무엇인가?
⑧ 이와 같은 선교 대회를 매년 개최하는 것이 바람직한가?

| 영국 | 런던 선교협의회 (1854.10.12-13) | ① 복음주의 선교의 본질적 연합과 협동<br>② 토착 전도 사역을 발전시키는 방법<br>③ 비기독교인들의 개종에 대한 성경적 기대 |
|---|---|---|

| 영국 | 리버플 신교협의회 (1860. 3.19-23) | • 126명 참석(37명-선교사, 52명-선교단체 대표)<br>• 선교사 발굴, 선교지에서 기독교교육, 토착화 등 |
|---|---|---|

| 영국 | 런던 선교협의회 (1878.10.21.-26) | • 34개 선교단체의 160여명 참석<br>• 선교활동 상황을 나라별로 보고함<br>• 허드슨 테일러, 제임스 스튜와트 등이 참석 |
|---|---|---|

| 영국 | 런던 선교협의회(1888) (백주년 기념) | • 139개 선교단체에서 1,579명 참석<br>• 지역 분할 정책, 선교협력, 교회 연합 등<br>• 선교학자 바르넥이 논문 발표함. |
|---|---|---|

| 미국 | 뉴욕 에큐메니칼 선교협의회 (1900. 4. 21~ 5. 1) | • 162개 선교단체의 2,500명 참석<br>• '에큐메니칼 선교대회'라고 불리움<br>• '세계 선교대회"를 위한 국제실행위원회 설치 의결 |
|---|---|---|

| 특징 | ① 선교대회마다 영적 분위기가 극히 고조되었고, 연합과 일치의 마음을 가졌으며, 분열에 대한 아픔을 나누었다.<br>② 선교대회 때마다 토착교회의 성장에 대한 관심사가 잘 나타났음에도 불구하고 백인우월의식이 나타났으며, 선교는 "백인의 과업"이라는 의식을 가졌다.<br>③ 비전을 많이 가졌지만 효과적인 선교정책을 수립하진 못했다.<br>④ 선교대회마다 향후 정기적인 국제선교대회의 필요성을 강조한 결과 [1910년 에딘버러 세계선교대회]와 [1921년 국제 선교협의회]를 조직적으로 준비하는 계기가 되었다. |
|---|---|

# 참고문헌  References

고현봉, 《간추린 교회사》, 서울: CLC, 1991.
김광채, 《근세.현대교회사》, 서울: CLC, 2000.
김기원 · 조병욱, 《동남아시아의 역사와 기독교사》, 서울: 한국기독교말씀사, 1999.
김남석, 《네비우스 선교방법》, 서울: 성광문화사, 1981.
김상근, 《교회사를 바꾼 30명의 인물들》, 서울: 은성, 2003.
　　　《세계사의 흐름을 바꾼, 기독교 역사》, 평단문화사, 2004.
　　　《동서문화의 교류와 예수회 선교역사》, 서울: 한들출판사, 2006.
　　　《인물로 읽는 교회사》, 서울: 평단문화사, 2007.
　　　《기독교 역사》, 서울: 평단문화사, 2007.
김진웅, 《서양사 이해》, 서울: 학지사, 1998.
박은봉, 《세계사 100장면》, 서울: 실천문학사, 2003.
박영환, 《독일 기독교사회봉사실천의역사》, 서울 : 성광문화사, 2015.
박종우, 《중국 종교의 역사》, 서울: 살림, 2006.
서정민, 《한국과 언더우드》, 서울: 한국기독교역사연구소, 2004.
송광택, 《교회사 핸드북》, 서울: 생명의말씀사, 1989.
심창섭. 《박상봉, 교회사 가이드》, 서울: 아가페문화사, 1996.
안영호, 《한국교회의 선구자 언더우드》, 서울: 쿰란출판사, 2002.
이만열, 《아펜젤러 전가》, 서울: 연세대학교출판부, 2007
이장식, 《아시아 고대 기독교사 I》, 서울: 기독교문사, 1990.
임도건, 《근대. 현대교회의 역사와 신학》, 서울: CLC, 1997.
임희국, 《신학의 전망》, 서울: 한국장로교출판사, 2002.
차하영, 《서양사 총론》, 서울: 심구당, 1991.
최수일, 《간추린 기독교 선교역사》, 서울: 예영커뮤니케이션, 2003.
최정만, 《다시 써야할 세계선교역사 1》, 서울: 쿰란출판사, 2007.
가일스 밀턴, 《사무라이 윌리엄》, 조성숙 역, 서울: 생각의 나무, 2003.
곽안련, 《한국교회와 네비우스 선교정책》, 박용규 역, 서울: 대한기독교서회, 1994.
돈 라이트, 《일본선교 기도정보》, 조영상 역, 서울: 예영커뮤니케이션, 2000.
라민 싸네, 《선교신학의 이해》, 전재옥 역, 서울: 대한기독교서회, 2004.
루스 터커, 《선교사 열전》, 박해근 역, 서울: 크리스찬다이제스트, 1993.

루카스 피셔, 《새롭게 보는 교회사》, 주재용 역, 서울: 대한기독교서회, 1998.
루츠 판다이크, 《처음 읽는 아프리카 역사》, 안인희 역, 서울: 웅진지식하우스, 2005.
레라다 유이찌 데라다리사, 《일본선교의 베일을 벗긴다》, 곽영옥 역, 서울: 베다니출판사, 1999.
쏘니아 앰라이트, 《역사와 문화를 알면 선교가 보인다》, 조병욱 역, 서울: 잠언, 1996.
이인하, 양현혜 역, 《기류민의 신학》, 서울: 대한기독교서회, 1998.
존 S. 음비티, 《아프리카 종교와 철학》, 정자홍 역, 서울: 현대사상사, 1979.
필립 샤프, 《사도적 기독교》, 이길상 역, 서울: 크리스챤다이제스트, 2004.
후징초, 이정선 역, 《유미유동》, 서울: 휴먼필드, 2005.
Elgin S, Moyer, 《인물중심의 교회사 》, 곽안전·심재원 역, 《Great Leaders of The Christian Church》, 서울: 대한기독교서회, 1994.
Jonathan Hildebrandt, 《검은 대륙에 뿌려진 복음의 씨앗》, 문전섭 역, 《History of The Church in Africa》, 서울: 한국장로교출판사, 1999.
Justo L Gonzalez, 《현대교회사》, 서영일 역, 《The Story of Christianity》, 서울: 은성, 1987.
두산백과, 네이버백과 그리고 위키피디아 자료, 2016~2018.

# IV

# 20세기 선교의 총체적 성장과 위기

1. 20세기 선교운동의 배경
2. 20세기 선교정책과 전략
3. 20세기 선교정책과 전략의 실제
4. 20세기 선교현장의 모습
5. 20세기 선교신학의 동향
6. 20세기 세계 선교조직과 대회

# 20세기 선교의 총체적 성장과 위기

20세기 세계선교는 19세기의 영적부흥운동, 청교도운동, 개인적 선교 열정과 헌신 그리고 여성 선교사의 놀라운 헌신을 바탕으로 폭발적인 선교 단체와 성장으로 놀라운 결실을 만들었다.

또한 20세기는 격동의 시기였다.[219] 공산국가의 성공과 몰락(1989년), 식민지 전쟁의 후유증으로 서구 선교사 배척운동, 제1, 2차 세계대전(1914~18, 1939~45), 한국전쟁(1950~1953), 베트남전쟁(1964~1975), 경제공황, 실업자, 가난 그리고 억압, 테러(IS), 자유와 평등, 인종차별, 성차별, 인권, 암살 등으로 자유민주주의와 공산주의, 독재와 민주주의 항쟁, 무역전쟁과 난민의 이동, 인권과 권력으로부터 해방과 소망 그리고 평안을 전하는 전령사로 선교가 자리 잡았다. 특히 1910년 에딘버러 선교사 대회는 각개 전투, 개교회 그리고 선교단체들의 독자적이며 일본 소규모 선교의 연합운동을 세계화로 만들었으며, 전 세계가 하나가 된 선교의 세기다.

---

[219] ※정치적 배경- 식민지체제의 붕괴- 독립
    (1) 4가지의 변화 : 외국 종교라는 인식에서 변화, 문화적 제국주의자라는 선교사의 오해에서 변화, 선교사의 역할(주인-동역-봉사) 변화. 선교사들 성령의 능력.
    (2) 공산주의 세력 : 선교사추방 및 선교금지
    (3) 이슬람세력 : 박해, 실종, 순교
    (4) 종교적 배경 : 2가지의 독립체로부터의 도전
      ① 방어적-토착종교를 국교화, 선교사 추방, 법률 제정
      ② 공격적-기독교 성도를 개종시켰다.

# 1. 20세기 선교운동의 배경

| | 세계사 | 동양사 | 한국사 | 선교역사 |
|---|---|---|---|---|
| 20세기 | 1901년 오스트리아 연방 설립<br>1912년 발칸 전쟁<br>1914년 1차 세계대전 (-1918년)<br>1917년 러시아 혁명.<br>1918년 독일 혁명<br>1919년 파리강화회의<br>1920년 국제연맹창설<br>1922년 소비에트 연방 설립.<br>1929년 세계경제공항<br>1933년 독일 나치정권의 수립/ 미국의 뉴딜 정책<br>1934년 히틀러 총통취임.<br>1939년 2차세계대전(-1945년)<br>1943년 이탈리아 항복<br>1944년 노르망디 상륙 작전.<br>1945년 독일과 일본 항복<br>1948년 소련 베를린 봉쇄<br>1948년 이스라엘 건국<br>1952년 미국 수소폭탄 성공.<br>1956년 헝가리, 폴란드 반소 의거<br>1957년 소련, 최초의 인공 위성 스푸트니크 1호 발사<br>1959년 쿠바 혁명/프랑스 드골 정권수립<br>1961년 베를린 장벽<br>1967년 유럽공동체 출범<br>1969년 아폴로 11호 달 착륙.<br>1972년 닉슨의 중국방문<br>1973년 석유파동<br>1979년 소련이 아프가니스탄을 침공함<br>1979년 호메이니가 이란 혁명을 주도함<br>1980년 이란과 이라크 전쟁<br>1982년 이스라엘이 레바논을 침공함 | 1900년 의화단이 베이징 열강 공사관 포위/청 조가 열강에 선전포고<br>1902년 영일동맹(192년).<br>1904년 러일전쟁(-1905)<br>1905년 을사조약체결<br>1910년 일본 대한제국 강점<br>1911년 중국의 신해혁명<br>1912년 청나라가 멸망하고 중화민국이 수립됨<br>1927년 중국 국민당 정부가 수립됨<br>1932년 사우디아라비아 왕국이 성립<br>1937년 중일전쟁<br>1941년 태평양 전쟁 발발<br>1945년 일본이 항복함/ 아랍연맹결성<br>1946년 필리핀 독립<br>1949년 중화인민공화국/ 인도네시아공화국 수립<br>1950년 인도공화국 수립<br>1955년 아시아-아프리카 회의 개최/베트남 공화국 수립<br>1956년 수에즈 전쟁발발, 파키스탄 공화국 수립<br>1958년 이라크 공화국 수립<br>1959년 중국이 티베트 민중 봉기를 강성신압함<br>1962년 중국과 인도의 국경 분쟁<br>1966년 중국 문화대혁명<br>1967년 이스라엘과 아랍 전쟁<br>1975년 베트남 전쟁 종결<br>1989년 중국 천안문 사태<br>1997년 홍콩이 중국에 반환 1999년 지구인구 60억 돌파 | 1900년 경인선 개통<br>1902년 서울-인천 장거리 전화개통<br>1903년 YMCA 창립<br>1904년 한일의정서 강제 체결/ 대한매일신보 창간<br>1905년 을사조약체결/ 경부선 개통/ 손병희 동학 을 천도교로 개칭<br>1906년 통감부 설치/ 경향신문 창간/주시경의 "대한국어문법"이 간행됨<br>1907년 국채보상운동/ 헤이그특사 파견/ 고종황제 퇴위/ 신민회 설립<br>1909년 안중근 이토히로부미 암살/ 나철이 대종교를 창시함<br>1910년 일본 대한제국 강점/ 안중근 여순 감옥에서 사형 당함<br>1911년 항일의병운동이 전국으로 확산됨.<br>1912년 토지조사착수<br>1913년 안창호가 흥사단을 조직<br>1914년 대한 광복군 조직/호남선 완공<br>1915년 경신학교 대학부를 연희전문학교로 개명<br>1910년 박중빈이 원불교를 설립<br>1919년 2.8 독립선언/ 대한민국임시정부수립/3.1 운동<br>1920년 김좌진 장군 청산리대첩/ 동아일보와 중앙 일보가 창간됨<br>1922년 방정환이 잡지 "어린이"를 창간<br>1926년 6.10 만세사건<br>1927년 경성방송국이 방송을 시작<br>1928년 한글날 제정,<br>1929년 인도 시인 타고르가 조선을 "아시아의 등불"로 기고함 | 1910년 에딘버러 세계선교사대회<br>1913년 슈바이쳐 아프리카 선교시작<br>1917년 미국 프린스톤 초교파해외선교협의회<br>1919년 교황 베넥딕도 15세 선교회칙 "막시움 일루드" (Maximum Illud)<br>1921년 국제선교협의회 창설(IMC)<br>1925년 생활과 사업<br>1927년 신앙과 직제<br>1928년 예루살렘 국제선교협의회<br>1938년 인도 탐바람 국제선교협의회<br>1942년 노기남 신부가 최초로 주교가 됨.<br>1943년 미국복음주의협의회(NAE)<br>1945년 복음주의해외선교협회(EFMA)<br>1947년 휘트비 국제선교협의회<br>1948년 제1회 암스데르담 세계교회협의회<br>1949년 중국에 기독교 전파 중지.<br>1951년 세계복음주의협의회 WEF(네딜린드 우즈튼) -2001년 WEA로 변경/ 교황 비오 12세의 선교 서한 "복음의 선포자들"(Evangelii Praecones)<br>1952년 빌링겐 국제선교협의회/유럽복음주의협의회(EWEF)<br>1954년 제2차 에반스턴 세계선교협의회<br>1956년 교황 비오12세 선교 회칙 "신앙의 선물"(Fidei Donum) |

| 세계사 | 동양사 | 한국사 | 선교역사 |
|---|---|---|---|
| 1990년 독일 통일<br>1991년 걸프전쟁과 소련 해체<br>1990년 아라크가 쿠웨이트를 침공함<br>1991년 걸프전 발발<br>1992년 유럽연합(EU) 출범<br>1993년 남아공에서 백인 지배가 종결됨<br>1995년 세계무역기구 출범<br>1996년 복제양 돌리 탄생<br>1997년 영국이 중국에 홍콩을 반환함<br>1998년 유고, 코소보사태<br>1999년 포르투갈이 마카오를 반환함<br>2001년 9.11테러<br>2003년 미국, 이라크 침공 | 2001년 중국 WTO 가입<br>2003년 후진타오 체제성립<br>베이징 6자회담<br>북경 올림픽<br>2009년 일본과 조어도 분쟁<br>중화인민공화국 건국 60주년<br>2010년 중국 상해엑스포<br>2011년 중국공산당 건국 60주년<br>2012년 시진핑체제 출범<br>2018년 시진핑 2차 집권 | 1930년 이동녕과 김구가 한국 독립당 창립<br>1932년 윤봉길의거/이봉창의거<br>1933년 한글 맞춤법 통일안 제정<br>1935년 심훈의 상록수/단성사에서 발성 영화 "춘 향전" 개봉<br>1936년 손기정 베를린올림픽 마라톤 우승(2시간 29분 19초2)<br>1938년 총독부에서 조선어 교육 폐지<br>1940년 광복군 결성<br>1941년 창씨개명<br>1942년 조선어학회사건<br>1943년 일제가 조선에 징병령 실시<br>1945년 맥아더 38선으로 분할정책발표<br>1946년 미소공동의회개최<br>1948년 대한민국정부 수립/북한의 조선민주주의인민공화국 수립<br>1950년 한국 전쟁 발발<br>1953년 한국선생 휴선<br>1954년 독도에 영토 표지 설치<br>1956년 TV방송시작<br>1960년 4.19 혁명<br>1961년 5.16 군사 쿠데타<br>1962년 1차 경제 개발 5개년<br>1963년 제3공화국<br>1964년 베트남 파병<br>1965년 한일조약비준<br>1967년 2차 경제 개발 5개년<br>1968년 향토예비군 창설<br>1969년 삼선개헌안 표결/강릉-서울 국내선 북한으로 납치됨.<br>1970년 새마을 운동 시작/전태일 분신자살<br>1971년 서울 대연각호텔 화재로 165명 사망<br>1972년 3차 경제 개발 5개년 계획/ 7.4. 남북공동성명/ 제4공화국<br>1973년 6.23.평화통일원칙 선언/ 김대중 동경에서 납치됨 | 1958년 가나 국제선교협의회<br>1959년 교황 요한23세의 선교회칙 "사목자들의 원리"(Princeps Pastorum)<br>1961년 제3차 뉴델리 세계교회협의회/국제선교협의회 통합<br>1962년-1965년 제2차 바티칸 공의회<br>1963년 멕시코 세계선교와 복음화위원회<br>1965년 제2차 바티칸 공의회 의 "선교교령" (Ad. Gentes)<br>1966년 휘튼 교회세계선교대회(4월)/베를린 세계복음화회의<br>1968년 제4차 웁살라 세계교회협의회<br>1969년 김수환 대주교가 추기경이 됨.<br>1970년 프랑크푸르트 선언<br>1973년 방콕 세계선교와 복음화위원회<br>1974년 1차 로잔 세계복음화국제대회<br>엑스포 74-빌리 그램함 목사 초청<br>1975년 제5차 나이로비 세계교회협의회/교황 바오르 6세의 사도적 권고 "현대의 복음 선포"(Evangelii Nuntiandi) 반포 |

| 세계사 | 동양사 | 한국사 | 선교역사 |
|---|---|---|---|
| | | 1974년 남북 불가침 협정/ 평화통일 삼대 기본원칙/ 육영수여사 피살<br>1975년 민방위대 조직.<br>1977년 수출 100억불/ 원자력 발전시작/ 도일방직여성 근로자 탄압/이리역 폭발<br>1978년 자연보호헌장 선포<br>1979년 10.26 사태/12.12사태/ 박정희 대통령 피살/ 최규하 대통령권한 대행/ 전두환 쿠데타<br>1980년 5.18 광주민중항쟁<br>1981년 5공화국/ 전두환 12대 대통령 취임<br>1982년 5차 경제 개발 계획 시작<br>1983년 KAL피격사건/ 아웅산 묘소 폭파사건/ KBS TV 이산가족 찾기 운동<br>1984년 남북경제회담 개최<br>1985년 남북이산가족 상봉<br>1987년 대통령 직선제 헌법 개정/ 박종철 고문치사/ 이한열 열사 사망<br>1988년 6공화국 북방외교선언/ 한겨레신문 창간/ 전두환 백담사행<br>1989년 폴란드, 헝가리와 국교수립(최초로 공산권 국가)/ 정주영, 문익환 임수경 북한 방문.<br>1990년 소련과 국교수립<br>1991년 지방의회선거/유엔 남북 동시가입<br>1992년 14대 대통령 김영삼 당선/ 다미선교회외 시한부 종말론이 사회적 물의를 일으킴<br>1993년 김영삼 문민정부 출범/ 국군 상록수 부대 소말리아 파병/ 서해 패리호 침몰로 292명 사망<br>1994년 김일성 사망/ 한국 최초의 남극 탐험<br>1995년 지방자치선거 실시/ 조선총독부건물 해체<br>1996년 초등학교를 초등학교로 변경/서울 버스전용 차선제 실시<br>1998년 김대중 정부 출범.<br>1998년 금강산관광 시작<br>1999년 대우그룹몰락. | 1980년 멜버른 세계선교와 복음화위원회/파타야 세계복음화대회와 그랜드 래피드즈 협의회<br>1983년 벤쿠버 세계교회협의회<br>1984년 한국인 순교자 103위가 서울에서 교황 바오르 2세에 의해서 시성됨<br>1988년 한국복음화대성회<br>1989년 산 안토니오 세계선교와 복음화위원회/2차 로잔 마닐라 세계복음화대회<br>1990년 교황 요한 바오르 2세의 선교 회칙 "교회의 선교사명'(Redemptoris missio)<br>1991년 제7차 호주 캔버러세계교회협의회<br>1996년 살바도르 세계선교와 복음화위원회<br>1998년 제8차 짐바브웨 세계교회협의회 |

| | 세계사 | 동양사 | 한국사 | 선교역사 |
|---|---|---|---|---|
| 21세기 | 2000년 광우병 유럽 확산<br>2000년 폴란드 레흐카 친스킨 대통령 일행의 비행기추락-전원 사망<br>2011년 프랑스 부르카 금지법<br>세계인구 70억 명 돌파<br>2012년 브리태니커 백과사전 종이책 출판금지 | 2000년 인간게놈지도 초안 발표<br>2001년-2016년 일본과 위안부문제, 독도문제, 한일정상회담 개최, 북한 미사일 발사 등에 공동대처<br>1997년-2002년 중국공산당 총서기겸 국가주석 장저민.<br>2001년 WTO 중국 가입/9.11테러<br>2003년 최초의 유인 우주선 선저우 5호 발사/미국 이라크 침공<br>2007년 최초의 달 탐사선 창어 1호 발사<br>2008년 베이징 올림픽 개최<br>2002년-2012년 후진타오 국가 주석<br>2011년 일본 후쿠시마 원전 참사<br>2012년부터 현재 국가주석 시진핑. | 2000년 남북정상회담(김대중-김정일)/ 김대중 대통령 노벨 평화상<br>2001년 IMF 차입금 전액 상환<br>2002년 한일월드컵 개최<br>2003년 노무현 참여정부<br>2003년 이라크에 자이툰 부대 파병<br>2004년 김선일씨 피살고속철도 개통<br>2005년 황우석 사건/뉴라이트전국연합 출범<br>2006년 반기문 유엔 사무총장 선출<br>2007년 샘물교회 봉사단 아프간 피랍/ 남북 정상 회담/ 태안기름유출 사건/한미 FTA<br>2008년 숭례문 화재/ 미국 오바마 대통령 당선/광우병 파동<br>2008년 이명박 정부<br>2009년 노무현 전대통령 서거(5월23일)/ 김대중 전대통령 서거(8월18일)/김수환 추기경 선종(2월 16일)<br>2010년 천안함 침몰/ 연평도 폭격<br>2011년 청해부대 삼호 쥬얼리호 인질 구출/ 김정일 북한국방 위원장 사망<br>2012년 박근혜 여성 대통령 당선<br>2013년 북한 미사일 발사/지하 핵실험 성공/ 개성공단 완전 철수<br>2014년 세월호 침몰사건/ 프란체스코 교황 방문<br>2015년 김영란법 통과/ 메르스 사태/ 북한 목함지뢰폭발사건/ 역사교과서국정화 작업시작<br>2016년 북한의 4차 핵실험/북한 광명성호 발사/개성공단 가동중단/ 5차 핵실험/ 김영삼 전 대통령 서거/ 영국 브렉시트/ 트럼프 당선/ 최순실 국정 농단 사건 | 2004년 파타야 로잔포럼과북음화대회<br>2005년 아테네 세계선교와 복음화위원회<br>2006년 제9차 브라질 세계교회협의회<br>2010년 2차 케이프타운 세계복음화 국제대회<br>2013년 10차 세계교회협의회<br>2016년 한인선교사 증가율 0%<br>2018년 선교사 탈진 및 탈락 44%(2012~2014)<br><br>2018년 4월 27일, 5월 26일, 9월 18일 남북정상회담 6월 12일 북미정상회담<br>2019년 2월 27일-28일 2차 북미정상회담 (하노이) |

19세기의 선교사와 선교회의 준비와 노력은 20세기에 모습을 드러내게 되었다. 먼저 20세기를 뒷받침한 3종류의 선교운동과 발전 그리고 시대적 배경을 살펴본다.

19세기 낙관적 철학과 신학의 격정적 태동은 전 세계가 유럽의 거대한 과학과 서구문명으로 정복 될 것이라는 사실에 집중되었다. 그렇게 하는 것이 하나님의 섭리와 계획으로 알고, 서구를 제외한 전 세계를 하등문명으로부터 구원해 내야만 한다는 이타적 사고의 틀에 사로잡혔다. 양차 세계대전을 끝으로 서구기독교는 회의주의와 세속주의, 거대한 반 자본주의 세력의 등장과 공산주의 세력의 성공과 몰락으로 서구중심의 기독교는 제3세계의 기독교로 중심이 이동되었고, 도리어 서구국가들이 선교지가 되어져가는 양상을 본다.

1930년 바티칸과 히틀러의 연합, 아직 세계교회협의회는 만들기 전이었다. 오직 국제선교협의회가 1928년 예루살렘과 1938년 탐바람회의 정도로 기독교 안에서 움직임이 있었다. 그럼에도 불구하고 세계 선교는 19세기에 이어지는 모습이었다.

### 1) 신앙 선교 운동[220](Faith Mission)

초교파, 주님께 모든 것을 의지함. 독점력이 없음, 빚을 지지도 않는다. 다른 교단과 경쟁 없다.

① 변함없는 영적 능력 (enduring quality) －선교역사가 100년을 넘는다.
② 계속적인 동적 성장 (steady and dynamic growth) －세계의 대규모 선교회는 대부분 여기에 속함.
③ 창조성 (Creativity) －방송, 비행, 성경, 통신강좌, 복음의 녹 음화, 카세트, 침투 전도, 신학교육 등
④ 지원－침례교와 일반지원

---

220) Klaus Fiedler, Ganz auf Vertrauen, Geschichte und Kirchenverstaendnis der Glaubensmissionen, Brunnen Verlag Giessen/Basel, 1992. 9-24.
 복음주의선교운동사는 1792년 윌리암 케리의 인도선교를 중심으로 이전과 이후로 나뉘어진다. 이전을 "근대 이전의 선교(Vorklassische Mission)－1701년 영국의 토마스브래이(Thomas Bray)는 1699년 기독교지식전도회(SPCK)를 설립하고 1701년 해외복음선교회(SPG)를 조직함－해외에 가있는 영국민과 주된 관심은 기독교 문서를 식민지 국가들에 공급하는 것이다. 웨슬레도 이 선교회를 통해 조지아주로 1735년 선교사로 파송됨. 윌리암 케리의 선교는 1792년 침례교선교협의회를 기준으로 근대선교로, 근대선교 이후 선교(Nachklassische Mission)는 1829년 자유선교사-Karl Guetzlaff(1803-1851), 비교회선교사-Anthony Norris Groves Mission in Bagdad, 믿음선교 1865년 중국내지선교회(CIM) 허드슨 테일러(1832-1905).

## 2) 성서 학원 운동[221]

1880년 북미지역에서 시작(1962년 성서 학원사를 보면 247개소가 미국과 캐나다에 있다) – 초기 + Nyack ; 1882, Moody; 1886, Ontaris; 1894, Barrington; 1900

성서학원운동은 1882년 나이액선교대학이 생겼으며, 1889년 무디성서학원이 공식적으로 등장함.

독일의 성서 학교 운동은 교회 공동체 안에서, 멀리 떨어진 지역에서 공부하는 매체로 이해된다. 출발은 신앙이 깊은 개인적인 체험으로 교회에서 일하는 동역자을 위한 기관이었다. 특히 선교지에서 중요한 기관으로 자리 잡았다. 19세기말과 20세기 초에 형성되었다. 독일의 공동체운동으로 선교와 복음전도를 위한 과정으로 1898년 Bibelhaus Bad Freienwalde(Malche), 1905년 Allianz - Bibelschule in Berin(Wiedenest) 이후 Morgeblaendische Frauenmission, Liebenzeller Mission, 후에는 산업화로 이어지면 교회공동체 동역자 양성, 사회봉사기관의 여성 사역자등에 나타났다.

특징 : 전도와 성경교육. 신앙의 선교사를 배출함. 1977년 약 69개, 유럽에 69개(대륙 40개, 영국 29개)

- 선교회원과 선교사는 성경학교에서 충당
- 사업은 전도와 교회개척에 주력 – 의료 병원과 교육기관(대학교 없다, 성경학교다)
- 근본주의 5대 주장을 고수한다. 강한 교리적 주장을 한다. 동정녀 탄생, 예수그리스도의 신성, 성서의 영감설, 그리스도의 보혈, 구원, 부활과 재림을 선포한다. 이것은 19세기 이성주의에 반대하여 나타났다. 반지성주의, 성서를 단순함으로 해석한다.

## 3) 학생 자원자운동[222] (Student Volunteer Movement)

근거 : 프린스턴 대학의 졸업생인 로버트 윌더(Robert P. Wilder)의 선교비전, 무디(D. L. Moody)의 영적능력. 코넬대학교의 학생이었던 조직력의 존 모트(John R. Mott)가 조직체로서의 출발 1886년 메사추세츠주의 헤르몬산(Mt. Hermon)의 무디 수양관에서 프린스턴 서약 "본인은 하나님께서 허락 하신다면 해외 선교사가 되기를 원합니다." 1888년 뉴욕에서 해외 선교 학생 지원자의 조직. 회장: 모트, 여행총무에 로버트 윌더. "우리 세대에 복음화 를"(Evangelization in this Generation) 슬로건으로 시작되었다.

---

221) RGG4, Bd.1, 486-487, 기독교 대백과 사전, 9권, 110)
222) Paul Pierson, 기독교 선교운동사, 517-520

1806년 윌리엄스 대학의 건초더미 기도회(Haystack Prayer Meeting)에서 선교가 시작됨. −1808년 윌리암스 대학 형제회 구축함, 1868년 527명의 졸업생이 회원이 되었고, 절반이 해외선교사가됨. 선교문제연구소가 창립됨.

1840년 로버트 월더가 앤도버 형제회 소속 선교사 활동하다, 병환으로 프린스턴 으로 이주함. 세계 선교 리뷰의 편집장이 됨. 아들 로버트는 프린스턴 대학생이 됨−활동, 딸 그레이스는 여성선교사를 파송하던 마운틴 홀리요크 대학(Mount Holyoke College) 이들을 모아서 프린스턴 해외선교회를 조직함. 1885년1886년 정기적으로 모임을 갖음.

이것이 학생자원자운동(Student Volunteer Movement)이다. 1885년 루터 위샤드(Luther Wishard)는 학생수양회를 인도함. 무디를 설득함 헐몬산 집회

코넬대학학생인 존 모토는 YMCA 지도자가 됨, 피어슨은 "모두가 가야한다, 모든 곳으로"이 간단한 문구로 100명의 학생이 선교사로 헌신함.

## 2. 20세기 선교정책과 전략

선교의 가장 큰 장애는 서구 식민지의 잘못된 경험과 제국주의의 억압과 고통으로 인해 나타났다. 이는 선교지에서 선교사의 사역을 강력하게 탄압하는 요인이 되었다.[223]

1960년대 이후 서구 선교사 배척은 제임스 쉐러(James A. Scherer)의 '선교사여 고국으로 돌아가자' 랄프 도지(Ralph Dodge)의 '인기 없는 선교사' 등으로 나타났다.[224] 세계선교는 선교지에서 민주주의, 토착 종교, 억압과 해방 등으로 인해 통전적 선교 및 종합석 선교 등으로 정책과 전략이 제기되었다. 선교운동으로 에큐메니컬 선교 운동과 복음주의 선교 운동으로 나뉘어 지금까지 내려오고 있다.

---

[223] 식민지주의 선교는 선교현장을 순수하고 깨끗한 영역으로 접근하다가, 서구문명과 비교하여 낙후된 문명– 이둠과 무지한 지역으로 해석하면서, 선교현지인을 교육시키고 훈육하고 시도하려는 시도였다. 문제는 현지 문화의 몰이해이다. 서구적 세계관을 강제로 주관하려는 경향성과 식민지로부터의 독립운동을 저해하기도 하였다. 그 결과 식민지의 독립은 서구선교사 배척운동을 촉발시켰다.

[224] 초기 P.Schuetz, Zwischen Nil und Kaukasus,Muenchen, Chr. Kaiser Verlag, 1930. 1953년 David Paton, Christian Missions and the Jugend of God, London, SCM Press, 1953. 오차드(R.K.Orchard)의 시련기에 있는 선교 (Mission in a Time of Testing), 제임스 쉐러(James A. Scherer)의 선교사여 고국으로 돌아가라!(Missionary, Go Home), 랄프 도지(Ralph Dodge)의 인기없는 선교사(The Unpopular Missionary), 존 카르텐( John Caeden)의 추한 선교사(The Ugly Missionary), 1981년 제임스 헤시히(James Hessig)의 기독교 선교를 "이기적 전쟁"으로 표현함. (David Bosch, 변화하고 있는 선교, 24-25)

### 1) 선교전략의 배경[225]

20세기 선교전략의 배경은 2번의 세계대전, 지역분쟁, 공산권의 붕괴, 영토분쟁, 테러, 난민, 인터넷의 발달, 서방의 일부지역에서의 기독교의 몰락, 세계종교와의 장벽, 영적 전쟁, 능력대결, 경영적 선교학, 변화하는 지식기반, 세계기독교, 창의적 접근으로 선교 플랫홈, 신기술 등으로 선교현장과 파송국가, 선교단체의 총체적-통합적 변수와 요인들이 서로를 붙잡고 있다.

(1) 서구의 탈기독교화와 타종교인들의 대규모 이동과 거주로 인하여 서구의 기독교는 불교, 이슬람, 많은 토착 신앙의 신자들 종교적 다원주의 속에서 죽어가게 되었다. 타종교인들의 적극적인 삶은 선교의 공격성을 드러나게 한다.

(2) 선교사-철수-서구인들의 선교지에서 정복과 착취 그리고 억압과 박해는 선교지의 민족주의를 불러일으키고, 선교의 적대세력, 나아가 선교사 철수를 만들었다.

(3) 세계선교는 선교현지의 자율에 가치를 둔 제3세계의 신학들, 해방신학, 흑인신학, 상황, 민중, 아프리카, 아시아 신학 등으로 대체되어 간다.

(4) 세계선교현장은 부자와 가난한 자의 분노와 좌절로 양분화 되었다. 가난한 국가, 기독교인들에 관해 새로운 정책과 전략에 관한 이해가 필요하다. 복음주의 노선에서 일부 몰지각한 이해와 에큐메니칼의 기독교 정체성 상실에 가까운 선교접근은 기독교의 위기를 만들어낸다.

(5) 컴퓨터와 인터넷, 스마트폰 등의 과학과 기술의 발전은 선교의 불필요함을 만드는 것처럼 보인다. 선교현장의 삶의 위기와 과제에 선교적으로 적절한 대응이 없이는 선교는 위기로 추락 될 수 있다.

(6) 세계 젊은이들, 아이들에 관해 미래 선교정책과 전략이 있어야 한다. 하나가 된 세계는 동일 된 이슈와 이해 그리고 의견을 가진 사회, 정치적 과제에 공동으로 대응하고 있다. 그러므로 선교는 공감대 형성을 바탕으로 전개될 때 효율성을 극대화 할 수 있다.

(7) 급변하는 선교현장, 예측불허의 선교현장, 기독교의 정체성 정립이라는 보기에 강력적인 선교형태보다, 우회적이며 보안적이며 포용적 선교현장의 이해로, 선교의 포괄적 정책이 성립되어야 한다.

---

[225] Michael Pocok, Gailyn Van Rheenen, Dougless McConnell, 변화하는 내일의 세계선교. 박영환, 백종윤, 전석재, 김영남 번역, 도서출판 바울, 2008.

(8) 복음의 정체성[226] 강조는 선교현장의 타종교들로 갈등과 위기를 유발할 가능성이 짙다. 지혜로운 선교, 강함의 이미지보다 감성적 선교로 복음을 설명해 나가는 지혜로운 선교가 요구된다.

(9) 선교사들 철수 －원인－피선교지 교회 자립으로 정책전환, 민족주의로 사역의 어려움, 자유주의 사조로 목회자 감소, 교회의 선교지원 삭감.

## 3. 20세기 선교정책과 전략의 실제[227]

선교정책과 전략은 선교현장을 중심으로, 선교 대상을 파악하고 선교의 효과적인 결과를 만들어 내기 위한 대책과 방법이지만, 언제나 성경을 중심으로 복음의 완벽한 내용으로 제시되었는가?

예수 그리스도의 제자가 되어가는 삶은 살아가는 것까지 이끌어 낼 수 있어야 한다. 그럼에도 불구한 선교정책과 전략은 효율성과 극대화다. 주로 현상학적 이해와 결과론적 가치로 평가되고 있고, 평가 되어졌다.

1) 단기 선교의 활성화와 선임선교사의 헌신율: 단기선교는 선교 현장을 먼저 이해 시켜줌으로 차기 선교의 도전에 준비하며 전임 선교사 헌신에 적극적 계기가 됨. 선교사의 문화적 이해의 중요한 기회가 됨으로 선교의 폭발적 성장을 이루어 냈다.
2) 선교의 기본적 기초를 선교사상으로 고백하며 정책과 전략을 세워야 한다.
- 기초는 기독교 구원의 절대성, 예수 그리스도의 불변성, 모든 사람이 구원의 대상이라는 수용성과 세세 각국의 기독교처럼 모든 국가에 적응성이다.

---

[226] 선교에서 복음주의 정체성은 영적 능력과 직결된다. 세계종교의 부흥의 원인이 영적 능력임을 기억해야 한다. 방해와 장애물이 있다고 구원의 열정을 접어서는 안 되며, 방향을 바뀌어도 안 된다. (참고: 고린도후서 4장 4절 : 그 중에 이 세상 신이 믿지 아니하는 자들의 마음을 혼미케하여 그리스도의 영광의 복음의 광채가 비취지 못하게 함이니 그리스도는 하나님의 형상이니라.)

[227] 박영환, 《선교정책과 전략》, (인천: 도서출판 바울, 2006).
선교정책이란?
선교목적을 방향성으로 보고, 선교목표를 이루기 위한 선교단위로 국가를 대상으로 한다. 가치적 의미를 둔다. 선교전략은 지역단위로, 짧은 기간 동안, 효율적 가치를 만들어낼 수 있는 전술적 과제를 전략이라고 한다. 실제적 행동, 결과를 유출해 낸다. (참고: 박영환,선교정책과 전략, 29-35)
참고문헌: 전석재, 21세기 세계선교전략, 도서출판 대서, 2010. 변화하는 현대선교전략, 대한 기독교서회, 2014.
김은수, 《해외선교정책과 현황》, (서울: 생명나무, 2011).

- 현지 교회가 자립, 자치, 자전하기까지 선교 기관이 감독 및 지원해야 한다.
- 선교현장의 처해진 상황에 관심을 두며, 상황에 답을 주도록 선교 과제가 제시되어야 한다.

3) 선교는 삶의 현장에 개인적, 영적, 사회적 그리고 물질적 영역과 연계되어 있으므로 정책과 전략을 한쪽 면에 치우쳐 세우는 것은 부당하다.

4) 선교정책과 전략의 유형

(1) 방송선교 - 1931년 에쿠아도로에서 시작으로 전 세계의 중요한 선교전략임

(2) 성경통신강좌 · 통신 수업으로

(3) 교회성장, 심층전도, 연장교육 도날드 맥가브란(Donald A. McGavran)에 의해 설립 목적 : 회심자 많이 얻고 교회 설립(교회성장회보, 교회성장 도서클럽, 윌리암 케리 도서관 사업) 심층전도(Evangelism-in-Depth)[228]

(4) 벤처선교[229]

(5) 이주정착선교 - 체류문제로 고민이 되는 선교지역의 정착 방법

(6) 비즈니스선교[230] - 과거 공산권이나 아프리카 등의 저개발국가에 유효함

(7) 전문인선교 - 김태연 교수-직업을 가지고 선교 · 선교 제한 지역 선교사역

(8) 의료선교[231] - 병원선교

(9) 교회성장운동

(10) 미전도 종족 선교

(11) NGO선교, 개발선교

(12) 총력선교-산업이주단지선교

(13) 직장선교 - 일터 선교[232]

5) 선교정책과 전략의 동력화

① 풍성한 수확 - 풍성한 파종

---

[228] 케네스 스트라켄(R. Kenneth Strachan) - 남미 선교사에 의해 시작
목적 : 모든 지역사회의 조건들을 총 동원하여 전도함. 명칭의 다양성 - 나이지리아에서 새 생명, 자이레에서 만민의 그리스도, 일본에서는 동원전도, 과테말라에서는 복음전진 등
피터스 교수-총력전도

[229] 벤처선교(Venture Mission)-일종의 소규모 기업선교. 전방개척선교의 한 유형으로 본다. 다른 표현으로 IT선교.

[230] Business as Mission 혹은 Business for Mission. (BAM)- 네스토리안부터 모라비안, 케리 등에 의해 전파되었다. holistic Mission으로 보기도 함.(2004, 로잔의 사역, Workplace Ministries)

② 그리스도의 협력 — 전도
③ 자신의 자원을 최고로 사용함(하나님은 그 이상을 증가시킨다)
④ 헌신된 소수가 온 국민에게 영향을 끼침. 연장 신학교육(Theological Education by Extension) — 랄프 윈터(Ralph Winter)가 주도적 인물, 교회 성장을 통한 목회자의 영적 교육의 어려움을 단시간에, 한 장소에서 모여, 상담, 시험, 공부한 것 점검 등

## 4. 20세기 선교현장의 모습

1) 카리스마 운동 — 오순절 운동
2) 선교의 국제화 — 독일, 영국, 미국 그리고 한국, 인도네시아, 아르헨티나, 브라질 등
3) 문서선교, 세계 · 160여 개소 인쇄
4) 제3세계 해외선교 자각 — 한국, 일본, 필리핀이 주도 세력
5) 1970년 6개 자치 교회가 아시아 기독교 선교 동맹회 구성.(CCA: Christian Conference of Asia)
6) 1978년 홍콩 — 세계복음화 중국대회

---

[231] 의료선교 혹은 Aerztliche Mission: 선교는 의사와 약품 그리고 간호 등으로 16세기 파트로나트 선교(Partronatsmission)로 중국, 일본 라틴아메리카 등에서 이루어졌다.
1215년 제4차 라테란 공의회에서 치료, 약품, 환자를 돌보는 박애선교로 비쳐졌다. 1729/30년 덴막-할레선교회에서 Caspar Gottlieb Schlegelmilch를 트랑게발에 의료선교사역자로 파송함. 1825년까지 4명의 의사를 남인도 등으로 계속 파송함. 1735년 모라비안교도 Theodor Wilhelm Grothaus 의사를 서인도에 파송함. 18세기까지 27명의 의료선교사들을 파송함.
Guetzlaffs와 Thomas Richardson Colledge(1797-1879)가 1838년 2월 21일 Canton에서 중국의료선교회를 시작함.
지금까지 건재한 에딘버러 의료선교회(Edinburgh Medical Missionary)는 1841년-1966년. 경건주의 뷔텐베르크에서 "의료선교연구소'를 통하여 1841년 선교사역을 위한 의과대학교육을 함. 1846년 Anaesthesie, 1854년 Hygiene, 1867/69년 Antisepsis, 1873년 Lepra, 1880년 Malaria und Typhus, 1882년 Tuberkulose, 1883년 Cholera, 1894년 Diphtherie, 1894년 Pest 등이다.
1878년 런던 의료선교협의회, 1881년 뉴욕의료선교회, 1887년 뉴욕국제의료선교협의회, 등(RGG 4, Bd.1, Christoffer H. Grundmann, 803-806). Ruth A.Tucker, 선교사열전, 크리스챤 다이제스트, 1996, 제12장 의료 선교회: "자비의 손길", 429-458.
[232] 일터선교는 직장선교(방선기 목사-이랜드 기업 등)와 같은 의미며, 사업자 입장에서는 한국 기독교실업인회의 비즈니스선교(Business as Mission)로 설명되며, Timhaahs의 하형록 회장은 일터선교를 "Workplace Mission"으로 설명하기도 했다. 직장선교와 비즈니스 선교의 통합된 개념으로 보면 된다. 혹은 목회자가 주중에 다른 일(직장 출근함)을 하다가 주일을 섬기는 사역유형도 있다. 일종의 평신도 전문인 선교로 본다.

7) 남미 선교사의 75%가 브라질에 있음.

※ 결론

세계 선교는 신앙선교 운동의 원동력으로 살아있으며, 비록 정치, 사회적 위기로 보였지만, 선교의 새로운 전략인 단기선교, 교회 성장, 심층전도 등의 시도와 제3세계의 선교 개입으로 선교의 폭넓은 국제화를 이루어 주고 있다.

## 5. 20세기 선교신학의 동향

1910년 에딘버러 세계선교사대회를 시발로 세계 선교 연합운동이 확장되어갔으나, 로마가톨릭과 정교회의 참여로 에큐메니칼 운동이 복음주의선교운동으로 이분화 되어졌다. 선교 신학적 논쟁보다, 교리적 차원으로 선교사역의 유형에 상이점이 발견 되었다.

### 1) 복음주의 선교신학과 에큐메니칼 선교신학의 갈등과 대립

복음주의 선교신학과 에큐메니칼 선교 신학의 갈등과 대립은 2가지 이유다.

(1) 복음주의 선교신학의 입장[233]

1966년 4월 휘튼 교회 세계선교대회(Wheaton The Church's Worldwide Mission, 4.9-16)-복음전도와 사회참여에 관심, 그러나 복음전도를 우선시함.

1966년 10월 25일부터 11월 4일 베를린복음화대회(Berlin World Congress on

---

233) 김은수, 《현대선교의 흐름과 주제》, 복음주의 선교의 기원과 신학, 216-305 복음의 종류 - W. Künneth & P. Beyerhans(Hng.) Reich Gwttes der Weltgemeinschoft, Bad Liebenzell, 1975, 307-308. 미국의 아더 글라서(Arthur F.Glasser)는 복음주의자들은 5가지로 분류 ① 분파주의적 근본주의자(separatist fundamentalists) ② 구분론적 복음주의자( dispensational Evangelicals) ③ 카리스마적 복음주의자들(charismatic evangelicals) ④ 에큐메니칼 복음주의자들(ecumenical evangelicals) ⑤ 비공의회적 정통 복음주의(non conciliar orthodox evangelicals) A. F. Glasser, Mission in the 1990s : Two view, international Bulletin of Missionary Research, Vol. 13, No.1, January 1989. 4.
Beyerhaus는 6가지 종류로 분류
① 신복음자들(Neue Evangelikalen)
② 근본주의자들(Fundamentalisten)
③ 고백적 복음주의자들(Bekennende Ev angelikalen)
④ 오순절 복음주의자들 (Pfingstler Evan-gelikalen)
⑤ 진보적 복음주의자들(radikale Evan-gelikalen)
⑥ 에큐메니칼 복음주의자들(Ökumenis-che Evangelikalen)

Evanhelium)-오직복음전도만을 우선시함. 선교보다 전도용어를 더 선호 함.

1970년 3월 4일 프랑크푸르트 선언(Frankfurt Erklaerung)-서독 신앙고백공동체의 신학협의회에서 피터 바이엘 하우스 교수가 "선교의 근본 위기(Grundlagenkrise der Mission)"발표.(배경-4차 WCC 웁살라대회)

에큐메니칼 선교사역의 포용적 사고와 포괄적 선교 이해로 말미암아 복음의 정체성이 상실될 위험성이 높아졌고, 결말에 가서 기독교 세속화로 전락될 것이다. 그러므로 에큐메니칼 선교 신학은 타종교와의 혼합적 이해와 접근, 복음의 정체성을 상실하고도 무감각한 상태를 회개해야 한다.

(2) 에큐메니칼 선교신학의 입장

복음주의 선교신학의 신앙과 삶을 이원론적의로 고백하는 삶이며, 개인적 회심과 변화에 치중함으로써 사회문제에 대한 접근과 이해를 부정적으로 본다. 세상과 격리되며, 자신의 입장과 뜻을 하나님의 사역과 동일하게 보려는 개인적-낭만주의이고 나아가 범심론적 신앙에 빠질 위험도 있다. 그런데도 불구하고 복음주의 선교신학은 복음의 정체성과 성경의 권위와 무오성에 무게중심을 둠으로 복원력이 확실하다.

2) 19세기 선교의 이해(개교회, 개인적 관점)

• 예수 그리스도를 알지 못하는 사람들에게 복음을 전하여 주님으로 모시고 구원을 받아들이게 하는 데 목적을 두었다.

3) 20세기 선교의 이해(세계적 혹은 교회 연합적 관점)

• 복음-인간-과제-이해-방법-혼란과 오해, 위기 등이 나타났다.

(1) 복음주의 선교 신학

-교회 설립과 복음전파 강조-선교단체 성경적 복음 사역을 강조

교단과 초교파선교단체를 중심 1966년 베를린 대회 - 세계복음전도대회[234] 1970년 프랑크푸르트 선언문(Frankfurt Erkiärung zur Gundlagerkrise der Mission") 내용

선교의 대명령 - 마 28:18~20,

---

[234] Way? 김남식 역,《선교정책원론》, (서울: 성광문화사, 1979)
박영환, 베를린 세계복음전도대회가 로잔대회에 끼친 영향과 과제, 한국선교신학회, 선교신학 46집, 2017. 108-144.

그리스도의 지배권 - 행 4:12, 요 3:16

교회 설립 - 벧전 2:9, 엡 2:11-12

사회개혁 및 인간화가 선교의 주목적이 아니다.

- 1974년 세계 복음화 대회 - 로잔 - 복음화의 시급성과 선교임무 충실

1974년 제1차 로잔 세계복음화대회,

1989년 제2차 로잔-마닐라 세계복음화대회, 제2회 세계 복음화 대회 마닐라선언

- 교회 선교적 임무, 선교정책정립, 사역의 협력 기반 구성.

1995년 지구촌선교 대회 . 서울선언 - 전략 개발

2010년 제3차 로잔세계복음화대회 - 제3차 로잔-케이프타운 세계복음화대회

(2) 에큐메니칼 선교신학

리버풀(Liverpool) 1860년 - 런던(London) 1885년 - 뉴욕(New York) 1900년

1910년 에딘버러 세계선교사대회"

교회 일치주의(敎會一致主義, Ecumenism; 그리스어 οἰκουμένη 오이쿠메네로부터 유래)는 기독교의 다양한 교파를 초월하여 모든 기독교인의 보편적 일치 결속을 도모하는 신학적 운동이다. 이러한 운동을 해야할 이유는 신약성서에서 찾을 수 있다. 본래부터 기독교 교회의 목표는 진리이신 하나님의 말씀을 알고 행하는 것이며, 주님의 말씀 안에는 "아버지여 아버지께서 내 안에, 내가 아버지 안에 있는 것 같이 그들도 다 하나가 되어 우리 안에 있게 하사 세상으로 아버지께서 나를 보내신 것을 믿게 하옵소서" 라는 예수의 기도도 담겨져 있다. 그러나 기독교는 하나되지 못하고 있는 실정이므로 그리스도의 교회들은 '주님의 기도와 명령대로 하나되도록 성령 안에서 힘써야' 했고 1910년 에딘버러에서의 제1회 세계선교사 회의를 통해 세계교회 일치운동을 발족하게 됐다. 기독교 교회 일치운동은 2차대전 이후에 구체화되어, 1948년 네덜란드 암스테르담 총회로써 세계교회협의회(WCC)가 결성되어 개신교(성공회 등)와 동방 정교회가 참여하였고, 로마 가톨릭교회와의 협력과 일치도 시도되고 있다.

내용: 선교의 현장화-샬롬의 신학(J. C. Hochendijk:1912~1975)-선교의 성경적 배경에 대해 고찰하고 선교사역을 종말론과 밀접한 관계가 있음을 주장-현세적 종말론, 임재적 종말론.

선교의 목적을 샬롬의 건설로 봄. 비체돔(G.Vicedom)과 함께 (Missio Dei)를 체계화시킴.

-하나님의 선교(Missio Dei)도입. 1952년 Willingen IMC(국제선교협의회)대회

Karl Hartenstein는 제3세계교회지도자들의 강한 교회중심적 선교의 비판은 지금까지 서구가 교회중심적 선교를 당황하게 만들었다. 신학적 각성이 "승리주의"나 "정복주의태도"를 버리고 섬김과 봉사의 태도로, 십자군 정신이 아니라 십자가의 정신으로 가능함을 깨닫게 만들었다. 이것을 "십자가 아래에서의 선교(Mission under the Cross)"로 정했다. 칼 하르텐스타인은 빌링겐대회에서 일어난 신학적 각성을 독일 보고서 작성시 "하나님의 선교(Mission Dei)"라는 선교신학적 서술어를 사용하였다. 더 이상 선교의 주체가 서구교회가 아니라 하나님이시다. 교회는 하나님의 선교의 도구가 되어야 한다. Mission Dei는 칼 하르텐스타인이 독일 빌링겐 대회 보고서를 작성할 때 개인적으로 요약하면서 처음 사용하였다. 그는 1952년 10월 1일 갑작스럽게 사망했다.

Mission Dei의 정리는 G.F.Vicedom이 구속사적 의미로 해석했다. 선교는 그리스도의 승천과 재림사이에 있는 높임 받은 주님의 사역이다. 그러므로 교회는 공동체의 회중 속에서 완전하신 분의 선포와 그의 나라의 알림을 통하여 구원사를 그의 오실 때까지 계속하는 과제를 가졌다.

주제 : 이 세대에 세계를 복음화 하자!(세계 복음화)

# 6. 20세기 세계 선교조직과 대회[235]

20세기는 서구 기독교가 선교를 통해 비서구 기독교로, 서구 중심에서 비서구 중심으로 옮겨져 갔다. 이 두 중심의 축이 선교를 위하여 연합하여 하나의 축을 만들었다.

서구 중심의 기독교 선교로 만들려는 시도가 20세기의 개신교 선교의 모습이다.

1) 에딘버러 세계선교사 대회 1910년[236]

---

235) 김은수, 《현대선교의 흐름과 주제》, (개정증보판, 2010).
236) 에딘버러 (Edinburgh) 선교대회 (1910년)
1910년 6월 14일부터 23일까지 에딘버러 대학교의 뉴칼리지 건물에서 159개의 선교 단체가 파송한 세계 각처로부터 모인 1,200명 이상의 세계 선교 관련자들이 참가하여 개최된 《에딘버러 세계 선교대회》는 19세기 선교 및 연합운동의 총 결산이요 20세기 선교 및 연합운동의 시발점이었다고 할 수 있다. 이 대회 의장 존 모트에 의해 시종 영적 분위기 유지와 일사 분란한 일처리를 계속했다. 이 대회는 이전과 달리 선교에 대한 연구와 협의에 중점을 두었으며 설교에 있어서 교회의 연합에 관심을 나타냈다. 이 대회에서 국제선교협의회의 창설 필요성이 논의됐고 《신앙과 직제》(Faith and Order) 창설이 태동되었다. 윤치호가 우리나라의 대표로 참석한 이 대회는 이전의 선교대회와는 달리 신학적 성경이 포괄적이고 또 자유주의 신학까지 포함하고 있다. 따라서 이 모임은 의식적으로 교리문제를 무시하려는 의도가 보여진다.

19개 선교단체 1,355명 중 560명은 영국대표, 594명은 미국대표, 26명은 호주대표, 175명은 유럽대표이다.

(1) 배경

1819년 300명이던 선교사가 1910년 21,000명으로 늘어났다. -

복음화란 정복의 개념이고, 선교는 신학적이기보다 지리적 개념이 강했다. 제국주의 용어가 사용되었다 - 군인, 세력, 전진, 군대, 명령, 정쟁협의회, 전략

19세기 유럽의 낙관주의, 1880년부터 영국, 프랑스 등의 식민지 전쟁. 아시아 1884 청과 프랑스 전쟁, 1894 청일전쟁, 동학혁명 1897, 대한제국 선포 1896, 1898 미국과 스페인 전쟁 - 미국은 필리핀·괌·쿠바독립, 프에르토리코 획득, 1910 한일합병, 1840~42, 1856 - 1, 2차 아편전쟁, 1899 의화단의 난 부청 별양, 반식민지 운동이 일어난 시점에 서구는 식민지 선교에 낙관적 자세로 접근

(2) 과정

1921 뉴욕-국제선교 협의회-신앙과 직제운동(1927년)-생활과 사업운동(1925년)

1948 제1차 암스테르담 WCC대회

1954 제2차 에반스톤 WCC대회

1961 제3차 뉴델리 WCC대회

1968 제4차 웁살라 WCC대회

1975 제5차 나이로비 WCC대회

1983 제6차 벤쿠버 WCC대회

1991 제7차 켄버라 WCC대회

1998 제8차 하라레 WCC대회

2006 제9차 포르토 알레그레 WCC대회

2013 제10차 부산 WCC대회

① 국제 선교협의회(Internatidnal Missionary Council)

'에딘버러'의 제1분과 위원회(비기독교 세계에 복음전달)의 보고서는 범세계적인 선교의 사명을 강조하면서, 이 사명을 효과적으로 수행하기 위해서는 무엇보다 협동과 연합이 중요함을 지적했는데, 이는 결국 1921년 '국제선교협의회'(International Missionary Council)의 창설을 가져오게 했다. 뉴욕주 모홍크에서 모인 이 대회는 에딘버러 대회와

마찬가지로 모든 교회와 그리스도인은 모든 인류에게 그리스도의 복음을 전파해야 할 의무가 있음과 이를 위한 교회의 연합을 강조했다.

② 신앙과 직제 운동(Faith & Order)

에딘버러 대회(1910년)는 선교단체 대표들로 구성된 대회로서 원래 교리나 교회 정치 문제를 다루지 않기로 하였으나 신앙과 직제 문제의 심각성을 의식한 미국 성공회의 주교 브랜트(C. H. Brent)의 제안으로 시작되었다. 즉 그는 교회의 일치는 다만 전도 기술적 협력뿐만 아니라 신학 특히 성례전과 직제의 문제가 다루어지지 않는 한 진정한 의미의 교회일치가 이루어질 수 없다는 전제하에 신앙과 직제 문제를 주의제로 하는 세계대회를 강력히 주장했다. 그리하여 먼저 미국에서 여러 차례의 준비회의를 가진 뒤 드디어 제1차 회의가 1927년 8월 3~21일에 스위스의 로잔에서 108개 교파로부터 약 400명의 대표가 모인 가운데 이루어졌다. 이때의 의장은 브렌트 주교 자신이었으며 세 분과로 나뉘어 열띤 토의가 진행되는 가운데 세계교회 일치운동으로 전개되었던 것이다.

③ 생활과 사업 운동(Life and Work Conference)

IMC, 신앙과 직제 운동과 더불어 생활과 사업 운동은 WCC의 뿌리라 할 수 있다. 이 '생활과 사업 운동'은 '신앙과 직제 운동'과 함께 제1차 세계 대전이 끝난 뒤 세계 각국의 교회들이 특히 서구 여러 나라들이 당면한 모순에 찬 현대 사회와 복잡한 국제 관계에 대한 교회의 사명과 책임을 통감하면서 일으킨 운동이었다.

ⓐ 우선 여러 교회 지도자들은 이 문제에 대한 해결의 길을 찾기 위하여 1920년 준비회의를 갖고 5년 뒤인 1925년 8월 19~30일에 스웨덴의 수도 스톡홀름에서 제1차 생활과 사업회의를 갖기에 이르렀다. 여기에는 37개국에서 600여명의 대표가 참석했다. 주 의제는 그리스도의 원리를 각 개인의 일상생활과 사회생활에 적응시키는 일, 여러 가지 경제 문제를 검토한 뒤 정의 및 인권을 복음의 빛에 비추어 전 세계에 촉구하는 일이다. 더욱이 전쟁에 의한 위험과 파괴세력 하에는 세계에 대하여 또한 기계화의 희생물이 되고 있는 근로계급을 위하여 복음을 어떻게 가르치느냐 하는 문제를 공동으로 연구하는 일 등이었다.[237]

---

237) ■ Stockholm 1925(Sweden): Life and Work Conference
　• 주요안건
　　(1) the purpose of God for humanity and the duty of the church
　　(2) the church and economic and industrial problems
　　(3) the church and moral and social problems

ⓑ 제2차 '생활과 사업 세계대회'는 1937년 7월 옥스포드에서 열렸다. "교회를 교회되게 하라"는 구호 아래 모인 이 대회는 새로운 교회관을 발전시키지는 않았지만 고난 당하며 투쟁하는 세계에 흩어져 있는 형제들과의 일체감을 느끼게 한 교회의 보편성을 강조한 모임이었다고 평한다.[238]

③ 1927년 제1차 신앙과 직제 세계대회, 로잔(Lausanne)

---

(4) the church and international relations
(5) the church and Christian education
(6) methods of co-operation and federa-tive efforts by the Christian communions.
- 의의: 1차 대전 이후의 세계상을 반영(상처 입은 인류와 나뉜 교회) 마성화된 세계와 교회의 무기력함에 대한 철저한 반성이 시작됨(하나님의 부권(fatherhood)과 인간 상호간의 형제애(brotherhood)가 모두 필요) 아직은 실제 문제를 풀기위한 신조나 협력이 나오지 않음, 국가 간 교파 간 연대(Christian fellowship)의 필요성이 구체적으로 나타남, 회의 자체는 기대한 것만큼 성과를 거두지 못했으나 이후 계속 발전함
- Slogan: "doctrine divides, service unites."
- 성명서: 교회가 책임을 다하지 못함에 대한 참회 복음을 전함이 인간 삶의 전 영역(사회, 산업, 정치, 국제문제)에 관계함 (그러나 전반적으로 원론에 그침)
- 제언: 정교회 대표가 참석, R. C.에서도 개인적인 참가자들이 옴, 단지 6개의 younger church에서만 참여

[238] Oxford 1937(England): Life and Work Conference
주요안건
(1) Church and community
(2) church and state
(3) church, community and state in rela-tion to the economic order
(4) church, community and state in rela-tion to education
(5) the universal church and the world of nations
의의: 교회, 지역공동체, 국가간의 문제가 중요한 안건으로 다루어짐 전반적으로 원론에 그친 'Stockholm 1925' 보다 훨씬 신학적으로 전개(Reinhold Niebuhr, Emil Brunner, Karl Barth 등 참여) 악의 실체에 대한 이해
특징: 회의는 신학과 사회윤리의 관계에 있어 어느 대회보다 균형을 잘 이룸
1. 역사와 하나님나라에 대한 관계성(continuity)이 거부됨, 역사는 구속적이 아님. 악은 역사가 끝날 때까지 계속 됨
2. 기독교적인 사회질서는 불가능하다.(기독교의 뜻이 이루어지는 사회) 성서는 현재의 정치/사회 문제를 푸는 직접적인 답을 주지 않음, 교회와 에큐메니칼 운동은 임시적(not 항구적) 윤리적 입장을 취해야 함.
"Since the church is not of the world but for the world, its action for social justice (as distinct from the response of individual Christians) differs from that of political and social power blocs that depend particular interests. (from Dictionary of Ecumenical Movement 327)
3. 정의를 위한 투쟁에 있어 '힘의 위치'(the place of power)를 인식해야 함, 하나님의 뜻을 대항하는 국가에 대한 인간의 자유와 교회의 권리가 강조됨.
4. 기독교는 민주주의의 원리를 저버린 자유민주주의를 비판하고, 무신적이고 전제적인(totalitarian) 공산주의도 거부한다(공산주의 비판에는 수구의 자기 정당화적인(self-righteous) 반공주의도 같이 거부함). 어떤 경제구조(자본주의, 사회주의, 공산주의 등)도 정의를 창출할 수 없다(불의의 구조를 만든다).
5. 교회는(not of the world, bur for the world) 사회정의를 위한 행동이 특정한 사람들의 이익을 위한 정치/사회적 집단이 될 수가 없다. "The Church's task is supranational, supraclass, and supraracial"

― 1927년 로잔에서 1차 신앙과 직제위원회가 열렸다. 주제는 "세상을 위한 교회의 메시지 ― 복음"에서 복음에 대한 에큐메니칼 적 정의를 말하고 있다. 세상을 위한 교회의 메시지는 예수 그리스도의 복음이요, 항상 복음이어야만 한다. 복음은 현재와 미래를 위한 구속의 기쁜 메시지인바, 예수 그리스도 안에서 죄인에게 주어진 선물이다.

… 예수 그리스도는 그의 삶과 가르침, 그의 회개에로의 부름, 그의 하나님 나라의 도래와 심판에 대한 선포, 그의 고난과 죽음, 그의 부활과 하나님 아버지 우편으로의 승귀 및 그의 성령의 파송을 통하여 우리에게 죄의 용서를 베풀어 주셨고, 살아계신 하나님의 충만함과 우리를 향하신 하나님의 한없는 사랑을 계시하셨다. 예수 그리스도는 십자가에서 보이신 완전한 사랑에 호소하시사 우리들을 신앙에로 부르시고, 하나님과 인간을 섬기기 위한 자기희생과 헌신에로 부르신다.

― 1937년 제2차 신앙과 직제 세계대회, 에딘버러(Edinburgh)

1937년 에딘버러에서 "복음"을 총론으로 하고 그 각론으로 "은혜의 의미"와 "칭의와 성화"를 설명하고 있다. 은혜의 의미는 그의 은혜는 우리를 창조하셨고 보존하시고 축복하시는 일과, 무엇보다도 예수 그리스도의 삶과 죽음과 부활을 통한 우리의 구속과, 거룩하시고 생명을 주시는 성령의 파송 및 교회의 사귐과 말씀, 성례의 선물을 통해서 나타난다.

인간의 구원과 부유함은 오직 하나님께만 그 근원이 있다. 그 하나님은 인간에게 인간편의 어떠한 공로에 의해서가 아니라, 오직 하나님의 값없는 사랑에 의해 은혜로운 행위를 주신다.

사랑을 값없이 베푸시는 하나님은 그리스도를 통해서 우리를 칭의하시고 성화시키신다. 우리는 이 하나님의 은혜를 믿음으로 받아들이는데, 이 믿음 자체는 선물이다. … 칭의와 성화는 죄인과 관계를 맺으시는 하나님의 은혜로우신 행동의 불가분한 두 측면이다. … 칭의는 하나님께서 우리의 죄를 용서하시고, 우리를 그 자신과 교제케 하시는 하나님의 행동이다. 하나님은 그리스도 안에서, 그리고 그의 십자가의 죽으심을 통해서 죄를 정죄하시고, 당신의 사랑을 죄인들에게 나타내시며, 세상을 자신과 화해시키신다.

― 1952년 제3차 신앙과 직제 세계대회, 스웨덴 룬트(Sweden, Lund)

1952년 스웨덴의 룬트에서 신앙과 직제 세계 제3차 대회는 그리스도의 한 교회에 대한 신앙을 교회들의 가시적 일치를 지향하는 순종의 행동들로 옮길 것을 확실히 하였다. 이

대회는 그동안 은혜로 주어진 불가시적 일치에 머물면서 비교 교회론적 차원을 유지해온 신앙과 직제의 교회일치 추구를 지양(止揚)하고, "깊은 확신의 차이로 개별적으로 행동하는 경우들을 제외하고는 교회들이 함께 행동해야 한다"는 룬트 원칙을 내세우면서 기독론 중심의 교회의 '가시적 일치추구'를 시도하기 시작하였다.

— 1963년 제4차 신앙과 직제 세계대회, 캐나다 몬트리올(Cana - da Montreal)

1963년 몬트리올에서 열린 제4차 신앙과 직제 세계대회는 제2 분과에서 "성경, 전통 및 전통들"(Scripture, Tradition and tradi - tions)을 논했는데, 여기에서 큰 글자 Traditon(복음)은 성경 안에서 원초적으로 증거되었고, 신조들, 설교, 성례전, 신학, 교회의 공동체적인 삶 등에 의해서 다양하게 표현되는바, 다양한 교회들의 다양한 신학 전통들과 교회적 전통들로 표현된다.

— 1971년 신앙과 직제 위원총회, 벨기에 루뱅(Belgium Leuven)

1971년 벨기에의 루뱅에서 모인 신앙과 직제 위원 총회 때, 제1위원회는 "성경의 권위"(계시와 성경, 성경의 영감문제, 해석의 문제 등), 제2위원회는 "우리 안에 있는 소망에 대한 설명"을 다루었는데, 이 제2위원회는 모든 교파들이 공유하고 있는 "복음"의 내용을 공동으로 설명해야 할 세계적 필요성을 논했다.

— 1978년 신앙과 직제 위원총회, 인도 뱅갈로(India Bangalore)

1978년 인도의 뱅갈로에서 열린 신앙과 직제 위원총회는 루뱅의 "우리 안에 있는 소망에 대한 설명"에 뒤이어 "소망에 대한 공동설명"을 논의했다. 특히 제4항목에서 "하나님 안에 있는 우리의 소망"(Our Hope in God)에서 "복음"에 대한 공동의 설명으로서 삼위일체 하나님에 대한 신앙을 선언하였다. 이것은 삼위일체 하나님에 대한 신앙, 교회론, 종말론, 윤리 및 사도적 신앙에 대한 일치(consensus)를 위한 요구를 다루었다.

— 1979년 신앙과 직제 상임위원회, 프랑스 떼제(France Taize)

1979년 프랑스의 떼제에서 모인 신앙과 직제 상임위원회는 뱅갈롱서 이미 언급된 교회의 가시적 일치 실현을 위한 세 가지 요구사항을 강조했다. ㉠ 한 신앙 안에서의 일치, ㉡ 세례, 성만찬, 직제에 대한 일치, ㉢ 가르침과 결의를 위한 공동의 기구적 구조. 그리고 이 상임위원회는 신앙의 일치에 관하여 5가지 분야를 논했는데 그 중 ①과 ⑤가 우리의 주제와 관련하여 중요하다. ① 오늘날 교회에 있어서 고대 교회의 신조의 자리, ⑤ 공동의 신앙을 표현할 수 있는 형식들.

— 1982년 신앙과 직제 위원회, 페루 리마(Peru Lima)

1982년 페루의 리마에서 모인 신앙과 직제 위원회는 "오늘날에 있어서 사도적 신앙의 공동표현을 향하여"(Towards the Common Expression of the Apostolic Faith Today)라고 하는 새로운 연구계획의 윤곽을 제시하였는바, 이것은 특히 오늘날의 에큐메니칼 운동을 위한 니케아신조의 중요성을 역설하였다. [BEM Text를 확정지었는데, 이것은 1963년 몬트리올의 "성경, 전통 그리고 전통 들"을 밑에 깔고, "복음"과 삼위일체 하나님의 틀을 갖고 있으며, 세례, 성만찬, 직제 모두가 사도적 신앙의 내용임을 말하고 있다]

— 1993년 제5차 신앙과 직제 세계대회, 산티아고(Santiago)

1993년 산티아고 신앙과 직제 세계 제5차 대회는 위에서 언급된 사도적 신앙을 받아들이지 않는 기독교인이나 교파는 기독교 영역 밖에 있으며, 합당한 다양성 밖에 있다고 했다. "예수 그리스도를 어제와 오늘과 영원토록 동일하신 하나님이시요 구주로 함께 고백할 수 없고, 성경 안에서 선포되어 있고 사도적 공동체에 의해서 설교된 인류의 구원과 궁극적 운명에 대해서 함께 고백할 수 없는 교파는 WCC의 다양한 구성원들 가운데 하나가 될 수 없다. … 성경이라고 하는 경전은 특히 복음진리와 후에 니케아─콘스탄티노플 신조로 진술되었고 확장된 가르침들을 교회의 주어진 일치의 근거로 삼는다. 이러한 일치와 이 같은 가르침들을 거부하는 것은 자신을 기독교 영역 밖에다 놓는 것이나 다름없다. 하지만 경전으로서의 성경은 교회의 다양성의 근거이기도 하다. 그 이유는 성경이 기록될 당시의 다양한 상황들과 성경 자체의 다양한 메시지들 때문만이 아니라 접근과 해석의 다양성과 개인과 공동체의 다양한 입장들 까닭에 그렇다.… 성경이라고 하는 하나의 경전이 그처럼 풍요로운 신학적인 다양성을 제시하는 까닭에, 이 성경은 교회들에게 성서적 증언들의 전체성을 자기 것으로 삼음으로써 보편성에 있어서 성장하도록 촉구한다."

⑤ WCC 준비위원회─신앙과 직제 + 생활과 사업

이상 두 운동, 즉 '신앙과 직제' 및 '생활과 사업' 연합운동이 WCC의 태동이었다고 볼 수 있다. 1925년 모였던 제1차 '생활과 사업' 대회는 2차대회를 1937년에 옥스포드에 개최하였고, 1927년에 있었던 제1차 신앙과 직제 회의는 1937년 2차 대회를 에딘버러에서 개최함으로써, 두 대회의 대표들이 양 대회에 다 참석할 수 있도록 하기 위하여 회의를 1주간 간격으로 개최하였다. 생활과 사업대회는 7월 12~26일에 신앙과 직제 회의는 8월 3~18일로 정했다. 이로 인해 43개국에서 12교파 대표가 모여 거의 동수를 이루게 되었다. 이 두 대회는 각각 성격이 다르고 토의 내용도 달랐지만 거의 같은 목적과 결론을 얻게 되었다. 마침내 이 두 운동은 각각 별개로 존속할 것이 아니라 하나의 운동으로 추진하자는 데 합의를 얻고 1938년에는 네덜란드의 위트 레히트에서 준비회의를 열어 하나의 에큐메니칼운동 단체, 즉 WCC를 조직할 것을 결정했던 것이다. 다시 말해서 미국의 모트 브라운(W. A. Brown), 영국의 올드햄(J. H. Oldham), 템플(W. Temple) 등의 눈부신 활약으로 인하여 "모든 교회를 대표하고 모든 교회에 의하여 함께 조종되는 협의회"를 조직하는 데 의견의 일치를 보게 되었다. 그리하여 위트레히트 회의에서는 WCC의 조직과 기구에 대해서도 구상을 하는 동시에 그 헌장과 기구에 대해서도 의견의 일치를 보게 되었다. 즉 죄더블롬((N. Soderblom) 감독과 템플 감독이 제안한 대로 WCC는 어떤 교회의 상부기관이나 법적 권한을 가진 기관이 되어서는 안 된다는 점에 의견의 일치를 보게 되었고 신앙과 직제 회의의 초안대로 "WCC는 우리 주 예수 그리스도를 하나님과 구주로 받아들이는 교회들의 친교의 모임"이라는 합의를 보게 되었다. WCC 창설 준비 위원회 1938년 5월 13일 위트레히트에서 제1차 준비 위원회가 열리게 되었다. 이 준비위원회는 14명의 위원으로 조직되어 있었으며 위원장에 렘들, 부위원장에 모트와 제르마 노스(S. Germanos)와 뵈그너(M. Boegner)가 선출되었다. 그리고 다시 뵈그너를 운영 위원장, 후프트(Vissert Hooft)를 총무로 임명하여 행정력을 강화하였다. IMC와 WCC 이 두 단체가 쉽게 하나가 될 수는 없으나 긴밀한 관계를 유지하기 위하여 연합위원회를 조직하되 IMC의 업무를 겸직하게 되었다. 제2차 준비위원회는 1939년 1월에 회집하여 WCC 창립총회 날짜를 1941년 8월로 결정했다. 그리고 준비위원회는 1939년 7월 24일 ~ 8월 2일 암스테르담에서 모인 세계 기독교 청년대회도 관여하였는데, 여기에는 71개국의 청년들이 모였으며 그 청년들의 에큐메니칼 운동열은 대단한 것이었다. 그러나 불행히도 제2차 세계대전과 독일교회의 이탈로 인해 1941년에 모이려던 WCC의 창립총회는 수포로 돌아가게 되었다.

### 2) 국제선교협의회(International Missionary Council)

IMC는 1차 세계대전으로 인해 1921년으로 연기되었다. IMC의 목적은 세계에 흩어져서 사역하는 선교사역을 조화시키는 일이며, 이것은 관리형이 아니라 협력단체다. 선교현장의 보다 효과적인 협력이 이루어지도록 격려하는 방법을 찾아내려고 하였다. 1921년 창립총회는 뉴욕근교 몽홍크 호수(Lake Mohonk)에서 열렸다. 61명이 참가하여 다음과 같이 밝혔다. 전세계에 있는 모든 인류에게 예수 그리스도의 복음을 전하는 데 그 사명이 있음을 재확인 하였고, 이 세계를 복음화하는 데 공동으로 수행해야 할 일들을 연구하고 유기적인 협력관계를 맺기 위한 것이다.

◎ 3가지 중점원리

① 협의회 – 선교정책을 결정하는 기구–회원–선교회, 선교본부 그들을 대표하는 교회들과 선교지 교회들이다. 1913년 크란스(Crans)의 제의로 국제선교위원회(Committee)에서 국제 선교협의회(Council)로 바꾸고 행정적인 기능은 갖지 않음을 나타내었다.

② 협의회는 교리적(doctrinal)이거나 교회론적(ecclesiastical) 차이를 포함한 성명이나 결의를 하지 않는다. 신학적 기반은 모든 사람들에게 예수 그리스도의 복음을 증거하는 것이 기독교인의 사명이라는 확신 위에 있다.

③ 협의회는 자신들의 업적 뒤에 하나님이 계심을 인정한다.

◎ 6가지 기능

① 선교지 문제를 가장 적절한 방법으로 해결하고 모든 선교단체들과 선교부를 보호하고 선교적 문제를 조사하고 연구한다.

② 피선교지의 기본적인 활동들을 통합 조정하고 필요시 연합 행동을 한다.

③ 양심과 종교 자유를 비롯하여 선교활동의 자유를 지원할 수 있는 통일된 기독교 교회 여론형성을 한다.

④ 정치적 약소국가와 국가 간 문제나 인종 간의 문제시 정의를 구현하는 방향으로 기독교 통일 뒤 힘을 발휘한다.

⑤ 피선교지의 문제들에 대해서 학문적인 이론 작업을 해줄 수 있는 《International Review of Mission》과 같은 학술 잡지 로 발간한다.

⑥ 필요하다면 적절한 시기에 세계 선교대회로 소집한다. 첫 번째 대회는 1928년 예루살렘에서 개최되었다. IMC는 선교의 중심이 서구교회보다 현지교회가 되어 주도적 역할을 해야 한다고 인식했다.

(1) 1928년 1차 예루살렘 (Jerusalem) 대회(3. 24 ~ 4. 8)[239) 240)]
① 배경: 개별적 선교회의 대표가 아니라 국가적 선교협의회나 교단적 선교협의회 대표가 참석. 제1차 세계대전(1914~1918)과 러시아 혁명(1917), 1924년 스탈린 정권, 1927년 인도네시아 수 카르아 정권 등장

예루살렘은 바르트, 브룬너, 고가르텐 등의 "신정통주의"의 영향 하에, "복음과 기독론"에 집중하였다. 예루살렘 IMC는 1927년 "신앙과 직제"에서 말하고 있는 '객관적이고 보편적인 내용'으로서의 "복음"을 받아들여, 세계교회가 세상을 향하여 선교해야 할 기독교적 메시지로 삼았다. 따라서 이때의 "복음"은 19세기적 자유주의 신학이 이해했던 복음이 이 나라 새로운 패러다임의 "복음"이었다. 그 결과 예루살렘은 인종문제, 농촌 문제와 같은 대(對)사회적 책임을 선교개념에 포함시켰다.

② 주요안건
ⓐ 종교교육 . 타종교에서 그리스도인의 메시지 ⓑ 인종차별문제 ⓒ 선교사 협력관계 ⓓ 사회문제와 선교 ⓔ 산업주의와 기독교 ⓕ 농민의 문제와 기독교 ⓖ 국제협력관계

③ 의의 : 1910년 에딘버러 (Edinburgh) 때보다는 훨씬 전진한 대회, 준비도 철저하고 세계의 문제점들을 보다 구체적으로 접근함. 선교(Mission)에 대해서도 생동감 있게 접근, 현지교회들의 참여가 활발해지기 시작함. 아프리카, 라틴 아메리카의 상황들에 대해서 교회가 관심하여야 함을 말하였다.

④ 신학: 기독교의 절대성에 대해서 의문을 제기하기 시작(1910년 에딘버러 대회에서는 볼 수 없던 상황, 신생교회에서의 선교사의 역할이 전면으로 부각됨. 에딘버러는 선교의 목적을 이방인 개종과 타종교의 정복으로 두었으나 예루살렘 대회는 그리스도 안에서 하나님 말씀의 참 된 결과로서 복음의 사회적 책임을 발견하였고 선교의 보충적인 면이 아니라 필수적인 요소로 보았다. 그러므로 선교사가 행하는 보건 및 일반 생활 영역에서의 사회적 활동은 선교에 도움을 주는 것에 그치는 것이 아니라 선교 '그 자체'로 보았다. 선교의 목표는 기독교 사회복지가 갖는 선교적 의미와 통전적 이해를 제공하였다.

---

239) 1928 예루살렘 IMC복음의 사회적 차원을 인식한 예루살렘 대회는 그 당시 한국 교회에도 두 가지 영향을 끼쳤다. 하나는 산업사회의 선교에서 사회적 책임을 깨닫게 된 것이고, 다른 하나는 한 국적 신앙을 적극적으로 출현하는 토착화의 시도다. -서구교회를 모교회(어머니 교회) 현지교회를 자 교회(아들교회)로 부르지 않고 오래된(서구)교회와 신생교회로 불렀다. (토착교회-현지교회로 다시 고침)
240) 이형기,《복음주의와 에큐메니칼운동의 세 흐름에 나타난 신학》, (서울: 한국장로교출판사, 1999), 98-104

## (2) 1938년 탐바람(Tambala) 국제선교협의회(12. 12~12. 30)[241]

탐바람 대회는 비기독교 신앙과 문화적 유산들에 대한 교회의 중계에 대한 토론이다. 기독교인들의 타종교에 대한 태도 및 비기독교 신앙에 대한 복음의 연속성을 포함한 다양한 선교적 과제와 관련된다.

탐바람은 예루살렘의 "복음" 이해에서 진일보하여 삼위일체적 틀 안에서의 복음과 하나님의 나라를 역설하여, 복음과 삼위일체에 대한 신앙을 역사와 사회로부터 격리시키지 않았고, 이를 바탕으로 사회참여를 강조하였다. 또한 교회론(교회의 본성)이 부각되지 않았던 예루살렘과는 달리 탐바람은 파시즘과 히틀러주의 등 1930년대의 세계사적 도전들에 대한 응전으로서 교회의 본성을 신앙과 직제의 교회론적 진술에 의거하여 정립하였다.

그리고 탐바람은 18~19세기의 복음전도 개념에 따라 개교회의 선교적 책임을 말하면서도 교회일치를 향한 보편교회 차원의 선교를 역설하며, 나아가서 교회가 일치하여 정치, 경제, 사회 및 과학기술의 차원에서 하나님 나라를 이 땅 위에 실현할 것을 강조하고 있다. 그리고 가장 특기할 만한 것은 18~19세기적 개인의 회심과 경건을 "구조악"의 개선을 위한 기독교 운동들과 연결시킨 점이다.

① 배경 : 인도의 마드라스에서 15마일 떨어진 탐바람에서 개최, 과반수 이상이 제3세계 대표, 여성들도 77명 – 에큐메니칼화 되는 과정, 1928~1938 세계경제공황, 1935~1936 독일과 이탈리아의 파쇼주의, 1937 중일전쟁

② 주제 : 역사적, 우주적 기독교 공동체의 한 부분으로서의 신생교회의 설립

③ 회의록 : 선교에서 교회의 중심을 강조하자 교파적인 선교회 중심의 선교활동을 중요시하는 미국 대표자는 1943. 5월 3일 시카고에서 50여개 교파 1,020명 복음주의자들이 보여 미국복음주의협의회(National Association of Evangelicals) 및 이들 선교단체 연합인 복음주의 해외 선교협회(The Evangelical For‧eign Missions Association : 1945. 12. 29. 결성)를 결성했다.

④ 주요안건:

ⓐ 교회의 선교 : 교회를 교회되게 하는 것이 선교다. 교회가 선교의 중심이 되어야 함.

ⓑ 신생교회와 선교적 협력 : 기독교 형태가 상황화, 토착화 되어야함

---

241) 이형기, 《복음주의와 에큐메니칼 운동의 세 흐름에 나타난 신학》, 104-113. 혹은 마드라스 국제선교협의회라고 부르기도 한다

ⓒ 종말론과 선교 : "이미와 아직"의 시기에 종말론과 선교

ⓓ 복음화와 타종교 : 복음화는 하나님 나라와 예수 그리스도의 구원의 메시지를 전 세계에 증거 하는 것이며, 단순히 말로만 하는 것이 아니다. 그리스도의 복음은 사회 변혁 과정의, 자유 그리고 평화와 같은 궁극적인 실현의 비전과 소망을 가진다. 살아있는 교회는 사회적 문제들에 관하여 예언적, 그리고 실제적 활동에서 자신을 단절시킬 수 없다. 진정한 복음화는 항상 앞을 볼 수 있어야 한다.[242]

⑤ 의의: 예루살렘보다 더 많은 사람들이 모임, 세계적(?)인 분위기 : 신생교회(younger church)가 공식대표의 절반을 약간 상회함(그 당시 대부분의 비서구는 식민지 상태: 놀라운 일), 중심주제는 '교회' : 그때까지 소수였던 비서구교회가 적극적으로 세계교회의 움직임에 개입하기 시작하였다(비서구교회의 힘이 세어짐), IMC의 선교 이해가 교회 중심의 선교로 인식되었다(cf. 윌링겐, Willingen 1952) (선교사들이 파송된 선교회보다 교회의 관심이 높아감). 곧 닥칠 전쟁의 전야에 '교회의 하나됨'을 강조: 이때 교회는 하나님의 백성

⑥ 신학: 하나님에 관한 언어들이 하늘의 영역으로만 이해될 수 없음을 분명히 하였다 (배경: 1930년대의 나치즘, nazism) 하나님의 나라에 대한 '이미'와 '아직 아니'의 신학이 자리를 잡았다: 종말론의, 새로운 발견; 선교의 목표는 역사 안에서 새 땅을 향해 있다.

⑦ 1938-마드라스대회(복음전도-봉사-타종교문제)

(3) 1947년 휘트비(Whitby) 국제선교협의회(1947. 7. 15~24)

IMC대회로 정리하면 그리스도의 선교 명령 앞에서 공동의 의무를 가진 신생교회(현지

---

[242] 가장 큰 신학적 발전은 비기독교 신앙과 문화적 유산들에 대한 교회의 증거에 대한 토론 핸드릭 크래머(H. Krämer) "비기독교 세계에서의 기독교 메시지"-복음과 비기독교 신앙의 연속성 문제-기독교 계시를 성서와 그리스도로 한정시킴으로써 복음과 비기독교 신앙 사이에는 연속성이 없다. 복음의 메시지는 살아있는 실체로서 신축성을 가지고 있기 때문에 선교사 자신의 입장과 태도가 타 종교와의 관계에서 복음의 접촉점이 될 수 있다.
(김은수, 《현대 선교의 흐름과 주제》, 개정 증보판 2010, 75-87 참조).
윌리암 호킹(William Hocking)-1928년 예루살렘 IMC 내국대표로 당시 종교- 역사적 상대주의(ein religionsge-schichtlicher Relativismns)로 "우리는 그의 아들을 보내신 아버지께서 그 자신을 증거하지 않은 곳이 없다고 믿는다. 따라서 우리는 이러한 계속적인 증거로서 비기독교인들이나 그들의 조직들 가운데 있는 모든 고상한 것(every noble quality)을 환영" 1934년 저서 《선교재고》에서 예수그리스도를 무하마드와 함께 종교의 위대한 창설자 가운데 하나로 보았다. 예수 그리스도만 이 유일한 길이라는 주장은 낡은 것이다. 그러므로 선교란 교리를 문자적으로 전달하는 것이 아니라 동양의 종교적인 삶을 채워주는 것이다. "살아있는 종교들과 세계의 믿음" 기독교를 비롯한 어떠한 타종교도 진실한 믿음을 주장할 자격이 없다(김은수, 76-77).

교회)와 서구교회 모두가 '순종 속에 동역자'임을 확인하였다. 선교는 교회사역이며, 이를 위한 진정한 에큐메니칼 협력이 필요하다는 의식을 확보한 회의다.

① 배경 : 제2차 세계대전(1945) 후 1947년 캐나다 온타리오 호수에서 30마일 떨어진 휘트비 온타리오 여자대학에 40개국 112명 대표가 모였다. 1941 태평양전쟁 발발, 1943 이탈리아 정복, 1945 일본정복, 독일 정복, 베를린 봉쇄, 1946 필리핀 독립, 1948 이스라엘 건국, 1948 대한민국 수립, 1949 중화인민 공화국 수립. 전쟁의 혼란과 탐바람 대회의 불가능한 논제 등으로, 1950년 이후 개최키로 했으나, 선교는 멈출 수 없기에 1947년 회의를 갖기로 하였다.[243] 제2차 세계대전의 전쟁 경험과 기독교 국가의 윤리와 도덕적 해이를 연합과 일치로 품어야 하는 경험을 체득한 시기다.

② 주제

ⓐ 교회와 선교 ⓑ 순종속의 동역자 ⓒ 종말론과 사도의 신학 ⓓ 세계 교회 협의회(WCC)와의 연합 관계

③ 결과 : 교회는 선교 명령 앞에 서구교회나 현지교회 모두 공동의 의무가 있다. 동시에 파트너로 사역해야 한다. 선교가 교회중심의 사역이며, 이 일을 위해 에큐메니칼 동역자 의식을 가져야 한다.

독일 종말론은 네덜란드의 사도의 신학을 만들었고, WCC 연합 관계는 무조건적 합병보다 새로운 단체(WCC)의 목적, 정체성을 분명히 하고 세계복음화의 관심을 분명히 밝혔다. 휘트비는 "복음" 이해에 있어서 탐바람의 삼위일체적 틀과 거리를 유지하지 못하고 다시 기독론에 집중하였다. 따라서 교회의 역사와 사회참여와 관련 있는 하나님 나라 사상이 발전되지 못했다. 1947 - 휘트비국세선교회협의회(복음진도+사회참여), 1948 - 암스테르담국제선교협의회(198년 예루살렘대회 이후 국제선교협의회가 통합, 복음증거를 위한 평신도 역할과 증거의 장으로 가정), 1952 - 빌링겐 국제선교협의회(평화, 케리그마, 코이노니아, 디아코니아 - 새로운 선교 신학의 태동) - 교회가 선교신학의 출발이 아니라 하나님의 구원의 사역이 출발이다. 1954. 제2차 WCC에반스톤 총회(폭넓은 복음 선포의 개념) - 책임사회 - 인종, 민족문제에 직면한 교회.

(4) 1952년 빌링겐 (Willingen) 국제선교협의회 (1952. 7. 5~17)

1952. 7. 5~17 독일 빌링겐(Willingen)에서 선교 상황의 급격한 변화와 신학적 각성이

---

243) 김은수,《현대선교의 흐름과 주제》, 93.

일어난 대회다. 제2차 세계 대전 이후 제3세계에 의한 서구 선교사에 대한 추방 및 입국제한, 민족주의를 고취— 전통종교로의 회귀—현지교회의 지도력 급성장으로 서구 교회 중심의 잘못된 선교정책과 전략이 강한 도전을 받았다.

① 배경
  ⓐ 2차대전 이후 식민지 붕괴 — 세계 인구 반 이상을 차지한 국가들이 독립, 인도네시아 — 선교사추방 및 제한, 중국의 모택동 정권— 선교사 완전 철수, 과연 선교의 주체는 누구냐? 하나님인가? 모택동인가?
  ⓑ 식민지 독립국가들이 민족주의를 들고 나옴 — 민속종교나 전래종교를 회복, 파키스탄의 이슬람교, 실존과 미얀마 등의 불교, 우간다의 토속종교인 키부우카(kibuuka)의 부흥. 이러한 다문화된 문화와 종교의 세계 속에서 어떻게 기독교 선교의 당위성을 확보해 갈 수 있겠는가?
  ⓒ 2차 세계대전 이후 전체 인류의 3분의 1이상이 공산주의 이데올로기 영향권(1980년 말 세계 공산권이 거의 무너짐)에 들어가게 되었다. — 기독교 탄압과 선교의 방해 세력이 번창하였다.
  ⓓ 현지 교회의 주체의식이 강하게 일어났다. — 불평등한 관계 청산과 제국주의와 결탁한 서구교회와의 단절, 자립교회 확립과 자기 정체성 초기— 지금과 같은 제도 아래서 아시아의 선교사들이 할 수 있는 최선의 길은 모든 선교사가 본국으로 돌아가는 길이다.(E. P. Nacpil)
  ⓔ 서구 선교사들의 수적 감소와 선교 보조금 격감
② 과정 : 제3세계와 교회들의 도전으로 교회 중심의 선교에 대한 비판과 신학적 대안을 쫓으려는 대회다. 신학적 각성 — 선교는 승리주의나 정무적인 태도가 아닌 섬김과 봉사의 태도로 그리고 십자군 정신이 아닌 십자가의 정신으로 가능.
③ 주제 : 십자가 아래에서의 선교(Missions under the Cross)[244] 칼 하르텐슈타인(Karl Hardenstein) —Missio Dei(하나님의 선교)—신학용어로 정리, 교회는 선교의 주체(Subjekt)가 아니라 수행자(Träger)로 정리
  ⓐ 계약과 대위임 — 대위임과 교회
  ⓑ 교회의 선교적 의무 — 선교적 과제

---

[244] 김도수, "하나님의 선교(Missio Dei)의 기원과 해석," 122-130.

④ 빌링겐은 당시의 사회적 배경 속에서 "십자가를 짊어지는 선교"라는 전체 주제 하에 다시금 삼위일체론에 집중하면서 "하나님의 선교"(Missio Dei)를 주장하였다. 삼위일체 하나님께서 선교의 근원이시요, 추진자시요, 완성자임을 주장하였으며, 교회는 그 하나님의 선교에 참여하기 위해서 이 세상 속으로 파송되었음을 매우 강조하였다.

빌링겐은 '하나님의 선교'의 신학적 근거와 비전을 가지고 18~19세기적 복음전도뿐 아니라 "다차원적인 선교적 과제"를 위한 교회의 파송을 역설하였다. 예수 그리스도께서 자신을 이 세상과 동일시하시고 이 세상을 사랑하시기 위하여 이 세상에 파송 받으신 것처럼 교회 역시 그렇게 해야 하며(교회의 사도성—교회는 이 세상 속으로 파송된 선교 공동체), 교회는 나아가서 세상의 정의와 평화 추구와 연대할 것을 역설하였다. 나아가 교회는 예수 그리스도의 초림과 재림 사이의 긴장 속에서 하나님의 나라를 실현하는 '하나님의 선교'의 '대행자'(the agent)라고 봄으로써, 하나님의 선교가 종말론적 시야에서 이해되었다.

(5) 1958년 가나(Ghana) 국제선교협의회(1957. 12. 28~1958. 1. 8)

아프리카 가나(아프리카 최초의 독립국가)의 아키모타(Achimota) —장소 선택은 지금까지 서구 제국주의에 항거하여 선교의 자유가 현지교회를 중심으로 보장되어야 함을 드러내기 위한 일로 대표적인 질문은 '기독교 선교란 무엇인가?' 였다.

가나는 빌링겐의 "하나님의 선교" 전통을 이어받았으며, 가나에서의 준비 작업으로 1961년 WCC에 IMC가 통합됨으로, 선교는 교회의 본성이며 교회는 선교적 기관이라는 인식이 생겼다. 결국 가나 이후 IMC가 선교단체 차원에서 '하나의 교회' 차원 안으로 들어온 셈이 되었다.(IMC기 CWME로 비꿈)

① 배경 : 서구교회 중심의 선교가 현지교회 중심으로 이동될 때 서구교회와 현지교회 관계는 긴장이 아니라 협력 관계가 되어야 한다.
② 주제 : 기독교 세계 선교는 우리 자신이 아닌 그리스도의 선교이다.
③ 정책 : WCC와 통합 + 신학교육기금(Theological education Fund)의 설립 → 록펠러 셀란틱(sealantic) 재단의 200만 달러 미국선교회가 보증한 200만 달러, 총 400만 달러
④ 결과: WCC와의 IMC의 통합이 주요 논의사항으로 결정되었다.[245]

신학: 지금의 기독교 선교에 관해서, 기독교 세계선교는 우리의 선교가 아니라 그리스

도의 선교, 그리스도만이 진정한 선교사다.

(6) 1963년 멕시코시티(Mexico-City): 세계 선교와 전도위원회(Commission on World Mission and Evangelism, 1963. 12. 8~19)[246]

대회 주제인 '하나님의 선교와 우리의 과제'에 관한 토론은 교회의 본질이 선교하는 것과 6대륙 전체가 선교지라는 사실을 깨닫게 해주었다.

선교는 온 땅의 그리스도인들이 온 세상에 온전한 복음을 전하는 모든 교회의 공동의 증언이다.

① 배경 : 1963. 12. 8~19 멕시코시티에서 IMC와 WCC가 통합되어 세계선교와 전도위원회 (CWME)로 모였다. 처음으로 정교회 대표와 로마 가톨릭 교회 참관인이 참석함.[247]

② 주제 : 하나님의 선교와 우리의 과제, 대화[248]와 세속주의 + 6대륙 선교(Witness in six continents)

---

[245] 통합과정과 이후 과제 ① 에큐메니칼의 동등한 참여권이 다수결에 의해 결정 됨으로 소수의 의견이 충분히 검토되지 않았다. ② IMC의 회원이 WCC 교회 회원이 아닌 경우 자동으로 IMC에서 탈락되는 경우 발생 - 여러 선교 기관과 선교단체 그리고 선교사들이 WCC에 통합과정에서 제외 ③ WCC의 조직과 활동에 선교가 제한 당함으로 선교사들이 줄어감. 1957 미국 전체 선교사 42% WCC 회원 교체, 1969년 28%, 1975년에 14% 하락 ④ 복음주의자들의 1974 세계복음화를 위한 로잔 위원회가 결속되고, WCC는 제5차 나이로비 총회에서 이 문제 관심을 보임. 이 이후, 세계는 에큐메니칼 선교신학과 복음주의 선교신학으로 분류되나 그 시작은 1966 휫튼, 베를린 세계복음화회의(World Congress on Evangelism)에서다.

[246] 세계선교와 전도위원회이 약자 CWME
1963년 멕시코 CWME, 1968년 웁살라, 1972년 방콕, 1975년 나이로비, 1980년 멜버른, 1983년 벤쿠버, 1989년 산 안토니어, 1990년 서울, 1991년 캔버라, 1998년 하라레, 2006년 포르토 알레그레, 2013년 부산.

[247] 아나스타시오스(Anastasios)는 4가지 의제를 제기함 ① 선교정보 교환과 개신교 선교 역사를 분석하고 선교회 선교의 방향 ② 개신교 위대한 영적 선교사의 일생을 배우는 것 ③ 정교회가 선교적임을 개신교에 증거 하는 것 ④ 체계적인 해외선교의 부재로 빚어진 결과의 정교회 삶과 지금 정교회 선교가 겪게 되는 실제적 문제와 간격을 인식

[248] 대화(Dialogue)-문제제기 ① 하나님은 다양한 방법들을 심지어 다른 종교들을 통해서도 역사하시기 때문에 우리는 그들에게 복음을 선포할 권한을 가지고 있지 않다. 그러므로 그들과 대화를 나누는 것이 필요하다. ② 다른 종교들도 근본적으로 사탄활동의 표현이므로 철저히 이들도 배격하고 대화도 거부해야 한다는 입장이다. 멕시코 대회는 종교와 사람을 구분했다-불가능하다. 전제대회 분위기-다른 신앙을 인정하고 다른 종교들 속에 감추어진 가치를 긍정적으로 적용하려 했다. 기독교의 혼합주의나 종교적 상대주의는 피한다. 대화란 - 복음과 다른 사람을 서로가 진지하게 받아들이는 것이다. 대화를 위해서는 다른 사람의 말을 기꺼이 청취할 수 있으며 또한 그 속에 남긴 진리를 인정할 수 있는 분명한 준비가 되어야 한다. 그러나 복음주의자들은 WCC의 대화가 교회가 혼합주의나 상대주의에 빠지거나 선교의 무력화를 가져다준다. 이에 관해 1977년 치앙마이 대회에서 대화는 다른 신앙과 이념을 가진 우리의 이유들에 관해 실체를 파헤치기 위해서 대화가 필요한 것이 아니라 우리 자신을 돕기 위해서 대화가 필요하다. 그러므로 우리는 대화를 사회 속에서 우리의 기독교적 봉사의 한 기본적인 부분으로 인식한다.(김은수 199, Bishop Anastasios of Androuss, Mexico City 1963, Old wine in to Fresh Eineskins, IRM, July. 1978(N2671,362)

(7) 1973년 방콕 (Bangkok) CWME 대회(1972. 12. 27~1973. 1. 12)

오늘의 구원을 주제로 한 방콕대회는 한국교회에 "개인구원이냐 사회구원이냐"라는 논쟁을 불러왔다. 그러나 그리스도 안에서 하나님의 구원은 정신적이고 영적인 다음 세계의 일반도 아니며, 육체적이고 사회, 정치적인 이 세상의 일반도 아니다.

① 1973년 방콕 CWME는 1968년 움살라에서 절정에 도달했던 Missio Dei 전통을 1969년에 동터 오른 해방신학에 가미시키면서 더욱 추진시켰으며 다른 한편 1960년대의 복음주의 세계대회들의 소리를 귀담아 들어 1968년 움살라 총회의 지나친 점들을 극복하였다. 따라서 복음을 통한 복음주의 계통의 개인구원과 개교회의 정체성과 교회성장의 중요성을 역설하였으며 동시에 이상의 "복음" 개념을 전제로 하고 교회의 사회참여를 극단화시켜 구원의 4차원을 말했다. 경제적 정의, 인간의 존엄성, 소외된 무리와 연대감을 갖기, 절망에 항거하여 희망을 불러일으키기. ← 방콕 대회의 '두 얼굴' (포괄적 선교 개념)

② 배경 : 1972. 12. 27~1973. 1. 12 태국의 수도 방콕에서 "구원(Salvation)"을 주제로 열렸다. 참가인원이 탐바람 IMC 대회 이후 계속해서 과반수를 넘고 있다.

ⓐ 세계가 발전하는 통신수단과 메스미디어를 통해 통합되고 있으나, 정치적 경쟁과 경쟁적 격차

ⓑ 힘과 무력감 ― 원자력, 컴퓨터, 그리고 발전하는 기술과 산업의 발달로 인간의 능력은 무한히 팽창하는 것처럼 보인다. 다른 한편에서는 분열된 사회구조와 인간 그리고 세속 종교화된 정치 이데올로기로 인한 인간성 상실 등으로 사람들이 무력감에 더욱 빠져들고 있다.

ⓒ 문화와 반문화 ― 중국의 문화혁명을 비롯한 아시아와 아프리카의 문화갱신과 남미의 의식화(Conscientization)를 통한 문화 혁명 등으로 전 사회를 개조하려고 하고 있다. 반문화 · 북대서양지역의 청년 중산 계급을 중심으로 소비사회의 개인주의적이고 집단적인 이기주의 문화로 거부하는 것이다.

ⓓ 세계는 월남 전쟁의 확립, 중국의 문화혁명(1965~1966), 3차 중동전쟁(1967. 6. 5), 아프리카 반식민화운동, 소련의 체코슬로바키아 침공(1968. 8. 20) ―프라하의 봄. 한국 1월 21일 사태(1968), 남한개헌 및 국내선 KAL납북, 새마을 운동시작(1969), 남북공동성명(1972. 7. 4), 문세광 ―대통령 저격사건(1974)

③ 주제: 오늘의 구원 ― 정체성, 인간화, 해방 구원과 구원사 ― 구원과 타 신앙인들과

대화 — 구원과 모라토리움(Moratorium)[249]

④ 결과: 신학적으로 해방(liberation)의 의미를 논함.

　ⓐ 모든 인간, 모든 교회가 각자의 '문화적' 상황 아래서 주체성을 가지고 ㉠ 신학에서 ㉡ 예배에서 ㉢ 행동에서 ㉣ 공동체 형성에 있어, 하나님의 소명 앞에 그들 자신의 방법으로 응답할 수 있다고 함.

　ⓑ 특별히 아프리카 교회가 서구교회의 신학적 제국주의에 대해 공격함.

　ⓒ 대회는 쉽게 결정할 수 없는 개인구원과 사회구원의 관계를 다룸: 예수 그리스도에게 응답하는 것과 그의 선교적 부름은 사회정의와 평화와 충만한 인간의 삶을 위한 투쟁에 참여하는 것이다. 선교에 있어 각 동역자(partner)끼리 동등한 위치에 있어야 함을 확인함, 임시의 모라토리움(mora-torium)에서 새로운 형태의 교회 상호간의 협력이 모색됨, 가장 상황적이고 교회 상호간의 교육적인 에큐메니칼 회의(ecumenical conference)로 인정됨.

### 3) 세계교회협의회(World Council of Churches)[250]

1941년 WCC를 설립하기로 의견의 일치를 본 신앙과 직제와 생활과 사업 위원회 — 두 위원회의 통합으로 출범시키려 하였으나 제2차 세계대전으로 인해 1948년 암스테르담에서 WCC 1차대회를 개최하였다.

1920년 파시즘, 1930년대 히틀러주의, 1939년 제2차 세계대전 등으로 세계는 무질서와 혼돈이었다.

WCC는 매 7년마다 정기적으로 개최되는 것을 원칙으로 하였다. 1948년 1차 WCC를 시작으로 2013년에 10차 부산대회가 개최되었다.

---

249) 선교유예(Mission Moratorium)는 1971년 동아프리카 장로교회 존 가투(John Gatu)는 서구선교사의 지도력과 재정 지원이 현지교회의 자립과 자치를 막는다고 보고 선교사들을 5년 동안 철수해달라는 요청이었다. 그러나 1973년 방콕 CWME는 결정하지 않았다.(정병준, WCC 제10차 부산총회 반대의 주요 쟁점과 대안, 기독교사상, 9호 2013, 36-46).

250) 참고
◎ 조동진, 《세계선교 트렌드 1900-2000》, 상하, (아시아 선교 연구소, 2007) ◎ 김은수, 《현대선교의 흐름과 주제》, (개정증보판, 2010) ◎ 임윤택, 《기독교 선교 운동사》, (서울: CLC, 2009) ◎ 이형기, 《복음주의와 에큐메니칼 운동의 세 흐름에 나타난 신학》 ◎ Marlin Van Eldern The Genesis and Formation of the World Council of Churches, WCC Geneva(ed), 이형기, 《세계교회협의회 기원과 형성》, (서울: 한국장로교 출판사, 1993); And So set up Signs the World Council of Churches first 40 years 《세계교회협의회 40년사》.

### (1) 제1차 WCC 암스테르담 총회(Amsterdam)

① 배경 : WCC의 제1차 총회는 1948년 8월 23일~9월 4일까지 화란의 암스테르담에서 세계 44개국 147개 교회에서 온 351명의 대표들로서 열렸다.[251] 여기서 로마 가톨릭과 러시아 정통교회는 불참했지만 세계의 거의 모든 대표들이 모였다.

주제는 "인간의 무질서와 하나님의 계획"이었다.

② 주제 : 주제 강연은 칼 바르트(Karl Barth)와 다드(C. H. Dodd) 박사가 담당하였다. 주제는 여러 가지 문제들이 제시되었는데, 특히 가시적인 세계교회의 통일과 예수 그리스도는 하나님의 독생자이며 구속주에 대한 것이기보다는 오히려 그의 사회적 관심과 영향.

③ 과정 : 교회와 사회와의 관계에서 4개 분과

제1분과는 하나님의 의장 (意匠)안에 있는 세계 교회로서 칼 바르트는 교회의 본질을 그의 논문에서 교회를 "살아계신 주님 예수 그리스도가 그의 승리를 증거할 증인들을 불러 모으는 사건"이라고 했다. 또한 교회는 "구별된 사람들이 예수 그리스도로 말미암아 서로 교제를 이루는 과정의 결과"라고 했는데 이 과정은 "하나님을 향한 감사의 체험과 이웃에 대한 봉사의 소원을 통해 이루어지며 결국 그들의 세상에 사명을 발견하는 것"이라고 했다. 제2분과는 교회의 공동사업이 복음전파와 사회봉사임을 강조했다. 핸드릭 크래머(Hendrick Kraemer)는 그의 논문에서 "복음화 즉 모든 나라, 모든 환경과 문명, 모든 조건과 형편에 처해 있는 모든 사람에게 복음을 선포하는 것, 그리고 왕의 혁명적 세계 혁명 가운데서 말과 행위로 예수 그리스도 안에 나타난 하나님의 구속의 질서를 증거하는 것이 교회의 세계 적 과업"이라고 말했다. 제3분과는 교회와 사회의 부조화로서 현대 문명의 부소화와 위기를 분석하고 "책임 있는 사회"를 건설하여야 힌다고 강조히였다. 제4분과는 교회와 국제적 부조화인데 현대 문명의 부 조화를 분석한 제3분과에 비해 여기서는 전쟁과 평화의 문제를 다루면서 모든 종류의 독재와 제국주의를 물리칠 것과 기본적인 인권과 종교적 자유를 위해 노력해야 한다고 했다. 암스테르담 총회는 이전 국제대회에서 볼 수 있던 열광적 낙관주의가 지배하지는 않았으나 전쟁의 상처와 문명의 모순을 실감하면서 세상에 대한 교회의 공동적 책임을 다짐한 심각한 모임이었다.

---

251) 거의 북미, 유럽대표; 단 30명은 아시아, 아프리카, L. A에서 옴. Younger churches라는 용어를 그대로 씀(그러나 Church of Ethiopia, Orthodox Syrian Church of Malabar 등은 오래된 교회: 반면에 서구교회 중 Old Catholic Church, Salvation Army 등은 오래되지 않은 교회)

④ 상황 : 신생국가들의 독립(1942년 이후로 약 100개국 독립) 새로운 세계질서가 잡혀가고 있을 때이다.252)

⑤ 의의 : 에큐메니칼 운동의 세계 전략의 한 기능적 구조로 병합시키려는 기본정책을 확립 인류와 세계가 에큐메니칼 선교의 대상은 되었지만 개인 영혼구원은 소외되었다. 선교단체와 조직을 뒤로하고 교회와 사회만 앞서 나갔다. 선교학자, 선교사들은 사라져가고 특정 신학자들이 등장했다.

(2) 제2차 WCC 에반스톤(Evanston) 총회

① 제1차 WCC 총회 이후 6년 뒤인 1954년 8월 15일~31일까지 미국 에반스톤(Evanston)에서 전 세계 161개국 회원교회로부터 온 502명의 대표들이 모여 제2차 WCC 총회를 열었다.

② 주제 : "예수 그리스도는 세상의 희망"인데 암스테르담 총회에서 다루었던 교회론과 세상에 대한 기독교적 소망에 대한 본질적인 문제를 보다 깊게 다루었다.

③ 결과 : 그리스도만이 세상의 참 소망임을 강조하면서 교회는 정치적 및 사회적 불의에 대항하여 싸우는 사회적 책임을 감당해 나가야 한다고 했다. 또한 선교의 사명에 대해서는 별로 강조하지 않고 다만 간단하게 "오늘날 수많은 사람들이 그리스도를 알지 못하고 있다. 이것에 비해 얼마나 많은 관심을 기울이고 있는가"?

ⓐ 암스테르담 회의가 함께 말하기(staying together)를 강조했다면 에반스톤 회의는 동반성장(growing together)을 강조하였고 개발도상국에 대한 관심을 나타냈으며 평화와 정의를 위해 각국이 대량살상용 무기를 금해야 함을 확언했다.

ⓑ 책임 있는 사회는 아니고 사회적 혹은 정치적 구조를 넘어선 선택 그러나 현재 있는 사회 질서 속에서 더 나은 선택을 하며 바른 길을 찾아가는 것이다.

---

252) Section:
 (1) the universal church in God's design "예수 그리스도께서는 우리가 잘 분간하지 못 하는 역사의 목표를 향하여 인도하시기 위해 우리 한가운데 능력으로 역사하신다."
 (2) the church's witness to God's design 교회의 일치와 내적인 갱신이 논의됨. 전도(evangelism)는 전교회의 공동의 과업임을 확인함. 그러나 전도와 선교(mission)에 대하여 거의 구별하지 않음. Christian nation과 non-Christian nation의 구별을 하지 않기로 함.
 (3) the church and the disorder of society responsible society의 문제가 논의됨(자유 방임적인 자본주의나 전체적인 공산주의에 반대되는 개념) 어떤 문명도(기독교문명조차도) 하나님의 말씀 앞에서 심판을 피할 수 없다는 의견의 일치를 봄.
 (4) the church and the international ordera. 전쟁을 원칙적으로 하나님의 뜻을 위반하는 것으로 간주. 전제주의와 제국주의를 반대함.(기본권을 위한 투쟁에 관심을 표함)

ⓒ 평신도의 역할을 더욱 강조: ㉠ 교회와 세계 사이의 간격을 메우기 위해서 ㉡ 하나님의 나라의 전초부대로서 평신도의 역할이 중요, 교회가 하나님의 말씀을 회복하는 문제와 잃었던 전통을 회복하는 문제를 주로 다루었다. ㉢ 반면에 교회의 선교적 사명에 관해서는 거의 언급되지 않았다.

ⓓ 동서냉전체제와 제3세계에 대한 책임까지 지고 사회적 책임의 적극적 참여를 결의했다.

### (3) 제3차 WCC 뉴델리(New delhi) 총회

1916년 11. 19~12. 5 인도의 뉴델리에서 개최됨.

IMC가 WCC의 한 분과로, 세계 선교와 전도위원회(CWME :Com mission on World Mission and Evagelism)로 개편됨. 그 결과 선교가 교회의 삶에 중심이 되어야 함으로 전환, CWME 초대 총무였던 뉴비긴은 WCC가 선교적 과제를 교회 삶의 중심인 심장으로 받아들이기로 희망하며, 교회들의 선교적 수행 또한 에큐메니칼적인 관점에서 그들의 사역이 이루어지기를 바라고 있었다. 이것은 10년이 지나도 이루어지지 않았음. 1975년 나이로비 WCC 총회에서 선교와 전도에 관한 새로운 각성이 일어나기 전까지 계속 되었다.

① 배경 : 1955 바르샤바조약 반등에서 비동맹회의, 1956 헝가리 폭동, 1961 베를린 장벽이 세워짐, 1910 에딘버러 이후 3기관이 통합되었다. 4대 동유럽 정교회 가입–러시아 정교회, 루마니아 정교회, 불가리아 정교회, 폴란드 정교회. 로마 가톨릭이 정식 업저버로 참가.[253] 1961년 11월 19일부터 12월 5일까지 인도 뉴델리에서 제3차 세계교회 협회의 총회가 열렸었다. 174개 교회로부터 582명의 대표들을 비롯한 다수의 참석자들이 "예수 그리스도는 세상의 빛"이란 주제 하에서 교회의 증거적 빛 봉사석 과업과 아울러 연합의 필요성을 새롭게 다짐했다.

② 주제 : 세상의 빛 예수 그리스도, 증거, 봉사, 연합 - 3개분과

ⓐ 그리스도와 복음의 특수성을 내세우면서도 그리스도 활동의 보편성 내지는 범종교주의를 인정하는 듯한 진술을 했으며 따라서 현대적 방법을 모색해야 한다고 주장했다.

ⓑ 봉사의 본질과 형태의 문제를 취급하는데 기독교 봉사는 "예수 그리스도에 의해서

---

[253] 1954년 제22차 에반스톤 총회 때에만 하더라도 가톨릭교회는 총회 참석을 금지하며 교서(Pastoral letter)까지 발행 세계교회협의회 헌장 수정-노르웨이 교회와 동방정교회 요청, 내용 : 삼위일체 자립. 세계교회협의회는 성서에 따라 주 예수 그리스도를 하나님이요, 구세주로서 고백하며 또 이에 따라 한분이신 하나님, 곧 성부와 성자와 성령의 영광을 위하여 공통된 소명을 다함게 완수하고자 하는 교회들의 교제이다.(김은수, 157, 각주 3) 주의와 제국주의를 반대함.(기본권을 위한 투쟁에 관심을 표함)

계시된 하나의 값진 사람으로부터 시작하고 성장하는 점에서 세상의 일반 자선과 구별됨"을 지적하면서도 교회는 특히 과격한 형태의 정치, 사회, 참여를 통해 봉사의 과업을 수행해야 한다고 한다.

ⓒ 연합의 목적에 대하여 말하기를 "교회에 대한 하나님의 의도이시며 선물인 연합은 실질적으로 나타날 수 있다."고 했다.

③ 결과

ⓐ 예수 그리스도의 빛 안에서 다른 종교를 어떻게 이해해야 하는가? 그리스도인의 봉사와 사회의 다른 일반봉사가 어떻게 다른가?

ⓑ 제3세계에 대한 정치, 사회, 경제적인 변화에 대한 교회의 책임이다.

ⓒ 연합 – 하나의 몸, 하나의 복음, 하나의 세계

ⓓ 성경의 선교와 관련된 용어를 새롭게 하고, 선교의 역사적 전도를 혁명적으로 변화된 새로운 세계를 위해 선교의 새로운 길과 과업을 선언했다.

ⓔ 서구선교가 복음주의 선교의 길에서 세속주의 정치 선교의 길로 들어서는 분기점이다.

ⓕ 전통적 선교가 역사 속으로 사라졌다. 현실세계의 구조적 악을 제거하는 것이 새로운 선교의 과업으로 정의했다.

ⓖ 복음주의 선교사들의 모임을 태동케 하는 원인이 되었다.

(4) 제4차 WCC 웁살라(Uppsala) 총회[254]

혁명적 세계상황에서 1968. 7. 4~20 스웨덴 웁살라 총회는 선교의 목표를 인간화로 표현하면서 그 준비 과정부터 많은 비판을 받았다. 하나님의 일차적 관심은 세계이며, 교회가 세계의 부분으로 이해됨으로써 "하나님–세계–교회"라는 새로운 관계가 제시되었다.

① 배경 : 1961년 IMC 병합으로 1963. 12 멕시코시티에서는 CWME 세계선교와 전도위원회 (CWME)에서 선교의 세속화를 선언했다. 타종교와 만남으로 혼합적 성향을 가졌던 WCC는 교회를 세속사회의 일부로 보았다. 1963년 제4차 웁살라 WCC총회는 세속화를 위한 선교의 갱신(Renewal in Mission)을 선언하게 되었다. 지금까지 서구 선교의 급진세력은 하나님 나라보다는 세계, 복음보다는 자유, 구원보다는 인

---

[254] 1974 로잔세계 복음화 국제 대회를 개최하게 되는 동기가 되었다. 제4차 총회는 "보라, 내가 만물을 새롭게 하노라."라는 주제를 둘러싸고 1968년 7월 4일부터 20일까지 스웨덴의 웁살라에서 열렸다. 이 총회에는 235개 회원교회에서 904명의 회원들이 참석하였다.

간의 해방, 진리의 길보다는 세속화로, 복음주의 선교의 반대 방향으로 간 느낌이다.

② 주제 : 보라 내가 만물을 새롭게 하노라(계 21:5)

일시 : 1968년 7월 4일~20일 대표 : 704명(235교회)

- 선교의 갱신 — 인간화를 선교의 목표(Humanization) — 오늘 근본적 문제는 인간에 대한 문제이며 모든 비인간화의 현상을 극복하고 인간을 인간답게 하는 것이 선교의 일차적 과제다. • 하나님 역사 안에서 활동. • 세계경제의 부익부 빈익빈 — 1%개발헌금 • 예배의 실천 • 윤리적 삶의 실천—사회, 문화적 차이에 획일화된 그리스도 삶 강요 못함.

③ 결과

ⓐ 격렬한 반항세력의 혁명적 세력은 새롭게 하라는 것이 하나님의 명령 지구상의 모든 종류의 집단과 세력과 연합하여 세계의 정리, 사회적 모순과 부조리를 바로잡기 위한 투쟁으로 모든 것을 새롭게 하자는 행동강령이다.

ⓑ 비기독교 영역도 포함한—국가, 세계, 지역문제에 개입—특정 선교 원리 기초뿐 아니라 선교영역을 벗어남. 선교가 아니다. 교회가 도시 산업지대의 노동자, 반항하는 젊은 세대, 인종차별 등의 기업분쟁, 국가분쟁, 권력 구조적 투쟁 등의 선교의 이류으로 개입함. 이후 1970년 도시산업선교가 등장했다.

ⓒ 에큐메니칼 선교는 정치현장, 항쟁, 등의 주도세력이 되었다.

ⓓ 남미의 해방신학과 한국의 민중신학의 이론적 근거를 제시했다.

ⓔ 독일 바이엘 하우스 교수 외 13명 프랑크푸르트 선언— 선교가 복음화지 인간화가 아니다.

(5) 제5차 WCC 나이로비(Nairobi) 총회

① 배경 : 제5차 총회는 "예수 그리스도는 해방하고 연합하게 한다"는 주제 아래 1975년 11월 23일부터 12월 10일까지 아프리카 케냐의 나이로비에서 286개교파의 741명의 대표들이 모였다. 이 총회에는 로마교, 불교, 이슬람교, 유대교 등이 옵저버로 참석하여 혼합주의의 색채를 강하게 띠고 있었다. 나이로비 총회는 구원과 복음과 선교에 관한 성경적 교리를 해방이라는 말로 재정의 하고 로버트 브라운(Robert M. Brown)은 예수 그리스도를 해방자로 묘사하기도 했다. 이 주장은 해방 신학의 근원지인 남미의 대표들에게 환영을 받았다.

② 주제 : 자유케하시는 하나님

-오늘의 신앙고백 공동체 모색-해방-구조 악에 의한 투쟁 - 인간개발

③ 결과 : 하나님 신앙과 사회, 정치적 참여는 불가분의, 인권 투쟁과 불의에 대한 항거는 한 발자국 물러섰다.

(6) 제6차 WCC 밴쿠버(Vancouver) 총회

① 배경 : 1779년 소련군 아프가니스탄 침공 - 언급 없음. 미국이 남미에서 공산주의와 전쟁을 침략자로 봄. 제6차 총회는 캐나다의 밴쿠버에서 1983년 7월 24일 ~ 8월 10일까지 세계 각국의 대표 930명과 옵저버 820명을 포함 총 3,500이 참석한 가운데 열렸다. 여기서는 소련대표 61명과 동구 공산권과 제3세계의 대표들이 상당수 차지했다. 주제는 예수 그리스도 는 "세상의 생명"으로서 평화와 정의의 문제를 비롯하여 아프가니스탄 중남미 및 세계 여러 지역의 사건들에 대한 해석 등 여러 주제들을 다루었다.

② 주제: 예수 그리스도 - 세상의 생명 세례, 성만찬, 작제(수티나) 문서 - 보내는 선과 종단 - 타종교 대화

③ 결과

ⓐ 문화, 예배, 가난한 자, 어린이, 종교다원주의 등의 상황에서 어떻게 전도(evanglelism) 할 것인가가 특별한 관심이 됨. 교회가 평신도를 교육할 때 에큐메니칼 운동에 대해 인식할 수 있도록 할 것.

ⓑ 공산주의 성결과 함께 유대교, 힌두교, 불교, 이슬람교, 시크교도 또 다른 구원의 길로 봄 - 범신론적 보편주의 성격

(7) 제7차 WCC 캔버라(Canberra) 총회

① 배경 : 1991년 캔버라 총회는 전체 주제를 "성령이여, 오소서! 전 창조의 세계를 새롭게 하소서!" 함으로써 JPIC의 정신 특히 "IC"의 문제가 역사상 유래 없이 부각되었다. 결국 1990 년 서울 JPIC에서 1991년 캔버라로 오면서 "생태신학"이 크게 떠올랐다. 정의와 평화 문제는 WCC 역사 이래 계속해서 논의된 주제이지만 창조세계의 보존 문제, 특히 생태계의 문제는 1968년 이후, 1970년대에 크게 부상되어, 1975년 나이로비의 JPSS와 1979년 MIT 및 1981년 암스테르담을 거쳐, 1983년 벤쿠버에서 JPIC의 이름으로 본격적인 논의에 접어들어 갔다. 그리하여 벤쿠버 이후 "교회와 사회"는 "환경보전"의 문제에 관하여 WCC 전체 차원의 이해와 참여를 촉구하였다.

1990년 서울 JPIC는 생명이 지탱되는 JPIC의 세계를 지향하고 있다.

② 주제: 성령이여 오소서 – 타종교인이라도 성령역사 정의와 평화를 위한 입장

• 중국기독교교회 협의회가 등극 • 한국의 정현경 교수의 초혼제

③ 의의 : 주제는 매일매일 드리는 특별 예배와 연결됨. 신학(예수 그리스도)과 경험(성령)을 연결함: 성령론을 강조함. 걸프전이 총회 시작 3주 전에 발발: 전통적인 의미의 정의를 위한 전쟁 개념이 도전을 받음. 소수민족(특히 호주의 원주민)의 문제가 부각됨. 오랜 동안 교회가 많은 대화를 나누었음에도 불구하고 성만찬과 안수 받은 목사의 직무에 있어 상호간에 충분한 대화를 막는 요소들이 있음을 확인. 정교회는 교회협의회의 주된 목표가 교회의 일치가 되어야 함을 공식적으로 제기함. 또한 신앙과 직제(faith and order)의 진행이 좀 더 활발히 진행되어야 될 것이라고 요청함. 청년을 20% 이하 파송한 교회를 문제 삼음(더욱 WCC의 정책에 협조해 달라고) 약 30년 만에 중국본토 교회의 대표가 참여함. 중국기독교협의회(The China Christian Council)가 회원교회로 받아들여짐. 1960년대 교회협의회를 떠난 아프리카의 네덜란드개혁교회(white) Dutch Reformed Church in South Africa)가 다시 돌아옴.

③ 결과 : 1961년–뉴델리 총회–선교+봉사, 1963년–멕시코대회 · 교회 밖의 하나님–타종교와의 대화, 에큐메니칼 신학의 중요 쟁점. Missio Dei – G. Vicedom

교회 중심적 선교보다 사회봉사 중심적 선교, 선교목표 이 땅에 평화, 모든 선행도 선교라 할 수 있다. 1968년 웁살라(Uppsala) 총회 이후 하나님의 선교 개념 정식으로 도입. 비판: 교회 영혼 구원대신 사회참여와 활동.[255]

---

[255] 1960년대의 Missio Dei와 복음주의자들의 반응: 1963년 멕시코 CWME와 1966년 제네바의 "교회와 사회 세계 대회", 1968년 베이루트 대회 및 SODE-PAX, 그리고 웁살라 WCC 총회에서 사회참여가 절정에 이름. 이에 대응하여 복음주의자들이 세계대회를 열었다. 그런데 1960년의 복음주의자들은 18~19세기적인 복음주의적 복음전도 개념에만 집착하였지만, 1970년대의 복음주의 세계대회들은 18~19세기적 복음전도 개념을 고수하면서도 "선교" 개념에 넓은 의미에서의 교회의 사회적 책임을 포함시키고 있다. 1974년 〈로잔언약〉은 1952년 빌링겐의 삼위일체 하나님의 선교와 비슷한 주장을 하고 있다. 특히 주목할 점은, "제2항: 복음의 본성"에서 18~19세기적 복음전도를 언급하고, 이어서 "제5항: 기독교의 사회적 책임"을 제시하고 있다는 사실이다. 선교의 종말론적 비전에 관해서도 로잔언약은 1952년의 빌링겐과 1954년 에반스톤 이래의 하나님의 선교의 종말론적 전망에 의하여 크게 영향을 받았다. 1989년 마닐라 제2로잔 세계선교대회에서는 "복음(제3항)"보다 "성서주의(제2항)"를 앞에 놓긴 하지만, 제8 · 9 · 18항에서 18~19세기적 복음전도 이외에 교회의 넓은 의미의 사회참여를 역설하고 있다. 이는 제1로잔 언약보다도 교회의 사회참여를 더 강도 높게 주장하고 있다.

(8) 제8차 하라레(Harare) 총회 – 지구, 생명, 구원, 해방, 창조세계
① 주제 : "하나님께로 돌아와, 소망(희망) 중에 기뻐하자!"(Kehrt um zu Gott – seid fr hlich in Hoffnung) → WCC는 세계의 양심
→ 아프리카의 꿈과 북소리 → 다원화 시대 교회의 일치 → 세계화와 외채 탕감문제 → 함께 사는 세상을 위한 교회

■ 전체토론 주제 〈아프리카의 미래와 교회〉 이외에 〈여성과 연대하는 교회 10년(decade)의 보고〉와 〈공동의 이해와 비전 (CUV)〉이라는 WCC의 정체성과 방향 모색에 관한 문서
• 식민주의 지배, 착취로 초래된 절대빈곤 비인간화 회개 • 성만찬 형식의 대립으로 개교파

② 배경 : 1998년 12월 3일~14일, 짐바브웨 하라레 "아프리카의 십자가 아래에서 함께 (나아가자)"(Beieinander unter dem Kreuz in Afrika). 120여 개국에서 340개 회원 교회의 960명의 대표와 4천여 명의 기타 참가자 12월 13일(주일) 오후, 3천여 명과 함께 한 강당에 모인 WCC 50년 기념식이었다.

③ 결과 : 하나님의 발자국 – 아프리카 지형, 모습(이미지)
  ⓐ 회개–노예–지배와 착취–식민지–신식민지:절대 빈곤, 비인간화
  ⓑ 친교–디아코니아–코이노니아.
  ⓒ 열린 예배 –하나의 믿음– 하나님께 돌아오라.
  ⓓ 성만찬 –정교회와 가톨릭의 대립, 성만찬을 개교파별로 실시(모순)
  ⓔ WCC 평가 – 긍정적– 여성과 제3세계, 부정적– 위기와 헌신의 약화, 조직의 불확실, 재정의 약화, 그 외에 비가입 교단들과의 갈등
  ⓕ 공통의 성만찬 – 신학적 배경
  ⓖ 갈등과 폭력, 화해 – 세계화
  ⓗ 신앙과 함께 동참 – 교회 상호간의 방문
  ⓘ 타종교와의 대화 –교육
  ⓙ 선교와 증인
  ⓚ 정의, 거룩한 공동체– 환경
  ⓛ 비폭력, 화해, 인간화, 영성

(9) 제9차 WCC 포르토 알레그레(Porto Alegre) 총회
① 주제 : "하나님, 당신의 은혜로 세상을 변화시키소서"
　ⓐ 지구를 변화 시키소서 – 사회를 변화 시키소서
　ⓑ 교회를 변화 시키소서 – 개인의 삶을 변화 시키소서
　ⓒ 대회주제와 관련, 가장 주목을 받은 모임은 22개의 주제를 설정하고 대안을 모색한 에큐메니칼 대화(ecumenical con‧versations)였다.
　ⓓ 특히 지구화(globalization)에 대한 대안으로 경제정의의 문제를 설정하고, 가난한 나라나 부유한 나라가 공통으로 추구하는 HIV와 에이즈문제, 장애자문제, 폭력근절문제, 환경문제 등 에 대한 기독교 신앙적인 해법을 제시해 주목을 끌었다.
② 과정 : 지구화 문제 . 경제정의 문제 . HIV와 에이즈 장애자, 폭력, 환경문제
　ⓐ 경제 정의 –가난이 없는 세상은 가능하다! ⓑ 기독교 정체성과 종교 다원 ⓒ 폭력극복 10년 운동 ⓓ 교회일치 – 공동의 미래를 요구하며
- 포르토 알레그레 총회의 과제를 프로그램화해야 하는 임무를 가지고 모인 중앙위원회는 총회가 결의한 사항에 따라 향후 7년 동안 WCC가 전개해야 할 프로그램을 여섯 분야[256]로 확정하였다.
- 통전적 선교를 통해 교회 일치 운동

③ 결과
　ⓐ 통폐합
　　㉠ 신앙과 직제위원회(Commission on Faith and Oder) ㉡ 전도와 선교위원회(Commission on World Mission and Evangelism) ㉢ 신앙과 에큐메니칼 교육위원회 (Commission on Ecumenical and Faith Formation) ㉣ 국제위원회 (Commission of the Churches on International Affairs)
　ⓑ 협력위원회
　　㉠ 세계개혁교회연맹 ㉡ 루터교세계연맹 ㉢ 교파별 에큐메니칼 기구들

---

[256] ① WCC와 21세기 에큐메니칼 운동(WCC and the Ecumenical Movement in the 21st century)
② 일치, 선교, 전도, 영성(Unity, Mission, Evangelism and Spirituality)
③ 공공증언, 혹은 대사회증언: (Public Witness: Addressing Power, Affirm-ing Peace)
④ 정의, 봉사, 창조세계를 위한 책임(Justice, Diakonia and Responsibility for Creation)
⑤ 신앙과 에큐메니칼 교육(Ecumenical and Faith Formation)
⑥ 종교 간의 대화와 협력(Interreligious Dialogue and Cooperation) 회원교회와 세계 공동체 앞에 WCC가 하는 일이 원활히 알려지도록 커뮤니케이션을 강화하기로 했다.

ⓒ 의미

㉠ 거점 역할 – 교회 일치 ㉡ 예배, 선교, 통전적 관계 ㉢ 예배, 선교의 일치 관계

(10) 10차 WCC 부산(Busan) 총회[257]

주제: 생명의 하나님, 우리를 정의와 평화로 이끄소서.

모든 창조계를 위한 정의와 평화의 증인으로서, 총회가 이 기도에 – 오늘의 세상속에서 더불어 사는 교회가 되는 일에 – 적극적으로 부응하도록 하기 위한 것이기도 하다.

총회주제는 하나님께서 오늘의 세상 속에서 어떻게 역사하시는지, 교회들과 교회단체들과 제자된 개인들이 구체적으로 어떤 은사와 사역을 가지고 정의와 평화를 위한 운동에 공헌해야 하는지에 대해 성찰하고 숙고해야 할 여지를 제공한다. 총회가 해야 할 일은 대부분 총회주제가 교회들과 에큐메니칼 운동과 WCC에 대해 지니는 함축성을 탐구하는 것이 될 것 이다.

◉전체평가:

2013년 10월 30일-11월 8일 부산에서 개최된 제10차 WCC 총회는 남반구 기독교의 성장을 반영하며 세계선교의 지형변화를 상징적으로 보여준다. 분단 상황의 한 반도에서 개최됨으로써 총회주제인 생명, 정의, 평화 중에서 정의와 평화 의 문제가 현장과 잘 연결되는 대회장소가 되었다. 제10차 부산총회에 이르기까지 발표된 WCC의 많은 문서에 나타나 있는 선교신학은 갑자기 나온 것이 아니라, 시대적 상황에 대한 신학적 성찰과 선교적 대안으로 나온 것이다. 부산총회의 선교문서 "함께 생명을 향하여"는 삼위일체 하나님의 선교라는 큰 틀 속에서 성령의 선교를 강조한다. 예수 그리스도의 궁극적 관심은 풍성한 생명(요 10:10)에 있고 "선교는 삼위일체 하나님의 마음에서 시작"되었으며 "'선교사 하나님'은 모든 하나님의 백성을 부르시어 희망의 공동체가 되게"하신다.

역대 WCC 총회와 총회 사이에 개최되는 세계선교와 전도위원회(CWME)에서 논의된 주요 선교주제를 개관한다. WCC의 최근 선교신학이 반영되어 있는 부산총회의 새로운 선교선언문 "함께 생명을 향하여: 기독교의 지형변화 속에서의 선교와 전도"(2013)와 "교회: 공동의 비전을 향하여"(2012), "다종교 세계에서의 기독교의 증언: 행동 권고"(2011) 등의 선교문서를 중심으로 정의, 평화, 창조세계 보전 등의 의제를 중점적으로 살펴본다. 끝으로 WCC 부산총회가 한국교회와 선교현장에 주는 교훈과 실천방안을 제안한다.

---

257) 황홍렬, 에큐메니칼 협력선교: 정책, 사례, 선교신학, 부산 장신대학교 세계선교연구소, 2015.

**총회장소; 대한민국의 의미**

동북아시아 지역에서 개최되는 최초의 WCC총회가 될 것이며, 보다 광범위한 의미에서 아시아적 상황이 이 모임에 뚜렷한 형태를 부여하게 될 것이다. 특히 한국교회의 증언이 세계에큐메니칼 운동에 제공하는 독특한 에큐메니칼 적 "지평"때문이다. 한국교회가 급속히 성장하였고, 전인구의 25%가 기독교인이다. 한국이 처한 다종교적 상황에서의 교회의 역할은 세계곳곳의 다른 교회들의 종교 간의 살아있는 대화를 이끌어 가는데 귀감이 될 것이다. 한국의 통일을 향한 희망과 통일을 위한 총회의 증언은 WCC 10차 총회의 족적을 남겼다.

◉프로그램:

교회: 공동의 비전을 향하여. 함께 생명을 향하여: 기독교의 지형변화 속에서의 선교와 전도 다종교 세계에서의 기독교의 증언. 모두의 생명, 저의, 평화를 위한 경제: 행동촉구 요청 정의로운 평화에 대한 에큐메니칼 선언. 21세기 디아코니아에 관한 신학적인전망. 신학교육에 대한 에큐메니칼 서약.

◉구성:

코이노니아(친교) – 그리스도 안에서 한 믿음과 교제를 통한 일치.

마르튀리아(증언) – 세상 속에서 교회가 충실한 증인 되는 일.

디아코니아(봉사) – 하나님의 징의로운 평화에 이바지하는 행동하는 믿음.

에큐메니칼 훈련양성 – 믿음의 갱신과 지도력 개발을 위한일.

종교 간의 협력 – 모든 교회가 직면한 하나의 공통적인 상황.

제10차 총회는 예수 그리스도를 고백하는 모든 교회의 교제의 폭을 넓히고 경제위기, 생태위기, 영적위기 등 21세기 세계가 당면하고 있는 문제에 대한 하나님의 부름에 귀 기울이고 하나님께서 주시는 생명이 충만한 문명을 향한 복음적 대안과 비전을 제시하는 역사적 총회가 될 것이다.

◉3차 뉴델리 총회 이후 아시아에서 열리는 두 번째 WCC총회이다.

주제 생명의 하나님 우리를 정의와 평화도 이끄소서

• 믿음 안에서 함께 누리는 생명 • 소망 안에서 함께 누리는 생명 • 사랑 안에서 함께 누리는 생명

### 4) 복음주의 선교운동사[258]

#### (1) 복음주의 선교단체 형성 배경

① 복음주의란?

'복음주의'의 어원은 앵글로-색슨 계통에서 영국의 종교 개혁자 존 위클리프(John Wycliff, 약 1320~1384년 생존)까지 거슬러 올라간다. 즉 종교개혁을 따르는 추종자들을 그렇게 지칭하였는데 이것이 후에 영국에서는 '복음'을 정확히 믿고 그 복음에 따라 사는 자들이라는 의미에서 '복음주의자들'(Evangelicalles)로 표현되었다. 이 말은 17세기 청교도 선구자들과 18세기 감리교도들의 복음주의 각성 운동의 대표자들과 관련하여 또 한 번 사용되었다.[259]

이처럼 영어권에서는 '복음주의자'라는 개념이 개혁을 대표하는 자들을 가리키는 말로 사용됨으로써 저항적 혹은 개신교적인 의미를 지닌 'protest'와 동일하게 사용되었다.[260] 반면 유럽 대륙에서는 루터교 정통주의에 대항하여 일어난 17세기 독일 경건주의 선구자들과 관련하여 사용되었다. 대표적인 경건주의자 스페너(Philip Jakob Spener 1635~1705)와 프랑케(August Hermann Franckes 1663~1727)의 영향을 받음. 치겐발크(Batholomäus Ziegenbälg 1682~1719)와 플뤼차우(Heinrich Plütschau 1677~1746)는 최초의 개신교 해외선교사로서 1706년 인도로 건너가 나름대로의 선교 원리에 입각하여 일하였다.[261] 이상의 논의를 종합해 볼 때 복음주의란 종교개혁, 청교도 및 경건주의 운동에 기원을 두고 있는 개신교 전체와 관련되어 있음을 알 수 있다.

② 에큐메니칼과 관련된 복음주의란?

현대 선교 운동에 있어서 '에큐메니칼'(Ecumenical) 선교와 관련하여 사용되는 '복음주의자'의 어원은 1846년 영국에서 결성된 '복음주의연맹'(Evangelische Allianz: EA)에 그 기원을 두고 있다.[262] 자우터에 따르면 EA는 교회의 연합이 아니라 당시 세계에 흩어져 활동하고 있었던 모든 복음주의자들의 일치에 대한 열망에 의해 이루어진 공동체이며,

---

258) 김은수, 《현대선교의 흐름과 주제》 216 - 226.
259) Horst Rzepkowski, Lexikon der Mission - Geschichte Theologie Et hnol-ogie, (Graz Wien Köln, 1992), 147.
260) L. Rott, "Evangelikal(e)", in: H. Krüger, W. Löser & W. Müller-Römheld(hrg.), Ökumene Lexikon: Kichen-Religionen-Bewegungen,(Frankfurt am Main 1987.2. Aufl), 360.
261) E. Geldbach, "Pietismus", in: H. Krüger, W. Löser & W. Müller-Römheld(hrg.), Ökumene Lexikon, 968f. 이들의 선교 원리를 보면 1. 교회와 학교의 동시 설립, 2. 원주민의 언어로 성서 번역, 3. 원주민의 의식 구조와 문화에 맞춘 설교, 4. 선교의 목표로서 개인 개종, 5. 가능한 빠른 원주민 지도자를 가진 원주민 교회 육성 등이었다. 이것은 오늘날 말하는 복음주의 선교신학을 대표하지는 않는다.

이것이 오늘날의 복음주의 선교까지 계속 이어져 오고 있다는 것이다.

'복음주의'(Evangelikalismus)란 현대선교와 관련하여 '복음주의자들'(Evangelikalen)과 밀접한 관계성을 가지고 있다. 즉 복음주의자들이 이해하고 추구하는 신학을 일반적으로 복음주의 신학이라고 하며, 선교적 영역에서는 복음주의 선교신학이라고 하기 때문이다. 그러나 복음주의자들을 단일한 틀 안에서 규정하기란 결코 간단하지가 않다. 독일의 바이엘하우스는 자기 스스로를 복음주의자라고 부르거나 자신을 그렇게 부르도록 인정하는 자를 복음주의자라고 할 수 있다고 전제하고 복음주의자들을 전략적, 교회사적 그리고 신학적 요소들을 종합하여 여섯 그룹[263]으로 분류하고 있다.

---

[262] Gehard Sauther, Heilsgeschichte und Mission, Zum VerstUändnis der Heilsgeschichte in der Missionsthe-ologie, Diss., (Gießen-Basel 1985), 217ff.

[263] ① '신복음주의자들'(Neue Evangelikalen)로서 대표적 인물은 빌리그래함이다. 이들은 학문적 기피 중세(Wissenschaftsschen)나 근본주의자들의 정치적 보수주의로부터 자유로운 태도를 취하면서 가능한 모든 복음주의를 한데 묶어 연합하려고 한다. ② '근본주의자 들'(Fundamentalisten)로서 신복음주의자들과는 반대적 입장으로 엄격한 분리주의적인 태도를 가진다. 이들은 '복음주의 로잔위원회'에도 소극적일 뿐 아니라, 칼 맥킨타이어(Carl McIntire)를 중심으로 '국제기독교교회협의회'(International Rates Christlicher Kirchen)와 같은 기구를 결성하여 로잔위원회와 병행대회(Parallelkongerenz)를 가짐으로써 그들의 세력을 규합하고 있다. ③ '고백적 복음주의자들'(Bekennende Evangelikalen)이며 바이엘하우스 자신도 포함된다. 이들은 1970년 발표된 프랑크푸르트 선언(Frankfurter Erklärung)과 1966년 채택된 베를린 에큐메니칼 선언(Berliner Ökumene Erklärung)을 주도하였으며 - 신복음주의자들'에 비해 보다 더 신앙고백적 교회이해를 가진다고 주장한다. 따라서 이들은 시대마다 잘못된 교리와 가르침에 대하여 적극적인 저항을 시도한다. ④ '오순절파'(Pfingatler)를 들 수 있으며 이들은 성령 운동과 은사 운동을 주도하는 자들이다. ⑤ '진보적 복음주의자들'(radikale Evangelikalen)로서 1974년 로잔 세계복음화 대회 때 새롭게 등장한 그룹이다. 이들은 대부분 남미 출신들로서 대표적 인물로는 사무엘 에스코바, 르네 빠딜라 그리고 올란도 코스타스 등이며 사회 정치적 참여의 필요성을 강하게 주장한다. 이들은 성서적 근거에 입각하여 선교를 사회 참여와 복음 선포의 양면을 통·전적으로 이해하려고 시도하고 있다 ⑥ '에큐메니칼 복음주의자들'(ökumenische Wvangelikalen)로서 세계교회협의회(WCC)의 회원 교회에 소속하며, 다른 복음주의자들로부터 때로는 신랄한 비판을 받으면서도 에큐메니칼 운동에 찬성하는 자들이다. 이들은 복음주의 연합 운동에도 적극적이어서 로잔복음화위원회에 활발하게 참여하고 있다. 이들은 대표적인 인물로는 웨스토 케방가(Festo Kivengere) 감독을 들 수 있으며, 그는 로잔세계복음화 대회 폐회식 설교에서 필요하다면 WCC 대표들과도 만나고 그들에게 따뜻한 친교의 손을 내밀어야 한다고 주장하였다.
W. Künneth & P. Beyerhaus(Hrg.), Reich Gottes odre Welgemeinschaft,(Bad Liebenzell, 1975), 307-308. 미국의 아서 글래서(Arthur F. Glasser)는 복음주의자들을 5가지 범주로 구분하고 있다. 그에 따르면 첫째는 분파주의적 근본주의자들(separatist fundamentalists)이고, 둘째는 시대 구분론적 복음주의자들(dispensational evangelicals)이며, 셋째는 카리스마적 복음주의자들(charismatic evangelicals), 넷째는 에큐메니칼 복음주의자들(ecumenical evangelicals) 그리고 끝으로 비공의회적인 정통 복음주의자들(non-conciliar orthodox evangelicals)로 나누어진다: A. F. Glasser, „Mission th the 1990s: Tow views", International Bulletin of Missionary research, vol. 13, No. 1, (January 1989), 4.

(2) 복음주의 선교단체 형성과정

① 복음주의 선교단체의 배경

ⓐ 복음주의 EA(Evangelical Allianz : EA)[264]

- 1846년 8. 19~9. 2 : 영국 런던- 개인적 대표
- 신앙의 일치점 . 계시로서 성서, 믿음만을 통한 죄의 용서
- 신성과 인성의 그리스도, 성령의 사역, 부활과 심판
- 특징 : 성서의 권위 + 하나님의 계시로써 성서

ⓑ 초교파해외선교협의회(Interdenominational Foreign Mission Association : IFMA)

- 1917년 미국 프린스턴에서 결성
- 구성 : 1910 에딘버러 선교사 대회가 경건주의 흐름을 벗어나고, 땅 끝까지 복음 증거의 사명을 잃어버렸다고 보고 7개의 선교단체(중국내지선교회 포함)가 결성.
- 결과 : 근본주의 신학 - 신학논쟁에 빠짐 교회 분열

ⓒ 미국복음주의협의회(National Association of Evangelicals : NAE)

- 1943. 5. 3 시카고에서 결성
- 결성 - IFMA의 근본적 신앙이 과격하고, 극단적으로 평가받자 온건한 복음주의 연합이 필요함.
- 내용 - 복음화-정부와 관계성 - 방송선교, 공공사업 - 교회와 국가의 분리 - 기독교교육 - 파송국가 세계 선교를 위한 자유
- 구성 - 다른 신학적 그룹과 대화 + 비판적 에큐메니칼 그룹

ⓓ 복음주의해외선교협회(Evangelical Foreign Missions Association : EFMA)[265]는 1945년

- 구성 - NAE에 관련된 선교단체들과의 연합 - 오순절 선교 단체 포함, 북미에서 가장 큰 선교단체

ⓔ 세계복음주의협회(World Evangelical Fellowship : WEF)는 1951년 8월 7일

- 2001년에 WEA로 바뀜

---

264) H. hauzenberger, "Evangelische Allianz", in: H. krüger, W. Loser & W. Müller-Romheld(Hrg.), Ökumene Lexikon, 38f.

265) Rodger C Bassham, Mission Theology: 1948-1975 Years of Worldwide crestive Tension Ecumenical, Evan-gelicals, and Roman Catholic,(Pasadena 1979), 177.

- 구성 NAE ＋EA ＝세계적인 조직
- 1951.8.7. 네덜란드 우조튼(Wondschoten)
- 내용 － 신앙고백, 성서의 무오성, 동정녀 탄생 등
- 목적 － 교회의 영적갱신, 복음주의자들 간의 협력, 기독교 신앙의 건설적 방어 등[266]

ⓕ 유럽복음주의 협회(Europäer der World Evangelical Fellowship)[267]
- 1952년 미국주도의 WEF를 벗어나기 위해 주도되었다.

(3) 휘튼(Wheaton) 교회세계선교대회(1966년 4월 9～16)[268]

① 배경 : IMC와 WCC의 통합에 대항하여 IFMA(Interdenomi national foreign Mission Association)과 EFAM(Evangelical Fellowship of Mission Agencies)가 중심이 되어 1966. 4. 9. 횟튼(wheaton)대학에서 교회의 세계선교대회(Congress on Churche's World-wide Mission)

② 구성 : 1854 뉴욕선교대회, 1910 에딘버러세계선교사대회, 1921 년 국제선교협의회 (IMC), 1961 WCC에 통합됨(WME에 들어가지 못한 단체와 IFMA＋EFAM의 회원의 기타 독립선교단체(71개국 938명))

③ 논의 내용

ⓐ 주제 － "교회의 전 세계적 선교"(The Church's World Wide Mission)

ⓑ 전통적인 개종 선교의 중요성 천명

ⓒ 성경의 권위를 중심으로 한 영적 일치 속에서 연합할 것을 주장

ⓓ 세상에 대한 선교의 시급성과 중요성을 논함

④ 특징

ⓐ 선교와 연관된 다양한 주제들에 대한 실제적인 접근

ⓑ 사회문제에 대한 복음적 관심을 간과

ⓒ 10개 항목의 휘튼 선어문 채택[269]

⑤ 결과

---

[266] Ibid., 183; L. Rott, "evangelikal(e)", in: H. krüger, W. Loser & W. Müller-Römheld(Hrg.), Ökumene Lexikon, 363-4.
[267] H. Huzenberger, "Evangelische Al-lianz", 38.
[268] 조동진,《세계선교트랜드》, 1900-2000 상, 477-527, 박영환, 휘튼대회의 복음전도와 사회참여에 관한 선교사역적 이해, 한국선교신학회, 선교신학 44, 2016, 129-173.

- 혼합주의 거부 + 보편주의 거부 + 개종주의 강조 + 신로마 가톨릭주의 +교회성장의 중요성 + 성경적 해외선교 + 영적준비와 성경지식으로 무장된 선교사 + 기도와 복음 선포. • 내용이 방어적이고 변증적이다. – 에큐메니칼 선교에 소극적 자세였지만 세계선교는 수렁에서 건져낸 세계선교대회.270)

(4) 베를린(Berlin)271) 세계복음화회의272)(World Congress on Evangelism, 1966. 10. 25~11. 4)

① 배경 : 1965년 에큐메니칼주관지 '크리스챤 센추리'(Christian Century)의 대항 잡지로 '크리스챤 투데이'(Christian Today) 창간

10주년 기념을 위한 "전도를 위한 세계대회". '크리스챤 투데이'는 빌리 그레함의 장인이며 중국 의료선교사로 헌신한 넬슨 벨(Nelson Bell)의 재산 투자로 창간. 기획과 구상은 풀러신학교 조직신학 교수의 칼 헨리다. 빌리 그래함(Billy Graham)이 중심이 되고 '크리스챤 투데이'(Christian Today)가 10주년 기념으로 후원자가 된 선교대회. 100개국 1,800명 참석.

② 내용
    ⓐ 성경적 전도개념 확립과 전세계를 향한 복음 선포의 시급성 천명.
    ⓑ 성경적 전도의 새로운 방법 모색과 장애요소 극복.
● 특징
    ⓐ 잃어버린 영혼에 대한 구령의 열정을 강조.
    ⓑ 성경의 권위를 손상시키는 자유주의 신학과 비평방법을 거부.
③ 결과 : 세계에 흩어져 있는 복음주의자들 한자리. 사회적 책임에 관한 논의가 있었

---

269) 휘튼 선언문의 10개 항목
① 신앙에 있어서 혼합 종교 문제 ② 새로운 만인 구원론 ③ 개종문제 ④ 가톨릭 교회에 대한 새로운 교회 ⑤ 교회성장론 ⑥ 해외선교문제 ⑦ 복음주의와 연합문제 ⑧ 사회적 관심 문제 ⑨ 적대적인 세계 문제 ⑩ 신보편주의
270) 휘튼대회 전체를 담은 책: Herold Lindsell, The Church's World wide Mission, 《기독교의 세계선교》, 생명의 말씀사, 1977 재판.
271) 조동진,《세계선교의 트랜드 1900-2000 하》, 19-33; 김은수,《현대선교의 흐름과 주제》, 209-215.
272) 복음주의 선교운동(베를린대회) 1966년까지 함께 해온 세계선교협의회가 선교를 복음적 선포사역에 삶과 사회구조의 개선으로 옮기자, 빌리 그래함 목사를 중심으로 한 복음주의 세력들이 힘을 모아 연합체를 구성하였음(IMC의 신학적 변질 –신학의 좌경화, 성경 권위 손상) • 특징
① 선교의 용어를 버리고 '폭넓은 전도' 라는 전도개념의 의미를 선교에서 강조하게 됨.
② 복음주의는 선교와 전도개념에 혼선이 나타남.
③ 복음주의는 선교의 대회적 접근으로 넓혀진 사역 개념을 영적 구원으로 풀어가려 함(사회참여인식 어려웠음).

으나 복음화를 사회구조현상으로 대치하는 것으로 보았고 기독교인의 회심의 결과가 사회적 책임을 만든다고 보았다.

복음주의 세력의 세계복음화 운동은 베를린 선교대회 주제들로 계속되어졌다. 1974 로잔에서 세계복음화 국제대회(International Congress on World Evangelism)를 빌리그래함 전도협회 이름으로 주최하여 로잔위원회란 이름으로 계속위원회를 구성하고 1980 파타야에서 에딘버러 70주년 기념대회, 1989 마닐라 제2차 세계복음화 로잔 국제대회, 2010 케이프타운에서 제3차 세계복음화 국제로잔 대회를 개최했다.

(5) 프랑크푸르트(Frankfunt Erklärung)선언[273]

프랑크푸르트 선언은 웁살라 총회 이후 에큐메니칼 선교의 흐름을 우려하면서 교회들의 수평적인 화해를 포기하고 수직적인 차원을 갖도록 촉구하면서 발표하였다.

① 배경
- 독일 튀빙겐 대학교의 바이엘하우스(Peter Beyerhaus)[274]교수와 14명의 교수가 1970. 3. 4[275] 서독 신앙고백 공동체의 신학 협의회(Der Theologische Konvent)의 요청으로 "선교의 근본위기(Grunalagen Krise der Mission)"라는 글을 발표했다. 이것을 보완 수정한 것이 프랑크푸르트 선언(Frankfurter Erklärung). 이 일은 1910년 에딘버러에서 시작되어 1961년 IMC가 WCC에 통합될 때 자유주의 신학과 혼합주의가 중심이 되어 유도했고 1963년 멕시코 CWME에서 세속화로 종결지으면서 나온 결과물이다.
- 동기 : 복음주의자들과 정교회 대표들은 웁살라 총회 제2분과 최종성명서에서 "선교의 목표는 속죄(Redemption)가 아니고 인간화(Humanization)이다"라고 한 것에 반발하여 프랑크푸르트 선언을 하게 되었다.
- 종교다원주의 및 혼합주의, 세속신학 WCC 웁살라(1968년) 총회의 인간화 선교 등을 비판하고 복음주의 선교학을 확립하기 위함.

② 내용

---

[273] 프랑크푸르트(Frankfrut) 선언은 WCC 4차(1968) 웁살라에서 선교가 인간화(Humanisierung)로 재정립하는 WCC 진영에서의 반대선언.
[274] 바이엘하우스 (Peter Beyerhaus)
전 튀빙겐 대학교 선교학 교수, 프랑크푸르트 선언의 내용《선교정책원론》, 김남식 역, 한국성서협회, 1976)
[275] 김은수, 237-242; 조동진, 79-102

- 7가지 명제 – "인간화"를 전면부정
  ⓐ 복음의 규범성 ⓑ 복음 선포를 통한 선교 ⓒ 예수 그리스도를 통한 구원의 최종성 ⓓ 구원은 복음 선포와 교회의 성례를 통해 이루어짐 ⓔ 타종교에 대한 보편 구제설 거부 ⓕ 종말론적 하나님의 나라 증거

③ 정리: 인간화를 거부 – "우리는 … 새로운 인간의 출현(das of-fenbarwerden des neuen Menschen)과 모든 사회영역 속으로 새로운 인간성(die nene Neuschlichkeit)이 확대되는 것에 관심이 있다는 주장을 반대한다" 프랑크프루트 선언 ② 선교의 목적은 세례 받은 자들을 불러 모으고 (die Sammlung) 예수 그리스도의 "교회를 세우는"(pflauzung der kirche) 것이라는 주장 ⑤하였다. 타종교의 대화가 웁살라 총회에서는 복음의 정체성이 "대체" 혹은 "상실"되는 것까지, 심지어 타종교도 구원이 있다는 포용적 해설이 가능하도록 결의하였음에도 "그리스도의 유일성을 부정하거나 그리스도에 대한 충성을 결코 잃어버리지 않는"[276]다는 "조심스러운 타종교 대화"는 긍정적 해석으로 본다. 그러므로 ③과 ⑥에서 타종교와의 어떠한 대화도 거부한다는 선언은 타당하다. 물론 선교의 대상, 복음의 증거, 증인으로 타종교 대화는 가능하다.

④ 결과
- 1970년 프랑크푸르트 선언은 WCC 안에서 복음주의자들이 1966년 휫튼과 베를린 세계복음화대회를 개최한 것과 같은 의미다.
- 선교는 인간화가 아니라 복음화하는 성경적 원리를 재천명했다.
- 에큐메니칼 선교를 처음 공개적으로 반박하는 행동이었다. 1966년 휫튼과 베를린은 스스로 분열주의자라는 오해를 받지 않기 위해 에큐메니칼 선교의 '항거자'가 아니고 '옹호자 혹은 변증자'로 보여지게 했다.
- 이 선언은 정치 선교화, 세속화, 타종교와의 만남 속에 드러난 종교 다원주의 등을 사전에 예고한 '등대'와 같다.[277]
- 오직 마 28:18-20만이 선교적 과업이다.

---

276) N. Gooda(hrg.), UPPSALA SPRI C HT, Die Sekionsberichte der Vierten Vollversammlung des Ökumenis-chen Rates der Kirchen UPPSALA, (1968.28); 김은수, 《현대선교의 흐름과 주제》, 재개정판, (2010), 238.
277) 조동진, 102.

## (6) 1974년 로잔 1차(Lausanne) 세계복음화대회(1974. 7. 16)[278]

① 배경

- 148개국 2,473명.
- 로잔대회의 목적 가운데 하나는 방콕대회(CWME)의 복음의 사회적 성격이 포함된 구원이해에 도전하기 위함이었으나, 도리어 로잔언약이 복음의 사회적 성격과 그리스도인의 사회적 책임이 강조되었다. 공식명칭은 세계복음화 대회(International Congress on World Evangelization), 1974. 7. 16~25)로 스위스 로잔에서 열렸다.
- 빌리 그래함 목사는 "예수 그리스도의 마지막 명령을 가능한 빨리, 그리고 근본적으로 완성" 할 수 있는 "길을 찾기 위함"이 목적이라고 하였다. 이 대회는 에큐메니칼 선교의 전면전 선언이며, 복음의 선포의 새로운 전기를 세워야 하는 혁명적 결단의 현장처럼 진행되었다.

② 내용

ⓐ 주제 – "지구로 그의 음성을 듣게 하라"(Let the Earth Hear His Voice)

ⓑ 복음의 사회적 성격과 그리스도인의 사회적 책임에 대한 신학적 근거 확립.

ⓒ 지금까지 인류에 대한 봉사와 섬김의 책임을 다하지 못한 것에 대한 회개(존 스토트 목사)

ⓓ Missio Dei의 복음주의적 개념을 채택

---

[278] 로잔대회(1974년)
① 하나님의 목적 – 성경을 통한 선교의 성서신학 ② 성경의 권위와 능력 ③ 그리스도의 유일성과 보편성 ④ 전도의 본질 ⑤ 그리스도인의 사회적 책임 ⑥ 교회와 전도 ⑦ 전도에 협력 ⑧ 선노석 통반사 관계 속에서의 진도 ⑨ 전도적 과업의 시급성 ⑩ 전도와 문화 ⑪ 교육과 지도력 ⑫ 영적인 갈등 ⑬ 자유와 핍박 ⑭ 성령의 능력 ⑮ 그리스도의 재림

◉1974년 로잔대회에서 1989년 제2차 로잔(마닐라)대회 사이에 있는 중요회의는 다음과 같다.
- 1978년 위로우 뱅크(Willawbank)
- 복음과 문화에 관한 회의
- 1980년 호데스돈(Hoddesdon) - 검약 생활 유형에 관한 국제회의
- 1980년 파타야(Pattaya) - 세계복음화를 위한 로잔회의
- 1982년 그랜드 래피즈(Grand Rapids)
- 전도와 사회적 책임 간의 관계성에 관한 회의

◉1989년 마닐라-제2차 로잔대회와 1974년 로잔대회의 차이점
① 사회참여(1974년)에서 사회책임(1989년)
② 사회봉사적 접근(1974년)에서 사회 전영역 확대(1989년)
- 정치, 경제, 문화, 종교 등

③ 결과

    ⓐ CWME의 방콕대회(1973년)에 대한 반작용으로 로잔대회가 개최되었으나 오히려 방콕대회의 영향을 받아 사회적 책임과 봉사가 복음전도와 올바른 관계를 강화한 계기가 됨.

    ⓑ 선교라는 용어 대신에 복음화(Evangelization), 1968 제4차 웁살라 WCC총회는 선교의 인간화(Humanization)로 1973 방콕 CWME는 선교를 사회화(Socialization)로 변질시켰으므로 이에 항거하기 위한 복음(Evangelization) 용어 등장.279)

추가한다면 혼합주의(Syncretismas)는 이미 1928년 예루살렘 IMC, 1938년 탐바람 IMC에서 자리를 잡은 것도 포함시켜야 한다. Syncretismas → Secularization → Humanization → Socialization

→ Evangelization

(7) 로잔 II 차 마닐라(Lausanne II in Manila) 세계복음화대회

1974년 로잔대회의 연장 – 1988년까지 54개의 중요 회의와 국내 대회를 통해서 나타남. – 온전한 복음을 온 교회와 온 세계에 선포한다는 표어를 가지고 로잔 언약을 발표함 – 170여 개국 3,000여명

① 배경 : 1974년 로잔 언약이 발표된 후 1978년 버뮤다(Bermuda)–복음과 문화협의회 1980년 신도의 생활방식(life style) 협의회, 1982년 그랜드 래피즈 '복음 전도와 사회적 책임 협의회, 1984년 성령 협의회 및 1988년 홍콩회심(Conversion) 신학협의회 등이 있었고, 세계 복음화 지도자 대회가 1975년 케냐와 나이지리아, 1976년 홍콩, 1977년 인도와 가나, 1978년 노르웨이와 말레이시아, 싱가포르에서 세계복음화 지도자 대회(Asian Leaders Congress on Evangelization : ALCOE), 1979년 베네수엘라, 1980년 독일 슈르트가르트, 과테말라, 1980년 미국 캔사스, 나이지리아, 노르웨이, 세계복음화회의 1984년 서울 세계복음화를 위한 국제기도대회, 1987년 싱가포르 젊은 지도자들의 전도회의, 1988년 싱가포르에서 세계복음화 지도자 대회(ALCOE II) 등이 지속적으로 개최되었다.

② 내용

---

279) 조동진, 191.

ⓐ 주제 : "그리스도께서 오실 때까지 그를 선포하라", "온 교회가 온 세상에 온전한 복음을 전하라는 부름"(Proclaim Christ Until He Comes: A Call the Whole Church to take the Whole Gospel to th whole World)
　　ⓑ 복음주의 선교신학의 체계적 정리. ⓒ 성령에 대한 강조. ⓓ 선교사의 효율적, 전략적 배치.
　③ 결과
　　ⓐ 참가자의 다양한 국가적 배경 170개국 3000여명(동구권의 공산주의 국가, 중동의 이슬람권 국가 등)과 교회적 배경(성공회, 오순절 계통의 교회, 여러 선교단체 등) — 제2성령 운동.
　　ⓑ 로잔대회 이후 선교운동이 활발하게 진행되어 왔음을 확인하고 찬양한 대회.
　　ⓒ 12개 항의 마닐라 선언문 채택.[280]

(8) 로잔 Ⅲ차 케이프 타운(Lausanne Ⅲ in Cape Town) 세계복음화대회(2010. 10. 16-25)

공식명칭 : Cape Town 2010, The third Lausanne Congress on World Evangelization 세계복음주의협의회(World Evangelical Alliance)와 협력 하에 열리는 이 대회는 교회의 미래와 세계 복음화와 연관된 우리 시대의 중요한 문제 —타종교, 가난, 에이즈, 박해 등 여러 문제— 에 대응하기 위하여 200여개가 넘는 국가의 4,000명의 지도자들이 함께 모였다.

① 배경
- 마닐라대회 1989년 이후 21년 만에 열렸다. 1806년 윌리암 케리가 1810년 남아공 케이프타운에서 세계선교사 대회를 열자고 제안한 100년이 되는 해였다.[281]
- 장소는 선교의 중심지로 보아서 1차 : 스위스(유럽), 2차 : 마닐라 (아시아), 3차 : 케이프타운(아프리카)로 이어진 뜻이다.

---

280) 마닐라 선언문(The Manila Manifesto) 12개항
　1부 온전한 복음
　① 인간의 곤경 ② 오늘을 위한 기쁜 소식 ③ 예수 그리스도의 유일성 ④ 복음과 사회적 책임
　2부 온교회
　⑤ 전도자 하나님 ⑥ 증인들 ⑦ 증인의 성실성 ⑧ 지역교회 ⑨ 전도의 협력
　3부 온 세상
　⑩ 현대세계 ⑪ 서기 2000년도와 그 이후의 도전 ⑫ 어려운 상황
281) 김은수 : 에큐메니칼 선교대회(복음주의와 WCC연합운동)

- 구성 : 세계복음주의연맹(WEA)[282], 빌리 그래함 전도협회(The Billy Graham Evangelistic Association), 월드 비전(World Vision), IVF(Inter Varisity Christian Fellowship), CCC, 풀러 신학교, 트리니티 신학교, 에즈베리 신학교 등이 연합하여 참여하고 있다.[283]

② 성격 : 교회, 교파 그리고 개인자격으로 참여가 가능한 열린 에큐메니칼 선교대회.

③ 과정 : 성경공부, 기도 그리고 예배와 찬양, 간증으로 이어졌다. 그룹별 토론이 있고, 전체 발표로 이어졌다 ─ 세계화, 빈곤, 기도, 환경, 양성평등, 기술과 윤리, 교육 문제 등을 다룸.

④ 주제 : 그리스도 안에서 세상과 화해하시는 하나님(고후 5:9)[284]

- 진리 ─ 다원화되고 세계화된 세계 속에서의 그리스도의 증거
- 화해 ─ 분열되고 파괴된 세계 속에서 그리스도와 평화 구축
- 종교 ─ 다른 종교를 가진 이들에게 그리스도의 사랑 증거
- 우선권 ─ 세계 복음화를 위한 하나님의 뜻을 분별
- 통합 ─ 겸손과 통합, 단순함으로 그리스도의 교회 세우기
- 협력 ─ 새로운 세계의 균형을 위해 그리스도의 몸 안에서 협력하기

⑤ 결과[285]

ⓐ 신앙고백과 회개가 정직함 ─ 성경의 말씀에 복종하지 못한 삶

ⓑ 생태계를 보존 못함에 회개 ─ 선교를 환경적 차원으로 승화

ⓒ 분열의 회개 ─ 물질적 불평등과 박해 받는 형제자매들과 사랑의 연대성을 보여주지 못함.

---

282) 미국복음주의 연맹(NAE와 복음주의 해외선교협회(The Evangelical Foreign Missions Association : EFMA)와 연합 그리고 영국 복음주의 연맹(Evangelical Allianz :EA)와 연합으로 1951년 세계복음주의협의회(World Evangelical Fellowship : WEF→2001년 A lliance World, WEA로 명칭 변경)가 조직 ① 교회의 영적 갱신 ② 복음주의자들 간의 협력 ③ 기독교 신앙의 건설적 방어

283) 안희열 교수가 읽는 로잔운동, 제3차 로잔 대회기획, 복음주의적 신학 기초로 제공한 운동, 〈크리스찬 투데이〉 2010. 10. 14. 06:56)

284) 화해 : 1989 산안토니오 CWME 이후 시작된 화해는 1991년 7차 캔버라 WCC 총회의 선교의 성령론적 통합을 통해 더욱 구체화 되었다. 1998년 8차 하라레 WCC 총회가 '폭력 극복의 10년 : 화해와 평화를 추구하는 교회'를 선포한 이후 '화해' 는 세계 교회의 목표가 되었다. 2001 CWME는 2005년 아테네 CWME의 주제를 "화해와 치유"로 결정.
이 자료는 김동선 교수의 번역《통전적 선교를 위한 신학과 실천》, (기독교서회, 2007), 149-196; 김은수,《현대 선교의 흐름과 주제》, (서울: 대한기독교서회, 2010 개정증보판), 386-306; 김은수, "2010년 케이프타운 로잔 3차 대회의 의미와 과제," 37-67, 각주 16)

- ⓓ 하나님에 대한 사랑을 삼위일체로 표현하며, 성령의 사역으로 선언한다. 아버지와 아들과 성령의 연합 안에서 하나님 홀로 창조자이시고 지배자시며 심판자시고 세상의 구세주 "성령은 하나님의 선교적 교회에 대한 생명과 능력을 불어 넣는 선교적 아버지와 아들의 선교적 영이다."
- ⓔ 중국 대표 200명이 선교대회에 불참했다. – 로잔위원회가 삼자교회가 아닌 가정교회를 상대했다는 점과 중국의 삼자교회가 WCC회원이라는 사실로 미루어 앞으로 풀어야 할 숙제이다.
- ⓕ 한국이 미국에 이어 2번째로 많은 재정 부담을 했지만 수십 명의 주강사 중 한국인은 단 한명 뿐이었다는 사실은 한국 로잔 위원회의 역할과 활동의 중요성을 일깨워 주었다.

(9) 2010년 에딘버러 100주년 기념선교대회(한국) 2010. 6. 23~24
한국선교신학회와 복음주의 선교신학회 공동주관[286]
① 배경 : 영국 에딘버러 100주년 기념 선교대회와 연합하기로 한 계획이 일방적으로 파기되다시피 하였다. 참가인원을 초기 1,200명으로 할 계획이었으나, 400명으로 축소되었으며 후 에 준비위원회는 다시 재정부담의 이유로 200명으로 축소시켰다. 서울 에딘버러 100주년 기념 선교대회는 이광순 교수, 이종윤 목사 특히 한국 로잔 위원회의 지원과 준비 작업으로서 한국선교신학회(회장 박영환)과 복음주의 선교신학회(회장 장훈태)가 주관하여 100주년 100개 논문을 만들었으며, 이것이 10권의 책으로 출판되었다.
② 주제 : 세계 선교의 어제·오늘·내일 1권 : 《에딘버러 세계선교사대회의 회고와 전망》 2권 : 《성경과 선교신학》 3권 : 《선교와 타종교》 4권 : 《신교와 현대사회》 5권 : 《선교와 영적 지도력》 6권 : 《선교와 교회》 7권 : 《한국 선교와 신학교육》 8권 : 《문

---

285) 중요한 이유
① 중국, 부탄 그리고 인도에 자행되고 있는 기독교 박해
② 서구 기독교의 약화와 타종교의 약진
③ 에이즈 억제 – HIV 보균자가 3,300만 명 – 사하라 남쪽 아프리카 국가
④-⑤ 세계화에 따른 국제 인구 이동 – 디아스포라 문제 + 도시문제
⑥ 차세대 선교전략 – IT환경에 대한 이해
286) 414) 두기관의 연합으로 한국 연합 선교회를 창립(회장 이광순)과 서울교회 이종윤 목사님의 세계선교연구원(KIMCHI), 한국기독학술원, 부산세계선교협의회가 연합으로 주최함. 부회장 박영환, 장훈채가 주축이 되어 활동하고 있다.

화와 종교와 사회변동》 9권 : 《선교와 연합》 10권 : 《한국교회와 세계평화》
③ 결과
ⓐ 2010년 6월 에딘버러에서 열리는 공식기념대회 외에도 2010년 10월 케이프타운, 로잔 3차대회, 2010년 5월 도쿄대회, 2011년 11월 보스턴대회, 2009년 5월 독일대회, 2010년 6월 한국 - 서울대회
ⓑ 발표된 논문 중 12편이 에딘버러 공식 기념대회 논문집에 수록됨. 에딘버러 준비위원회와 IRM부탁으로 영국에 보내졌음.
ⓒ 한국 - 서울 에딘버러 대회가 2010년 100주년 기념행사 중 가장 크고 수준 있는 대회로 평가됨.

### 5) 20세기 선교의 위기[287]

(1) 1, 2차 세계대전 서방세계의 부정적인 시각
(2) 신학적 변질 - 복음의 독특성과 유일성을 상실하고 연합적 성향으로 변함.
(3) 식민지의 독립선언으로 국수주의 등장.
(4) 선교개념의 변질 · 교회 중심적 선교의 거부, 폭넓은 해석으로 세속화, 회심과 개종보다 정의와 의(義)의 삶을 주장. 복음주의 1966년 베를린대회 성경적 선교신학 주장. 1970년 프랑크푸르트 선언 - 개혁이나 인간화가 선교의 주목적이 아니라 복음을 전하는 것이다. 1974년 로잔대회 - 교회와 성도의 사명은 복음을 전하는 것이다 1989년 마닐라선언 - 온전한 복음 - 영육간의 구원.

### 6) 선교 전망과 전략[288]

(1) 사회봉사를 통한 교회의 사명 증거함.
(2) 토착 지도자 양성과 함께 자치권을 부여한다. - 지속적으로 연장교육 및 양육.
(3) 지리적 개념의 전략에서 관계중심적인 전략(타운젠트의 언어문화 집단인 종족 중심의 복음화)으로 전환.
(4) 디아스포라 혹은 유학생을 훈련과 양육으로 육성함.

---

287) 조종남 역, 《세계복음화 운동의 역사와 정신》, 1990.
288) 20세기가 정치적으로 드러난 사회 변화를 통한 갈등과 대립의 세계가 21세기에도 경제문제-빈부의 격차-가난, 아이들, 여성, 가정, 그리고 건강의 문제를 양산했고, 이것은 폭력과 파괴로 자연환경의 급작스러운 변화를 생태계의 위기로 나타날 것이다.

(5) 선교의 과제들 – 빈민들, 어린영혼들, 고통 받은 세상, 도시화와 소외의 가속화.

(6) 미 종족 선교 – 바벨탑의 언어혼란과 종족의 다양성(창 11장), 바울(롬 15:17~24), 요한(계 7:9)

(7) 선교기관 간의 연합활동과 기도모임 – 1989년 마닐라 대회에 중요 주제.

(8) 전 성도의 선교사훈련(외국 사업차 방문 혹은 외국에 기업체를 둔 사주) – 1989년 대회 중요 주제.

(9) 승리의 선교가 아니라 고난 혹은 죽음으로 선교 · 고후 12:15 "재물을 허비하고 나 자신까지도 허비 하리니"라는 바울의 선교사적 사명으로 성령의 인도하심을 따라 성공이 아니고 헌신이다.[289]

(10) 종교다원주의 – 혼합주의 – 공존과 상생.

이러한 선교전략의 요소들은 다음과 같이 전망된다.

① 세계화 – 한 지구촌 – 정보와 통신이 한 울타리.
② 변화하는 인구통계 – 이민 HIV/ 에이즈, 환경파괴.
③ 세계 종교들의 다양한 영성으로 인한 기독교 영성의 위기 및 대응
④ 포스트 모던[290]은 연대기적으로 지금까지 나타나는 현상이지만, 지금은 통합적으로 모던 – 포스트모더니즘이 통합, 근대 – 포스트모던 형성, 고대사회 – 현대사회가 동시에 나타나는 특수한 사회 현상들이 수많은 변형으로 등장.
⑤ 서구 기독교의 중심지가 각국의 기독교로 흩어지며, 중앙집권적 조직화가 지방분권적 조직으로 이양되며, 다양성과 특수성, 전문성과 통합성으로 기독교의 중심이 달라질 것이다.

---

[289] David Bosch, Believing in the Future, (1995), 6
[290] 포스트모더니즘과 종교 다원주의
■ 모더니즘: 전통적인 가치와 그 가치가 전달되는 수사법도 거부하는 경향이 있다. 개인으로서의 인간이 강조 되었고 의식보다는 무의식이 더욱 강조 되었다. 근본적으로 반지성적이고 인간의 이성과 도덕심보다는 정열과 의지를 더 중요시한다.
■ 포스트 모더니즘: 1960년대에 들어 미국과 유럽에서 일어난 문화, 예술의 한 조류. 1960년대에 들어오면서 모더니즘의 질서에 대항해 극도로 파편화된 세계에 도전하는 작품내용, 현상학적 비평이론 등이 대두되면서 기운이 일기 시작했다. 20세기 초엽에 대두된 다다이즘이나 초현실주의 또는 미래파를 포함한 아방가르드 예술운동을 포함하여 문학과 예술의 특징.
• 공통점: 전통과의 단절, 불확정성, 파편화, 반리얼리즘, 전위적 실험성, 비역사성과 비정치성
• 구분되는 특징: 자아와 주관에 대한 새로운 입장, 패러디와 패스티스, 행위와 참여, 임의성과 우연성, 주변적인 것의 부상, 탈 장르화, 자기반영설 등을 들 수 있다.

⑥ 창의적 접근 방법과 적응화된 메시지 그리고 영적 전쟁이 창의성 속에서 만들어져야 한다.
⑦ 성경에 집중적 관심과 성경공부 그리고 성경적 삶의 승천이 마지막 영적 싸움이 될 것이다.
⑧ 신앙의 우선권과 복음의 정체성이 더욱 의미 있게 강조되어야 한다 – 선교의 핵심이다.

■ 종교 다원주의
종교다원주의는 포스트모더니즘의 영향로 나타나지는 것으로 각 종교의 개체성들을 인정하자는 상대적 종교관의 대두라고 볼 수 있는 현상들이다. 획일화되고 서열화 되어 있는 닫힌 신앙의 문제들을 해결하고 상대방 종교의 입장을 존중히 여기는 상호 참여적인 활동들은 정치적 독재와도 연결 가능한 종교의 제국주의적 성격을 벗겨낼 수 있다는 긍정적인 면이 있음에도 불구하고 유일하신 하나님이 허락하신 예수를 통한 유일한 구원의 길을 믿고 있는 기독교에는 다른 종교의 구원을 인정함으로 스스로의 모순들을 만들어 낼 위험성을 들 수가 있을 것이다. 우리의 문제는 아직 한국 내에서 기독교장로회를 제외한 어느 교단에서도 타종교에 대해 인정한 바가 없으며 아직은 보수나 진보의 이름으로 이를 수용하는 것보다는 기독교 복음의 본질을 지켜야 한다는 주장이 상당히 크게 작용하는 것으로 보인다. 철학적으로 볼 때도 이 다원주의는 전 세계의 종교가 서로 다양한 개념과 인식을 가지고 있다는 것이다. 문화는 상대적이다. 결과적으로 타종교의 가치들을 인정하면서 우리들의 정체성을 분명히 하고 기독교 복음의 발전을 도모하는 신학을 하는 것이 바람직하리라고 본다.

# 21세기 미래선교의 정책과 전략 그리고 선교신학

# 21세기 미래선교의 정책과 전략 그리고 선교신학

21세기뿐만 아니라 모든 선교의 효율성은 선교사에 달려있다. 선교사가 어떻게 하느냐에 따라 선교역사가 쓰여진다. 가장 중요한 전략은 선교사의 반응이다.

## 1. 21세기 선교 배경운동

21세기는 선교신학, 정책과 전략이 풀어야 할 과제이기보다 선교사역의 연합과 독립 그리고 통합의 이해를 어떻게 소화하며 함께 하느냐?이다. 더 이상의 진보와 보수, 에큐메니칼 운동과 복음주의 운동은 통합과 일치를 하려는 정책과 전략보다는 선교 상황에 따라 자유로운 판단과 이해로 각각의 선교영역의 사역을 존중해주는 것에 초점을 맞추어야 한다.

로마가톨릭과 정교회의 선교, 복음주의자들과 에큐메니칼 운동의 상호 독립과 견해를 존중해주며, 서로의 영역을 신뢰하며 동역하는 네트워크 선교가 전제되어져야 한다. 이것이 선교 사역과 선교지의 효율적 사역유형으로 정리할 필요가 있다.

## 2. 21세기 선교신학

복음주의선교와 WCC선교는 갈등과 대립 그리고 혼란과 혼돈의 관계에서 벗어나, 선교신학의 다원주의, 선교신학의 포스트모던이즘적 접근과 이해로 설명되어질 것이다.

양 진영은 신학적 공존과 독립, 존중과 신뢰관계로 발전 될 수밖에 없다. 그 이유는 선교지 상황이 글로벌화 된 상태로 이미 전 세계에 선교영역의 특징이 공유화되어졌으며, 선교사역이 지역화로 특징지어지다보면, 지역에 맞춤형 선교구조와 사역정책과 전략이 드러날 수밖에 없다. 더구나 통신과 방송매체의 발달은 선교지 혹은 피선교지를 하나의 선교네트워크화 시킴으로 선교의 세계화가 자연스럽게 구성된다. 지역화와 세계화가 공존되는 사회구조와 환경의 변화가 일어날 것이다.

그 결과 선교신학은 복음전도와 제자로서의 삶을 구원사적인 관점에서 어떻게 구성하느냐가 주된 목적이 된다.

## 3. 21세기 선교정책과 전략의 배경[291]

1) 배경사로 세계와 선교 상황으로 선교사역의 개혁이 요구된다.

(1) 세계의 상황은 세계화로 달려가고 있다. 매스컴은 전 세계를 하나로 만들었다. 자유 시장, 민족국가, 대학교육과 기업의 자유왕래와 교류, 그리고 국가적 이익구조가 정보기술의 발달로 통합되며, 융합되고 나아가 공존의 정보세계로 끌고 갈 것이다. 선교지도 동일하다.

다만 과정의 속도 차이며, 정보기술의 오류발생은 시간의 과제로 남는다.

자본을 포함한 재화와 용역이 국가들 사이에서 무역구조의 틀에서 자유롭게 움직일 것이다.

그러므로 세계화는 복음진달에 영향을 주는 선교지 사람들과 문화의 인지 방식의 변화, 사고방식과 소통의 인지적 수단이 근본적으로 영향을 주고 있다.

(2) 경제적 세계화는 인간을 경제적 존재로 보았으나, 우리는 영적 존재로 보아야 한다.

숫자로 보는 결과성과 효율성으로 선교사역을 정량화시켜서는 안 된다.

세계화는 미국화가 아니다, 문화적 질식현상을 가져올 수 있다. 토착화와 현장화 지역화를 만들어가야 한다.

---

[291] Michael Pocok, Gailyn Van Rheenen, Dougless McConnell, 변화하는 내일의 세계선교. 박영환, 백종윤, 전석재, 김영남 번역, 도서출판 바울, 2008.

세계화로 나타난 고통을 인지해야한다. -서구기술의 독점, 억압적인 기업과 정부의 횡포, 글로벌 세계로부터 추방된 다수의 중소상공인, 노동자와 일용직, 난민과 간난한 자들, 병약한 자들, 소외된 백성들에 관한 지원과 섬김 그리고 협력이 필요함.

(3) 이민, 인구 통계, 위기에 놓인 아이들, 에이즈환자, 난민, 종교의 다양성과 영성들 그리고 변화하고 있는 지식기반 사회, 모던니트와 포스모던니트의 사이인 결정적 현실주의 인식론의 등장(객관적 진리를 강조하는 실증주의와 인간 지식의 주관적 본질을 강조하는 도구주의의 중간지점)

(4) 교회공동체에서 문화공동체로의 변혁이 나타났다.

## 2) 선교의 상황적 변화

(1) 기독교세계에서 세계기독교로 변화

아프리카 독립교회의 방황하는 예언자들, 라틴아메리카의 오순절운동의 원주민 이야기꾼, 한국에서 전세계로 물밀 듯이 나아가는 선교사들, 러시아에서 다시 힘을 얻는 정교회 신부들, 이들은 예수 유일성에 다양한 문화의 산중인들이다. 기독교가 비서구기독교로 전환 되었다는 사실이다.

(2) 세계기독교의 혼합주의를 경계해야 한다. -고통, 질병, 잔인하고 차가운 세상이 선교사를 만날 것이다. 이슬람교의 세계화와 대부흥운동을 대처해야 한다.

(3) 선교의 동기가 지옥의 두려움에서 하나님의 영광으로 전환되어야 한다.

(4) 영적 전쟁 지향의 선교-영적전쟁의 반대자가 없어야 한다. 악마와 사탄의 역사를 심각하게 받아들일 필요가 있다. 모든 사람의 원인이 무엇이든지 간에 충동, 유혹, 괴롭힘에 대한 책임을 질 필요가 있다. 진실 되게 살아야 한다. 세상 싸움에서 응급조치는 없다. 영적 평안으로 돌아가는 것이 필요하다. 사역차원과 전도 그리고 그리스도 안에서의 생활을 누리는 데 있어서 장애물과 어려움의 정확한 근원을 찾아야 한다. 회개, 죄악, 증오적 발언, 상처받은 사람들까지도 마음의 소통을 열어야 하는 기간이 필요하다. 수신자 문화를 이해하며 소통해야 한다. 지속적인 고통과 투쟁에 시달리는 기독교인들은 믿는 것과 실천하는 것에 대한 목록을 만들고 성경과 비교해 보아야 한다. 복잡한 해결책에 의문을 제기해야 한다.

(5) 창의적 접근 플랫폼을 개발해야한다. 접근성-입국을 정당화, 정당성-체류를 정당화, 정체성-자신의 의견을 주장할 권리를 제공함, 전략적 실효성-관계기반을 제공

함, 성실성-제자화를 위한 증인기회 제공.

### 3) 선교의 전략적 배경의 변화

(1) 개인의 노력을 넘어서 협력적 네트워크로 가야 한다. 삶, 팀, 기업 그리고 협력과 연결되어야 한다. 지역 주도적 네트워크, 특수화된 주도적 네트워크, 세계 주도적 네트워크. 전략적 협동-전문기관과의 협력, 세계적인 협력보다는 지역의 전문적 집단과의 도역이 절대적이다.

(2) 물질의 용도변화-자립에서 국제적인 파트너쉽으로 –돈, 온정주의, 부유한 삶,

(3) 신기술의 영향력-가상세계의 삶과 초월한 삶의 비교.

(4) 적응화된 메시지부터 적응화된 생활이 필요하다.

## 4. 21세기 선교현장의 모습

(1) 선교사의 역반응
① 우월감 – 상대가 저소득층 – 무시하거나 평가함.
② 토착종교의 무지 – 현지 종교와 문화 = 죄악의 문화
③ 기독교와 서양문물 구별 없음 - 아시아-기독교 = 외래종교 아프리카=백인 종교.
④ 교파주의 – 분파주의 – 분열 - 파괴
⑤ 종속관계 – 연합과 평능보다 시배구조로 보려고 힘.
⑥ 재정적 주권화 – 현지이양 및 보완작업으로 연결
⑦ 정부(지방자치단체)와 협력한 맞춤선교 – 현지선교
(2) 선교사역의 결과
① 사랑 – 질병 치유 – 미래 비전 제시 – 청년, 가정공동체
② 교육 문명, 현대화 하는 작업
③ 언어와 글을 만들어줌 – 미전도 종족
④ 병원사업 - 건강
④ 사회적, 정치적 구조 개혁의 민주화, 사회참여, 책임, 자유경제

## 5. 21세기 선교의 과제

삶을 통한 선교와 영적 전쟁으로 인한 영적인 삶을 전달하는 방법. 고도화된 전문기술을 활용한 선교의 효율성과 전문성. 선교사역의 다양성과 융합성으로 창의적 선교사역 개발.

지역, 특수영역, 세계의 전문가 집단과의 연계된 네트워크 사역, 사역의 다양화와 융합형의 개발-창의적 원리.

세계 선교전략[292]
ⓐ 전략적 협력 – 네트워크 – 협동 – 동력화 필요
ⓑ 자립에서 국제적 파트너십으로 – 협력형 – 토착형 모델
ⓒ 신기술의 영향력 – 기술의 현명한 사용 - 선교사
ⓓ 성경중심적 원리와 신앙고백이 기초가 되어야 함
ⓔ 적응화된 메시지와 삶 – 선교현장 - 상황화

## 6. 21세기 선교신학의 전망과 대안

양 진영의 선교전망은 다음과 같다.
(1) 복음주의 선교의 전망
(3차 로잔 – 케이프 타운 세계복음화대회 이후 – 자료)
ⓐ 21세기 세계가 처한 상황에 성경적 적용과 시행을 위한 긍정적 언어를 세운다 - 실천항목
ⓑ 지역별 모임 주제 – 신학, 커뮤니케이션, 전략, 중보, 리더십 개발, 자원 동원, 전문인 선교회
ⓒ 세계적 이슈 – 진리, 화해, 믿음, 글로벌 우선순위, 21세기 개혁과 협력 영역
ⓓ 2년마다 지역교회 목회자, 선교단체장 및 리더 전문인, 학자, 언론관계자, 청년 지도자 등 500명의 회랍

---

[292] Michael, Gailyn Van Kheeneu, Douglas Mc Connell, Change Face of Missions, 박영환 외 2명 역《변화하는 내일의 선교》, (도서출판 바울, 2008), 338-483.

ⓔ 제4차 로잔 2024년 개최예정

ⓕ 젊은 세대의 리더 교육과 훈련

(2) 선교전망

① 에큐메니칼 선교의 전망

(제9차 포르토 알레그레 WCC 총회보고서 – 기독공보록)

 ⓐ 폭력극복운동(2001-2010)이 계속될 것이다. 지구화에 관련된 테러 – 종교간 대화와 협력, 폭력극복, 평화추구 및 화해 증진을 위한 행동 – 종교적 언어 혹은 연상으로 규정된 지속적인 갈등 해결(종교가 무기화 됨) – 고통의 무질서 – 자연의 무질서 – 지도력의 제국주의화 – 탄압 – 여성차별(남성존중) – 성차별 특별히 여성과 어린이, 가난한 자와 연약한 자, 힘없는 자들이 겪는 폭력에 관한 새로운 이해와 시도가 있어야 한다.

 ⓑ 지구의 경제 정의 실현으로 빈부 격차 – 양극화를 불러가는 정책정년 - 비정년, 빈익빈 부익부의 삶, 범죄 양상, 경제활동의 통제된 상실, 자유경제체제의 보완 – 신자유주의 경제 – 신자본주의 경제 – 새로운 경제제도, 빚의 지배 – 정당한 대안

 ⓒ 종교간 대화와 협력 – 종교적 실천으로 폭력극복, 평화 구축 및 화해증진을 위한 과정을 지속

 ⓓ 새로운 에큐메니칼 운동 – 아시아, 아프리카 남미 등의 문화를 중심

 ⓔ 서구교회의 세속화 – 아프로 – 아시아 에큐메니칼(Afro- Asian Ecumenical Space)

 ⓕ 청년 리더들의 양성 – 지노력 개발

 ⓖ 복음의 근원적 의미와 가치 – 이해를 새롭게 정리할 필요

② 복음주의 선교의 전망(3차 로잔 – 케이프 타운 세계복음화대회 이후–자료)

 ⓐ 21세기 세계가 처한 상황에 성경적 적용과 시행을 위한 긍정적 언어를 세운다 – 실천항목

 ⓑ 지역별 모임 주제 – 신학, 커뮤니케이션, 전략, 중보, 리더십 개발, 자원 동원, 전문인 선교회

 ⓒ 세계적 이슈 – 진리, 화해, 믿음, 글로벌 우선순위, 21세기 개혁과 협력 영역

 ⓓ 2년마다 지역교회 목회자, 선교단체장 및 리더 전문인, 학자, 언론관계자, 청년

　　　　지도자 등 500명의 회랍
　　　ⓔ 제4차 로잔 2024년 개최예정
　　　ⓕ 젊은 세대의 리더 교육과 훈련
　③ 미래 선교의 전망[293]
　　　ⓐ 세계화 – 비인간적 – 커뮤니케이션 기술 개발 – 전문가보다 조정자 역할
　　　ⓑ 인구통계변화 – HIV/에이즈, 위기와 아이들, 성·인신매매, 아동군인, 고아, 아동노동, 전쟁에 참여하는 아동, 거리의 아동. 빈곤함에 참여
　　　ⓒ 타 종교인들에게 복음의 실제적 삶을 경험하게 하여, 보여 주며 전해야 한다.
　　　ⓓ 포스트모더니즘 시대에도 예수 그리스도 중심의 원리를 설명해야 한다.
　　　ⓔ 세계 속에 교회들의 협력과 협의를 추구해 가야 한다.
　　　ⓕ 하나님 나라는 하나님의 영광을 드러내는 데 있다.
　　　ⓖ 창의적 접근과 제자화 그리고 자비량 선교
　(3) 미래선교의 전망은 "미래선교의 대안"으로 정리한다.


## 7. 21세기 선교역사의 미래 전망적 이해

### 1) 21세기 미리 정리해 본 선교역사

　(1) 지역 단위의 통합적 선교역사 등장 – 대륙별, 국가별, 지역별 특성화 전문화된 영역으로 선교 역사가 쓰여질 것이다.

　(2) 선교정책과 전략사는 서구 선교의 집요한 강점으로, 여전히 서구 선교가 중심이 된다. 위원회, 협의회의 중요 직책은 선교의 경험과 서구 선교단체, 지도자들의 인맥이 더욱 강하게 결속될 것이다. 선교의 주도권을 서구 선교는 포기하지 않는다.

　(3) 제3세계 선교사들은 여전히 서구 선교단체와 선교사에게 종속적으로 연계되어져 창의적 사역을 이루어내기만 하고 학문적 이론화가 어렵다.

　(4) 선교역사의 내용이 지금까지 전문화, 특성화, 분업화 형태가 아니고 항공모함처럼 거대한 집단의 네트워크로 묶일 것이 7부 20세기 선교의 폭발적 성장과 위기

---

[293] 토마스왕 5가지 원리(2012. 3. 5)개척선교, 농촌단위선교, 총동원선교, 협력선교, 새로운 선교구로 선교분업적 협력

395다. 마치 항공기 운항정보처럼 거미줄 모양으로 서로 돕고, 협력, 보완하는 내용들이 될 것이다.

(5) 선교사의 중도포기와 선교사역 재평가와 사역에 관한 정책평가 연구를 해야 한다.(세계 선교사 매년 5% 탈락, 5년 후 25% 탈락함)- 선교사 탈진과 대응 방안

한국선교사 2012년~2014년 사이에 44% 탈락, 약 1400

(6) 난민과 정치적 집단구조화

### 2) 21세기 선교역사의 기본적 원리와 이해

(1) 요인
- 정치, 경제적 요인으로 선교사역이 유형별로 나타남.
- 사회복지 참여와 봉사가 어떻게 봉사단체와 다른가?
- 타종교의 영성으로 혼탁해진 기독교의 영성은?

(2) 전개
- 선교역사는 선교의 효율성, 적용성 그리고 결과들로 쓰여질 것이다.
- 청년 리더들과 노년 리더들의 갈등과 분열 그리고 보수성향의 강조점이 근본주의처럼 일어난다.
- 선교 역사는 세계선교회의 중심에서 개별 국가별 혹은 지역별 단위로 축소될 것이다.

(3) 기본원리
- 성경의 원리, 성경모델의 실천 그리고 십자가의 헌신과 사랑의 고백들이 전제 된다면 모든 선교는 하나님의 나라를 이루는 네 부족함이 없을 것이다. 선교정책과 전략이 문제가 아니라, '예수 그리스도의 십자가와 사랑의 섬김이 있느냐? 없느냐?'가 문제이다.

(4) 핵심 쟁점
- 타종교의 대화와 이해 그리고 협력방안
- 국가이익주의와 난민 그리고 구조적 집단주의
- 동맹과 협력 없이 독단적 행동주의의 입장이해

# 8. 21세기 선교신학의 전망과 대안적 제시[294]

박영환(서울신학대학교)

세계선교역사는 서구선교의 역사다. 독일, 미국과 영국을 중심으로 한 세계선교는 서구 선교의 조직력과 폭발적인 문명의 힘이 뒷받침되어 비서구세계를 대상으로 나타났다.

이때 서구선교는 네 가지 문제에 직면한다.

첫째, 서구 주도적 선교의 진행으로, 일방적 선교가 선교현장의 중요한 복음 선포의 절대적 가치가 인간화라는 상대적 가치의 한 영역으로 인식되어졌다.

둘째, 서구선교는 교회조직을 통한 선교를 극대화하려다, 결국 선교를 복음주의 선교와 에큐메니칼 선교로 분열시켰다.

셋째, 선교현장에 가장 큰 장애물인 타종교가 초기에는 증거의 대상이었다가 선교의 접촉점으로만 인식되어져왔다.

넷째, 선교의 중심축인 교회가 에큐메니칼 선교에서 기능적 역할로, 복음주의 선교에서는 영적 본질로 나뉘어졌다.

그러므로 서구선교는 양 진영으로 갈라섰다. 나아가 서구선교는 하나될 수 없는 이데올로기적 대립구조가 되어왔다. 분열의 위기의 출발점은 1961년 뉴델리에서 시작되었다. WCC 교회조직과 연계되지 못한 선교단체와 열정적인 선교사들의 갈 자리가 없어졌다. 이들은 휘튼 대회와 베를린 회의로 결집되었고, 그 자리는 WCC 선교를 비판하는 성토장이 되었다. 이것이 복음주의 태동의 배경이다. 복음주의 선교는 선교의 중요한 쟁점을, '선교는 선포며, 세상을 향해 일하시는 하나님은 교회의 영적 본질을 기억하며, 바탕으로 선교 하신다'는 것으로 보았다.

양 진영이 결코 하나 될 수 없는 사건은 1968년 웁살라에서 일어났다. 웁살라는 선교의

---

[294] 본 논문은 2010년 발행 한국 선교신학회의 선교와 신학에 게재된 논문에 원문과 자료를 보충하여 다듬어졌다. 특히 2장과 3장의 추가가 본 논문의 핵심자료가 될 것이다. 특히 세계선교의 과제로 본 에큐메니칼 선교와 복음주의 선교의 미래방안을 상호보완적 입장에서 평가 분석하였다. 원 자료의 직접 출처 확인이 어려운 것은 김은수 교수의 "현대 선교의 흐름과 주제"를 참고로 하였다. 를 구출했다. 에드워드 4세는 중앙집권화를 추진하고 될 수 있는 대로 의회를 열지 않고 중상주의적(重商主義的)인 정책을 채용하여 절대왕정의 경향을 나타냈으나 1483년 사망하였다. 이 무렵 대륙에 망명해 있던 랭커스터계의 리치먼드 백작 헨리튜더는 1485년 웨일스에 상륙하여 보즈워스 전투에서 리처드 3세를 패사시켜 30년에 걸친 장미전쟁은 끝났다. 헨리는 즉위하여 헨리 7세라 칭하고 튜더왕조를 열었다.

목표를 '인간화'로 선언함으로 에큐메니칼 선교에 마지막 남은 보루—에큐메니칼 선교에서 복음적 선교를 유지하며, 살려내려는 자—까지 잃어버리게 되었다. '인간화'는 에큐메니칼 선교 안에서 정립되는 과정에서도 많은 교회와 교파 그리고 선교단체와 선교사들에게 혼란과 방황을 주었고, 결국 복음주의 선교로 방향을 전환하는 결과가 되기도 했다.

바이엘 하우스 교수가 중심이 되어 1970년 프랑크푸르트 선언—복음으로 돌아가야 한다—이 등장했다. 그럼에도 불구하고 이 선언도 에큐메니칼 선교의 선교확장 개념에 복음의 선포 사역을 보완하고자 하는 방편적인 것이었다. 왜냐하면 양 진영의 중요 쟁점은 교회의 본질과 기능면의 인식차이와 타종교를 영적전쟁의 대상보다, 참여와 섬김의 대상으로까지 보려는 어려움이 있다. 에큐메니칼 선교는 타종교를 선교대상으로, 복음주의 선교는 선교현장의 장애물로 보았다.

그러므로 에큐메니칼 선교는 선교영역확장으로 연에 비유하였고, 연이 날아가지 않기 위해서 연줄이 필요한데, 그것이 바로 복음주의 선교에 연계성이다. 복음주의 선교의 정체성을 지키며, 유지하려는 시도로, 선교중심점으로 설명되어질 수 있다.

복음주의 선교는 성경해석과 권위, 성경의 무오성 등을 근간으로 선교의 정체성으로, 에큐메니칼 선교는 세상에 교회를 기능면으로 풀어가며 선교영역을 확장해가는 선교사역의 정책과 전략으로 받아들이는 것이 세계선교의 미래 대안이다.

정리하면 양 진영의 신학과 선교의 접근은 서로를 보완해주는 역할과 기능을 하고 있다. 차이점이란 무엇을 더 강조하고, 어느 점을 더 받아들이는 것, 또한 잘못 되었을 때 나타날 선교의 위기와 불안 등을 어떻게 볼 것인가? 하는 것이다.

양 진영은 상호보완만이 미래선교의 대안임을 인식하고, 통전적 선교를 어떻게 이루어 갈 것인가? 실천하는 과제만 남았다.

# I. 들어가는 글

1517년 이후 시작된 개신교 선교는 선교조직체로 보면 1961년 뉴델리 WCC총회에서 교회 중심의 서구선교와 선교사 중심의 독립 서구선교로 분류된다. 현대선교는 1968년 웁살라 WCC 총회로 드러난 WCC 선교와 1966년 휘튼교회선교대회와 베를린세계복음화대회를 기초로 한 로잔 선교로 분류된다. 선교의 유형은 서구선교, WCC선교, 에큐메니칼 선교와 복음주의 선교, 보수주의와 진보주의 선교 등으로 표현되었다.

본 논문에서는 WCC선교를 에큐메니칼 선교로, 로잔선교를 복음주의 선교로 분류하여 서술하겠다.

서구선교는 독일 할레 (Halle)대학을 중심으로 한 덴마크-할레선교회(Daemisch-Hallesche Mission)의 바돌로매 지겐발크(Barthelomaus Ziegenbalg)와 하인리히 플라차우(Heinrich Pluetschau)와 모라비안 선교회(Morevian Mission)의 자비량 선교역사로 발전했다. 모라비안 선교의 영향으로 윌리암 케리(William Carey)는 1792년 인도로 선교를 떠났다. 또한 서구선교는 미국의 영적부흥운동과 더불어 1813년 미국 최초의 선교사 아드리안 져드슨(Adoniram Judson)[295]를 미얀마로 파송한 후 서구 선교단체들이 국가별, 교단별, 그리고 초교파적으로 나타났다. 이때를 폴 피어슨은 "선교단체의 폭발적 성장"[296]으로, 호스트 풀아스마이얼(Horst R. Flachsmeier)은 선교기관이 조직화되어 출발하는 시기로 보았다.[297]

그 사례로[298] 1795년 런던선교회가 장로교, 회중교단 그리고 일부 복음주의 성공회를 중심으로 구성되었다. 1796년 에딘버러 글레스고우 선교회, 1797년 교회선교회가 성공회 주관으로 결성되었다. 이어 1804년 영국성서공회, 1796년 네덜란드 선교회, 1815년 스위스 바젤선교회, 1824년 베를린 선교회 등이 조직 되었다.

이러한 서구선교의 조직적 힘은 훗날 선교현장에서 실제 이루어지는 선교의 실천에 관심을 집중했던 서구선교사와 단체를 세계선교협의회 조직의 외곽으로 밀어내게 되는데, 그 시작은 1961년 뉴델리 WCC(세계교회협의회) 총회(이하 뉴델리)부터라고 할 수 있다. 당시 뉴델리에서 밀려났던 기존의 열정적인 서구 선교단체들은 휘튼과 베를린에 이어 로잔 세계 복음화대회에서 지금의 복음주의 선교협의회를 구성하는 것으로 발전되었다. 그 결과 세계선교단체의 결성은 결국 교회중심의 조직적 힘을 중심으로 하는 에큐메니칼 선

---

[295] Thomas A. Askew, Judson, Adoniram, A. Scott Moreau(ed.), 《Evangelical Dictionary &World Missions》, Baker, 1997, 528-529.

[296] Paul Pierson, 《The Dynamics of Christian Mission: History through a Missiological Perspective》, 임윤택 번역, 《선교학적 관점에서 본 기독교 선교운동사》, 기독교문선선교회, 2009, 434.

[297] Horst R. Flachsmeier, 《Geschichte der evangelischen Weltmission, Brunnen-Verlag Giessen und Basel》, 1963, 180,

[298] Horst R. Flachsmeier, 《Geschichte der evangelischen Weltmission》, Brunnen-Verlag Giessen und Basel, 1963, 180-302. Paul Pierson, 《The Dynamics of Christian Mission: History through a Missiological Perspective》, 임윤택 번역, 《선교학적 관점에서 본 기독교 선교운동사》, 기독교문선선교회, 2009, 434-436. 참고는 437. 박영환, 핵심선교학개론 II, 바울, 2008, 178-184.

교단체들과 선교현장을 중심으로, 복음의 직접사역을 강조하는 복음주의 선교사와 단체들 간의 갈등으로 번졌다. 이것은 1968년 웁살라 WCC총회(이하 웁살라)에서 선교목표가 인간화라는 신학적 갈등으로 인하여 양 진영이 하나가 될 수 없는 자리로까지 갈라서게 된다.[299]

결과적으로 에큐메니칼 선교는 세계선교를 양극화의 출발, 복음주의와 영원한 갈등과 대립의 구조를 도출시켰다.[300] 특히 복음주의 선교는 1968년 웁살라는 선교를 "비폭력을 표방하는 정의구현을 위한 사회혁명(Social Revolution)과 인간화(Humanization)"를 복음선교로 대체한 결과[301]로 보고, WCC 선교를 에큐메니칼 선교로 정의했다. 양 진영은 조직적인 발전을 거듭하여, 에큐메니칼 선교와 복음주의 선교로, 진보주의 선교와 보수주의 선교로 편 가르기를 했으나, 1989년 성 안토니오 CWME(세계선교와 복음화 위원회)와 1989년 2차 로잔-마닐라대회이후 양 진영은 하나 된 유형으로 모양을 갖추게 되었다. 이것이 통전적 선교다.[302] 그럼에도 불구하고 세계선교는 여전히 에큐메니칼 선교와 복음주의 선교라는 양 진영으로 갈등과 혼란을 주고 있다.

본 논문은 다음 5단계로 구성된다.

1. 들어가는 글-세계선교 양진영의 역사적 배경과 과정에서 나타난 구조적 과제
2. 왜? 무엇이 양진영을 영원한 길을 가게 했는가?-그 배경은?
3. 과연 WCC에서 갈라선 선교구조와 단체들의 새로운 조직과 프랑크푸르트 선언이 미래 에큐메니칼 선교의 전망이었는가?
4. 그렇다면 로잔선교가 복음주의 선교로 에큐메니칼 선교의 대안이었는가?
5. 나아가는 글-그럼에도 불구하고 양 진영이 하나가 되는 원리는 무엇인가?

---

[299] 1910년 에딘버러 선교사대회 100주년 기념 제9회 장로회신학대학 국제학술대회에서 양극화의 분기점에 대한 다양한 의견이 제시되었다. 혜링브 로케만은 1973년 방콕대회로부터(167), 스캇 머로우는 1938년 탐바라 대회(259), 이형기는 1968년 웁살라대회(이형기 31), 김은수는 1970년 프랑크푸르트(235), 폴 피어슨은 웁살라 대회를 분기점으로 보았다(555). 데이빗 보쉬는 1961년 뉴델리대회가 IMC를 통합한 이후로(228) 보면서 그 양극화의 시기는 1968년 웁살라로 정의했다(228). 이에 본 논문에서는 이형기와 데이빗 보쉬의 의견에 동의하며 양극화의 분기점을 웁살라 대회로 보기로 한다.

[300] 1910년 에딘버러 선교사대회 100주년 기념 제9회 장로회신학대학 국제학술대회에서 양극화의 분기점을 혜링브 로케만은 1973년 방콕대회로부터(167), 스캇 머로우는 1938년 탐바라 대회(259), 이형기는 1968년 우1살라 대회(31), 김은수는 1970년 프랑크푸르트(235), 폴 피어슨은 웁살라 대회를 분기점으로 보았다(555). 데이빗 보쉬는 1961년 뉴델리대회가 IMC를 통합한 이후로(228)로 보면서 그 양극화의 시기는 1968년 웁살라로 정의했다(228).

[301] 조동진,《세계선교트랜드》하권, 아시아선교연구소, 2007, 65.

[302] 박영환,《핵심선교학개론 II》, 2008, 도서출판 바울.

본 논문은 세계선교의 갈등과 혼돈의 배경, 과정 그리고 분열함으로 나타난 양 진영의 입장과 이해를 차례대로 정리하고, 양 진영의 대안적 미래선교 제시가 과연 대안이었는가를 점검 하고자 한다. 특히 논문 전개과정에서 논쟁점이 될 타종교의 대화, 교회의 기능적 이해와 영적 이해의 차이점, 성령을 통한 역동적 선교가 무엇인가를 살펴보고자 한다. 이때 에큐메니칼 선교의 대안으로 등장한 프랑크푸르트 선언과 복음주의 선교의 로잔선교가 미래선교의 대안이 되었는가를 제시하고자 한다.

논문의 쟁점은 선교현장에 복음의 정체성을 축으로 하고, 여기에 에큐메니칼 선교의 방법론을 접목으로 한 동심원적 선교의 틀—통전적 선교—을 어떻게 도출해 낼 것인가? 연구하고자 한다.

## II. 갈등과 대립의 세계선교가 어떻게 시작되었는가?

세계선교의 주체세력이 1910년 에딘버러 세계선교사대회(이후 에딘버러)를 개최하였다. 이후 에딘버러 대회에 반발한 중국내지선교회를 시작으로 7개 선교단체들이 협력하지 않았다. 그 이유는 지속적으로 세계선교대회의 성격들이 성경의 권위와 성경의 무오성 문제를 제기하였기 때문이다. 결국 이러한 현상은 지금까지도 복음주의 선교와 에큐메니칼 선교라는 세계선교의 틀을 갈라놓게 하는 근본요인이 되었다. 현상적으로는 IMC(국제선교협의회)[303]를 통해 계속되는 양 진영의 갈등과 대립은 선교의 접촉점으로서의 복음 이해와 선교사역의 우선권 논쟁 그리고 선교 이해의 포용성과 다양성을 어떻게 이해하느냐?였다. 이러한 양 진영에 대한 갈등과 대립에 대하여서는 다양한 이해가 가능하다.

1910년부터 1968년까지 선교 이해는 "종합적 접근"을 바탕으로, "개발신학"과 점진적 진화, 샬롬의 신학적 발전이 결과적으로 선교의 목표를 인간화로 보게 하였다.[304] 이것을 에큐메니칼 선교로 즉 '하나님의 선교'로 정리하였다.[305] 이형기에 의하면 이 시기가 복음주의 지도자들이 에큐메니칼 선교를 비판하기 시작한 시기이며, 1968년 웁살라 이후

---

303) IMC는 1961년 WCC 소속의 CWME-Commission on World Mission and Evangelism (세계선교와 복음화 위원회 혹은 세계선교와 전도위원회)로 명칭이 바뀐다.
304) David Bosch, 《Witness to the World》, 전재옥, 두란노, 1993, 254.
305) 이형기, 《복음주의와 에큐메니칼 운동의 새 흐름에 나타난 신학》, 한국장로교출판사, 1999, 127.

양 진영이 대립각을 세운 것으로 보았다.[306] 그러나 양 진영의 주장을 자세히 살펴보면 복음주의 선교와 에큐메니칼 선교의 시각차이가 있다고 볼 수 없음을 알게 된다. 양 진영의 의견의 차이는 선교에 대한 개념화에 있어서 무엇을 전할 것인가의 문제와 어떻게 전할 것인가 라고 하는 서로 다른 차원에 대해 이야기하고 있었다고 말해야 옳다고 본다. 즉, 에큐메니칼 선교는 선교현장의 사역의 실천에서 현지의 장벽에 도전하려는 선교방법에 관한 관점을 가졌다면, 복음주의 선교는 변화하는 선교현장에서도 선교의 내용은 바로 "복음"이라고 하는 복음의 정체성을 지키려는 시각에서 주장하였기 때문이다. 따라서 양 진영은 완전히 대립적인 것이 아니라 선교의 내용과 방법이라고 하는 서로 다른 이야기를 상호 이해의 차이로 본 분열과 갈등을 야기한 것이라고 정리할 수 있다. 더 이상의 양자택일 혹은 우선권 논쟁은 논쟁으로만 가치가 있지, 선교 이해와 설명으로는 부적절하다.

## II-1. 양 진영 갈등의 배경 - 선교확장의 개념으로만 보려는 에큐메니칼 선교와 영적인 정체성을 유지 - 상호보완 - 하면서 선교확장을 시도하는 복음주의 선교

에큐메니칼 선교는 영적인 사역의 정체성을 유지하는 과정에서 선교확장이 아니라, 선교영역확장의 입장이라 할 수 있다.[307]

선교확장은 1968년 웁살라에 이르러서 절정에 이르렀고, 복음주의와 대립은 "첨예화" 되었다.[308] 확장방법은 선교에서 받아들이기 어려운 "맑시즘과 같은 사회학적 통찰"과 "적절한 폭력"까지 정당화하는 내용으로 "인간화"와 동일시까지 하였다.[309] 이러한 급진적이며, 진보적인 선교확장은 1975년 나이로비 WCC 총회(이하 나이로비)에서 복음과 전도 사역의 회복으로 일시 돌아섰던 때도 있다. 그 당시 가장 주목받는 발제는 모티머 아리아스의 "그러므로 세계가 믿게 하기 위하여"로 "선교와 복음화"를 구별하였다. 그는 세

---

306) David Bosch, 《Witness to the World》, 전재옥, 두란노, 1993, 230, 이형기, 《복음주의와 에큐메니칼 운동의 새 흐름에 나타난 신학》, 한국 장로교출판사, 1999, 127-128.
307) L. Rott, "Evangelkal(e)", H. Krueger, W Loeser & W. Mueller-Roemheld(Herg.), Oekumene Lexikon, :Kirchen-Religionen-Bewegungen, Frankfurt am Main, 1987(2Auf.),360-362
308) 이형기, 《복음주의와 에큐메니칼 운동의 새 흐름에 나타난 신학》, 한국 장로교출판사, 1999, 257
309) Ibid.

계교회협의회가 복음화에 대하여 별로 한일이 없으며, 선교의 "본질적 우선과제"로 돌아서야 하며, 이것이 교회의 영원하고 우선적인 책임으로 사회참여에 복음전도를 포함시킨 통합적 접근을 강조했다.[310]

"복음은 … 선포와 예수 그리스도를 통한 사랑을 … 죄에서 용서함을 … 회개에로의 부름과 하나님 안에서의 신앙을 … 하나님의 교회 안에서 … 구원말씀과 행위를 … 세계는 하나님의 선교의 과정이다. 교회는 그 세계의 어떤 부분도 등한시 할 수 없다. 구원에 이르게 하는 이름 … 이름을 듣지 못한 사람들… 선포하라는 그리스도의 명령에 순종하는 것을 요구한다."[311]

모티머 아리아스의 발제는 에큐메니칼 선교가 복음의 정체성의 회복을 선언한 것이다. 이것이 모든 선교의 기초며 원론이다. 선교는 신학의 전달이 아니다. 신앙을 전하는 것이다. 즉 선교는 신앙과 삶 그리고 교리의 표준으로 성경의 절대적 권위와 구속력을 강조한 후 선교사역을 이해하며, 평가하며, 받아들여야 한다. 즉 선교는 성령의 역동적 사역에 더욱 강한 의미를 부여하며, 계획적이며, 논리적이며, 이성적인 사역유형의 결과보다 더 신앙적으로 인지한다는 것이다.

복음주의 선교확장은 복음을 선포하고, 교회를 개척하여, 구원받은 백성으로 제자를 만드는 사역을 선교의 목표로 보았다. 에큐메니칼 선교는 선교를 사람들의 전 영역 속에서 이루어져야 하는 전인적 사역의 유형으로 보고 있다. 바로 선교는 하나님의 선교의 중요한 목적임으로, 관심은 교회가 아니라 세상으로 바꾸어졌고, 더 이상의 교회개척은 아니라고 보는 입장이다.[312] 그들은 교회가 세상에서 하나님의 유일한 구원의 수단이라는 견해에 반대하지만, 선교를 하기 위한 수단으로 교회를 통해, 교회를 기반으로 재생산되며, 회복되며, 하나님의 약속의 성취의 장소로 세상에 보여주는 곳이라고 본다. 이 일을 누가 할 것인가? 그 조직체는 누구인가? 누가 그들을 관리하며 움직일 것인가? 하는 질문의 답은 교회다.

선교의 지속적인 원동력이 교회를 통하여 역동적인 활동을 하게한다. 교회는 선교의 영적 본질로, 선교의 정체성의 거점으로 그리고 선교의 운동 거처다. 이러한 선교운동이

---

310) David Bosch,《Witness to the World》, 전재옥, 두란노, 1993, 227.
311) Ibid. 227-228.
312) Henninh Wrogemann,《Missionstheologische Paradigmenwechsel des 20. Jahrhundert die Frage nach grundlinien einer Missiionstheologie fuer die Gegemwart, 35-36.

없는 선교는 죽은 것이다. 이것을 막스워렌(Marx Warren)은 다음과 같이 설명했다.

"성령은 바람과 같아서 조정할 수 없는 것이다. 선교운동이 성령이 임의로 예측할 수 없는 일을 한다는 것에 대해 긍정적으로 응답을 하지 않으면, 선교운동은 운동으로서 곧 끝나게 될 것이다."[313]

그러므로 선교는 성령의 능력을 통해, 예수 그리스도의 머리되시는 교회의 훈련된 자들의 공동체를 근거로 하는 조직체로서의 역할과 기능을 강조하는 복음주의 선교와 선교사역의 더 넓은 영역의 확대와 탈 교회적 세상의 이해를 가진 에큐메니칼 선교의 입장 차이는 선교의 근원적인 정체성 논쟁이다. 정리하면 복음주의 선교의 정체성을 근거로 하고, 선교영역을 넓혀가는 입장에서 에큐메니칼 선교를 바라보아야 한다.

## II-2. 선교현장에서 타종교는 선교대상으로 바라볼 것인가? 혹은 선교장애물로 인식해야 하는가?

양 진영의 갈등과 대립은 1968년 인간화가 주는 총체적 선교의 위기감보다, 이미 1938년 탐바라 IMC(이하 탐바라)의 가장 중요한 주제였던 "복음화와 타종교"[314]를 통해 시작되었다. 선교사가 타종교부터 선교현지인들이 겪는 위기와 고통을 느끼고 해결해주려는 시도가 필요하여, 현지인을 섬기는 종으로 희생함이 선교사의 직무로 받아들여질 수 있다[315]면 선교사는 무엇을 위해 타종교를 만나는가? 왜 대화를 나누어야 하는가? 하는 고민에 빠지게 된다. 선교와 타종교의 만남은 조기 복음을 전달하기 위한 대상으로, 복음의 증거대상으로 받아들였다. 그러나 1968년 웁살라는 선교와 타종교의 공존을 주제로 했다.[316] 주격과 목적격은 엄연히 다르다. 목적격은 복음을 전하는 것이다. 주격은 선교사

---

313) M.Warren, 《The Fusion of IMC and WCC at New Delhi:Retrospective Thoughts after a Decade and a Half》, in Zending op Weg naar de Toekomst, Essays aangeboden aan Prof. Dr. J. Verkuyl, Kok,Kampen, 1978, 194.
314) 김은수는 탐바라 대회에서 중요하게 취급된 것이 타종교와 복음화로 보았으나, 데이빗 보쉬(Witness to the World 198-206), 폴 피어슨(기독교선교운동사, 552) 등은 교회와 교파적 선교단체에 더 관심을 가지고 취급했다. 김은수는 핸드릭 크래머의 입장을 주제 3에서 분리하여 다루었을 정도다(김은수,《현대선교의 흐름과 주제》, 75-83).
315) 김은수, 현대선교의 흐름과 주제, 2001, 59.
316) 타종교와 대화는 만남에서, 증거로, 대화, 생명과 만남 등으로 발전해 갔다.

의 임무다. 그들을 만나는 것은 복음을 전하려는 것이다.

핸드릭 크래머(Handrick Kraemer)는 기독교와 타종교와 관계에서 기독교 계시를 성경과 그리스도로 한정시켰고, 타종교와는 연속성이 없다고 했다. 그러나 복음의 메시지는 살아있는 실체로서 신축성을 가지고 있기 때문에 '선교사 자신의 입장과 태도'와 타종교와의 관계에서 "전략적인 면"에서 복음의 '접촉점'이 될 수 있다.[317] 그러나 여전히 여기에도 의문이 제기된다. 핸드릭 크래머가 선교사들(정통주의, 자유주의 혹은 교리적 취향에 맞게 충족시킨 방법을 활용하는 자)에게 "청중들의 생명력 있는 응답을 불러일으키는 방법"으로 전해야 한다고 할 때,[318] 사실 타종교를 선교사가 전략적 차원에서만 바라볼 수 있을까? 선교사를 보낸 교회와 현지 선교지의 교회 지도자들은 받아들이기 어려울 것이다. 파송의 교회와 선교지 교회는 선교현장에서 타종교에 어떤 관계로 서 있어야 하는가?

그 기능과 역할은 상당한 차이가 있다.

타종교와의 만남과 대화는 선교의 접촉점으로 선교지 교회–현지교회에 필요할 수 있다. 이때 기존 선교지역에서 가지고 있는 타종교에 관한 선입견과 혹은 전통과 습관으로 관련되어진 사람의 인식형태가 초기 현지 성도들에게 혼란을 불어일으킬 수 있다. 현지교회가 선교의 모판이며, 현지교회는 선교현장의 "기반"이다.[319] 선교사가 선교현장에 "스스로 전도하는 자립적 자치교회를 건설하고, … 도덕과 종교에 건강한 회중을 세우고…"을 하는 것은 절대 절명의 가장 중요한 선교기초 과제다.[320] 선교지에 거점을 설치한 후에야 선교전략과 정책이 나온다. 타종교를 선교의 접촉점으로 보려는 시도는 복음이 전달된 후, 선교지반이 형성되고, 보다 나은 선교정책과 전략을 통해 선교지 확장 차원에서 시도 되는 과제정도로 보아야 한다. 타종교를 선교현장에서 선교의 정책과 전략측면에서 다룬다면 자칫 선교의 정체성을 흔들어 놓을 수 있는 폭발물과 같은 위험성을 지닌다.

그러므로 타종교를 선교의 접촉점으로만 볼 수 없다. 지금 이슬람 선교지에서 추방당하거나, 순교당하는 선교사들은 일차적으로 이슬람지역에서 가장 큰 적대세력으로 보여

---

317) 김은수, 《현대선교의 흐름과 주제》, 79, H.kraemer, 《Die christliche Botschaft in einer nichtchristlichen Welt》, Zuerich, 1940, 128. 최정만 번역, 《기독교선교와 타종교》, 기독교문서선교회, 1993. 159, 참고: 331-332.
318) 최정만 번역, 《기독교선교와 타종교》, 기독교문서선교회, 1993. 359.
319) Ibid., 437.
320) Ibid., 436.

진 결과다. 현지교회가 든든히 서가는 가운데서 선교대상으로 타종교를 말할 수 있을지는 몰라도 여전히 선교현장에서 타종교는 선교의 가장 큰 적대세력이다.321)

## II-3. 양 진영의 양자택일 논쟁이 과연 정당한가?

1968년 웁살라는 선교의 주체가 하나님이 아니라 인간이라는 더 이상 나아갈 수 없는 마지막 이슈를 던졌다고 평가받고 있다. 웁살라는 고난 받는 세계를 향한 기독교의 책임을 강조한 모습을 마치 "사이비 메시야 사상(pseudo-messianism)까지 넘치는 이데올로기"로 평가 받았다.322) 이는 웁살라 제2분과 "선교의 갱신"에서 선교의 목표를 인간화(Humanity)로 보면서 다음과 같이 주장하였기 때문이다.

"우리는 인간화를 선교의 목표로서 주장한다. 왜냐하면 이 역사적 시점에서 메시아적 목표의 의미를 우리는 전할 수 있어야 하기 때문이다.… 오늘날의 근본적인 질문은 인간에 대한 문제다. 그러므로 선교적 공동체의 결정적인 관심은 선교의 목표로서 그리스도의 인간성을 드러내는데 있어야만 한다."323)

이러한 주장에 대하여 스칸디나비아 정통주의 루터교회들은 "개인 신앙의 결단과 구원의 확신이 없다"며 선교의 정체성 논쟁을, "선교에 이미 휴머니즘의 원조와 사회적 참여"가 포함되어 있다고 보는 선교 이해의 혼란성을, 더 나아가 도날드 멕가브란(Donald McGavran)은 "20억 비기독교인들에 관한 미언급"을 포함한 5가지 주제로 선교의 위기를 주장했다.324)

---

321) 김은수는 뉴델리 이후 타종교와 기독교의 만남과 대화는 타종교의 이해차원에서 접근함으로 혼합주의 논쟁에 빠지게 되었고, 하나님은 세계역사 속에서 활동하신다는 전제가 타종교와 대화의 길을 열었다. 그러나 1963년 멕시코(CWME) 이후 '타 신앙과 그리스도인의 증거'가 1970년 베이루트 아잘톤(Ajaltoun)에서 기독교적 관점에서본 타종교가 '살아 있는 신앙을 가진 사람들과의 대화'로 바뀌었다. 이때부터 기독교는 타종교를 객관적 입장에서 서술하기 시 작함으로 복음주의 선교에서 비판을 받고 있다고 하였다.(김은수,《현대선교의 흐름과 주제》, 154-155).
322) Peter Beyerhaus, Mission: Which Way? Humanigation or Redemption, 김남식 역,《선교정책원론》, 인간화냐 복음화냐?, 한국성서협회, 1976, 105.
323) Norman Goodall(ed),The Uppsala Report 1968, Geneva: WCC, 1968, 27-29, 참고:5-6, 21-29.
324) 김은수,《현대선교의 흐름과 주제》, 230-231, 재인용, Will Uppsala bettray the Two Billion?, Church Growth Bulletin, May 1968, Pasadena, Calif. ① 20억 비기독교인에 관한 언급이 없다.② 고전적인 선교 위임이 잘못된 선교신학으로 대체되었다. ③ 복음의 선포가 대화로 대신 되었다. ④ 선교대신에 단지 교회갱신으로 나아간다. ⑤ 교회의 휴머니즘 활동에만 집중되었다.

옵살라 선교이슈는 1968년도에 나타난 것이 아니라 이전부터 준비된 과정이 있었다. 1950년대 "삶과 봉사", 1960년대 "자연파괴와 생태계의 위기"를 넘어 해방신학을 받아들였다.325) 세계교회의 사회참여에 "과격한 혁명적 입장"326)은 이미 1966년 교회와 사회 제네바대회에서 발표되었다.

제네바는 "피흘림이 없으나 전 국민을 영구적 절망에로 몰고 가는 폭력"에 불가피한 폭력을 사용하며, "기독교인들의 혁명적 방법사용 — 기존의 정치질서의 전복을 의미 — 은 선험적으로 배제될 수 없다"327)고 하였다. 바로 책임사회를 이끌어가는 방법 중에 하나인 폭력적 방법이 가능하다는 것이다. 심지어 옵살라는 "책임 있는 세계사회(responsible world society)"를 위해 경제 분야에서 저개발 국가를 돌보지 않는 강대국을 "이단(hersey)"328)35)이라고까지 하였다. 마지막 선교의 이슈로 책임지지 않는 사회를 '이단'으로 몰아가는 것은 선교사역의 정체성 혼란이다. 이러한 이해는 옵살라의 전체신학과 조화를 이루지 못했고, 양측의 주장을 제대로 수용하지 못하고 봉합된 "애매한 결과"329)라고 평했다. 또한 에큐메니칼 선교는 옵살라의 수평적 차원의 선교 이해를 프랑크푸르트선언이 극복하지 못함을 안타까워했다.330) 도날드 멕가브란((Donald McGavran)은 옵살라가 "성서적 선교개념"을 배반함으로 더 이상 선교의 이슈로 논할 필요가 없다고 보았다.331)

이러한 평가에 바이엘 하우스(Peter Beyehaus)는 선교의 궁극적인 목표가 인간화가 된다는 것에 대한 부정적 평가, 곧 정체성을 잃어버린 선교이슈로 논란이 될 수 있음을 간접적으로 입증하는, 1970년 프랑크푸르트선언을 선포했다. 실제로 선교는 성령의 영적

---

325) 이형기, 《복음주의와 에큐메니칼 운동의 새 흐름에 나타난 신학》, 한국장로교출판사, 1999, 239.
326) 《World Conference on Church and Society》, Geneva, July 12-26, 1966, Christians in the Technological and Social Revolution of our Time,. The Official Report, Geneva, WCC, 1967, 49, 재인용,;Ans van der Bent, Commitment to God's World:A Concise Critical Survey of Ecum-menical Social Thought(Geneva:WCC Publication, 1995, 30.
327) 《World Conference on Church and Society》, Geneva, July 12-26, 1966, Christians in the Technological and Social Revolution of our Time,.The Official Report, Geneva, WCC, 1967, 114,115 재인용,;Ans van der Bent, Commitment to God's World:A Concise Critical Survey of Ecummenical Social Thought(Geneva:WCC Publication, 1995, 31, 43.
328) Norman Goodall(ed), 《The Uppsala Report 1968》, Geneva:WCC, 1968, 51.
329) 김은수는 CWME와 WCC 신학의 선교적 이해의 차이점으로 에큐메니칼 선교의 정체성 논란을 벗어나려고 한다.
330) 김은수, 《현대선교의 흐름과 주제》, 237.
331) D. McGavran, 《Church Growth Bulletin》, 1968, 11, 44.

행위를 통해 구속사를 만들어가는 사역임에도 이러한 성령의 영적인 행위를, 인간의 행위적 사역으로 정의하고, 평가하려고 한다면, 정체성의 혼란으로 인하여 선교는 위기를 맞게 될 것이다. 인간적 행위라고 하는 선교목표는 선교의 "거짓된 동기와 목표"[332]로 보여지며 더 이상 발전하거나 성령의 역사를 통하여 목적을 달성할 수 없기 때문에 선교의 마지막이 될 것이다.

이로 인하여 애드워즈(David L. Edwards)는 웁살라를 "과격한 세속화"와 "내세적 보수화"가 서로 양극화를 이룬 대회로 평가하였으며, 바이엘 하우스(P. Beyerhaus)는 웁살라를 "선교의 근본적 위기(Grundlagenkrise der Mission)"로 주장하면서, 인간화(Humanisieung)를 정면으로 반대했다.[333] 이러한 평가에 대해 김은수 교수는 WCC와 CWME의 구별이 있었어야 하는데, 없었다는데 이의를 주장하나, CWME의 선교노선이나 WCC 신학의 방향이 같음으로 굳이 차이를 둘 필요는 없다고 본다. 과연 WCC의 선교는 CWME의 선교노선을 과연 벗어날 수 있었을까?

양 진영은 "상호보완수정" 혹은 "양자택일"로 선교를 풀어가려고 하지만, 불가능하다. 데이빗 보쉬(David Bosch)는 해답으로 양 진영의 창조적 긴장을 "교회의 선교적 본질"로 제시했다. 그 관련성을 교회와 세상 속에서 보았으며, 선교의 기능과 역할 그리고 내용에 복음이 세상과의 만남에서 창조적 긴장을 통해 선교가 이루어져야함을 역설했다. 즉 교회만이 그리스도의 머리이며[334], 제자도를 통해 새로운 공동체를 구성해야 한다.[335] 그러나 교회의 특수성을 포기하면서까지 교회를 이 세상에 섞으려 하는 것은 자멸이다.[336] 또한 선교의 범위를 성격과 범위로 설정해야 하고, 성경적 개념이 증거아래 있어야 한다. 그 증거는 선포를 말한다. 세계를 향한 모든 형태의 봉사도 복음의 증거에 소속되어져 있을 때에 한해서 선교적 근거와 입장을 지킬 수 있다.[337]

김은수는 가리켜 양자택일도 아니고 통합해도 안 되고, 오직 마태복음5장 23절 24절을 배경으로 "그리스도에 대한 확실한 신앙고백이 없는 인간화는 휴머니즘적인 활동에 불과

---

332) 프랑크푸르트 선언문 전문, Peter Beyerhaus, 《Mission: Which Way? Humanigation or Redemption》, 김남식역, 《선교정책원론》, 인간화냐 복음화냐?, 한국성서협회, 1976, 129.
333) 《Die Frankfurt Erklaerung zur Grundlagenkrise der Mission》, in: Evangelische Mission, Jah rbuch 1971 Hamburg, 121-127.
334) David Bosch, 《Witness to the World》, 전재옥 역, 두란노, 1993, 265.
335) Ibid.
336) Ibid., 269
337) David Bosch, 《Witness to the World》, 전재옥 역, 두란노, 1993,263-272.

할 것이고, 형제와의 화해가 없는 복음화는 하나님 앞에서 위선자뿐이다"라고 하였다. 그러나 "휴메니즘의 활동에 불과하다"는 것과 "하나님 앞에서 위선자"라는 표현의 차이는 하늘과 땅이다. 전자는 하나님이 없고, 후자는 하나님이 계시다는 것이다. 바로 선교의 근원적 차이를 잘 지적한 내용이다. 어느 쪽이 에큐메니칼 선교이고 어디가 복음주의 선교인가 생각해야만 한다.

## III. 새로운 선교조직 – 복음주의 선교의 태동과 에큐메니칼 선교의 위기적 대안으로 프랑크푸르트 선언의 구조적 관계성은?

IMC의 조직이 1961년 뉴델리에 통합되고, 명칭은 CWME로 바뀌었다.[338] 통합전 IMC는 WCC가 세계선교를 "핵심주제"로 취급할 줄 알았으나, "일개부서"로 전락하고 말았다.[339] 그 결과 세계선교는 역동성을 상실하고, 최우선이라는 선교명분은 사라져갔고, 선교대회는 에큐메니칼과 복음주의 선교로 분열되었다. 결과적으로 세계선교가 조직적으로 침몰한 모습이었다. 그러한 배경은 1968년 WCC가 선교신학의 마지막 이슈 '인간화'를 선언한 이후다. 이로 말미암아 그나마 WCC 안에 남아있었던 복음주의 선교지지자들을 설자리마저 잃어버리게 했다. 본 장에서 에큐메니칼 선교에서 밀려난 복음주의 선교가 어떻게 새로운 조직으로 나타났는가와 인간화가 불러온 에큐메니칼 선교의 위기를 프랑크푸르트 선언은 어떻게 미래 선교운동의 대안으로 설명되어졌는가를 연, 연줄 그리고 연줄을 감은 물레의 관계성으로 정리하고자 한다. 여기서 연은 선교사역의 확장을 주도해 가는 에큐메니칼 선교로, 연줄은 에큐메니칼 선교를 복음의 정체성 – 복음주의 선교로 연결시키는 통로로 그리고 물레는 복음의 정체성을 어떤 상황에서도 놓치지 않고, 선교 사역을 이끌어 가려는 복음주의 선교로 보고자 한다.

---

[338] 통합과정의 불협화음과 갈등이 있었다. 특히 선교가 교회와 하나 됨을 상징적으로 보여주는 긍정적인 효과가 있을 것으로 판단했고, 부정적으로는 선교가 교회의 이차적인 관심거리로 전락될 때, 선교의 중요성을 상실할 수 있다는 것이다(김은수, 2010, 개정증보판 150).

[339] Paul Pierson, 《The Dynamics of Christian Mission: History through a Missiological Perspecive》, 임윤택 번역, 《선교학적 관점에서 본 기독교 선교운동사》, 기독교문선선교회, 2009, 554.

# III-1. 연에서 끈이 떨어지면 어떻게 될까? - 휘튼교회세계선교대회와 베를린 세계복음화 회의에서 태동된 복음주의 선교의 동기와 배경의 핵심은?

IMC가 WCC로 통합되었을 때, 홀로된 일부 IMC회원들과 IMC 밖에서 계속하여 선교를 하였던 선교단체와 선교사들, 초교파 교회들이 휘튼과 베를린에 모였다. 이들은 에큐메니칼 선교의 대항체로 복음주의 선교를 조직하였다. 바로 복음주의 선교의 본부격인 로잔선교가 태동하되었다. 먼저 통합에 관계된 결과는 의도와는 달리 선교의 역동성을 추락시켰으며, 새로운 선교조직을 구성할 수밖에 없는 세계선교의 분열된 모습을 보여 주었다.

IMC의 WCC 통합에 관해 랄프 윈터(Ralph Winter)는 "실수"[340]로, 존 멕케이(John Mac-kay)는 "환상"[341]으로, 막스 워렌(Max Warren)은 "선교운동은 운동으로서는 곧 끝나게 될 것"[342]으로 비판했다. 막스워렌(Max Warren)은 "선교단체는 교회와 분리된 조직으로, 선 교에 초점을 맞춘, 자원적인 선교사 조직체로 교회의 활력과 선교사역을 계속하기 위한 조직체로 남아야 한다"[343]고 주장했다. 이 점을 1961년 프린스턴 신학교 총장이며, 통합 당시 IMC 회장이었던 존 멕케이(John Mackay)는 "선교에만 초점을 맞춘 전문 선교단체의 필요성"[344]을 인식 못했다고 고백했다.

존 멕케이의 고백은 선교사의 다음 숫자로 드러났다. IMC와 WCC 통합 후 선교사들의 에큐메니칼 선교에 참여하는 숫자가 엄청난 속도로 추락했다. 미국선교사들이 미국교회협의회에 1957년에는 48% 참여했으나, 1969년 28%로, 1975년 14%에 불과했다[345]는 것이 멕케이의 '자원적인 선교사 조직체가 필요함'의 중요성을 입증해 주었다.

통합 이후 축출 당한 수많은 선교기관과 WCC 미가입 교회들이 어느 곳에 모여야 할지 모르고 있을 때, 1966년 4월 휘튼교회세계선교대회가 열렸다. 이것은 의도했든 아니든 간에 에큐메니칼 선교에 도전하는 세력으로 급부상하는 조직구성의 계기가 되었다.

---

[340] David Bosch, 《Witness to the World》, 전재옥 역, 두란노, 1993, 212.
[341] Paul Pierson, 《The Dynamics of Christian Mission: History through a Missiological Perspective》, 임윤택 번역, 《선교학적 관점에서 본 기독교 선교운동사》, 기독교문선선교회, 2009, 554.
[342] David Bosch, 《Witness to the World》, 전재옥 역, 두란노, 1993, 213.
[343] Paul Pierson, 《The Dynamics of Christian Mission: History through a Missiological Perspective》, 임윤택 번역, 선교
[344] Ibid.
[345] David Bosch, 《Witness to the World》, 전재옥 역, 두란노, 1993, 213.

휘튼 대회는 초교파 해외선교협의회(IFMA)와 복음주의해외선교협회(EFMA)[346]의 후원으로 하는 복음주의자들을 중심으로 "교회세계선교대회"(Church's Worldwide Mission)로, 그 해 베를린에서는 10월 100개국이상 1,100명 이상 세계의 다양한 복음주의자들이 빌리 그레함을 중심으로 '베를린세계복음화회의(Berlin World Congress on Evangelism)'로 모였다.

양 대회의 공통점은 에큐메니칼 선교와 집요하게 부딪치며, 고통을 받으며, 분열이 아님에도 분열주의자로 보이면서 축출당한 고통을 최우선으로 선언문에 채택했다. 복음주의 선교사와 단체들의 응어리진 문제와 고민 그리고 갈등의 중요한 주제가 무엇인가를 구체적으로 제시한 사례다. 또한 이것은 복음주의 선교의 핵심으로 가장 중요하게 취급된다. 이것을 연과 연줄 관계로 본다면, 에큐메니칼 선교사역 확장은 연이 하늘 높이 날아가는 현상으로, 연줄은 에큐메니칼 선교가 선교의 정체성을 놓치지 않는 연결선으로, 이것이 물레와 같은 선교의 정체성을 일깨워 주는 것을 복음주의 선교라 할 수 있다.

첫 번째로 양 대회에서는 그리스도만이 구주라고 고백, 유일한 구원, 성서의 권위와 복음전도의 우선권, 그리고 사회봉사활동과 개혁이 선교가 아님을 선언하면서, 에큐메니칼 선교운동의 회복과 변화를 강구했다.

휘튼의 참여자는 기본적인 문제의 일치점을 성경이 하나님의 말씀으로 해석되며, 받아들이고, 확고한 진리에 순종하고, 성경대로 받아들이도록 가르쳐야 하며, 충성하며, 근본적으로 성경 앞에 자신을 바치는 입장으로 보았다.[347] 이러한 입장은 베를린에서도 동일했다. 베를린은 신학적 기초를 성경에 대한 권위로 두고, 모든 논문과 연구는 최종권위를

---

[346] 1846년 영국에서 결성된 복음주의 연맹(Evangelical Allianz)은 신앙적 일치점을 갖고 유럽과 미국 등에서 모인 개신교 대표 900명으로 구성되었다. 이들은 축자영감설을 믿고, 복음의 직접 선포를 중요하게 생각했다. 이 전통의 바탕으로 1917년 프린스톤에서 7개 독립선교단체로 초교파해외선교협의회(Interdenominational Foreign Mission Association:IFMA)를 구성했다. 에딘버러 선교사 대회가 19세기 경건주의적 선교운동을 벗어나고 있다고 보았고, 근본주의적 신학을 바탕으로 땅 끝까지 전할 사명을 가지게 되었다. IFMA가 근본주의문제로 외부 신학세력으로 어려움을 겪으며, 교회가 분열되자, 온건한 복음주의자들은 제3의 협의회가 필요함을 인지했다. 그 결과 1943년 5월 3일 시카고에서 50여개의 교파에서 약 1천명이 모여 미국복음주의 협의회(National Association of Evangelicals:NAE)를 결성했다. 이들은 7개의 목표: 복음화, 정부와 관계구축, 방송선교, 공공사업, 교회와 국가의 분리, 기독교 교육, 파송국가의 세계선교 자유 등이다. NAE는 같은 신앙노선을 가진 선교단체들과 1945년 12월 29일 복음주의해외선교협회(The Evangelical Foreign Missions Association:EFMA)를 결성했다.
(김은수,《현대선교의 흐름과 주제》, 2010, 216-226).

[347] Harold Lindsell(ed),《The Church's Worldwide Mission, Word books Waco》, Texas,《기독교의 세계선교》, 생명의 말씀사, 1977, 재판, 35-44.

성경에 두고, 이에 기초한 세계복음화를 우선적인 선교의 사명으로 강조했다.[348] 즉 성서의 신적인 권위를 손상하는 어떠한 신학의 비판도 거부하며, 가라, 전하라, 제자 삼으라는 선교의 명령에 순종함이 선교의 근본적 자세로 선언했다.

해롤드 린드셀(Harold Lindsell)은 휘튼대회를 선교의 우선권으로, 전도와 교회개척을 강조하면서, WCC가 전도의 확신을 상실하고, 전도를 사회참여로 대치하였음을 암시했다.[349]

베를린회의 명예회장인 빌리 그래함(Billy Graham)은 "왜 베를린인가?"에서 전도가 사람을 구원하는 일임에도 불구하고 교육이나 사회개혁 활동으로 생각하는 사람들이 있음을 개탄했다.[350] 휘튼의 호러스 휀튼(Horace L.Fenton)는 어떠한 선교의 사회적 관심과 표현, 활동과 계획이라도, 그리스도의 피를 통하여 근본적인 구속의 메시지를 제시해야하며(문제의 해결은 예수 그리스도이기 때문이다), 사회관심에 대한 표현에 어디서나 가능한 말로 증거 되는 예수가 있어야 하고(말 없는 증거는 불완전하고 부적당하기 때문이다), 사회적 관심은 관념적이 고, 비성경적 기대를 유발(이 세상의 가장 높은 인간의 희망은 인위적인 제도가 아니라, 오직 다시 오실 그리스도에 의해서 성취되기 때문이다), 그리스도의 이름으로 선을 행할 때 세속적인 기관과 함께 경쟁 속으로 끌려가서는 안 된다(사회기관이 교회사업보다 더 잘될 때 교회봉사가 하나님께서 천국을 회복하시려는 대상으로서의 의미를 실추시킬 수 있거나, 전도의 성격을 상실케 하기 때문 이다)고[351] 주장했다.

이것을 복음주의 선교는 선교의 핵심으로 보았다. 즉 성경의 권위와 부름의 명령에 순종하여, 가서, 전파하며, 제자를 삼는 사역이야말로 선교의 절대 절명의 과제다.

두 번째 중요한 과제는 선교와 교회의 관계성이다. 통합시 WCC는 교회의 중심은 선교라는 의미로, 교회의 중심에서 선교적 사명을 담당하려면 보다 넓은 WCC 친교에서 새로운 관계, 즉 교회의 선교적 구조(Die missionarische Struktur der Gemeinde)라는 연구

---

348) 김은수, 《현대선교의 흐름과 주제》, 208.
349) Harold Lindsell(ed), 《The Church's Worldwide Mission, Word books Waco, Texas, 《기독교의 세계선교》, 생명의 말씀사, 1977, 재판, 10-22. 휘튼선언의 마지막 초안에는 에큐메니칼 운동이나 WCC를 직접 언급하지 않았으나,(33) 실제적으로 비판은 있었다. (12,13,15,38-40,76-79,119-130,175-180, 등)
350) Carl F.H.Henry & W.Stanley Mooneyham(ed), 《World Congress on Evangelism》, Berlin 1966, 2.vols.Minneapolis: World Wide publications 1967 재인용: 김은수, 《현대선교의 흐름과 주제》, 208 각 주 10.
351) Harold Lindsell(ed), 《The Church's Worldwide Mission》, Word books Waco, Texas, 《기독교의 세 계선교》, 생명의 말씀사, 1977, 재판, 208-210.

를 하였고, 1963년 멕시코에서 발표되었다. 이것은 마굴(H.J.Margull)의 "구조 원리로서의 선교 (Mission fuer Strukturprinzip)", 서유럽에서는 "타자를 위한 교회(Die Kirche fuer ndere)", 미국은 "세계를 위한 교회(Die Kirche fuer die Welt)"로 "교회가 타자를 위해 존재할 때만이 진정한 교회다"로 정리되었다.352) 그 내용은 인간 공동체 삶의 세계적 과제는, 교회가 지배함으로써가 아니라 돕고 봉사하면서 참여하여야만 하는 것으로, 교회 안에서 뿐만 아니라 오늘날 세계 속에서 하나님의 활동을 인식하는 것이다. 이러한 의미에서 하나님의 계획의 초점은 교회 안에서가 아니라 세계 속에서 발견된다, 즉, 하나님의 일차적인 관계는 세계이고, 교회는 세계의 부분으로서 정의된다. 그러므로 교회는 세계의 한 부분으로 존재하는 것이다. 사회의 하나인 기관에 불과하다. 교회이해가 교회의 본질인 영적인 부분이 아니라 기능적 부분의 이해로, 하나의 선교기관으로 정리 되었다. 그러나 휘튼과 베를린은 교회의 구조를 선교에 관해 영적으로 보았지, 세상에서 사역해야 될 보이는 조직적이며, 연합체로서의 교회로 보지 않았다. 휘튼은 10개의 주제 중 '선교와 교회의 권위, 메시지, 재산, 성질, 완성'의 5개로 중요하게 취급했다. 특히 기조연설에 "교회는 구속 받은 자들의 모임, 교회의 머리는 그리스도이시며, 교회의 충만은 그리스도며, 교회의 부요함은 은사다"로 교회는 그리스도의 몸으로, 임재의 장소며, 능력의 현장이며, 하나님의 충만함을 교회에 주셨기에, 교회가 약하다, 강하다로 논할 수 없다.353)

베를린은 교회에 관한 논의보다 '이 세대 안에 이 세계의 복음화' 계획을 세웠다. 세계복음화를 위해 열정과 긴급한 호소, 나아가 그리스도를 영접할 기회를 만드는 것에 더 관심을 가졌다.354) 교회에 관해서는 휘튼보다는 강조되지 않았으나, 교회는 복음 때문에, 복음을 위해서, 복음화는 교회의 기본적인 자세로 선교의 기본 원리임을 결의했다.

그러므로 휘튼과 베를린의 복음주의 선교는 에큐메니칼 선교의 근본적 문제점 – 복음의 정체성, 상실성의 위기 – 을 성경과 신앙고백으로, 열정과 선교적 삶으로 연계시키는 연출의 관계성을 표현했다. 즉 복음주의 선교는 에큐메니칼 선교의 불안한 선교확장을 확실한 복음증거, 복음 선포 그리고 복음을 통한 성령의 역동적 능력으로 연계시키는 결과

---

352) 김은수, 《현대선교의 흐름과 주제》, 2010, 229, 재인용, 《Die Kirche fuer andere und die Kirche fuer die Welt im Ringen um Strukturen missionarischer Gemeinden》, Genf, 1967.
353) Harold Lindsell(ed), 《The Church's Worldwide Mission》, Word books Waco, Texas, 《기독교의 세계선교》, 생명의 말씀사, 1977, 재판, 23-31.
354) 김은수, 《현대선교의 흐름과 주제》, 211.

를 만들어낼 것이다. 마치 복음주의 선교는 에큐메니칼 선교의 고향과 같은 존재다.

막스 워렌이 1977년 8월 임종 전까지 이 문제에 집착했는데, 그는 이러한 에큐메니칼의 선교운동이 "성령을 막는 일"로, "성령에… 긍정적으로 응답하지 않으면 선교운동은… 운동으로 끝나는 것이다"가 무엇을 말했는지 지금 돌아볼 필요가 있다.[355]

즉 선교의 정체성에서, 근원에서 떨어져 나간 선교는 마치 연에서 끈이 떨어진 것으로 보여진다. 이것이 에큐메니칼 선교가 늘 선교현장에서 타종교와 혼합주의 위험성으로 도출된 혼란, 선교사역의 방황, 사역 중심의 갈등과 문제의 연속에서 벗어나는 근본적 해결책이다.

## III-2. 물레를 찾아가는 연 – 에큐메니칼의 "선교의 근본 위기"가 프랑크푸르트 선언으로 해결될까?

김은수는 프랑크푸르트 선언을 에큐메니칼 선교의 "양극화를 극복하기 위한 노력"[356]으로 보았으나, 피터 바엘하우스(Peter Beyerhaus)는 WCC선교 – 에큐메니칼 선교가 프랑크푸르트 선언으로 유턴해야함을 주장했다. 그는 "WCC가 잘못된 길을 가고 있는 일에 도전"으로, 또한 WCC로부터 당할 압력과 위기에 관해 "닥쳐올 결과를 충분히 검토하였으나 … 자기로서는 성서에 나타난 계시에 충실" 할 수밖에 없음으로 정리했다.[357] 바로 복음주의 선교 동향으로 돌아가야 될 에큐메니칼 선교방향을 예견했다. 당시 선교는 "가치절하"와 "가치 재평가"로 받았다.[358] 세계선교는 전통적인 선교활동-복음을 선포하며, 가르치며, 제자 삼으라는 명령-에 순종과 위임이 사라져가는 현상과 구체석으로 참가하려는 교회의 선교가 세계의 변화에 다양한 모습으로 이해하려는 시도들로 인해 혼란스러워 했다.

---

355) M.Warren, 《The Truth of Vision(Canterbury Press)》, London, 1948)194,196. 재인용: David Bosch, 《Witness to the World》, 전재옥 역, 두란노, 1993, 213.
356) 김은수,《현대선교의 흐름과 주제》, 237. 참고:235-240.
357) 바이엘하우스는 헤롤드 러셀의 질문 "에큐메니칼운동 비판이 어떻게 발전될 것이니, 알고 있으며 또 자신의 저술로 인하여 생겨날 치명적 타격을 감수 할 자신이 있는가?"에 답변이었다. (Peter Beyerhaus, 《Mission: Which Way? Humanigation or Redemption》, 김남식 역,《선교정책원론》, 인간화냐 복음화냐?, 한국 성서협회,1976, 서문 3.)
358) Peter Beyerhaus, 《Mission: Which Way? Humanigation or Redemption》, 김남식 역,《선교정책원론》, 인간화냐 복음화냐?, 한국 성서협회, 1976, 19.

헤롤드 린드셀은 프랑크푸르트 선언에서 에큐메니칼 선교를 "옵살라는 선교의 과제를 사회적, 정치적, 경제적 현실구조를 변혁하는 일, 유행병처럼 번져가는 휴머니즘, 세계보편주의와 종교혼합주의 나아가 좌경화"[359]하려는 대변자로 표현했다.

복음주의 선교는 예수를 세상의 구주로 전하는 것이다. 죄인들이 사는 세상을 향해 복음을 선포하는 것이며, 회개와 신앙의 결단을 통해 예수를 구세주와 주로 고백하여, 제자로 살아가기 위한 사역을 돕는 총체적 일이다. 이 일에 부름 받은 자들의 공동체가 교회다. 그러기에 교회는 "메시아적 공동체"[360]로 세상에 하나님의 일을 보여주는 본보기다. 이것은 말과 행위와 능력으로 전파된다. 바로 교회와 복음화는 분리될 수 없다. 그러나 옵살라에서 선교는 과거의 전통적인 개념과 우선순위를 벗어나, 해방시키는 일부터 시작하며, 그 필요성을 사회악을 제거하도록 전투적 구조로 변화하는 것, 창조적 인간성 표현에 모든 그리스도인은 순종하는 것, 세계를 위한 특정사업을 준비하는 것으로 보았다.[361]

정리하면 에큐메니칼 선교의 근본적 과제는 "교회의 선교 과제와 이 과제를 실제 적용하는 방안"[362]에서 복음주의 선교와 상호대립이다.

바이엘 하우스는 프랑크푸르트 선언의 해설서격인 "Mission: Which Way?"를 중심으로 에큐메니칼 선교의 근본적 문제와 위기를 "선교운동이 배태하고 있는 역동적이며 전진적인 흐름을 분석함"[363]으로 풀어가고자 했지만, 사실상 문제는 성경으로 돌아간 신앙고백적 선교의 이해를 회복하는 것이며, 그 결과를 발판으로 선교현장의 다양한 과제-정치, 경제. 문화, 종교적-접근을 성경의 구원과 회심 그리고 교회의 본질적 기능인 복음화를 실천하는 것, 곧 온전한 복음을 온전한 교회가 온 세상에 재림의 날까지 전파하는 것이다.

연을 날리는 물레를 보면 연줄에 의해 연은 좌우되며, 연줄을 통해 연은 중심을 잡고, 본래 연의 임무에 충실할 수 있다. 물레를 벗어난 연은 존재할 수 없다. 물레를 벗어나 연이 홀로 존재한다면 그것 자체가 위기며, 혼돈이다. 바로 연의 기능을 가진 에큐메니칼 선교는 복음주의가 물레로 연결되어져야 함을 프랑크푸르트 선언이 입증해 주었다.

---

359) Ibid., 서문 2.
360) 조종남 편저, 《세계복음화 운동의 역사와 정신》, 로잔세계복음화한국위원회 한국기독학생회출판부, 1990, 34.
361) 조동진, 《세계선교트랜드 1900-2000》, 하권, 아시아선교연구소, 73.
362) Peter Beyerhaus, 《Mission: Which Way? Humanigation or Redemption》, 김남식 역, 《선교정책원론》, 인간화냐 복음화냐?, 한국성서협회,1976, 서론.
363) Ibid., 83.

바이엘하우스는 이러한 문제점을 지적하면서도 양 진영의 갈등의 내용을 WCC가 구원의 복음을 전파하는 사명을 잊고 현세지향적인 사회 윤리적 운동으로 빠지고 있으며, 복음주의는 대화를 단념한 채, 에큐메니칼 일치운동, 사회 그리고 국가문제에 그리스도의 증인으로 행사할 책임을 도외시 한다고 주장했다.[364] 그는 복음주의 선교를 부정적으로 평가하는 실수를 저질렀다. 복음주의 선교가 에큐메니칼 선교와 대화를 단념하고, 사회, 정치, 경제 등 전반적인 사역을 도외시했다는 평가는 경건주의와 영적부흥운동을 주도한 복음주의자들의 선교의 역사적 맥을 인정하지 않으려는 것이다. 이런 평가는 바이엘 하우스도 에큐메니칼 선교 안에서 에큐메니칼 선교 입장을 벗어나지 못한 선교신학자 라는 한계를 지닌다.

양 진영을 구조적으로 정리하면, 에큐메니칼 선교를 연이라 하면, 복음의 정체성을 복음주의 선교라 할 때, 바로 복음주의 선교는 물레가 된다. 즉 물레를 찾아 연줄을 연결하여 연을 날리는 구조와 같이 복음주의 선교라는 물레를 통해 에큐메니칼 선교라는 연을 날려야 한다.

## III-3. 어떻게 연줄을 묶을 수 있을까? – 에큐메니칼 선교의 대안 으로 다가온 프랑크푸르트 선언의 방법은?

웁살라 제2분과, 선교의 갱신보고서는 WCC 선교의 행동지침서였다. 하나님의 선교가 세상의 모든 만물을 새롭게 하는 것이며 참인간이 되게 하는 인간화로 정의했다.

진정한 인간화는 다음 7가지로 정리된다.
1. 인간성을 파괴하는 세계에 인간을 온전한 인간성으로 성장하고 갱신시키기 위한 부름
2. 인간은 하나님이 주신 순종과 책임을 거부함으로 고통을 겪는다.
3. 예수 그리스도는 성육하게 하신 새 인간이다. 부활로 새로운 피조물이 탄생되고 역사의 최종목표가 된다.
4. 새로운 인간성은 성령의 선물이다. 옛 인간의 잘못된 삶과 협소한 삶을 뜯어내 버리고 새 사람으로 삶속에 구체화 시킨다.

---

[364] Peter Beyerhaus, 《Mission: Which Way? Humanigation or Redemption》, 김남식 역, 《선교정책원론》, 인간화냐 복음화냐?, 한국 성서협회,1976, 105.

5. 선교는 사람들이 다른 사람들을 위한 존재로 열매를 맺게 된다. 새 인간성은 인류의 모든 것을 위한 봉사와 증언으로 하나님의 사람들의 단결로 나타난다.
6. 다른 신앙을 가진 사람들이나 비신앙인과 만남은 대화로 이끌어져야 한다. 대화로 인간문제에 대한 공통관심사를 함께 증언할 수 있게 된다.
7. 우리는 그리스도 안에서 참된 인간성의 회복을 위하여 사회정의와 인간의 존엄성을 완성시켜야 한다.

이러한 주장을 살펴보면, 그 속에는 전통적인 선교의 개념, '예수를 믿고, 죄 사함을 받아, 예수 이름으로 구원을 받고 예수 안에 새로운 피조물로 거듭난 삶을 살아야함'으로 설명되어지는 '복음의 구원론적인 구심점'이 없다.[365] 이 문제점을 인식한 바이엘 하우스는 프랑크푸르트 선언을 통하여 에큐메니칼 선교를 성경중심으로, 세상중심의 선교사역의 틀을 교회를 거점으로 하는 복음화로 보고-복음주의 선교 이해를 더하여, 양 진영을 바이엘 하우스가 소속된 에큐메니칼 입장에서 하나로 묶고자 하였다. 또한 프랑크푸르트 선언을 통하여 에큐메니칼 선교를 "가능성과 희망"이라는 방법으로 복음주의 선교 입장으로 복귀 내지 미래세계선교의 유형으로 에큐메니칼 통전적 선교의 틀로 묶고자 하였다. 이러한 통전적 방법이 성공하기 위하여서는 다음의 세 가지 시도가 이루어져야 한다.

## 1. 가능성의 문제 - 고전적 선교 이해로 에큐메니칼 선교의 수직적 관계성을 회복시켜야 한다.

위기의 대응책은 두 가지로 볼 수 있다. 첫째가 선교의 본질은 성경의 계시를 바탕으로 이해되어야하며, 세상을 구원하기 위한 예수 그리스도의 죽음과 부활의 메시지를 통해 인류를 회개의 자리로 불러내고, 세례를 받게 함으로 하나님의 자녀로 삼는 사역이다.[366] 에큐메니칼 선교에서는 복음주의 선교를 "폐쇄적 신학 체계"와 "세계가 치유할 수 없는 악에 빠져 파멸로 향해가는 판단"[367]으로 보았으나, 사실 복음주의 선교는 선교가 복음

---

[365] Peter Beyerhaus, 《Mission: Which Way? Humanigation or Redemption》, 김남식 역, 《선교정책원론》, 인간화냐 복음화냐?, 한국 성서협회, 1976, 114.
[366] Peter Beyerhaus, 《Mission: Which Way? Humanigation or Redemption》, 김남식 역, 《선교정책원론》, 인간화냐 복음화냐?, 한국 성서협회, 1976, 23.
[367] Ibid., 61-62.

― 심판과 은혜의 메시지를 선포하여 세상에서 죄인을 구원하는 일―을 중심으로 삼고, 회개한 죄인의 변화된 삶의 전 영역, 정치, 경제, 문화, 사회 그리고 종교―에서의 다양하며, 포괄적인 활동을 포함시키는 것이다.[368]

복음주의자 선교는 이미 1966년 휘튼 대회에서 복음 선포와 함께, 혹은 복음증거의 가능성을 가지고 있는 세상에 사회적 행동이 계속되어져야 함을 선언했다.[369] 또한 어떠한 복음전도도 사회적 관심을 무시하면 그 자체가 불완전하고, 비성경적인 복음전도이며, 아무도 관심을 가지지 못할 복음주의로 끝을 낸다고 주장했다.[370]

그러므로 복음주의 선교가 복음 선포만 하고, 사회활동을 거부하는 것이 아님이 밝혀졌다. 다만, 복음주의 선교는 어떠한 사회적 행위 안에서 예수 그리스도를 증거 할 수 있으면 되며, 선포하지 아니하고 사회활동만 하는 것은 성경이 요구하는 것이 아님을 정리하였다는 점이다. 이들은 땅 끝까지 이르러 예수 그리스도를 선포하는 선교가 선교의 핵심으로 드러나야 함을 제시했다. 문제는 에큐메니칼 선교가 여전히 모든 사람들의 복음전파 행위 속에서 그리스도의 십자가를 만나지 못한다면 구원받지 못한 상태로 선교한다는 사실이다.[371]

### 2. 선교는 교회가 지니고 있는 영적 본질에 기초하여야 하는 것이며, 기능으로만 이해해서는 안 된다.

에큐메니칼 선교는 교회의 과제가 하나님의 선교에 참여함으로 세상의 일들을 변혁하는 조직으로, 실패하면 교회 없이도 하나님이 이 일을 하신다는 것이다.[372] 설명하면 교회는 세계를 위한 책임 속에서 타자를 위한 존재이기 때문에 세계를 향해 행동하는 교회

---

368) 바이엘 하우스는 복음주의 선교는 경건주의자의 최대전통으로 이미 복음 선포와 사회참여사역을 하고 있었고, 19세기 적십자운동, 노예제도폐지 등으로 활동을 했다. 그동안 복음주의자들이 사회참여활동에 적극적으로 나서지 못한 이유는 기독교복음을 위협할 정도의 거센 사회책임 운동의 발생 때문으로 보았다.(Peter Beyerhaus, 《Mission: Which Way? Humanigation or Redemption》, 김남식 역, 《선교정책원론》, 인간화냐 복음화냐?, 한국성서협회, 1976, 67.)
369) Harold Lindsell(ed), 《The Church's Worldwide Mission》, Word books Waco, Texas, 《기독교의 세계선교》, 생명의 말씀사, 1977, 재판, 20.
370) Ibid., 208.
371) Ibid., 72.
372) Peter Beyerhaus, 《Mission: Which Way? Humanigation or Redemption》, 김남식 역, 《선교정책원론》, 인간화냐 복음화냐?, 한국성서협회, 1976, 43.

로 탈바꿈해야 한다. 그렇지 않다면 교회는 아무것도 아니다.[373] 단지 교회는 "사회조직의 하나다"로 개념화 시켰다.[374] 이것은 에큐메니칼 선교가 교회를 "기능"으로 이해했다는 점을 보여준다.

그러나 복음주의 선교는 교회를 영적인 "본질"[375]로 보았다. 교회가 하나님의 나라를 느끼게 하며, 성령의 인도하심을 받는 기관이면서, 동시에 잘못된 구조로부터 해방된 교회는 하나님의 역사적 도구로 세상에 보여져야 함은 사실이다. 그러나 이 두 가지 면에서 무엇을 교회의 본질로 보아야 하는가? 왜 교회가 하나님의 활동영역을 제한한다고 할 수 있을까? 교회 안에서 일하시는 성령은 어떤 역할을 하고 있는가? 에 대한 답변이 요구된다.

바이엘 하우스는 선교의 일차적 과제가 하나님의 구속을 선포하고 아직 그리스도의 복음이 미치지 못한 삶의 영역에 그리스도가 왕으로서 주권을 행사하신다는 사실을 선포하는 것이며, 여기서 교회는 복음을 듣고 함께 모인 자들이 성령을 받고 새로운 삶을 시작하며, 보다 나은 하나님의 말씀이 실현되는 사회를 만들어가는 영적인 능력을 소유한 곳으로 보았다.[376]

그러므로 교회는 복음을 선포하여, 죄인을 회개시켜 구원받는 자들로 구성된 조직이며, 성령의 인도하심으로 선교사역을 수행하며, 연약한 성도들을 회복시키고, 영적으로 무장시키며, 그리스도가 온 세상의 주관자임을 선포하며, 그 사역의 역할을 하는 기관이다. 교회는 영적인 기관이며, 영적인 사역을 최대의 일로 알며, 온 세상이 교회를 세우는 사역은 그 어떤 사역보다 우선한다.

3. 결론으로 에큐메니칼 선교는 결합보다 삼위일체의 하나님의 자기 계시가 증거하는 "성경의 복음이 지닌 영원한 진리 – 예수 그리스도의 구원– 을 어떻게 밝혀야 하는가?"에 대한 답을 말해야 한다.

에큐메니칼 선교는 선교의 근본적 영역에 닻을 내려야 한다. 이것 없이는 에큐메니칼 선교는 거짓된 이데올로기 또는 사이비 메시야 사역에 흔들리게 되며, 심지어 교회는 복

---

373) Peter Beyerhaus, 《Mission: Which Way? Humanigation or Redemption》, 김남식 역, 《선교정책원론》, 인간화냐 복음화냐?, 한국 성서협회, 1976, 45-46.
374) Ibid., 89.
375) Ibid.
376) Ibid., 78.

음 없는 사회봉사기관으로 전락될 것이다. 선교는 이러한 과제를 실천해야 한다. 교회의 책임은 세계를 향한 예수 그리스도의 말씀을 실천해야 하며, 그 중심에는 복음 선포가 있어야 한다. 복음이 구원론의 구심점으로, 선교는 구심점을 상실하지 않고 복음 선포 — 예수를 믿고, 세례를 주며 제자로 만드는 일—가 선교사역의 기본이 되어야 한다.

발터 후라이탁(Walter Freytag)은 "회개하고 예수를 믿게 하여 세례를 베푸는 일로 연결되지 아니한 … 것은 성서적 의미로 보아 결코 선교라 칭할 수 없다"[377]로 단정했다. 그러므로 에큐메니칼 선교는 복음주의 선교에 연줄을 묶어내야 한다. 묶이지 않은 연은 날아가기 때문이다.

## IV. 로잔선교가 에큐메니칼 선교의 대안이었는가?

에큐메니칼 선교운동 지지자들과 복음주의 선교운동을 열망하는 자들의 공통점은 서로를 잘 모르고 있다는 것이다. 자신들의 입장에서 상대방을 분석하고, 평가하며 나아가 정리한 것을 마치 양 진영이 모든 내용 혹은 개념 —선교란, 교회의 선교적 구조, 복음화와 인간화—을 서로가 잘 이해하고 있다는 착각과 환상으로 세계선교 역사에 보여주었다. 이러한 관계성의 평가를 데이빗 보쉬는 차원과 의도[378]로, 폴 피어선은 복음전도와 사회적 관심의 관계성으로[379] 조동진은 선교영역의 확대와 전략적 포용성의 수용 가능성을 근거로 하였다.[380]

본 논문의 핵심자료를 제공한 김은수는 "세계역사와 구원사의 구분"으로, 교회의 선교적 본질이 세계에 관해 책임적 자세를 열어가는 정도에 따라 평가를 했다.[381] 문제는 양 진영의 연구자들이 서로를 이해하고, 어떻게 받아들일 것인가에 관한 연구물이 아니라, 상대방의 전체부분을 들여다보지 못하고, 부분적 실수의 약점을 전체의 이해인양 발표하

---

377) W. Freytag,, "Zwischenkirchliche Hilfe und Internationaler Missionsrat", Reden und Aufsaetze, 2부, 85. 재인용, Peter Beyerhaus, 《Mission: Which Way? Humanigation or Redemption》, 김남식역, 《선교정책원론》, 인간화냐 복음화냐?, 한국 성서협회,1976, 115.
378) David Bosch, 《Witness to the World》, 전재옥 역, 두란노, 1993, 237.
379) Paul Pierson, 《The Dynamics of Christian Mission: History through a Missiological Perspective)》, 임윤택 번역, 《선교학적 관점에서 본 기독교 선교운동사》, 기독교문선선교회, 2009, 658.
380) 조동진, 《세계선교트랜드 1900-2000》, 하권, 아시아선교연구소, 413.
381) 김은수, 《현대선교의 흐름과 주제》, 343, 참고: 275-283,

고, 문자적으로 분석하고 들추어내려는 데 집중하고 있다는 점이다.

특히 양 진영의 한국 내 번역서는 저자가 어느 진영이냐에 따라 '비판'이 '평가'로, '차이점'이 '다른 점 혹은 틀린 점'으로, 같은 내용을 인용해도 전문의 내용에 취중하기보다, 부분을 통한 오해성 이해를 서술하기도 했다. 본 연구의 어려움도 세밀한 부분을 좀 더 살펴보려고 하나, 원 자료의 접근이 어렵고, 재인용을 할 수밖에 없어, 하다 보니 논문의 모양이 불편해 보였다.

대부분의 복음주의 선교 이해자들, 아니 지금까지 복음주의 선교를 지도해온 지도자들의 일방적 선언과 비판이 에큐메니칼 선교의 내용과 다르다는 것이 의외로 많았다. 일부 복음주의 선교 평가가 에큐메니칼 선교의 본질적인 문제가 아니고, 현상학적으로 나타날 가능성의 위험성까지도 위기와 변질로 설명하는 잘못도 발견된다.

본 장에서는 양 진영의 핵심적 주제 3가지—복음 선포, 타종교와 대화, 교회의 선교적 구조에 관해 에큐메니칼 선교의 대안, 혹은 복안으로 로잔을 살펴보고자 한다.

## III-1. 복음주의 선교와 로잔이 주장하는 선교는 성서해석학적 문제라기보다 성경에 근거한 예수 그리스도의 구원의 선포를 선교의 구심점으로 보아야 한다는 것이다.

에큐메니칼 선교운동이 선교사역의 영역을 사회, 정치, 경제, 문화, 종교 등으로 확대해 가는 데 복음주의자들은 반대하지 않는다. 도리어 이런 점이 1,2차 로잔대회에서 에큐메니칼 선교가 중요하게 기여한 점이다.[382]

로잔 1974년 4항 —구원은 우리로 하여금 개인적 책임과 사회적 책임을 총체적으로 수행 하도록 우리를 변화— 은 1966년 베를린대회의 진일보한 입장이, 1989년 로잔 마닐라 대회 선언문은 복음을 악한 권세에서 해방하는 하나님의 능력의 구원과 … 모든 면에서의 주님의 궁극적 승리에 관한 기쁜 소식이며, 곧 성서가 말하는 구원, 하나님의 나라는 죄와 세상의 권세 그리고 사탄의 지배로부터 해방 모두를 포함한다.[383]

---

[382] 동진,《세계선교트랜드 1900-2000》, 하권, 아시아선교연구소, 198(제1차 로잔대회 총평), 413(제2차로잔대회 총평). 김은수,《현대선교의 흐름과 주제》, 274, 343. 이형기,《복음주의와 에큐메니칼 운동의 새 흐름에 나타난 신학》, 한국 장로교출판사, 1999, 31. 135.

여기에 에큐메니칼 선교는 주의 깊은 관심을 가져야 한다. '모든 면에서 해방'이란 "복된 소식의 전체적 차원을 지향"하는 것으로 성경적 구원의 구심점을 전제로 하여 제시된 것이다.384)

이 점을 에큐메니칼 선교는 복음주의가 성경을 기계적 영감설로 기록되었다고 믿는 것으로 착각했다. 복음주의 선교는 성경을 하나님의 말씀을 믿는 고백으로 에큐메니칼 선교와 차이가 없다. 과제는 새로운 인간의 모습을 구현하고, 새로운 인간성을 모든 사회영역 속에 확장시켜 나가는 것보다 "다른 이로서는 구원을 얻을 수 없나니 천하 인간에 구원을 얻을 다른 이름을 우리에게 주신일이 없음이니라 하였더라"(행 4:12)의 내용을 모든 사람에게 알게 하는 것이 선교의 목표다. 신앙적 고백 위에 선교를 올려놓으며, 그 고백을 모든 사람들이 함께 하자는 제자 삼는 사역이다.

조종남은 로잔신학이 "사회 참여를 주장" 또는 "하나님 나라 선포에 있어서 예언자적 사명"을 에큐메니칼 선교신학의 "하나님 나라를 기독교화 된 사회"와 혼돈하지 말라고 경고했다.385) 혼돈의 사례는 로잔의 1항: 하나님의 목적과 7항 교회와 복음전도가 "세상 속으로 파송… 그의 나라를 확장… 교회로 하여금… 울타리를 빠져나와 비기독교 사회 속으로 스며들어 가야 한다"386)는 것을 "삼위일체의 하나님의 선교"387)라고 주장했고, 로잔의 제5항 그리스도인의 사회적 책임을 "에큐메니칼 선교개념인 삶과 봉사 전통의 영향으로 넓은 의미의 교회 사회적 책임을 강조했다"388)고 혼동했다.

또한 에큐메니칼 선교의 목표인 새로운 인간성 – 예수 그리스도의 인간성 – 으로 성숙된 새 인간을 만들어가려는 인간화는 예수를 만나서 거듭난 신앙을 고백할 때 혹은 그 이후에 만들어지는 부산물이지만, 그것을 구원의 넓은 영역으로 확대 해석할 수 있을 것이

---

383) 조종남 편저, 《세계복음화 운동의 역사와 정신》, 로잔세계복음화한국위원회 한국기독학생회출판부, 1990, 39.
384) 김은수, 《현대선교의 흐름과 주제》, 271.
385) 조종남 편저, 《세계복음화 운동의 역사와 정신》, 로잔세계복음화한국위원회 한국기독학생회출판부, 1990, 42.
386) 조종남 편저, 《세계복음화 운동의 역사와 정신》, 로잔세계복음화한국위원회 한국기독학생회출판부, 1990, 51, 57-58. 이형기, 《복음주의와 에큐메니칼 운동의 새 흐름에 나타난 신학》, 한국 장로교출판사, 1999, 128-129.
387) 조종남은 로잔언약 1974년 1. 하나님의 목적을 설명하면서 "그는 자기를 위하여 세상으로부터 한 백성을 불러내시며 다시금 그들을 세상으로 내보내시어 그의 나라의 확장과 그리스도의 몸의 건설과 그의 이름의 영광을 위하여 그의 부름 받은 백성을 그의 종교의 증인되게 하신다"를 "Missio Dei를 삼위일체적으로 이해하는 최근의 선교학적 사고방식과의 접촉점을 가져온 것이다. 그렇다고 해서 이런 로잔의 입장이 자동적으로 WCC의 선교관과 동일하다는 것은 물론 아니다"로 설명했다. "선교학적 사고방식의 접촉점"이 아니라, 선교사역의 확대의 이해로 설명 되었어야 했다.(조종남 편저, 세계복음화운동의 역사와 정신, 로잔세계복음화한국위원회 한국기독학생회출판부, 1990, 21.)
388) 이형기, 《복음주의와 에큐메니칼 운동의 새 흐름에 나타난 신학》, 한국장로교출판사, 1999, 129

다. 거기에는 전제가 있다. 예수 그리스도의 신앙고백을 반드시 받아 내야 하는 절대 절명의 과제가 있다. 문제는 위 전제를 받아내기 전에는 '인간화'가 '복음'이 되는 오해가 발생한다.

1961년 뉴델리는 예수 그리스도가 세계역사, 종교들, 문화 그리고 전통에 익명으로 분명히 있기에 비록 직접 복음을 듣지 못해도 예수를 만날 수 있고 예수 안에서 구원을 받을 수 있다는 위험성과 혼란이 있다.

그러므로 선교는 복음의 영적인 구심점에 근거하거나 바탕을 두고, 삶의 영역으로 넓혀갈 수 있다. 선교의 목표는 온 세상으로 하여금 "예수 그리스도가 참 하나님이며 참사람이고, 성경이 증언하는 대로 신비한 인격이요, 내용이요, 권위이시다. … 온갖 삶의 과정 속에서 그의 구원의 은사를 모든 백성으로 하여금 알게 하는 일"[389]이다.

## III-2. 양 진영의 또 다른 큰 오해는 '타종교와 대화'의 "가능성"과 "불가능성"의 차이다.

로잔은 타종교의 대화를 종교혼합주의 관점에서, 선교의 위기를 촉발시킬 위험한 요소로 본다. 선교대상으로서의 대화는 인정하지만, 그것도 복음증거를 근거로 할 때만 가능했다.[390]

김은수는 1974년 로잔이 타종교의 대화에서 이전까지 대화를 거부했던 입장에서 "타자를 이해하기 위하여 주의 깊게 귀를 기울이는 선교를 목적으로 하는 대화는 받아들임"으로 "큰 차이"을 보였다고 했다. 타종교와 일체의 대화를 거부하겠다는 복음주의가 로잔에서 "받아들인다"라고 변화한 것은 엄청난 진보다. 그러나 선교의 목적으로 타 종교와 대화를 할 수 있다는 전제는 이때가 말씀을 증거 하기 위한 접촉점으로 보았기 때문이다.

1974년 로잔 4항은 "전도하기 위하여 우리 그리스도인이 이 세상에 있어야 함은 불가피하며, 마찬가지로 상대방을 이해하려면 대화를 경청하는 것이 불가피한 일이다" 함이 4항 앞에 인용내용보다 바로 위 내용 "전도는 기쁜 소식을 널리 전하는 것이다. 예수 그리

---

[389] Peter Beyerhaus, 《Mission: Which Way? Humanigation or Redemption》, 김남식 역, 《선교정책원론》, 《인간화냐 복음화냐?》, 한국성서협회, 1976, 133.
[390] 김은수, 《현대선교의 흐름과 주제》, 272.

스도께서 성경대로 우리 죄를 위하여 죽으시고 죽은 자로부터 다시 살아 나시사 통치하시는 주로서 지금도 회개하고 믿는 모든 이들에게 사죄와 성령의 자유케 하시는 은사를 공급하신다는 것이다"[391])으로 타종교와 대화가 아니라 타종교에 예수를 증거 하는 것으로 보아야 한다.

근본적으로 로잔은 타종교에 관하여 대화를 직접 선언한 적은 없다. 단지 전도의 과정에서 발생할 수 있는 위험성과 가능성에 관한 지침 '복음의 유일성'[392])을 근거로 선교 방법을 선언했다. 이것을 로잔은 복음주의 신학의 전통이라고 하였다. 로잔은 타종교와 대화라는 의미에 '다원주의(Pluralism)'[393]), '상대주의(Relativism)'와 '혼합주의(Syncretism)'[394]) 등의 용어로 대응했다. 또한 타종교의 만남에서 예수 그리스도를 증거 하려다가 타종교와 부딪혀 예수의 이름이 거룩함을 드러내야하는데 분명치 못하고, 예수 그리스도의 이름 때문에 교만해 보였거나, 타종교를 적대시한 것에 관해 "잘못"했음을 로잔 1989 "3. 예수 그리스도의 유일성"에서 회개했다.[395])

에큐메니칼에서 타종교와 대화는 1964년 '타 신앙의 사람들과 기독교인의 증거', 1970년 '살아있는 신앙을 가진 사람들 간 대화', 1975년 나이로비에서는 '공동체에서의 대화'로 발전했다. 에큐메니칼 선교에서도 타종교 부문에 관한 복음주의자들의 헐뜯음과 왜곡에 분통을 터뜨릴 것이다.

에큐메니칼 선교는 타종교가 선교지에서 '접촉점'[396])을 제공할 수 있다고 보았고, 핸드릭 크래머는 타종교와 대화가 기독교의 정체성을 상실하지 않으면서 기독교 메시지를 전달할 수 있는 가능한 길들에 관하여 선교적 차원이라고 하였다.[397]) 그러나 복음주의 선교는 예수의 유일성으로 타종교를 이해했다. 휘튼 선언과 로잔은 타종교가 기독교 진리를 부정, 반대, 통합하여 화해시키려는 시도인 혼합주의로 정리하였다.[398]) 1974년 로잔 3항

---

391) 조종남 편저, 《세계복음화 운동의 역사와 정신》, 로잔세계복음화한국위원회 한국기독학생회출판부, 1990, 54.
392) 1974년 선언 2. 성경의 권위와 능력과 1989년 1.온전한 복음과 21개 조항 중 2-7항이 "예수그리스도가 유일한 구주이심을 믿는 그리스도의 복음의 유일성을 강조" 속에서 타종교를 이해했다.(조종남 편저, 《세계복음화 운동의 역사와 정신》, 로잔세계복음화한국위원회 한국기독학생회출판부, 1990, 22, 37, 52-54, 75-77.)
393) Ibid., 22.
394) Ibid., 37.
395) Ibid., 77. 참고, 37-38.
396) 김은수, 《현대선교의 흐름과 주제》, 79.
397) 김은수, 《현대선교의 흐름과 주제》, 79-80., H.Kraemer, 《Die christliche Botschaft in einer nicht-christlichen Welt》, Evangelischer Verlag Zollikon-Zuerich, 1940, 최정만, 기독교 선교와 타종교, 기독교문선선교회, 1993, 서문 참조
396) 조동진, 《세계선교트랜드 1900-2000》, 상권, 아시아선교연구소, 501. 참고:총평 526.

은 대화의 결과를 부정적으로 보았다. "그리스도께서 어떤 종교나 어떤 이데올로기를 통해서도 동일하게 말씀하신다는 대화"[399]가 복음을 "손상"[400]시킨다고 보았다. 마닐라에서는 선교의 대상으로 타종교를 신봉하는 사람들에게 "무지, 거만, 무례 혹은 대적의 태도"를 잘못 취했음을 회개하면서도 타종교와의 어떤 대화도 하기 어려움을 "우리 주님의 유일성을 적극적으로 증거하며, 결코 타협하지 않을 것"으로 대답했다.[401]

정리하면 에큐메니칼 선교는 타종교로 복음의 정체성을 대체하거나, 변화시키려는 의도가 없었다. 웁살라에서 "그리스도의 유일성을 부정하거나 그리스도에 대한 충성을 결코 잃어버리지 않는"[402] 범위에서 "조심스럽게 타종교의 대화를 시도"[403]했지만 그 결과는 복음주의 입장에서 대화 거부로 나타났다. 양 진영에서 본 타종교와의 대화는 선교영역 확대로 타종교를 가진 자들이 마음을 여는 기회가 제공될 때에는 거부하지 않았다. 단 복음주의는 예수 그리스도의 복음에 관한 유일성이 혼탁해지고, 마치 다른 이름도 구원이 이루어지는 것처럼 선교의 정체성 논란이 일어날 수 있음에, 복음의 방어적 태도로 타종교를 이해했다. 문제는 정체성이냐? 위험성이냐?의 쟁점이지만, 에큐메니칼 선교운동의 역사의 흐름은 결과적으로 혼란으로 귀결되었다.

### III-3. 교회와 선교의 관계성에서 교회의 본질과 기능의 차이를 어떻게 정립할 것인가?[404]

에큐메니칼 선교는 교회를 하나의 선교기구로 이해했다. 호켄다이크(J.C. Hoekendijk)는 교회를 본질로 보지 않고, 기능적으로 보았다. 교회가 하나님의 사역에

---

399) 조종남 편저, 《세계복음화 운동의 역사와 정신》, 로잔세계복음화한국위원회 한국기독학생회출판부, 1990, 52.
400) 조동진, 《세계선교트랜드 1900-2000》, 하권, 아시아선교연구소, 197.
401) 조동진, 《세계선교트랜드 1900-2000》, 하권, 아시아선교연구소, 385, 조종남 편저, 세계복음화운동의 역사와 정신, 로잔세계복음화한국위원회 한국기독학생회출판부, 1990, 77.
402) 《Die Frankfurt Erklaerung · Grundlagenkrise der Mission》, in: Evangelische Mission, Jahrbuch 1971, Hamburg, 121-127.
403) 김은수, 《현대선교의 흐름과 주제》, 236.
404) 폴 피어슨은 세계선교를 위해 풀어야 할 심각한 4가지 문제-교회가 성숙, 리더 선택과 적합한 훈련, 교회는 하나, 교회를 토착화-이 중에 교회가 복음전도에 관심과 파트너쉽을 가지고 하나가 되어야함을 제기했다.(Paul Pierson, 《The Dynamics of Christian Mission: History through a Missiological Perspective》, 임윤택 번역, 《선교학적 관점에서 본 기독교 선교운동사》, 기독교문선선교회, 2009, 659-660)

동참해야 하는데, 그 자체가 목적이 아니며, 선교의 출발점도, 목표도 아니다. 구원의 중보자도 아니다, 세상과 함께 구원의 기쁨을 나눌 뿐이라고 한다.[405] 그러므로 교회는 순수한 사회조직의 하나로 보려는 경향이 있다. 교회가 선교에 있어서 기능적 이해로 보여지는 점이다. 이 점을 복음주의 선교에서는 교회는 "하나님께서는 그리스도께서 모든 죄와 불의와 억압을 이기신 그 승리를 거듭난 신자들로 구성된 그의 몸을 통하여 확장해 나가기를 원하신다. 십자가에서 돌아가시고 부활하시고 승천하신 주님으로서의 그리스도께서 지배하시는 바로 그 몸 교회를 통하여 세상에서 계속 일어나고 있는 죄와 불의를 거스려 역사하시기를 원하신다…승천하신 주님께서는 우리들 곧 새로운 사회를 통하여 죄와 악을 이기신 그 승리가 확장되어 나가기를 원하시며 또한 우리들이 그와 더불어 세상의 빛과 소금되시기를 원하신다"[406]로, 선교에서 교회를 영적 본질로 받아들인다.

휘튼은 교회가 복음주의적 증거를 나타내며, 선교사를 파송하는 조직체로서의 실재를 말한다. 교회조직은 인간 지도자와 교회 직원의 관리에 따르기 때문에 수직적 입장에서 교회의 머리이신 그리스도와의 관계와 그리스도가 교회의 각 지체를 지도하신다는 유기체적 관련성, 바로 영적인 결합을 의미한다.[407]

이것을 김은수는 에큐메니칼 선교 입장에서 교회 중심적 구속의 역사 이해로 보며, 교회를 선교의 중심지로 보아, 교회 자체가 선교의 목적이 된다. 이것은 선교의 유일한 목표를 교회설립으로 정의하고, 세계역사와 분리하는 것으로 보았다.[408] 바로 교회를 기능적으로, 선교현장의 조직체로만 보는 시각이다.

1차 로잔에서 세상으로 보냄을 받은 모든 교회의 선교가 복음전파와 함께 사회적 행위가 포함된 사랑의 봉사를 해야 한다는 것을 김은수는 "자연스러운 하나님의 선교 이해"로 보았다.[409] 여기서 보냄을 받은 교회는 영적인 존재로, 세계복음화를 선포해야하는 영적

---

405) 재인용, J. C. Hoekendijk, 《Planning for Mission》, 44. Peter Beyerhaus, Mission: Which Way? Humanigation or Redemption, 김남식 역, 《선교정책원론》, 인간화냐 복음화냐?, 한국성서협회, 1976, 43-44.
406) 재인용, Waldon Scott, 《Bring Fourth Justice, A Contemporary Perspective on Mission》, Eerdmans Pub. 1980, 31-32, 조종남 편저, 《세계복음화 운동의 역사와 정신》, 로잔세계복음화한국위원회 한국기독학생회출판부, 1990, 30.
407) Harold Lindsell(ed), 《The Church's Worldwide Mission》, Word books Waco, Texas, 《기독교의 세계선교》, 생명의말씀사, 1977, 재판, 78-79.
408) 김은수, 《현대선교의 흐름과 주제》, 278.
409) Ibid., 270.

인 지도자로, 영적인 동역자를 양육하는 "하나님의 백성의 공동체"[410]다. 2차 로잔에서 교회의 주된 책임은 "교회의 머리되신 그리스도의 지도와 성령의 인도하심과 능력을 덧입어, 받은 은사로 동역하며, 그 지역사회 선교를 위해 협력하는 것"[411]에 힘써야 함을 말한다. 데이빗 보쉬는 선교는 교회가 섬기는 자의 모습-그리스도의 몸-으로 모든 경계선을 넘어가는 것으로 보았다.[412]

만일 사회가 문제가 있다면 그 원망은 사회가 들어야하는 것이 아니고, 나빠지는 것을 막아야 할 소금의 책임을 이행치 못한 교회가 들어야 한다.[413]

정리하면 복음주의 선교는 여전히 교회는 영적인 본질을 통해 복음 선포와, 성도들을 양육하며, 성령의 능력을 덧입어, 성도들의 은사를 활용하여 죄인을 구원하는 복음 선포의 주체임과 동시에 세상을 향해 선교사를 파송하며, 때로는 그들을 재 양육하기도 하며, 하나님의 말씀을 실천해가는 예수 그리스도의 조직체다. 교회는 선교에 있어서 하나님과 지속적인 교제와 성령의 인도하심을 받기에 영적인 본질을 가지며, 동시에 세계를 향한 선교의 부르심에 세상과 연계되어져 있기에 교회의 기능적 역할이 선교행위로 드러나며, 선교의 열정으로 불리워진다. 교회는 하나님으로부터 선택된 대행자이기에 세상과 다르다. 이러한 교회의 "특선주의-십자가의 장애, 복음의 비방을 가져다주는 본래적인 면"[121]를 배제해서는 안 된다. 신학이란 보편성의 목표에 이르게 하기 위하여 하나님을 위한 넓고 넓은 교량을 세우는 것이다. 이것이 구원을 이루는 역사적 매체로서 의미를 가진 교회의 특선주의를 희생시키면서 선교를 위한 세계의 부르심을 더 드높이는 것은 선교에서는 큰 타격이다. 그리스도는 교회와 세계의 다 머리이시며, 주인이시다. 그러나 세계는 아니다. 교회만이 그리스도의 몸이다.[414][415]

---

410) 조종남 편저,《세계복음화 운동의 역사와 정신》, 로잔세계복음화한국위원회 한국기독학생회출판부, 1990, 58.
411) 조종남 편저,《세계복음화 운동의 역사와 정신》, 로잔세계복음화한국위원회 한국기독학생회출판부, 1990, 42-43. 조동진,《세계선교트랜드 1900-2000》, 하권, 아시아선교연구소, 404-405.
412) David Bosch,《Witness to the World》, 전재옥 역, 두란노, 1993, 293.
413) 재인용, Waldon Scott, Bring Fourth Justice,《A Contemporary Perspective on Mission》, Eerdmans Pub. 1980, 31-32. 조종남 편저,《세계복음화 운동의 역사와 정신》, 로잔세계복음화한국위원회 한국기독학생회출판부, 1990, 31.
414) David Bosch,《Witness to the World》, 전재옥 역, 두란노, 1993, 264.
415) Ibid., 264-265.

## V. 나가는 글

양 진영을 바라보는 세계선교는 '양자 택일론', '수평적과 수직적 분리', '긴박성과 우위성 논쟁', '무지와 몰이해', '변질과 고집', '분리와 통합' 등으로 표현된다.

양 진영의 갈등과 대립 그리고 혼란은 구조적인 면과 본질적인 면에서 차이가 없다. 에큐메니칼 선교는 선교를 선교확장의 구조와 본질적으로 선교 이해와 선교사역의 접근 방향을 모색함에 의미를 두었다. 복음주의 선교는 선교사역보다, 성경을 통해 선교의 정체성을 선교현장에 두어야 함에 중심을 두었다. II장에서 양진영의 갈등과 혼란은 본질적으로 차이가 없음을 성경을 근거로, 양 진영의 오해와 편협성으로 타종교와 만남을 설명했다. 타종교는 선교현장 확장을 위해서는 선교대상이 된다는 에큐메니칼 선교의 이해와 타종교는 선교현장의 가장 무서운 적대세력이라는 복음주의 선교의 입장을 서술했다.

양 진영이 차이가 없으나, 어떤 시각에서 보느냐에 따라 양 진영이 대립하게 되었다. 그러므로 복음주의 선교를 핵심 원으로 두고, 에큐메니칼 선교를 동심원의 모양으로 그려본다면 양 진영의 차이가 존재하는 것이 아니다. 다만 신학적 논쟁에서는 선교신학과 교회론의 입장에서 하나 될 수 없음을 발견하게 될 것이다. 본 논문에서는 신학적 차이점을 취급하지 않았다.

III장에서 연과 연줄 그리고 연줄을 감는 물레로 구분하여, 그 역할과 기능을 다루면서 설명하였다. 양 진영의 대립적 갈등은 선교의 접근 방법론으로 볼 때 정리될 수 있다. 즉 에큐메니칼 선교는 선교사역 확장을 위한 연으로, 복음주의 선교는 연줄을 감는 물레로, 상호연결 고리로 본 연줄은 선교전체를 하나로 통합시키는 구조를 말한다. 연줄은 연과 물레를 연결해 주는 선교신학 이해라 할 수 있다.

1961년 뉴델리에서 밀려난 IMC회원은 1966년 휘튼과 베를린에서 대회를 갖고 복음주의 선교의 태동인 세계복음화 로잔위원회를 구성했다. IMC가 CWME로 전환된 것에 관해서 CWME 측에서도 실수로 고백하였다. 특히 에큐메니칼 선교가 교회를 선교의 기능적 측면을 강조한 점은 선교의 정체성에서 떨어져나간 연의 모습처럼 보였다.

피터 바이엘 하우스는 에큐메니칼 선교가 1968년 웁살라의 '인간화'에 나타난 문제점을 프랑크푸르트 선언으로 궤도 수정을 주장했다. 또한 그는 복음주의 선교가 에큐메니칼 선교와 대화를 거부한다고 주장했다.

양 진영을 연, 연줄과 물레로 정리하면 다음과 같다. 연으로 에큐메니칼 선교를, 물레로 복음주의 선교를 중심으로 하여 선교의 정체성을 확인하고 세계선교를 설명하면 된다. 즉 복음주의 선교와 연줄로 연결되어 에큐메니칼 선교의 정체성을 지켜나가는 구조로 보면 된다.

IV장에서는 양 진영 선교의 주제별 차이점과 보완점을 로잔선교를 근거로 제시하였다. 교회를 기능적으로 볼 것인가? 아니면 영적인 본질로 보는가? 결론적으로 교회의 영적인 본질을 근거로 한 기능적 역할을 확대해 가는 것이 미래선교의 대안이다. 양 진영은 상호 보완과 이해의 관점에서 정리될 수 있다. 이미 양 진영은 1989년을 기점으로 통합적 혹은 통전적 선교라는 용어로 정리했다.

양 진영은 서로가 무슨 말을 하려고 하는지 알고 있다. 복음주의 선교가 옹달샘이라면, 그 속의 물을 퍼 와서 세상을 향해 나누어 주는 것이 에큐메니칼 선교라 보면 어떨까? 교회 본질과 기능, 양면을 다루어야 하는 세계선교의 현장에서 양 진영이 각각의 역할을 한다고 볼 수도 있다. 선교에 있어서 교회의 본질을 WCC에서 찾아볼 수 있고, 교회기능이 CWME에서 나타났다면 양 진영을 이해하는데 보탬이 될까?

모든 것이 성경으로부터 나오며, 모든 신학적 해석은 시간과 장소의 변화에 내용이 달라지거나, 사라진다. 신학적 사고와 인식보다, 살아있는 하나님의 말씀에 귀 기울여 볼 필요가 있다. 선교가 현장을 통해 이루어지는 학문이라고 하지만, 선교자체가 영적인 산물의 결과로 나타나기에, 성령과 영적인 사역을 거점으로 삼아야 한다.

그러므로 교회의 영적 본질을 향한 접근에서 기능적 접근으로 옮겨가는 과정으로 선교를 설명한다면 양 진영은 보다 속히 하나가 되는 통전적 선교의 길을 걸을 것으로 본다. 특별히 양 진영은 특정한 이슈와 평가 그리고 비판을 부분적으로 접근하기보다, 총체적으로 바라보는 시야와 가능성을 찾아야 한다. 양 진영의 중요이슈도 서로를 이해하면서 받아들인다면 신학적 큰 차이점은 결코 없다.

선교는 선교이기 때문이다. 하나의 물레에 감겨져 있는 연줄을 중심으로 연을 날리는 행위가 선교 아닌가? 미래선교의 대안으로 양 진영은 구조적 관계성을 상호 인정하여 고백하는 일이 선교전망의 중요한 근간이다.

# 참고문헌 References

Davids Bosch, 《Transforming Mission》, 김병길·장훈태 역, 《변화하고 있는 선교》, 서울: CLC, 2000.

김은수, 《현대선교의 흐름과 주제》, 대한 기독교서회, 2001. 2010 개정증보판.

박영환, 《핵심선교학개론》, 도서출판 바울, 2008.

윌리암 D. 테일러, 《잃어버리기에는 너무나 소중한 사람들》 백인숙 외 역, 서울: 죠이선교회, 1998.

안승오, 제4선교신학, CLS, 2016.

이형기, 《복음주의와 에큐메니칼 운동의 새 흐름에 나타난 신학》, 한국 장로교출판사, 1999.

임윤택 역, 《선교학적 관점에서 본 기독교 선교운동사(The Dynamics of Christian Mission: History through a Missiological Perspective)》, 서울: CLC, 2009.

임종표 편집, 《한국 선교의 방향과 과제》, 한국선교사 지도력 개발회의, 서울: CLC, 1999.

조동진, 《세계선교트랜드》, 하권, 아시아선교연구소, 2007.

조종남 편저, 《세계복음화 운동의 역사와 정신》, 로잔세계복음화한국위원회, 한국기독학생회출판부, 1990.

최정만 역, 《기독교선교와 타종교》, 서울: CLC, 1993.

한국 복음주의 선교신학회, 《세계복음주의 신학자대회》, 성결대학교, 2001.

2010 로잔대회, 《선교 주도할 아젠다 창출》, WEA, 복음주의 교회들에 관심과 참여 요청[2009-04-02 06:39], 크리스챤투데이.

Andrew F. Walls, 《Rethinking Mission: New Direction For A New Century》, 선교와 신학', 2001 제8집, 264-265. (번역: 선교의 재고-새로운 세기를 위한 선교의 새로운 방향).

Bernd Brandl, 《Mission ist kolonialistsch》, S.75-84. in: Klaus W. Mueller, Mission im Kreuzfeuer, VTR, 2001.

Carl F. H. Henry & W. Stanley Mooneyham(ed), 《World Congress on Evangelism》, Berlin 1966, 2.vols. Minneapolis: World Wide publications 1967.

David Bosch, 《Witness to the World》, 전재옥 역, 두란노, 1993.

Die Frankfurt Erklaerung zur Grundlagenkrise der Mission, 《in: Evangelische Mission》, Jahrbuch 1971 Hamburg.

Erich Geldbach, 《Evangelikal》, in: Volker Drehen(herg.), Woerter Buch der Christentums, Orbis Verlag, 1995.

H. kraemer, 《Die christliche Botschaft in einer nichtchristlichen Welt》, Zuerich, 1940.

Hans Rothenberger, Mission ist intolerant!, S. 64., in: Klaus W. Mueller, Mission im Kreuzfeuer, VTR, 2001.

Harold Lindsell(ed), 《The Church's Worldwide Mission》, Word books Waco, Texas, 기독교의 세계선교, 생명의말씀사, 1977, 재판.

Henninh Wrogemann, Missionstheologische Paradigmenwechsel des 20. Jahrhundert die Frage nach grundlinien einer Missionstheologie fuer die Gegemwart.

Horst Rzepkowski, 《Lexikon der Mission—Geschichte Thelogie Ethnologie》, Graz Wien Koeln, 1992, 《International Bulltin of Missionary, 2009, Vol.33.No.1.

Joachim Wietzke(hers.), 《Mission erklaert》, Oekumenische Dokumente von 1972 bis 1992., Evangelische Verlagsanstalt, 1993, Dietrich Werner, Mission fuer

das Leben—Mission im Kontext, Rothenburg, 1993.

John Orme, IFMA, 《In: A. Scott Moreau》, Evangelical Dictionary of World Missions, Baker, 2000.

L. Rott, Evangelkal(e)', H. Krueger, W. Loeser & W. Mueller—Roemheld(Herg.), Oekumene Lexikon, :Kirchen—Religionen—Bewegungen, Frankfurt am Main, 1987(2Auf.).

M. Schlunk(Hrsg.), 《Das Wunder Kirche unter den Voelkern der Erde》, Stuttgart/

Basel 1939, 194f; E. J. Schoonhoven, ?Thambaram 1938",

M. Warren, 《The Truth of Vision》(Canterbury Press, London, 1948).

Michael Pocock, 《Changing Face of World Missions》, 박영환·백종윤·전석재·김영남, 도서출판 바울, 2008.

Norman Goodall(ed), 《The Uppsala Report 1968》, Geneva: WCC, 1968.

Park, Young Whan, 《Die koreanische Mission und ihre Rolle innerhalb der Weltmission in Zeitalter der Globalisierung》, in: Klaus W. Mueller(Hrsg.), Mission im kontext der Globalisierung , Redferate der Jahrestagung 2002 des

Arbeitskreises fuer evangellikale Missiologie(AfeM), in Wiedenest,, edition

afem.mission reports 2002.

_____. 《세계화와 한국교회의 세계선교》, 신학과 선교, 서울신학대학교, 2002.

Patrick Johnstone, 《Jason Mandryk》, Operation World, 387. 참고: KMQ 봄호(33호).

Paul E. Pierson, 《PWM & the Missionary Task Today》, in: The Mission Partners, Nr.22, 1999.

Peter Beyerhaus, 《Mission: Which Way? Humanigation or Redemption》, 김남식 역, 《선교정책원론, 인간화냐 복음화냐?》, 한국성서협회, 1976, 서문3.

Robert, Dana L. 2000. 《Shifting southward: Global Christianity since 1945》. International Bulletin of Missionary Research 24(2): 50—58. April 2000.

Rodger C. Bassham, 《Mission Theology: 1948—1975 Years of Worldwide Crestive Tension Ecumenical》, Evangelical, and Roman Catholic, Pasadena, 1979.

Schreiter, Robert. 1999. 《The new catholicity: Theology between the global and the local》. Maryknoll: Orbis Books.

Scott Moreau, 《Evangelical Missions 1910 to 2010》, in: 제9회 장로회신학대학교 국제학술대회,

1910년 에딘버러 선교사대회 100주년, 선교와 에큐메니즘 회고와 전망, 장로회신학대학교, 2009.

Siewert, John A. Ed. 1997. 《Mission Handbook 1998-2000: U. S. and Canadian Christian Ministries Overseas(17th edition)》. Monrovia, CA: MARC.

Stan Guthrie, 《Mission in the Third Millennium》, 정홍호 역, 《21세기 선교》, 서울: CLC, 2003.

The Official Report, Geneva, WCC, 1967: Ans van der Bent, Commitment to God's

World: A Concise Critical Survey of Ecummenical Social Thought(Geneva:

WCC Publication, 1995.

The World Mission of Christianity: Messages and Recommendations of the Enlarged Meeting of the IMC held at Jerusalem, March 24-April. 18, 1928, New York: 419 Fourth Avenue》, IMC, 1928.

Thomas A. Askew, Judson, Adoniram, A. Scott Moreau(ed.), 《Evangelical Dictionary & World Missions》, Baker, 1997.

Volker Drehen, Evangelisation, 《Volksmission, in: Volker Drehen(herg.)》, Woerter Buch der Christentums, Orbis Verlag, 1995,

William Richey Hogg, 《Ecumenical Foundation》, A History of the International Missionary Council And Its Nineteenth — Century Backgrund, New York, 1952.

World Conference on Church and Society, Geneva, July 1966.

두산백과, 네이버백과 위키피디아(Ko.wikipedia.org)자료.

# Abstract

# The Conflict and Cooperation of Evangelical Mission and Ecumenical Mission for an Alternative in future Mission.

## Park, Young whan
### (Seoul Theological University)

This article explains the cooperation and conflict of the Evangelical mission and the Ecumenical mission in the mission of the future. The history of world mission focuses on the history of Western mission. Germany, America and England in the world mission should be influential for the organization and development of Western mission to non-Western mission. At this time, Western mission is faced with four problems.

First, the study analyzes that Western mission completed a one-way mission to important needs and another knowledge in mission field. Thus it brings out from the absolute value of an important gospel to the relative value of the gospel.

Second, Western mission could try the mission of church organization. As a result it divided between Evangelical mission and Ecumenical mission.

Third, early missionaries had been a major obstacle as related to other religions in the mission fields. However, later they should be understood as a contact point for the mission.

Fourth, the crisis between evangelical mission and ecumenical mission started with the New Delhi General Assembly in 1961. The Mission institution and passionate missionaries were not setting positions without WCC church organization. They organized the Wheaten conference and Berlin meeting; both of these meetings sharply criticized the WCC view of mission. The issues of mission were focused in that mission is proclaiming, working for God toward the world remembered with spiritual being of the church.

Both of them spilt from the time of the Uppsala conference. The purpose of mission in the Uppsala conference was announced with humanization', as a result evangelical mission came out of the conflict and confusion.

Both evangelical mission and ecumenical mission came from their interaction with wholistic mission. Wholistic mission accepted and united with both evangelical mission and ecumenical mission from 1989.

Therefore, both ecumenical mission and evangelical mission should support one another's function and role. The strategy and policy of mission in extended mission areas is the ecumenical mission for the future of world mission. In conclusion, both of them should make for the supplement and support of ecumenical mission and evangelical mission for the alternative of future mission.

### Key Word

서구선교(Western Mission), 에큐메니컬 선교(Ecumenical Mission)
복음주의 선교(Evangelical Mission), 휘튼(Wheaten), 웁살라(Uppsala)
베를린(Berlin), 성경(Bible)

# BC 2500 - AD 1

| 서양사 | 동양사 |
|---|---|
| 814년 페니키아인, 북아프리카에 카르타고 식민지 건설.<br>776년 올림피아경기회 우승자 명단을 기록하기 시작.<br>753년 전설상으로는 로마 건국의 해.<br>750년 그리인 대식민지 운동 시작(~550), 폴리스 성립, 이집트 제25 왕조 홍성.<br>720년 스파르타가 메세니아 정복.<br>683년 아테네에서 귀족제 성립.<br>600년 로마 성립.<br>594년 아테네에서 솔론의 개혁.<br>530년 피타고라스 남부 이탈리아 크로톤에서 활약.<br>509년 로마에서 에트루리아계의 타르퀴니우스 수페트부스왕이 추방되고 공화정이 시작.<br>508년 아테네에서 클레이스테네스가 민주개혁 실시(~507). | 955년 솔로몬이 이스라엘왕에 즉위(재위~935).<br>931년 이스라엘왕국이 북이스라엘과 남유다왕국으로 분열.<br>814년 페니키아인 북아프리카에 카르타고 식민지 건설.<br>770년 주(周)의 평왕(平王), 성주(成周, 洛邑)로 천도, 동주시대의 시작.<br>744년 아시리아의 타글라트팔레세르 3세 판도확장시대(재위 ~727).<br>721년 아시리아 아슈르바니팔왕의 시대(재위 ~627), 아시리아군 이집트 침공, 테베를 점령.<br>668년 아시리아 이슈르바니팔왕의 시대(재위~627), 아시리아군 이집트 침공, 테베를 점령.<br>651년 제(齊)의 환공(桓公)로 천도, 동주시대의 시작.<br>632년 진(晉)의 문공 초를 격파하고 패자가 됨(성복의 싸움).<br>609년 아시리아 제국 멸망.<br>600년 고(古)우파니샤드 문헌 성립.<br>597년 초(楚)의 장왕(莊王)이 진을 격파하고 패자가 됨(필의 싸움).<br>563년 석가모니 탄생(~483).<br>552년 공자 탄생(~479).<br>539년 페르시아의 다레이오스 1세 간다라에 진출하여 이를 영유.<br>521년 페르시아에서 다레이오스 1세 즉위.<br>519년 페르시아의 다레이오스 1세 간다라에 진출하여 이를 영유. |
| 494년 로마 교외의 성산(聖山)에서 평민이 궐기하여 호민관 및 평민회 성립.<br>492년 페르시아전쟁 개시.<br>490년 마라톤의 싸움에서 그리스의 보병이 페르시아군을 격파.<br>484년 역사가 헤로도토스 탄생(~425경).<br>480년 테르모필라이의 싸움에서 스파르타군 패배, 살라미스 해전에서 그리스군 승리, 카르타고군 히메라의 싸움에서 대패.<br>477년 아테네를 중심으로 델로스 동맹 결성.<br>461년 페리클레스, 아테네 정계의 지도자로 선출됨.<br>460년 역사가 투키디데스 탄생.<br>451년 로마 최초의 성문법 12동판법 제정(~450).<br>438년 아테네의 파르테논 신전 거의 완성.<br>431년 펠로폰네소스 전쟁 개시(~404).<br>429년 페리클레스 사망.<br>428년 철학자 플라톤 탄생(~347).<br>404년 아테네가 스파르타에 항복하여 펠로폰네소스 전쟁 종결.<br>403년 아테네에 민주정 부활.<br>400년 스파르타, 소아시아에서 페르시아와 개전. | 496년 월왕 구천(勾踐)이 오왕 합려(闔閭)를 패사시킴(오월의 싸움).<br>494년 오왕 부차(夫差)가 월왕 구천을 격파.<br>492년 페르시아전쟁 개시, 페르시아군 마케도니아트라키아에 침입하나 패퇴.<br>485년 타레이오스 1세 죽고, 크세르크세스 1세 즉위(~465).<br>483년 불타 열반(涅槃)(563~).<br>479년 공자 장서(長逝)(552~).<br>473년 월왕 구천이 오왕을 멸하여 패자(覇者)가 됨.<br>465년 크세르크세스 1세 암살되고, 아르타크세르크세스 1세 즉위(~424).<br>424년 크세르크세스 2세 암살되고, 다레이오스 2세 즉위(~404).<br>404년 다레이오스 2세 죽고, 아르타크세르크세스 2세 즉위(~358).<br>403년 진(晉)의 한(韓) 위(魏) 조(趙)가 각각 자립하여 제후로 됨. 전국시대의 시작. |
| 399년 소크라테스 독배를 마심.<br>395년 코린트전쟁 발발(~386년), 코린트, 테베, 아테네, 아르고스가 페르시아의 개입 아래 스파르타와 대적.<br>386년 '대왕의 평화조약(안탈키다스의 조약)'으로 그리스는 소아시아의 페르시아 귀속 승인.<br>367년 로마에서 리키니우스-섹스티우스법 성립. 집정관의 1인은 평민에서 선출하고, 공유지 점유면적 500유게라로 제한.<br>338년 카이로네이아의 싸움에서 필리포스 2세가 아테네와 테베 연합군을 격파하고 그리스 장악, 마케도니아를 맹주로 하는 헬라스 연맹 성립.<br>336년 필리포스 2세 암살되고, 알렉산드로스 대왕 즉위(~323). | 372년 맹자(孟子) 탄생.<br>365년 장자(莊子) 탄생.<br>359년 진(秦)의 효공(孝公)이 상앙(商鞅)을 등용하여 정치개혁을 시작.<br>358년 아르타크세르크세스 2세 죽고, 아르타크세르크스 3세 즉위(~337). 그의 치세에 국위 회복.<br>338년 아르타크세르크스 3세 암살되고, 아르세스 즉위(~336).<br>334년 알렉산드로스대왕의 침입으로 그라니코스의 싸움에서 페르시아군 패배.<br>333년 소진(蘇秦)이 합종책(合縱策)에 의하여 6국의 재상이 됨. |

520 네트워크 선교역사 선교사 교회사 세계사 한국사

| 한국사 | 성경사 |
|---|---|
| 850년 은령 남산근유적 형성.<br>800년 고조선의 수도를 왕검성에 정함. 이후 송화강(松花江) 유역에 부여(扶餘), 한반도 중남부에 진국(辰國) 성립. 봉산 신흥동주 거지유적, 여주 혼암리 주거지 유적 형성.<br>700년 논산 신기리 고인돌유적, 단양 안동리 석관묘 유적, 부여 송국리 선사취락지 유적, 제천 양평리 유적(청동기 주거지) 등 형성. 철기문화 시작.<br>600년 요령 정가와자유적, 파주 덕은리 주거지 유적, 회령 오동유적 등 형성.<br>500년 요령 윤가촌 유적 하층 1기문화 형성. 강계 풍룡동 분묘 유적, 고흥 운대리지석묘 유적, 광주 송암동 주거지 유적, 남제주 삼모리 조개더미 유적, 밀양 월산리고분군 유적 등 형성. | 4500년 이집트 농경.<br>2650년 스핑크스.<br>2000년 이집트 오벨리스크.<br>2458년 노아 홍수.<br>2359년 바벨탑.<br>2166년 아브라함.<br>2091년 가나안 정복.<br>1200년 앗수르.<br>1050년 사울.<br>1010년 다윗.<br>1000년 이스라엘 다윗의 도시.<br>970년 솔로몬.<br>931년 왕국분열.<br>930년 남북이스라엘 분열.<br>860년 엘로임.<br>785년 요나.<br>722년 북이스라엘 멸망(앗시리아).<br>606년 바벨론에 앗수르 멸망.<br>586년 남유다 멸망(바벨론). |
| 450년 송화강 상류 일대에 부여(扶餘) 성립.<br>403년 진국(辰國) 성립.<br>400년 철기문화 들어옴. 진국의 이주민이 서부 일본에 진출. | |
| 350년 신평 선암리 유적, 진양 대평리 유적 형성.<br>310년 승주 오봉리고인돌 유적, 제주 오라동지석묘 능 형성.<br>300년 중국의 연(燕)이 요동에 장성을 축성하여 기자조선(箕子朝鮮)과 국경을 삼음. 대동강 유역에 철기문화 널리 시작. 한문자(漢文字) 전래. 원3국시대 시작. | 324년 알렉산더. |

| | | | |
|---|---|---|---|
| 335년 | 아리스토텔리스가 아테네의 북동부에 학원 창설. | 332년 | 알렉산드로스대왕이 이집트 정복. |
| 334년 | 알렉산드로스대왕 동정(東征) 개시. | 331년 | 알렉산드리아시 건설을 개시. 가우가멜라의 싸움(아르벨라의 싸움)에서 다레이오스 3세 패배하여 페르시아제국 멸망. |
| 323년 | 알렉산드로스대왕 병사, 이후 후계자의 항쟁 격화. | 327년 | 알렉산드로스대왕 인도에 침입. |
| 312년 | 로마, 아피아 가도(街道) 건설 시작. | 317년 | 찬드라굽타가 난다왕조를 뒤엎고 마우리아왕조 창설(~184경). |
| | | 312년 | 셀레우코스 1세가 바빌론을 탈환, 시리아왕조를 창설 |
| | | 301년 | 입소스의 싸움에서 엘레우코스 1세가 안티고노스를 격파하여 시리아왕국의 기초 확립. |
| 298년 | 로마 제3차 삼니움전쟁으로 이탈리아 중부 정복. | 284년 | 6국이 합종(合縱)하여 제(齊)를 침략, 연(燕)의 장군 낙의(樂毅)가 제의 수도를 정복. | 221년 | 진(秦)의 중국통일로 회하(淮河) 방면에서 동이(東夷)의 활동이 중단, 조선후(朝鮮侯) 조선 왕을 칭함. 연(燕)의 진개(秦開)가 조선의 서방을 침공하여 2,000여 리를 강점. |
| 287년 | 로마 호르텐시우스법을 제정, 평민회의 의결을 그대로 국법으로 인정. | 283년 | 인상여(藺相如), 조왕(趙王)을 위해 진(秦)으로 건너가 사명을 완수. | | |
| 272년 | 로마, 타렌툼을 점령하여 남부 이탈리아 정복. | 274년 | 제1차 시리아전쟁(~271), 이집트 왕 프톨레마이오스 2세, 시리아 안티오코스 1세와 싸워 페니키아, 소아시아 연안 획득. | 214년 | 조선왕 부(否)의 즉위. 진의 장성 공사가 요동에 이름. |
| 264년 | 제1차 포에니전쟁 시작. 로마와 카르타고의 싸움(~241)으로 시칠리아섬이 로마령으로 됨. | 268년 | 마우리아왕조 아소카왕 즉위(~232). 마우리아왕조의 최성기. 불전 편찬, 남부를 제외한 인도 전국을 지배. | 209년 | 조선의 준왕(準王)에게 연(燕) 제(齊)의 수만 호(戶)가 피난 옴. |
| 247년 | 시리아왕국으로부터 파르티아 독립. | 261년 | 아소카왕, 카링가왕국을 정복. | 203년 | 맥족(貊族)의 기병이 한(漢)을 도와 초(楚)를 공격. |
| 218년 | 제2차 포에니전쟁(~201). 카르타고의 한니발이 알프스를 넘어 이탈리아 침입. | 260년 | 제2차 시리아 전쟁(~255)에서 프톨레마이오스 2세가 안티오코스 2세에게 승리. 진(秦)의 백기(白起) 장평(長平)에서 조(趙)에 대승. | 202년 | 기자조선이 패수(浿水)를 한과의 경계로 삼음. |
| 214년 | 제1차 마케도니아전쟁(~205). 마케도니아왕 필리포스 5세가 한니발 원조. | 256년 | 진이 주(周)를 멸함. 초(楚)가 노(魯)를 멸함. | 200년 | 해모수(解慕漱)설화 금와(金蛙)설화 성립. |
| 212년 | 아프케메데스(287~). 시라쿠사 포위 때 로마군의 칼에 죽음. | 247년 | 아르사케스, 이란에 파르티아왕국을 창건, 시리아의 박트리아 지방에서 그리스인의 왕국 대두. | | |
| 201년 | 제2차 포에니전쟁 종결. 카르타고 함락되고, 로마가 서지중해 패권 장악. | 246년 | 제3차 시리아전쟁(~241)에서 프톨레마이오스 3세가 안티오코스의 전처 라오디케에 승리하여 메소포타미아, 소아시아 연안을 획득. 진왕정(秦王政, 뒤의 시황제) 즉위. | | |
| 200년 | 제2차 마케도니아전쟁(~197). 로마가 마케도니아의 필리포스 5세와 싸워 재차 승리. | 232년 | 아소카왕 사망. 이후 마우리아왕조 쇠망. | | |
| | | 228년 | 진이 조(趙)를 멸함. | | |
| | | 227년 | 연(燕)의 형아(荊軻) 진왕 정을 암살 미수(역수의 이별). | | |
| | | 225년 | 진이 위(魏)를 멸함. | | |
| | | 223년 | 진이 초(楚)를 멸함. | | |
| | | 221년 | 진의 시황제(始皇帝) 천하통일. 만리장성 완성. 모든 제도 개혁. | | |
| | | 220년 | 제4차 시리아전쟁(~217). 라피아의 싸움에서 프톨레마이오스 4세 승리. 진의 시황제 천하순유 시작. | | |
| | | 213년 | 분서(焚書)의 영(令) 발포 | | |
| | | 212년 | 갱유(坑儒)를 함. | | |
| | | 210년 | 시황제 사망. 호해(胡亥) 왕위 계승. | | |
| | | 209년 | 진승(陳勝) 오광(吳廣)의 난. 항우(項羽), 유방(劉邦)도 거병. 흉노(匈奴)의 묵돌 즉위하여 선우가 됨. | | |
| | | 202년 | 제5차 시리아전쟁(~200). 안티오코스 3세가 마케도니아왕 필리포스 5세와 동맹하여 프톨레마이오스 왕조로부터 남시리아, 팔레스티나를 획득. 유방이 전한(前漢)의 고조(高祖)로 즉위. | 195년 | 기자조선에 요동의 위만(衛滿)이 망명해 옴. 준왕(準王)이 박사(博士)를 삼고 서계(西界)를 지키게 함. |
| | | 200년 | 진이 장안(長安)으로 천도. | | |
| 192년 | 시리아전쟁 개시(~189). 로마가 안티오코스 3세를 격파(191) 페르모필라의 싸움. 190 마그네시아의 싸움. | 195년 | 고조 죽고 여태후(呂太后) 실권을 장악. 한왕조(漢王朝) 성립(~후 8). | | |

| 연도 | 내용 | 연도 | 내용 | 연도 | 내용 |
|---|---|---|---|---|---|
| 171년 | 제3차 마케도니아전쟁(~167). 로마가 마케도니아왕 페르세우스를 피드나의 싸움에서 격파(168), 왕국을 4독립지구로 분할. | 182년 | 한니발 비티니아왕국에서 자살(247~). | 194년 | 위만이 왕검성을 공략. 위만조선을 건국. 기자조선의 준왕이 남하하여 한왕(韓王)이 됨. |
| | | 180년 | 여태후 죽고, 여씨 일족 살해됨. | | |
| | | 175년 | 박트리아의 그리스인 일부가 편자브에 이주. | 190년 | 위만왕이 진번(眞番) 임둔(臨屯)을 복속시킴. |
| 149년 | 제3차 포에니전쟁(~146), 제4차 마케도니아전쟁 발발(~146). | 174년 | 흉노의 묵돌선우 죽고 노상(老上)선우 등장. | 175년 | 함흥 이화동유적의 토광묘 '동검(銅劍)철기'의 문화 형성. |
| 146년 | 로마, 카르타고를 격파. 마케도니아를 속주로 삼음. 로마군 아카이아 동맹의 중심도시 코린트를 파괴. | 167년 | 마카바이오스전쟁 일어남. 유다인 시리아에 저항. | 149년 | 서흥 문무리유적의 한국식동검(韓國式銅劍) 관계형성. |
| 135년 | 시칠리아섬에서 제1차 노예반란(~132). | 154년 | 오초(吳楚)7국의 난. 한의 왕족계 제후의 반란. | 128년 | 예군(濊君) 남려(南閭)가 호구(戶口) 28만을 데리고 한(漢)의 요동군에 귀부(歸附). 그 땅에 창해군(滄海郡)을 설치. |
| 133년 | 티베리우스 그라쿠스 호민관이 되어 공유지 점유면적 제한. 빈민의 토지환보를 목표로 하였으나 반대파에 의해 살해됨. | 141년 | 마카바이오스전쟁 종식. 하스몬왕조 성립하고, 유다인 독립을 달성. | | |
| | | 140년 | 스키타이의 침입으로 그리스인 박트리아를 포기. | 126년 | 창해군 폐지. |
| 129년 | 로마, 페르가몬에 속주 아시아를 둠. | 139년 | 한(漢)이 장건(張騫)을 대월지(大月氏)에 사신으로 보냄. | 125년 | 황주 금석리유적의 동기(銅器), 철기, 목곽묘 문화의 형성. |
| 123년 | 가이우스 그라쿠스, 호민관이 되어 형 티베리우스 그라쿠스의 유지를 이어 개혁에 착수. | 136년 | 동중서(董仲舒)의 대책을 채용하여 오경박사五經博士를 둠. | 108년 | 위씨조선(衛氏朝鮮) 멸망. 한(漢)의 고조(高祖) 조선을 침공, 위만의 고조선을 멸하고 낙랑(樂浪), 임둔(臨屯), 진번(眞番) 현도의 4개군을 설치. |
| 121년 | 가이우스 그라쿠스 자살. | 133년 | 페르가몬왕국의 아탈로스 3세 자진하여 로마에 합병. | | |
| 112년 | 유구르타전쟁(~106). 누미디아왕 유구르타가 로마에 반항하여 반란하였으나 패배. | 127년 | 한의 무제(武帝) 흉노공격을 시작. | 107년 | 금속문화 전래. |
| | | 123년 | 파르티아에서 미트리다테스 2세 즉위(~88). | | |
| 111년 | 로마에서, 농지법 성립. 고유지 소유면적 제한이 철폐되고 대토지 소유제 확대됨. | 119년 | 한, 염철(鹽鐵)의 전매(專賣) 실시. | | |
| | | 111년 | 한, 남월(南越)을 평정하여 9군을 설치하고, 서남(西南夷)를 평정하여 5군을 설치. | | |
| 107년 | 마리우스 집정관이 되고, 병제개혁 시작, 국민군이 사병화 됨. | | | | |
| 104년 | 마리우스 집정관 연임(~101). 시칠리아섬에서 제3차 노예반란(~100) 발생. | 108년 | 한, 고조선(古朝鮮)에 한사군(漢四郡)을 설치. | | |
| 100년 | 마리우스 여섯 번째 콘술이 됨. 퇴역병에게 토지 분배. | | | | |
| 91년 | 이탈리아 동맹시 간에 전쟁 발발(~88). | 91년 | 사마천(司馬遷)의 《사기(史記)》 완성. | 99년 | 와질토기 제작 시작. |
| | | | | 82년 | 고구려족이 임둔, 진번군을 축출. 한이 낙랑군에 동부도위(東部都尉) 남부도위를 설치. |
| 88년 | 로마에서는 마리우스와 술라의 항쟁 격화됨. | 88년 | 제1차 미트리다테스전쟁(~83). 폰투스왕 미트리다테스가 로마에 반란. | | |
| 73년 | 검노(劍奴)스파르타쿠스의 난 발생(~71). | 83년 | 제2차 미트리다테스전쟁(~820 발발. | 75년 | 고구려족이 현도군을 공격하여 서북쪽으로 축출. |
| 71년 | 크라수스, 스파르타쿠스의 난을 진압. | 82년 | 고조선에서 전한(前漢)의 세력 후퇴. | 69년 | 신라에 박혁거세(朴赫居世) 탄생. |
| 60년 | 폼페이우스, 카이사르, 크라수스의 제1회 3두정치 개시. | 75년 | 인도에서 숭가왕조 붕괴되고, 칸바왕조 성립. | 59년 | 해모수(解慕漱)가 북부여(北夫餘)를 건국. |
| 58년 | 카이사르, 파르살로스의 싸움에서 폼페이우스 격파, 폼페이우스, 이집트에서 암살됨. 클레오파트라, 카이사르의 원조로 이집트여왕에 복위(~30). | 64년 | 시리아의 셀레우코스왕조가 폼페이우스에게 멸망. | 58년 | 동부여(東夫餘)에서 주몽(朱蒙) 탄생. |
| | | 63년 | 유다왕국, 폼페이우스에게 굴복. 미트리다테스 자살. | 57년 | 신라, 혁거세 거서간 즉위. 왕호를 거서간, 국호를 서나벌(徐那伐)이라 칭함. |
| 46년 | 로마에 율리우스력(曆) 도입. | 60년 | 타림분지에 서역도호부(西域都護府)를 설치. | 50년 | 신라, 왜구(倭寇)를 격퇴. |
| 44년 | 카이사르, 종신독재관이 됨. 카이사르 브루투스 등에게 암살됨. | 54년 | 흉노, 동서로 분열. | 37년 | 주몽이 고구려 건국(~후 608). 신라, 경성(京城)을 쌓고 금성(金城)이라 칭함. |
| 43년 | 옥타비아누스, 안토니우스, 레피두스의 제2회 3두정치. | 53년 | 칼라에의 싸움에서 파르티아가 로마의 크라수스를 격파. | | |
| | | 37년 | 헤로데스 유다왕이 즉위. | 28년 | 고구려, 부위염(扶尉...) 북옥저를 병합. |
| 42년 | 필리피의 싸움에서 안토니우스와 옥타비아누스가 브루투스, 카시우스 격파. | 33년 | 왕소군(王昭君), 친화정책 위해 흉노의 호한야(呼韓耶)선우에게 출가. | 27년 | 신라, 천일창(天日槍)이 왜땅으로 가고, 신라의 도공이 왜에 건너가서 신라식 도자기 제작. |
| 31년 | 악티움의 해전에서 옥타비아누스가 안토니우스를 격파. | 16년 | 왕망(王莽)이 제위 찬탈. | 19년 | 고구려, 동명성왕 죽고(BC 58~), 유리왕(琉璃王) 즉위. 신라, 석탈해(昔脫解) 탄생. |
| 30년 | 옥타비아누스, 이집트를 정복. 안토니우스, 클레오파트라 자살하여 이집트의 프톨레마이오스왕조 멸망. | 7년(?) | 예수 탄생. | | |
| | | 4년 | 헤로데스 사망. | 18년 | 온조(溫祚)가 하남위례성(河南慰禮城)에 백제국(百濟國) 건국(~후 660). |
| 27년 | 원로원과 옥타비아누스 사이에 속주(屬州) 지배의 분장(分掌)을 결정. 옥타비아누스, 아우구스투스의 칭호를 받음. 원수제(元首制)의 개시. | 2년 | 중국에 불교 전래(일설에는 68). 대월지국의 사절 이존(伊存)이 경로(景盧)에게 구전(口傳). | 5년 | 백제, 한산(漢山)으로 천도. |

| 서양사 | 교회사 | 한국사(동양사) |
|---|---|---|
| 303-311년: 갈레리우스(D.Galerius) 황제의 기독교 박해-교회가 파괴되고 성경이 불태워짐.<br>311년: 갈레리우스가 기독교도에 관용령 공포.<br>313년: 콘스탄티누스가 리키니우스와 기독교 박해를 중지하는 협정을 맺음. 밀라노 칙령 반포.<br>353년: 로마측에 이교도 제사가 금지됨.<br>380년: 데오도시우스(Theodosius) 황제에 의해 기독교가 국교가 됨. | 2세기말-3세기 초: 이단인 몬타누스 사상의 창궐<br>3세기 초: 스페인 남부에 기독교가 뿌리내림<br>300년 경: 아리우스 사상의 번창과 이에 대한 아타나시우스의 호교활동<br>3세기: 이단인 마니교 사상의 창궐 - 빛과 어둠, 선과 악이라는 이원론(二元論)과 진리에 대한 영적인 지식을 통해 구원에 이른다는 영지주의를 근간으로 구원론을 펼침.<br>3세기 어거스틴의 사상: 1) 창조론-세상은 무에서 유로 창조되었다(creatio ex nihilo). 2) 삼위일체론-하나님은 언제나 한 분 이시며, 그 속성에서도 분리되지 않으시며, 사역에서도 분리되지 않으신다.<br>325년: 니케아 공의회와 니케아 신조-삼위일체 논쟁과, 성부와 성자가 동일본질(homoousios)이며, 영원하신 분임을 긍정.<br>382년: 콘스탄티노플 공의회와 신조-삼위일체 교리요약 및 확정. 그리스도는 참된 하나님이며 참된 인간이심을 천명. | 신라 307년: 신라를 국호로 사용.<br>330년: 벽골제를 만듦.<br>고구려 313년: 낙랑군을 멸함.<br>372년: 고구려에 승려와 불경의 전래. 태학 설치. 백제와 동진에 사신을 파견.<br>391년: 광개토대왕 즉위<br>백제 371년: 고구려 평양성을 공격.<br>384년: 불교의 전래.<br><br>일본 300년: 야마토정권 등장.<br>중국 304년: 흉노족이 중국을 침입.<br>318년: 전조 건국<br>337년: 전진 건국<br>386년: 북위 건국<br>인도 335년: 인도의 굽타 왕조의 제2대 산드라 굽타 왕 즉위 |
| 400년 경: 패트릭의 선교활동에 의한 아일랜드의 복음화.<br>439년: 반달족이 로마의 도시 카르타고를 점령. 북아프리카 전역이 유랑 게르만족에게 지배당함.<br>461년: 패트릭의 사망.<br>482년: 오스트리아 바바리아 지역의 선교사 성 세베리우스 사망.<br>496년: 프랑크왕 클로비스가 자신의 신하들과 함께 집단으로 개종을 함. | 400년 경: 네스토리우스 사상-신인설(神人說), 신모설(神母說)에 반대하여, 마리아는 그리스도의 어머니이지만, 하나님의 어머니는 아니라는 비신모설(非神母說)을 주장.<br>414년: 라틴어판 히브리어 성경이 출판됨<br>430년: 아우구스티누스 사망.<br>451년: 칼케돈 공의회와 신조-1) 신론: 하나님은 일체 안에서 한 분이시다. 2) 기독론: 그리스도는 신성에 있어서 완전하시며, 인성에 있어서도 완전한 분이시고, 참으로 하나님이신 동시에 참으로 인간이시다. 인격에 있어서는 우리와 같은 본질을 지니고 계시는데, 죄로부터 떨어져 존재하신다. | 백제 405년: 일본에 한학을 전함.<br>고구려 414년: 광개토왕릉비 설립<br>신라 433년: 신라-백제 동맹.<br>부여 494년: 부여왕이 고구려에 항복하여 합병됨.<br><br>중국 420년: 송이 건국됨<br>439년: 남북조 시대<br>444년: 북위 태무제가 도교를 국교로 삼음.<br>477년: 불교가 국가종교가 됨.<br>479년: 남제왕조가 일어남. |
| 526-568년: 동고트의 데오도릭이 로마를 통치함<br>568년: 북부의 장고바르텐이 서로마를 점령함. | 596년: 성 그레고리오 교황이 영국선교의 아버지인 켄터베리의 어거스틴을 앵글로족에게 파견함. | 신라 503년: 국호를 신라로 확정하고, 왕호를 왕으로 확정.<br>520년: 율령을 반포하고, 백관의 공복을 제정.<br>527년: 불교를 공인.<br>536년: 연호를 사용.<br>545년: 국사를 편찬.<br>백제 538년: 사비성으로 도읍을 옮김.<br>552년: 일본에 불교를 전파하다. |
| | 610년 이슬람이 역사에 등장함. | |

| 교회사 및 선교역사 | 서양사 | 동양사 | 한국사 |
|---|---|---|---|
| 622년 헤지라(메카→메디나, 이슬람 원년). <br> 626년 동로마 성상숭배 금지. <br> 627 노섬부리아(Norbhumbria)족의 왕 에드윈(King Edwin) 세례. <br> 631 동 앵글(East Angles)족의 개종. <br> 635 네스토리아 선교회(Nestorian Mission) 중국 도착 <br> 637 롬바르드(Lombards)족의 개종. <br> 638 이슬람의 예루살렘 점령. <br> 640 북아프리카 650만 베르베르 (Berbers)족의 80%가 기독교로 개종, 그러나 950년까지 전부 이슬람으로 다시 개종. <br> 685 윌 프리드(Wifrid) 영국의 기독교 개종을 완성. | 601년 캔터베리 대사제(大司祭)제도 실시. <br> 603년 동로마제국, 페르시아의 공격을 받음. <br> 610년 동로마제국의 황제 헤라클리우스, 1세 즉위(~641). <br> 616년 동로마제국, 페르시아에 이집트를 빼앗김. <br> 622년 헬라클리우스 1세, 페르시아를 공격하여(~629) 이집트, 시리아, 아르메니아를 탈환. <br> 625년 잉글랜드에서 노섬브리아왕국이 켄트왕국을 병합. <br> 626년 페르시아와 아바르족이 공격을 받아, 콘스탄티노플에서 패퇴. <br> 636년 야르무크의 싸움에서 동로마제국이 사라센군에 패하여 시리아 지방을 상실. <br> 638년 동로마제국, 사라센군에게 예루살렘을 빼앗김. <br> 649년 키프로스섬이 사라센군에 점령됨. <br> 673년 콘스탄티노플이 사라센군에 포위되었으나(~687, '그리스 불(火)'의 사용으로 이를 격퇴. <br> 679년 불가리아 인(人)이 도나우강 남안에 왕국을 건설. <br> 697년 베네치아에서 도제(徒弟)제도 시작. | 603년 페르시아의 호스로 2세 동로마제국에 선전(宣戰) <br> 604년 수, 태자 광(廣)이 문제를 죽이고 즉위(양제). 낙양을 수도로 정함. <br> 606년 하르샤바르다나, 북부 인도에서 즉위(~646). <br> 609년 찰루키아왕조의 풀라케신 2세 즉위 (~642). 카담바왕조, 팔라바왕조 등을 굴복시키고, 하르샤바르다나와의 항쟁. <br> 611년 수, 제1차 고구려원정 실패. <br> 612년 마호메트, 계시(啓示)를 받음. <br> 613년 양현감(楊玄感)의 난 일어남. <br> 616년 페르시아군, 이집트에 침입. <br> 618년 양제(楊帝)가 살해되어 수(隋) 멸망. 이연(李淵)이 당(唐)을 건국(~907). <br> 622년 마호메트, 야스리브(메디나)로 성천(聖遷)(헤지라). 이슬람력(曆) 원년. <br> 624년 당(唐), 균전법, 조용조법(租庸調法) 제정. <br> 626년 당, 태종(李世民) 즉위. 정관(貞觀)의 치(治) 시작. <br> 628년 사산왕조의 호스로 2세 죽고, 왕조 혼란기(~632). <br> 630년 마호메트, 메카를 정복. 당의 현장이 인도 각지를 여행. 일본에서, 견당사遣唐使를 보내기 시작. <br> 632년 마호메트 죽음(571~), 아부 바크르 초대 칼리프에 취임. 페르시아의 야즈데게르드 3세 즉위. <br> 637년 사라센군, 카데시의 싸움에서 페르시아군을 격파. 후에 코테시톤 점령. <br> 642년 사라센군, 이집트 공격을 시작. 알렉산드리아 점령. <br> 645년 당의 태종, 고구려 원정 실패. <br> 651년 야즈데게르드 3세 살해되어 사산왕조의 페르시아 멸망. <br> 656년 오스만이 암살되고 알리가 제4대 칼리프로 취임. <br> 657년 동돌궐(東突厥)이 망함. <br> 664년 무후(武后), 상관의(上官儀)를 죽이고, 정권을 장악. <br> 683년 당의 고종(高宗) 죽고, 무후가 집정. <br> 684년 무후, 중종(中宗)을 폐위. <br> 690년 무후, 제(帝)위에 오르고 국호를 주(周)로 칭함(武周革命). | 600년 백제, 법왕 죽고(?~), 무왕(武王) 즉위(~641), 고구려, 금동미륵반가상(金銅彌勒半跏像) 만듦. <br> 602년 백제, 승려 관륵(觀勒)이 왜에 천문지리역서, 방술서 등을 전함. <br> 612년 수나라의 제1차 고구려 침공. 을지문덕(乙支文德)이 살수(薩水)에서 수군을 섬멸(살수대첩). <br> 613년 고구려, 수나라 양제(楊帝)의 요동성 공격을 물리침(제2차 공격). <br> 618년 고구려, 영양왕 죽고(?~), 영류왕(營留王) 즉위. <br> 632년 신라, 진평왕 죽고(?~), 선덕여왕(善德女王) 즉위(~647). <br> 634년 신라, 인평(仁平)으로 개원(改元). <br> 642년 백제, 의자왕(義慈王) 즉위(~660). <br> 642년 고구려, 연개소문(淵蓋蘇文)이 영류왕을 죽이고(?~) 보장왕(寶臧王)을 옹립(~647). 신라, 김춘추(金春秋)가 고구려에 군사 요청. <br> 645년 당(唐)나라 태종(太宗)이 10만 대군으로 고구려 공격을 개시 안시성(安市城)을 포위한 당나라 군대를 격퇴. 신라, 당나라와 연합하여 고구려 공격, 백제, 신라의 7성을 공략. <br> 646년 고구려, 천리장성(千里長城) 완성. <br> 647년 신라, 경주 첨성대(瞻星臺) 건립. 선덕여왕 죽고 (?~), 진덕여왕(眞德女王) 즉위(~654). <br> 648년 백제, 신라의 10여 성을 점령. 신라, 백제의 21성 공략. 김춘추(金春秋)와 그의 아들 김인문(金仁問)이 당나라에 가서 백제협공을 요청. <br> 654년 신라, 진덕여왕 죽고(?~), 태종무열왕(太宗武烈王) 즉위(~661). <br> 660년 신라왕, 백제 공격을 위해 출병. 신라, 백제, 황산벌전투에서 백제의 계백(階伯) 전사(?~), 의자왕 항복. <br> 661년 백제부흥군, 주류성(周留城)을 거점으로 부흥운동 전개. 당나라 군대 고구려를 공격, 압록강에서 격퇴. 신라, 태종무열왕 죽고(?~), 문무왕(文武王) 즉위(~681). 신라왕이 고구려 정벌에 나섬. <br> 662년 고구려, 연개소문이 사수(蛇水)에서 당나라군을 대파. 당나라 군 평양성을 포위. 신라, 백제부흥군 토벌. <br> 663년 나당연합군(羅唐聯合軍), 백강(白江)에서 일본 구원군을 대파. 부여 풍(扶餘豊)은 고구려로 망명. <br> 666년 고구려, 연개소문 죽고(?~), 맏아들 남생(男生)이 막리지(莫離支)가 됨. 남생, 당나라로 망명하고 아우 남건(男建)이 막리지가 됨. <br> 667년 신라, 문무왕이 김유신 등과 함께 고구려 정벌에 나섬. 고구려, 당나라의 공격 받음. <br> 668년 신라, 당군과 합세하여 평양성 포위. 고구려의 보장왕 항복함으로써 고구려 멸망. <br> 669년 당나라가 평양에 안동도호부(安東都護府)를 설치. <br> 670년 고구려 유민 검모잠(劍牟岑)이 한성에서 안승(安勝)을 추대하고 부흥운동 전개. <br> 672년 신라, 고구려병과 합세하여 백수성(白水城) 근처에서 당군 격파. <br> 673년 신라, 김유신 죽음(575~). 당군이 고구려의 우잠성(牛岑城) 공략. <br> 674년 당나라가 유인궤(劉仁軌)를 계림대총관(鷄林大總管)으로 삼아 신라를 공격. <br> 675년 신라, 옛 고구려 남쪽지역에 주(州)군(郡) 설치. 설인귀(薛仁貴)의 당군 대파. <br> 676년 의상(義湘)이 부석사(浮石寺) 창건. <br> 681년 신라, 문무왕 죽고(?~), 신문왕(神文王) 즉위(~692). 대왕암(大王巖)에 문무왕릉 조성. <br> 682년 신라, 국학(國學)을 개편. 687년 신라, 전국을 9주(州) 5소경(小京)으로 편성. <br> 692년 신라, 신문왕 죽고(?~), 효소왕(孝昭王) 즉위 (~702). 설총이 이두(吏讀)를 정리. |

| 교회사 및 선교역사 | 서양사 | 동양사 | 한국사 |
|---|---|---|---|
| | | | 696년 발해(渤海), 고구려 유민과 속말말갈을 통합. 698년 발해, 고왕(高王) 대조영(大祚榮)이 진(震)을 건국. |
| 716년 보니페이스(Boniface)의 장기선교역사 시작<br>723년 도르(Thor)의 참나무가 쓰러짐.<br>730년 베데(Bede)의 《영국 교회사(Church History of the English People)》, 편찬. 앵글로색슨족(Anglo-Saxon race)의 개종을 서술.<br>732년 마르텔장군 뚜르 뿌아디아 전쟁에서 승리(이슬람군 격퇴).<br>744년 풀다 발견.<br>780년 찰레마그네(Charlemagne)가 섹슨(Saxon)족에게 강제로 세례. 그리고 세례 거부자는 하루에 4천 5백 명을 처형하고 수천 명을 유형지로 추방. | 710년 사라센군이 탄제르를 점령, 이로써 북아프리카의 정복 완료.<br>711년 타리크가 이끄는 사라센군에 의한 이베리아반도의 정복 시작.<br>713년 사라센인의 정복에 의하여 서고트왕국 멸망(-466).<br>717년 동로마의 황제에 레오 3세 즉위(-741). 이사두리우스왕조의 시작(-867).<br>726년 동로마의 황제 레오 3세가 성화상예배(聖畵像禮拜)를 금지.<br>732년 투르와 푸아티에 사이의 싸움.<br>751년 랑고바르트족(族)이 라벤나를 점령 피핀이 프랑크 국왕으로 즉위(-768). 카를링거왕조의 성립(-987).<br>754년 로마교황 스테파누스 2세(752-757)가 피핀을 승인.<br>756년 피핀이 랑고바르트족을 격파하여 라벤나와 중부 이탈리아를 교황에게 기증하여 로마 교황령이 성립.<br>768년 피핀이 죽고, 그의 카를(1세)과 카를만이 프랑크왕국을 분할하여 통치.<br>771년 카를이 프랑크왕국을 통일.<br>774년 카를이 랑고바르트왕국(568-)을 정복하고 랑고바르트왕을 겸임.<br>787년 제2회 니케아공의회, 동로마제국의 섭정 이레네가 성화상숭배 금지를 해제.<br>788년 모로코에 이도리스왕조 성립(-974). | 705년 무후 죽고, 중종 복위.<br>717년 정통 칼리프인 오마르 2세 즉위(-720).<br>732년 자바에 산쟈야왕국 일어남(힌두교).<br>733년 당이 천하를 15도(道)로 나누고, 채방사(採訪使)를 둠.<br>739년 서돌궐 멸망.<br>744년 동돌궐 멸망.<br>750년 대(大)지브강(江)의 싸움에서 움미아드군이 패배. 와르만 2세 이집트에서 패사하여 움미아드왕조 멸망(-661). 동칼리프제국의 압바스왕조 성립(-1258). 안녹산(安祿山) 동평군왕(東平郡王)이 됨.<br>751년 탈라스 강변의 싸움. 당군(唐軍)이 중앙아시아의 달라스에서 사라센에 대패.<br>756년 안녹산(安史)의 난(-763). 안녹산이 반란을 일으킴. 아브드 알라흐만 1세(-788) 이베리아반도의 코르도바에서 사라센제국의 후(後)움미아드왕조(-1031) 건설.<br>780년 당, 양세법(兩稅法) 시행. | 702년 신라, 효소왕 죽고(?-), 성덕왕(聖德王) 즉위(-737).<br>713년 발해, 국호 진(震)을 발해로 고침.<br>719년 발해, 고왕 죽고(?-), 무왕(武王) 즉위(-737).<br>723년 신라, 처음으로 왜국에 사신을 보냄. 해초가 서역(西域)에서 돌아와《왕오천축국전(往五天竺國傳)》을 저술.<br>733년 신라, 당나라의 패강(浿江) 이남 영유를 승인.<br>737년 신라, 성덕왕 죽고, 효성왕 즉위(-765). 발해, 무왕 죽고(?-), 문왕 즉위(-793).<br>742년 신라, 효성왕 죽고(?-), 경덕왕 즉위(-765).<br>751년 신라, 대상(大相) 김대성(金大城)이 불국사(佛國寺) 창건.<br>756년 발해, 돈화(敦化) 동모산(東牟山)에서 상경용천부(上京龍泉府)로 천도.<br>759년 신라, 국학을 대학감(大學監)으로 개칭.<br>765년 신라, 경덕왕 죽고(?-), 혜공왕(惠恭王) 즉위(-780).<br>768년 신라, 대공(大恭)의 난 발생. 5도(五道) 주군(州郡)의 96각간(角干)이 서로 싸움. 대공 피살.<br>770년 신라, 성덕대왕신종(聖德大王神鐘) 주조.<br>780년 신라, 김지정(金志貞)의 반란. 혜공왕과 왕후 살해됨. 김양상(金良相)이 김지정을 죽이고 선덕왕(宣德王)으로 즉위(-785).<br>785년 신라, 선덕왕 죽고(?-), 원성왕(元聖王) 즉위(-798). 9주(州)의 총관(總管)을 도독(都督)으로 고침.<br>788년 신라, 처음으로 독서출신과(讀書出身科)를 설치.<br>793년 발해, 문왕 죽고(?-), 대원의(大元義) 즉위(-794).<br>794년 발해, 대원의 피살되고(?-), 성왕(成王) 즉위(-795). 국도를 동경(東京)에서 다시 상경용천부로 옮김.<br>795년 발해, 성왕 죽고(?-), 강왕(康王)이 즉위(-809).<br>798년 신라, 원성왕 죽음.<br>799년 신라, 소성왕(昭聖王) 즉위(-800). |
| 800 샤를 마뉴, 황제 즉위.<br>826 덴마크(Denmark)의 왕 하랄드(King Harald) 세례.<br>827년 안스갈(Ansgar)의 덴마크 복음화운동 전기.<br>831 안스갈(Ansgar)의 스웨덴 복음화운동 시작.<br>862 시릴(Cyril)과 메쏘디우스(Methodius)가 모라비안(Moravia)에 파송.<br>864 불가리아(Bulgaria)의 왕자 보리스(Boris) 개종. | 800년 카를이 교황 레오 3세(795-816)로부터 로마 황제의 제관(帝冠)을 받음. 튀니지 지방에 아글라브왕조 일어남(-909).<br>801년 카를대제가 바르셀로나를 점령하고 스페인 변경백(邊境伯)을 둠.<br>802년 잉글랜드에 웨식스왕조의 에그버트왕 즉위(-839).<br>811년 비르비처의 싸움. 동로마의 황제 니케포루스 2세(802-)가 불가리아 인(人)과 싸워 패사함.<br>814년 카를대제 죽고, 루트비히 1세(敬虔王) 즉위(-840).<br>820년 노르만인이 아일랜드에 왕국 건설.<br>827년 아글라브왕조의 사라센인이 시칠리아를 공격. 팔레르모를 점령한(-831) 후 계속하여 정복(-902).<br>829년 웨식스왕조의 에그버트왕이 7왕국을 통일하여 잉글랜드왕국 성립.<br>840년 루트비히 1세 죽고, 세 아들 로타르, 루트비히, 카를 사이에 상속분쟁이 시작.<br>843년 베디 조약. 프랑크왕국이 중부 프랑크(로타르), 동프랑크(루트비히), 서프랑크(카를)로 3분됨.<br>862년 노르만인인 루스족의 족장 류리크가 러시아에서 노브고로트 왕국을 건설(전승).<br>867년 동로마의 황제 바실레이오스 1세 즉위(-88) 하여 마케도니아왕조 시작됨(-1081).<br>868년 이집트에 투룬왕조 일어남(-905).<br>870년 메르센조약. 중부 프랑크왕국이 동서의 양 프랑크왕국에 분할됨(독일, 프랑스, 이탈리아의 기원). 세트포드의 싸움. 노르만인이 이스트 앵글리아를 정복. | 805년 일본에서 사이초(最澄)가 천태종(天台宗)을 개창(開創).<br>806년 일본에서 구카이(空海)가 진언종(眞言宗)을 개창.<br>809년 사라센제국의 하룬 죽고, 아민이 칼리프에 즉위(-813). 위구르, 티베트에 토벌.<br>833년 알 마문이 심문(審問)기관인 이프나를 설립하여 무타지라과 이외의 교파를 탄압.<br>836년 알 무타심, 사마라로 천도.<br>839년 키르기스의 공격으로 위구르 와해.<br>845년 회창(會昌)의 법난(法難). 당의 무종(武宗)이 불교 탄압(三武一宗의 難).<br>864년 자바에 마타람왕조 부흥(시바교).<br>867년 이란의 시스탄에서 산파르왕조 발흥(-906).<br>874년 중앙아시아의 호라산과 트란스오크시아나에 이란계(系)의 사만왕조 성립(-999).<br>875년 황소(黃巢)의 난 일어남(-884).<br>880년 황소, 장안에 입성하여 제(齊)의 황제를 칭함.<br>884년 주전충(朱全忠)이 황소를 죽이고 당(唐)에 항복. | 800년 신라, 소성왕 죽고(?-), 애장왕(哀莊王) 즉위(-809).<br>801년 신라, 5묘(五廟)의 제(制)를 개정. 탐라국(耽羅國)이 사신을 보내어 조공(朝貢).<br>802년 신라, 가야산(伽倻山) 해인사(海印寺) 창건. 3층석탑 건립.<br>804년 신라, 왜국의 국사(國使)가 와서 황금 3백량을 바침.<br>805년 신라, 〈공식(公式) 20여조(條)를 반포.<br>809년 신라, 김언승이 애장왕을 살해하고(788-), 헌덕왕(憲德王) 즉위(-825). 발해, 강왕 죽고(?-), 정왕(定王) 즉위(-813).<br>813년 발해, 정왕 죽고(?-), 희왕(僖王) 즉위(-817).<br>817년 발해, 희왕 죽고(?-), 간왕(簡王) 즉위(-818). 연호를 태시(太始)로 함.<br>818년 발해, 간왕 죽고(?-), 선왕(宣王) 즉위(-830).<br>819년 신라, 사방에서 초적(草賊)이 일어남. 당나라에 군사를 보내어 이사도(李師道)의 난 평정을 지원.<br>822년 신라, 김헌창의 난 일어남. 실패하여 김헌창 자살.<br>826년 신라, 헌덕왕 죽고(?-), 흥덕왕(興德王) 즉위(-836).<br>828년 신라, 장보고(張保皐)가 완도에 청해진(靑海鎭)을 일으켜 대사(大使)에 임명됨.<br>830년 발해, 선왕 죽고(?-), 대이진(大彝震) 즉위(-858).<br>836년 흥덕왕 죽고(?-), 희강왕(僖康王) 즉위(-837).<br>838년 희강왕 자살하고 민애왕(閔哀王) 즉위(-839). 김양(金陽)이 청해진에서 반란.<br>839년 신라, 민애왕 살해되고(?-), 신무왕(神武王) 즉위, 신무왕 죽 |

| 교회사 및 선교역사 | 서양사 | 동양사 | 한국사 |
|---|---|---|---|
| | 871년 잉글랜드의 알프레드 대왕 즉위 (~901). <br> 872년 하랄 1세(~930)가 노르웨이를 통일. <br> 888년 부르군트왕국 성립(~1032). 옴미아드왕조의 압둘라 즉위. <br> 894년 마자르 인(人) 헝가리에 이주. <br> 898년 마자르인이 독일, 이탈리아 지방을 공격하기 시작. <br> 906년 마자르족이 모라비아왕국을 멸함. <br> 909년 튀니지아에 아글라브왕조 멸망하고, 우바이드라가 파티마왕조를 창건(~1171). | | 고(?), 문성왕 즉위(~857). 장보고를 청해진장군으로 삼음. <br> 846년 신라의 장보고 반란, 염장(閻長)에게 피살. <br> 857년 신라, 문성왕 죽고(?~), 헌안왕(憲安王) 즉위(~861). <br> 858년 발해, 대이진 죽고(?~) 대건황(大虔晃) 즉위(~871). <br> 861년 신라, 헌안왕 죽고(?~), 경문왕(景文王) 즉위(~875). <br> 871년 발해, 대건황 죽고(?~), 대현석(大玄錫) 즉위(~892). <br> 875년 신라, 경문왕 죽고(?~), 헌강왕(憲康王) 즉위(~886). <br> 877년 고려의 태조 탄생. <br> 886년 신라, 헌강왕 죽고(?~), 정강왕(定康王) 즉위(~897). <br> 889년 신라, 원종(元宗), 애노(哀奴)의 난 일어남. <br> 892년 견훤, 무진주(武珍州)에서 스스로 왕이 되어 후백제를 건국. <br> 893년 발해, 대현석 죽고(?~) 대위해(大瑋?) 즉위(~906). <br> 897년 신라, 진성여왕이 효공왕(孝恭王)에게 선위(禪位). <br> 898년 궁예, 송악부(松岳部)로 본거를 옮김. 899년 북원(北原)의 양길이 궁예를 공격하다가 대패. |
| 900 마그야르스(Magyars, 현재의 헝가리)에 복음전파. <br> 949 이슬람세력이 모리타니아(Mauritania)의 유목민 베르베르(Berber)족을 포함한 기독교 세계의 50%를 점령. <br> 954 러시아(Russia)의 공조 올가(Princess Olga) 세례. <br> 962 신성로마제국 탄생(오토 10세. <br> 987 러시아의 왕자 블라디미르(Prince Vladimir) 세례. | 911년 노르망디공국(公國)의 창립. 서프랑크왕이 노르만인의 수장(首長) 롤로를 노르망디공(公)으로 봉하여 노르망디 지방을 수봉(授封)함. 동프랑크의 카롤링거왕조 단절되고 프랑켄 대공(大公) 콜라트 1세가 독일국왕에 즉위(~918). <br> 914년 이베리아반도에 레온왕국 성립 (~1230). 이후, 옴미아드왕조와의 항쟁이 격화. <br> 917년 불가리아 인(人)이 동로마제국을 공격하여 트라키아와 그리스를 점령(~919). <br> 919년 독일국왕에 하인리히 1세 즉위(~936). 작센왕조 성립(~1024). <br> 937년 마자르인이 독일, 프랑스, 이탈리아를 공격. <br> 945년 하랄왕 즉위하고(~985), 덴마크 통일. <br> 951~52년 독일왕 오토 1세가 제1회 이탈리아 원정을 하여 이탈리아왕을 겸임. <br> 955년 레히펠트의 싸움에서 오토 1세가 마자르인을 격파하고 레크니츠의 싸움에서 슬라브인을 격퇴. <br> 962년 신성로마제국 성립(~1806). 교황 요한 12세(955~964) 오토 1세에게 황제의 제관(帝冠)을 수여. <br> 969년 파티마왕조가 이흐시드왕조를 멸하고 알카히라(현 카이로)를 건설. <br> 987년 서프랑크의 카롤링거왕조 단절되고, 프랑스국왕에 유그 카페가 즉위(~996)하여 카페왕조 성립(~1328). | 901년 남조(南朝) 멸망. <br> 902년 아글라브왕조의 사라센군이 시칠리아를 정복. <br> 907년 주전충이 당을 멸하고 후량(後梁: 五代, ~923)을 건국. 오대십국(五代十國) 시작. <br> 923년 진왕(晉王) 이존욱(李存勗)이 후량을 멸하고, 후당(後唐)을 건국. <br> 925년 후당이 전촉(前蜀)을 멸함. <br> 929년 옴미아드왕조의 아브드 알라흐만 3세 칼리프를 자칭하여 이슬람 세계에 칼리프 정립(鼎立)됨. <br> 932년 이란에 부이왕조 성립(~1055). 시리아, 이란 북부에 함단왕조 성립(~1003). <br> 936년 석경당(石敬?), 후당을 멸하고 후진(後晉)을 건국. <br> 937년 운남(雲南)에 대리국(大理國) 발흥. <br> 938년 일본에서 구 야(空也)가 염불종(念佛宗) 개창(開創). <br> 951년 곽위(郭威)가, 후주(後周)를 건국(~960). 안남의 오창문(吳昌文)이 왕을 칭하고 국호를 남진(南晉)이라 정함. <br> 954년 고평(高平)의 싸움에서 후주의 세종(世宗)이 요와 북한을 격파. <br> 955년 세종이 불교탄압. <br> 960년 후주 멸망하고, 조광윤(趙匡胤)이 송(宋)을 건국(~1126). <br> 968년 안남의 딘보린(丁部領)이 사립하여 국호를 내월(大越·瞿越)이라 칭함. <br> 971년 송(宋)이 남한(南漢)을 멸함. <br> 972년 과거제도에 전시(殿試)를 부설(附設). <br> 977년 아프가니스탄에서 가즈니왕조의 수부크티긴이 사만왕조에서 독립. <br> 978년 송, 오월(吳越)을 멸함. <br> 979년 송, 북한(北漢)을 멸하고 중국 통일. <br> 983년 요(遼), 국호를 거란으로 개칭. <br> 998년 가즈니왕조에서 이스마일이 죽고 마흐무드 즉위(~1030). 이후, 가즈니왕조가 서북 인도를 침입. | 901년 궁예, 왕을 칭하고 국호를 고려라 일컬음. <br> 903년 후고구려의 왕건(王建), 금성(錦城) 등 10여 성을 공략함. <br> 904년 궁예, 백관을 설치, 국호를 마진(摩震)이라 칭함. <br> 905년 마진, 국도를 철원(鐵圓)에 옮김. <br> 906년 마진, 왕건을 보내어 사화진(沙火鎭)에서 견훤을 대파. 발해, 대위해 죽고(?~), 대인찬 즉위(~926). <br> 909년 마진, 왕건이 진도(珍島), 고이도(皐夷島)를 점령. <br> 911년 마진, 국호를 태봉(泰封)으로 고침. <br> 912년 신라, 효공왕 죽고(?~), 신덕왕(神德王) 즉위(~917). <br> 914년 태봉의 왕건, 백선장군(白船將軍)이 되어 나주에 출진(出鎭). <br> 917년 신라, 신덕왕 죽고(?~), 경명왕(景明王) 즉위(~924). <br> 918년 왕건이 고려(高麗)를 건국. <br> 919년 고려, 송악(松岳)으로 천도, 3성(省) 등 관제를 정함. 평양성을 축성. <br> 924년 신라, 경명왕 죽고(?~), 경애왕(景哀王) 즉위(~927). <br> 926년 발해의 103성이 모두 거란에 점령되어 발해 멸망. <br> 927년 후백제의 견훤이 신라의 왕궁에 침입. 경애왕을 자살하게 하고 경순왕을 세움. 견훤이 고려에 국서(國書)를 보내어 강화를 청함. <br> 934년 고려, 운주(運州)에서 후백제군을 격파. 웅진(熊津) 이북 30여성이 항복. <br> 935년 후백제, 신검(神劍)이 견훤을 금산사(金山寺)에 유폐하고 왕이 됨. 견훤이 나주(羅州)로 도망하여 고려에 항복. 경순왕(敬順王)이 고려에 투항, 신라 멸망. <br> 936년 고려의 후삼국 통일. 태조가 일이천(一利川)에서 후백제의 신검을 대파, 신검이 항복하여 후백제를 멸함. <br> 938년 탐라국이 고려에 조공. <br> 940년 경주(慶州)에 대도독부(大都督府) 설치. 역분전제(役分田制)를 실시. <br> 943년 태조, 대광(大匡) 박술희(朴述熙)에게 '훈요십조(訓要十條)'를 친히 전함. 태조 죽고(877~), 혜종(惠宗) 즉위(~946). <br> 945년 왕규(王規)의 난, 혜종 죽고(?~), 정종(定宗) 즉위(~950). <br> 947년 광군사(光軍司)를 설치. <br> 949년 정종이 광종(光宗)에게 선위(禪位). <br> 956년 노비안검법(奴婢按檢法) 시행. 관리의 관복을 개정. <br> 958년 처음으로 과거법을 설치. 과거제에 의학부문 포함. 승과제(僧科制) 설치. <br> 960년 백관의 공복(公服)을 제정. 개경을 황도(皇都), 서경을 서도(西都)라 칭함. <br> 961년 과거를 실시. 고시과목은 시(詩), 부(賦), 의(醫), 복(卜) 등. <br> 972년 내의시랑(內議侍郞) 서희(徐熙)가 송나라에 사신으로 감. |

527

| 교회사 및 선교역사 | 서양사 | 동양사 | 한국사 |
|---|---|---|---|
| | | | 975년 광종 죽고(?~), 경종(景宗)이 전시과(田柴科)를 제정.
981년 경종 죽고(956~), 성종(成宗) 즉위(~997).
983년 전국에 12목(牧)을 설치. 3성(省), 6조(曹), 7시(寺)를 정함.
987년 각 촌(村)의 대감(大監)제감(弟監)을 촌장(村長), 촌정(村正)으로 개칭. 노비환천법(奴婢還賤法) 제정.
991년 중추원(中樞院)을 설치.
992년 국자감(國子監)을 창립하고 전장(田莊)을 함.
993년 제1차 거란침입. 안융진(安戎鎭)에서 거란군을 격파. 서희가 소손녕(蕭遜寧)과 화약(和約)을 맺음. 개경, 서경과 12목에 상평창(常平倉)을 설치.
994년 서희, 여진(女眞)을 물리치고, 장흥진(長興鎭), 귀화진(歸化鎭), 곽주(郭州), 구주(龜州)에 축성.
995년 개주(開州)를 개성부(開城府)로 고치고, 전국을 10도(道), 128주(州), 449현(縣), 7진(鎭)으로 나눔.
997년 성종 죽고(960~), 목종(穆宗) 즉위(~1009).
998년 서경을 호경(鎬京)으로 개칭. |
| 1000 레이프(Lief the Lucky)의 그린랜드(Greenland) 복음선교.
1009 네스토리안 선교사들이 북몽고(North Mongolia)의 수도 가라코룸(Karakorum)에서 터키족인 20만 명의 케라이트(Keraits)족을 개종, 나미안족(Namians)과 메르키트족(Merkites)을 세례.
1054 동방교회와 서방교회의 완전분열.
1077 카놋사의 굴욕(헨리 4세 vs 그레고리 7세).
1095 십자군 시작. | 1014년 데인족이 런던을 점령.
1015년 노르만인이 남부 이탈리아에 정착.
1016년 덴마크왕 쿠누드가 잉글랜드왕이 됨(~1035). 데인족에 의한 잉글랜드 지배 시작(~1042).
1018년 불가리아의 제1왕국 멸망하여(679~) 동로마제국에 병합. 폴란드인이 키예프 점령.
1028년 크누드왕이 노르웨이 정복.
1031년 스페인의 옴미아드왕조 멸망, 소국난립시대 시작. 그리스도교 세력에 의한 국토회복 운동이 시작됨.
1034년 부르군트왕국(888~)이 독일제국에 병합.
1042년 잉글랜드왕국에 에드워드가 즉위(~1066). 앵글로색슨의 왕조 부활. 세르비아인이 동로마제국에서 독립하여 제1세르비아왕국 성립.
1054년 로마교황이 콘스탄티노플 총주교를 파문. 동서양 교회가 결정적으로 분열됨.
1059년 로마교황 선거규정 성립. 속권(俗權)의 간섭이 배제되는 추기경회의에 의한 선거. 남부 이탈리아의 노르만인이 로마교황과 봉건적 주종관계를 맺음.
1061년 노르만인의 시칠리아섬 정복이 시작. 도시에 길드가 결성되기 시작.
1064년 파티마왕조기에 나일강 범람으로 대기근 발생(~1072). 왕조 쇠퇴 시작.
1066년 노르만인의 잉글랜드 정복. 노르망디공(公) 기욤이 헤이스팅스의 싸움에서 헤럴드왕을 격파하고 잉글랜드왕에 즉위(윌리엄 1세~1087). 노르만왕조 성립.
1076년 황제 하인리히 4세가 교황 그레고리우스 7세의 폐위(廢位)를 선언. 그레고리우스 7세도 하인리히 4세를 파문에 처함. 성직서임권의 투쟁 시작됨.
1077년 카놋사의 굴욕. 하인리히 4세 교황에게 굴복. 파문에서 해제됨.
1086년 모로코의 무라비트왕조(~1147) 스페인의 사라센 영토를 정복. 이베리아반도 지배.
1096년 제1회 십자군 원정 출발. 콘스탄티노플에 집결. 제노바공화국 성립.
1099년 십자군이 예루살렘을 점령, 예루살렘왕국 건설(~1291). | 1001년 가즈니왕조의 마흐무드, 제2회의 인도 원정.
1008년 마흐무드, 인도의 펀자브 지방의 대부분을 점령.
1010년 거란(契丹)이 고려(高麗)에 침입. 안남의 이공온(李公蘊)이 이왕조(李王朝)를 일으켜 대월국(大越國) 성립. 수도는 하노이.
1012년 인도에서, 초라왕조의 라젠드라 1세 즉위(~1044). 이 시대에 인도반도 통일.
1017년 마흐무드, 호라즘의 마문왕조를 타도.
1029년 과거의 각과를 부활.
1037년 투그릴 베그 즉위(~1063)하여 셀주크왕조 시작.
1038년 이원호(李元昊) 즉위하여 서하(西夏)를 건국.
1040년 탄단칸의 싸움에서 셀주크의 투그릴 베그가 가즈니왕조군을 격파하여 니샤풀을 점령.
1042년 송이 각염법을 다시 시행. 셀주크 호라즘을 획득.
1044년 미얀마에 파간왕조 일어남(~1284).
1051년 일본, 전구년(前九年)의 전역(戰役) 시작.
1055년 셀주크의 투그릴베그가 바그다드로 쳐들어가 칼리프로부터 술탄의 칭호를 받고, 이란, 이라크를 지배.
1060년 시리아를 둘러싸고 셀주크투키와 파티마왕조 사이의 항쟁격화.
1063년 송(宋)에서, 왕안석(王安石)이 삼사조례사(三司條例司)를 설치하고 개혁을 시작.
1071년 말치켈트(마라즈켈트)의 싸움에서 셀주크터키가 동로마 제국을 격파하고 소아시아에 진출. 이후 소아시아의 터키화 진행.
1083년 일본, 후삼년(後三年)의 전역 시작.
1084년 사마광(司馬光)이 자치통감(資治通鑑) 완성.
1096년 송(宋)나라가 서하(西夏)의 침입을 격퇴. | 1002년 6위(衛)의 군영(軍營)을 새로 설치.
1004년 과거법(科擧法)을 개정.
1007년 화산분출로 담라 해중에 산이 생겨남.
1009년 서북면순검사(西北面巡檢使) 강조(康兆)가 목종을 폐하고(980~) 현종(顯宗)을 즉위시킴(~1031).
1010년 제2차 거란침입. 순무사(巡撫使) 양규(楊規)가 곽주(郭州)에서 거란군을 섬멸.
1011년 거란군에 개경(開京) 함락. 현종 나주(羅州)로 파천. 양규, 정성(鄭成) 등이 거란군을 파하고, 여러 성을 회복, 현종 환도.
1012년 도절도사(道節度使)를 폐지하고, 5도호부(都護府) 75목(牧) 안무사(按撫使)를 둠.
1014년 흥화진(興化鎭)에서 거란군 격퇴.
1015년 거란군이 흥화진, 통주(通州), 용주(龍州)에 침입.
1016년 곽주에서 거란군 격퇴.
1018년 제3차 거란침입. 강감찬(姜邯贊)이 흥화진(興化鎭)에서 거란군을 대파.
1019년 귀주대첩(龜州大捷).
1020년 거란과 강화.
1024년 대식국(大食國:아라비아)의 상인 100여명이 특산물을 가지고 무역하러 옴. 개경을 확장하여 5부(部) 35방(坊), 314리(里)로 정함.
1029년 여진 해적선 30여 척의 침범을 격퇴.
1031년 국자감시(國子監試)를 신설.
1033년 북경(北境)에 천리장성 축조를 개시.
1034년 덕종 죽고(1016~), 정종(靖宗) 즉위(~1046).
1037년 거란의 병선이 압록강에 침입.
1044년 장주(長州), 정주(定州), 원흥진(元興鎭)에 축성함으로써 천리장성 완성.
1046년 정종 죽고(1028), 문종(文宗) 즉위(~1083).
1049년 동번(東蕃) 해적이 임도현(臨道縣)에 침입. 동여진 해적이 금양현(金壤縣) 진명(鎭溟)에 침입, 소굴을 소탕함.
1055년 최충(崔冲)이 사학(私學)을 일으킴(12 공도(公徒).
1058년 승려 해린(海麟)을 국사(國師)로 함, 난원(爛圓)을 왕사(王師)로 함. 사면기광군(四面奇光軍)을 중서령(中書令)으로, 내사문하성(內史門下省)을 중서문하성(中書門下省)으로 고침.
1062년 호경(鎬京)을 다시 서경으로 고침.
1063년 국자감의 규율과 직재를 정비 강화. 거란, '대장경(大藏經)'을 보내옴. |

| 교회사 및 선교역사 | 서양사 | 동양사 | 한국사 |
|---|---|---|---|
| | | | 1066년 거란, 국호를 요(遼)로 고침. |
| | | | 1067년 의천(義天)을 우세승통(祐世僧統)으로 삼음. 흥왕사(興王寺) 준공. |
| | | | 1068년 양주(楊州)를 남경(南京)으로 하고 신궁을 건립. 최충(崔沖)이 구재학당(九齋學堂) 건립. |
| | | | 1071년 김제(金悌)를 송나라에 사신으로 보내 국교를 회복. |
| | | | 1073년 동여진 15주, 서여진 2진, 여진족 12촌 등을 편입. |
| | | | 1076년 등과자(登科者)의 급전제(給田制)를 정함. |
| | | | 1080년 보병과 기병 3만으로 정주성 외곽의 여진족을 토벌함. |
| | | | 1083년 문종 죽고(1019~), 순종(順宗) 즉위(~1084). 순종 죽고(1047~), 선종(宣宗) 즉위(~1095). |
| | | | 1095년 중추원을 추밀원(樞密院)으로 고침. 헌종이 숙종(肅宗)에게 선위(禪位). |
| | | | 1097년 국청사(國淸寺) 낙성. 천태종(天台宗) 일어남. |
| 1122 보름스 협약(성직임명권 협약). | 1106년 모로코의 무라비트왕조 세비야 점령. | 1100년 송나라가 서하와 통교(通交), 삼사법(三舍法) 실시. 휘종(徽宗) 즉위하고 향태후(向太后)의 보좌로 중용정치(中庸政治)를 지킴. | 1101년 남경개창도감(南京開創都監)을 두고, 남경 신궁(新宮) 조영 착수. |
| 1124 키프차크 터키족(Kipchak Turks)의 쿠만인(Cumans) 몇 명이 헝가리의 스테판 2세(Stephen II)를 통해 기독교에 접촉하여 복음을 영접. | 1119년 시리아에서 신전기사단(神殿騎士團) 성립. | 1112년 캄보디아왕 수르야바르만 2세(~1162) 즉위. 앙코르와트를 건설. | 1102년 고주법(鼓鑄法)을 제정, 해동통보 1만 5천 관을 주조하여 문무양반, 군인에게 나누줌. |
| 1150 중앙아시아 웅구트족(Onguts)의 개종. | 1122년 보름스 협약. 황제가 교황에게 양보하여 성직임명권의 문제해결. | 1115년 여진(女眞) 완안가(完顏家)의 아골타(阿骨打)가 금(金)나라를 건국, 상경회령부(上京會寧府)에 도읍. | 1104년 윤관, 서북면행영병마도통(西北面行營兵馬都統)에 임명됨. 윤관 여진과 싸워 결맹(結盟)하고 돌아옴. |
| | 1130년 노르만인에 의한 양 시칠리왕국 성립. 압둘 무민 북아프리카에 무와히드왕조의 창건(~1269). | 1124년 서하(西夏), 금(金)나라에 복속. 요(遼)나라 야율대석(耶律大石)이 서쪽으로 달아남. | 1105년 숙종 죽고(1054~), 예종(睿宗) 즉위(~1122). 탐라국을 폐하고 군(郡)으로 함. |
| | 1145년 무와히드왕조의 압둘 무민, 이베리아반도의 이슬람 지역 지배. | 1125년 금나라가 요나라를 멸함. | 1107년 윤관을 원수, 오연총(吳延寵)을 부원수로 하여 여진토벌의 군사를 일으킴. 점령지역에 9성(城)을 쌓음. |
| | 1147년 제2회 십자군 원정(~1149). 포르투갈국이 리스본을 점령. 무와히드왕조의 압둘 무민 모로코의 무라비트왕조를 멸함. | 1126년 금군이 개봉(開封)에 침입하여 북송(北宋)을 멸함. 북송의 휘종, 흠종(欽宗)이 금나라의 포로가 됨(정강(靖康)의 변). | 1108년 여진토벌군이 포위되자 척준경(拓俊京)이 이를 구함. 여진이 웅주성(雄州城)을 포위공격, 오연총이 구원. |
| | 1154년 영국왕 헨리2세 즉위(~1188). 플랜태저넷왕조 시작(~1399). | 1127년 송나라 고종(高宗)이 남경(應天府)에서 즉위. 남송(南宋) 설립(~1279). 금나라가 송인(宋人) 장방창(張邦昌)에게 대초국(大楚國)을 세우게 함. 장기간 모술에서 장기왕조를 창건. | 1109년 오연총이 길주를 구(救)함. 오연총이 공험진(公嶮鎭)에서 패전. 윤관 다시 길주를 구함. 9성을 여진에게 돌려줌. 국학(國學)에 7재(齋)를 둠. |
| | 1157년 프리드리히 1세와 롬바르디아 제 도시와의 싸움 시작. 브란덴베르크 변경백(邊境伯)의 영토 성립(후일의 프로이센). | 1129년 송나라 고종이 금나라에 쫓겨 항저우(杭州)로 천도. | 1110년 제술(製述), 명경(明經) 등의 과거과목을 제정. |
| | 1158년 무와히드왕조 튀니지에서 노르만인 축출, 북아프리카에서 이베리아반도에 이르는 대세력 형성. | 1131년 진회(秦檜), 송나라의 재상이 됨. | 1112년 혜민국(惠民局) 설치. |
| | 1164년 헨리2세의 클래런던법(法) 제정. 주교에 대한 국왕의 재판권 확립. | 1132년 야진대석이 중아시아에 카라 키타이(西遼) 건국(~1211). | 1119년 국학(國學)에 처음으로 양현고(養賢庫)를 둠. |
| | 1167년 롬바르디아 도시동맹 결성. 옥스퍼드대학 성립. | 1153년 금(金)나라 상경(上京)에서 연경(燕京)으로 천도. 오경(五京)의 이름을 정함. | 1122년 이자겸(李資謙)이 중서령(中書令)이 되어 집권. |
| | 1171년 이집트의 파티마왕조 멸망. 재상(宰相)이었던 살라딘, 아이유브왕조를 창건(~1250). | 1155년 뭄골에서 테무친 탄생(일설에는 1162). | 1128년 이자겸의 난, 궁궐을 태우고, 인종을 사가에 이어(移御)시킴. 혜민국(惠民局) 설치. |
| | 1174년 살라딘, 예루살렘 탈환을 위해 출발하여 다마스쿠스 점령. 이후 시리아, 메소포타미아의 태반을 정복. | 1161년 금나라에서 거란인이 반란. 금나라가 변경으로 천도. | 1129년 묘청(妙淸)이 칭제건원(稱帝建元)을 주장. |
| | 1176년 레냐노의 싸움. 롬바르디아 도시동맹군이 프리드리히 1세의 황제군을 격파. | 1175년 아프가니스탄, 구르왕조의 술탄 마호메트 인도 정복을 시작. 일본에서 호넨(法然) 정토종(淨土宗) 개창. | 1131년 노걸(老乞)의 학문을 금지. |
| | 1183년 콘스탄츠의 화의(和議). 롬바르디아 도시동맹 프리드리히1세에 승리하여 자치권을 획득. | 1177년 주희(朱熹) 《사서집주(四書集註)》 완성. 송나라, 순희력(淳熙曆)을 시행. | 1135년 묘청의 난. |
| | 1189년 제3회 십자군 원정(~1192). 영국왕 리처드1세 즉위(~1199). | 1183년 송나라, 도학(道學)을 금함. | 1142년 8도에 어사(御史)를 보내어 주현(州縣)의 관리를 감찰. |
| | 1190년 독일왕 하인리히 6세 즉위(~1197). 독일기사단 성립. | 1185년 일본, 단노우라(壇の浦) 싸움에서 다이라씨(平氏) 멸망. | 1145년 김부식이 《삼국사기(三國史記)》 50권을 편찬. |
| | 1191년 십자군, 아콘 점령. | 1186년 가즈니왕조가 구르왕조에 멸망. | 1147년 처음으로 승보시(陞補試) 시행. |
| | 1198년 인노켄티우스 3세 교황에 오름. | 1187년 아이유브왕조의 살라딘 예루살렘 탈환. 금나라, 여진인의 한복(漢服) 착용 금함. | 1149년 5군(軍)을 3군으로 변경. |
| | 1199년 영국의 존왕 즉위(~1216). | 1189년 테무친, 몽골부 카한(汗位)에 오름. | 1155년 완산(完山)에서 농민 반란. |
| | | 1192년 일본, 미나모토노 요리토모(源賴朝) 가마쿠라막부 겸창막부(鎌倉幕府) 수립. | 1162년 이천(伊川) 등지에서 대규모의 민란 발생. |
| | | 1196년 송나라, 시강(侍講) 주회를 면직, 주회 도학 금함. | 1163년 남도지방에 농민반란 발생. |
| | | | 1164년 의종(毅宗)에 인재재(仁智齋)에 행차. 야반까지 유연(遊宴). 시종 정중부(鄭仲夫)등 공분(公憤). |
| | | | 1168년 탐라에서 농민반란 발생. |
| | | | 1169년 별궁 건축을 위해 별공(別貢) 징수. |
| | | | 1170년 정중부의 난. 의종을 추방하고, 명종(明宗)을 세움. |
| | | | 1171년 궁궐에 불이 나서 전우(殿宇) 모두 불탐. |
| | | | 1172년 정중부, 서북면병마사(西北面兵馬使)가 됨. 서북면에서 민란 발생. |
| | | | 1173년 계사(癸巳)의 난. 동북병마사 김보당(金甫當)이 난을 일으킴. |

| 교회사 및 선교역사 | 서양사 | 동양사 | 한국사 |
|---|---|---|---|
| | | | 문신 축출. 무인(武人) 임용.<br>1174년 서경유수 조위총(趙位寵)의 난. 서북방 40여 성이 호응. 정중부, 문하시중(門下侍中)이 됨.<br>1175년 관군, 연주(漣州)를 함락. 서경을 포위.<br>1176년 망이(亡伊) 망소이(亡所伊)의 난. 남부지방에 민란 성행. 대규모 관군 조직.<br>1177년 망이망소이의 난을 평정.<br>1179년 경대승(慶大升), 정중부를 죽이고 반대파를 처형. 도방(都房)을 설치.<br>1180년 무신(武臣)들이 사병(私兵)을 두기 시작.<br>1184년 이의민(李義旼)이 정권 장악.<br>1193년 김사미(金沙彌)의 난.<br>1196년 최씨무신정권(崔氏武臣政權) 성립. 최충헌(崔忠獻)이 이의민(李義旼)을 멸하고 정권을 장악.<br>1197년 최충헌, 명종을 폐하고, 신종(神宗)을 세움 (~1204).<br>1198년 만적(萬積)의 난 |
| 1200 웬드족(Wends), 프러시안족(Prussians), 리츄아니안족(Lithuanians)과 기타 발틱 해안의 종족들을 제외한 유럽 전반에 걸쳐 기독교화.<br>1212년 앗시의 프란시스, 시리아 선교시작.<br>1216년 도미니크회 설립.<br>1219년 프랜시스코 수도사들(Franciscan Friars)의 북아프리카 파송 전도, 프라이어 존, 북경도착.<br>1250 중앙아시아 위커족(Uighurs), 케라이트족(Keraitits), 몽골족(Mongols) 그리고 모든 주요 종족들이 부분적으로 기독교화.<br>1276년 룰, 마요르카에서 수도원 시작.<br>1291년 십자군 악코에서 철수(십자군전쟁 종료).<br>1295년 몬테코르비노(Montecorvino)의 요한(John)이 중국 북경에 도착. | 1202년 제4회 십자군 원정(~1204).<br>1204년 동로마제국 멸망. 라틴제국으로서 니케아제국 성립(~1261). 베네치아공화국 동부 지중해의 제해권을 장악. 십자군 콘스탄티노플 점령. 프랑스왕 필리프 2세 대륙에 있는 노르망디, 메인, 앙주, 푸아투 등의 영국 봉토를 몰수.<br>1207년 존왕. 캔터베리 대주교의 선출을 둘러싸고 로마교황과 대립.<br>1209년 케임브리지대학 설립. 옥스퍼드대학의 일부 교사, 학생 이주.<br>1210 존왕 파문. 프란체스코수도회 성립.<br>1212년 라즈 나바즈의 싸움. 카스티아왕조이베리아반도의 라즈 나바즈에서 무와히드왕조의 사라센군을 격파(국토회복운동). 소년십자군 성립.<br>1213년 존왕 인노켄티우스 3세에 굴복. 존왕이 영국의 전국토를 로마교회의 봉토로 받아들임.<br>1214년 부빈의 싸움. 프랑스왕 필리프 2세가 영국의 존왕과 독일의 오토 4세(1208~1215) 격파.<br>1215년 존왕이 마그나 카르타(대헌장) 승인. 존왕이 귀족, 시민의 요구로 서명. 독일의 프리드리히2세 즉위(~1250).<br>1216년 도미니크 수도회 승인.<br>1228년 제5차 십자군 원정(~1229).<br>1230년 카스티아왕국이 레온왕국을 병합.<br>1235년 무와히드왕조 이베리아반도에서 철수. 북아프리카에서도 왕조의 쇠운 시작.<br>1236년 카스티아왕국이 이베리아반도의 코르도바를 점령(국토회복운동).<br>1238년 스페인에서, 사라센인의 나스르왕조가 그라나다왕국을 설립(~1492). 아라곤왕국 발렌시아 점령(국토회복운동).<br>1241년 발슈타트의 싸움. 네덜란드, 독일의 연합군 몽골군에게 패함. 한자동맹의 성립. 독일의 함부르크와 뤼베크의 양 시가 뤼베크를 맹주로 하는 '상인조합'을 결성. 몽골군 폴란드, 헝가리에 침입.<br>1243년 징기스칸의 손자인 바투가 러시아 지방에 캅차크한국을 건설(~1502).<br>1248년 제6회 십자군 원정(~1254). 카스티아왕국이 세비야를 정복(국토회복운동). 프리드리히 2세가 롬바르디아 도시동맹과 싸워 패함.<br>1254년 독일에서 대공위(大空位) 시대 시작 (~1273). 라인동맹 성립.<br>1261년 동로마제국의 미카엘 8세(팔라에올로구스) 콘스탄티노플을 회복하고 라틴제국을 멸함. 파라에올로구스왕조의 시작. | 1203년 일본, 미나모토노 사네토모 원실조(源實朝)가 쇼군(將軍)에 임명.<br>1204년 테무친, 나이만부 내만부(乃蠻部) 격파.<br>1206년 테무친, 칭기즈칸이라 칭하고, 몽골을 통일. 인도, 구리왕조의 궁정노예(宮廷奴隸) 쿠트브 우딘 아이바크가 델리에 도읍하여 노예왕조를 창건(~1290). 델리왕조의 시작.<br>1209년 몽골, 서하(西夏)를 침공.<br>1211년 몽골, 화북(華北)에 침공하기 시작. 나이만의 쿠츌루크가 서요(西遼)의 왕위 찬탈.<br>1214년 금나라, 몽골군 침공으로 카이펑(開封)으로 천도.<br>1215년 몽골군, 금나라의 연경을 점령.<br>1219년 칭기즈칸, 서아시아 원정 시작(~1224). 금군(金軍)이 송나라를 침공. 송나라에서 홍건적(紅巾賊) 일어남. 일본, 겐지(源氏) 망하고, 호조씨(北條氏) 집권.<br>1220년 몽골군 중앙아시아의 부하라, 사마르칸트를 점령. 호라즘왕조를 멸함.<br>1225년 인도, 델리의 노예왕조 뱅골을 정복. 이후 영역 확대. 안남(安南)의 진(陳)왕조 시작(~1400).<br>1227년 칭기즈칸, 서하(西夏)를 멸하고, 귀로에 육반산(六盤山)에서 죽음(1162~).<br>1229년 몽골, 오고타이(太宗) 즉위.<br>1234년 몽골, 금(金)나라를 멸함.<br>1241년 몽골, 폴란드, 헝가리에 진격.<br>1243년 칭기즈칸의 둘째아들 차가타이가 중앙아시아 알말리크를 중심으로 차가타이한국을 수립.<br>1253년 쿠빌라이, 다 리(大理)를 멸하고, 티베트를 정복. 일본, 니치렌 일연(日蓮)이 법화종(法華宗)을 개창.<br>1256년 시암에 수코타이왕조 성립.<br>1260년 쿠빌라이(세조) 상도(上都)에서 즉위(~1294).<br>1266년 인도에서, 노예왕조의 기야스 우딘 발반이 왕조 내의 항쟁에 결말을 내고 즉위(~1287).<br>1269년 몽골에서, 파스파(八思巴) 문자 창제.<br>1271년 몽골, 국호를 원(元)이라 하고, 원왕조 시작됨(~1368).<br>1274년 여원연합군(麗元聯合軍) 일본 원정에 실패. | 1200년 최충헌, 사저에 도방(都房) 설치.<br>1202년 탐라민란 평정. 경주, 운문, 울진 등이 연합하여 민란을 일으켜 주군(州郡)을 장악.<br>1206년 최충헌을 진강후(晉康侯)에 봉하고, 부(府)를 흥녕(興寧)이라 함.<br>1209년 희종(熙宗), 최충헌의 집으로 옮겨갔다가 연경궁(延慶宮)으로 돌아옴. 최충헌, 교정도감(敎定都監) 설치.<br>1211년 최충헌이 희종을 폐하고 강종(康宗)을 세움(~1213).<br>1216년 몽골군에 쫓긴 거란유민이 영삭진(寧朔鎭), 정계진(定戒鎭)에 침입하여 재물을 약탈. 거란병, 황주를 침공.<br>1217년 5군(軍), 태조탄(太祖灘)에서 거란병에게 대패.<br>1218년 거란병 재침. 조충 등이 거란병을 강동성(江東城)으로 패주시킴.<br>1219년 조충, 김취려(金就礪), 몽골 및 동진(東眞)과 함께 강동성을 공략. 최충헌 죽고, 아들 최우(崔瑀) 집권.<br>1222년 몽골에 대비하여 선주(宣州), 화주(和州), 철관(鐵關)에 축성.<br>1223년 처음으로 음기도감(戎器都監)을 둠. 금주에 침입한 왜구(倭寇)를 격퇴.<br>1225년 최우, 정방정치(政房政治) 시작(~1249).<br>1226년 경상도 거제(巨濟)에 침입한 왜구를 현령 진용갑(陳龍甲)이 격파.<br>1227년 경상도 웅신현(熊神縣)에 침입한 왜구를 격퇴. 왜국이 국서를 보내어 사죄하고 수호통상을 청함.<br>1228년 동진(東眞), 정주(定州), 장주(長州)에 침입.<br>1231년 제1차 몽골군 침입. 살리타(撒禮塔)를 원수로 삼아 평주(平州)를 치고 개경에 육박.<br>1232년 강화도(江華島) 천도. 다루가치(達魯花赤)를 축출. 김윤후(金允侯)가 지휘하는 부곡민이 처인성(處仁城)에 항전. 살리타를 사살.<br>1233년 필현보(畢賢甫), 홍복원(洪福源) 등이 모반. 필현보는 처형되고, 홍복원은 요양(遼陽)으로 달아나 반고려세력을 형성.<br>1234년 최윤의(崔允儀)의 《상정고금예문(詳定古今禮文)》을 주자(鑄字)로 인행(印行).<br>1235년 몽골, 용강(龍岡), 삼등(三登), 용진진(龍津鎭), 동주(洞州城)을 함락, 동경(東京)까지 침입. 야별초군(夜別抄軍)이 지평(砥平)에서 몽골군 격파.<br>1236년 개천(价川), 죽주(竹州)에서 몽골군을 크게 격파. 이규보(李奎報), 《동국이상국집(東國李相國集)》 지음. 이연년(李延年)의 난을 김경손(金慶孫)이 평정. 강도(江都)에서 대장경의 재(再)조(雕) 시작.<br>1238년 몽골군에 의해 동경의 황룡사탑, 황룡사장륙상(皇龍寺丈六像)이 불에 탐. 조현습(趙玄習) 등이 몽골에 투항. 홍복원의 지휘를 받음. |

| 교회사 및 선교역사 | 서양사 | 동양사 | 한국사 |
|---|---|---|---|
| | (~1453).<br>1265년 영국의회 성립. 시몽 드 몽포르 의회 소집. 스페인의 아라곤 왕 무르시아 점령(국토회복운동).<br>1269년 북아프리카 베르베르족(무어족)의 말린왕조 무와히드왕조의 수도 말라케시를 점령.<br>1270년 제7회 십자군 원정(~1272).<br>1271년 마르코폴로 동방으로 여행(~1295).<br>1273년 독일왕에 합스부르크 가(家)의 루돌프 1세 즉위(~12910. 대공위시대(1254~) 끝남.<br>1282년 합스부르크가의 오스트리아 지배 시작. 일한국에서 아프마드 즉위(~1284). 이슬람교도가 됨.<br>1284년 아라곤왕국이 시칠리아를 병합. 영국의 에드워드 1세, 웨일스를 병합.<br>1291년 시리아의 십자군 궤멸, 아콘에서 철수함으로써 십자군전쟁 끝남. 스위스의 연방(聯邦) 성립. 우리, 슈비츠, 운테르발덴 3주(州)의 영구동맹.<br>1295년 영국, 에드워드 1세의 모범이 성립.<br>1296년 프랑스 왕 필립프 4세의 국내 교회령(教會領)에 대한 과세문제로 교황 보니파티우스8세와의 싸움 시작.<br>1297년 영국의 에드워드 1세, 의회의 과세 승인권을 인정. | 1275년 송(宋)나라 문천상(文天祥) 반몽골 의용군을 일으킴. 마르코폴로, 원나라에 이르러 쿠빌라이를 만남.<br>1279년 애산(厓山)의 싸움에서, 원나라에 의해 북송(北宋) 멸망.<br>1280년 원나라에서, 곽수경(郭守敬)의 수시력(授時曆)을 실시. 미얀마에서 통구왕조 성립(~1752).<br>1281년 원군(元軍), 일본에 재차 원정하나 실패.<br>1287년 나얀(乃顔)의 반란을 쿠빌라이가 친정(親征). 국자감(國子監)을 둠.<br>1288년 원군(元軍) 백등강(白藤江)에서 안남군에게 패함. 미얀마에서, 파간왕조 분열하고, 남부 미얀마에 페구왕조 일어남.<br>1290년 원나라, 고려(高麗)의 동녕부(東寧府) 폐하고, 서북제주(西北諸州) 반환. 잘랄웃딘 합지, 인도 델리에서 할지왕조를 창건(~1320).<br>1291년 소아시아의 마무르크왕조군이 십자군의 예루살렘왕국을 멸망.<br>1292년 원군(元軍), 자바 침공하나 실패.<br>1294년 자바에 마자파히트왕조 일어남.<br>1299년 오스만, 소아시아의 아나톨리아에서 에스키세히드를 공략하여 오스만 제국을 건설. | 1239년 몽골군 철수. 몽골 사신이 와서 왕의 친조(親朝)를 조유(詔諭).<br>1241년 족자(族子) 영녕공(永寧公)을 왕자(王子)라 칭하고 몽골에 보내어 볼모(禿魯花)로 삼음.<br>1247년 아모간(阿母侃)이 지휘. 제4차 몽골군 침입.<br>1249년 고종, 고려왕의 출륙친조(出陸親朝)를 강요. 별초군, 동계(東界) 침입한 동진군을 격파. 최우 죽고, 최항(崔沆)이 정권 장악.<br>1253년 야굴(也窟)의 몽골군이 제5차 침입. 고종 출륙하여 승천(昇天) 신궐(新闕)에서 야굴의 사자와 회견.<br>1254년 차라대(車羅大) 제6차 몽골군 침입.<br>1255년 차라대 제7차 몽골군 침입.<br>1256년 수군을 남하시켜 몽골군을 맞게 함. 몽골의 차라대, 고려왕자의 몽골방문 요청. 차라대 철군.<br>1257년 최항 죽고, 최의(崔誼) 집권. 차라대의 제8차 몽골군 침입.<br>1258년 최씨무신정권 붕괴. 충주의 별초군이 박달령에서 몽골군 격퇴.<br>1259년 성주 기암성의 야별초군과 주민이 몽골군 대파. 한계성(寒溪城)에서 몽골군 격멸. 고종 죽고(1192~) 태자 전(k) 몽골로 감.<br>1261년 몽골. 요양(遼陽)의 고성(故城) 수리, 안무고려군민총관부(安撫高麗軍民總管府)를 둠. 동서학당(東西學堂) 교역장 설치.<br>1269년 임연(林衍)이 원종을 폐하고, 안경공(安慶公) 창(I)을 세웠으나 반년 만에 원종이 복위.<br>1270년 강화에서 환도, 삼별초군(三別抄軍)의 항몽전(抗蒙戰). 삼별초군의 해산명령에 배중손(裵仲孫) 등이 항쟁 시작.<br>1271년 삼별초군, 합포(合浦), 동래(東萊)를 공격, 금주(金州)를 점령. 세자 심(諶)을 몽골에 보냄.<br>1272년 세자 심이 변발(?髮)과 호복(胡服)으로 돌아옴.<br>1273년 김방경(金方慶)이 원군(元軍)과 함께 탐라의 삼별초군을 공략. 탐라에 다루가치총관부(達魯花赤總管府)를 둠.<br>1274년 원(元)이 전함 300척을 만들게 함. 제1차 여원연합군(麗元聯合軍) 일본정벌 실패.<br>1278년 충렬왕, 원의 관리와 원군의 철수 및 고려인 송환을 요구.<br>1280년 일본 정벌을 위해 정동행성(征東行省)을 둠.<br>1281년 제2차 여원연합군의 일본정벌 실패.<br>1285년 일연(一然)《삼국유사(三國遺事)》저술.<br>1287년 이승휴(李承休)《제왕운기(帝王韻紀)》저술.<br>1290년 충렬왕, 강화로 피란. 국사문적(門籍) 강화로 옮김.<br>1291년 원의 군대와 함께 합단군을 연기(燕岐)에서 격파, 상서성(尙書省) 폐지, 다시 중서성(中書省)을 둠.<br>1292년 개경으로 환도.<br>1294년 원나라 세조(世祖) 죽고, 동방정벌 중지. 탐라에서 원나라 철수.<br>1295년 탐라를 제주(濟州)로 고침.<br>1298년 충렬왕 태상왕(太上王)이 되고, 충선왕(忠宣王) 즉위. |

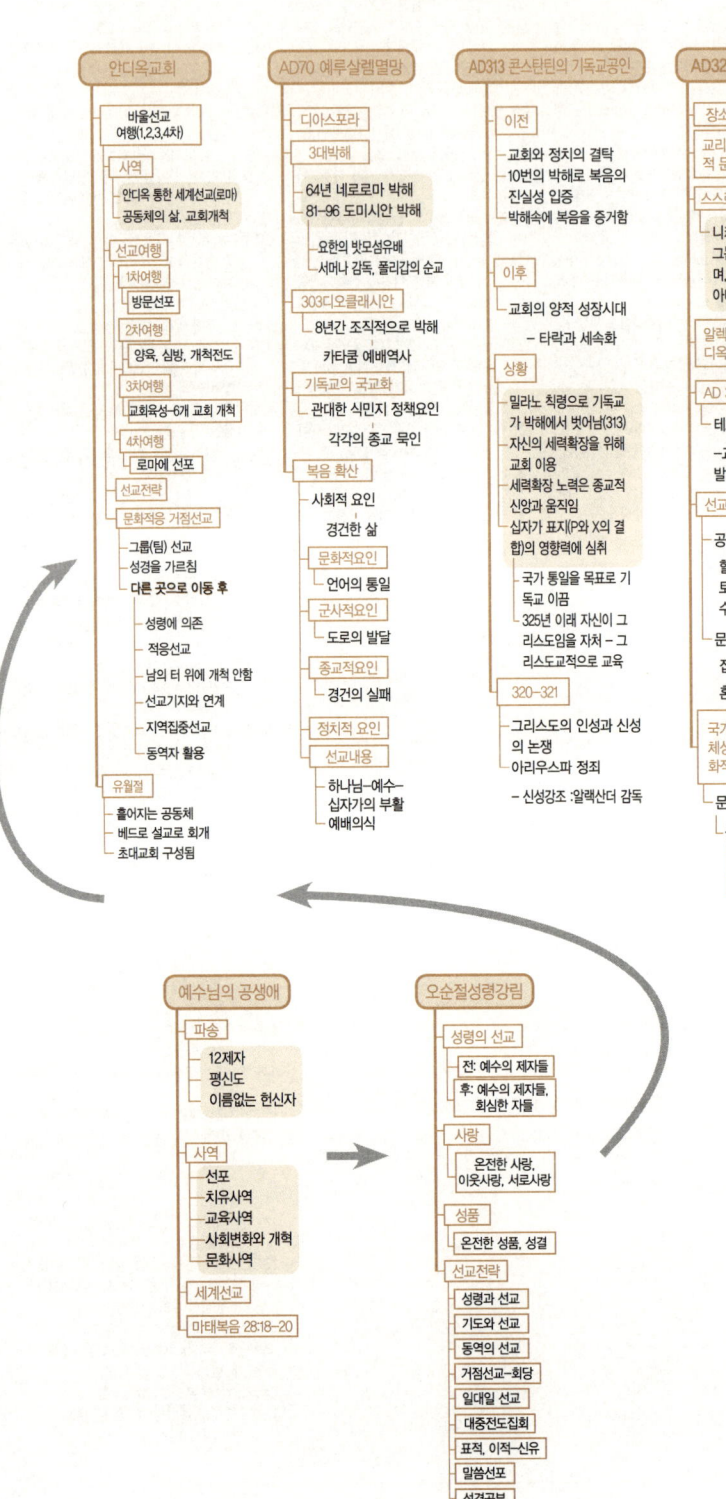

## 6세기

### 이슬람의 전성기
- 610 이슬람교 시작
- 632-661
- 정통칼리프
  : 세습칼리프
  - 중칼리프- 아프리카
  - 동칼리프- 사우디아라비아
  - 서칼리프-포루투칼, 스페인
  - 사만 왕조
    - 중앙아시아 투르크족 이슬람화
      - 세주크 투르크족 전신
        • 동칼리프 점령(회기움 미아드-아바스왕조)
        • 1058 술탄명헌-왕-칼리프-종교지도자

### 15세기
- 로마-비잔틴제국-오스만제국(1453)에 멸망
- 오스만제국-터어키

### 7세기-1200년
- 몽고침입멸망
- 610년 이슬람등장과 아일랜드 영국을 중심으로 교회의 열정이 유럽동부, 북부의 복음화 이룸

### 7세기까지
- 색슨족 복음화
- 로마교황 그레고리대제
  : 교황권 확립(540-604)
  베네딕트 수도원 40명의 수도사와 어거스틴(596)

### 601년
- 어거스틴 대감독 임명

### 635년
- 네스토리우스파 선교회(중국)
  당나라(한국- 통일신라 직전(668년)

### 8세기
- 칼 대제(Karl Great)(769-814)
  - 800년 황제 대관식 때 교황 레오3세(768-814)선언

### 11세기
- 동서교권분리(분리시작)(395)
  - 서로마 : 로마 가톨릭
  - 동로마 : 정교회

### 1095-1272
- 7차에 걸친 십자군 전쟁으로 선교 장애가 지금까지 남아있음

### 훈련된 선교사 등장활동
- 창시전 데바의 바울
- 성 안토니오
- 베네딕트 교단
  - 480-543
  - 12세기까지 번성. 노동, 독서, 검소 이외에 복종
- 도미니칸
  - 1170-1221 : 직접 설교 방법, 선교와 교훈 중심
- 프란시스 교단
  - 1182-1226 : 자비와 구제, 절대 청빈
- 예수회 교단
  - 1491-1556: 삶속에서의 복음전도, 군대식 복음선포
  - 철저한 군사로서 목숨을 버리고 선교함

## 16세기 종교 개혁시대

### 13-16세기 반종교 개혁-종교 개혁
- 윌클리프, 존후스= 루터칼빈 쯔빙글리
  - 성경으로 돌아가자: 1559, 영국국교 통일령 발표
  - 루터(종교 개혁)교리강조, 구원론
  - 교회를 조직화
  - 신앙의 삶이 들어나지 않으므로 교리와 조직에 휘말리게 됨
  - 교회는 세상과 결탁 사회정치
  - 공동체 자의식 깨어남 정치
  - 지역, 국가단위 공동체 형성
  - 종교적 상황 교권에 대한

### 1506-1552
- 프란시스카 비에르(극동지역 파송)
  : 인도, 모로코, 페루, 브라질, 미국, 캐나다 등지에 선교사 파송

### 1552-1610 마테오리치(중국)

### 1591-1660 알렉산더 드 로데스(인도차이나)

### 70년간 프랑스 국왕이 교황 통치함
: 1378-1417 교회대분열
1414, 콘스탄츠회의
1454 교황 니콜라스5세 아메리카 발견
-1492 콜럼버스

### 스페인

## 17세기 기독교부흥운동의 시작

### 독일 경건주의 신앙의 삶을 기도를 통하여 실천
- 전도와 선교
  : 스페너 – 교회안의 경건(말씀, 기도)
  : 프랑케- 교회밖의 경건(봉사, 구제)
  : 예수회(1740) –프랑스, 스페인에서 추방

### 1562-1648
: 위그노전쟁(프랑스의 개혁주의자)
- 칼빈주의자들로 프랑스 남부

### 1598 낭트칙령-신교 종교자유

### 1555 아우구스부르크
- 황제중심보편국가
- 영주 중심의 민족국가
- 영주가 종교에 관해 성직임명권, 재정 교리적 문제 관여
- 가톨릭이 개신교를 처음 인정한 권의

### 1648-웨스트 팔리아 협약
: 네덜란드-국가로인정, 독일내 종교자유
- 미국의 양적부흥운동(1714-1770):조지휘필드가 영향을 줌 –2창 미국방문 1704년 조나단 에드워드(노스템프턴 교회)교회에서 영적 부흥 운동

## 18세기 탐험, 개척, 세계의 변화

### 모라비안 선교회
- 영국 영적 각성운동 : 존웨슬레, 휫필드, 윌리엄케리

### 1705 덴막할레 선교회
- 독일할레대학프랑케가 중심
  :할레(1682-1718)
- 덴막정부재정지원 : 선교사 2명 보냄(B. Zieanbalg, H. Pluetschau)

### 종교 개혁자 후스 영향-모리비안
- 보헤미안 지방 개신교
  : 1415후스순교
- 모라비아 지방 사람들은 신앙을 지키기 위해 오스트리아 로마교황에 대항
- 30년전쟁때 형제단 조직 혹은 형제공동체(1752.5.1)
- 1648 베스트팔리아 협약
- 1844-1855 교회조직
  : 선교사파송 – 1732 이일랜드, 1733 그린랜드, 1734 북미 1735 남미 1736 남아프리카(선교사전초세움)
- 특징
- 이방인 개종, 전세계를 교구로 봄, 자비량 선교사, 교회외영향 배격, 개인적 지역적인 복음화 강조.
- 1795 프랑스에 종교자유령
- 1798 교황령 일시 폐지
- 1801 교황과 나폴레옹의정조약

## 19세기 위대한 선교의 세기

### 미국(무디,심프슨, 피어슨) 영적부흥운동
- 대학생들에게 영향을 끼침
  : 신학공부를 한 목회자가 선교사

### 진첸도르프를 통하여 세계선교

### 1732 버진 아일랜드

### 1736 아프리카
- 아직도 선교하고 있다.
- 직접선교, 자비량 선교
- 약점 : 교회설립이 취약함

### 선교현황
- 유럽과 미국의 상황
  : 식민지전쟁(영미자유롭게 등장)
- 산업혁명과 통신수단발전, 이슬람쇠퇴로 독립국가 등장

### 영적 대각성 운동
  -아시아지역: S.Neil
- 중국내지선교회 전략
  : 허드슨 테일러 믿음선교
- 선교비가 아닌 선교사가 필요할 뿐이다.
- 초교파적 선교(보수적, 초교파)
- 학력 상관없이 선교열의 자, 현장사역자, 중국과 동일화 정책

### 선교의 주목적은 선교다
- 한국(미국장로교 언더우드와 감리교 아펜젤러1884)
- 일본(영국성공회 존리긴스 시작, 1869)
  :1873 반기독교 칙령 박해와 신학으로 성장저해

## 20세기 복음팽창의 역사

### 1910 복음주의 운동, 에큐메니칼 운동
- 신앙선교운동
  :초교파, 주님께 모든 것을 의지할 독점력이 없음

### 성서학원운동
- 1880 북미지역에서 시작
- 전도와 성경교육, 신앙의 선교사 배출

### 1977 약67개, 유럽에 69개(대륙40, 영국20)

### 1880 학생자원 운동

### 선교단체
- 허드슨 테일러, 복음주의 외국선교협의회 보수 침례회 하나님의 성회, 미국장로교

### 1950 이후
- IMC-)CWME
- WCC와 통합
- IFA(1991) EFMA+NAE=WEF -)WEA(2001)
- 로잔복음화 운동(1974-2010)

## 21세기 땅끝 선교

### 통전적 선교, 온복음선교

### 사회봉사, 치유, 상담, 성령운동

### 복음주의 선교신학교회 설립과 복음전파 강조, 에큐메니칼 선교신학

### 선교신학 1950년대 이후 대두
- 교회성장이 줄고, 세계적인 무제인식
  : 가난한 자, 성경전파
- 전파매체의 지속적 사역, 학생선교의 증가
- 그러나 이 모든 예측 증거들은 기독교의 범위안에서만이 가능해지고 있다.

### 연합운동과 정신
- WCC와 WEA
- WCC와 로잔복음화운동

### 선교의 정책
- 복음의 정체성
- 사역의 수용과 갈등
- 성경권위와 계시
- 연합운동의 필요성

### 선교의 과제
- 타문화, 타종교의 대화
- 종교혼합주의 + 영성주의
- 천국과 지옥 – 종말론

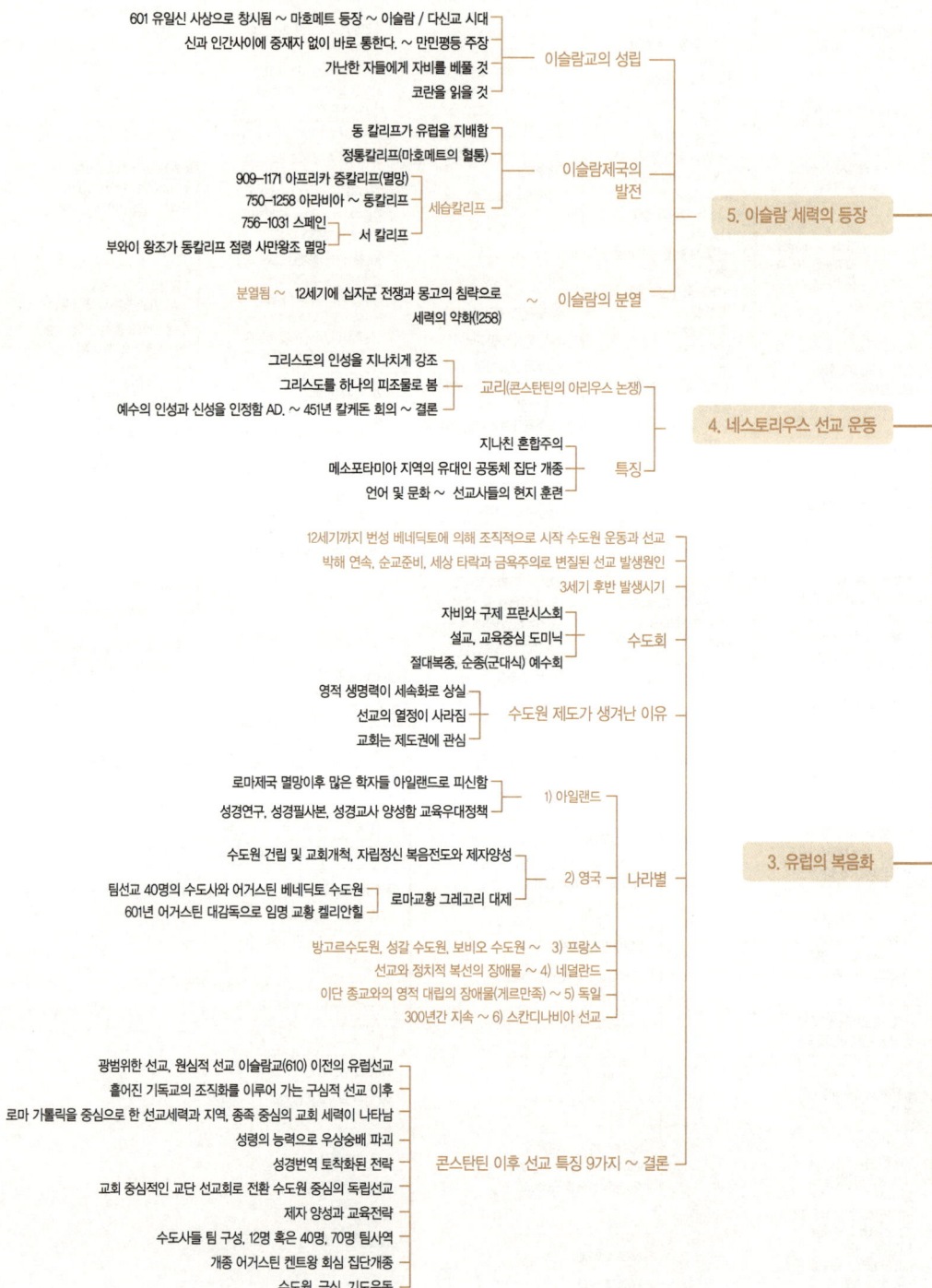

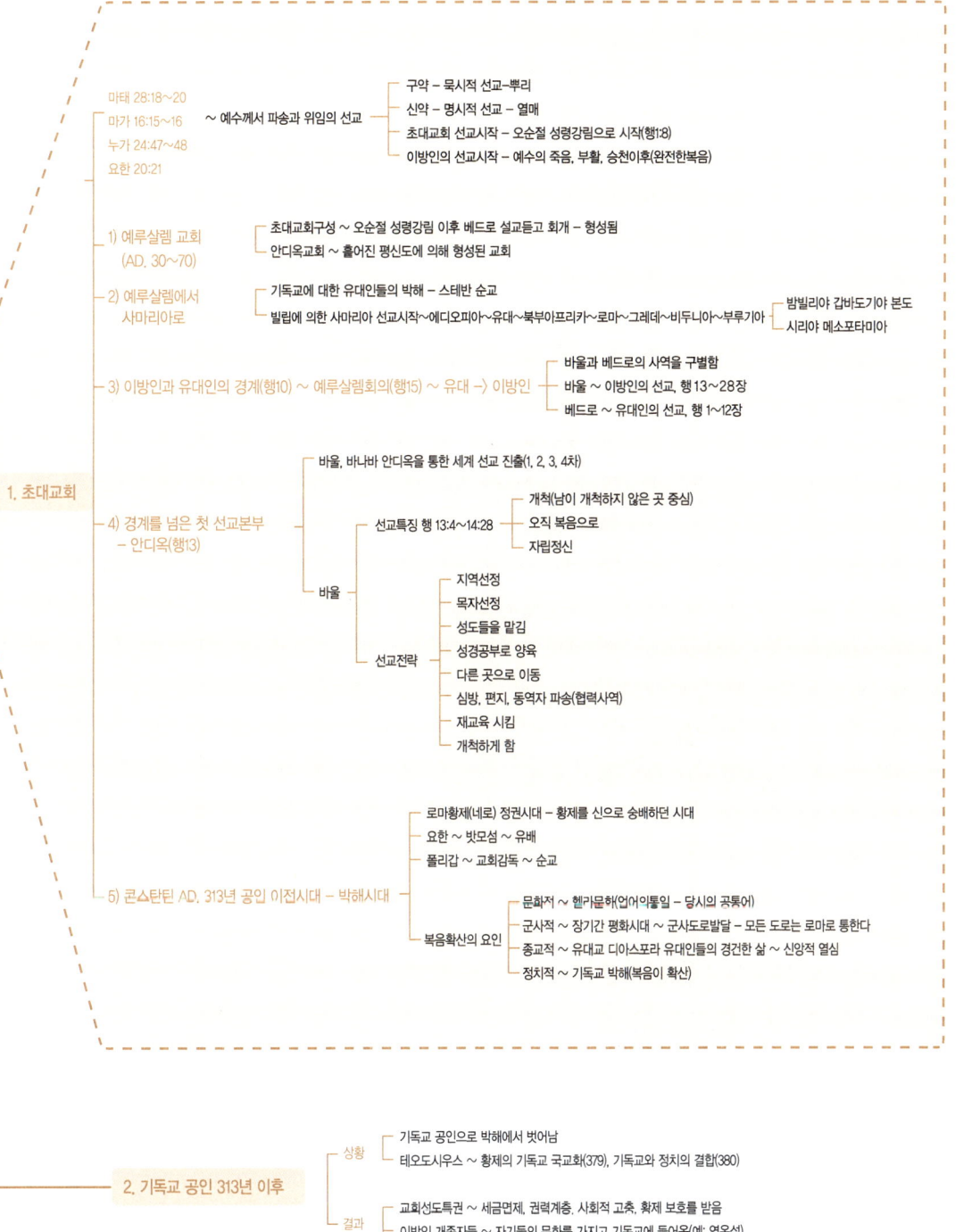

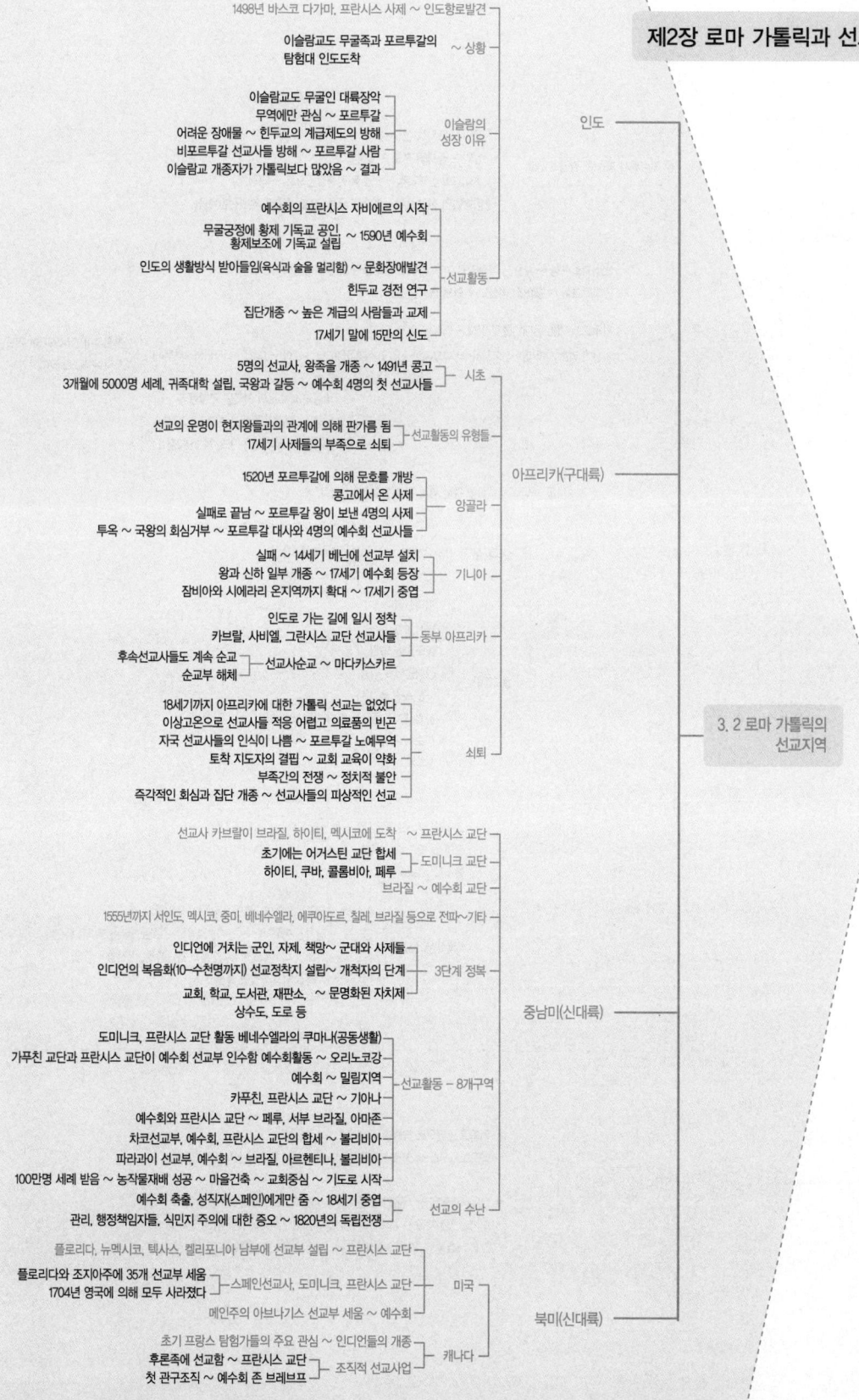

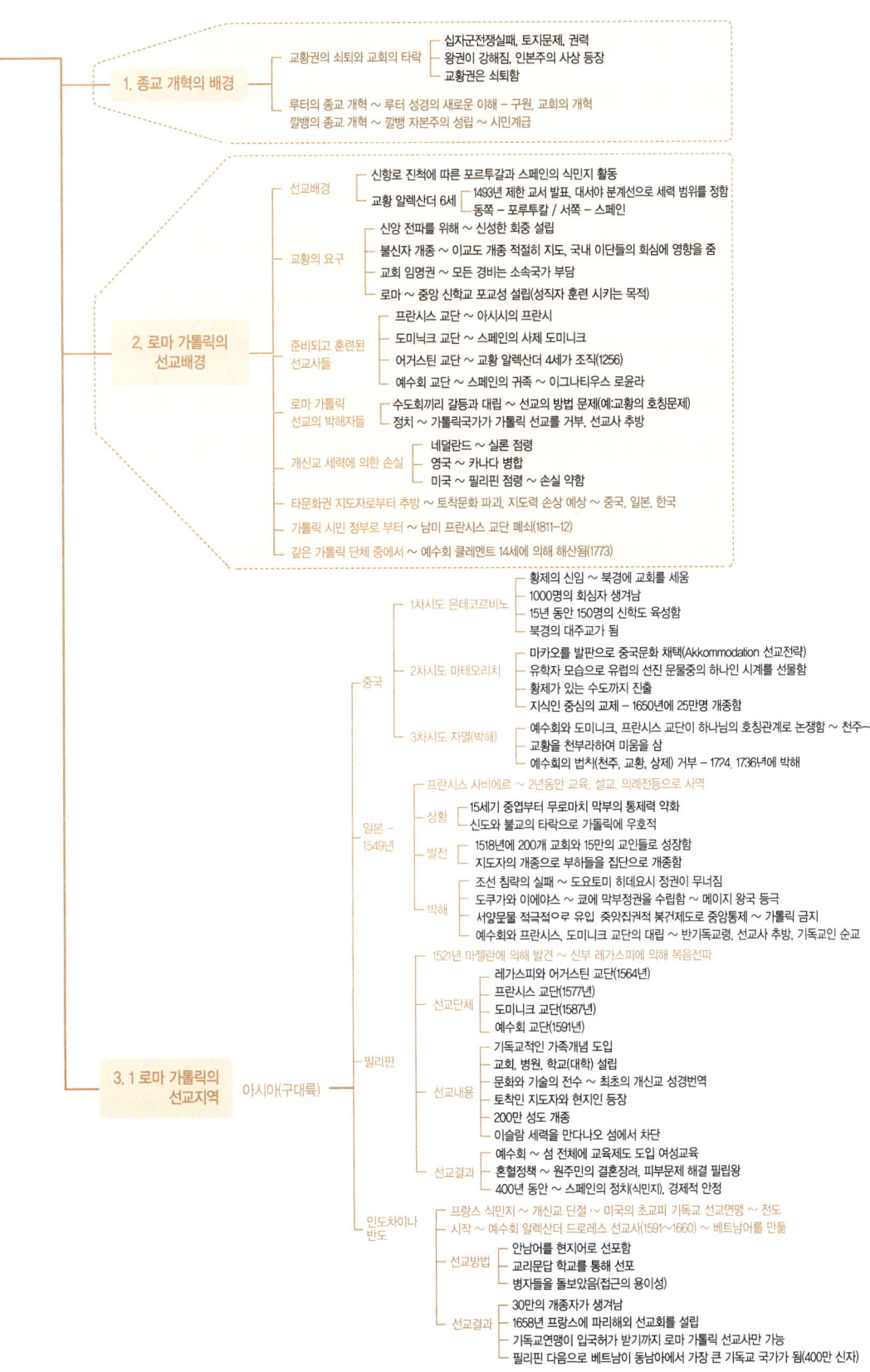

# 제3장 개신교 유럽선교의 기원

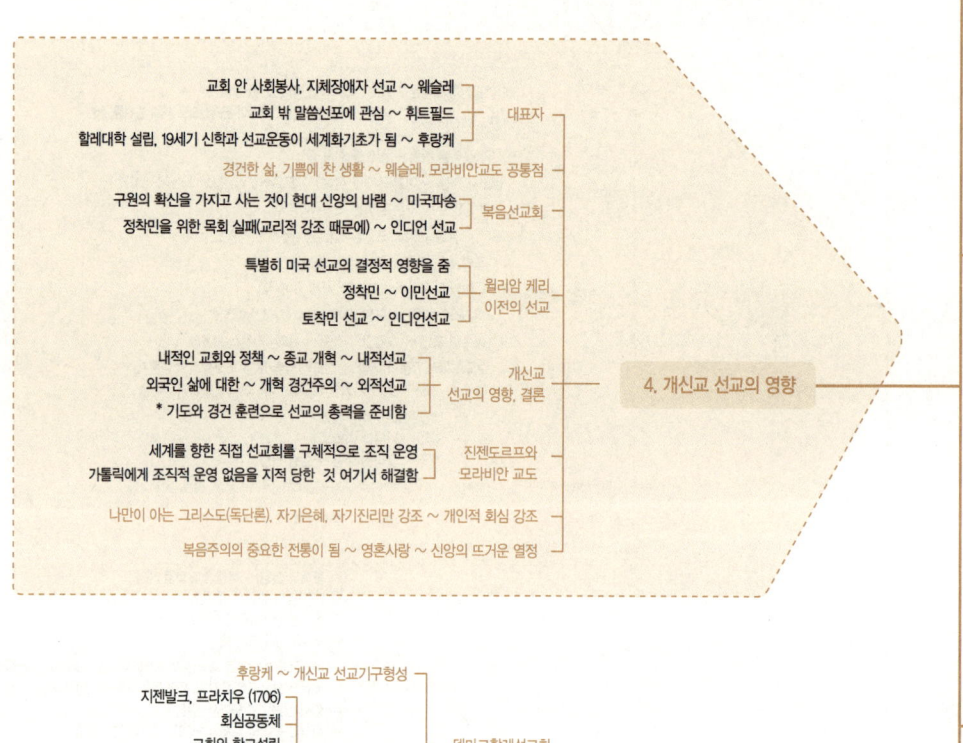

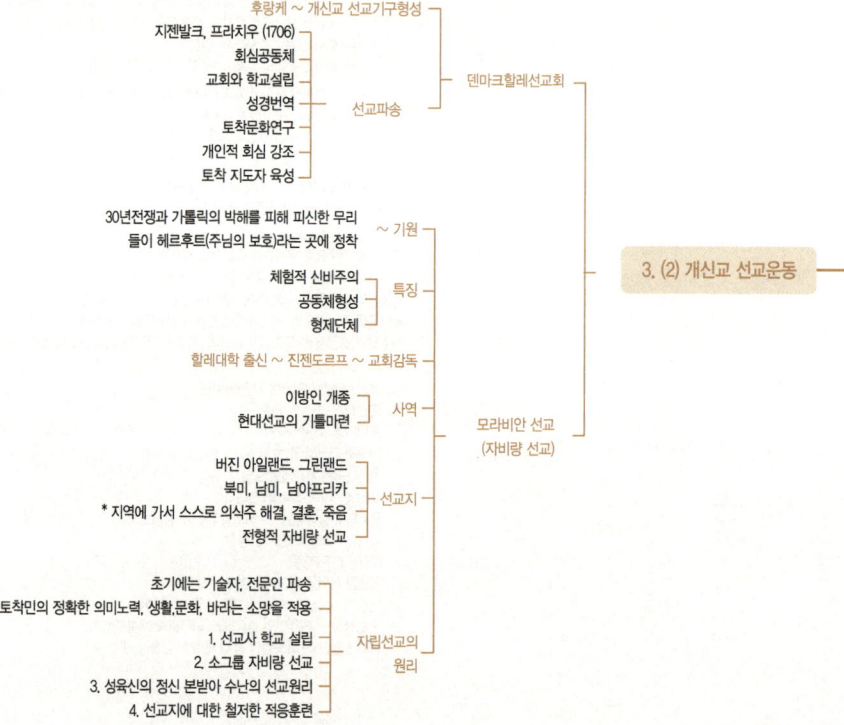

## 1. 배경과 원인

- 종교 개혁자들 선교가 있었다.
- 교회갱신을 위한 선교운동 ~ 내적 선교 영적 각성
- 지도자를 육성하는 교육선교
- 교회 중심의 선교운동
- 외적인 선교보다 내적인 선교
  - 외적인 선교 ~ 지리적인 선교
  - 내적인 선교 ~ 성경번역
- 배경과 원인 ~ 신학적, 사회적, 지리적 배경에 원인이 있었다.
- 가톨릭 보이는 선교 ~ 지리적으로 정복 선교
- 개신교 보이지 않는 선교 ~ 부패된 가톨릭내에 영적구원 선교 성경번역, 영적 각성
- 루터교 선교 이해
  - 루터의 신학
  - 헬라시대 ~ 요한 3:16
  - 중세 가톨릭 ~ 눅 14:23
  - 루터교 ~ 롬 1:17
- 개신교 간의 대립
  - 순수논쟁
  - 종교적 질서가 있었다.
  - 30년 종교 전쟁 해결 방법
- 지리적 고립현상
  - 선교사 선박이동, 정착반대, 천주교 오류시정
  - 성경권위, 교회영성을 재발견 신대륙, 아시아 대륙 – 고립

## 2. 제2의 종교 개혁

- *칼뱅주의 입장에서 선교신학 정립 ~ 하나님이 선교의 기본, 교회를 통한 선교
- 3가지 입장(보에티우스)
  - 개종, 교회설립, 하나님의 영광
  - ~ 지금도 인정
- 선교전략 ~ 교회갱신을 통한 선교운동 ~ 지도자 육성의 교육선교 ~ 교회중심선교
- 영적각성 ~ 로마교회 탈퇴가 아닌 로마교회 안에서 갱생이 있었다.
- 교육선교 ~ 칼뱅 ~ 제네바대학 설립, 개신교 ~ 유럽대학 설립 앞장섬 ~ 지도자
- 교회중심 ~ 말씀은 선포하는 수단이고 목표는 교회설립

## 3. (1) 개신교 선교활동

- 경건주의 운동이 일어난 배경
  - 종교전쟁 후 독일이 300개의 지역으로 분류
  - 교회의 세속화
  - 정치, 교회제도 타락
    - 토지를 많이 소유
    - 교권을 매도
- 배경 ~ *30년 전쟁이후 신앙적 갈등, 회의 절망감으로 인해 두 사상이 등장
  - 무신론 ~ 철학적, 회의
  - 신비주의적 ~ 신령주의
- 선교
  - 금욕주의와 경건의 실천운동 전개
  - 참신앙 ~ 실천신앙
  - 개인의 회심 ~ 성경연구, 기도
- 경건주의 성격
  - 개인적 내적변화
  - 신앙의 삶
  - 영적생활 ~ 회개와 구원을 이루는 성령도구
  - 세속과의 단절
- 필립 스펜서
  - 교회안에 작은 모임
  - 갱신, 영적부흥
- 후랑케 ~ 교회밖에 봉사, 행함, 믿음의 삶

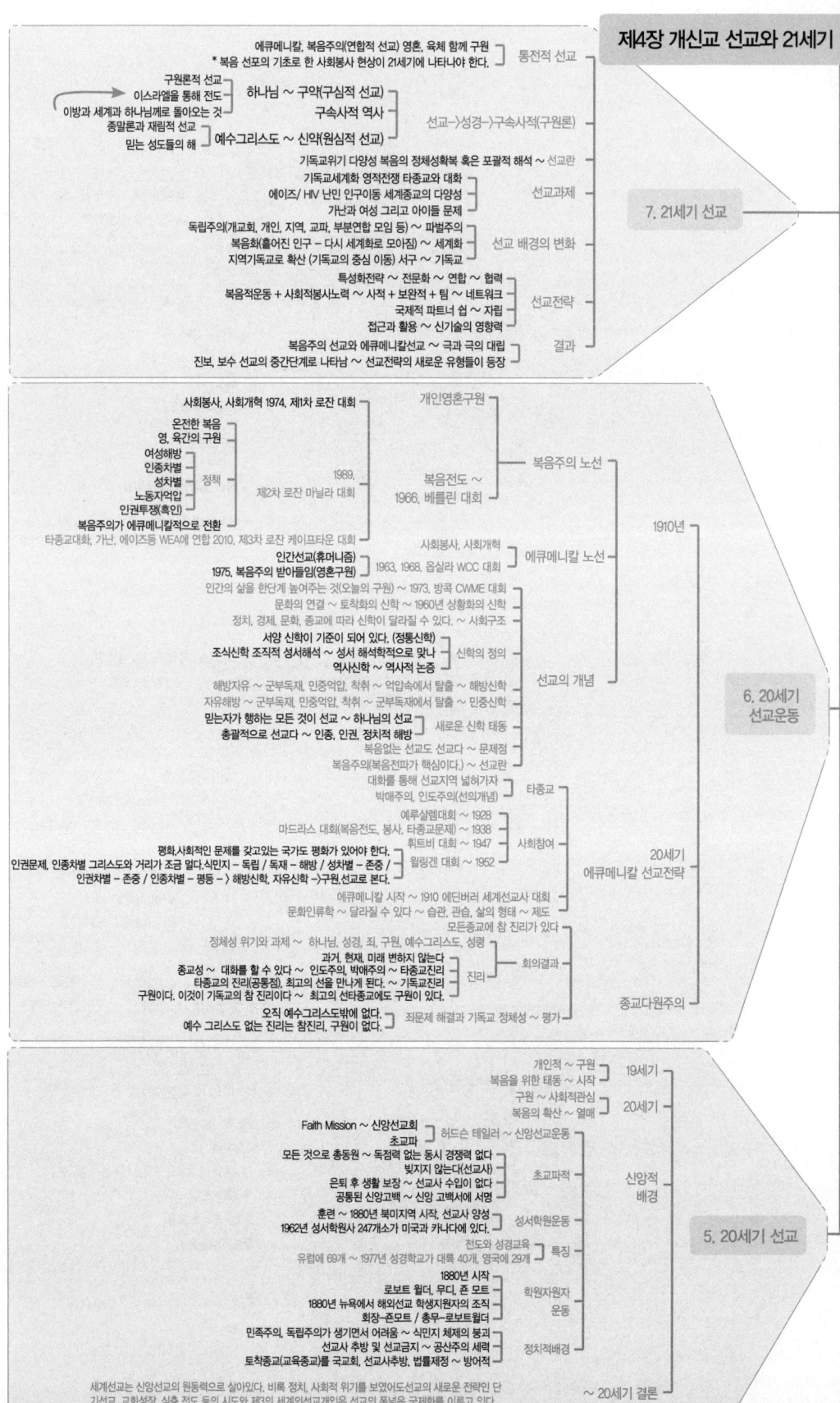

## 1. 태동 – 독일의 경건주의 운동

- 메마른 전통을 신앙실천 운동으로 개혁함, 이성중심, 교리주의에 대한 보완
- 필립 스펜서 교회안에 경건모임, 성경공부, 기도모임
- 후랑케 교회밖에 신도들 경건한 생활 교육과 복지
- 할레대학 데이쉬 할레와 모라비안 교도
  - 이방인 개종 — 할레대학과 덴마크 정부
  - 데이시할레 — 덴마크할레선교회 + 모라비안선교회
- 진젠 도르프
  - 모라비안선교 현대 개신교 자비량선교 운동의 시초
  - 현대 개신교 운동의 기틀을 형성
- 모라비안 ~ 종교 개혁자, 후스의 영향으로 보헤미아의 지방에서 생겨난 개신교

## 2. 최초의 개신교 선교사

- 개인적 회심을 강조
- 지켄발크, 프라치우 ~윌리암 케리의 선교전략과 동일하지만 개인회심과 개인양육강조
- 윌리암 케리 선교전략
  - 모든 방법으로 전도 학교설립
  - 교회설립 모라비안선교회와 다른점
  - 성경번역
  - 불신자들의 사상과 배경연구
  - 현지 지도자 양성
  - 교회설립은 현대선교의 가장 기초가 되는 정책

## 3. 미국의 선교

- 대학생선교운동
  - 건초더미 속의 기도모임
  - 사무엘 멀스 코네딕커트 농장에서
  - 부름받아 기도모임 구성
  - 해외 선교를 위한 미국선교협의회를 구성
  - 미국의 첫선교사(1794)
    - 데이빗 조오지 ~ 노바스코티아 ~ 시에라리온
    - 조오지 리슬 ~ 자마이카
- 미국선교전략
  - 인디언부족과 국외선교(인디언선교-15부족)
  - 런던선교회와 협력
  - 1812년 9월 허트포드에서 3차 총회에서 선교전략 구분
- 국내선교
  - 고대문화권
  - 원시문화권
  - 고대 기독교 교회권에 속한 사람들
  - 이슬람권
- 영국과 미국선교
  - 공통점
    - 영국 – 국교도 / 미국 – 회중교회
    - 영적 대각성의 결과 — 연합된 선교
      - *영적 갱신운동을 통해
  - 차이점
    - 영국
      - 자발적선교 간접선교
      - 초교파적, 사회적, 사회계층, 봉사선교
    - 미국
      - 문화적선교 ~ 직접선교
      - 교파중심, 전문인선교, 국내인디언선교
  - 특징
    - 지역별 선교지 구분 ~ 내지도시선교
    - 현지 교회 설립운동 ~ 삼자 운동
    - 총체적인 선교 ~성경번역, 학교설립, 지도자훈련,교회설립, 문서선교, 사회기
- 윌리암 케리/지겐발크
  - 타문화권에서 선교시작
  - 인디안상대로 선교 이민교회
    - 자국민 토착민
    - 현지인 자기나라 가서 교회 세우는 일에 선교지원
    - 직접선교 타문화권에 직접 들어가서

## 4. 19세기 선교단체 – 루터로 시작

- 영적강성 운동
  - 경건 ~ 성경협의회
    - 1804 영국 및 외국성경협회
    - 1809 스코틀랜드 국립성경협회
    - 1814 네덜란드 성경협회
    - 1816 미국 성경협회
  - 덴막할레 대학생선교
    - 1844 기독 청년회
    - 1877 기독 청년 학생회
    - 1880 신학생 연맹
    - 1886 학생자원 운동
    - 1895 세계 기독학생 연맹
  - 모라비안 믿음선교
    - 1865 중국내지 선교회
    - 1877 기독교 선교연맹
    - 1890 복음주의 연맹선교
    - 1893 수단, 내지 선교회
- 영국 ~ 요한웨슬레, 휘트필드
- 미국
  - 대학생선교운동 ~ 지적, 조직적 활동 ~ 존모트 ~ 1910 에디버러 회의때 WCC 출발
  - 샤무엘 먼스 시작 ~ 무디, 죠나단 에드워드 ~ 영국, 미국 ~ 세계선교회

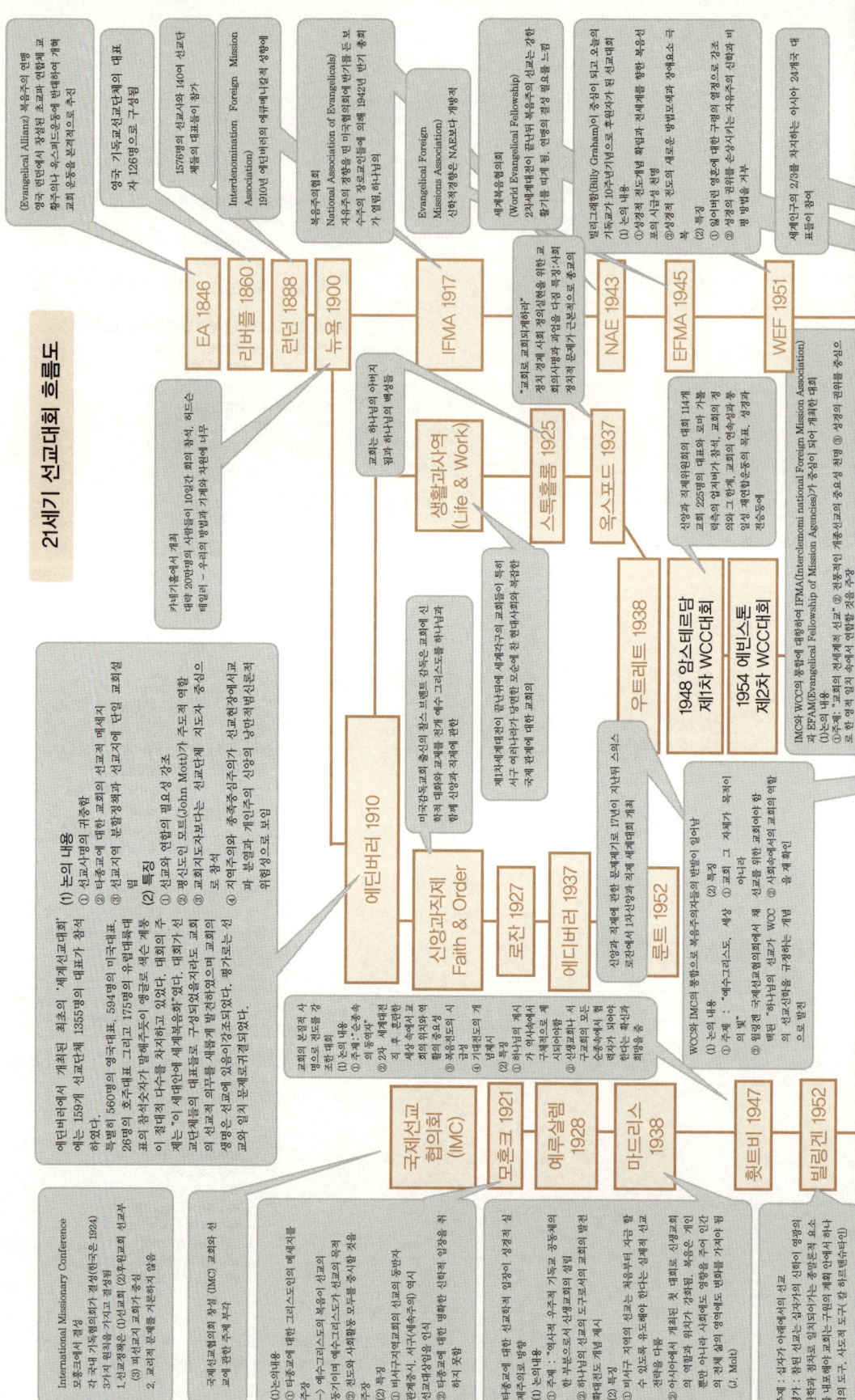

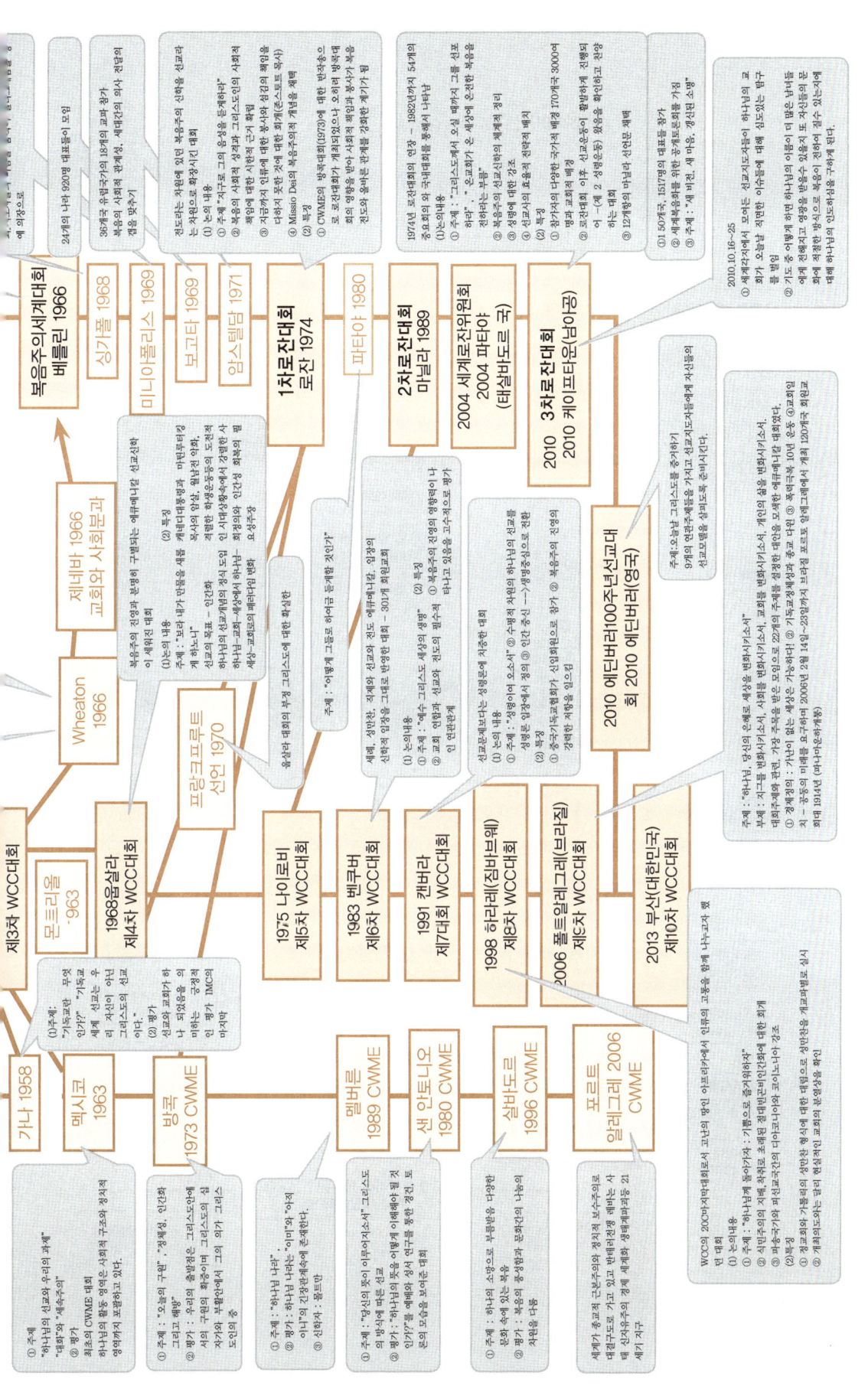

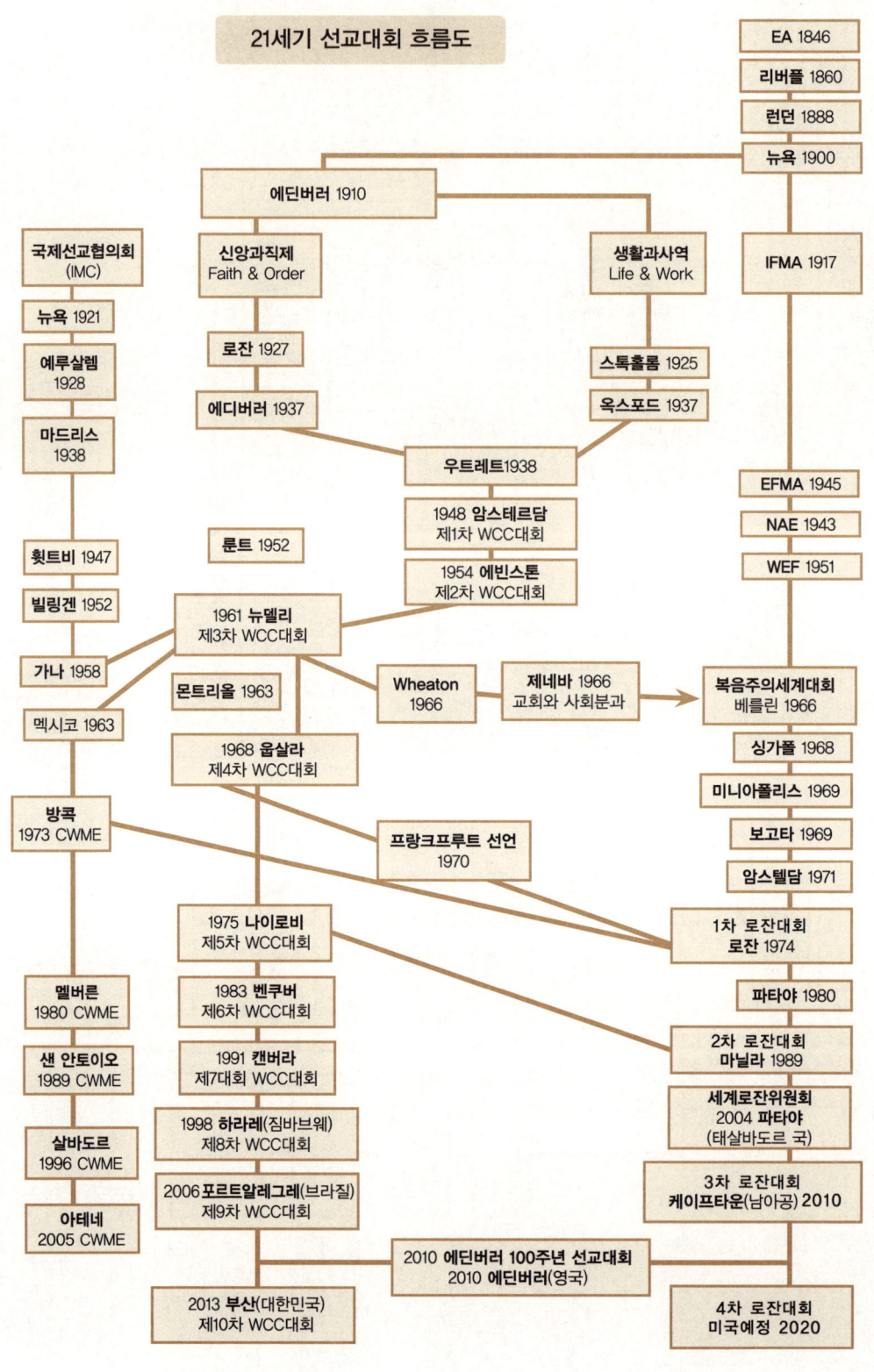